Kromp / Roggenbach / Bredebusch

PRAXIS DES TAUCHENS

Empfohlen von

CMAS GERMANY

DLRG

NITROX DEEP DIVING TRIMIX CAVE WRECK REBREATHER

ITD®

international tek divers

BARAKUDA International Aquanautic Club

FÉDÉRATION LUXEMBOURGEOISE DES ACTIVITÉS ET SPORTS SUB-AQUATIQUES

FLASSA

contact@protecdive.com

www.protecdive.com

ProTec. Professional Technical Diving

Freie Internationaltätige Tauchlehrer e.V.

FIT e.V.®

CMAS

VDST

Verband Deutscher Sporttaucher

Fachverband staatlich geprüfter Tauchsportlehrer

FST e.V. seit 1984

TAUCHSPORTVERBAND ÖSTERREICHS

CMAS TAUCHER

TSVÖ

VERBAND EUROPÄISCHER SPORTTAUCHER

ICMC®

United-Diving Instructors

UDI

INTERNATIONAL DIVING ASSOCIATION

IDA

VIT

VERBAND INTERNATIONALER TAUCHSCHULEN e.V

Kromp / Roggenbach / Bredebusch

PRAXIS DES TAUCHENS

Das Ausbildungsbuch
mit Fragenkatalogen
und Musterantworten für die Stufen
Basic Diver / Deutsches Tauchsportabzeichen Grundtauchschein
CMAS-Taucher* / Deutsches Tauchsportabzeichen Bronze
CMAS-Taucher** / Deutsches Tauchsportabzeichen Silber
CMAS-Taucher*** / Deutsches Tauchsportabzeichen Gold
CMAS-Taucher**** / Ernennung nach den CMAS G Standards

sowie Ausführungsempfehlungen für den

Spezialkurs „Orientierung beim Tauchen“
Spezialkurs „Tauchsicherheit und Rettung“
Spezialkurs „Medizin-Praxis“
Kurs in Herz-Lungen-Wiederbelebung

Delius Klasing
EDITION NAGLSCHMID

Bibliografische Information der Deutschen Nationalbibliothek
Die Deutsche Nationalbibliothek verzeichnet diese Publikation in der Deutschen Nationalbibliografie; detaillierte bibliografische Daten sind im Internet über http://dnb.d-nb.de abrufbar.

Der Verlag macht darauf aufmerksam, dass dieses Buch bereits in 7 Auflagen
unter der ISBN 3-89594-047-X angeboten wurde.

3. Auflage
ISBN 978-3-7688-1816-2

Herausgeber: Dr. Friedrich Naglschmid
Gesamtgestaltung des Inhalts: Dr. Friedrich Naglschmid / MTi-Press
Grafiken: Stephanie Naglschmid / *DIVEMASTER* / Hans-Peter Rams, Werner Scheyer, alle über MTi-Press
Fotos: Mit freundlicher Genehmigung der Firmen Bauer-Kompressoren / Beuchat / Camaro / Citizen / Cressi-sub / *DIVEMASTER* / EMS GmbH / Haux / Mares / Scubapro / Sinn Uhren / Tabata.
Gefährliche Meerestiere: Werner Gruiter (Tafel XI/7), Klaus Reith (Tafel XIII/2), Ingo Riepl (Tafel XIII/6), Arnd Rödiger (Tafel XII/ 1 u. 6), alle anderen Dr. Friedrich Naglschmid. Alle über MTi-Press
Titelbild: Gerhard Binanzer
Umschlaggestaltung: Buchholz/Hinsch/Hensinger, Hamburg
Gesamtherstellung: Westermann Druck GmbH, Zwickau
Printed in Germany 2008

Vertrieb: Delius Klasing Verlag, Siekerwall 21, D-33602 Bielefeld
Tel.: 05 21/5 59-0; Fax: 05 21/5 59-1 15
E-Mail: info@delius-klasing.de
www.delius-klasing.de

Inhalt

Vorwort

Der Inhalt dieses Buches basiert auf langjährigen Erfahrungen, welche die Autoren Thomas Kromp, Dr. med. Hans Joachim Roggenbach und Peter Bredebusch als Tauchlehrer und Ausbilder von Tauchlehrern gemacht haben, sowie auf den allgemein bekannten und heute gültigen Tauchregeln.
Tauchen ist Freude an der Natur und Abenteuer zugleich. Ein modernes Freizeiterlebnis für Jugend, Männer und Frauen, ein Sport, der leicht zu erlernen ist und der den Einzelnen bis ins hohe Alter fasziniert. Die beiden Väter des Tauchsports, Prof. Dr. Hans Hass und Jacques-Yves Cousteau, sind bzw. waren bis ins hohe Alter begeistert von der Unterwasserwelt.
Taucher sind heute bewusste Umweltschützer, welche die Natur sensibel beobachten und sich mit ihrer Vielfalt auseinandersetzen. Sie wollen die Natur erleben, ihre Eigenheiten erfahren und dazu beitragen, eine natürliche Umwelt zu erhalten.
Die Erde wird zu 3/4 vom Meer bedeckt und beherbergt hier ein phantastisches Leben voller Farbenpracht und Formenvielfalt wie man es in nur wenigen Bereichen in der Welt über Wasser findet.
Man muss diese Welt unter Wasser verstehen lernen, dann überwindet man schnell das ungerechtfertigte Gefühl, sich in einem lebensfeindlichen Milieu zu bewegen. Schnell wird aber auch die Achtung für den Lebensraum unter Wasser erwachen, vermittelt doch ein einziger Tauchgang die Geschichte des Lebens und lässt Hunderte von Millionen Jahre sozusagen wie in einem Zeitraffer vor der Tauchermaske ablaufen. Mit dieser Erfahrung wirst du dich als Teil dieses Lebens empfinden und den dir vorher im Bewußtsein fremden Lebensraum lieben lernen, weil er dir Urgefühle vermitteln kann, dich einerseits trägt, aber andererseits dir alles abverlangt, damit du dich in diesem Medium so wohl wie an Land fühlst.
Du wirst erfahren und erleben, dass die Lebewesen unter Wasser genauso neugierig sind wie su, und wenn du dich richtig verhältst, wirst du ein unermessliches Glücksgefühl bei deinen Tauchgängen verspüren.
Am Anfang wird viel Unbekanntes in der Theorie und in den praktischen Ausbildungsteilen auf dich einströmen, weil im Wasser die Bedingungen anders sind als an Land. Falls du etwas nicht verstehst, Angst oder Probleme hast, so wende dich an deinen Tauchlehrer, der für alle Fragen ein offenes Ohr hat und dir bei deinen Problemen helfen wird. Nach ein paar Stunden Einsicht in die Welt unter Wasser werden die Fragen weniger, und du wirst mehr und mehr ein richtiger Taucher.
Dieses Buch soll dir als Wegweiser in diese faszinierende Welt dienen. Bei der Erstellung des Buches war es den Autoren und dem Verlag wichtig, dass jeder Interessierte Freude am Schnorcheln und Tauchen findet und nicht wegen überspitzter Theorie und falscher Lehrmethoden dieses Erleben wieder aufgibt. Falls du keinen Ansprechpartner finden kannst, so wende dich direkt mit deinen Fragen an die Autoren. Sie wollen für dich da sein und dir weiter helfen! Darum sprechen wir dich auch im unter Tauchern und Taucherinnen üblichen du an, denn die Freude am Tauchen ist bei aller Individualität unsere verbindende Gemeinsamkeit.
Für die Tauchlehrer soll dieses Buch eine Hilfe bei der Ausübung ihres Berufes sein, für den Tauchschüler ein praktischer Helfer während und auch noch nach der Ausbildung.

Dr. Friedrich Naglschmid
Herausgeber

Was brauche ich zum Tauchen? Wie werde ich Taucher?

Du wendest dich an eine Tauchschule oder einen Tauchsportverein und fragst nach dem Tauchlehrer. Der Tauchlehrer muss eine Abnahmeberechtigung für die CMAS-Brevets besitzen. Diese Brevets sind die internationalen Stufen CMAS-Taucher*, CMAS-Taucher** und CMAS-Taucher***, welche in ca. 100 Ländern der Erde anerkannt werden. Die CMAS (Confédération Mondiale des Activités Subaquatiques) ist der Weltverband der Taucher (World Underwater Federation). In Deutschland wird dieses Brevet von der CMAS Germany abgenommen. In der Schweiz sind die Tauchlehrer vom SUSV und in Österreich vom ÖTSV berechtigt, die CMAS-Brevets abzunehmen.
Falls du im Bereich von amerikanischen Ausbildungssystemen (RSTC = Recreational Scuba Training Council = Dachverband von PADI, SSI etc.) deine Ausbildung begonnen hast, so wird auch deine bisherige Ausbildung anerkannt (nicht umgeschrieben), und du kannst mit der nächsthöheren Leistungsstufe beginnen, wenn die Voraussetzungen dafür erfüllt sind.
Gute Gesundheit und der Wille, die aufgestellten Tauchregeln stets zu beachten, sind unabdingbare Voraussetzungen, will man sich und andere nicht unnötig in Gefahr bringen.

Voraussetzungen und Anforderungen

Soll das Tauchen so ungefährlich sein wie andere Natursportarten, muss Sicherheit ganz groß geschrieben werden.
Sind die nachstehenden drei Hauptvoraussetzungen erfüllt, dann ist das Tauchen eines der vielfältigsten und faszinierendsten Erlebnisse auf unserer Erde.
An unseren Körper werden beim Tauchen zwar besondere Anforderungen gestellt, doch bei einer guten Ausbildung und einem gesunden Menschenverstand sollten folgende drei Hauptvoraussetzungen erfüllt werden können.

1. Persönliche Gesundheit

1.1 Tauchtauglichkeit durch den Taucharzt bestätigen lassen (regelmäßige Nachuntersuchungen).

1.2 Tauche nie, wenn du dich nicht wohl fühlst!

1.3 Psychische Gesund- und Ausgeglichenheit sind Grundvoraussetzung.

2. Vertrautheit mit der Theorie und Technik des Tauchens

2.1 Seriöse Ausbildung durch ausgebildete Tauchlehrer (CMAS).

2.2 Verwendung einer dem Tauchgang angepassten Ausrüstung.

2.3 Ständige Pflege und Kontrolle der eigenen Ausrüstung.

2.3 Regelmäßiges Tauchtraining und andere Sportarten halten körperlich und geistig fit!

3. Kenntnisse über das Verhalten des menschlichen Organismus unter Wasser

3.1 Grundkenntnisse der menschlichen Anatomie und Physiologie.

3.2 Kenntnisse schädigender Einflüsse für das Tauchen.

3.3 Einschätzung der persönlichen Grenzen ist für den Tauchsport sehr wichtig!

Die ABC-Ausrüstung

Die Grundausrüstung für das Tauchen ist die ABC-Ausrüstung. Man bezeichnet sie so, da die drei wichtigsten Grundausrüstungsgegenstände wie

- *Flossen,*
- *Maske*
- *und Schnorchel*

wie die ersten drei Buchstaben im Alphabet (ABC) an erster Stelle stehen und weil ABC als Symbole für die Ausrüstung genommen werden. Die Form der Buchstaben kommt den Formen der Ausrüstung gleich. A für die Flossen, B für die Maske und C für den Schnorchel.
Die Handhabung der ABC-Ausrüstung solltest du dir in jedem Fall von einem anerkannten Tauchlehrer erklären und vormachen lassen, damit sich Fehler gar nicht erst einschleichen können. Nach einiger Übung kannst du dich wie ein Fisch im Wasser bewegen.

Die Tauchmaske

Sie muss aus Sicherheitsgründen aus einem Material bestehen, welches der gültigen Norm entspricht und nachfolgend beschriebene Merkmale hat: hoch temperiertes Sicherheitsglas, Maskenkörper aus Gummi, Thermogummi (das ist das preiswerteste Material) oder Silikon (Silikon ist dem Gummi vorzuziehen, da es haltbarer als Gummi und auch hautfreundlicher ist), integrierter Nasenerker, der auch mit Handschuhen bequem zu erreichen ist, um den Druckausgleich mit Daumen und Zeigefinger machen zu können und einen Druckausgleich in der Maske herstellen zu können, einen doppelten Dichtrand am äußeren Maskenkörper und ein geteiltes Kopfband, das den Halt der Maske besser garantiert. Das Kopfband ist nur leicht anzuziehen, um die Maske am Kopf zu halten. Für die Dichte sorgen die

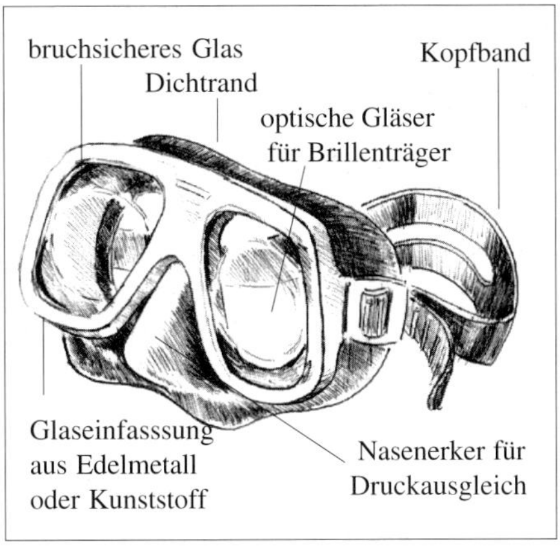

Abb. 1: Klassische Maske mit geschliffenen Gläsern und doppeltem Dichtrand

Passform und der Wasserdruck. Zum Tauchen sind Masken mit möglichst wenig Maskenvolumen und einem geringen Abstand zwischen Augen und Maskenglas am günstigsten. Dadurch ist das Maskenvolumen klein und der Blickwinkel groß. Bei Wassereinbruch lässt sich die Maske aufgrund des kleinen Volumens leichter ausblasen. Es gibt ein- und zweifenstrige Masken. Wichtiger als der Blickwinkel ist ein guter Sitz der Maske. Dieser wird geprüft, indem man die Maske, ohne sie richtig aufzusetzen, an das Gesicht hält, Luft durch die Nase ansaugt und den Atem für kurze Zeit anhält. Haftet die Maske dann am Gesicht, so ist sie auch unter Wasser dicht. Undichtigkeiten können nur noch durch das Schnorchel- oder Atem-

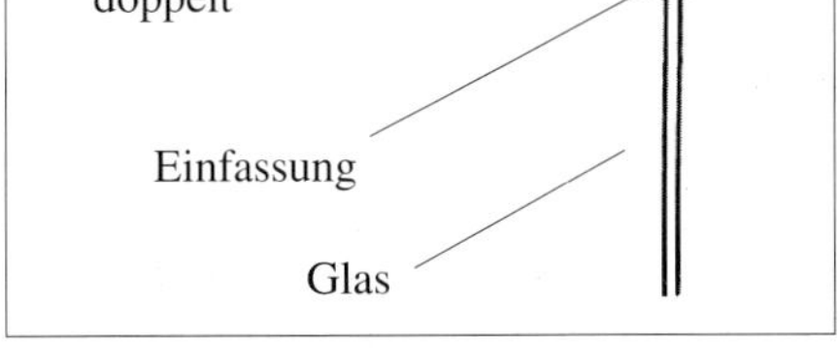

Abb. 2: Wichtig für den guten und dichten Sitz ist der doppelte Dichtrand

reglermundstück im Mund auftreten, da sich hier Gesichtsfalten bilden, die bei der Anprobe der Maske nicht vorhanden waren.
Eine neue Maske muss vor dem erste Benutzen von innen und außen mit unverdünntem Spülmittel gereinigt und ausgewaschen werden, damit die Maskengläser durch den Temperaturunterschied und die mangelnde Durchlüftung nicht beschlagen. Diese Reinigung sollte ca. alle drei Monate wiederholt werden. Vor jeder weiteren Benutzung spuckt man in die Maske, verreibt den Speichel (Speichel bewirkt einen dünnen Film auf dem Glas, der das Beschlagen verhindert) und spült die Maske aus. In den meisten Fällen beschlägt die Maske dann nicht mehr. Hast du trotzdem noch mit dem Beschlagen Probleme, so frage deinen Fachhändler.
Eine Pflege der Maske mit Talkum ist nur bei Maskenkörpern aus Gummi erforderlich. Für alle Masken ist ein schnelles Trocknen nach dem Gebrauch unerlässlich, weil sich sonst Pilze und Bakterien in den Poren festsetzen können. Du solltest die Maske nicht in die Sonne legen und nach dem Gebrauch im Salz- oder Chlorwasser mit Süßwasser spülen.
Die Maske wird in einer Maskenbox transportiert, damit sich der Maskenkörper beim Verstauen nicht verformen kann. Bei Silikonmasken sollte zusätzlich ein lichtdichter Baumwollbeutel verwendet werden, da diese Masken sich bei extremen Lichteinwirkungen gelb verfärben.

Optische Masken für Brillenträger

Für Brillenträger ist das Tauchen nicht tabu, da es für fast alle Fehlsichtigen optische Masken bzw. entsprechende Gläser gibt. Gläser mit normalen Dioptrien (zwischen - 1,0 und - 6,0) und ohne Zylinderwerte kann man in jedem guten Tauchsportfachgeschäft erhalten. Alle anderen Brillenträger mit starken Zylinderwerten oder hohen positiven Dioptrien sollten zu einem Optiker gehen, der die Problematik des Tauchens kennt und solche Masken anfertigen kann.
Es kann auch mit weichen Kontaktlinsen getaucht werden, doch hier ist in jedem Fall der Fachmann aufzusuchen.

Masken mit Farbfilter

Mit einem patentierten Verfahren sind die Gläser mit einem durchgehenden Farbfilter versehen. Dieser Filter limitiert und reguliert den zu großen Anteil von blauen Lichtspektrum-Farben im Wasser. Rot- und Gelbtöne zum Beispiel werden vom menschlichen Auge schon in geringen Tiefen nicht mehr wahrgenommen. Mit diesem Filter kann man diese Farben wieder klar und deutlich erkennen. Bei zunehmender Dunkelheit ist bei dieser Maske eine Lampe mit nur geringer Lichtstärke erforderlich, um die Farben zu erkennen. Bei Sonneneinstrahlung an der Wasseroberfläche wird man mit dieser Maske nicht so stark geblendet.
Auch alle optischen Gläser sind mit diesem Farbfilter im Fachhandel erhältlich.

Der Schnorchel

Beim Tauchen und Schnorcheln kannst du verschiedene Schnorchelformen verwenden. Hier gibt es Unterschiede zwischen Jugend- und Erwachsenenschnorcheln, zwischen Wettkampf- und UW-Rugby- sowie Trainings- und Gerätetauchschnorcheln. Sie unterscheiden sich in erster Linie durch die Form und den Durchmesser. Die neuere Schnorchel-Generation für das Training hat ein Ausblasventil in unmittelbarer Nähe vom Mundstück. Durch diese Konstruktion kannst du den Schnorchel leichter ausblasen, da der überwiegende Teil des Wassers aus dem Ventil geblasen wird. Im Freigewässer ist ein Schnorchel mit Ventilen jedoch weniger geeignet. Es werden in neuester Zeit auch Schnorchel hergestellt, die ein patentiertes Verschlusssystem besitzen. Dieses System sorgt für einen trockenen Schnorchel. Taucht man ab, so schließt der Schnorchel und macht beim Auftauchen wieder auf. Dieses System

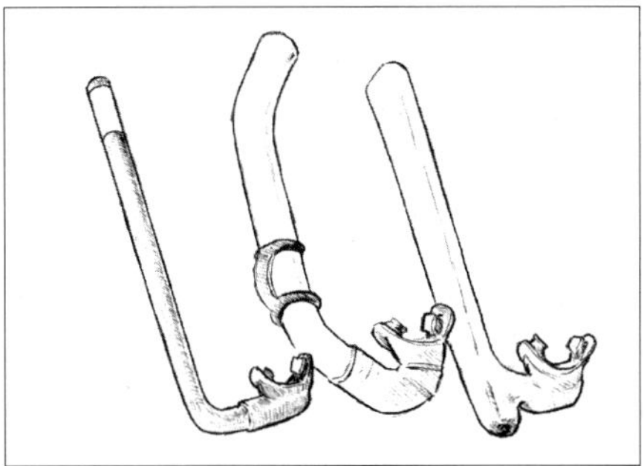

Abb. 3: Schnorchelformen für Jugendliche und Erwachsene sowie mit Ventil

ist nicht mit dem schon vor ca. 30 Jahren auf dem Markt befindlichen „Tischtennisball-system" zu vergleichen, das gefährlich war und verboten wurde. Die Norm schreibt genau vor, wie ein Schnorchel beschaffen sein muss.

Ein Jugendschnorchel hat einen Durchmesser bis zu 18 mm und ist ca. 30 cm lang (gemessen vom Mundstück bis zur oberen Schnorchelöffnung), der Durchmesser des Erwachsenenschnorchels ist 18 bis 25 mm, und die Länge beträgt maximal ca. 35 cm.

Merke: Längere Schnorchel als 40 cm sind gefährlich, da dieses lange Schnorchelrohr zur Pendelatmung (die ausgeatmete und verbrauchte Luft wird wieder eingeatmet) mit anschließender Bewusstlosigkeit und damit zum Ertrinken führen kann. Hierzu aber mehr im Kapitel über die Tauchmedizin.

Das Mundstück darf nicht zu weich, aber auch nicht zu hart sein und muss gut sitzende Bisswarzen aufweisen, damit beim Tragen keine Druckschmerzen entstehen und der Schnorchel stets dicht abschließt.

Die Flossen

Bei den Flossen unterscheidet man zwischen Schnorchel-, Trainings- und Gerätetauchflossen. Einige Flossentypen eignen sich auch für jeden Einsatz.

Die Schnorchelflosse mit geschlossenem Fußteil und einer Länge von 40 bis 70 cm wird zum Training in der Halle und zum Schnorcheln im warmen Wasser benutzt. Du solltest eine mittelharte Flosse benutzen, da ein zu hartes Flossenblatt gerade beim Beginner zu Krämpfen in den Waden oder in den Füßen führen kann. Das Flossenblatt sollte sich erst im vorderen Drittel richtig durchbiegen lassen. Bei der Anprobe der geschlossenen Flosse im Tauchsportgeschäft sollte ein dünner Strumpf verwendet werden, damit der Fuß besser schlüpft. Die Flosse muss jetzt relativ eng sitzen, da im Wasser der Fuß seinen Umfang durch die Wassertemperatur verkleinert. Eine zu eng sitzende Flosse kann beim Schwimmen und Tauchen Krämpfe in den Waden und Füßen auslösen.

Die Gerätetauchflosse, die einen offenen Fußteil mit einem Fersenband hat, sollte nur

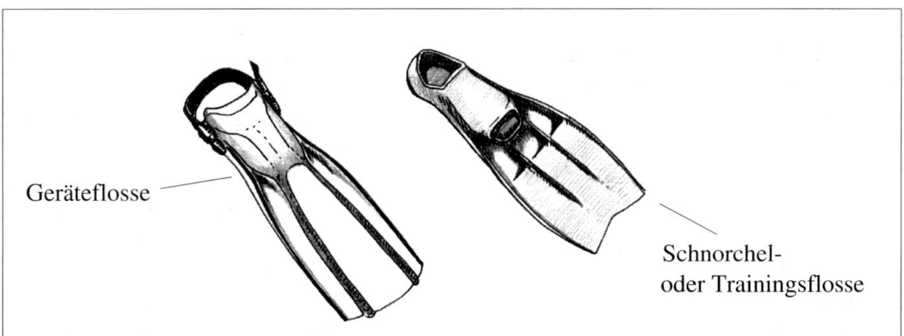

Abb. 4: Geräteflosse mit Fersenband sowie geschlossene Schnorchel- und Trainingsflosse

im Zusammenhang mit Laufsohlen-Füßlingen für das Gerätetauchen benutzt werden. Vorteile dieser Flosse sind

- einfaches Anziehen,
- effektiveres Tauchen bei langsamerem Beinschlag,
- Möglichkeit des gleichzeitigen Kälteschutzes.

Die Gerätetauchflosse ist ebenfalls ca. 40 bis 70 cm lang. Sie sollte die gleichen Eigenschaften wie eine Schnorchelflosse haben; in den meisten Fällen ist das Flossenblatt jedoch breiter und stärker, weil der Gerätetaucher in der Regel einen langsameren (ruhigeren) Flossenschlag als der Schnorcheltaucher hat. Diese Flossen haben aber unter diesen Voraussetzungen einen enormen Vorwärtsschub. Neuartige Flossen gehen mehr auf die Anatomie unseres Körpers ein, sind für das Schnorcheln und das Gerätetauchen sehr gut geeignet und benötigen bei gleicher Leistung wesentlich weniger Kraftaufwand (hier hat man den Fischen einige Bewegungsvorteile abgeguckt).
Heute wird der überwiegende Teil der Flossen aus Kunststoff hergestellt, so dass hier keine besondere Pflege notwendig ist. Du solltest die Flossen nicht in die Sonne legen und nach dem Gebrauch im Salz- oder Chlorwasser mit Süßwasser spülen.

Einsatz der ABC-Ausrüstung

Die meisten Menschen lernen durch die visuelle Methode sehr schnell. Daher ist die Vermittlung durch den Tauchlehrer sehr zu empfehlen, um gleich ohne Fehler den Einstieg ins Schnorcheln zu schaffen.
Für den ersten Einsatz der ABC-Ausrüstung sind folgende Dinge zu beachten:

- Maske nicht auf fettiges Gesicht setzen (Sonnencreme vermeiden), bei kaltem Wasser das Gesicht mit Vaseline eincremen, da diese völlig neutral ist und kein Wasser enthält.
- Haare vor dem Aufsetzen nach hinten legen, damit sie keine Undichtigkeiten verursachen.
- Maskenband nur so leicht einstellen, dass die Maske am Gesicht gehalten wird.
- Beim Sprung ins Wasser muss die Maske mit einer Hand festgehalten werden, damit sie nicht beim Auftreffen an der Wasseroberfläche voll Wasser läuft oder gar verloren geht. Es ist trotz des Sicherheitsglases (Tempered) dafür Sorge zu tragen, dass die Maske beim Auftreffen auf die Wasseroberfläche nicht parallel zu dieser liegt, da auch Sicherheitsglas zersplittern kann!
- Falls man die Maske nicht benutzt (an der Wasseroberfläche, beim Einstieg ins Boot oder beim Laufen), so zieht man die Maske vom Gesicht nach unten vor den Hals. Hier ist sie sicher und kann nicht verloren gehen. Sehr wichtig ist dies für optische Masken, die besonders teuer sind, nicht gleich zu ersetzen sind und für die Sicherheit eine besondere Rolle spielen.
- Füße und Flossen nass machen, damit man besser in die Flossen schlüpfen kann. Mit den Flossen sollte nicht gegangen werden (wenn es nicht zu umgehen ist, nur rückwärts), da die Flossen durch ihre gewölbte Unterseite nicht zum Gehen geeignet sind und die Sturzgefahr und Beschädigung der Flosse erhöht werden. Da die Flosse eine Verlängerung unserer Beine sein soll, ist sie gewölbt und bildet im Flossenblattbereich eine gerade Linie mit dem Unterschenkel. Nur so ist ein guter Vortrieb bei richtiger Technik unter Wasser gewährleistet.

1

2

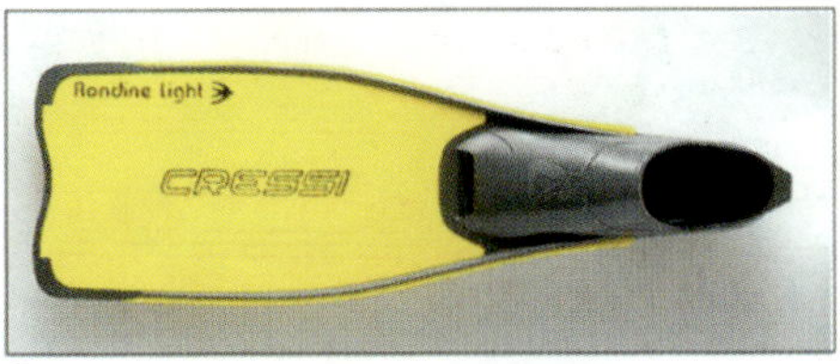

3

4

Tafel I: ABC-Ausrüstung

1 Erweiterte ABC-Ausrüstung
2 Flosse mit Fersenband
3 Flosse mit geschlossenem Schuh
4 Schnellverschluss, vom Ski übernommen

Tafel II

1

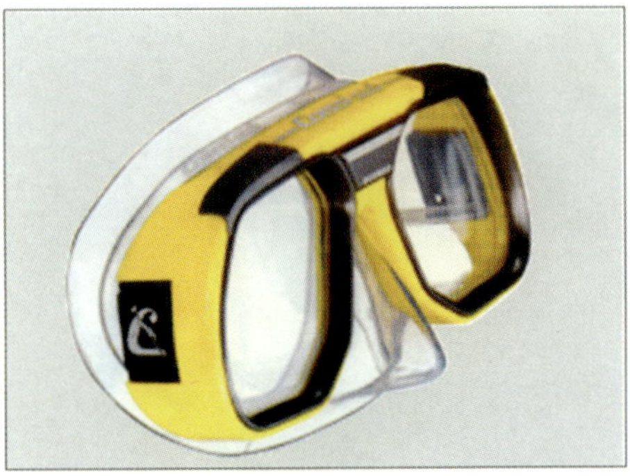

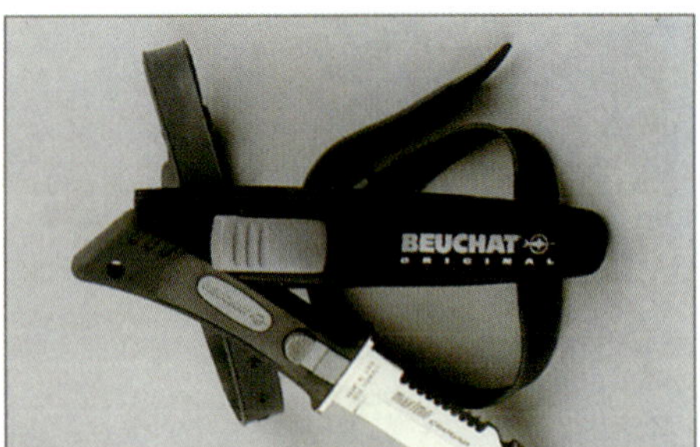

5

6

Tafel II: Masken und Zubehör

1 Maske mit Seitenfenster
2 Einglasmaske
3 Maske mit getrennten Gläsern
4 Handlampe mit Griff
5 Tauchermesser mit Beinhalterung
6 Nichtspiegelnde Taucheruhr

Tafel III: Anzüge

1 Einteiliger Nasstauchanzug
2 In kompletter Ausrüstung
3 Zweiteiler für Sie und Ihn
4 Membran-Trockentauchanzüge
5 Trockentauchanzug
6 Passender Kinderanzug

1

2

3

4

5

6

Tafel IV

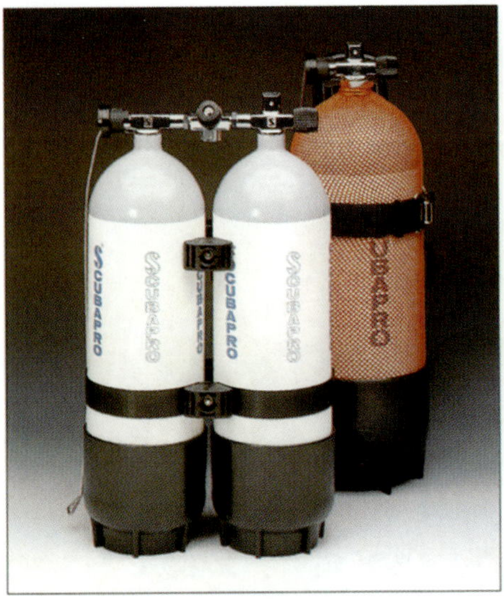

1

2

3

4

Tafel IV: Flaschen und Jacket

1 Einzelflasche und Doppelflaschenpaket
2 Doppelflaschenpaket mit Jacket
3 Einerflasche mit Jacket
4 Einschaliges Jacket mit Inflator

Tafel V: Atemregler, Konsolen, Decomputer

1 Atemreglersatz mit 1. und 2. Stufe
2 Analoge Gerätekonsole
3 Standkonsole mit Kompass, Digitaltiefenmesser und UW-Manometer
4 Tauchcomputer für den Arm
5 Tauchcomputer als Memomaus
6 Kombination: Uhr mit Tauchcomputer und PC-Anschluss
7 Computerauswertung eines Tauchgangs

1

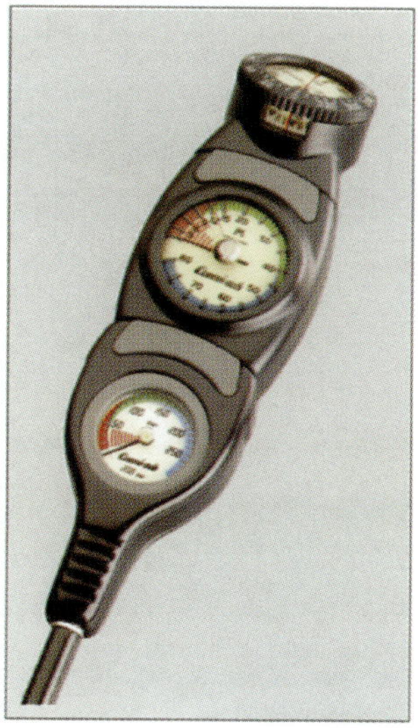

2

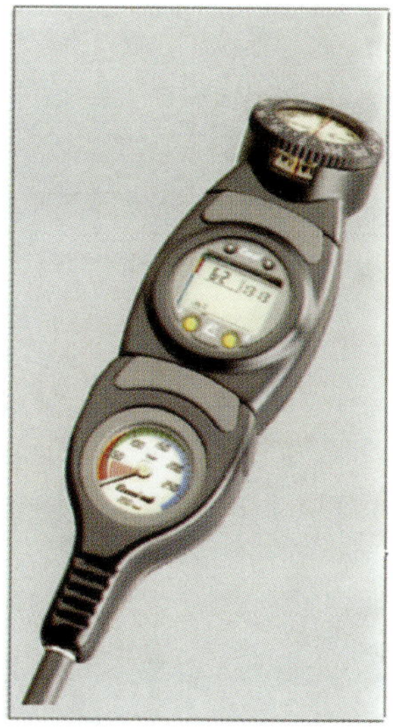

3

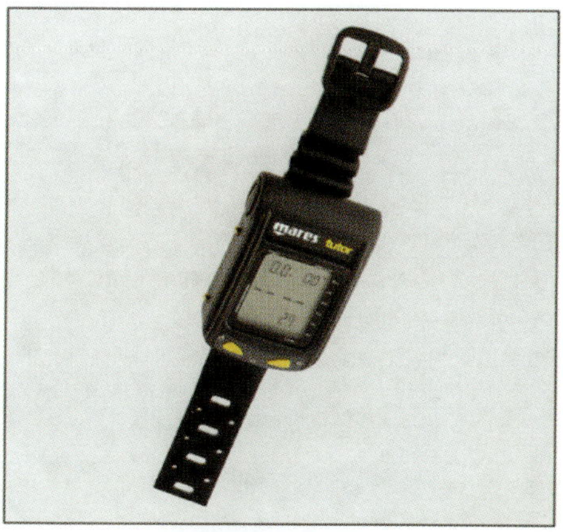
mares tutor

4

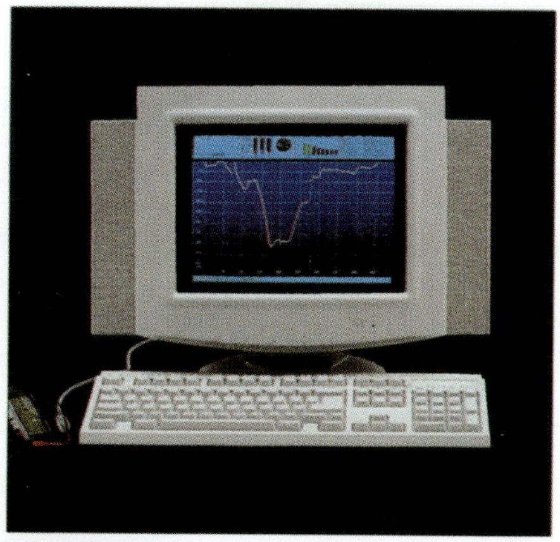

5

DIVER'S
LIGHT
CITIZEN
REV
FWD
MAX.
24.9m
20°c
23.5m
28'32"
TRANS
ALARM-ON/OFF AVE
MODE
TIME
200M

6

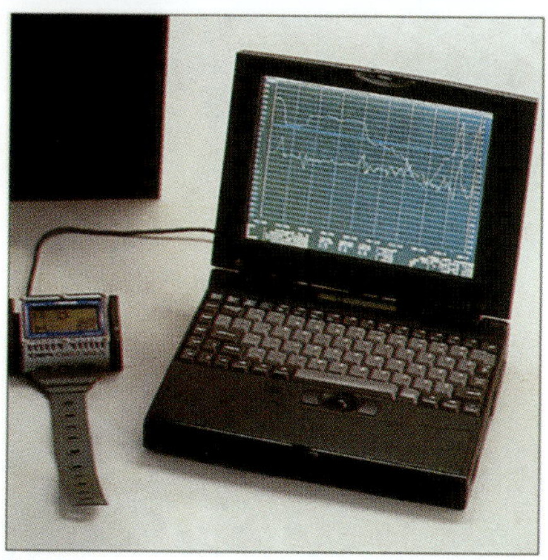

7

Tafel VI: Menschliches Auge, Farbabsorption unter Wasser

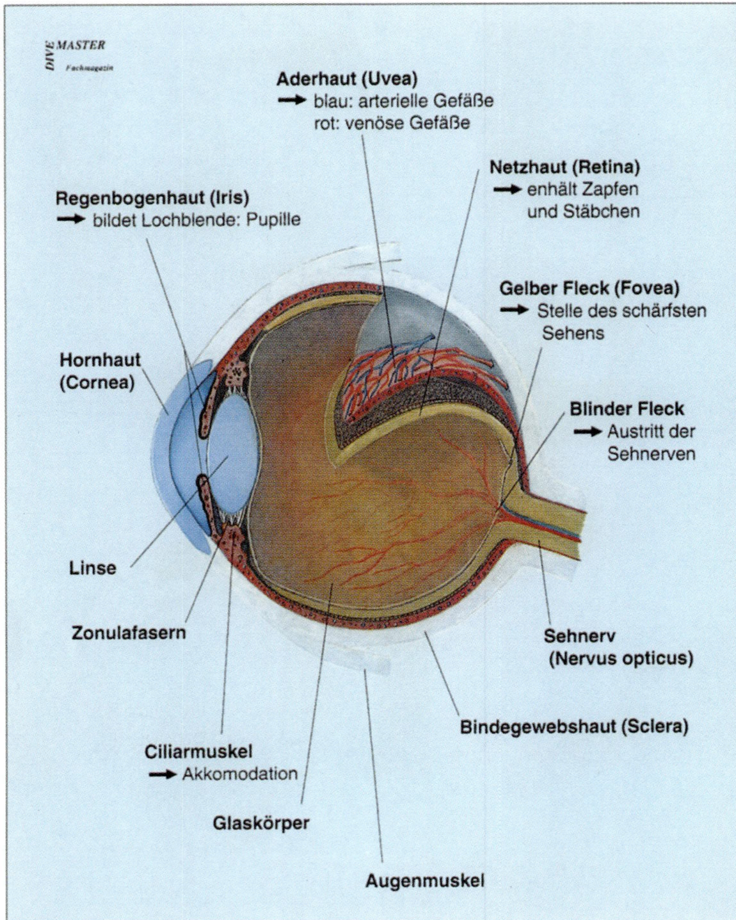

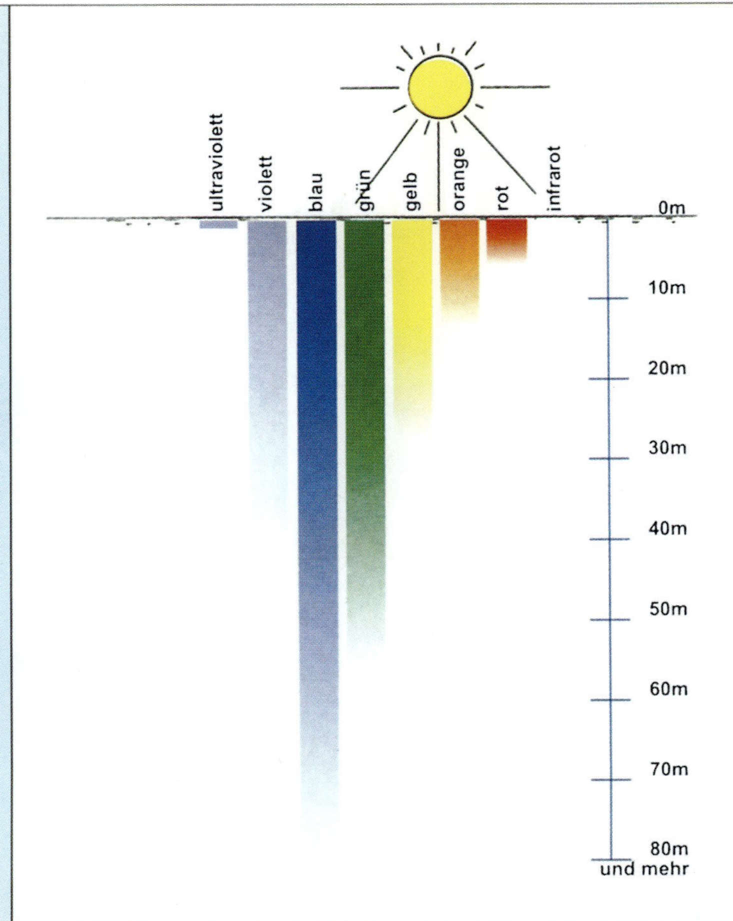

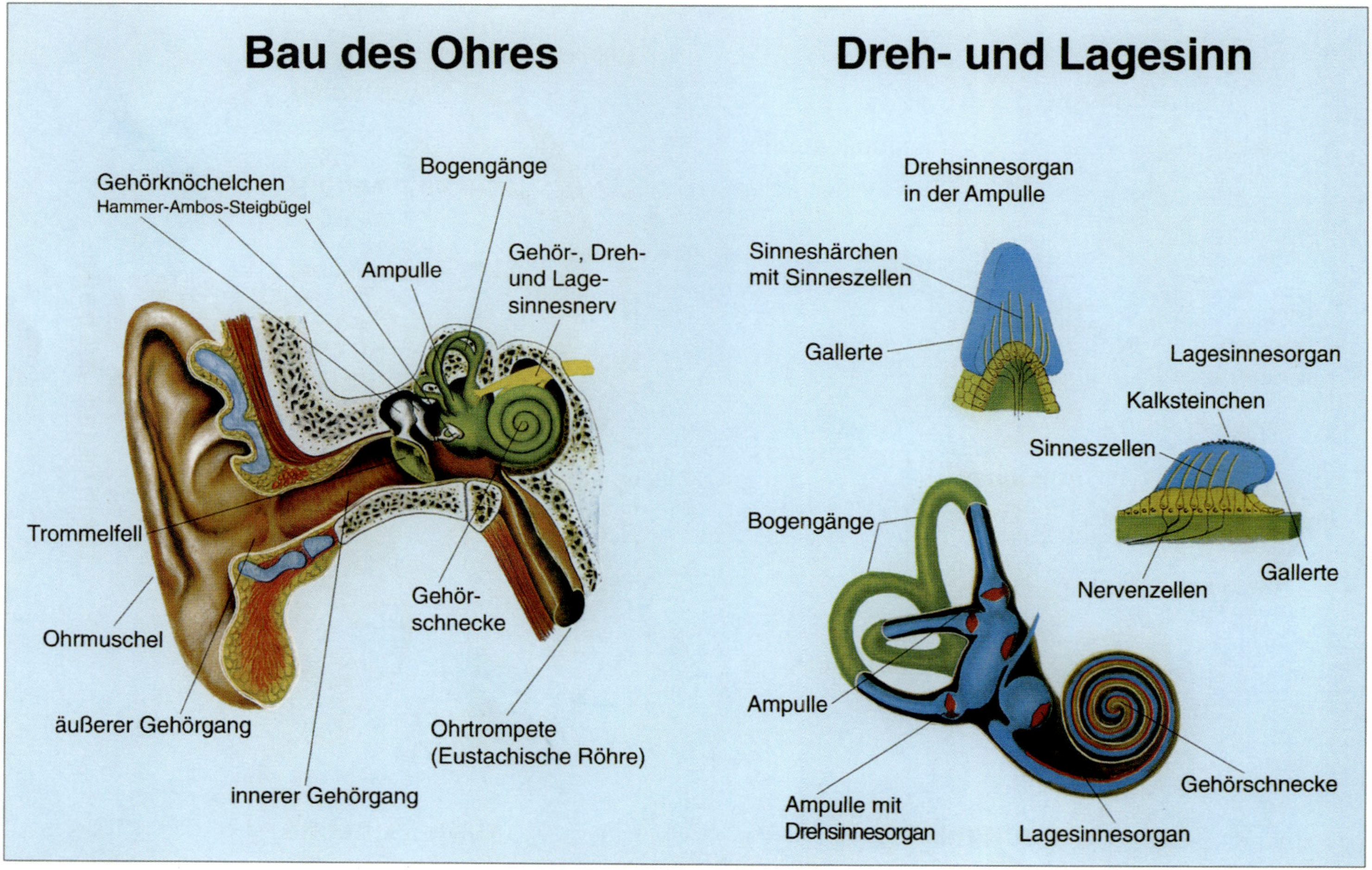

Tafel VII: Menschliches Ohr, Gehör-, Lage- und Gleichgewichtssinn

Tafel VIII: Kreislaufsystem, Lungenalveolen und Gasaustausch

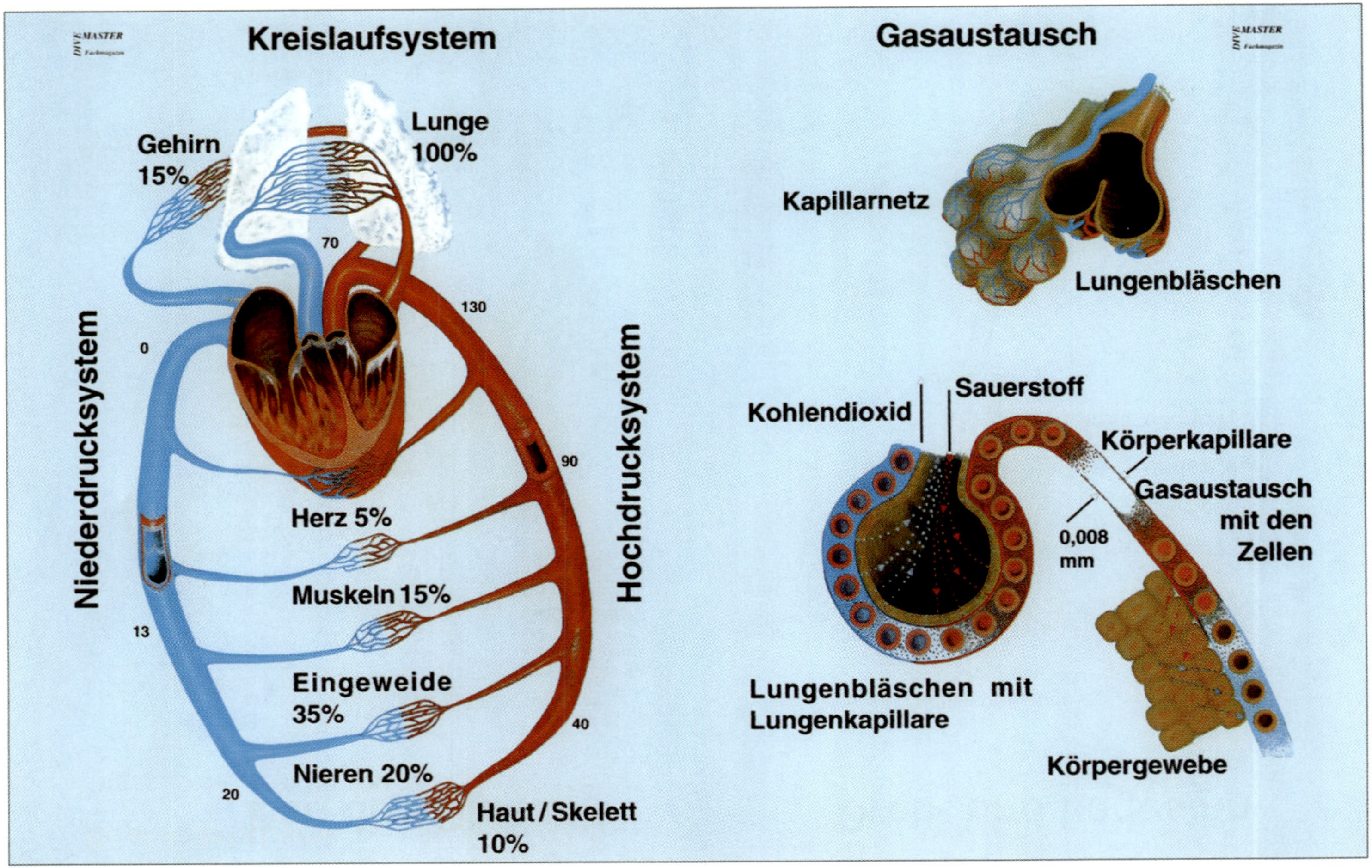

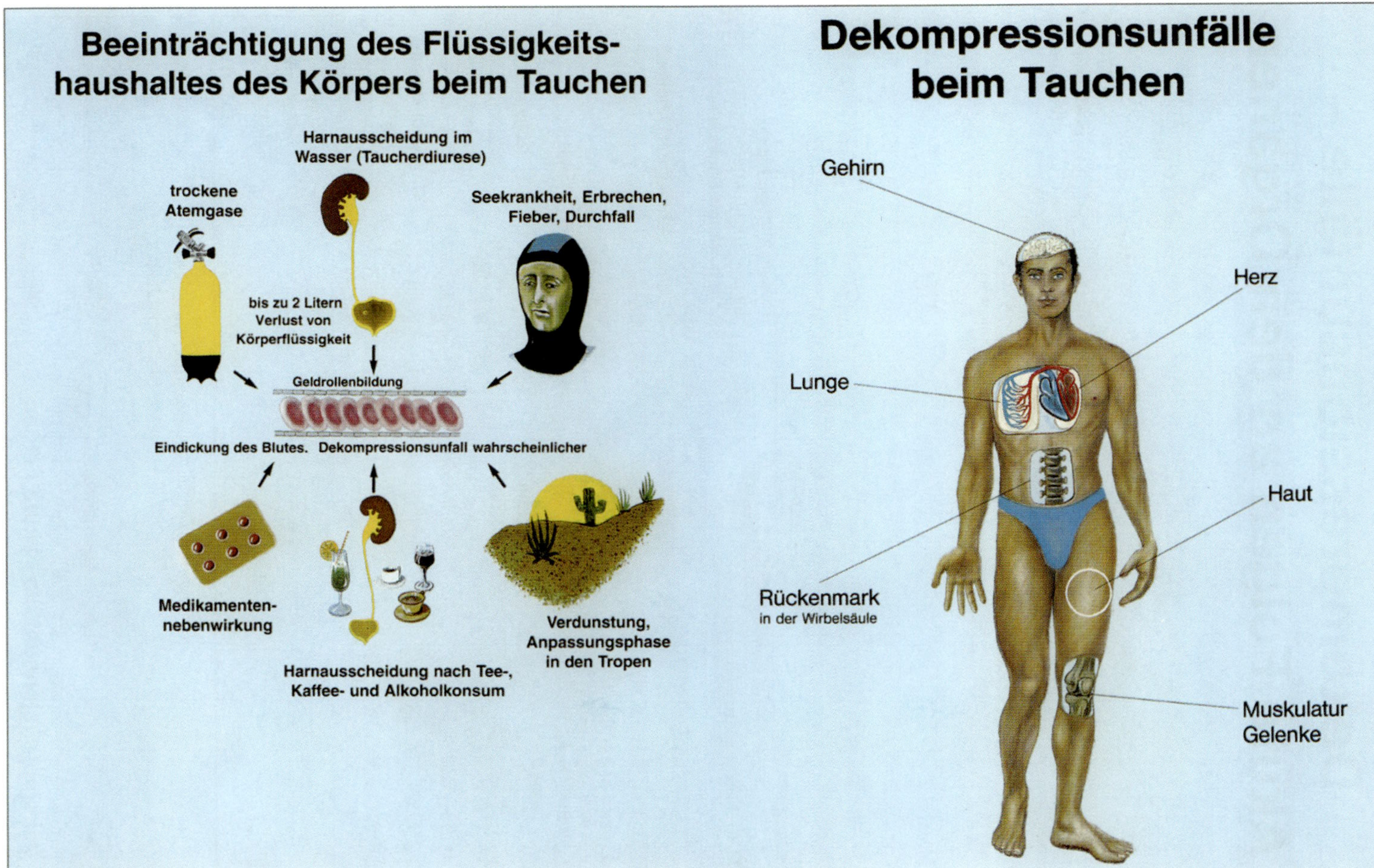

Tafel IX: Dehydratation, Dekompressionsunfälle - betroffene Organe

Tafel X

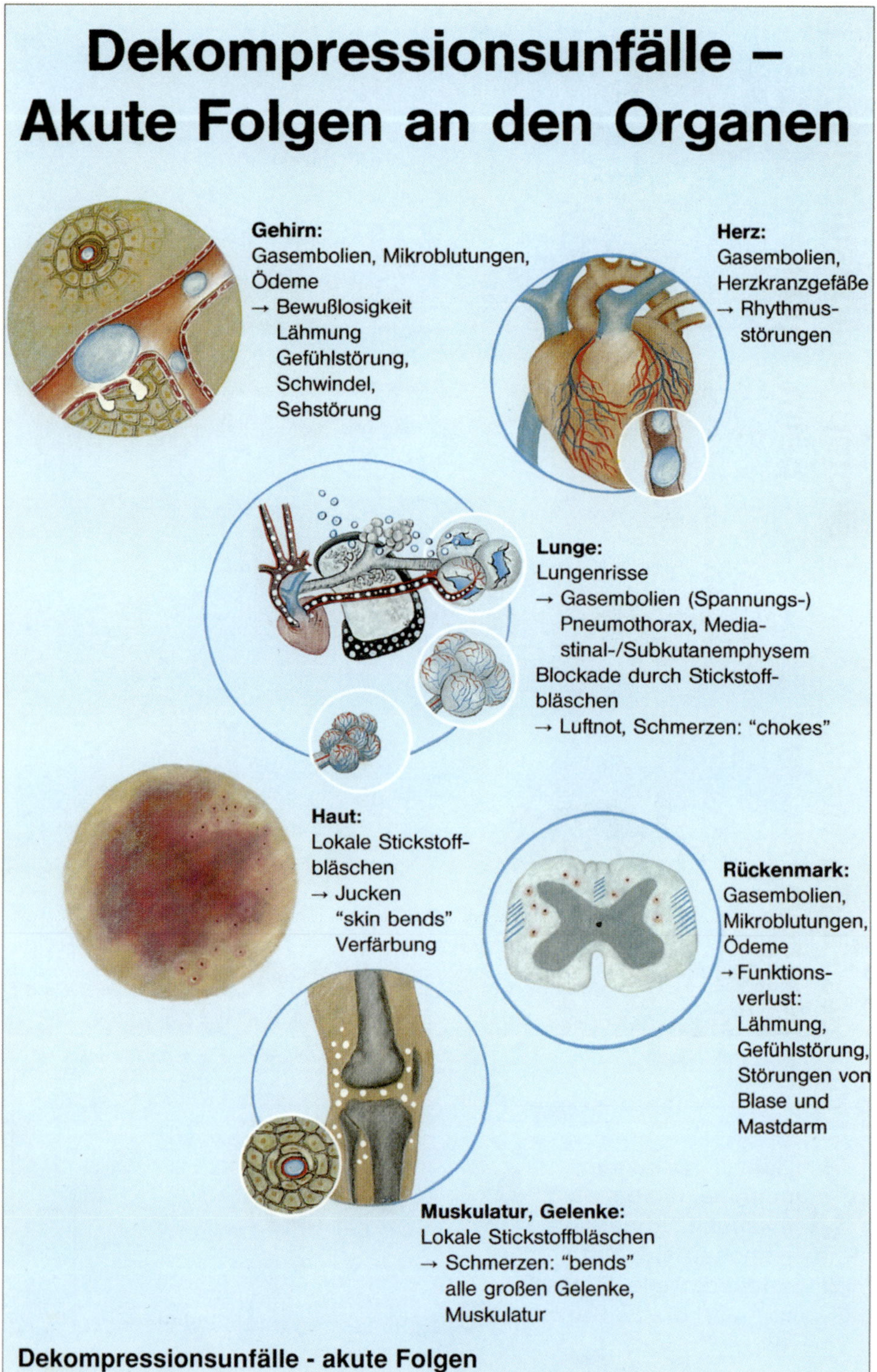

Dekompressionsunfälle –
Akute Folgen an den Organen
Gehirn:
Gasembolien, Mikroblutungen, Ödeme
→ Bewußlosigkeit
Lähmung
Gefühlstörung,
Schwindel,
Sehstörung
Herz:
Gasembolien,
Herzkranzgefäße
→ Rhythmus-
störungen
Lunge:
Lungenrisse
→ Gasembolien (Spannungs-)
Pneumothorax, Media-
stinal-/Subkutanemphysem
Blockade durch Stickstoff-
bläschen
→ Luftnot, Schmerzen: “chokes”
Haut:
Lokale Stickstoff-
bläschen
→ Jucken
“skin bends”
Verfärbung
Rückenmark:
Gasembolien,
Mikroblutungen,
Ödeme
→ Funktions-
verlust:
Lähmung,
Gefühlstörung,
Störungen von
Blase und
Mastdarm
Muskulatur, Gelenke:
Lokale Stickstoffbläschen
→ Schmerzen: “bends”
alle großen Gelenke,
Muskulatur
Dekompressionsunfälle - akute Folgen

1

2

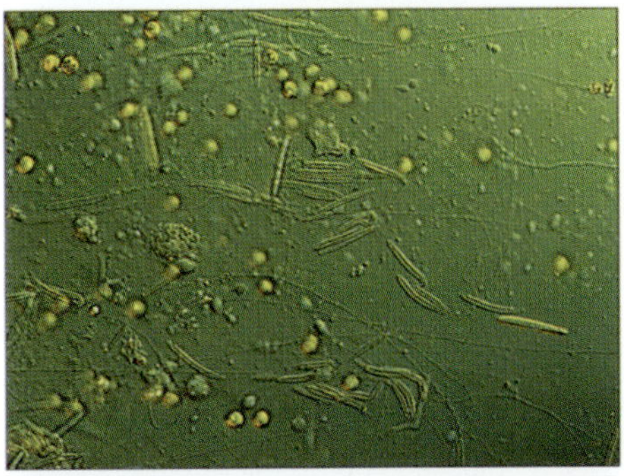

3

4

5

6

Tafel XI: Gefährliche Meerestiere

1 Feuerqualle, Mittelmeer
2 Seeanemone, Mittelmeer
3 Nesselkapseln, abgeschossen
4 Seeanemonenfeld, Mittelmeer
5 Plattenfeuerkoralle, Rotes Meer
6 Geweihfeuerkoralle, Karibik
7 Seewespe (*Chironex*), Pazifik

7

Tafel XII

1

2

3

4

5

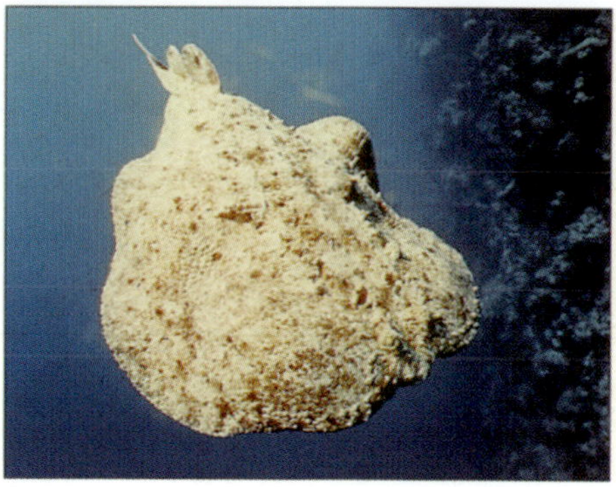

6

7

Tafel XII: Gefährliche Meerestiere

1 Dornenkrone, Indo-Pazifik
2 Borstenwürmer, Mittelmeer
3 Giftiger Seeigel, Rotes Meer
4 Seeigelfeld, Mittelmeer
5 Giftige Kegelschnecken, Indo-Pazifik
6 Elektrischer Rochen, Rotes Meer
7 Stachel eines Rochen

1

2

3

4

5

6

Tafel XIII: Gefährliche Meerestiere

1 Stachelrochen, Karibik
2 Weißer Hai, Großes Barriere Riff
3 Muräne, Mittelmeer
4 Barrakuda, Karibik
5 Rotfeuerfisch, Rotes Meer
6 Steinfisch, Rotes Meer
7 Drachenkopf, Mittelmeer

7

Tafel XIV: Schnittbild der 1. und 2. Stufe eines Atemreglers

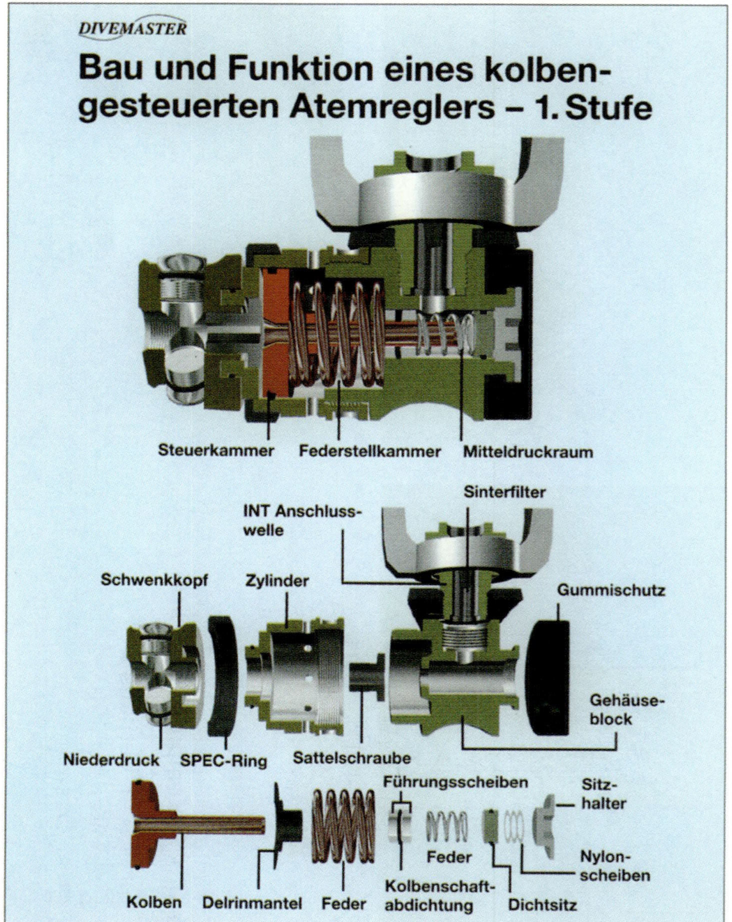

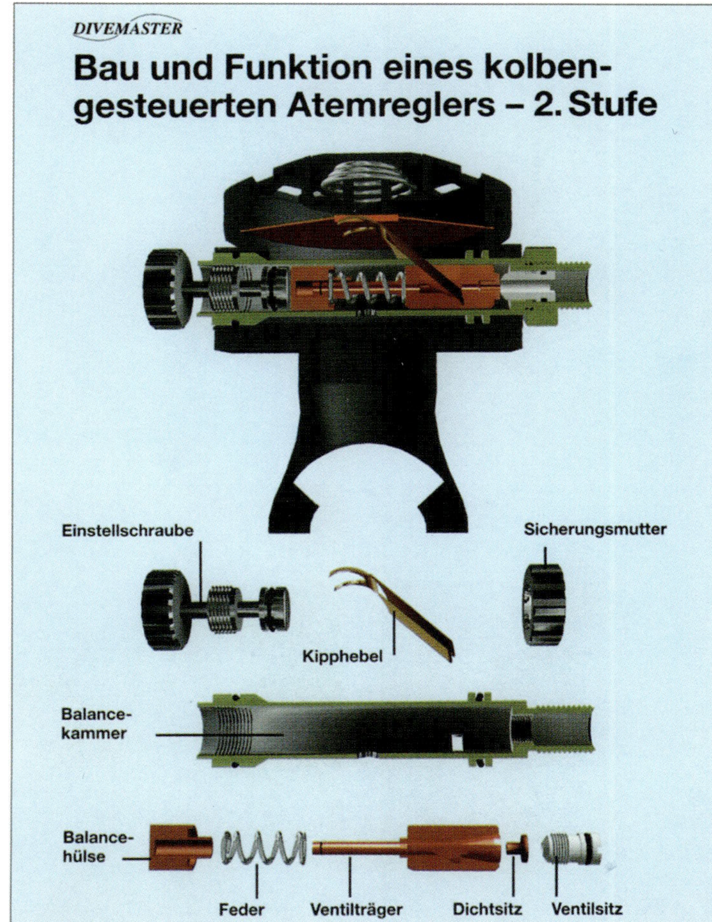

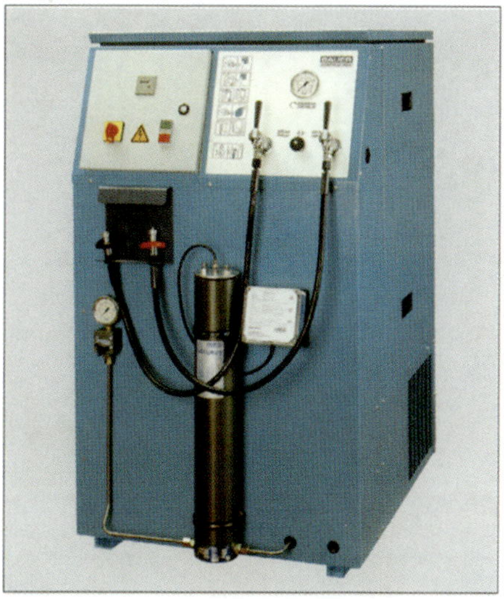

1

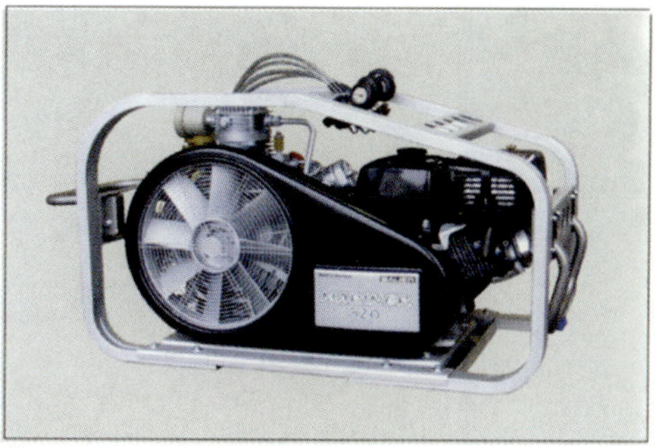

2

3

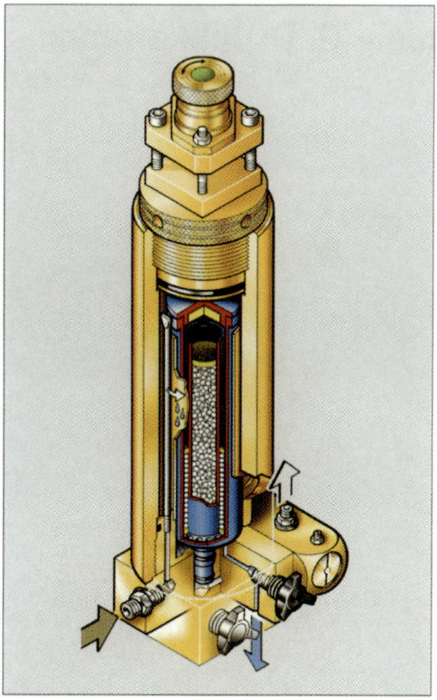

4

5

Tafel XV: Kompressoren

1 Bauer Mini Verticus II
2 Bauer Mariner 320
3 Bauer Oceanus SLK
4 Schnitt durch Filter/ Endabscheidereinheit
5 Schnitt durch Kompressorblock

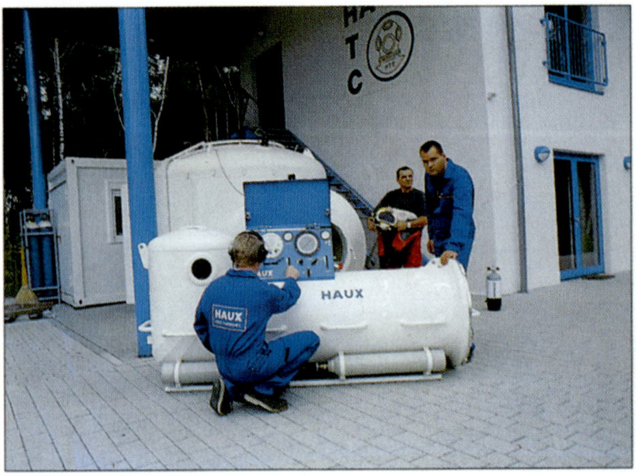

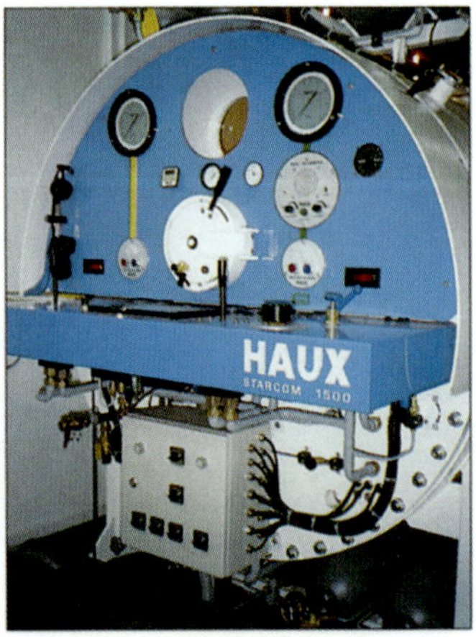

1 2

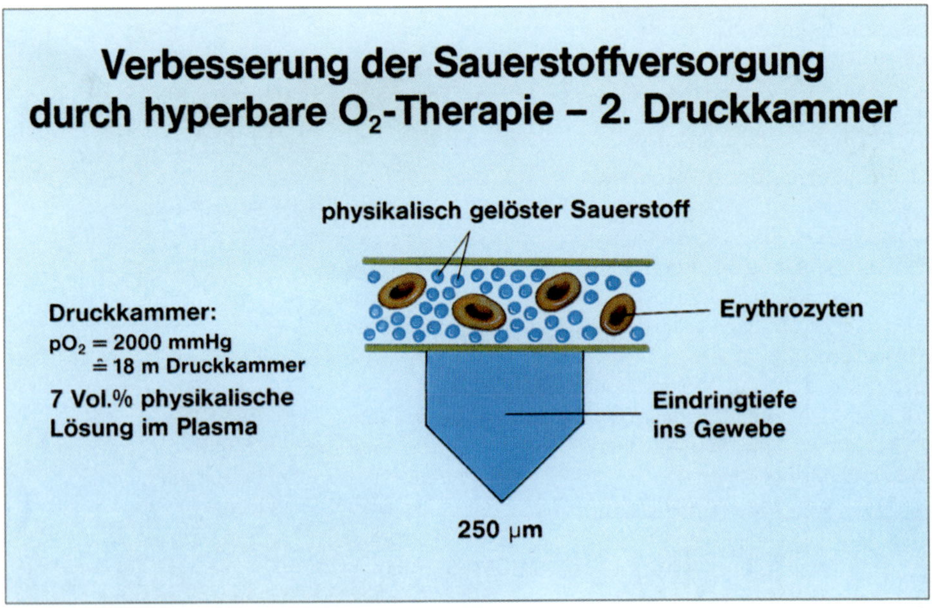

3

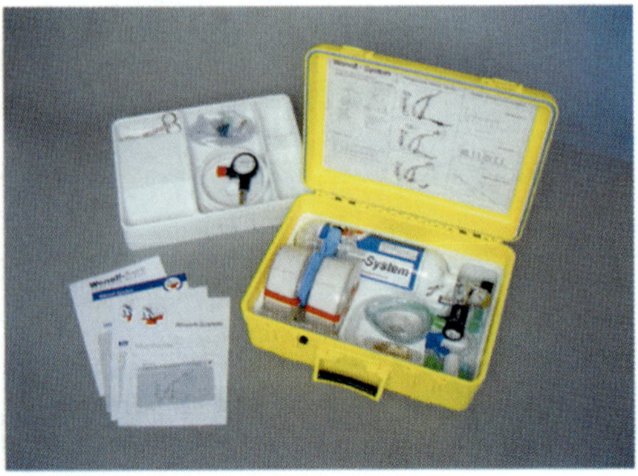

4

Tafel XVI: Dekokammer und Sauerstoffkit

1 Haux-Mehrpersonen-Kammer
2 Instrumentalfront einer Haux-Kammer
3 Verbesserung der Sauerstoffversorgung durch Druckkammertherapie
4 Wenoll-Notfallkoffer WS 200

Umwelterziehung

Ein Beitrag von Dr. Friedrich Naglschmid

Als TaucherIn solltest du bei allen deinen Unterwasserabenteuern einem einfachen und leicht verständlichen Motto folgen:

Tauche wie dein Schatten, hinterlasse keine Spuren.

Um dies verwirklichen zu können, musst du dich nur ein kleines bisschen mit den grundsätzlichen Zusammenhängen des Lebens vertraut machen und an eigene Erfahrungen anknüpfen.

Leben erkennt man an fünf Grundbedingungen, von denen zwar nicht alle, aber immer mehrere gleichzeitig zu beobachten sein müssen:

Stoffwechsel ist die Voraussetzung, um für alle Lebensäußerungen die erforderliche Energie und die erforderlichen Baustoffe bereitzustellen und den entstandenen Abfall zu beseitigen.

Reizbarkeit dient der Wahrnehmung von Reizen wie Licht, Schall, Geruch, Geschmack usw. der Umwelt und der möglichen Beantwortung durch Reaktionen.

Fortpflanzung und Vermehrung dienen einerseits der Erhaltung der Art und durch mögliche genetische Veränderungen als Evolutionsangebot.

Wachstum ist die eigentliche Entwicklung von der befruchteten Eizelle bis zum erwachsenen Lebewesen, das selbst wieder reproduktiv sein kann.

Aktive Bewegung ist die Möglichkeit, unter Energieaufwendung Standorts- oder Lagewechsel des Körpers oder einzelner Körperteile zu vollziehen, um die anderen vier dieser fünf Kriterien des Lebens zu erfüllen.

An Land und unter Wasser werden wir unserem Anspruch zu einem umweltverträglichen Verhalten am besten dadurch gerecht, dass wir andere Lebewesen, ob Tiere oder Pflanzen nicht in ihren Entwicklungen und Lebensäußerungen behindern, stören oder sie sogar zerstören. Dies gilt natürlich auch für Pilze, Bakterien und Viren, die für den Laien nicht unbedingt als schützenswerte Lebewesen zu erkennen sind, aber im ökologischen Zusammenspiel nicht entbehrlich sind. Dass wir aber überhaupt nicht anders können, als in die Lebensfunktion anderer Lebewesen einzugreifen, zeigt schon das Beispiel von Bakterien, ohne die wir nicht leben könnten, von denen wir aber Krankheitserreger nachhaltig bekämpfen müssen, um selber überleben zu können. Wegen ihrer mikroskopischen Kleinheit werden sie eben sowenig wie Viren, von denen wir bislang nur Krankheitserreger kennen, in unsere direkten Überlegungen einzubeziehen sein. Dies gilt unter Wasser auch für Pilze.

So sind die erkennbar Betroffenen:

Pflanzen und Tiere jeder Göße und Form.

Berührung, Druck und mechanische Beschädigungen vertragen beide Lebensformen meist ebenso wenig wie Zuschütten mit Sediment. Am Beispiel der Pflanzen ist Letzteres am leichtesten zu erklären. Pflanzen brauchen zur Fotosynthese Licht. Jede Trübung in einem Gewässer verringert die auf die Pflanzen im Gewässer fallende Lichtmenge und führt damit zur Verringerung der Fotosyntheserate, also des Vorgangs, bei dem aus Kohlendioxid und Wasser die Energieträger Zucker und Stärke aufgebaut werden. Gleichzeitig entsteht bei diesem nur unter Lichteinfluss ablaufenden Prozess der für Tier und Pflanze lebensnotwendige Sauerstoff. Ohne Licht müssen Pflanzen sozusagen verhungern. Und da mit den Pflanzen (Produzenten) eigentlich die Nahrungkette der Konsumenten beginnt, gilt dies auch für Tiere und auch uns Menschen. Dass aufgrund ihres Sauerstoffbedarfes Tiere und Pflanzen unter Geröll, Sand und Schlamm ersticken können, ist einleuchtend.

Einige typische Beispiele dieses Zusammenwirkens aus dem Süßwasser und dem Meer seien hier kurz erläutert:
Durch Flossenschlag und Grundberührung in einem See aufgewirbelte Sedimente trüben nicht nur aufs unangenehmste die Sicht, sondern sinken nach und nach wieder ab und legen sich als Lichtfilter auf die Blätter der Wasserpflanzen. Sterben diese dadurch ab, verschwinden Laichplätze, Schutzzonen für Jungfische oder Eiablageplätze für Insekten. Das ökologische Gleichgewicht im See würde nachhaltig gestört. Hinzu kommt, dass durch aufgewirbelte Sedimente durchaus natürliche, aber bereits abgelagerte und damit aus dem Kreislauf genommene Nährstoffe als Düngemittel wieder zurück in den Kreislauf des Gewässers geraten und damit zur Eutrophierung des Gewässers führen können. Dies ist aber sehr von der Gewässergröße und der Frequentierung durch TaucherInnen abhängig. Je kleiner das Gewässer und je höher die Zahl der TaucherInnen, umso größer ist die Gefährdung des Gewässers bei Nichtbeachtung der zehn goldenen Regeln des Tauchsports.
Durch Flossenschlag oder mangels richtiger Tarierung abgeknickte, abgerissene oder zerquetschte Stängel von Unterwasserpflanzen führen meist zum Verlust der ganzen Pflanze. Dies gilt natürlich auch für die Pflanzen auf dem Weg ins Gewässer, der sehr umsichtig gewählt werden muss und keineswegs quer durch die Ufervegetation verlaufen darf. Hierdurch würden neben den Pflanzen auch Nist- und Brutplätze vieler Vogelarten nachhaltig gestört, seltene und scheue Arten auch vertrieben.
Korallenstöcke im Meer sind von solchen mechanischen Zerstörungen natürlich genauso betroffen wie Wasserpflanzen. Was jedoch die wenigsten Menschen wissen, ist die Tatsache, dass die Korallenpolypen nur in Symbiose mit einzelligen Pflanzen, den Zooxanthellen, überleben können und damit sogar direkt von der Fotosynthese abhängig sind. Bei Berührung wird leicht die schleimige Schutzschicht der Polypen zerstört, so dass Bakterien und Pilze ihr zerstörerisches Werk beginnen können.
Diese Schädigung der schützenden Schleimschicht tritt übrigens auch leicht bei allen andern Meerestieren, die mit dieser Taktik geschützt sind, ein. Wenn du dir diese Beispiele verdeutlichst, dann wird dir schnell klar, dass die Welt unter Wasser anders als unsere Säugetierwelt eigentlich keine Streicheleinheiten verträgt, auch wenn das Verhalten mancher Fischarten und Kraken etwas anderes zu suggerieren scheint.
Alle Tier- und Pflanzenarten können übrigens nur an Standorten überleben, die ihren Lebensbedingungen entsprechen. Licht und Schatten spielen hier eine genauso große Rolle wie Strömungen und Wassertemperaturen sowie tägliche oder jahreszeitlich bedingte Ruhe- und Aktivitätsphasen. Wer also unter Steinen nach Lebewesen sucht, muss diese Steine unbedingt wieder in die ursprüngliche Lage zurückversetzen. Am allerbesten hältst du dich an die auf Seite 129 abgedruckten Regeln.
Damit wird klar, dass die wichtigste Grundfähigkeit für umweltverträgliches Tauchen das richtige Tarieren ist. Erst diese erlaubt es, einen kontinuierlichen Sicherheitsabstand zum Boden oder zum Riff zu halten. Solltest du aus irgendwelchen Gründen dennoch einmal Halt suchen müssen, dann versuche dich mit ein oder zwei Fingern auf einem toten Korallenstück oder am nackten Fels abzustützen.
Die nächste, nicht weniger wichtige Fähigkeit ist eher eine Frage der persönlichen Entwicklung und des Verständnisses für die Natur. Zweifelsfrei ist der Mensch evolutionsbedingt ein Sammler und Jäger. Wenn dem nicht so wäre, hätten die unzähligen Souveniershops keinen solchen Erfolg. Gerade dieser Mentalität gilt es bewusst entgegenzuwirken und auf das Jagen und das Sammeln von Souveniers aus dem Meer

oder irgendeinem anderen Gewässer zu verzichten. D.h. hier gibt es eine sinnvolle Alternative: die Unterwasseraufnahme, egal ob als UW-Foto oder als UW-Video. In Kombination mit dem Wissen, welche Tierart du aufgenommen hast, welche Besonderheiten diese auszeichnen und wie sie sich in das ökologische Zusammenspiel einfügt, sind dies die prächtigsten und persönlichsten Souveniere, die die Welt unter Wasser liefert, ohne dabei geschädigt zu werden. Vorausgesetzt du hältst dich natürlich auch bei dieser Tätigkeit an die zehn goldenen Regeln. Diese Regeln einzuhalten fällt umso leichter, je mehr man über das Leben unter Wasser und das ökologische Zusammenspiel weiß, da man dann auch nicht aus Unkenntnis Schäden anrichtet. Denn wer denkt schon daran, dass es zu ökologisch negativen Auswirkungen kommen kann, wenn man auf einen Teil seiner Mahlzeit verzichtet, um diese dann an Tiere im Riff zu verfüttern, um sie besser beobachten zu können. Dieser scheinbar harmlose Trick kann jedoch das Verhalten und die Zahl einzelner Fischarten innerhalb eines Riffabschnittes nachhaltig verändern. Im engeren Bereich eines Sees käme sowieso niemand auf die Idee, in einer selbst erzeugten „Ködersuppe" schwimmen zu wollen.

Neben diesen Regeln gegenüber der lebenden Unterwasserwelt gibt es aber auch Verhaltensregeln gegenüber historischen und prähistorischen Unterwasserfunden. Die moderne Satellitennavigation bietet heute eine genaue Standortbestimmung, die zusammen mit Unterwasseraufnahmen oder Skizzen ein wertvolles Detail im Mosaik der Unterwasserarchäologen und damit in der Erforschung unserer Vergangenheit darstellen. SporttaucherInnen belassen die Fundorte in ihrem ursprünglichen Zustand, denn nur so können UW-Archäologen eine vollständige und nicht in die Irre weisende Auswertung der Fundstelle vornehmen. In den meisten Ländern gibt es sowieso umfangreiche Gesetze zum Schutze des kulturhistorischen Unterwassererbes, die das Bergen solcher Funde strengstens untersagen.

Wenn du dich an diese Vorgaben hältst, bereit bist, für umweltgerechtes Tauchen schon im Pool durch Training dein Tarieren, einen ruhigen Flossenschlag und den perfekten Sitz deiner Ausrüstung zu trainieren, dann kannst du eines der schönsten Abenteuer unserer Zeit genießen und dich wie ein Delfin im Wasser zu Hause fühlen.

Bitte, beachte die „Verpflichtung zum umweltverträglichen Tauchsport" auf der nächsten Seite.
Mach mit! Kopiere diese Seite, fülle sie aus und schicke sie an den Förderkreis Sporttauchen e.V., Ebersbachweg 3, 09337 Hohenstein-Ernstthal.

Umweltverträglicher Tauchsport – ich mache mit!

Hiermit verpflichte ich mich, meinen Sport oder mein Sportangebot entsprechend den nachfolgenden „Leitlinien eines umweltverträglichen Tauchsports" zu gestalten und bei der Einhaltung dieser Leitlinien mitzuwirken.

Leitlinien für einen umweltverträglichen Sport

Nachhaltigkeit des Tauchsports
Tauchsport wird so ausgeübt, dass in allen Lebensräumen, in denen getaucht wird, kein gravierender und / oder dauerhafter Schaden entsteht und Tiere, Pflanzen, geologische Formationen und archäologische Objekte erhalten bleiben.
Kommerzielle oder persönliche Interessen sind keine Legitimation zur Zerstörung der Natur, sie sind dem Umweltschutzgedanken nachzuordnen.

Ausbildung, die die Umweltverträglichkeit des Tauchens sicherstellt
Die Ausbildung der TaucherInnen muss so strukturiert sein (und durchgeführt werden), dass sie nur dann in Freigewässern tauchen dürfen, wenn sie die theoretischen und praktischen Kenntnisse besitzen (z.B. exaktes Tarieren), die sicherstellen, dass eine übermäßige und dauerhafte Beeinträchtigung der Lebensräume nicht zu erwarten ist; dies gilt in besonderem Maße für die Anfängerausbildung. Dazu ist es unerlässlich, dass die Ausbilder sich mit dem Gedanken des umweltverträglichen Tauchens uneingeschränkt identifizieren und als gutes Beispiel vorangehen.

Information – Mittel zur Minimierung von Schäden
Um sicherzustellen, dass in dem gewählten Tauchgewässer nicht aufgrund regionaler, lokaler und/oder saisonaler Besonderheiten sowie durch die Art des Tauchgangs (z.B. zur Ausbildung) eine Beeinträchtigung der Umwelt durch das Tauchen auftreten kann, muss sich der Taucher vorher informieren. Diese Informationspflicht ist eine Holschuld. Die Taucher haben sie selbst einzubringen.

Bereitschaft zum Verzicht
Bei der Gefahr einer nachhaltigen Schädigung der Natur oder kulturhistorischer Objekte muss der Taucher – unaufgefordert und selbstverständlich – auf die Ausübung seines Sports verzichten.

Die Verantwortung des Tauchsports bezieht die Ufer mit ein
Die Taucher haben sicherzustellen, dass durch ihre Sportausübung generell keine vermeidbare Beeinträchtigung der Umwelt, z.B. durch Geräusche, Abgase, kurz- oder langfristige Flächenversiegelung und sonstige Umweltstörungen, auftreten. Auch die Gewässeranrainer sind ein Teil der Umwelt und haben den berechtigten Anspruch, nicht belästigt zu werden.

Bioindikatoren
Taucher sollten so ausgebildet sein (z.B. durch die Teilnahme an Umwelt-Spezialkursen), dass sie in der Lage sind, negative Veränderungen in einem Lebensraum, in dem sie tauchen, zu erkennen, aufzuzeigen und öffentlich bekannt zu machen. (Der VDST z.B. unterstützt diese Bemühungen durch Umweltfachleute in den Ländern und auf Bundesebene.)

Die Verantwortung für andere
Tauchsportler sollten sich verpflichtet fühlen, andere Sportkameraden zu umweltverträglichem Verhalten anzuhalten und ihre Einflussmöglichkeiten nutzen, grobe Verstöße gegen die Regeln des umweltverträglichen Tauchens und mutwillige Zerstörung der Natur durch andere zu unterbinden.

Name: ______________________ **Firma/Verband:** ______________________

Vorname: ______________________ **Verein:** ______________________

Straße: ______________________ **Tauchschule/Basis:** ______________________

Wohnort: ______________________ **Funktion:** ______________________

Ausbildungsstand: ______________________

Datum: ______________________

______________________ **(Stempel/Unterschrift)**

Ausbildung vom Anfänger zum Grundtauchschein (Basic Diver) und Taucher*

Einführung

Beim folgenden Grundtauchschein und den anschließenden Freigewässertauchgängen hast du deine ersten Unterwassererlebnisse, die für das weitere Erleben unter Wasser sehr wichtig sind. Aus diesem Grund solltest du dir die nötige Ruhe für den Grundkurs nehmen und dem Tauchlehrer jede Gefühlsregung mitteilen. Diese Mitteilung ist für den Tauchlehrer sehr wichtig, da er darauf die Ausbildung abstimmt. Der gewissenhafte Tauchlehrer geht auf die Wünsche des Tauchschülers ein und vermittelt dem Tauchschüler das für den Ausbildungsstand entsprechende Wissen. Dieses Wissen wird nach den neuesten Erkenntnissen so einfach und verständlich wie möglich nach einer modulen Ganzheitsmethode vermittelt. Der Tauchlehrer verknüpft verschiedene Themengebiete miteinander in Abstimmung auf die nächste Praxislektion. So lernt der Tauchschüler sehr umfangreich, jedoch wird ihm nur das jeweils nötige Wissen vermittelt.

Voraussetzung

Der Bewerber muss bei einigen Verbänden bzw. Organisationen ein bestimmtes Alter haben. Bei Minderjährigen ist die Einverständniserklärung eines Erziehungsberechtigten erforderlich.

Der Bewerber muss vor Beginn der praktischen Übungen eine gültige ärztliche Tauchtauglichkeitsbescheinigung nach den jeweils neuesten Richtlinien vorlegen. Diese darf nicht älter als 2 Jahre sein, wenn der Bewerber unter 40 Jahre alt ist, bei älteren Bewerbern nicht älter als 1 Jahr. Für die Ausbildung sollte eine Tauchunfallversicherung und im Ausland zusätzlich eine Auslandsreisekrankenversicherung abgeschlossen werden. In einigen Verbänden bzw. Organisationen sind die Teilnehmer automatisch versichert.

Alle Übungen zu diesem ersten Tauchschein sollten im Pool oder im ruhigen Freigewässer mit guter Sicht bis 5 m Tiefe durchgeführt werden.

Die Kenntnisse in Theorie und Praxis werden in leicht verständlicher Form in den nachfolgenden Kapiteln vermittelt.

Da dir das Tauchen nach dem Grundkurs sehr viel Spaß machen wird, findest du nach dem ersten einführenden Kapitel weitere Ausbildungsphasen bis zum CMAS Taucher***. Zwischen den jeweiligen Brevets sind Spezialkurse zu absolvieren, auf die in der Ausbildung hingewiesen wird und die im wesentlichen auch in diesem Buch angesprochen werden. Diese Spezialkurse sind für das sichere Tauchen ein Muss!

Lektion 1
Praxisblock mit ABC-Ausrüstung 1

1.1 Vorbereitung der ABC-Ausrüstung

Dein Tauchlehrer hat dir bereits die ABC-Ausrüstung erklärt. Die Flossen passen, die Maske sitzt dicht und du hast einen geeigneten Schnorchel. Jetzt steht ihr vor den ersten Schritten zum Erlernen des Tauchens. Lege Flossen, Maske und Schnorchel zunächst einmal an den Beckenrand, da wir erst eine Vorübung ohne Ausrüstung durchführen wollen.

1.2 Grundbegriffe der Taucher-Zeichensprache

Da wir unter Wasser nicht sprechen können, uns aber verständigen müssen, ist die Unterwasser-Zeichensprache notwendig. Es gibt ca. 40 Unterwasserzeichen. Wir benötigen für das sichere Tauchen in dieser Ausbildungsstufe aber nur wenige, die hier aufgeführt sind.

Die Systematik folgt dem Grundprinzip, dass bewegte Zeichen eine Gefahr bedeuten, während unbewegte Zeichen lediglich eine Information oder Anweisung darstellen. Du wirst anfangs nur die Zeichen „Abtauchen", „O. K.", „Auftauchen", „Stopp" sowie die Gefahrenzeichen „kein Druckausgleich", „irgendetwas stimmt nicht" oder „ich friere" benötigen. In den späteren Praxislektionen werden dann die jeweils erforderlichen neuen Zeichen eingeführt.

Lernerfolgskontrolle

***1.2.1**
Wie reagierst du auf das Unterwasserzeichen „Auftauchen"?

a Ich antworte mit dem Zeichen „Abtauchen", wenn ich lieber noch tiefer gehen will.
b Ich führe einen Notaufstieg mit meinem Partner durch.
c Ich gehorche und steige sofort auf, da mein Partner dies wohl auch tun wird.
d Ich antworte mit dem Zeichen „Auftauchen" und beginne dann gemeinsam mit meinem Partner den Aufstieg.
e Da mein Partner Luftmangel hat, führe ich mit ihm eine Wechselatmung durch.

***1.2.2**
Was bedeutet das Zeichen, wenn ein Taucher an der Oberfläche einen Arm heftig herauf und herunter bewegt?

a Öffne meine Reserve
b Notzustand
c Es kann die Begrüßung eines Bekannten sein
d Luftmangel
e Kein Druckausgleich

1.3 Trockenübung zur Mund-Nase-Koordination

Deine Atmung über Wasser erfolgt in der Regel unbewusst. Damit du jedoch auch unter Wasser deine Atmung unter Kontrolle hast und richtig reagieren kannst, sollst du nun bewusst atmen. Hierzu üben wir zunächst an Land die Trennung der Atmung in die Einatemphase und die Ausatemphase.

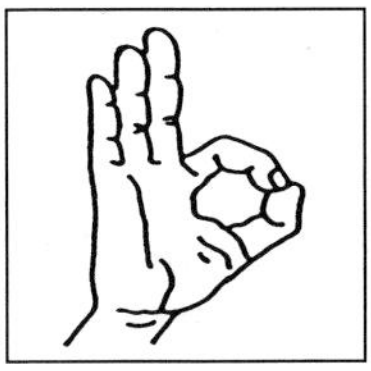

1. O. K.? – O. K.!

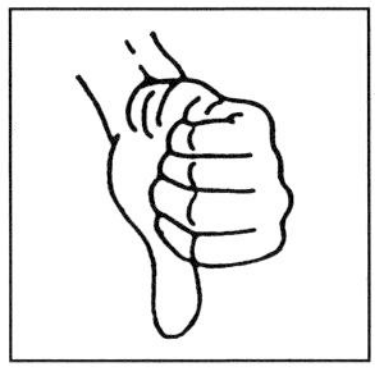

2. Abtauchen

3. Auftauchen

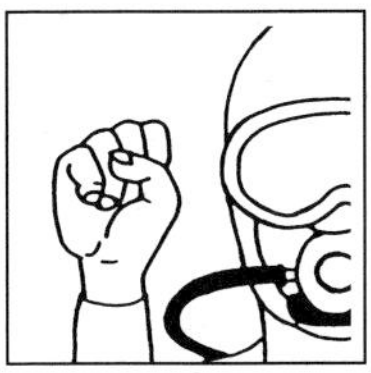

4. Ich bin auf Reserve 50 bar

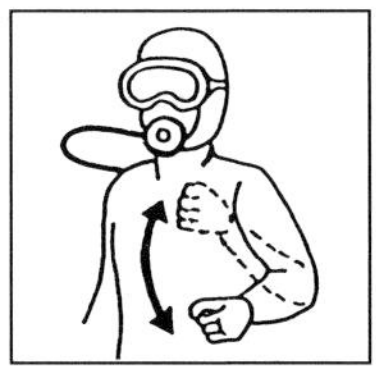

5. Öffne meine Reserve

6. Ich habe keine Luft mehr

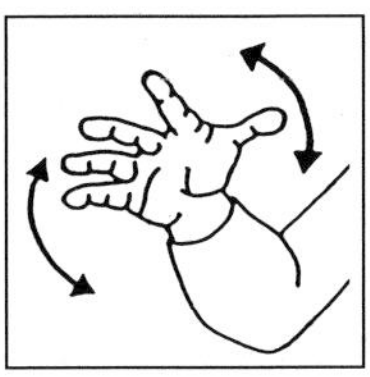

7. Etwas ist nicht in Ordnung

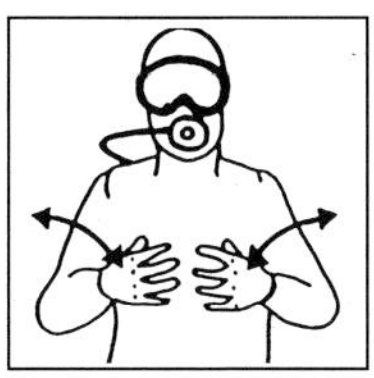

8. Ich bin außer Atem

9. Halt, Achtung

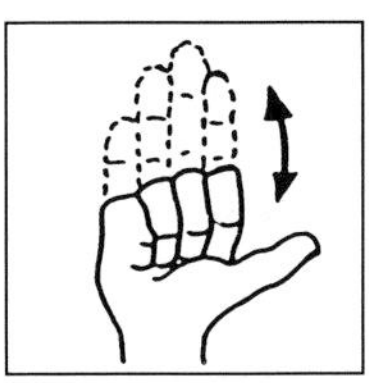

10. Kein Druckausgleich

11.Ich friere

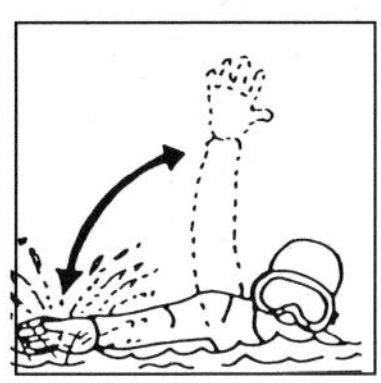

12. Oberflächen-notzeichen

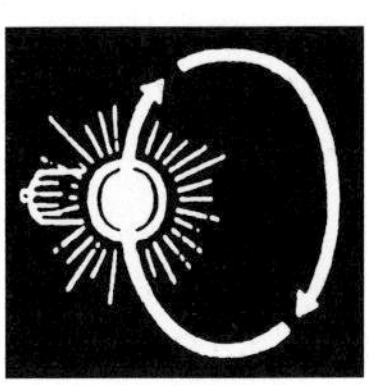

13. O.K.-Zeichen bei Dunkelheit

14. Notzeichen bei Dunkelheit

15. Abbruch

Abb. 5: Unterwasserzeichen

Du übst mit deinem Ausbilder
- die Einatmung über den Mund und die Ausatmung über den Mund
- die Einatmung über die Nase und die Ausatmung über die Nase
- die Einatmung über die Nase und die Ausatmung über den Mund
- die Einatmung über den Mund und die Ausatmung über die Nase

Besonders die letzte Kombination wird für die Koordination unter Wasser sehr wichtig sein und sollte deshalb ausführlich geübt werden.

1.4 Mund-Nase-Koordination im Wasser

Was zunächst einfach erscheint, kann schon für manchen ein schweres Hindernis sein: einfach einatmen, den Kopf ins Wasser halten und durch die Nase ausatmen. Dies muss unbedingt beherrscht werden, um den so genannten Wasser-Nase-Reflex in den Griff zu bekommen. Kann der Wasser-Nase-Reflex nämlich nicht unterdrückt werden, so verhindert er das Ausatmen durch die Nase derart, dass du entweder überhaupt keine oder nur zögerlich und stoßweise Luft aus deiner Nase ausatmen kannst.
Wird dieser erste Schritt dann nicht so lange geübt, bis durch dieses Training der Wasser-Nase-Reflex beherrscht wird, so können auch nachfolgende Übungen wie zum Beispiel das Ausblasen der voll Wasser gelaufenen Maske nicht gelingen. Ganz besonders wichtig ist das Beherrschen des Wasser-Nase-Reflexes jedoch, wenn du mit Drucklufttauchgerät und ohne Maske tauchst, da anderenfalls die Atmung blockieren kann.
Daher ist es nötig, diese und jede nachfolgende Lektion so lange zu üben, bis sie klappt.
Etwas schwieriger ist es dann schon, die Ausatmung über die Nase mit der Einatmung über den Mund zu koordinieren. Aber auch das muss beherrscht werden, damit später das Tauchen mit DTG ohne Maske funktioniert.
In der ersten Phase wirst du dazu nach dem Einatmen über Wasser so tief in die Hocke gehen, dass der Mund schon im Wasser ist, sich die Nase aber noch über Wasser befindet. Nun wird über die Nase ausgeatmet.
In der zweiten Phase gehst du so tief in die Hocke, dass sich die Nase schon im Wasser befindet, die Augen jedoch noch über Wasser sind. Wieder wird vorher über den Mund eingeatmet und dann über die Nase – die dann unter Wasser ist – ausgeatmet.
In der dritten Phase wird diese Übung wiederholt, wobei der Kopf vollständig unter Wasser ist und die Augen dabei geöffnet bleiben.
Nun nehmen wir den Schnorchel in den Mund, gehen in die Hocke und gehen mit dem Kopf nur so weit unter Wasser, dass das Schnorchelende noch ausreichend über Wasser ist. Dein Tauchlehrer achtet schon darauf, dass kein Wasser hineinläuft. Damit werden jetzt die drei Phasen wiederholt. Du atmest über den Schnorchel ein (so wie vorher an der Oberfläche) und über die Nase aus und wiederholst dies laufend. Schwierig ist dabei in den letzten beiden Phasen das Einatmen über den Schnorchel, da es ein willentliches Verschließen der Nase bedingt. Auch dies muss trainiert werden. Solltest du damit anfangs Schwierigkeiten haben und Wasser über die Nase einziehen oder gar eine totale Blockade der Atmung haben, so hilft es, die Nase beim Einatmen einfach mit den Fingern zuzuhalten. Dieser Trick hilft übrigens auch später beim Tauchen mit Drucklufttauchgerät ohne Maske. Trotzdem sollte die Mund-Nase-Koordination so lange geübt werden, bis auch ohne das Zuhalten der Nase durch den Mund ein- und durch die Nase ausgeatmet werden kann.

1.5 Vorbereitung und Aufsetzen der Tauchmaske

Nachdem wir nun die schwierigsten Übungen schon geschafft haben, wollen wir uns jetzt einmal ansehen, was uns unter Wasser überhaupt erwartet. Um einen Blick in diese Welt werfen zu können, benötigen wir die Tauchermaske, da wir sonst alles unscharf sehen. Bevor es losgeht, reibe noch mal die Tauchermaske mit Speichel ein und spüle sie mit Wasser aus, damit sie später nicht beschlägt. Auch Shampoo oder Zahnpasta können hier helfen. Wir setzen sie uns dann auf und ziehen das Kopfband so nach hinten, dass nichts drückt, aber die Maske fest sitzt. Der Schnorchel bleibt erst einmal am Beckenrand liegen. Jetzt nimm in der Hocke einfach den Kopf unter Wasser und sieh dir deine Umgebung an, die jetzt wieder vollkommen scharf zu sehen ist.

1.6 Ausblasen der Maske

Du hast jetzt alle Fertigkeiten erlernt, um auch mit einer voll Wasser gelaufenen Maske fertig zu werden. Auch trotz guter Passform der Maske ist es beim Tauchen durchaus möglich, in eine Situation zu kommen, in der Wasser in die Maske eindringt. Dies ist durch falsches Aufsetzen, beim Sprung ins Wasser, durch den „Treffer" der Partnerflossen oder durch ungewohnte Gesichtsgrimassen (Lachen) möglich. In dieser Situation musst du in der Lage sein, deine Maske auch unter Wasser wieder zu entleeren. Wie mit allen Dingen ist aller Anfang schwer, doch auch diese Hürde wirst du bei guter Anleitung schnell meistern. Im flachen Wasser beginnt man mit dem Lüften der Maske und dem Ausblasen in folgenden Schritten:
Atme ein, gehe in die Hocke unter Wasser, flute die Maske mit Wasser (mit beiden Händen etwa 2 cm vom Gesicht wegziehen) und passe sie wieder an.

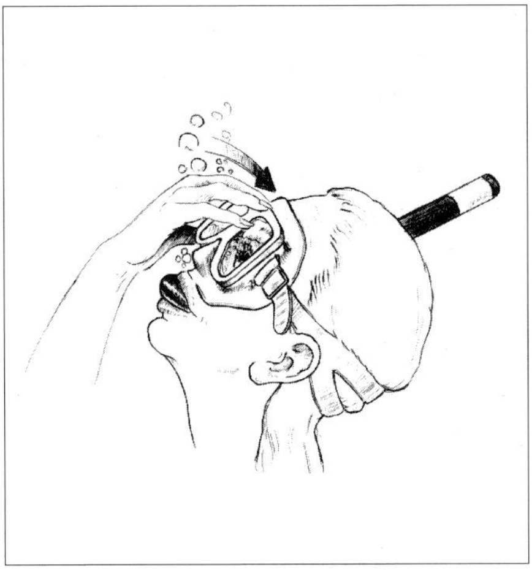

Abb. 6: Maske ausblasen

Nun bläst du die Maske zunächst über Wasser aus, indem du den Kopf über der Wasseroberfläche in den Nacken nimmst, den oberen Maskenrand mit einer Hand an die Stirn drückst und durch die Nase Luft in den Maskeninnenraum ausatmest. Die Luft verdrängt das vorhandene Wasser aus der Maske. Der Maskeninnenraum ist dann wieder komplett luftgefüllt, der Normalzustand wiederhergestellt.
Nun wiederholst du den gleichen Ablauf unter Wasser. Atme dazu vorher ein und blase die Maske dann nach dem Fluten aus. Genauso wie an der Oberfläche wird die Maske wieder wasserfrei, da die Luft nach oben steigt, dort nicht entweichen kann und den Raum der Maske einnimmt.
Dein Tauchlehrer wird dich bei dieser Übung leicht unter Wasser halten, damit du nicht sofort wieder nach oben treibst. Er behindert dich aber nicht, wenn du auftauchen willst. Dies ist sicherlich die schwierigste Übung mit ABC-Ausrüstung. Sie bedingt natürlich, dass du überhaupt den Wasser-Nase-Reflex beherrschst und Luft aus deiner Nase ausatmen kannst. Kompliziert wird sie, da du nur

begrenzt Luft zum Ausblasen zur Verfügung hast. Auch die hockende Haltung mit etwas Auftrieb erschwert die Übung. Solltest du deshalb Schwierigkeiten haben, versuche das Maskeausblasen später besser mit dem Tauchgerät. Dann hast du die Möglichkeit, wieder einzuatmen und den Ausblasvorgang zu wiederholen.

1.7 Atmung durch den Schnorchel mit Maske

Du hast gerade sicherlich gemerkt, wie unbequem es ist, immer wieder zum Luftholen den Kopf aus dem Wasser nehmen zu müssen. Das lässt sich jedoch leicht beheben, indem wir wie die Wale unsere Einatemöffnung an den Hinterkopf verlegen. Dies geschieht mit Hilfe des Schnorchels. Diesen befestigen wir uns daher an der Maske, gehen wieder in der Hocke mit dem Kopf unter Wasser und atmen durch den Schnorchel weiter. Natürlich ist Tauchen eine Partnerübung, so dass dein Partner oder dein Tauchlehrer dir helfen, indem sie darauf achten, dass das Ende des Schnorchels dabei noch einige Zentimeter über dem Wasser ist. Jetzt könnt ihr beliebig lange die Umgebung betrachten, ohne den Kopf aus dem Wasser nehmen zu müssen. Gerade im tropischen Gewässer wird die Zeit wie im Traum vergehen, da die Schönheit dieser neuen Umgebung eine fesselnde Wirkung entfaltet.
Wenn du das Ausblasen der Maske beherrschst, solltest du nun versuchen, den Schnorchel dabei zu verwenden. Atme an der Oberfläche durch den Schnorchel ein, gehe in die Hocke und blase die Maske aus. Du kannst nun permanent durch den Schnorchel weiteratmen und so den Ausblasvorgang auch wiederholen.

1.8 Ausblasen des Schnorchels

Nach den Übungen mit Atmung durch den Schnorchel gehst du mit dem Kopf so weit unter Wasser, bis der Schnorchel voll Wasser läuft. Nun richte dich einfach wieder auf und versuche, an der Oberfläche mit einem kurzen, kräftigen und explosionsartigen Stoß Ausatemluft den Schnorchel wieder leer zu blasen. Dabei reicht sehr wenig Luft aus. Es kommt vielmehr darauf an, diese besonders kurz und stoßartig auszuatmen. Mit ein bisschen Übung wird die benötigte Luftmenge immer weniger. Auch wenn anfangs noch ein kleiner Rest Wasser im Schnorchel bleibt, so kann man einfach noch einmal flach durch den Schnorchel einatmen und das Ausblasen wiederholen. Ein vollständiges Ausblasen mit einem Stoß gelingt in der Regel erst nach ein paar Übungen. Versuche dann auch, wie beim Zielschießen, das Wasser möglichst weit zu blasen. Die Maske bleibt dabei aufgesetzt.
Danach solltest du auch beim Ausblasen den Kopf im Wasser liegen lassen. Dein Partner oder Tauchlehrer achtet dann darauf, dass nur gerade das Schnorchelende aus dem Wasser schaut.
Versuche nun das Ausblasen der Maske und blase nach dem Auftauchen mit der verbliebenen Ausatemluft den Schnorchel aus. Auch wenn es anfangs schwierig erscheint – zum Schnorchelausblasen ist immer noch genug Luft in der Lunge verblieben!

Lektion 2
Theoretische Einweisung

2.1 Wasser-Nase-Reflex

Im normalen irdischen Leben funktioniert die Nase wie ein Einatmungs- und Ausatmungsventil, vor allem bei der gewohnheitsmäßigen Ruheatmung. Im Wasser muss die Funktion des Einatmungsventils förmlich unterdrückt werden, denn die Einwirkung des Wassers auf die höher gelegenen Nasenschleimhäute löst reflektorisch eine Art Schutzreaktion aus, die zum „Atmungsstopp" führt.
Bei der anschließenden Einatmung können heftige Störungen bis hin zum Stimmritzenkrampf auftreten. Andererseits kann man den Kontakt des Wassers mit dem unteren Teil der Nasenschleimhaut mit Training durchaus erträglich machen. Hierzu ist es notwendig, die normalen Atemreflexe zu modifizieren, d.h. die beiden Atemphasen Einatmung/Ausatmung müssen entsprechend den Anforderungen beim Tauchen getrennt werden. Einatmung ausschließlich durch den Mund, Ausatmung durch die Nase! Die Ausatmung durch die Nase wird auch nötig, um den Umgebungsdruck in der Maske auszugleichen und die höher liegenden Nasenschleimhäute vor Wasserkontakt zu schützen. Durch Übung kann erreicht werden, die Nasenhöhlen durch Muskelblockade der Nasenscheidewand im mittleren Teil der Nase zu isolieren.

Trainingsübungen zum Wasser-Nase-Reflex:

- nach vorheriger Einatmung Eintauchen des Kopfes mit offenen Augen in ein mit Wasser gefülltes Waschbecken,
- hierbei Versuch der leichten Einatmung durch die Nase,
- Einatmung über den Schnorchel mit dem Mund, wobei das Gesicht ins Wasser getaucht ist und die Augen geöffnet sind,
- im Schwimmbad schnorcheln mit hoch geschobener Maske und geöffneten Augen (s. Abb. 7).

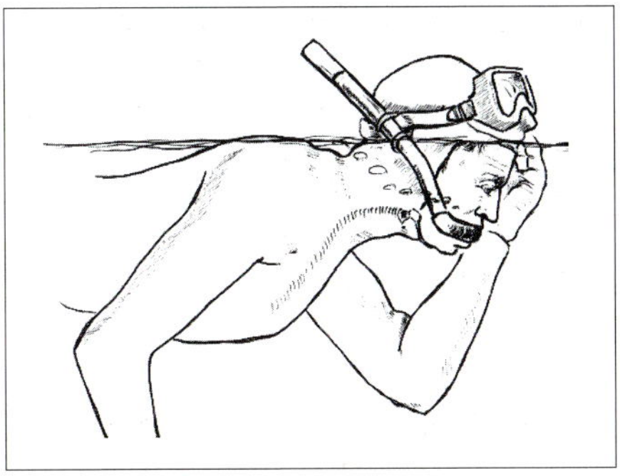

Abb. 7: Trainingsübung zum Wasser-Nase-Reflex

Lernerfolgskontrolle

***2.1.1**
Welche Folgen kann ein Wasser-Nase-Reflex haben?

a Die Nase wird nass, das führt zum Niesreiz unter Wasser.
b Die Atmung wird unterbrochen; anschließend kann Wasser eingeatmet werden und ein Stimmritzenkrampf mit der Folge eines Lungenüberdruckunfalls auftreten.
c Der Puls wird nach dem Eintauchen ins Wasser reduziert.
d Die Atmung wird derartig gesteigert, dass der Taucher bewusstlos wird.
e Der Reflex hat eine Erkältungserkrankung zur Folge.

2.2 Sinn, Anforderungen und Pflege der ABC-Ausrüstung

Die ABC-Ausrüstung hast du bereits im Abschnitt „Wie werde ich Taucher" kennen gelernt. Du weißt nun, warum die ABC-Ausrüstung als Hilfsmittel beim Tauchen benutzt wird, worauf bei der Auswahl zu achten ist und wie die Passform überprüft wird. Nach diesen Einweisungen steht einem Beginn deiner Tauchausbildung nichts mehr im Wege.

Lernerfolgskontrolle

***2.2.1**
Welche Eigenschaften sollte ein Schnorchel haben?

a Er muss ein Ausblasventil besitzen.
b Er sollte sich beim Abtauchen durch einen Ventilmechanismus verschließen.
c Er sollte eine Länge von ca. 35 cm und einen Durchmesser von ca. 25 mm nicht überschreiten.
d Er sollte in die Tauchmaske eingebaut sein.
e Er sollte in der Länge verstellbar sein (je nach Wellengang).

***2.2.2**
Was gilt für die Größe eines Schnorchels?

a Ein Schnorchel muss möglichst groß sein, weil man dann leichter atmen kann.
b Ein Schnorchel muss möglichst breit (mindestens 26 mm) sein, um den Atemwiderstand zu senken.
c Ein Schnorchel darf nicht zu groß sein, um eine Pendelatmung zu verhindern.
d Ein Schnorchel muss möglichst lang und dünn sein, um das Ausblasen von eingedrungenem Wasser zu erleichtern.
e Ein Schnorchel muss ein Volumen von mindestens 0,5 Litern besitzen.

***2.2.3**
Was ist für eine Tauchmaske wichtig?

a Sie muss eine Signalfarbe besitzen.
b Sie muss aus Silikon gefertigt sein.
c Sie muss 2 geteilte Fenster haben.
d Sie muss eine Möglichkeit zum Druckausgleich besitzen.
e Sie muss möglichst groß sein.

***2.2.4**
Eine Tauchmaske sollte

a über einen eingebauten Schnorchel verfügen,
b einfenstrig sein,
c leicht entfernbare Sichtscheiben besitzen,
d bruchfeste Sichtscheiben besitzen,
e ein für den Kopfumfang gefertigtes, nicht verstellbares Maskenband besitzen.

***2.2.5**
Wie wählst du deine Tauchmaske aus, wenn du normalerweise eine starke Brille zur Korrektur deiner Sehleistung trägst?

a Ich tauche mit einer handelsüblichen Maske, die mir passt.
b Ich kann nur mit einer einfenstrigen Maske tauchen, unter der ich meine Brille tragen kann.
c Ich tauche mit Kontaktlinsen und ohne Maske.
d Ich lasse in eine mir passende und dafür geeignete Maske korrigierte Gläser einbauen.
e Ich kann nur mit einer Maske aus Silikon tauchen.

***2.2.6**

Welche Eigenschaften müssen Flossen haben?

a Flossen müssen eine Signalfarbe besitzen.

b Flossen müssen möglichst hart und lang sein.

c Flossen müssen aus Gummi sein.

d Länge und Härte der Flossen sollten dem Trainingsstand angepasst sein.

e Flossen müssen aus Kunststoff sein.

***2.2.7**

Nach welchen Kriterien solltest du eine Tauchmaske für dich auswählen?

a Nach der Farbe.

b Nach Dichtigkeit und Innenvolumen.

c Ich wähle die gleiche Maske, die mein Tauchlehrer benutzt.

d Ich nehme eine der im Club vorhandenen Masken.

e Ich wähle die Maske mit eingebautem Ausblasventil.

2.3 Physikalische Grundlagen

Was ist die Masse?

Jeder Körper hat eine bestimmte Masse, die in Kilogramm gemessen wird. Die Masse ist eine Grundeinheit und wird nicht aus anderen Größen hergeleitet. Üblicherweise wird die Masse eines Körpers mit Hilfe einer Waage festgestellt. Beispielsweise hat 1 l Wasser eine Masse von ca. 1 kg. Die Abkürzung für Massen in Formeln ist m.

Was ist die Kraft?

Durch die Erdanziehung wird auf jeden Körper eine Kraft in die Richtung zum Erdmittelpunkt ausgeübt. Diese Gewichtskraft ergibt sich aus der Masse und der Erdbeschleunigung nach der Formel

Gewichtskraft = Masse · Erdbeschleunigung.

Die Kraft wird in Formeln mit F bezeichnet, die Erdbeschleunigung mit g. Dann lautet diese Formel

$$F = m \cdot g$$

Die Erdbeschleunigung beträgt 9,81 m/s^2. Für unsere Berechnungen reicht es aber, sie näherungsweise mit 10 m/s^2 anzusetzen. Dann lässt sich ganz einfach die Gewichtskraft eines Körpers aus der Masse multipliziert mit 10 m/s^2 bestimmen:

$$F = m \cdot 10\ m/s^2$$

Die Einheit der Kraft ist ein Newton. Die Gewichtskraft eines Körpers mit einer Masse von 1 kg beträgt

$$F = 1\ kg \cdot 10\ m/s^2 = 10\ N$$

Was ist Druck?

Von Tieftauchversuchen im Hallenbad kennt sicherlich jeder den mit steigender Tiefe zunehmenden Druck auf den Ohren. Auch beim Landen mit dem Flugzeug verspürt man diesen Druck. Dieser Druck stellt für den Taucher in bestimmten Grenzen kein Hindernis dar, aber man muss lernen, damit umzugehen.

Physikalisch gesehen ist der Druck die Kraft, die auf eine bestimmte Fläche wirkt.

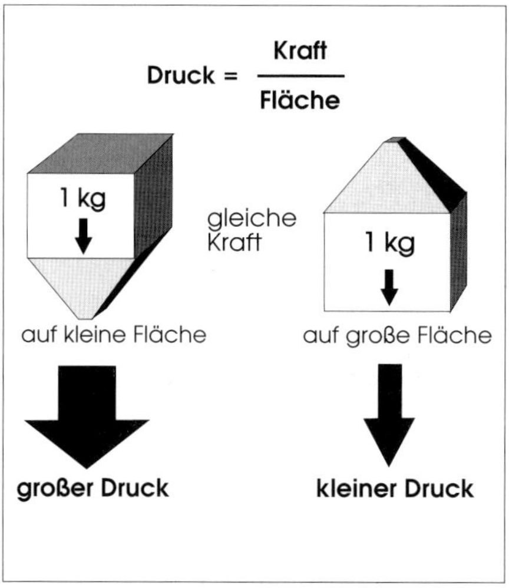

Abb. 8: Druck = Kraft / Fläche

Das bedeutet: Je größer die Fläche ist, auf die eine Kraft wirkt, desto kleiner ist der Druck und umgekehrt. Der Druck auf den Boden ist beispielsweise höher, wenn wir auf einem Fuß stehen, als wenn wir auf beiden Füßen stehen. Jeder kennt wohl den Druck, den die geringe Fläche eines spitzen Absatzes dabei bewirkt.

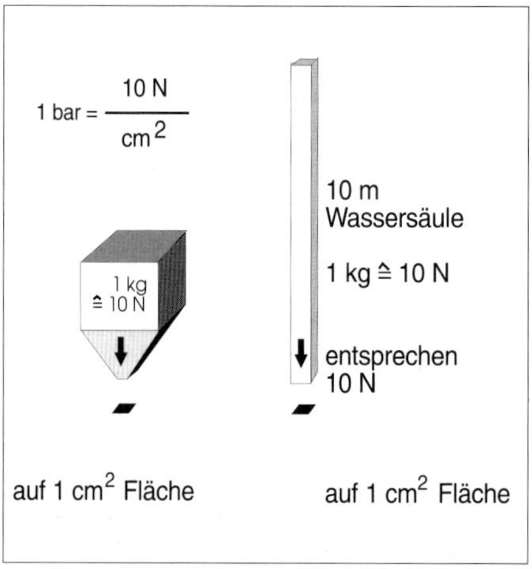

Abb. 9: Definition 1 bar

Der Druck wird in bar gemessen (1 bar = 10 N/cm^2). Ein bar entspricht dem Druck eines 1 kg schweren Körpers auf eine Fläche von 1 cm^2 oder einer Wassersäule von 10 m Höhe.

Auf den Taucher wirkt nicht nur der Wasserdruck durch die über dem Taucher stehende Wassersäule, sondern auch der Luftdruck durch die darüber noch befindliche Atmosphäre an der Wasseroberfläche. Beide zusammen ergeben den Umgebungsdruck, der auf einem Taucher lastet:

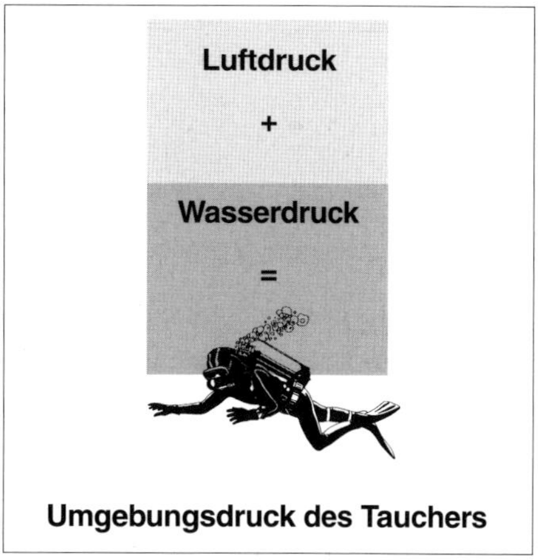

Abb. 10: Luftdruck + Wasserdruck

Der Luftdruck ist abhängig von der Höhe, in der das Tauchgewässer liegt. Er nimmt mit zunehmender Höhe ab. Da du jedoch kaum mit dem Bergseetauchen beginnen wirst, legen wir für unsere Berechnungen den Druck auf 0 m über dem Meeresspiegel zugrunde, der mit einer für uns ausreichenden Genauigkeit 1 bar beträgt.

Der Wasserdruck entsteht durch das „Übereinanderstapeln" von Wasser.

Jeweils 10 m Wassersäule ergeben einen Wasserdruck von 1 bar.

Somit herrscht an der Oberfläche ein Druck von 1 bar, in 10 m Tiefe jedoch kommt dazu noch ein bar Wasserdruck. Dort beträgt der Umgebungsdruck also 2 bar. Mit jeweils 10 m

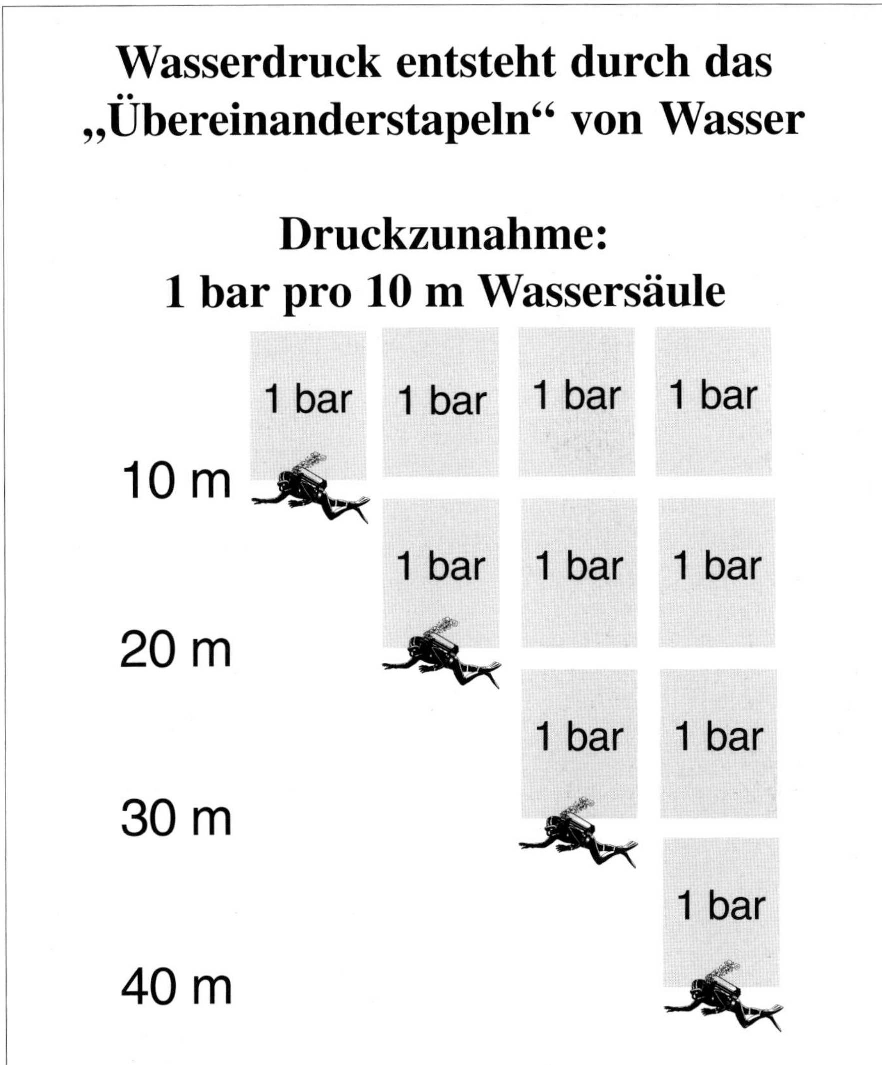

Abb. 11: Wasserdruck

zunehmender Tauchtiefe erhöht sich der Druck um 1 bar. Daraus ergibt sich eine einfache Berechnungsformel für den Umgebungsdruck in einer bestimmten Wassertiefe:
Man teilt die aktuelle Wassertiefe durch 10 und addiert dazu 1 bar Luftdruck. Das Ergebnis in bar liefert den Umgebungsdruck in dieser Tiefe.
Um in Formeln mit verschiedenen Größen rechnen zu können, bezeichnet man jede Größe mit einem bestimmten Buchstaben. Der Druck wird mit dem Buchstaben p bezeichnet.

$$\text{Umgebungsdruck} = \left(\frac{\text{Tauchtiefe}}{10\text{ m}} + 1\right)\text{ bar}$$

Tiefe	Wasserdruck	Luftdruck		Umgebungsdruck
0 m	0 bar +	1 bar	=	1 bar
10 m	1 bar +	1 bar	=	2 bar
20 m	2 bar +	1 bar	=	3 bar
30 m	3 bar +	1 bar	=	4 bar
40 m	4 bar +	1 bar	=	5 bar

Abb. 12: Umgebungsdruck

Lernerfolgskontrolle

***2.3.1**
Was ist Druck?

***2.3.2**
Woraus ergibt sich der Luftdruck?

***2.3.3**
Ist der Luftdruck in jeder Höhe gleich?

***2.3.4**
Wie hoch ist der Luftdruck auf Meereshöhe?

***2.3.5**
Wie entsteht Wasserdruck?

***2.3.6**
Wie viel Meter Wassersäule erzeugen einen Druck von 1 bar?

***2.3.7**
Wie berechnet man den Umgebungsdruck?

***2.3.8**
Berechnungen:
Welcher Druck herrscht in
– 6 m Wassertiefe,
– 25 m Wassertiefe,
– 38 m Wassertiefe?

***2.3.9**
In welcher Maßeinheit geben wir den Druck an?
a atü
b kg
c kp/cm^2
d atm
e bar

***2.3.10**
Um wie viel nimmt der Druck zu, wenn ich 10 m tiefer tauche?
a Er nimmt um 1 bar zu.
b. Das hängt von der Ausgangstiefe ab.
c Er verdreifacht sich.
d Er nimmt um 0,1 bar zu.
e Er nimmt um 10 bar zu.

***2.3.11**
In welcher Wassertiefe herrscht ein Druck von 2,2 bar?
a 12 m
b 22 m
c 32 m
d 220 m
e 11 m
f 44 m

Lektion 3 Praxisblock mit ABC-Ausrüstung II

Bevor mit den Praxisübungen begonnen wird, sind einige wichtige Voraussetzungen zu beachten. Zunächst müssen die Muskelgruppen, die für die Übungen benötigt werden, mit sinnvollen Dehnübungen vorbereitet werden, um Verletzungen oder Krämpfen vorzubeugen. Durch diese Dehnübungen werden die Muskeln elastischer und gleichzeitig erwärmt. Dadurch öffnen sich die kleinsten Gefäße im Muskel (Kapillaren), und es findet schon vor den Übungen der wichtige Stoffwechsel statt. Durch diese sinnvolle Vorbereitung fallen dir auch die Übungen leichter.
Du solltest bei allen Praxisübungen mit der ABC-Ausrüstung die folgende Reihenfolge einhalten:

1. Dehnübungen und Aufwärmphase
2. Technikübungen (vom Leichten zum Schweren und vom Bekannten zum Unbekannten)
3. Konditionsübungen (dem Leistungsstand angepasst)
4. Puls senken durch Ausschwimmen oder leichte Wasserspiele
5. Dehnübungen für die benutzte Muskulatur

Merke:
Du solltest beim Schnorcheltraining deinen Puls nicht höher als mit 130/min belasten.

3.1 Wiederholung Mund-Nase-Koordination und Ausblasen des Schnorchels

Du hast in der ersten Lektion erlernt, wie durch den Mund ein- und durch die Nase ausgeatmet wird, wie du die Maske ausbläst und wie du eingedrungenes Wasser aus dem Schnorchel entfernst. Nur durch ständiges Üben werden diese Fertigkeiten gefestigt.

3.2 Flossentechnik

Erst jetzt nehmen wir unsere Flossen hinzu und ziehen diese an. Wir üben das Schnorcheln jetzt zunächst ohne Armbenutzung. Es ist wichtig, dass du von Anfang an den richtigen Flossenschlag erlernst, da einmal eingeschlichene Fehler später nur schwer wieder zu beseitigen sind. Dazu nehmen wir uns zunächst ein Schwimmbrett als Hilfe, oder wir halten uns mit den Händen am Beckenrand fest.
Nachdem der Tauchlehrer es vorgemacht hat, probierst du nun langsam den Flossenschlag: die gestreckten Beine werden abwechselnd aus dem Oberschenkel heraus ca. 20 bis 30 cm nach oben und nach unten bewegt. Auf keinen Fall solltest du aus den Knien heraus mit den Flossen schlagen („Fahrradfahren“). Dieser häufigste Fehler verbraucht viel Kraft und bringt kaum Vorschub. Versuche einfach, dich so lang zu machen, dass die Flossen deine eigene Körperachse verlängern. Wenn du den Flossenschlag mit Brett oder am Beckenrand beherrschst, solltest du ihn ohne Hilfsmittel mit nach vorne gestreckten Armen üben.
Dies ist die normale Schnorchellage. Es empfiehlt sich, die Arme nach vorne zu strecken, da man so eine insgesamt gestrecktere Lage und eine größere Kontrolle im Wasser erreicht. Auch das Abtauchen fällt aus dieser Position leichter. Die vorgestreckten Arme dienen auch als Steuerung.

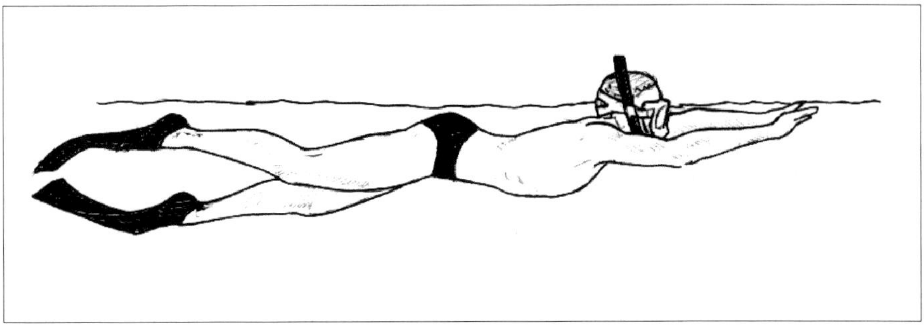

Abb. 13: Normale Schnorchellage

Schnorchel nun einige Bahnen mit diesem Flossenschlag, bis sich die richtige Lage festigt. Dein Tauchlehrer wird dich dabei ständig unterstützen, indem er dich beobachtet und ggf. korrigiert. So wirst du schnell ein guter Schnorchler, und es wird gewährleistet, dass sich keine Fehler in die Bewegungen einschleichen, die man später nur sehr schwer beheben kann.
Das Schnorcheln ist wie alle Übungen nach dieser Lernphase zwar in der Grobform erlernt, aber noch lange nicht beherrscht. Du solltest nun so oft wie möglich die Gelegenheit nutzen, längere Strecken zu schnorcheln, um die Feinkoordination der Bewegungen und eine gewisse Grundkondition im Schnorcheln zu erreichen.

3.3 Schnorcheln in verschiedenen Schwimmlagen ohne Armbenutzung

Nun sollten auch andere Schwimmlagen in den Grundzügen erlernt werden. Wichtig ist aber, dass du die normale Schnorchellage so beherrschst, dass du in der Lage bist, mit ihr längere Strecken zum Beispiel zum Boot zurückzuschwimmen.
Die Seitenlage benutzt du, um deinen Partner beim Schnorcheln zu beobachten und Muskelgruppen zu entspannen. Der vorgestreckte Arm ist auch hier für die Steuerung vorgesehen und unterstützt die insgesamt gestreckte Haltung.
Das Rückenschwimmen wird hauptsächlich bevorzugt, um sich auszuruhen, ohne Widerstand zu atmen, die hinterherschwimmenden Tauchpartner zu beobachten, Mus-

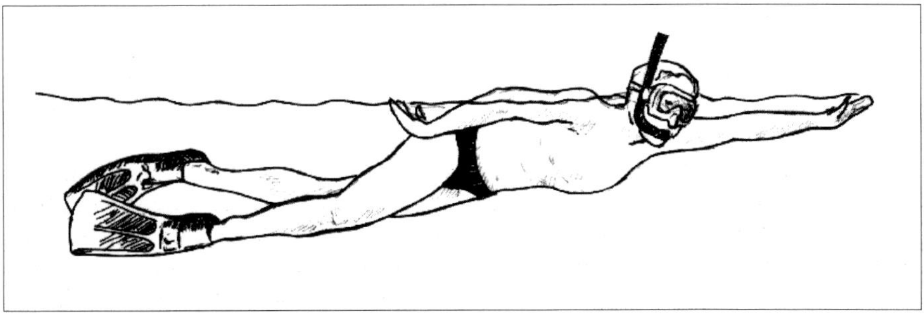

Abb. 14: Seitenlage

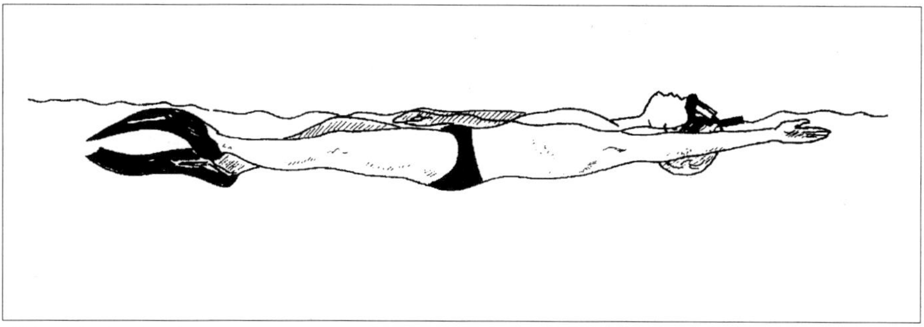

Abb. 15: Rückenlage

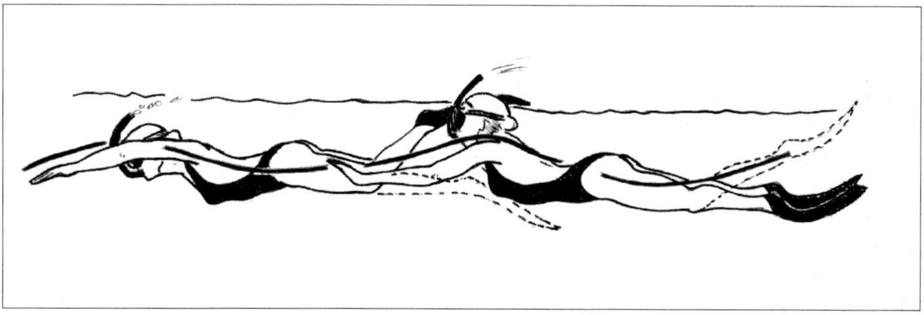

Abb. 16: Delfinschwimmen

kelgruppen zu entspannen und zum Abschleppen von verunfallten Tauchern.
Beim Rückenschwimmen im Pool sollte zur Sicherheit mindestens ein Arm nach hinten gestreckt werden, damit man nicht mit dem Kopf mit anderen Tauchern oder der Beckenwand unverhofft zusammenstößt. Außerdem erreicht man so die gestreckte Lage.
Ein häufiger Fehler ist hier das durchgebogene Liegen im Wasser wie ein Fragezeichen. Durch diese ineffektive Lage wird die Kraft des Flossenschlages dazu verbraucht, den gesamten Wasserwiderstand vor dem Rücken zu überwinden. Nur durch eine gestreckte Haltung ist es möglich, den größtmöglichen Vorschub zu erreichen, da dann nur der Kopf und die Schultern einen Wasserwiderstand bilden. Unterstützen kann man diese Lage auch wieder durch vorgestreckte Arme und durch das Überstrecken des Kopfes. Dadurch sieht man auch gleichzeitig, wohin man schnorchelt.

Die Delfine haben einen nicht nur wunderschönen, sondern auch besonders effektiven Bewegungsablauf, der auch für uns Taucher im Training für beste Körperbeherrschung sorgt. Diese Schwimmart wird auch bei Wettkämpfen und bei der Körperschulung durchgeführt. Bei Problemen im Lendenbereich sollte diese Technik vermieden werden.

3.4 Schnorcheln ohne Maske

Um die Koordinationsfähigkeiten zum Beherrschen des Wasser-Nase-Reflexes zu verbessern, wird nun über eine längere Strecke ohne Maske geschnorchelt. Dazu kann die Maske auf der Stirn oder seitlich getragen werden, um den Schnorchel zu halten. Du sollst hierdurch in der Lage sein, auch bei zusätzlichen Störfaktoren wie Flossenschwimmen die Einatmung über den Schnorchel bei Ausatmung über die Nase zu beherrschen.

Abb. 17: Armschlag

3.5 Einführung in die Armbenutzung

Für eine noch schnellere Fortbewegung im Wasser unter Benutzung aller unserer körperlichen Hilfen werden auch die Arme eingesetzt. Zur Unterstützung der normalen Schnorchellage ist dazu der Kraul-Armschlag vorgesehen.
Dazu winkelst du den Arm nach hinten an und stichst weit vor deinem Gesicht mit der Handfläche ins Wasser. Dann ziehst du möglichst nah an deinem Körper die Hand unter dir hinweg, bis der Arm wieder angewinkelt aus dem Wasser gehoben wird. Mit dem anderen Arm führst du diese Bewegung so versetzt durch, dass dieser gerade in der hintersten Position ist, wenn der eine Arm vorne ins Wasser sticht.
Dies ist schwierig, wenn man das Kraulen nicht gewohnt ist. Dann übe es lieber sehr langsam ein und konzentriere dich auf die richtige Ausführung. Lass anfangs dabei auch den Flossenschlag weg. Hilfreich sind dazu Auftriebskörper, die man sich zwischen die Beine klemmen kann, oder besser noch der „Super Kicker“, auf den man die Füße legen kann. Übe so einige Bahnen, bis sich der Armschlag automatisiert. Dein Tauchlehrer wird auch hier korrigierend eingreifen, wenn es nötig ist.

3.6 Kraulen mit Arm- und Flossenschlag

Nun kombinieren wir den Arm- und Flossenschlag miteinander zum Kraulen. Dies erfordert keine neue Technik, aber die Koordination der beiden Tätigkeiten. Schnell schleichen sich so bereits überstandene Fehler wieder ein. Versuche dich auf beide Bewegungen zu konzentrieren und übe das Kraulen über längere Strecken. Erst dann solltest du versuchen, die Geschwindigkeit zu steigern.
Wichtiger als Geschwindigkeit ist jedoch die Ausdauer. Wir üben das Schnorcheln deshalb, weil unter Umständen auch nach einem Tauchgang weite Strecken zurück zum Boot geschnorchelt werden müssen. Das kann der Fall sein bei mangelnder Orientierung oder in Notfällen.Wichtiger als die Geschwindigkeit ist dann das Durchhalten, damit man am Boot ankommt. Die Kondition erhöht die Sicherheit. Daher ist auch beim Tauchen ein guter Trainingszustand ein Sicherheitsfaktor. Eine gezielte Videokontrolle kann den Lernerfolg maßgeblich beschleunigen.

Lektion 4
Theoretische Einweisung

4.1 Zusammenhang von Druck und Volumen, Gesetz von Boyle-Mariotte

Von Abtauchversuchen im Bad oder Flachwasser kennt jeder sicherlich den mit steigender Tiefe zunehmenden Druck auf den Ohren. Dieser Druck stellt für den Taucher in bestimmten Grenzen kein Hindernis dar, aber man muss lernen, damit umzugehen.
Der Druck entsteht durch die Kraft, die auf unsere Körperoberfläche wirkt. Diese ist an der Wasseroberfläche durch die auf uns lastende Atmosphäre gegeben und bewirkt einen Luftdruck von rund 1 bar. Tauchen wir ab, so lastet auf uns die gesamte Masse des über uns liegenden Wassers. Je tiefer wir tauchen, desto mehr Wasser ist als Säule über uns und bewirkt eine entsprechend höhere Kraft auf uns. Der Druck auf unseren Körper nimmt also zu. Da das Wasser im Vergleich zur Luft sehr dicht ist (1 l Wasser hat eine Masse von 1 kg), bewirkt das Wasser bereits in 10 m Tiefe den gleichen Druck wie unsere gesamte Luftsäule. Da unser Umgebungsdruck sich immer aus dem Wasserdruck und dem Luftdruck zusammensetzt, hat sich damit schon in 10 m Tiefe der Umgebungsdruck verdoppelt!
Unser Körper besteht zum größten Teil aus Wasser und wird durch diese Druckzunahme nahezu überhaupt nicht belastet oder gar zusammengedrückt, da Wasser nicht kompressibel ist. Allerdings gibt es einige luftgefüllte Räume in unserem Körper, und da sieht das schon ganz anders aus. Luftgefüllte abgeschlossene Räume werden unter höherem Druck kleiner und bei nachlassendem Druck wieder größer.

Nimmt man einen mit Luft gefüllten Ballon im Hallenbad mit auf den Grund, so erkennt man bereits, dass er sich sichtbar verkleinert hat. Diesen Zusammenhang zwischen Druck und Volumen kennen wir auch aus unserem Drucklufttauchgerät: Mit dem Kompressor wird die Luft auf einen solchen Druck komprimiert, dass beispielsweise eine Luftmenge, die bei 1 bar Umgebungsdruck 2000 l Volumen einnimmt, in eine Stahlflasche mit einem Volumen von 10 l hineinpasst. Die Luftmenge hat sich dabei nicht verändert. Die Begründung liefert das folgende, für uns Taucher wichtigste physikalische Gesetz:

Das Gesetz von Boyle und Mariotte:

Bei gleich bleibender Temperatur steht für eine gegebene Gasmenge der Druck im umgekehrten Verhältnis zum Volumen.

Anschaulicher bedeutet dies:
Verdoppelt man den Druck, so halbiert sich das Volumen.
Verdreifacht man den Druck, so bleibt nur ein Drittel des Volumens.
Genauso gilt:
Zum Verdoppeln des Volumens muss der Druck halbiert werden.
Beispiel:
Wir nehmen einen mit 12 l Luft gefüllten Eimer mit unter Wasser (s. Abb. 18).
Alle diese Beispiele zeigen, dass das Produkt von Druck und Volumen bei einer festen Luftmenge und bei einer festen Temperatur gleich bleibt.
Bezeichnen wir das Volumen mit dem Buchstaben V, so erhalten wir die Formel

$$p \cdot V = \text{konstant}$$

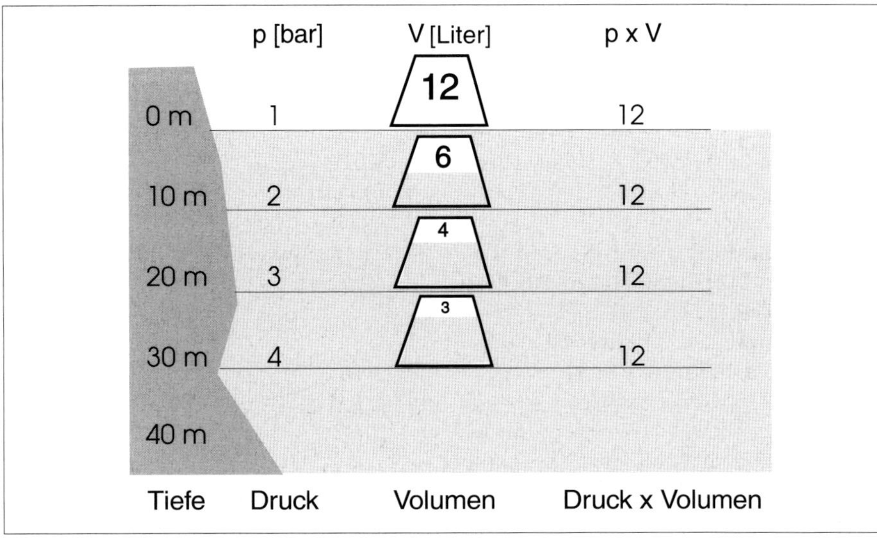

Abb. 18: Tiefe / Druck / Eimer / Volumen / p · V

Die Tatsache, dass das Produkt aus Druck und Volumen konstant bleibt, ermöglicht es uns, zwei Zustände unterschiedlichen Drucks bzw. Volumens einer gegebenen Luftmenge miteinander zu vergleichen.
Im Anfangszustand bezeichnet

p_1 den Anfangsdruck und
V_1 das Anfangsvolumen des Gases.

Im Endzustand bezeichnen wir mit

p_2 den Enddruck und mit
V_2 das Endvolumen des Gases.

Da wir wissen, dass das Produkt aus Druck und Volumen gleich bleibt, gilt die Beziehung

$$\mathbf{p_1 \cdot V_1 = p_2 \cdot V_2}$$

Falls uns von diesen vier Größen drei bekannt sind, können wir so anhand dieser Formel die fehlende Größe berechnen. So ist es möglich, unter wechselndem Druck, z.B. beim Auf- und Abtauchen, die Volumenänderungen in und um unseren Körper einzukalkulieren.

Es ist beispielsweise wichtig, zu wissen, wie sich das Volumen der Lunge, der Taucherweste oder von verschiedenen Hohlräumen im Körper verändert. Auch den Luftverbrauch bei einem Tauchgang kann man nun berechnen.

Das Gesetz von Boyle und Mariotte ist somit das wichtigste physikalische Gesetz für den Taucher.

Möchten wir beispielsweise wissen, wie voll unsere Lunge in 5 m Tiefe ist, wenn sie in 20 m Tiefe mit 2 l gefüllt ist, so rechnen wir in folgenden Schritten:
Der Druck p_1 in 20 m Tiefe beträgt 3 bar. Das Volumen V_1 dort ist 2 l.
Der Druck p_2 auf 5 m Tiefe beträgt 1,5 bar.
Gesucht ist das Volumen $V_2 = p_1 \cdot V_1 / p_2$.
Es ergibt sich V_2 = 3 bar · 2 l / 1,5 bar = 4 l.
Anschaulich lässt sich die Aufgabe auch so lösen:
Da sich der Druck halbiert, muss sich das Volumen verdoppeln, beträgt also das Doppelte von 2 l, nämlich 4 l.

Unser größter luftgefüllter Raum im Körper ist die Lunge. Da sie ständig be- und entlüftet wird, haben wir in der Regel einen automatischen Druckausgleich zur Umgebung. Wird aber der Atem angehalten, so wird die Lunge zu einem abgeschlossenen Hohlraum. Tauchen wir mit angehaltenem Atem zur Oberfläche auf, so dehnt sich die Lunge aus wie ein Ballon. Sind dabei die Ausgleichsmöglichkeiten der Lunge schon ausgeschöpft, so kann sie reißen. Derartige Schäden können bereits bei einem Druckunterschied von 1 m Wassersäule auftreten. Daher ist es schon jetzt für euch so wichtig, zu wissen, dass ihr beim Tauchen mit Drucklufttauchgerät auch im Flachwasser niemals beim Auftauchen den Atem anhalten dürft. Weiteratmen oder ständiges leichtes Ausatmen ist unbedingt nötig. Auch das Beherrschen des Wasser-Nase-Reflexes ist unerlässlich, damit ihr nicht beim Tauchen ohne Maske mit angehaltenem Atem zur Oberfläche aufsteigt.

Lernerfolgskontrolle

***4.1.1**

Was ändert sich an unserer Lunge, wenn wir auftauchen?

a Sie wird kleiner.
b Sie ändert sich nicht, so lange wir den Atem anhalten.
c Sie dehnt sich aus, wenn wir den Atem anhalten, und kann reißen.
d Das hängt von der Tiefe ab – bei 1 m Tiefenunterschied ändert sich nichts.
e Sie erwärmt sich.

***4.1.2**

Was musst du beim Auftauchen mit Drucklufttauchgerät unbedingt beachten?

a Niemals den Atem anhalten, sondern weiteratmen oder ständig etwas Luft ablassen.
b Das Mundstück muss an der Wasseroberfläche ausgeblasen werden.
c Wenn ich das Gefühl habe, keine Luft mehr zu bekommen, wird schnell aufgetaucht.
d Beim Auftauchen mit DTG muss nichts beachtet werden.
e Nur in größeren Tiefen darf der Atem nicht angehalten werden.

***4.1.3**

Warum musst du beim Aufstieg besonders auf das Ausatmen achten?

a Um dem Auftrieb der Atemluft in der Lunge entgegenzuwirken.
b Um die Tauchmaske zu entlüften.
c Damit es zu keiner Lungenüberdehnung kommt.
d Um einem Trommelfellriss vorzubeugen.
e Um ausreichend Sauerstoff abzugeben.

***4.1.4**

Wie verändert sich das Volumen einer bestimmten Gasmenge bei abnehmendem Umgebungsdruck (Auftauchen)?

a Es nimmt zu.
b Es nimmt ab.
c Es bleibt gleich.

***4.1.5**

Ein Taucher atmet in 30 m Tiefe aus seinem Drucklufttauchgerät (DTG). Seine Lunge ist dort mit einem Volumen von 3 l gefüllt. Wie ändert sich sein Lungenvolumen, wenn er
– auf 20 m
– auf 10 m
– zur Oberfläche
auftaucht, ohne auszuatmen?

***4.1.6**
Ein Taucherjacket mit 18 l Volumen ist auf 20 m halb voll. In welcher Tiefe ist es voll?

***4.1.7**
Ein Taucherjacket mit 15 l Volumen ist auf 20 m voll. In welcher Tiefe ist es halb voll?

***4.1.8**
In welchem Tiefenbereich ändert sich das Volumen einer abgeschlossenen Gasmenge (Jacket, Neoprenanzug) am meisten?
a 0 m bis 10 m
b 10 m bis 20 m
c 20 m bis 30 m
d 30 m bis 40 m
e 40 m bis 50 m

***4.1.9**
Wie lautet das Gesetz von Boyle und Mariotte?

***4.1.10**
Was lässt sich über eine abgeschlossene Gasmenge bei gleich bleibender Temperatur sagen?
a Der Druck ändert sich genauso wie das Volumen.
b Der Druck ändert sich im umgekehrten Verhältnis wie das Volumen.
c Das Volumen ändert sich im umgekehrten Verhältnis wie die Temperatur.
d Das Volumen ändert sich im gleichen Verhältnis wie die Tauchtiefe.
e Das Volumen ändert sich im umgekehrten Verhältnis wie die Tauchtiefe.

***4.1.11**
Wie verändert sich der Druck einer abgeschlossenen Gasmenge bei konstanter Temperatur und zunehmendem Volumen?
a Der Druck wird größer.
b Der Druck wird kleiner.
c Der Druck bleibt gleich.
d Der Druck ändert sich nur mit der Temperatur.
e Der Druck nimmt im gleichen Verhältnis zu wie das Volumen.

4.2 Anatomie der Schädelhöhlen

Beim Tauchen sind die luftgefüllten Hohlräume von Bedeutung, da sie unter verändertem Umgebungsdruck spezifische Taucherkrankheiten hervorrufen können.
Zu den luftgefüllten Hohlräumen des Körpers zählen die Schädelhöhlen, die Brustkorbhöhle mit den Lungenflügeln sowie die Bauchhöhle mit den Hohlräumen im Magen-Darm-Bereich.
Die Schädelhöhlen sind luftgefüllte Hohlräume innerhalb der Knochensubstanz des Schädels, die ähnlich einer Tapete mit einer schützenden Epithelschicht ausgekleidet sind. Sie stehen über ein Kanalsystem mit dem Nasen-Rachen-Raum, teilweise aber auch miteinander in Verbindung. Sind diese Verbindungswege durch entzündliche Veränderungen verlegt, so kann es beim Tauchen zum Barotrauma kommen.
Die für uns wichtigste Verbindung ist die eustachische Röhre zwischen dem Mittelohr und dem Rachenraum.
Von großer Bedeutung beim Tauchen ist auch das Ohr. Es besteht anatomisch aus dem äußeren Ohr mit Ohrmuschel und dem äußeren Gehörgang bis zum Trommelfell, dem Mittelohr mit den in der Paukenhöhle gelegenen Gehörknöchelchen und der eus-

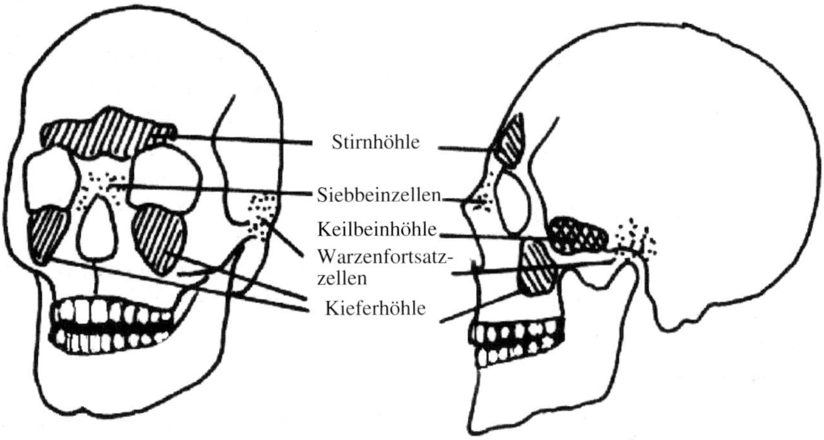

Abb. 19: Schädelhöhlen

- *Stirnhöhle des Stirnbeins*
- *Kieferhöhlen des Oberkieferknochens (paarig angeordnet)*
- *Siebbeinzellen des Siebbeines*
- *Keilbeinhöhlen der Keilbeine (paarig)*
- *Warzenfortsatzzellen der Warzenfortsätze der Schläfenbeine (paarig)*
- *Die Schläfenbeine beherbergen jeweils die Paukenhöhle (Mittelohr) und das Labyrinth (Innenohr)*

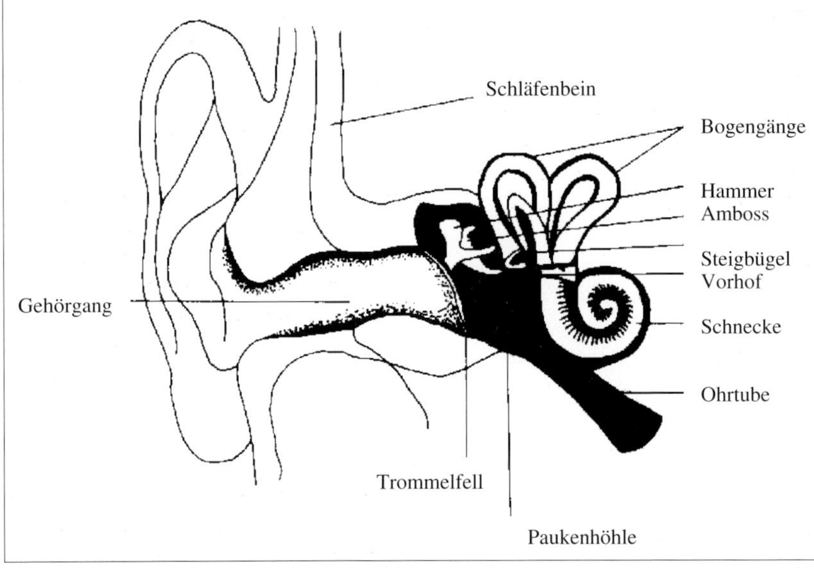

Abb. 20: Aufbau des Ohrs

tachischen Röhre sowie dem Innenohr mit der Gehörschnecke und dem Gleichgewichtsorgan.
Schließlich können sich im Kopfbereich auch Hohlräume im Bereich der Zähne befinden, wenn z.B. eine Füllung nicht richtig eingearbeitet wurde.

4.3 Barotraumen der Ohren, der Nasennebenhöhlen und der Maske

Bei der Druckzunahme während des Abtauchens (d.h. in der Kompressionsphase) und bei der Druckabnahme während des Auftauchens (d.h. in der Dekompressionsphase) kann es nun durch die Druckunterschiede an den luftgefüllten Hohlräumen zu Schädigungen (Barotraumen) kommen.
Ein Barotrauma ist eine organspezifische Schädigung des Tauchers aufgrund von Druckunterschieden zwischen der Umgebung und den luftgefüllten Körperhöhlen sowie ausrüstungsbedingten Hohlräumen um seinen Körper (z.B. Maskenraum).
In der Kompressionsphase steigt der Umgebungsdruck, der Druck in der betreffenden Körperhöhle sinkt. Schon eine Druckdifferenz von nur 0,07 bar ist ausreichend, damit Schäden am Epithelgewebe auftreten können. Bei nicht oder nicht ausreichend erfolgtem Druckausgleich kann es zu Schleimhautschwellungen (Ödem) mit Austritt von Wasser und sogar von Blut kommen, wenn kleine Gefäße durch den Unterdruck verletzt werden. Es treten Schmerzen auf.

Die Druckdifferenz zwischen den luftgefüllten Körperhöhlen und der Umgebung kann mehrere Ursachen haben:
- vergessener Druckausgleich
- mangelhafter Druckausgleich
- Erkältungskrankheiten mit Schleimhautschwellungen, so dass der Druckausgleich nicht möglich ist

Die Barotraumen kommen in der Abstiegsphase als Unterdruckbarotrauma und in der Aufstiegsphase als Überdruckbarotrauma vor. Nicht der Druck an sich ist für die Entstehung maßgebend, sondern die Änderung des Umgebungsdruckes. Nach dem Boyle-Mariotteschen Gesetz wissen wir, dass die Druckänderung in geringen Tiefen am größten ist. Deshalb ist die Gefahr eines

Symptome	**Therapie**	**Prophylaxe (Vorbeugung)**
– Schmerzen. – Blutaustritt aus dem äußeren Gehörgang. – Trommelfellriss (kann nur mit dem Ohrenspiegel festgestellt werden!). – Eingeschränkte Hörfähigkeit.	– Tauchgang abbrechen. – Gehörgang trocken halten. – Antibiotikumhaltige Tropfen zur Lokalbehandlung. Ein Trommelfellriss muss ausgeschlossen werden, schon bei Verdacht sollte der HNO-Arzt aufgesucht werden.	Keine Verwendung von Ohrenstöpseln, Wattebäuschchen oder anderen Fremdkörpern. Bei zu eng anliegender Kopfhaube soll beim Trockentauchanzug versucht werden, die Luft durch die Halsmanschette in die Kopfhaube zu pressen, beim Nasstauchanzug kann man Wasser in die Kopfhaube einlaufen lassen.

Tabelle 1: Barotrauma des Außenohrs

Barotraumas im Flachbereich größer als in der Tiefe.

Darum:
Beginne schon frühzeitig und in geringer Tiefe mit dem Druckausgleich!

Nach unserer Erfahrung hat sich gezeigt, dass Anfänger weniger Probleme mit dem Druckausgleich haben, wenn sie schon an der Wasseroberfläche und vor dem Abstieg einen Pressversuch unternehmen.

Barotrauma des Außenohrs

Ein Barotrauma des Außenohrs ist selten. Es kann durch einen harten Ohrenschmalzpfropf oder Fremdkörper wie Ohrenstöpsel hervorgerufen werden, die deshalb unter gar keinen Umständen verwendet werden dürfen. Ist der Gehörgang verlegt, so entsteht unter Wasser ein relativer Unterdruck in dem Raum zwischen Fremdkörper und Trommelfell, und es kommt zur Epithel- und Trommelfellschädigung, eventuell sogar mit Trommelfellriss.

Symptome	Therapie	Prophylaxe (Vorbeugung)
– Juckreiz. – Heftige Schmerzen bis hin zur schmerzhaften Einschränkung der Kau- und Hörfähigkeit. – Seltener Ohrgeräusche, oft jedoch Einschränkung des Druckausgleichs.	Tauchverbot! Anwendung von Ohrentropfen, die eine Kombination aus antibakteriellen, antimykotischen und entzündungshemmenden Substanzen sowie Epithelschutzstoffe enthalten. Handelspräparate sind z.B. Otobacid Tr., Panotile Tr. oder Salvizole Tr. (alle rezeptpflichtig). Zusätzlich können mittels einer Einmalspritze ohne Kanüle vorsichtige Spülungen mit warmem Süßwasser durchgeführt werden.	Prophylaktisch keine Manipulationen mit Wattestäbchen! Zu empfehlen ist normale „Ohrhygiene“ in Form von Süßwasserspülungen nach dem Tauchgang. Bei Aufenthalten in den Tropen haben sich bei empfindlichen Tauchern Ohrentropfen nach folgendem Rezept bestens bewährt: – Eisessig 2.5 – Aqua dest. 5.0 – Isopropylalc.ad 50.0 Ohrentropfen äußerlich, 3-5 Tropfen nach jedem Tauchgang in den Gehörgang einträufeln. Diese Tropfen enthalten weder Antibiotika noch Corticoide. Sie wirken rein prophylaktisch und sollen Gehörgangsentzündungen vermeiden. Anzuwenden sind sie nach dem letzten Tauchgang des Tages.

Tabelle 2: Gehörgangsentzündung

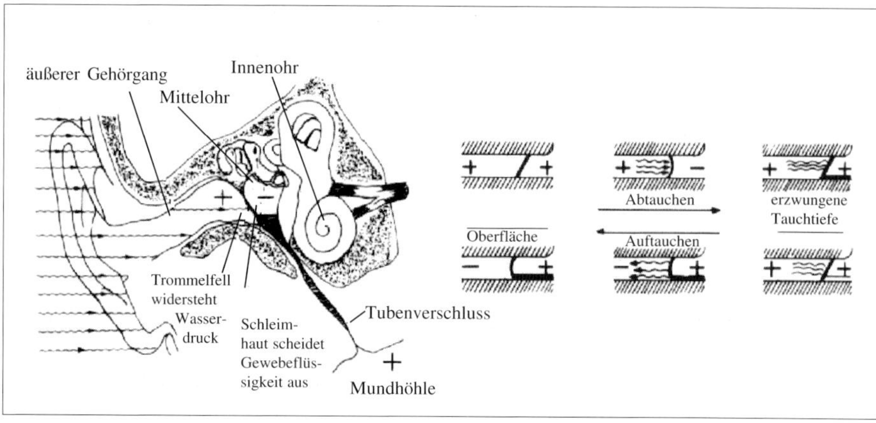

Abb. 21: Barotrauma des Mittelohrs ohne Trommelfellriss

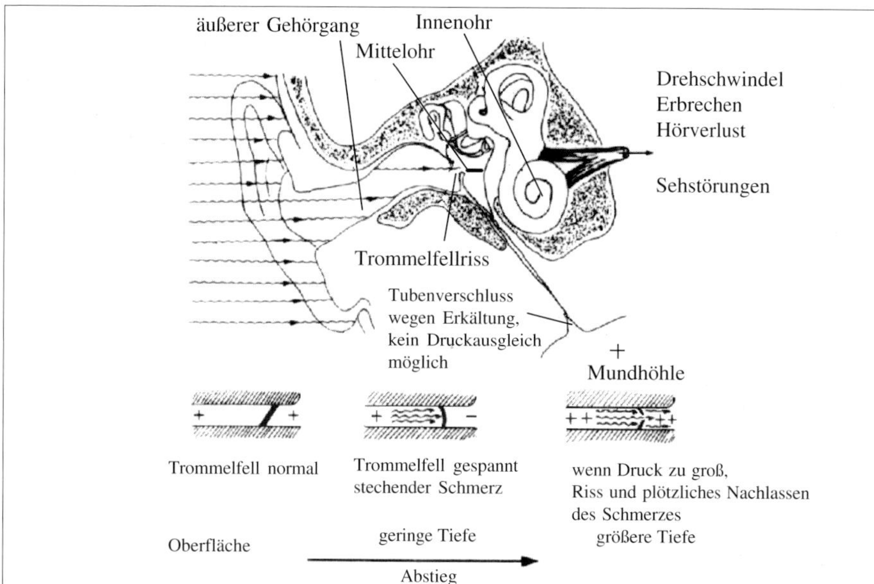

Abb. 22: Barotrauma des Mittelohrs mit Trommelfellriss

Häufiger ist ein Barotrauma durch eine zu eng sitzende Kopfhaube, besonders bei Halbtrocken- und Trockentauchanzügen.

Gehörgangsentzündung

Nicht zu verwechseln mit dem Barotrauma des Außenohrs ist eine häufige Erkrankung, die beim Tauchen in heimischen Gewässern seltener, häufiger jedoch bei Aufenthalten in tropischen Gewässern auftritt: die akute Gehörgangsentzündung.

Ursachen sind einmal Manipulationen mit einem Wattestab in der Absicht, das schützende und notwendige Ohrenschmalz zu entfernen. Durch diese Manipulation kann es zu Mikroverletzungen des äußeren Gehörgangs kommen, wodurch die Mikroorganismen (Krankheitserreger) Eintrittspforten finden und heftige Entzündungsreaktionen verursachen können. Andererseits kann sich aus der normalen Bakterienbesiedlung des äußeren Gehörgangs bei Tauchgängen in tropischen Gewässern durch den veränderten Nährboden (warmes, planktonhaltiges Salzwasser) ein explosives Wachstum mit ebenfalls heftigen Entzündungszeichen entwickeln.

Barotrauma des Mittelohrs

Das Mittelohr steht über die eustachische Röhre mit dem Rachenraum in Verbindung. Beim Schlucken oder beim Gähnen öffnet sie sich automatisch, um den Druckausgleich zwischen der Paukenhöhle und der Außenluft zu bewirken.

Mit zunehmender Tiefe wird der Unterdruck im Mittelohr größer bzw. der Überdruck im Rachenraum, wenn es nicht bald zum Druckausgleich (vgl. nächsten Abschnitt) kommt. Übersteigt diese Druckdifferenz ein bestimmtes Maß, so werden die Tubenlippen durch

Symptome	Therapie	Prophylaxe (Vorbeugung)
Der Taucher verspürt Druck auf dem entsprechenden Ohr, später einen stechenden Schmerz. Bei Trommelfellperforation oder -riss plötzliches Nachlassen des Schmerzes. Minderung der Hörfähigkeit. Blutung aus dem Gehörgang. Nach Perforation später oft Auftreten einer Infektion (Mittelohrentzündung). Drehschwindel, Übelkeit, Erbrechen und Orientierungsverlust sprechen für eine zusätzliche Schädigung des Innenohrs.	Bei einer Überdehnung des Trommelfells ist außer einem Tauchverbot eigentlich keine Therapie erforderlich. Die Perforation erfordert HNO-ärztliche Maßnahmen. Schmerzlindernde Medikamente können verabreicht werden.	Früher Beginn des Druckausgleichs, am besten schon an der Wasseroberfläche. Abbruch des Tauchganges bei Nichtgelingen des Druckausgleichs.

Tabelle 3: Barotrauma des Mittelohrs mit Trommelfellriss

Merke: Tauche nie bei Erkältungskrankheiten!

den Überdruck des Rachenraumes zusammengepresst. Nur durch starkes Luftpressen ist jetzt noch ein Druckausgleich möglich. Steigt der Überdruck von außen jedoch weiter an, ohne dass der Druckausgleich gelingt, kann es in der Paukenhöhle durch den relativen Unterdruck zu einer Schleimhautschwellung und in schweren Fällen zum Austritt von Gewebeflüssigkeit und Blut kommen. Jetzt lässt sich die Tube nicht mehr aufsprengen.
Das fehlende Luftvolumen wird jedoch durch die austretende Gewebeflüssigkeit ausgeglichen. Beim Auftauchen dehnt sich die Luft in der Paukenhöhle aus. Da aber durch die Flüssigkeitsansammlung kein ausreichender Platz mehr vorhanden ist, wölbt sich das Trommelfell nach außen.
Der Druckausgleich gelingt ebenso wenig, wenn die eustachische Röhre durch Schleimhautschwellung infolge eines Schnupfens oder anderer Entzündungen der oberen Luftwege verschlossen ist. Auch hier kommt es zu einem relativen Unterdruck in der Paukenhöhle, was sich auf das Trommelfell und auf die Schleimhaut auswirkt. Durch die Sogwirkung wird das Trommelfell nach innen gewölbt. Das führt zu einer Herabsetzung des Hörvermögens. Der Taucher empfindet dabei einen stechenden Schmerz. Steigt die Überbelastung des Trommelfells über ein bestimmtes Maß an (0,4-0,7 bar), kann es zum Trommelfellriss kommen. Die Schmerzen im Ohr lassen dann plötzlich nach. Das mehr oder minder stark gerötete Trommelfell weist – meistens im unteren hinteren Quadranten – eine oft nur schwer sichtbare, stecknadelkopfgroße Verletzung (Perforation) auf. Größere Einrisse sind selten, weil im Augenblick der beginnenden Perforation bereits eine Druckangleichung stattfindet und die schädigende Druckdifferenz schlagartig wegfällt.

Barotrauma des Innenohrs

Das Innenohr ist kein luftgefüllter Hohlraum, so dass ein typisches Barotrauma hier auch nicht vorkommen kann. Eine druckbedingte Schädigung ist jedoch trotzdem möglich, wenn beim erzwungenen Druckausgleich die entstehende Druckwelle über den Steigbügel (Gehörknöchelchen) auf das ovale Fenster des Innenohrs trifft und dieses vorwölbt. Die Druckwelle setzt sich weiter im Kanalsystem des Innenohrs fort und trifft schließlich auf das runde Fenster, das zum Mittelohr hin vorgewölbt wird. Durch diese Druckwelle können die feinen Strukturen des Hör- und Gleichgewichtsorgans geschädigt werden.
Eine weitere Druckschädigung des Innenohrs kommt dadurch zustande, dass beim erzwungenen Druckausgleich eine Drucksteigerung im venösen System und damit auch im Liquorsystem (Hirnwasser, in das die Strukturen des ZNS eingebettet sind)

Symptome	Therapie	Prophylaxe (Vorbeugung)
Schwindel, Übelkeit, Brechreiz und Erbrechen. Abnorme Ohrgeräusche (Tinitus) können als Dauerschaden bleiben. Minderung der Hörfähigkeit und Orientierungsverlust als Zeichen einer Schädigung des achten Hirnnervs.	Bei jeder Art von Schwindel muss der Tauchgang sofort abgebrochen werden. In der akuten Phase Bettruhe und medikamentös durchblutungsfördernde Maßnahmen. Ein HNO-Arzt sollte befragt werden.	Kein erzwungener Druckausgleich. Häufige Funktionsprüfungen der eustachischen Röhre

Tabelle 4: Barotrauma des Innenohrs

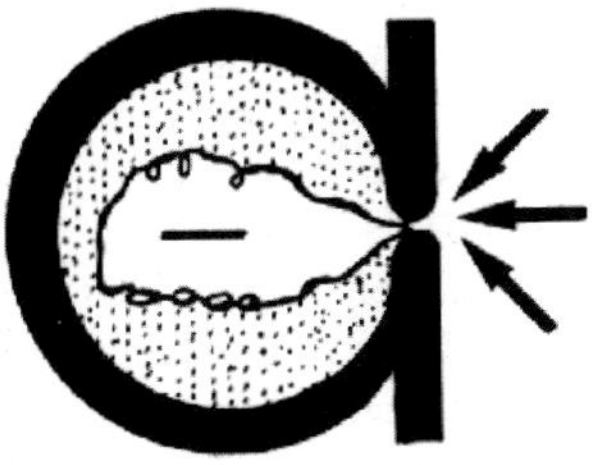

Barotrauma der Nasenhöhlen beim Abstieg

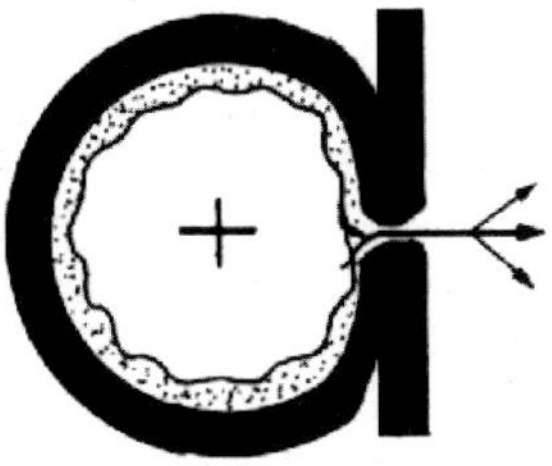

Nasennebenhöhlen beim Aufstieg mit Flüssigkeitsaustritt

Abb. 23: Barotrauma der Nasennebenhöhlen

hervorgerufen wird, die sich auf die Peri- und Endolymphe (Flüssigkeit im Innenohr) des Innenohrs überträgt.
Die Druckschädigung im Innenohr kann so stark sein, dass es zu einem Riss des runden Fensters kommen kann. Darum:

Kein erzwungener Druckausgleich!

Barotrauma der Nasennebenhöhlen
Die Nasennebenhöhlen sind luftgefüllte, starre Hohlräume, die über kleine Kanälchen mit der Nasenhöhle in Verbindung stehen. Im Einzelnen sind es die Oberkieferhöhlen, die Stirnhöhle, die Siebbeinzellen und die Keilbeinhöhlen.
Die Nasennebenhöhlen sind allseits mit einer gut durchbluteten Schleimhaut ausgekleidet. Bei entzündlichen Prozessen und Erkältungskrankheiten schwillt die Schleim-

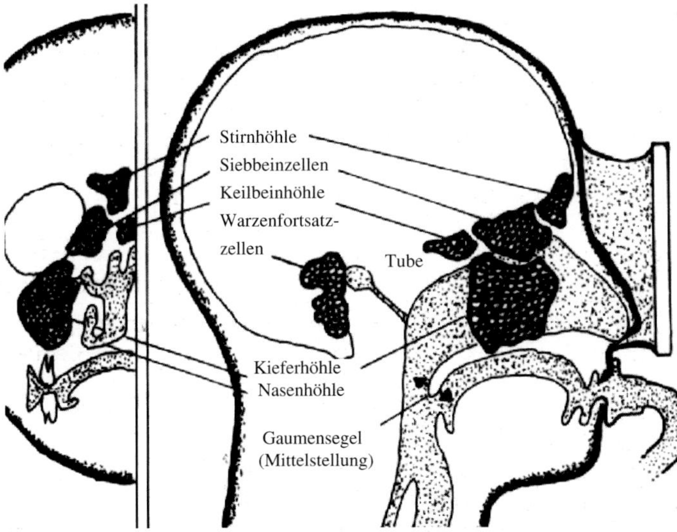

Abb. 24: Lage der Nasennebenhöhlen in halbschematischer Darstellung von vorn und von der Seite

Symptome	Therapie	Prophylaxe (Vorbeugung)
Im Vordergrund der Symptomatik steht der Schmerz, dessen Lokalisation sich nach der jeweils betroffenen Nebenhöhle richtet: Bei Befall der Kieferhöhle meist einseitiger Schmerz im Oberkieferbereich, der auch als Zahnschmerz imponieren kann, – bei Befall der Stirnhöhle Schmerz in der Stirn und – bei Befall der Siebbeinzellen Schmerzen in der Nasenwurzel. Der stechende Schmerz tritt sofort während des Abstiegs auf und lässt in der Regel nach, wenn die Tauchtiefe verlassen wird. Tritt der Kopfschmerz erst nach dem Tauchgang auf, so ist dieses meist die Folge eines Überdruckbarotraumas in den Nasennebenhöhlen.	Ist HNO-ärztlicherseits eine Ursache für die Beschwerden festgestellt, so gilt grundsätzlich Tauchverbot bis zur Ausheilung. Die Therapie kann medikamentös mit Antibiotika und schleimhautabschwellenden Maßnahmen erfolgen; bei schweren chronisch entzündlichen Prozessen, Polypenbildung und Verlegung der Nasenscheidewand kommt auch chirurgisches Vorgehen in Frage. Als kurzfristige Therapie bei leichteren Infekten im Nasenbereich hat sich eine Nasensalbe nach folgender Zusammensetzung bewährt (enthält kein Ephedrin!): Nasensalbe: Sol. hydrocort. 0,25 % 5.0 Paraff. liqu. Eucerin. anhydr. aa ad 30.0 Ol. citrici gtt. 3	Prophylaktisch soll das Tauchen bei Erkältungskrankheiten unterbleiben. Sind Erkältungskrankheiten als Ursache des Barotraumas ausgeschlossen, so muss der HNO-Arzt andere organische Ursachen wie Polypen, Verbiegung der Nasenscheidewand, chronische Sinusitis oder auch Tumore durch entsprechende Untersuchungen ausschließen. Abschwellende Nasentropfen (Ephedrin!) sollen prophylaktisch nicht verwendet werden, da die Dauer ihrer Wirkung individuell sehr unterschiedlich ist. Unter Wirkung der Tropfen ist die Phase des Abstiegs ohne Probleme; bei nachlassender Wirkung tritt jedoch die Schleimhautschwellung wieder auf, und die Kanäle verschließen sich. Durch die sich beim Aufstieg ausdehnende Luft kommt es dann zu einem sehr schmerzhaften und oft über Stunden anhaltenden Überdruckbarotrauma der Nasennebenhöhlen. Dieses Phänomen kann ebenso im Mittelohr auftreten, wenn sich die eustachische Röhre während des Tauchgangs verschließt.
Keine ephedrinhaltigen Nasentropfen vor dem Tauchgang verwenden !		

Tabelle 5: Barotrauma der Nasennebenhöhlen

Symptome	Therapie	Prophylaxe (Vorbeugung)
Die Bindehaut des Auges ist blutig verfärbt, oft in Kombination mit Blutaustritt aus der Nase.	Eine spezifische Behandlung ist meist nicht erforderlich, da die Blutung schnell resorbiert wird. Die verletzten Kapillaren schließen sich spontan, sobald der Sog wegfällt. Abschwellende Augentropfen können den Heilungsvorgang beschleunigen.	Auch beim Apnoetauchen unter keinen Umständen Masken verwenden, bei denen kein Druckausgleich über die Nase möglich ist. Frühzeitiger Druckausgleich über die Nase.

Tabelle 6: Barotrauma der Maske bzw. des Auges

haut an, und es kommt zu einer Verlegung der Eingänge zu den Nebenhöhlen. Eine ausreichende Belüftung der Nasennebenhöhlen ist unter diesen Umständen nicht mehr möglich. Beim Ab- und Auftauchen kommt es zu erheblichen Druckdifferenzen zwischen Nasen-Rachen-Raum und den Nebenhöhlen. So entsteht beim Abtauchen durch vollständige oder teilweise Verschlüsse der Nebenhöhlenausgänge ein relativer Unterdruck in der betreffenden Nebenhöhle. Der Taucher fühlt einen stechenden Schmerz. Die Schleimhaut der Nebenhöhlen schwillt schon bei Tauchtiefen ab 3,5 bis 5 m, dann tritt Blutflüssigkeit aus den Gefäßen aus.

Umgekehrt kann sich bei Verlegung der Ausführungsgänge beim Aufstieg innerhalb dieser Höhlen sofort ein Überdruck entwickeln, der zu heftigen und anhaltenden Oberkiefer- und Zahnschmerzen führen kann (Überdruckbarotrauma). Benutzt man bei Schnupfen ephedrinhaltige Nasentropfen zur Abschwellung, so kann deren Wirkung während des Tauchgangs aufhören. Im Aufstieg kann die Luft in den Nebenhöhlen nicht entweichen, und es tritt ein Überdruckbarotrauma auf.

Barotrauma der Maske bzw. des Auges

Das Barotrauma des Auges ist durch den luftgefüllten Raum der Tauchermaske bedingt. Beim Abtauchen hat der Druckausgleich über die Nase zu erfolgen, die im Maskenraum liegt. Schwimmbrillen oder solche Konstruktionen, bei denen die Nase nicht in den Maskenraum integriert ist, sind daher für das Tauchen nicht geeignet. Unterbleibt der Druckausgleich – ein häufiger Anfängerfehler –, so kommt es durch den relativen Unterdruck im Maskenraum zur Schleimhautschädigung des Auges und der Nase mit Blutaustritten. Ein Überdruckbarotrauma beim Auftauchen kann nicht entstehen, da die sich ausdehnende Luft über den Maskenrand entweicht.

Druckausgleich mit Beschreibung der Technik

Da der Druck mit zunehmender Wassertiefe steigt, müssen wir im Körper den zunehmenden Druck ausgleichen. Beim Schnorcheltauchen ist dieser Druckausgleich im Mittelohr und in der Tauchermaske vorzunehmen. Damit es erst gar nicht zu einer Druckdifferenz kommt, gleichen wir den Druck ständig aus. Dies ist auf den ersten Metern besonders wichtig, da wir bis 10 m die größten Druckdifferenzen haben.

Der Druckausgleich wird selten durch Schlucken erreicht. Mit dem Daumen und Zeigefinger wird der Nasenerker gefasst und die Nase zugedrückt. Nun „presst“ man vorsichtig Luft aus der Lunge in den Nasen-Rachen-Raum. Man verspürt ein leichtes „Knacken“ auf beiden Ohren, und der Druck ist innen wie außen gleich. Der Druckausgleich darf nie zu spät vorgenommen werden, da es sonst zu einer schmerzhaften Überdehnung des Trommelfells oder zum Trommelfellriss kommen kann. Sollten wir es trotzdem einmal versäumt haben, den Druckausgleich rechtzeitig durchzuführen (wir verspüren dann den Druck an den Ohren), so tauchen wir einfach wieder so weit höher, bis der Druckausgleich wieder funktioniert. Beginne immer rechtzeitig, schon kurz nach dem Abtauchen damit. Wenn du erst den Druck auf den Ohren oder gar Schmerzen spürst, ist es schon zu spät.

Der Druckausgleich im Ohr ist nichts anderes als die Geradestellung (neutrale Stellung) des Trommelfells. Bei diesem Vorgang wird in allen anderen verbundenen Schädelhöhlen der Druckausgleich vorgenommen.

Der Druckausgleich in der Maske wird durch Ausblasen von Ausatemluft durch die Nase vorgenommen. Mit etwas Übung benötigt man kaum Luft für den Druckausgleich!

Beim Tauchen mit dem Drucklufttauchgerät (DTG) wird der automatische Druckausgleich in der Lunge beim Atmen über den Atemregler vorgenommen.

Lernerfolgskontrolle

***4.3.1**

Was ist ein Barotrauma?

a Eine Luftansammlung unter der Haut nach einem zu schnellen Aufstieg.

b Eine organ- bzw. gewebetypische Verletzung von lufthaltigen, mehr oder weniger flexiblen Körperhöhlen durch fehlende oder unzureichende Belüftung bei Druckänderungen.

c Verletzungen der Hautoberfläche mit Blaufärbung durch Sauerstoffmangel.

d Gewebeschädigungen durch Nichteinhalten der Austauchpausen.

e Sinnestäuschungen beim Tauchen durch die Druckzunahme.

***4.3.2**

Wie wird das Ohr untergliedert?

a Ohrmuschel, Gehörgang und Innenohr

b Äußerer Gehörgang und Mittelohr

c Ohrmuschel, eustachische Röhre und Mittelohr

d Innen- und Außenohr

e Außen-, Mittel- und Innenohr

***4.3.3**

Bei heftigen stechenden Schmerzen in der Stirngegend nach einem Tauchgang handelt es sich wahrscheinlich um eine Folge von

a zu starker Konzentration auf den Tauchgang;

b zu viel Alkohol am Abend vor dem Tauchgang;

c zu starker körperlicher Anstrengung beim Tauchgang;

d Kopfschmerz, der nichts mit dem Tauchen zu tun hat;

e einem Barotrauma der Stirnhöhle.

***4.3.4**

Wie verhälst du dich, wenn du beim Abtauchen stechende Schmerzen in der Stirngegend spürst?

a Weiter abtauchen, dann verschwinden die Schmerzen.

b Auf der Tiefe bleiben und dort weitertauchen.
c Durch das Ausblasen der Maske wird die Stirn gekühlt, und die Schmerzen lassen nach.
d Kopfhaube kurz abhalten und mit Wasser fluten.
e Tauchgang abbrechen.

***4.3.5**
Welche Folgen kann es haben, wenn du beim Abtauchen keinen oder keinen korrekten Druckausgleich im Mittelohr durchführst?
a Kopfschmerz mit Übelkeit
b Dekompressionskrankheit
c Barotrauma der Maske
d Trommelfellriss
e Verkleben der eustachischen Röhre

***4.3.6**
Was kann die Ursache für blutunterlaufene Augen nach einem Tauchgang sein?
a Unterlassenes Ausatmen beim Aufstieg.
b Ein Angriff von aggressiven Tieren.
c Übermäßiger Alkoholgenuss am Abend vor dem Tauchgang.
d Überdruck in der Tauchermaske beim Auftauchen.
e Unterlassener Druckausgleich in der Tauchermaske beim Abtauchen.

***4.3.7**
Wann kann es zu Barotraumen kommen?
a Bei zu tiefem Tauchen durch die Giftigkeit der Atemgase.
b Bei zu langem Tauchen in größeren Tauchtiefen.
c Bei der Druckzunahme während des Abtauchens.
d Bei Nichteinhalten der vorgeschriebenen Dekompressionsregeln.
e Beim Tauchen in zu kalten Gewässern.

***4.3.8**
Wie kann es beim Tauchen zu einem Trommelfellriss kommen?
a Generell beim Tauchen ohne Kopfhaube durch den direkten Salzwasserkontakt.
b Durch unterlassenen Druckausgleich im Mittelohr beim Abtauchen.
c Durch Kältereizung, wenn Wasser ins Ohr eindringt.
d Durch zu schnelles Aufsteigen ohne auszuatmen.
e Durch Überanstrengung.

***4.3.9**
Haben Mittelohr und Nasen-Rachen-Raum eine Verbindung?
a Ja, die eustachische Röhre (Ohrtube).
b Ja, das Trommelfell.
c Das Mittelohr liegt im Nasen-Rachen-Raum.
d Ja, eine flexible Membrane.
e Nein.

***4.3.10**
Die Gefahr eines Barotraumas besteht
a beim Tauchen unter zu hohem Druck (in zu großer Tiefe);
b beim Tauchen mit unsachgemäß gefüllten DTGs (zu hoher Kohlendioxidanteil);
c nur beim Abtauchen;
d nur beim Auftauchen;
e beim Abtauchen und beim Auftauchen, aber nicht beim Verweilen in einer Tiefe.

***4.3.11**

Wie äußert sich ein Barotrauma des Mittelohrs?

a Nach Zerreißen des Trommelfells plötzlich nachlassender stechender Schmerz.
b Euphorie derart, dass man tiefer abtauchen will.
c Schmerzen am äußeren Gehörgang.
d Wassereintritt in den Nasen-Rachen-Raum.
e Wassergeräusche im Mittelohr.

***4.3.12**

Was unternimmst du, wenn du bei einem Tauchurlaub eine Erkältung bekommst?

a Das hängt von dem vorgesehenen Tauchgebiet ab; wenn es unverzichtbar ist, nehme ich Nasenspray, um keine Probleme mit dem Druckausgleich zu bekommen.
b Wenn die Tauchgänge schon bezahlt sind, werden sie durchgeführt.
c Wenn ich langsam abtauche, kann ich an den Tauchgängen teilnehmen.
d Ich tauche nur im Flachbereich.
e Ich verzichte auf das Tauchen, bis die Erkältung verschwunden ist.

***4.3.13**

Wann führst du aktiv einen Druckausgleich im Mittelohr durch?

a Beim Auftauchen, um den Überdruck im Mittelohr abzubauen.
b Immer erst auf der Maximaltiefe, die ich erreichen wollte.
c Bei Schmerzen im Ohr.
d Rechtzeitig schon kurz nach dem Abtauchen und dann regelmäßig, so dass kein Druck auf den Ohren zu spüren ist.
e Ein Druckausgleich ist im Mittelohr nicht erforderlich.

***4.3.14**

Wenn du beim Druckausgleich keine Druckentlastung an den Ohren spürst,

a tauchst du einige Meter tiefer und versuchst es noch einmal,
b tauchst du etwas höher und versuchst es noch einmal,
c muss der Druckausgleich noch einmal mit heftigem Pressen versucht werden,
d muss ein Notaufstieg durchgeführt werden,
e ist der Tauchgang sofort abzubrechen.

***4.3.15**

Wie vermeidest du eine schmerzhafte Gehörgangsentzündung?

a Durch Verwendung einer eng anliegenden Kopfhaube.
b Durch Schutz des Gehörgangs vor Wasser mit Hilfe von Ohrenpfropfen.
c Durch die Verwendung von Ohrentropfen vor dem Tauchgang.
d Durch eine gründliche Reinigung des Gehörgangs mit Wattestäbchen.
e Durch Spülung des Gehörgangs nach dem Tauchen mit Süßwasser.

Lektion 5 Praxisblock mit ABC-Ausrüstung III

5.1 Wiederholung Flossentechnik

Wie bei allen erlernten Techniken reicht es nicht, diese einmal gezeigt zu bekommen und nachzumachen. Auch das Flossenschwimmen muss regelmäßig geübt werden, damit sich die Technik verfeinert und automatisiert. Später solltest du auch regelmäßig Flossenschwimmen, um eine ausreichende Kondition aufzubauen.

5.2 Überprüfung Druckausgleich

Da wir im nächsten Ausbildungsschritt abtauchen werden, solltest du nun überprüfen, ob du den Druckausgleich herstellen kannst. Der Druckausgleich wird selten nur durch Schlucken erreicht. Mit Daumen und Zeigefinger wird der Nasenerker der Maske gefasst und die Nase zugedrückt. Nun presst man vorsichtig Luft in den Nasen-Rachen-Raum und öffnet damit die Verbindung zum Mittelohr, die eustachische Röhre (Valsalva-Versuch). Man verspürt bei erfolgreichem Druckausgleich ein leichtes „Knacken" an beiden Trommelfellen, und der Druck ist innen wie außen gleich, d.h. dass sich das Trommelfell in seiner natürlichen Lage befindet. Auch beim Fliegen oder beim Passieren eines höheren Berges muss der Druckausgleich gemacht werden, jedoch nur bei Druckzunahme. Dies geht in der Regel auch durch Schlucken oder Kaugummikauen.
Auf den ersten Metern ist der Druckausgleich wichtig und darf nie zu spät vorgenommen werden, weil eine schmerzhafte Überdehnung oder im Extremfall ein Riss des Trommelfells die Folge wären. Führe auf keinen Fall mit Gewalt den Druckausgleich durch, da dadurch unter Umständen noch weitere Schädigungen bewirkt werden können.

5.3 Abtauchtechnik

Nachdem du an der Wasseroberfläche den Druckausgleich erfolgreich probiert hast, kann nun zum Abtauchen übergegangen werden.
Dein Ziel ist das Abtauchen in die Unterwasserwelt. Damit dir das Abtauchen leicht fällt, sind wenige Punkte zu beachten. In der Lektion 10.2 (Auf- und Abtrieb, Prinzip des Archimedes) findest du einiges an Erklärungen. Hier wollen wir dir aber nur das Nötigste vermitteln. Der soeben geübte Druckausgleich ist ein notwendiger Vorgang beim Abtauchen.
Dein Körper ist unter Wasser leichter. Er wird neutralisiert, weil das Medium Wasser und der menschliche Körper annähernd die gleiche Dichte haben. Das Abtauchen wird nun in drei Phasen erfolgen. Du versuchst dabei einfach, die Energie der Vorwärtsbewegung des Schwimmens in die Richtung nach unten umzulenken, indem du anschwimmst, mit dem Oberkörper in der Hüfte um 90° abknickst und unter anschließendem Strecken der Beine abtauchst.

Abtauchphase 1: Anschwimmen
Wichtig ist, dass du nicht aus dem Stand (vertikale Lage) heraus mit dem Abtauchen beginnst, da dir dann die Energie der Vorwärtsbewegung fehlt und du außerdem mehr Energie für die 180-Grad-Drehung brauchst. Lege dich auf das Wasser und schwimm ein paar Meter an, so dass eine Grundgeschwindigkeit aufgebaut ist. Die Arme liegen dabei vorne und dienen dem späteren Umlenken des Oberkörpers nach unten.
Atme nun unmittelbar vor dem Abtauchen nicht tief, sondern normal ein. Je tiefer du einatmest, desto höher ist dein Auftrieb, dem du mit Flossenkraft entgegenwirken musst. Das kostet wieder Energie.

Abb. 25: Abtauchphase 1, Abtauchphase 2 und Abtauchphase 3

Abtauchphase 2: Abknicken

Du lenkst nun mit den Armen nach unten und knickst dabei in der Hüfte rechtwinklig ab. Wenn du nun abtauchst, wird Dein Oberkörper ins Wasser eindringen und damit im Wasser leichter. Dein Körper hat nun eine rechtwinklige Form.

Abtauchphase 3: Abtauchen

Nun werden die Beine aus dem Wasser senkrecht in die Höhe „katapultiert“ und der Körper bildet wieder eine gerade Linie senkrecht zur Wasseroberfläche. Nun ist der Oberkörper (+/–) im Wasser und die Beine (+) über Wasser. Sie üben durch ihre Gewichtskraft über Wasser eine entsprechende Kraft nach unten aus, sodass der Körper sich nach unten bewegt.

Spätestens jetzt ist der Druckausgleich erforderlich, denn gerade auf den ersten Metern nimmt der Umgebungsdruck überproportional zur Tiefe zu.

Erst in dem Moment, wenn die Flossen untergetaucht sind, beginnst du mit dem Flossenschlag, um noch tiefer abzutauchen. Du solltest in dieser Phase vor allem auf den frühzeitigen Druckausgleich achten.

Du wirst nach einigen Übungen und guter Technik bequem ohne Flossenschlag auf drei Meter abtauchen können, ohne dich großartig anzustrengen. Lass dir die Übungen von deinem Tauchlehrer vormachen. Er sollte dich beobachten und dich korrigieren. So lernst du die Technik sehr schnell, und das Abtauchen bereitet dir Freude.

Häufig vorkommende Fehler beim Abtauchen solltest du schnell eliminieren, indem du die folgenden drei Tipps beachtest:

- Bei zu viel Schwung gerät der Körper aus der senkrechten Achse und die Beine

Abb. 26: Flossen unter Wasser mit Flossenschlag

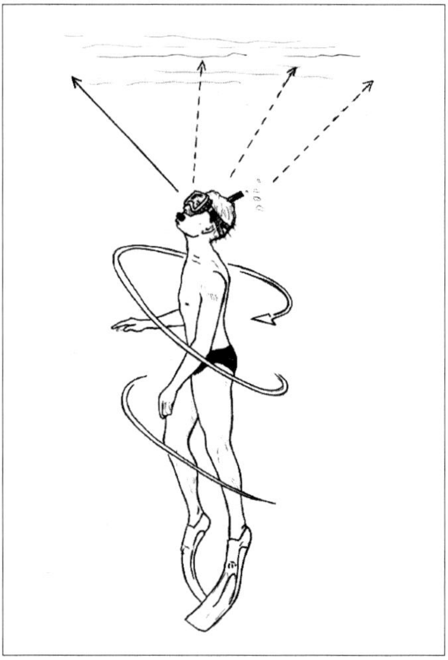

Abb. 27: Auftauchen

kippen nach hinten weg, tauchen somit nicht sauber ein und erzeugen an der Wasseroberfläche einen nicht gewollten Auftrieb.
- Wenn du die Beine nicht genügend hochbringst, entsteht der gleiche Effekt.
- Wenn der Flossenschlag schon über Wasser einsetzt, kann der Körper ebenfalls nicht sauber und ohne Gegendruck eintauchen.

Vielleicht hast du schon einmal beobachtet, wie Turmspringer eintauchen. Bei sehr guten Sprüngen sieht man hier kaum einen Wasserspritzer. Wir müssen versuchen, genauso sauber einzutauchen, damit wir ohne Kraft und Anstrengung schnell auf die gewünschte Tiefe kommen. Videoaufzeichnungen können den Lernerfolg beschleunigen.

Mit dem Abtauchen verbunden ist natürlich auch das Auftauchen. Beim Auftauchen musst du deinen Kopf überstrecken, damit du die Wasseroberfläche beobachten kannst. Du sollst dich nun beim Auftauchen langsam um deine Körperachse drehen, weil du so 360 Grad Blickwinkel abdeckst. Diese Art des Auftauchens ist zu deiner eigenen Sicherheit zwingend erforderlich. Denn an der Oberfläche können Surfer, Boote oder andere Gegenstände plötzlich auftauchen und dich eventuell verletzen. Durch diese Auftauchmethode kannst du Gefahren aus dem Weg gehen (Hören beim Auftauchen wird beim Gerätetauchen behandelt). Eine Taucherboje hilft dir zur Absicherung deines Tauchplatzes. Hast du diese Boje mit der Flagge „A“ (weiß-blau) gesetzt, so müssen alle Wasserfahrzeuge (auch Surfer) einen Sicherheitsabstand von 300 m einhalten.

Du hast nun die Grobkoordination des Abtauchens in drei Phasen erlernt. Diese Bewegungen müssen nun in der Fein-

Abb. 28: Taucherflagge „A“

Lernerfolgskontrolle

***5.3.1**
Welche Bedeutung hat eine weiß-blaue senkrecht geteilte Flagge für Boote?

a Es ist die Flagge „NC“ des Flaggenalphabetes und bedeutet ein Notsignal.
b Es ist die Flagge „A“ des Flaggenalphabetes und bedeutet „Taucherarbeiten unter mir“ (Taucherflagge).
c Die Flagge wird beim Tauchen auf Bojen gesetzt, damit diese besser gesehen werden.
d Die Flagge wird auf Bojen gesetzt und dient als Wendemarke.
e Die Flagge dient beim Tauchen zum Feststellen der Windrichtung und hat für Boote keine Bedeutung.

koordination verbessert und gefestigt werden. Dabei kann dich dein Tauchlehrer wesentlich unterstützen, indem er dich beobachtet und ggf. korrigiert. So wirst du schnell die Abtauchtechnik perfekt beherrschen, und es wird gewährleistet, dass sich keine Fehler in die Bewegungen einschleichen, die man später nur schwer beheben kann.
Die Bewegungsform sollte sich bei dir dann so automatisieren, dass du von ganz allein, ohne groß darüber nachzudenken, die richtige Technik anwendest.
Wenn du tiefer tauchst, so wird der Druckausgleich erforderlich sein, auch schon im Flachbereich bis 4 m.
Wiederhole das Abtauchen in diese Tiefe ständig. Nach einiger Zeit wirst du dazu in der Lage sein, ohne jeden Flossenschlag nur durch deinen Schwung und die Gewichtskraft bis zum Grund zu gelangen.

5.4 Streckentauchen

Du kennst nun zwar die Techniken des Abtauchens und der Fortbewegung unter Wasser. Für ein effektives Streckentauchen allerdings ist die Koordination der Atmung mit den Bewegungen wichtig.
Nach einem angemessenen Aufwärm- und Konditionstraining ruhst du dich zunächst aus, bis der Ruhepuls erreicht ist. Achte dabei auf eine ausreichende Ausatmung, damit das im Körper angefallene Kohlendioxid abgeatmet wird. Atme ruhig und konzentriert. Die letzte Zeit vor dem Abtauchen kannst du nun zwei- bis dreimal tief ein- und ausatmen, ohne jedoch zu hyperventilieren (vgl. Lektion 8.3). Unmittelbar vor dem Abtauchen atme nur normal tief ein. Wenn du zu tief einatmest, wird dir über die Dehnungsrezeptoren der Lunge eher wieder

ein Atemreiz gegeben. Dann tauche mit möglichst wenig Energieaufwand, also aus der horizontalen Lage mit Schwung und der richtigen Abtauchtechnik, ab. Tauche möglichst im Bereich von 2 bis 3 m, da dies in der Regel für die annähernde Neutralität deines Auftriebs eine günstige Tiefe ist, sodass du weniger Kraft aufwenden musst.
Während des Streckentauchens bringen dich ruhige Bewegungen weiter als schnelle hektische Flossenschläge. Wenn du meinst, den Punkt des Atemreizes erreicht zu haben, atme noch einmal etwas aus und tauche weiter. Du schaffst dann normalerweise noch ein gutes Stück.
Tauche allerdings niemals allein! Dich muss immer ein Partner an der Oberfläche begleiten, um jederzeit helfen zu können. Das gilt auch für jeden fortgeschrittenen Taucher.
Für das Zeittauchen, also das Verbleiben unter Wasser ohne Atmung für möglichst lange Zeit, gilt die gleiche Vorbereitung wie für das Streckentauchen. Bei beidem wirst du feststellen, wie sich die Strecke bzw. Zeit nach einigen Wiederholungen durch Training steigern lässt.

Lernerfolgskontrolle

***5.4.1**
Darfst du im Hallenbad ohne Aufsicht Streckentauchen?

a Wenn ich gut trainiert bin, ist das kein Problem.
b Ja, wenn ich vorher nicht hyperventiliere.
c Im Freigewässer nicht, aber im Hallenbad kann nichts passieren.
d Ja, da nur Gerätetauchen irgendwelche gesundheitlichen Folgen haben kann.
e Nein, niemals.

5.5 Auftauchen unter Ausatmung

Da du nun die Grundkenntnisse im Umgang mit der ABC-Ausrüstung erlernt hast, wirst du in der nächsten Praxislektion mit dem Drucklufttauchgerät vertraut gemacht. Als Vorübung hierfür ist es wichtig, dass du erlernst, beim Auftauchen niemals die Luft anzuhalten. Dies gilt natürlich nicht für das Ab- und Auftauchen ohne Druckluft.
Tauche nun mit dem Schnorchel auf 3 bis 4 m ab, nimm den Schnorchel aus dem Mund und steige langsam an die Wasseroberfläche auf. Dabei kommt es darauf an, dass du mit dem Kopf an die Wasseroberfläche schaust und diese auf eventuelle Hindernisse beobachtest (z.B. andere Schwimmer, Boote) und dass du ständig leicht Luft aus dem Mund ablässt. Dieses Luftablassen sollte jedoch nicht so weit führen, dass du die Lunge vollständig entleerst, sondern dass du nur das durch die Volumenausdehnung überschüssige Luftvolumen abatmest (vgl. Gesetz von Boyle-Mariotte).

Lektion 6 Theoretische Einweisung

6.1 Anatomie und Physiologie Lunge, Atmung, Herz, Kreislauf

Die Lunge besteht aus zwei Lungenflügeln, rechts in drei und links in zwei Lappen aufgeteilt. Sie liegt in dem aus zwölf Rippenpaaren gebildeten knöchernen Brustkorb (Thorax), der durch viele kleine Gelenke, die die Rippen mit der Wirbelsäule und dem Brustbein bilden, durchaus beweglich ist. Diese Beweglichkeit ist für die zur Atmung notwendige Volumenänderung der Lunge erforderlich. Die Lungenoberfläche ist mit einem dünnen Häutchen, dem Lungenfell (Pleura visceralis) bedeckt. An der Lungenwurzel schlägt dieses Häutchen um und geht in das Rippenfell (Pleura parietalis) über, das den Brustraum tapetenartig auskleidet. Zwischen beiden Fellen liegt der Pleuraspalt, der allseits geschlossen ist und einen negativen Druck aufweist.

Das eigentliche Funktionsepithel der Lunge wird von den Alveolen gebildet, in denen der Gasaustausch stattfindet. Die gesamte Funktionsfläche beträgt ca. 100 m^2. Das Bindegewebe der Lunge ist mit elastischen Fasern durchsetzt. Der Unterdruck im Pleuraspalt und die elastischen Fasern des Lungengewebes wirken als Kräfte gegeneinander, so dass die Lunge ständig entfaltet bleibt.

Mechanik der Atmung

Die Atmung hat die Aufgabe, alle Körperzellen mit dem lebensnotwendigen Sauerstoff (O_2) zu versorgen und das durch die Stoffwechselvorgänge entstehende Kohlendioxid (CO_2) zu entfernen.

Die Lunge hat über die elastischen Fasern das Bestreben, sich zusammenzuziehen wie ein Luftballon. Sie „klebt" am äußeren Rand über den Pleuraspalt am Brustkorb und ist nach unten durch das Zwerchfell begrenzt. Wird nun aktiv das Zwerchfell angespannt

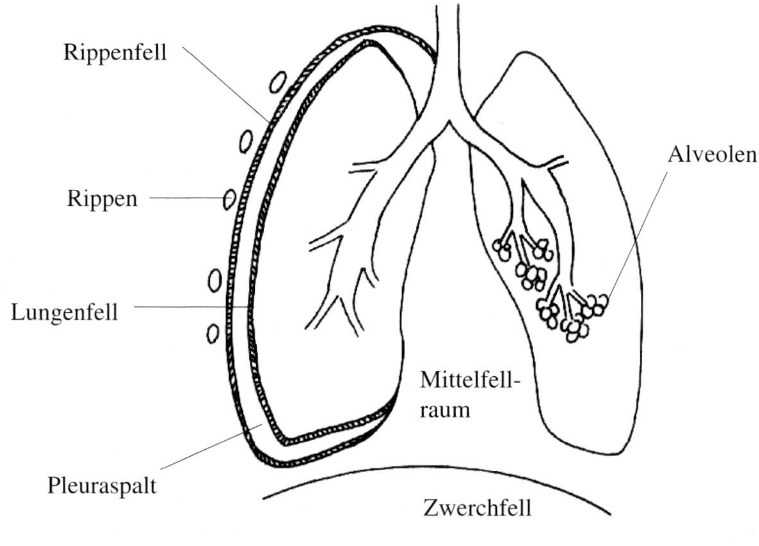

Abb. 29: Lunge

und/oder der Brustkorb gehoben, so vergrößert sich der Raum, und die Lunge muss dieser Vergrößerung folgen. Da die Lunge eine offene Verbindung zur Außenluft hat, strömt Umgebungsluft in die Lunge ein. Diese Phase kennen wir als Einatmung. Die Ausatmung hingegen erfordert keine Muskelarbeit, sondern geschieht passiv durch das Zusammenziehen der elastischen Fasern der Lunge.

Physiologie der Atmung

In der Lunge geht der Sauerstoff in das Blut über und wird über den Lungenkreislauf zunächst zum Herzen transportiert. Das Herz ist ein großer, in 2 Hälften unterteilter Muskel, dessen eine Hälfte den Lungenkreislauf und dessen andere Hälfte den Körperkreislauf versorgt. Es arbeitet wie eine Pumpe. Durch das Zusammenziehen der Herzmuskulatur wird das Blut in den jeweiligen Kreislauf ausgetrieben. Das von der Lunge kommende sauerstoffreiche Blut wird durch die linke Herzhälfte durch die Arterien zu den Zellen des gesamten Körpers, also auch in alle Organe und in das Gehirn befördert. In den Zellen findet dann der Stoffwechsel statt. Dabei wird zur Energiegewinnung Sauerstoff verbraucht, und Kohlendioxid entsteht. Das dann sauerstoffarme und kohlendioxidreiche Blut wird über die Venen zurück zum Herzen in die rechte Herzhälfte transportiert. Die rechte Herzhälfte pumpt das Blut dann wieder zur Lunge, wo Kohlendioxid abgegeben und Sauerstoff wieder aufgenommen wird.
Jede Störung des Kreislaufs oder der Herzfunktion kann dazu führen, dass nicht mehr genügend Sauerstoff zu den jeweiligen Zellen gelangt. Dies ist jedoch erforderlich, um die Lebensvorgänge in der Zelle und im Körper überhaupt aufrecht zu erhalten. Jede Sauerstoffminderversorgung kann daher lebensbedrohliche Folgen haben. Dies gilt insbesondere dann, wenn das Gehirn nicht mehr ausreichend mit Sauerstoff versorgt wird.

Lernerfolgskontrolle

***6.1.1**
Welche Aufgabe hat die Atmung?

a Transport des Sauerstoffs von den Zellen zur Lunge.
b Versorgung der Körperzellen mit Sauerstoff und Entsorgung von Kohlendioxid.
c Versorgung der Körperzellen mit Kohlendioxid und Abtransport von Sauerstoff.
d Versorgung der Körperzellen mit Stickstoff.
e Abtransport des Stickstoffs aus dem Körper.

6.2 Lungenüberdruck- und -unterdruckbarotrauma

Auch die Lunge ist ein Hohlraum, der bei Änderung des Umgebungsdrucks sein Volumen verändert. Beim Auftauchen verringert sich der Umgebungsdruck, folglich nimmt das Volumen der Luft in der Lunge zu. Das ist aber kein Problem, so lange wir weiteratmen, da die sich ausdehnende Luft dann über die Atemwege entweichen kann.
Ist jedoch ein Abströmen der sich ausbreitenden Luft verhindert, so dehnt sich die Lunge weiter aus, bis auch diese Möglichkeiten erschöpft sind. Dann kommt es zum Lungenriss. Dieser kann entweder mitten in einem Lungenflügel (zentraler Lungenriss) oder am Rand der Lungen (randständiger Lungenriss) auftreten und hat dann unterschiedliche Folgen.
Bei einem zentralen Lungenriss platzen einzelne Lungenbläschen. Da sie von Blutgefäßen umgeben sind, können so Luftblasen in die Blutbahn gelangen und werden in den Körperkreislauf transportiert. Dort können sie die Blutgefäße zu lebenswichtigen Orga-

nen wie z.B. dem Gehirn verstopfen, dadurch die Sauerstoffversorgung unterbrechen und zu lebensbedrohlichen Erscheinungen führen.

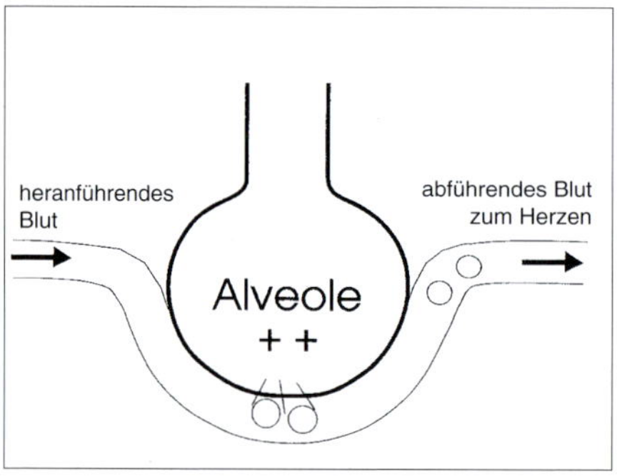

Abb. 30: Platzende Alveole mit umgebender Kapillare, Übertritt von Luftblasen

Reißt die Lunge am äußeren Rand, so gelangt Luft in den Pleuraspalt, und der betroffene Lungenflügel fällt zusammen, da die elastischen Fasern der Lunge sich zusammenziehen. Dieses Phänomen nennt man Pneumothorax.

Reißt die Lunge am Rand zum Mittelfellraum (auch Mediastinum genannt; das ist der Bereich zwischen den beiden Lungenflügeln), so gelangt Luft in diesen Raum, steigt nach oben und sammelt sich in der Halsregion als Hautemphysem.

Da schon ein Druckunterschied von nur einem Meter zu einem Lungenriss führen kann, ist dieses Barotrauma auch schon im Schwimmbad für dich von großer Bedeutung. Daher musst du beim Tauchen mit Drucklufttauchgerät auch im Flachwasser beim Aufstieg immer daran denken, entweder leicht Luft abzulassen oder über den Atemregler weiterzuatmen, aber niemals die Luft anzuhalten! Wichtig ist in diesem Zusammenhang auch das Beherrschen des Wasser-Nase-Reflexes, da sonst ein Maskenverlust unter Wasser zur Blockade der Atmung mit nachfolgendem Notaufstieg ohne Ausatmung führen kann.

Lernerfolgskontrolle

***6.2.1**

Wie kann es zu einem Lungenüberdruckunfall kommen?

a Beim Tauchen nur mit ABC-Ausrüstung: nur beim Auftauchen.

b Beim Gerätetauchen, wenn während des Aufstiegs weiter ein- und ausgeatmet wird.

c Beim Gerätetauchen, wenn während des Aufstiegs nicht ausgeatmet wird.

d Beim Gerätetauchen, wenn während des Aufstiegs nicht eingeatmet wird.

e Beim Gerätetauchen, wenn zu schnell ab- oder aufgetaucht wird.

***6.2.2**

Wie viel Luftvolumen enthält die Lunge eines Gerätetauchers in 10 m Wassertiefe im Vergleich zum Luftvolumen an der Oberfläche?

a 10 % mehr

b das gleiche Luftvolumen

c das halbe Luftvolumen

d das doppelte Luftvolumen

e 10 % weniger

***6.2.3**

Warum ist ein zentraler Lungenriss so gefährlich?

a Lebenswichtige Organe (z.B. Gehirn) können nicht mehr mit Sauerstoff versorgt werden.

b Lebenswichtige Organe (z.B. Gehirn) können nicht mehr mit Stickstoff versorgt werden.

c Die Einatmung wird derart behindert, dass ein Weiteratmen nicht möglich ist.

d Luftblasen gelangen in die Lunge und können die Lungenbläschen verstopfen.

e Die Atemfläche der Lunge wird durch eindringende Flüssigkeit verlegt.

***6.2.4**

Welche Krankheit kann ein Taucher erleiden, wenn er beim Auftauchen den Atem anhält?

a Ein Barotrauma des Mittelohres.
b Husten.
c Keine Krankheit, es gibt keine Gefährdung.
d Eine Dekompressionskrankheit.
e Ein Lungenüberdruckbarotrauma.

***6.2.5**

Weshalb ist beim Aufstieg besonders auf die Ausatmung zu achten?

a Um nicht unkontrolliert nach oben zu treiben.
b Um nicht wieder abzusacken.
c Damit kein Barotrauma der Schädelhöhlen entsteht.
d Damit es zu keiner Lungenschädigung durch Überdruck kommt.
e Damit genügend Kohlendioxid abgebaut wird und es nicht zum Black-Out kommt.

6.3 Einführung in Atemregler, Drucklufttauchgerät und Jacket

Die ABC-Ausrüstung hatten wir schon besprochen und wir glauben, dass dein Tauchlehrer dich gut ausgebildet hat und der Tauchsport dir immer mehr Freude macht. Die Ausbildung am Tauchgerät und der übrigen Ausrüstung ist eine sehr interessante Angelegenheit, erfordert aber einige Übungen.

Das Drucklufttauchgerät (DTG) benötigen wir, um eine längere Zeit unter Wasser verbringen zu können. Dieses DTG ist ein gebrauchsfähiges Gerät und besteht aus einer Druckluftflasche mit Ventil, Standfuß, Trageeinrichtung (Trage, Jacket) sowie einem Atemregler. Nach der nationalen Umsetzung der europäischen Normen in einer Verordnung zum Gerätesicherheitsgesetz werden Tauchgeräte als persönliche Schutzausrüstung der Kategorie III betrachtet und benötigen die CE-Kennzeichnung mit Jahreszahl und Kenn-Nummer.

Es gibt verschiedene gebräuchliche Flaschengrößen von 7 bis 15 l. Die meist verbreiteten Tauchflaschen sind die 10- und 12-l-Flaschen. Diese Flaschen gibt es aus den Materialien Stahl und Aluminium. Die Stahlflaschen sind aufgrund ihrer höheren Dichte (7,8 kg/dm^3 bzw. 78 N/dm^3) kleiner als die Aluminiumflaschen, die eine stärkere Wanddicke haben aufgrund der geringeren Dichte (2,7 kg/dm^3 bzw. 27 N/dm^3). Bei Aluminiumflaschen mit gleichem Füllvolumen wie Stahl muss man beim Tauchen, falls überhaupt erforderlich, ca. 20 % mehr Blei verwenden als bei einer Stahlflasche. Aluminiumflaschen haben neben dem Nachteil des höheren Auftriebs im Wasser aber auch Vorteile. Diese sind eine längere Lebensdauer und kein Verschleiß der Lackierung. Aluminiumflaschenventile sollten mit einem Mikrofiltersteigrohr ausgerüstet sein, um den Aluminiumstaub nicht in die Lungen zu atmen. Der Aluminiumstaub kann, wie auch Silikon, nicht von der Lunge abgebaut werden.

Druckluftflaschen sind, wie der Name schon sagt, mit zusammengedrückter (komprimierter) gereinigter Luft gefüllt. Der zulässige Fülldruck bei den gebräuchlichsten Druckluftflaschen beträgt 200 bar. Neu hergestellte Druckluftflaschen sind nach der DIN EN 1089-3 weiß lackiert mit einem schwarzen Streifen und einem großen Buchstaben „N“ für „neu“. Nach der Betriebssicherheitsverordnung müssen Drucklufttauchgeräte alle fünf Jahre einer Festigkeitsprüfung und alle zweieinhalb Jahre einer Gewichtsprüfung, äußeren und inneren Prüfung unterzogen werden, die von einer zugelassenen Überwachungsstelle (bisher: vom TÜV) vorgenommen wird. Sie sind mit einem Standfuß versehen, um ein Umfallen zu verhindern. Ihr solltet sie jedoch immer hinlegen, um Verletzungen oder Beschädigungen durch ein Umfallen zu vermeiden.

Um die Druckluftflasche auf dem Rücken tragen zu können, benötigen wir eine Tragschale mit Bebänderung oder ein Jacket.

Auch an Taucherwesten und Jackets finden wir zum schnellen Befüllen der Weste im Notfall eine kleine Druckluftflasche von ca. 0,5 l Inhalt. Auch diese Flaschen müssen wie jedes DTG regelmäßig überprüft werden.

Zum Öffnen und Schließen der Druckluftflasche ist in diese ein Ventil eingeschraubt. Dieses wird über ein Handrad manuell bedient.

Drucklufttauchgeräte müssen mit mindestens einer Warneinrichtung versehen sein, an der das Zuendegehen der Luft angezeigt wird. Ohne extreme Außenbedingungen (Sicht, Kälte, Arbeit) reicht das Unterwassermanometer (Finimeter), ein Tauchcomputer mit Flaschendruckanzeige oder auch eine am Ventil eingebaute Reserveschaltung, die dem Taucher unmissverständlich das Zuendegehen des Atemluftvorrates anzeigt und somit ein Zeichen zur Beendigung des Tauchgangs ist.

Die Reserveschaltung unterbricht die Luftzufuhr bei ca. 50 bar.

Um trotzdem weiteratmen zu können, muss der Taucher eine Zugstange oder ein Zugseil ziehen, das dann die Reserveschaltung öffnet. Die 50 bar Reservedruck stehen dann wieder zur Verfügung. Daher muss die Reservezugstange bzw. das Reservezugseil ständig leicht und schnell vom Taucher erreichbar sein.

Es gibt automatische und manuell zu bedienende Reserveschaltungen. Die automatische Reserve kann im Gegensatz zur manuellen Reserve nicht vor Erreichen des Reservedrucks gezogen werden. Auch beim Öffnen des Flaschenventils ist die automatische Reserveschaltung sofort in Funktion. Die manuell zu bedienende Reserve dagegen kann über einen Kipphebel bei beliebigem Flaschendruck gezogen werden. Die Reserve darf jedoch nicht unbeabsichtigt und vom Taucher unbemerkt während des Tauchens gezogen werden.

An vielen Tauchbasen wird heute keine Reserveschaltung mehr verwendet, in einigen Regionen ist sie gar nicht mehr bekannt. Dann muss mit mindestens einer anderen Warneinrichtung getaucht werden.

Der Atemregler ist das Verbindungsstück zwischen der Druckluftflasche und unserer Atmung. Er hat die Aufgabe, uns in jeder Tiefe mit ausreichend Luft zu versorgen und reduziert dazu die Luft unserer Druckluftflasche auf den Umgebungsdruck (Gebrauchsdruck).

Dies geschieht entweder in einem oder in zwei Schritten. Erfolgt die Reduzierung auf den Umgebungsdruck in einem Schritt, so sprechen wir von einstufigen Atemreglern, anderenfalls von zweistufigen Atemreglern. Einstufige Atemregler werden jedoch heute in Deutschland nicht mehr zum Verkauf angeboten.

Zweistufige Atemregler können Einschlauch- oder Zweischlauchatemregler sein. Bei Zweischlauchatemreglern sind die erste und zweite Stufe in einem Gehäuse untergebracht. Die heute am weitesten verbreitete Bauweise ist der zweistufige Einschlauchatemregler. Bei diesem Atemregler sind die erste und die zweite Stufe baulich voneinander getrennt und durch einen Mitteldruckschlauch miteinander verbunden.

Der zweistufige Atemregler besteht aus der 1. Stufe, die an das Flaschenventil angeschraubt wird (DIN = Deutsche Norm oder

INT = Internationaler Anschluss) und den Flaschendruck von ca. 200 bar (200 mal höher als unser Umgebungsdruck an der Wasseroberfläche) auf den Mitteldruck von ca. 7 bis 15 bar über dem Umgebungsdruck reduziert. Der Mitteldruckschlauch verbindet die 1. Stufe mit der 2. Stufe, die wir mit dem Mundstück in den Mund einführen. Die 2. Stufe, aus der wir wie an der Wasseroberfläche ganz normal atmen, gibt uns auf jeder Wassertiefe den entsprechenden Umgebungsdruck. Die zweite Stufe wird auch als Lungenautomat bezeichnet.

Die Atemregler werden in Kaltwasser- (unterhalb von 10 °C) und Warmwasseratemregler (oberhalb von 10 °C) unterschieden. Aus Sicherheitsgründen sollte angestrebt werden, dass jeder Taucher einen zweiten Lungenautomaten mit sich führt, um im Notfall den Tauchpartner mit Luft versorgen zu können. In kalten Gewässern sind zwei separate Atemregler an zwei nach Möglichkeit getrennt absperrbaren Ventilen angebracht.

Das Anschließen des Atemreglers an die Tauchflasche und das Atmen aus dem Regler zeigt dir der Tauchlehrer vor dem ersten „Untertauchen“. Atme wie normal ganz natürlich aus dem Atemregler.

Anfangs wird uns im warmen Wasser für die Ausbildung die ABC-Ausrüstung sowie das Tauchgerät mit dem Jacket oder der Taucherweste ausreichen. Später, beim Tauchen in kälterem Wasser, wird ein zusätzlicher Kälteschutz nötig. Erst zum Ausgleich des Kälteschutzes ist eventuell Blei erforderlich. Auch brauchst du später beim Tauchen verschiedene Instrumente.

Das Jacket dient nicht nur zum Tragen des Tauchgerätes. Es dient in erster Linie wie die Taucherweste

- als Tarierhilfe zum Erreichen eines Schwebezustandes in jeder Tiefe,
- im Notfall zum raschen Erreichen der Oberfläche,
- zur Rettung von anderen Tauchern,
- als Bergungshilfe beim Transport von schweren Gegenständen,
- als Schwimmhilfe an der Wasseroberfläche.

Damit erfüllt es viele Sicherheitsfunktionen und ist für uns beim Tauchen unerlässlich. Ein Jacket sollte mindestens so viel Volumen haben, dass der Abtrieb in 40 m Tiefe deutlich ausgeglichen wird. Eine Taucherweste muss mindestens 15 l Volumen besitzen und eine Signalfarbe haben. Auch müssen ein Überdruckventil, eine Signalpfeife und ein Schnellablass vorhanden sein. Die Taucherweste oder das Jacket müssen im aufgeblasenen Zustand den Taucher in einer sicheren Lage (Taucherweste: ohnmachtsichere Lage) an der Wasseroberfläche halten. Eine Druckluftflasche oder CO_2-Patrone als Notauftriebsmittel ist zwar nicht mehr vorgeschrieben, erhöht jedoch die Sicherheit. Eine Westentasche ist zwar nützlich, jedoch nicht sicherheitsrelevant.

Während die Taucherweste mit einer Kreuzbänderung am Taucher befestigt wird, wird das Jacket an die Druckluftflasche geschnallt. Ein Jacket sollte unbedingt eine Fangschlaufe besitzen, die am Ventil befestigt wird und dafür sorgt, dass bei mangelndem Halt durch die Bebänderung das DTG nicht durchrutschen kann. Nach Montage des Atemreglers steht so ein gebrauchsfertiges Tauchgerät vor euch.

Lernerfolgskontrolle

***6.3.1**
In welchen Abständen muss eine Druckluftflasche aus Stahl überprüft werden (TÜV)?

a jedes Jahr
b alle 2,5 Jahre bzw. alle 5 Jahre („Festigkeitsprüfung“)
c alle 6 Jahre
d alle 10 Jahre
e erstmalig nach drei Jahren, dann jedes Jahr

***6.3.2**
Wie hoch ist der zulässige Fülldruck für Drucklufttauchgeräte?

a 200 bar
b 225 bar
c 300 bar
d das hängt vom Alter des DTG ab
e er kann unterschiedlich je nach Art des DTG sein und ist auf dem Flaschenhals eingeschlagen

***6.3.3**
Welche Aufgabe hat die Reserveschaltung eines Drucklufttauchgerätes?

a Eine Reserveschaltung ist grundsätzlich unnötig.
b Eine Reserveschaltung dient als Warneinrichtung und signalisiert bei ca. 50 bar dem Taucher das Zuendegehen der Atemluft durch eine Unterbrechung der Luftzufuhr.
c Eine Reserveschaltung zeigt einen um 50 bar niedrigeren Druck an.
d Eine Reserveschaltung signalisiert dem Taucher nach dem Erreichen der Hälfte des Atemluftvorrates, dass der Rückweg angetreten werden muss.
e Eine Reserveschaltung verhindert, dass das DTG komplett leergeatmet werden kann und so Wasser in das Flascheninnere gelangen kann.

***6.3.4**
Was gilt für Druckluftflaschen?

a Druckluftflaschen müssen in Zeitintervallen unabhängig vom Flaschenmaterial zum TÜV.
b Auch Westenflaschen müssen wie Druckluftflaschen überprüft werden (TÜV).
c Druckluftflaschen aus Aluminium müssen nicht zum TÜV.
d Druckluftflaschen aus Aluminium müssen alle 10 Jahre zum TÜV.
e Alle Druckluftflaschen ab einem Volumen von 5 l müssen regelmäßig zum TÜV.

***6.3.5**
Wie müssen neu hergestellte Druckluftflaschen farblich gekennzeichnet sein?

a Signalfarben
b blau
c weiß mit schwarzem Streifen und großem Buchstaben N
d Aluminiumflaschen grau, Stahlflaschen gelb
e grundsätzlich gelb; Aluminiumflaschen dürfen nicht lackiert werden

***6.3.6**
Was gilt für einen Atemregler?

a Er reduziert den Flaschendruck aus dem DTG auf den Westendruck.
b Er reduziert über ein Hebelsystem den Flaschendruck auf 1 bar.
c Er erhöht den Flaschendruck auf den Umgebungsdruck.

d Er erhöht den Flaschendruck auf den Luftdruck von 1 bar.
e Er reduziert den Flaschendruck auf den Umgebungsdruck.

***6.3.7**
Was bedeutet die Unterscheidung in ein- und zweistufige Atemregler?

a Einstufige Atemregler haben nur einen Verbindungsschlauch zum Mundstück (Einschlauchatemregler), zweistufige Atemregler haben zwei Schläuche.
b Einstufige Atemregler haben nur einen Mitteldruckschlauch als Verbindung von Druckminderer und Lungenautomat, zweistufige Atemregler haben einen Ein- und einen Ausatemschlauch.
c Einstufige Atemregler haben eine Anschlussmöglichkeit nur am Hochdruckabgang, zweistufige Atemregler haben mehrere Anschlussmöglichkeiten.
d Einstufige Atemregler reduzieren den Flaschendruck in einem Schritt auf den Umgebungsdruck, zweistufige Atemregler in zwei Schritten erst auf den Mitteldruck, dann auf den Umgebungsdruck.
e Bei zweistufigen Atemreglern erfolgt die Druckreduzierung komplett im Mundstück, bei einstufigen Atemreglern im Gehäuse am Flaschenventil.

***6.3.8**
Die Druckreduzierung eines Atemreglers erfolgt

a über eine Feder auf einen Druck von einem bar;
b über ein Hebel-Membran-System auf einen Druck von einem bar;
c immer in einer Stufe auf den Umgebungsdruck;
d über eine Membran auf den Wasserdruck;
e über ein Hebel-Membran-System oder über ein Hebel-Kolben-System auf den Umgebungsdruck.

***6.3.9**
Welche Aufgabe hat ein Atemregler?

a Er versorgt uns in jeder Tiefe mit ausreichend Luft und reduziert dazu den Flaschendruck auf den Umgebungsdruck.
b Er reduziert den Flaschendruck auf einen Mitteldruck von 7 bis15 bar über dem Umgebungsdruck.
c Er regelt unseren Atemrhythmus je nach Tauchlage.
d Er erhöht den Flaschendruck auf den Druck der jeweiligen Tiefe.
e Er erzeugt einen Mitteldruck von 7 bis15 bar über dem Umgebungsdruck, damit uns die Luft leicht entgegenströmt.

***6.3.10**
Welches Teil muss nicht unbedingt an einer Taucherweste/einem Jacket vorhanden sein?

a Überdruckventil
b Schnellablass
c Signalfarbe
d Tasche
e Inflator

***6.3.11**
Wann kann beim Tauchen auf eine Taucherweste bzw. ein Jacket verzichtet werden?

a Bei geringen Tiefen, da hier die Volumenänderung des Neoprenanzuges nur gering ist.

b Bei der Rettung eines bewusstlosen Tauchers an die Wasseroberfläche.
c Sie dient zum Ausgleich der Bleigewichte, deshalb kann auf sie beim Tauchen mit wenig Blei verzichtet werden.
d Beim Abschleppen.
e Auf die Taucherweste/das Jacket kann bei keinem Tauchgang verzichtet werden.

***6.3.12**
Was muss eine Taucherweste/ ein Jacket mindestens besitzen?
a Schnellablass, Überdruckventil, Westentasche, Volumen von mindestens 10 l.
b Überdruckventil, Signalpfeife, Inflator, Mundaufblasvorrichtung, Schnellablass.
c Mundaufblasvorrichtung, Dekotabelle, Signalpfeife, Bebänderung.
d Bebänderung, Schnellablass, Atemvorrichtung, Überdruckventil.
e Mundaufblasvorrichtung, Inflator, Westentasche, Signalpfeife.

***6.3.13**
Warum ist ein Jacket bzw. eine Taucherweste beim Tauchen unerlässlich?
a Es bzw. sie dient zur Rettung und als Schwimm-, Bergungs- und Aufstiegshilfe im Notfall.
b Sonst ist ein Tauchen wegen des schweren Bleigurtes nicht möglich.
c Ohne Jacket ist eine Befestigung des DTG nicht möglich.
d Das Jacket dient mit seinen Taschen und Karabinern zur Aufnahme gesammelter Gegenstände.
e Ohne Jacket würde ein Taucher auf den Grund sinken.

***6.3.14**
Womit muss dein DTG bei normalen Außenbedingungen ausgestattet sein?
a Mit zwei getrennt absperrbaren Ventilen.
b Mit einer Leuchtfarbe.
c Mit einem akustischen Signalgerät.
d Mit mindestens einer Warneinrichtung (Reserveschaltung, Finimeter, Computer).
e Mit Taschen für die Aufnahme von Sammelgut.

***6.3.15**
Warum ist an einem Jacket eine Signalpfeife angebracht?
a Zum Anlocken der Fische unter Wasser.
b Um die Mittaucher auf Besonderheiten hinzuweisen.
c Zum Sammeln der Gruppe an Bord.
d Als Hinweismittel an der Wasseroberfläche.
e Als Notsignal an der Wasseroberfläche.

***6.3.16**
Woran könnte es liegen, dass nach Montage deines Atemreglers mit INT-Anschluss beim Öffnen des Ventils am Anschluss viel Luft abströmt?
a Das DTG ist nicht TÜV-abgenommen.
b Der Atemregler ist zu leicht eingestellt.
c Das Ventil ist defekt.
d Der O-Ring am Anschluss ist verschwunden oder kaputt.
e Das Ventil ist zu weit geöffnet worden.

6.4 Pflege der Ausrüstung

Bei der Besprechung der einzelnen Ausrüstungsgegenstände wird speziell auf die jeweilige Pflege eingegangen. Es sollten jedoch grundsätzlich keine aggressiven Mittel verwendet werden. Gummiteile sollten mit Talkum, Metallteile im Atembereich mit Vaseline oder lebensmittelechtem Silikon gepflegt werden. Silikon (z.B. Tauchmaske) sollte nur mit Süßwasser gereinigt werden und nicht mit Silikon behandelt werden, da dies meist einen Weichmacher enthält und vorgeformte Silikonteile verformt.

Atemregler sollten nach einem Tauchgang im Salzwasser mit Süßwasser gespült werden. Dabei ist darauf zu achten, dass der Lufteinlass der ersten Stufe stets mit einer dichten Kappe verschlossen ist und beim Spülen niemals die Luftdusche gedrückt wird, damit kein Wasser in die erste Stufe gelangen kann.

Auch der Tauchanzug und die übrige Ausrüstung sollten nach einem Tauchgang im Salzwasser mit Süßwasser gespült werden, jedoch niemals in der Sonne, sondern im Schatten getrocknet werden. Steht kein schattiger Platz zur Verfügung, so ist es immer noch besser, die Tauchausrüstung nass zu verstauen, da die Sonneneinstrahlung diese auf Dauer zerstört.

Lernerfolgskontrolle

***6.4.1**

Wie solltest du die Ausrüstung nach einem Tauchgang behandeln?

a Ausrüstung mit frischem Meerwasser spülen.
b Ausrüstung mit Süßwasser spülen und im Schatten trocknen.
c Ausrüstung mit Waschmitteln reinigen.
d Ausrüstung in der Sonne trocknen.
e Ausrüstung niemals nass einlagern.

***6.4.2**

Worauf ist zu achten, wenn du deinen Atemregler nach einem Salzwassertauchgang im Süßwasser spülst?

a Das Mundstück muss mit einem passenden Stopfen verschlossen sein.
b Die erste Stufe muss am Lufteinlass mit einer Kappe verschlossen sein.
c Das Betätigen der Luftdusche beim Spülen reinigt auch die Membran der zweiten Stufe.
d Da die zweite Stufe keine empfindlichen Teile besitzt, braucht sie nicht gespült zu werden.
e Das Spülen ist nur nach jedem Tauchurlaub einmal vorzunehmen, da die Atemregler unter zu häufigem Spülen leiden.

Lektion 7 Praxisblock mit Drucklufttauchgerät I

7.1 Montage des DTG mit Atemregler und Jacket, Anlegen des DTG

Zunächst werden in einfacher Form die Technik und Reihenfolge erklärt, wie eine Tauchausrüstung angelegt wird. In der Lektion 6.3 hast du dazu bereits die Grundbegriffe kennen gelernt.

- Setze dich entspannt auf eine Bank oder die Bordwand des Schiffes, stelle das Drucklufttauchgerät (DTG) zwischen deine Beine und halte es mit den Knien, damit es nicht umfällt. Die Ventilöffnung zeigt vom Körper weg und wird nun kontrolliert, ob sie sauber und trocken ist. Das Jacket wird mit der DTG-Halterung zum Körper über das DTG gestülpt und befestigt.
- In der Regel wird dein Tauchlehrer für dich den Atemregler vorher überprüft haben. Wenn du später einen anderen, dir neuen Atemregler benutzt, kannst du ihn kurz überprüfen, indem du zunächst kurz kontrollierst, ob alle Verbindungen festsitzen und ob die O-Ringe am DIN-Anschluss des Atemreglers bzw. am INT-Anschluss des DTG in Ordnung sind. Weiter kannst du den Atemregler dann überprüfen, indem du die erste Stufe (noch nicht am DTG montiert) der Umgebungsluft aussetzt und Luft über das Mundstück ansaugst. Bei einem intakten Atemregler fließt dann Luft. Bei zugehaltener erster Stufe dagegen darf keine Luft anzusaugen sein. Sollte dies nicht so sein, so ist der Atemregler defekt und sollte zur Wartung gegeben werden. Nun wird der Atemregler an das DTG angeschlossen. Er wird dazu mit zwei Fingern handfest an das Ventil geschraubt. Das Finimeter liegt mit der Glasseite nach unten vom Körper weg auf dem Boden. Der Inflatorschlauch wird mit der Schnellkupplung am Inflator des Jackets eingerastet.
  Öffne nun das Ventil, indem du die Luftdusche leicht drückst, das Handrad leicht im Uhrzeigersinn aufdrehst und die Luftdusche wieder loslässt. Drehe es bis zum Anschlag auf und dann wieder eine halbe Umdrehung zurück, damit es sich nicht festsetzt. Befestige die losen Schläuche so am Jacket, wie es dir dein Tauchlehrer zeigt. Nun ist das komplette Tauchgerät zum Tauchen fertig.

Beim Anlegen hilft dir natürlich dein Tauchpartner (so wie du ihm hilfst), da dies erheblich einfacher und sicherer ist. Je nach Umstand, Örtlichkeit und Jahreszeit wird z.B. ein Tauchanzug oder auch Blei benötigt oder nicht. Dadurch ändert sich natürlich die Reihenfolge, in der die Tauchausrüstung angelegt wird.

Üblicherweise wird eine komplette Tauchausrüstung in folgender Reihenfolge angelegt:

- DTG vorbereiten und prüfen, danach auf den Boden legen (nicht stellen!).
- Tauchanzug anziehen.
- Füßlinge anlegen.
- Instrumente und Messer anlegen, sofern nicht schon am Jacket befestigt.
- Wenn mit einer Taucherweste getaucht wird, ist diese nun anzulegen.
- Tauchgerät je nach Örtlichkeit im Sitzen oder Stehen mit Hilfe des Partners anlegen.
- Ggf. Bleigurt anlegen mit Schnalle links (die Menge des eventuell erforderlichen Bleis wird dein Tauchlehrer mit dir vor dem Tauchen austesten); der Bleigurt kann auch vor dem Tauchgerät angezogen werden, muss dann aber über allen anderen Gurten sitzen!

Um eine günstige Lage im Wasser zu haben, sollte das Blei nur links und rechts neben der Schnalle positioniert sein.
- Flossen anlegen.
- Maske ausspülen und mit Schnorchel anlegen; Maske vor den Hals ziehen oder direkt aufsetzen.
- Partnercheck der gesamten Ausrüstung.

Lernerfolgskontrolle

***7.1.1**
Wie wird die Tauchausrüstung angelegt?

a Der Schnorchel muss an der Maske befestigt sein; es reicht nicht, wenn er sonst sofort erreichbar ist.
b Der Bleigurt muss über allen anderen Gurten liegen.
c Wenn mit zwei Ventilen getaucht wird, kann das Ventil mit dem Zweitatemregler geschlossen bleiben, um ein unbeabsichtigtes Abblasen des Atemreglers zu vermeiden.
d Das DTG muss mit einem Schritt gurt befestigt werden.
e Bei den ersten Tauchgängen kann auf Instrumente verzichtet werden.

7.2 Atmung

Deine Atmung an Land und bei Ruhe geschieht normalerweise unbewusst nach dem Muster einatmen – ausatmen – warten – einatmen – ausatmen – warten. Die Ausatemphase ist wesentlich länger als die Einatemphase. Diese Art der Atmung nennen wir ausatemorientierte Atmung. Beobachte dich selbst, wie du atmest. Diese Art der Atmung soll auch unter Wasser fortgesetzt werden.
Es gibt keinen Grund, nach der Einatmung die Luft anzuhalten. Du hast genug Luft in deinem Drucklufttauchgerät, und niemand wird sie dir nehmen oder die Ventile absperren. Vielmehr erhälst du durch Luftanhalten einen ungewollten Auftrieb, der mit Kraft oder zu viel Blei ausgeglichen werden muss. Sowohl Anstrengung als auch zu viel Blei können jedoch unter Wasser zu Schwierigkeiten führen. Atme also aus dem DTG unter Wasser einfach so weiter, wie du es über Wasser gewohnt bist!
Bevor du jedoch mit dem Drucklufttauchgerät abtauchst, wird dir dein Tauchlehrer einige Grundsätze zum Umgang mit dem Atemregler erklären. Du wirst zunächst mit dem Atemregler im Mund in das Wasser steigen und einfach wie gewohnt weiteratmen. Wenn du den Atemregler aus dem Mund nimmst und dieser ins Wasser fällt, fängt er möglicherweise laut an zu zischen. Dies liegt daran, dass er mit der flachen Seite, der Membran, zuerst auf die Wasseroberfläche gekommen ist, die Membran durchgebogen wurde und so die Zufuhr von Atemluft freigegeben wurde. Um dieses unkontrollierte Luftabströmen zu vermeiden, muss der Atemregler immer mit dem Mundstück nach unten ins Wasser gelegt werden. Dies gilt auch, wenn du unter Wasser den Atemregler aus dem Mund nimmst. Drehe ihn dann immer so, dass das Mundstück nach unten zeigt. Bevor du ihn unter Wasser wieder in den Mund nimmst, musst du das im Mundstück befindliche Wasser wie den Schnorchel mit deiner Ausatemluft ausblasen. Erst dann kannst du wieder den nächsten Atemzug nehmen.
Teste nun die Atmung aus dem Atemregler an der Wasseroberfläche. Konzentriere dich dabei auf die ausatemorientierte Atmung.
Da dies für dich noch nichts Neues darstellt, gehst du nun mit deinem Tauchlehrer im Flachwasser in die Hocke und führst diese Atemübungen unmittelbar unter der Wasseroberfläche durch. Dein Tauchlehrer wird dir dann bei Bedarf Zeichen dafür geben, dass du ein- oder ausatmen sollst. Als Zeichen für die Einatmung wird ein oder werden beide angewinkelten Arme nach oben

bewegt und symbolisieren die Ausweitung des Brustkorbs. Als Zeichen für die Ausatmung werden die angewinkelten Arme wieder nach unten bewegt, ebenfalls analog zur Bewegung des Brustkorbs beim Ausatmen.

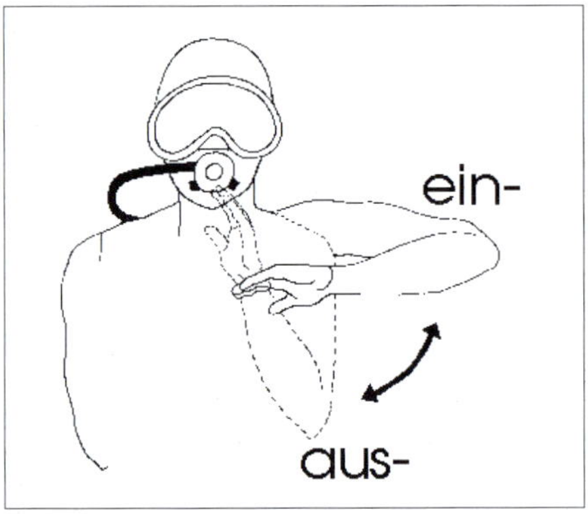

Abb. 31: Unterwasserzeichen einatmen und ausatmen

Lernerfolgskontrolle

***7.2.1**
Wie solltest du beim Tauchen mit DTG atmen?

a Tief einatmen und Luft möglichst lange anhalten.
b Lange Einatemphase und kurze Ausatemphase.
c Schnelle, tiefe Ein- und Ausatmung.
d Möglichst flach ein- und ausatmen.
e Kurze Einatemphase und lange Ausatemphase.

7.3 Wiederholung Mund-Nase-Koordination

Bevor du nun abtauchst, wird die Atmung ohne Maske wiederholt, die du in Lektion 3 mit der ABC-Ausrüstung kennen gelernt hast. Mit dem Atemregler geht das genauso: Du atmest unmittelbar unter der Wasseroberfläche durch den Mund ein und durch die Nase aus. Es ist wichtig, dass du dies beherrschst, bevor du mit dem DTG tiefer tauchst, damit du auch bei einem Wassereinbruch in der Maske problemlos weiteratmen kannst.
Viel leichter als nur mit ABC-Ausrüstung ist das Ausblasen der Maske mit DTG. Die Vorgehensweise ist die gleiche wie bisher: Du flutest die Maske, setzt sie wieder auf, nimmst den Kopf in den Nacken, drückst den oberen Maskenrand an die Stirn und bläst Luft hinein. Solltest du damit noch Schwierigkeiten haben, so wiederhole noch einmal die Übungen zur Mund-Nase-Koordination aus Lektion 1.
Hier hast du den Vorteil, dass du auch bei unvollständig ausgeblasener Maske jederzeit wieder neu einatmen und den Vorgang wiederholen kannst. So lässt sich ganz in Ruhe und mit genügend Zeit die Motorik verfeinern und das Ausblasen perfekt erlernen.

7.4 Grobtarierung zur Herstellung eines Schwebezustandes

Du sollst schon bei deinen ersten Tauchübungen im Wasser schweben und nicht auf dem Grund des Gewässers gegen deinen eigenen Abtrieb ankämpfen müssen. Um dies zu erreichen, wird dies vor dem Abtauchen getestet. Dazu atmest du an der Wasseroberfläche zunächst tief ein. dein Kopf sollte dann noch halb aus dem Wasser schauen. Atmest du dann voll aus, so solltest du langsam absinken. Wenn du ohne Tauchanzug tauchst, wird dir dein Tauchlehrer unter Umständen zusätzliche Auftriebskörper mitgeben, damit du nicht schon im eingeatmeten Zustand absinkst. Anderenfalls kann er über die Menge deiner Bleigewichte den gewünschten Zustand herstellen. Wenn du schon an der Wasseroberfläche Abtrieb hast, so wirst du leicht in eine einatemorientierte Atmung verfallen, die wir ja gerade vermeiden wollen.

7.5 Geräte-Gewöhnung und Atemübungen im flachen Wasser

Diese Übungen sind am angenehmsten im Bad oder im warmen Gewässer ohne Anzug. Den Druckausgleich haben wir beim Tauchen mit der ABC-Ausrüstung schon kennen gelernt und üben ihn nun beim Tauchen mit dem DTG. Achte hier genau auf die Zeichen des Tauchlehrers.
Lege dich einfach im flachen Wasser ohne Bewegung in die Bauchlage und atme dabei aus dem Tauchgerät. Die Flossenspitzen können dabei auf dem Boden liegen und helfen dir, deine Bauchlage beizubehalten.
Dieses erste Gefühl, unter Wasser genauso leicht weiteratmen zu können wie an Land, ist für dich sicherlich faszinierend. Der Atemregler gibt uns immer genügend Luft.
Nun bewegen wir uns mit leichtem Flossenschlag fort. Dies funktioniert genauso wie beim Schnorcheln an der Wasseroberfläche. Achte aber auch hier darauf, dass du beim Flossenschlag nicht die Knie einknickst. Atme auch bei leichten Bewegungen langsam weiter, wie du es an Land gewohnt bist. Atme dabei in einem vorwiegend ausgeatmeten Zustand. Du wirst sehen, dass es nicht anders ist als das Bewegen an der Luft.
Wenn du dich dann nach einiger Zeit „pudelwohl" unter Wasser fühlst, versuche nun, über leichtes und tieferes Einatmen deine Lage im Wasser zu verändern. Du merkst jetzt sicherlich, welche Möglichkeit die Einatemtiefe für die Einhaltung eines stabilen Zustands im Wasser spielt. Wenn du über die Atmung deine Tarierung steuern kannst, also den Schwebezustand erhälst, so hast du die wichtigsten Voraussetzungen für ein sicheres Tauchen geschaffen.
Dein Tauchlehrer wird sich vor dich legen und dir durch die Zeichen „ausatmen" und „einatmen" anzeigen, wie du atmen sollst, um den Schwebezustand zu erhalten. Dann wirst du es auch allmählich alleine beherrschen.
Wenn du allerdings etwas tiefer tauchst, reicht die Menge an Luft, die du einatmen kannst, schließlich nicht mehr aus, um die Gewichtskraft auszugleichen. Dann wird die Einatmung unangenehm tief, und du versuchst, mit Flossenschlag dem Absinken entgegenzuwirken. Dies ist natürlich kein angenehmer und stabiler Zustand. Jetzt ist es an der Zeit, zusätzlich den Inflator einzusetzen. Über die Verbindung zum Drucklufttauchgerät ist es möglich, per Knopfdruck zusätzliche Luft in unser Jacket oder in unsere Taucherweste zu lassen. Dies geschieht nur so weit, wie es im normal eingeatmeten Zustand nötig ist, um einen Schwebezustand zu erreichen. Danach wird wieder über die Einatemtiefe die Tarierung gesteuert. Beim Auftauchen solltest du ebenfalls zuerst deine Lunge einsetzen und ausatmen, bevor du Luft aus dem Jacket ablässt.
Zur Übung des Tarierens mit dem Inflator kannst du auch die Luft komplett aus dem Jacket auslassen und wieder hineinlassen. Dein Tauchlehrer zeigt dir, wie das geht. So können wir Abtrieb, Schweben oder Auftrieb erreichen.
Neben dem Inflator besteht auch die Möglichkeit, mit dem Mund Luft in das Jacket hineinzublasen. Dies sollte jeder Taucher beherrschen, denn es kann auch mal sein, dass der Inflator nicht funktioniert oder nicht angeschlossen ist. Dazu atmest du aus deinem Atemregler ein, nimmst ihn wie soeben gelernt aus dem Mund, nimmst das Mundstück deines Jackets oder deiner Taucherweste in den Mund und atmest dort hinein aus. Dabei muss allerdings der Lufteinlassknopf gedrückt werden. Dein Tauchlehrer wird auch dies mit dir zunächst auf dem Trockenen üben. Danach nimmst du wieder das Mundstück deines Atemreglers in den Mund, bläst es mit der Restluft kurz aus und atmest weiter.

7.6 Herausnehmen und wieder Hereinnehmen des Mundstücks im flachen Wasser

Es ist auch unter Wasser kein Problem, den Lungenautomaten aus dem Mund zu nehmen. Wenn dieser dann frei im Wasser hängt, gelangt natürlich Wasser hinein. Wenn du ihn dir danach wieder in den Mund steckst, musst du dir wie beim Schnorchelausblasen angewöhnen, ganz automatisch zuerst mit der Restluft der Lunge das Mundstück auszublasen. Dazu reicht ganz wenig Luft aus – soviel ist immer noch in der Lunge. Probiere das einige Male, bis du sicher jederzeit das Mundstück heraus- und hineinnehmen kannst. Lasse es aber nach dem Herausnehmen nicht los, damit du es jederzeit ohne langes Suchen wiederfindest. Denke auch daran, beim Herausnehmen immer das Mundstück nach unten zu halten, damit die Luft nicht unkontrolliert herauszischt.

7.7 Auf- und Abstiegsübungen unter Berücksichtigung von Druck und Volumen

Wir verfeinern nun die Technik und fangen mit Auf- und Abstiegsübungen an.
Gerade im flachen Bereich von 10 m bis zur Wasseroberfläche müssen wir sehr langsam aufsteigen. Wir tauchen möglichst nicht schneller als mit 6 m pro Minute auf. Das ist sehr viel langsamer, als wir es mit der ABC-Ausrüstung gewohnt sind.
Was ist denn so anders? Wir atmen in der Tiefe komprimierte Luft ein, die beim Auftauchen ein immer größeres Volumen einnimmt und deshalb über die normale Atmung allmählich abgegeben werden muss. Dies hast du schon im Abschnitt 2.3 kennen gelernt.
Atme deshalb beim Aufstieg ganz normal weiter ein und aus. Schau dabei an die Wasseroberfläche und drehe dich um deine Längsachse, um sicherzugehen, dass sich über dir kein Hindernis befindet. Dies wird später für dich wichtig sein, wenn möglicherweise Boote über dem Tauchgebiet verkehren.
Nun üben wir das Aufsteigen, ohne dass der Atemregler im Mund verbleibt. Du wirst sehen, dass dies genauso leicht ist. Wichtig ist dabei jedoch, dass du niemals den Atem anhälst, sondern ständig ein wenig Luft ausatmest. Du hast ja bereits erfahren, dass durch die Druckabnahme beim Auftauchen die in der Lunge befindliche Luft an Volumen zunimmt. Lediglich dieses überschüssige Volumen muss abgeatmet werden, nicht der gesamte Lungeninhalt. Nimm dazu am Grund den Atemregler aus dem Mund, halte ihn aber fest! Nun tauchst du unter leichter Ausatmung genauso auf (Kopf nach oben überstreckt), wie du es mit Atmung aus dem Atemregler kennen gelernt hast.

Lernerfolgskontrolle

***7.7.1**
Worauf achtest du beim Aufstieg an die Wasseroberfläche?

a Ich achte nur auf meinen Tauchpartner.
b Ich schaue ständig nach unten, ob dort auch niemand vergessen wurde.
c Ich halte einen Arm nach oben.
d Ich schaue nach oben und beobachte den Auftauchbereich.
e Ich halte den Atem so lange wie möglich an, um Luft zu sparen.

7.8 Abnehmen der Maske in ca. 3 m Wassertiefe und Atmen ohne Maske

Das Atmen ohne Maske muss der Sporttaucher unbedingt erlernen, da es beim Tauchen durch Partnerberührung (z.B. Flossenschlag) zum Verlust der Maske kommen

kann. Bei dieser Übung ist ein Weiteratmen trotz ausreichend Atemluft nur möglich, wenn du den Wasser-Nase-Reflex beherrschst. Dann atmest du über den Atemregler ganz natürlich weiter, ohne über die Nase Wasser einzuatmen. In Abschnitt 2.1 haben wir dies bereits erklärt.
Du erreichst das, indem du über den Atemregler ein- und über die Nase ausatmest. Sollte es dabei Schwierigkeiten geben, so kann auch kurzzeitig die Nase mit den Fingern verschlossen gehalten werden.
Beginne damit im flachen Wasser. Wenn dein Tauchlehrer dir zeigt, dass die Übung beendet ist, setze deine Maske wieder auf und blase sie aus, wie du es ohne DTG erlernt hast. Der Vorteil ist jetzt, dass du ohne weiteres die Maske mehrmals hintereinander ausblasen kannst, denn du kannst zwischendurch immer wieder Luft aus deinem Atemregler einatmen. Dies ist hilfreich, wenn du beim ersten Ausblasen der Maske noch nicht das gesamte Wasser aus dem Maskeninnenraum entfernt hast.
Wiederhole diese Übung nun in ca. 3 m Tiefe.

Lektion 8 Theoretische Einweisung

8.1 Zusammensetzung unserer Atemluft

Unsere Einatemluft ist ein Gemisch verschiedener Gase mit folgender Zusammensetzung:

Stickstoff	N_2	**78,00 %**
Sauerstoff	O_2	**21,00 %**
Kohlendioxid	CO_2	**0,03 %**
Rest und Edelgase		**0,97 %**

Für uns Taucher sind diese Zahlen gerundet. In unserer Ausatemluft sind diese Anteile verändert, weil Sauerstoff im Körper verbraucht wird und Kohlendioxid dabei entsteht. In der Ausatemluft haben wir deshalb nur noch ca. 17 % Sauerstoff, dafür aber ca. 4 % Kohlendioxid. Der Stickstoffanteil verändert sich nicht.

Der Sauerstoff dient dabei der Erhaltung unserer Lebensvorgänge im Körper, während der Stickstoff nur als Füllgas dient und keine chemische Reaktion im Körper eingeht. Er wird daher auch als „Inertgas" bezeichnet.

Entsprechend diesem Anteil haben die Gase auch einen Anteil an ihrem Umgebungsdruck. Auf Meereshöhe (1 bar) hat beispielsweise der Sauerstoff einen Teildruck von 21 %, also 0,21 bar, und der Stickstoff einen Teildruck (auch Partialdruck genannt) von 0,78 bar.

Lernerfolgskontrolle

***8.1.1**
Wie viel Prozent Sauerstoff enthält unsere Einatemluft?

a 4 % b 16 %
c 21 % d 78 %
e 100 %

***8.1.2**
Wie viel Prozent Stickstoff enthält unsere Ausatemluft?

a 78 % b 72 %
c 21 % d 17 %
e 4 %

***8.1.3**
Wie viel Prozent Kohlendioxid enthält unsere Ausatemluft?

a 0,03 % b 0,04 %
c 0,00 % d 4 %
e 17 %

***8.1.4**
Wie hoch ist bei 1 bar Umgebungsdruck der Teildruck des Sauerstoffs?

a 0,21 bar b 21 bar
c 1 bar d 0,42 bar
e 2,1 bar

8.2 Atmung

Du solltest im Wasser genauso weiteratmen wie an Land und nicht versuchen, im eingeatmeten Zustand zu verharren. Wenn du deine natürliche Atmung beobachtest, wirst du feststellen, dass wir normalerweise langsam und nicht tief einatmen, dann wieder langsam ausatmen und im ausgeatmeten Zustand eine Weile verharren, bevor der nächste Einatemvorgang eingeleitet wird. Diese Atmung sollte unter Wasser so fortgesetzt werden. Damit verhindern wir nicht nur einen ungewollten Auftrieb, sondern erreichen auch ein wesentlich entspannteres Tauchen, da der Druck in der Lunge auch Auswirkungen auf das Befinden hat. Wichtig ist auch, dass unsere Atmung vorwiegend ausatemorientiert ist, damit das hauptsächlich den Atemreiz auslösende Kohlendioxid entfernt wird.

Natürlich wird sich die Atmung bei Anstrengung verändern: Die Einatemtiefe und die Atemfrequenz nehmen zu. Dies ist über wie unter Wasser die Reaktion des Körpers auf die verstärkten Stoffwechselvorgänge. Versuche, von Beginn an deine Atmung zu kontrollieren. Dann hast du bei deinen zukünftigen Tauchgängen bereits eine Atmung, die dir mehr Sicherheit und Wohlbefinden bringt.

Lernerfolgskontrolle

***8.2.1**
Wie solltest du beim Tauchen atmen?

a Möglichst schnell ein- und ausatmen.
b Einatmen und Luft anhalten, bis der Atemreiz einsetzt.
c Vorwiegend im ausgeatmeten Zustand.
d Sparatmung, um möglichst wenig Luft zu verbrauchen.
e Die Atmung hängt von dem Luftvorrat des DTG ab.

8.3 Hyperventilation und Schwimmbad-Blackout

Der Schwimmbad-Blackout ist eine plötzlich und ohne jede Vorwarnung auftretende Bewusstlosigkeit unter Wasser, die nach zu starker Hyperventilation vor dem Streckentauchen auftreten kann.
Bei der Hyperventilation atmet man, in diesem Fall bewusst, schnell aufeinander folgend tief ein und aus. Dies geschieht sowohl als – allerdings falsche – Vorbereitung zum Streckentauchen als auch völlig unbewusst bei vegetativ labilen Personen in Gefahrensituationen, z.B. beim Gerätetauchen. Durch die Hyperventilation wird der CO_2-Gehalt der Alveolarluft und des Blutes stark herabgesetzt (Hypokapnie), ohne dass eine Steigerung der Sauerstoffaufnahme möglich ist. Dadurch tritt bekanntlich der Atemreiz später ein. Gleichzeitig kommt es durch Verminderung der Hirndurchblutung und Körperarbeit zu einem schnellen Absinken des pO_2, wodurch dann der Blackout ohne Vorwarnung auftritt. Die Blackout-Schwelle ist also erreicht, bevor der Atemreiz wirksam werden kann (s. Abb.). Der Taucher sinkt ohne Gegenmaßnahmen zu Boden. Wenn er nicht geborgen wird, bevor der Atemreiz wieder einsetzt, droht ihm der Ertrinkungstod.
Als Prophylaxe kann nur gelten: Keine Hyperventilation vor dem Streckentauchen! Die Atemanhaltezeit lässt sich durch Training unter Berücksichtigung folgender Maßnahmen steigern:

- Zur Vorbereitung starke körperliche Anstrengung entsprechend der individuellen Belastbarkeit, z.B. 15 bis 30 min Flossenschwimmen.
- Entspannungsphase, etwa 3 min Pause kurz vor dem Abtauchen 3- bis 5-mal tief ausatmen.
- Zum Abtauchen nur normal einatmen.
- Abtauchen mit richtiger Abtauchtechnik, während der Atemanhaltezeit Entspannung und richtige Flossentechnik.

Darum nochmals:
Keine Hyperventilation vor dem Streckentauchen!
Auch für das Schwimmbadtraining gilt:
Tauche nie allein!

Beim Hyperventilationssyndrom an Land oder beim Gerätetauchen kommt es seltener zur Bewusstlosigkeit. Es ist durch folgende Symptome gekennzeichnet:

- Schwindelgefühl und Nervosität,
- Kribbeln in den Händen und Pelzigwerden um den Mund (Parästhesien),

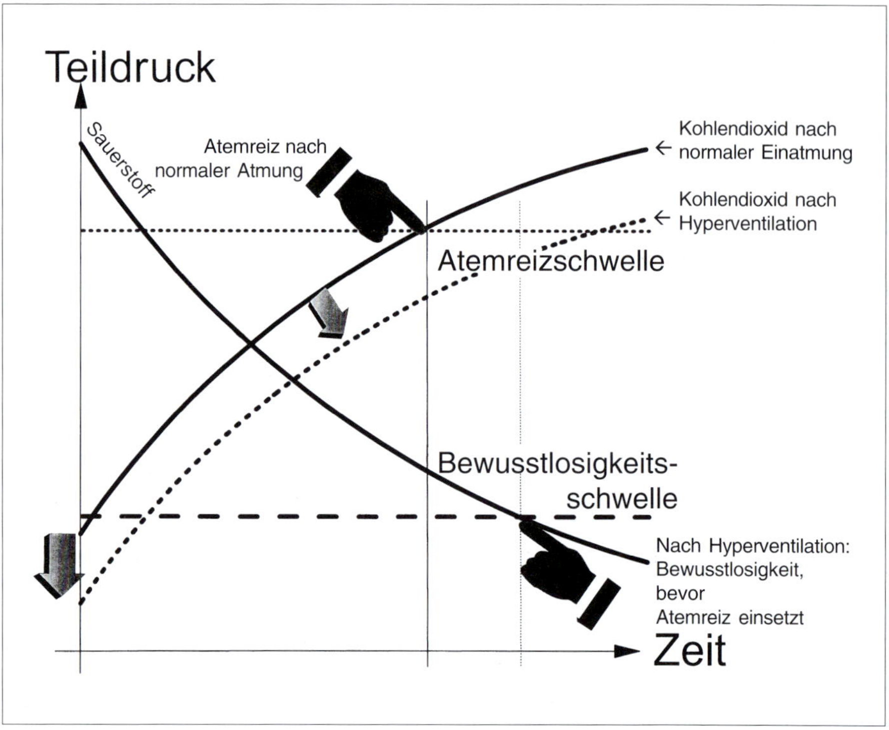

Abb. 32: Schwimmbad-Blackout

- pfötchenartige Krampfstellung der Hände und Finger,
- rhythmische Zuckungen der Gliedmaßen (Krampfanfälle), Übergang in Bewusstlosigkeit.

Als ersthelferische Maßnahme an Land muss man den Vorgang der gestörten Atmung „umkehren". Man lässt den Betroffenen in eine Kunststofftüte, die fest über Nase und Mund gestülpt ist, tief ein- und ausatmen. Alsdann wird das zu viel abgeatmete CO_2 wieder aufgenommen, und die Krampfbereitschaft verschwindet. Tritt diese Störung bei Gerätetauchern auf, so soll man beruhigend auf den Taucher einwirken und den Tauchgang möglichst schnell beenden.

Lernerfolgskontrolle

***8.3.1**

Was ist Hyperventilation?

a Tiefes Ein- und Ausatmen nach einer Anstrengung.

b Bewusstes tiefes und schnelles Ein- und Ausatmen ohne Bedarf.

c Bewusstes flaches Ein- und Ausatmen, um Luft zu sparen.

d Hechelatmung, wenn man außer Atem gerät.

e Bewusstlosigkeit durch Sauerstoffmangel.

***8.3.2**
Was wird durch Hyperventilation bewirkt?

a Es wird vermehrt Kohlendioxid abgeamtet, dadurch verschiebt sich die Atemreizschwelle.
b Es wird vermehrt Sauerstoff aufgenommen, deshalb kann man gefahrlos weitere Strecken tauchen.
c Es wird vermehrt Stickstoff abgeatmet, dadurch kann man gefahrlos weitere Strecken tauchen.
d Es wird vermehrt Sauerstoff abgeatmet, deshalb verkürzt sich die Atemanhaltezeit.
e Im Körper kommt es zu keinen Veränderungen, aber man fühlt sich besser zum Streckentauchen.

***8.3.3**
Wie kann es zu einer Ohnmacht beim Streckentauchen kommen?

a Durch kopfwärtiges Abtauchen.
b Durch intensives vorheriges Training.
c Durch zu langsamen Flossenschlag.
d Durch bewusstes, schnelles tiefes Ein- und Ausatmen vor dem Abtauchen. Man nennt diesen Vorgang Hyperventilation.
e Durch Flachatmung vor dem Abtauchen.

8.4 Einführung in das Essoufflement

Ein Tauchunfall, der besonders untrainierte Taucher ereilt, ist das Essoufflement. Damit wird ein „Außer-Atem-Geraten“ des Tauchers bezeichnet, das durch ein Zusammentreffen von hohem Atemwiderstand und hoher Anstrengung ausgelöst wird.

Auf Anstrengung alleine reagiert unser Körper mit stärkerer Atmung – wir atmen tiefer ein und tiefer aus (Hyperventilation). Bei einem zu hohen Atemwiderstand jedoch kann die Atemmuskulatur ermüden. Dies hat zur Folge, dass die Atmung flacher und schneller wird (Hypoventilation). Die Atmung geht schließlich in ein Hecheln über. Damit beginnt ein Teufelskreis: Das Kohlendioxid wird nicht mehr ausreichend abgeatmet – da jedoch gerade das Kohlendioxid der Auslöser des Atemreizes ist, kommt um so früher vom Gehirn der Befehl zum Einatmen. Da so aber gerade das Ausatmen zum Abbau des Kohlendioxids unterbrochen wird, sammelt sich immer mehr Kohlendioxid an. Dies führt wieder zu einem noch früheren Auslösen des Einatemreizes. So versucht der Betroffene, immer hechelnder einzuatmen, die Atmung wird flacher und flacher.
Da das Kohlendioxid nicht mehr ausreichend abgeatmet wird, nimmt sein Anteil im Körper immer mehr zu und führt zu Vergiftungserscheinungen, die über Kopfschmerz, Schwindel und Übelkeit bis zur Bewusstlosigkeit führen können. Eine Bewusstlosigkeit unter Wasser endet jedoch tödlich, wenn keine Hilfe kommt.
Wie stellst du an dir fest, dass du in die Gefahr eines Essoufflements kommst?
Wenn du nicht mehr in der Lage bist, für einige Sekunden die Luft anzuhalten, ist ein Essoufflement nicht mehr fern. Dann ist es wichtig, die Ursachen für Atemwiderstand und Anstrengung zu beseitigen und vor allem **auszuatmen!** Nur durch ein bewusstes, tiefes Ausatmen kannst du im Anfangsstadium verhindern, in den Teufelskreis zu gelangen.
Wie beseitigst du den Atemwiderstand?
Besonders hohe Tauchtiefen sind die Ursache für den Atemwiderstand. Entsprechend der Druckzunahme nimmt auch die Dichte unserer Einatemluft zu. Du atmest immer schwerer, da die Luft im Vergleich zur Oberfläche so schwer fließt wie zäher Honig im

Vergleich zum Wasser. Die Atemarbeit nimmt daher zu. Als Reaktion beim Essoufflement hilft daher in der Regel ein Höhertauchen.
Weitere Ursachen für den Atemwiderstand können ein zu eng sitzender Anzug, ein schlecht gewarteter Atemregler, nicht ausreichend geöffnete Flaschenventile oder das Atmen trotz Ansprechen der Reserveschaltung sein.
Auch an der Wasseroberfläche kann es beim Schnorcheln mit Gerät zu einem Essoufflement kommen, da die Lunge einem höheren Umgebungsdruck ausgesetzt ist als die Einatemluft und so gegen den höheren Druck eingeatmet werden muss.
Wenn du an der Oberfläche in ein Essoufflement kommst, lege dich auf den Rücken und ruhe dich zunächst etwas aus.
Unter Wasser solltest du deinem Partner unbedingt das Zeichen „Ich bin außer Atem" geben. Er wird dir dann signalisieren, dass du unbedingt richtig ausatmen musst.
Hohe Anstrengung entsteht oft, wenn ein untrainierter Taucher mit letzter Kraft noch Anschluss an seine zu schnell tauchende Gruppe halten will. Wenn du der Gruppe nicht mehr signalisieren kannst, dass sie langsamer tauchen soll, so lege selbst eine Ruhepause ein und atme richtig aus. Dem Gruppenführer ist dann aber sein unverantwortliches Handeln vorzuwerfen.
Die beste Vorbeugung ist ein guter Trainingszustand. Damit sind einerseits eine allgemein gute Kondition und ein effektiver Flossenschlag gemeint, damit Anstrengungen leichter bewältigt werden können. Außerdem kann durch manche Übungen die Atemmuskulatur trainiert werden, zum Beispiel das Schnorcheln mit DTG oder Abtauchübungen mit Auftriebskörpern.

Lernerfolgskontrolle

***8.4.1**
Wodurch wird ein Essoufflement ausgelöst?

a Durch Hyperventilation beim Gerätetauchen.
b Durch starke Anstrengung, z.B. beim Tauchen bei Strömung.
c Durch das Anhalten der Atmung beim Aufstieg.
d Durch das Zusammentreffen von hohem Atemwiderstand (z.B. durch die Luftdichte bei tiefen Tauchgängen) und hoher Anstrengung.
e Durch Sparatmung.

***8.4.2**
Wie reagierst du, wenn du außer Atem gerätst?

a Flacher atmen.
b Tiefer einatmen.
c Tief ausatmen und versuchen, schnell hinter der Tauchgruppe herzutauchen.
d Normal weiteratmen und weitertauchen.
e Tief ausatmen, Zeichen für „außer Atem geben", ausruhen, höher tauchen.

***8.4.3**
Was können die Ursachen für zu hohen Atemwiderstand beim Gerätetauchen sein?

a Hohe Luftdichte, zu enger Anzug, nicht vollständig geöffnete Ventile.
b Flachatmung.
c Hyperventilation.
d Strömung.
e Benutzung von Kaltwasseratemreglern in warmen Regionen.

Lektion 9 Praxisblock mit Drucklufttauchgerät II

9.1 Sprung mit DTG

Wenn du aus einer gewissen Höhe ins Wasser springst, musst du dich vorher davon überzeugen, dass das Wasser tief genug ist und dass sich kein Hindernis, z.B. ein anderer Taucher, dort befindet.

Wenn du deine Ausrüstung angelegt hast, lasse sie von deinem Tauchlehrer nochmals überprüfen. Wichtig ist auch, dass das Ventil aufgedreht ist, der Inflator am Jacket angeschlossen ist und kein Schlauch eingeklemmt ist. Lasse nun ein wenig Luft ins Jacket, so dass du nach dem Sprung an die Wasseroberfläche getrieben wirst.

Beim Sprung musst du deine Ausrüstung gegen Verlust sichern und dich vor Verletzungen schützen. Dazu hältst du deine Maske mit einer Hand fest angedrückt. Mit der anderen Hand ziehst du am Jacket das DTG nach unten, damit es dir nicht in den Nacken schlagen kann. Der Atemregler (später alternativ der Schnorchel) ist im Mund, und die Flossen werden leicht nach oben gehalten, da sie sonst nach hinten abknicken. Du machst einen Schritt nach vorne und kommst mit geschlossenen Beinen auf den Füßen an.

So ist gewährleistet, dass du selbst sicher ins Wasser gelangst, niemanden gefährdest und einen sofortigen Überblick über die Situation erlangst. Dein Tauchlehrer wird dich im Wasser in Empfang nehmen und ist sofort bei dir.

Sobald du wieder aufgetaucht bist, schaust du zurück zum Boot oder an Land und gibst – wenn alles in Ordnung ist – das O.K.-Zeichen, damit der nächste Taucher springen kann. Das O.K.-Zeichen muss dir von dem Helfer an Bord oder an Land erwidert werden. Anderenfalls würde dir sofort jemand zu Hilfe kommen. Nun mache schnell den Sprungbereich frei.

Abb. 33: Fußsprung vorwärts

Der Fußsprung vorwärts ist beim Tauchen mit kompletter Ausrüstung der sicherste Sprung. Eine andere Möglichkeit ist der Fußsprung rückwärts. Hier musst du auf die gleichen Sicherheitsgrundsätze achten. Beim Einstieg von Booten mit niedriger Bordwand, z.B. von Schlauchbooten, ist die einfachste Art des Einstiegs die „Rolle" rückwärts (rückwärtiges Abkippen). Wenn ein Schlauchboot oder eine geeignete Übungsmöglichkeit vorhanden ist, sollte auch diese geübt werden.

Lernerfolgskontrolle

***9.1.1**

Was muss zur Sicherheit beim Sprung ins Wasser beachtet werden?

a Einsprungstelle muss wellenfrei sein.
b Die Weste wird vollständig aufgeblasen.

c Die Flossen werden in die Hand genommen, damit sie beim Eintauchen ins Wasser nicht verloren gehen.
d Die Hände werden verschränkt.
e Maske und Drucklufttauchgerät werden festgehalten, damit sie beim Eintauchen ins Wasser nicht verrutschen.

***9.1.2**
Welche Sicherheitsvorkehrungen sind beim Sprung ins Wasser mit DTG zu beachten?
a Keine bestimmten.
b Mit der Maske voran springen und unmittelbar kopfwärts abtauchen, um sich zu orientieren.
c Maske in der Hand halten, damit sie nicht verloren geht.
d Vor dem Sprung kontrollieren, ob das Wasser hindernisfrei und tief genug ist.
e Nur ein senkrechter Sprung mit anschließendem sofortigen Abtauchen ist zulässig, um schnell auf Tiefe zu kommen.

***9.1.3**
Wie verhälst du dich nach einem Sprung ins Wasser vom Tauchboot?
a Ich warte an der Einsprungstelle auf meinen Tauchpartner.
b Ich tauche ab und warte am Grund auf meinen Tauchpartner.
c Ich zeige „O. K." zum Schiff und zu meinem Tauchpartner.
d Ich schwimme zum Heck des Schiffes und warte dort auf meinen Tauchpartner.
e Ich teste an der Einsprungstelle die Funktion meiner Ausrüstung.

9.2 Wechselatmung im Flachwasser und in 2 bis 3 m Wassertiefe, Aufstieg unter Wechselatmung

Die Wechselatmung erlaubt das Atmen von zwei Tauchern aus einem Drucklufttauchgerät und stellt somit eine wertvolle Rettungstechnik dar, die jeder Taucher beherrschen muss.
Wir üben den Ablauf zunächst an Land. Stelle dich vor deinen Partner. Dieser nimmt seinen Atemregler aus dem Mund und gibt dir das Zeichen „Ich habe keine Luft mehr". Daraufhin nimmst du deinen Lungenautomaten aus dem Mund, hältst ihn am Schlauch direkt vor dem Mundstück fest und hälst ihn deinem Partner vor den Mund. Dieser nimmt sich das Mundstück selbst in den Mund, atmet in das Mundstück aus und nimmt zwei Atemzüge.
Es kann auch eine andere Anzahl von Atemzügen vereinbart werden. Auf jeden Fall müssen beide Taucher die gleiche Anzahl an Atemzügen nehmen, damit ein gleichmäßiger Rhythmus erhalten bleibt. Um einerseits keine zu langen Atempausen und andererseits genug Ruhe für das Tarieren oder die Kontrolle der Instrumente zu haben, hat sich ein Rhythmus von zwei Atemzügen bewährt. Danach nimmt der Partner den Automaten wieder aus dem Mund. Wichtig ist, dass du ihn am Schlauchende weiter festgehalten hast, da der Automat sonst im freien Wasser hängen würde und wiedergesucht werden müsste. Du steckst das Mundstück nun selbst wieder in deinen Mund, atmest zuerst aus und dann ebenfalls zweimal. Dein Partner hält sich während des gesamten Ablaufs mit seiner rechten Hand an deiner Bebänderung fest. Mit der linken Hand könnt ihr beide dann euer Jacket oder eure Taucherweste bedienen.
Nun geht ihr ins flache Wasser, kniet euch auf den Grund und führt die Wechselatmung

dort durch. Du wirst sehen, dass die zwei Atemzüge mehr als ausreichend sind, um danach die Luft permanent und langsam abzuatmen. Das Wichtigste bei dieser Übung ist die Ruhe.
Wenn der Bewegungsablauf der Wechselatmung auf der Stelle klappt, könnt ihr unter Fortführung der Wechselatmung in den Tiefenbereich bis 3 m tauchen. Da der Mitteldruckschlauch des Atemreglers die Bewegungsfreiheit einschränkt, dreht ihr euch dabei etwas auf die Seite zueinander. Auch im tieferen Bereich und unter Bewegung lässt sich die Wechselatmung leicht durchführen.
Die Wechselatmung dient jedoch nicht der Fortbewegung im Wasser, sondern im Notfall zum Erreichen der Wasseroberfläche. Übe nun deshalb aus 3 m Tiefe das Erreichen der Oberfläche unter Fortführung der Wechselatmung. Wichtig ist auch dabei die Ruhe und der tarierte Zustand. Dann ist kaum ein Flossenschlag zum Aufstieg erforderlich. Jeder Flossenschlag führt zu einer Steigerung der Atmung, und das hat bei einer Wechselatmung oft Hektik und Unruhe zur Folge. Die Wechselatmung ist neben dem Wechsel des Lungenautomaten in erster Linie eine Tarierübung. Dazu ist es nötig, dass jeder Beteiligte aus seinem eigenen Jacket zwar das durch die Volumenausdehnung nötige Volumen, nicht jedoch zu viel Luft herauslässt. Auch mit der Tiefe des Atemzuges lässt sich die Tarierung weiter beeinflussen. Schließlich kann auch bis auf einen kleinen Rest die vor der Abgabe des Atemreglers eingeatmete Luft ausgeatmet werden.
Achte beim Aufstieg jetzt darauf, besonders langsam aufzusteigen. Für die 3 m solltest du dir schon eine halbe Minute Zeit lassen. Schließlich handelt es sich um eine Übung. Später im Freigewässer wirst du neben dem Einhalten der Aufstiegsgeschwindigkeit auch simulierte Austauchpausen in bestimmten Tiefen unter Wechselatmung einhalten.

9.3 An- und Ablegen des DTG an der Wasseroberfläche

An manchen Tauchbasen ist es üblich, das Tauchgerät nicht schon an Bord, sondern

Abb. 34: Wechselatmung im flachen Wasser kniend

erst im Wasser anzulegen. Dies kann damit zusammenhängen, dass im Tauchboot zu wenig Platz zum Anziehen vorhanden ist. Außerdem muss dazu nicht der Partner das Gerät anreichen, und es besteht nicht die Gefahr, einen Mittaucher im Boot mit dem Gerät zu verletzen.
Dazu wird das mit dem Jacket fertig montierte Gerät aufgedreht, das Jacket leicht mit Luft gefüllt und – ggf. an einer Leine – ins Wasser geworfen. Du springst hinterher und kannst das Jacket an der Oberfläche wie eine Jacke anziehen, indem du dich auf das Jacket setzt und dann mit beiden Armen durch die Bänderung schlüpfst. Eine andere Möglichkeit ist es, dass du das Jacket so drehst, dass das Ventil zu dir zeigt, und dann kopfwärtig mit einer Rolle in das Jacket hineinschlüpfst. Bei dieser Variante liegen die Schläuche automatisch an der dafür vorgesehenen Seite. Übe beide Alternativen und entscheide mit deinem Tauchlehrer, welche die bessere für dich ist.
Öfter wirst du es erleben, dass besonders beim Tauchen vom Schlauchboot oder von kleineren Booten das DTG nach dem Tauchgang bereits im Wasser abgelegt wird, bevor du in das Boot kletterst. Dies erleichtert die Rückkehr ins Boot enorm, da die Gewichtskraft des Tauchgerätes dich nicht mehr nach hinten zieht. So kannst du auch ohne Leiter in Schlauchboote oder niedrigbordige Schalenboote zurückklettern.
Du legst das Gerät im Wasser ab, indem du die Brust- und Bauchgurte öffnest (bei manchen Jackets auch die Schultergurte), die Luft etwas aus dem Jacket herauslässt und dann das Gerät in umgekehrter Reihenfolge wie beim Anlegen ablegst. Danach füllst du das Jacket wieder mit Luft und erhältst so eine schwimmende Plattform. Diese wird üblicherweise mit Leinen und Karabinern am Tauchboot befestigt, bevor du hineinsteigst. Dann kann das komplette Gerät vom Boot aus hineingezogen werden.

9.4 Wiederholung Tauchen ohne Maske

Das Atmen ohne Maske soll nun verfeinert werden. Nach dem Abtauchen auf die Tiefe von 2 bis 3 m setze deine Maske ab und tauche eine längere Strecke unter Einatmung aus dem Atemregler und Ausatmung aus der Nase. Solltest du Schwierigkeiten damit haben, kannst du jederzeit die Nase zuhalten. Tauche keinesfalls panikartig zur Wasseroberfläche, denn genau dieser Reaktion soll mit dieser Übung vorgebeugt werden. Das Tauchen ohne Maske sollte mindestens eine Minute beibehalten werden.
Nun kannst du in aller Ruhe wieder deine Maske aufsetzen und sie ausblasen. Anschließend kannst du normal weitertauchen.

9.5 Bewegungsübungen: auf dem Rücken tauchen und Rolle vorwärts

Um ein Gefühl für das Bewegen beim Tauchen mit Drucklufttauchgerät zu bekommen, solltest du nun verschiedene Lagen ausprobieren. Du wirst feststellen, dass dir der Atemregler in jeder Lage, auch in der Rückenlage, genauso Luft gibt, wie du es sonst gewohnt bist.
Übe das Tauchen auf dem Rücken und eine Rolle vorwärts. Dies wird dir bei dem späteren Anlegen des DTG unter Wasser helfen. Um eine Rolle vorwärts durchzuführen, ziehst du deine Knie eng an deinen Oberkörper und drehst dich mit Schwung um deine Querachse. Dabei können dir die Arme zum Schwungholen helfen.
Beim Tauchen auf dem Rücken ist es zur Orientierung wichtig, dabei den Kopf nach hinten zu überstrecken, um den Punkt anzuvisieren, den du erreichen willst.
In dieser Lage ist es zum Beispiel gut möglich, an der Oberfläche andere Schwimmer oder Boote zu beobachten.

Lektion 10 Theoretische Einweisung

10.1 Sehen und Hören unter Wasser

Wohl jeder ist schon einmal beim Schwimmen mit geöffneten Augen untergetaucht und hat dabei festgestellt, dass man unter Wasser nur unscharf und verschwommen sehen kann. Das menschliche Auge ist eben nur für das Sehen in der Luft geschaffen.
Erst mit einer Tauchermaske können wir unter Wasser wieder alles klar erkennen. Zwischen unseren Augen und der Maskenscheibe befindet sich so wieder Luft, und wir können die Unterwasserwelt wie in einem großen Aquarium betrachten.
Es gibt jedoch noch andere Einflüsse auf das Sehen unter Wasser, die dem Taucher zu Beginn ungewohnt erscheinen.
So erscheinen uns Gegenstände, Fische und andere Lebewesen unter Wasser größer und näher, als sie es in Wirklichkeit sind. Auch die Farben verschwinden unter Wasser in gewissen Tiefen. Außerdem haben wir unter Umständen den Eindruck, als liege ein Schleier vor unseren Augen.
Alle diese Erscheinungen haben eine natürliche Erklärung. Wenn man diese kennt, erklären sich die genannten Phänomene sehr leicht.
Nach dem Tauchen erzählen viele Taucher wundersame Berichte von Riesenfischen. Tatsächlich aber ist ein Fisch, den wir unter Wasser auf 1 m Länge geschätzt haben, in Wirklichkeit nur 75 cm lang, und wenn wir den Anker unseres Bootes in 3 m Entfernung vor uns sehen, liegt dieser tatsächlich noch 4 m von uns entfernt.
Dieser Effekt ergibt sich aus der Lichtbrechung. Beim Übertritt von der Luft in das Wasser oder umgekehrt verändert ein schräg einfallender Lichtstrahl seine Richtung.
Die Lichtbrechung erkennt man beispielsweise an einem schräg im Wasser stehenden Pfahl, der beim Betrachten aus der Luft so aussieht, als hätte er einen Knick in Höhe der Wasseroberfläche. Da wir auch an unserer Tauchermaske eine Grenzfläche haben, an der das Licht vom Wasser in Luft übertritt (das Glas kann hierbei vernachlässigt werden), tritt hier ebenfalls eine Brechung auf. Dies bewirkt, dass wir Gegenstände in 3/4 der tatsächlichen Entfernung und 4/3 so groß wie in Wirklichkeit wahrnehmen. Wir sehen sie also ein Drittel größer und ein Viertel näher als in der Luft.
Auch der Schleier, der scheinbar vor unseren Augen liegt und die Kontraste unter Wasser vermindert, hat eine einfache Erklärung. Das in das Wasser einfallende Licht wird durch

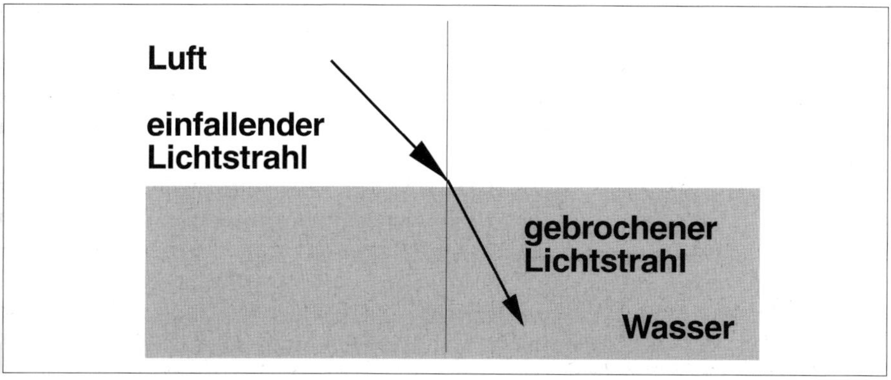

Abb. 35: Lichtbrechung

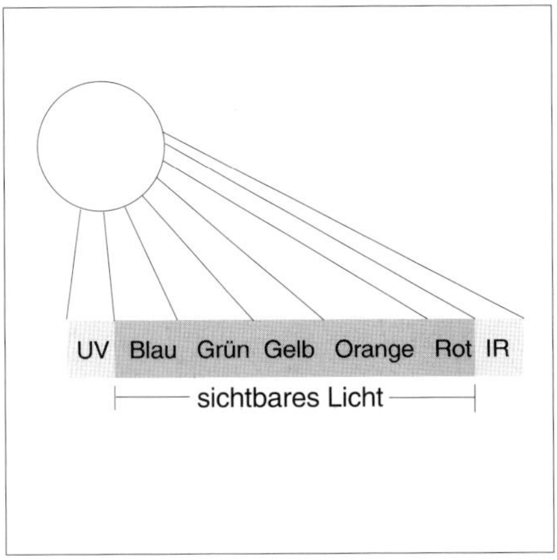

Abb. 36: Sonnenstrahlung

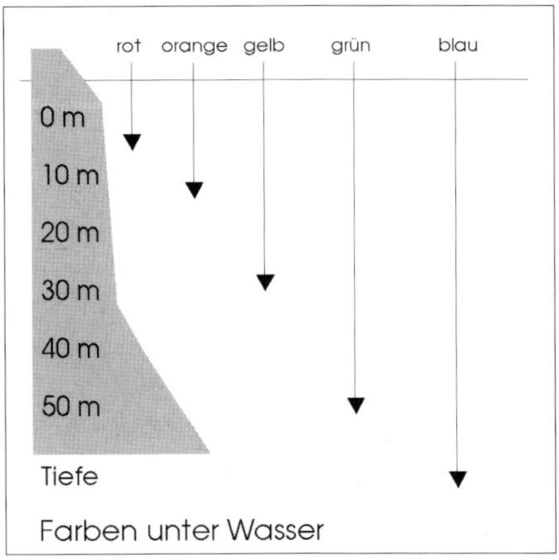

Abb. 37: Farben

feinste im Wasser befindliche Teilchen gestreut. Diese Streuung verursacht die Verminderung der Kontraste und begrenzt auch die Sichtweite unter Wasser. Auch die Farben erscheinen unter Wasser verändert. So erscheinen Tauchanzüge oder Taucherwesten, die an Land leuchtend rot sind, schon in wenigen Metern Tiefe in einfachem Grau. Auch die Korallen und Fische haben nicht mehr die Farbe, in der sie uns von Fotos her bekannt sind.

Die Ursache für diese Farbveränderung ist die Schwächung (Absorption) des Lichtes unter Wasser.

Je tiefer wir tauchen, desto mehr Licht wird durch das Wasser über uns verschluckt (absorbiert), wobei rotes Licht stärker absorbiert wird als blaues.

Dies hat zur Folge, dass die Sichtbarkeit der Farben von der Länge des Weges abhängig ist, den das Licht durch das Wasser muss, bis es an unser Auge gelangt. So ist die Farbe Rot beispielsweise in 10 m Tiefe kaum noch zu erkennen.

Die ungefähren Werte für die Tiefen, in denen wir die verschiedenen Farben noch wahrnehmen können, gibt die nachfolgende Tabelle wieder (siehe Farbtafel VI).

Aus diesem Grund nehmen wir auch in hellen tropischen Meeren fast immer eine Lampe mit unter Wasser. Unterwasserfotografen benutzen nicht nur wegen der Helligkeit, sondern auch wegen der wieder erscheinenden Farben einen Blitz. Alle Objekte und Lebewesen, die sich im Lichtkegel der Lampe oder des Blitzes befinden, erscheinen unabhängig von der Wassertiefe wieder in ihren natürlichen Farben, da sich der Weg des Lichtes von der Lichtquelle zum Objekt so wieder verkürzt. So können wir die farbenprächtige Unterwasserwelt in ihrer natürlichen Schönheit bewundern.

Im Wasser können wir auch nicht so hören, wie wir es an Land gewohnt sind. Der Mensch kann über Wasser ohne weiteres die Richtung einer Schallquelle feststellen. Dies liegt daran, dass der Schall an beiden Ohren mit einem gewissen zeitlichen Unterschied auftrifft und die Lautstärke in dem der Schallquelle zugewandten Ohr ein bisschen größer ist.

Aufgrund der höheren Dichte des Wassers wird der Schall im Wasser mehr als viermal so schnell übertragen wie an der Luft. Die zeitliche Differenz zwischen dem Auftreffen des Schalls auf die Ohren ist so wesentlich kürzer, und der Taucher kann die Richtung der Schallquelle nicht mehr feststellen. Dies ist insbesondere dann gefährlich, wenn in Gebieten mit Motorbootverkehr getaucht

wird. Beim Auftauchen kann die Richtung, aus der das Boot kommt, nicht festgestellt werden.
Da die Schalldämpfung im Wasser geringer als in der Luft ist, kann man auch die Entfernung einer Schallquelle nicht anhand von Erfahrungswerten abschätzen.

Lernerfolgskontrolle

***10.1.1**
Wie können wir Farben unter Wasser erkennen?

a Farben sind unter Wasser genauso zu sehen wie über Wasser.
b Unter Wasser ist alles grau – Farben sind nicht sichtbar.
c Farben sind unter Wasser nur mit einer Lampe zu erkennen.
d Blau ist als Farbe in 10 m Tiefe kaum noch zu erkennen.
e Rot ist als Farbe in 10 m Tiefe kaum noch zu erkennen.

***10.1.2**
Welche Farbe können wir beim Abtauchen zuerst nicht mehr wahrnehmen?

a gelb
b orange
c rot
d blau
e grün

***10.1.3**
Wie sehen wir Gegenstände unter Wasser?

a unverändert
b größer und weiter entfernt
c größer und näher
d kleiner und weiter entfernt
e kleiner und näher

***10.1.4**
Wie erscheinen dir Entfernungen und Größen unter Wasser?

a 1/3 näher und 1/4 größer
b 1/4 größer und 1/3 weiter entfernt
c 1/3 größer und 1/4 näher
d 1/3 kleiner und 1/4 weiter entfernt
e 1/4 kleiner und 1/3 näher

***10.1.5**
Der Anker scheint 3 m von dir entfernt zu sein. Ist er das wirklich?

a Ja.
b Nein, er ist näher.
c Nein, er ist weiter entfernt.
d Das hängt von der Linsenkrümmung meiner Tauchermaske ab.
e Im Salzwasser ja, im Süßwasser nicht.

***10.1.6**
Wie hören wir unter Wasser?

a Unverändert.
b Leiser.
c Schallquellen, z.B. Boote, scheinen weiter entfernt zu sein.
d Überhaupt nicht.
e Die Richtung einer Schallquelle, z.B. eines Bootes, lässt sich kaum feststellen.

***10.1.7**
Wie ist die Schallübertragung unter Wasser gegenüber der Luft verändert?

a Der Schall wird mit zunehmender Entfernung lauter.
b Die Schallgeschwindigkeit der Luft ist mehr als 4-mal so groß wie im Wasser.
c Die Schallgeschwindigkeit im Wasser ist mehr als 4-mal so groß wie an der Luft.
d Die Schallübertragung ist unverändert.
e Die Schallgeschwindigkeit ist 10-mal so groß wie an der Luft.

***10.1.8**
Warum wird auch bei Tagtauchgängen immer eine Unterwasserlampe mitgenommen?

a Aus Sicherheitsgründen als Notsignal und um auch alle Farben in der Tiefe sehen zu können.
b Damit die Tarierung nicht zwischen Tag- und Nachttauchgängen geändert werden muss.
c Um bei schlechter Sicht besser zu sehen.
d Damit das richtige Erkennen von Größenverhältnissen unter Wasser wieder hergestellt wird.
e Damit die Lampe regelmäßig benutzt und wieder geladen wird.

10.2 Auf- und Abtrieb, Schweben im Wasser, Prinzip des Archimedes

Warum schwimmt ein Stück Holz, während ein Stein absinkt? Dies sind einfache Folgerungen aus dem Prinzip des Archimedes, das auch für den Taucher wichtig ist. Entscheidend dafür, ob ein Körper Auf- oder Abtrieb hat, ist, ob er schwerer oder leichter ist als das Wasser, das er verdrängt. Das Prinzip des Archimedes lautet:

Das Prinzip des Archimedes:
Ein Körper verliert beim Eintauchen in eine Flüssigkeit scheinbar so viel an Gewichtskraft, wie die von ihm verdrängte Flüssigkeitsmenge wiegt.

Das hydrostatische Gleichgewicht ist der Zustand, den jeder Taucher unter Wasser einnehmen sollte. In beiden anderen Fällen entstehen Risiken für den Taucher, die vermeidbar sind. Außerdem ist der Schwebezustand auch im Hinblick auf den Umweltschutz optimal, da dann kein Sediment aufgewirbelt wird.

Für den Anfänger stellt sich oft das Problem, wie viel Blei er mitnehmen soll, um gut tariert zu sein. Nimmt er zu wenig Blei mit, hängt er an der Oberfläche und kann nicht abtauchen. Hat er zu viel Blei mit, so muss er entsprechend viel Luft in die Taucherweste oder das Jacket blasen, um den großen Abtrieb auszugleichen. Dies führt zu anstrengendem und unbequemem Tauchen. Da der Unterkörper so ständig nach unten gezogen wird, während die Weste oder das Jacket den Oberkörper nach oben zieht, muss der Taucher durch starken Flossenschlag die Schräglage ausgleichen. Außerdem hat der Taucher so die Tendenz, im eingeatmeten Zustand zu tauchen. Dies führt zu einer erhöhten Anstrengung unter Wasser und birgt gewisse Unfallrisiken. Jeder Liter Luft mehr im Jacket oder nicht befestigte Konsolen bringen einen sehr stark vergrößerten Wasserwiderstand und damit erheblich höheren Kraftaufwand.

An der Oberfläche wird das Schwimmen durch das gefüllte Jacket bzw. die Taucherweste außerdem noch stark erschwert und führt so auch zu unnötigen Anstrengungen, denen ein untrainierter Anfänger unter Umständen nicht gewachsen ist.

Um selbst zu erkennen, ob ihr die richtige Menge Blei mit euch führt, solltet ihr an der Oberfläche mit kompletter Ausrüstung Folgendes ausprobieren:

Im normal eingeatmeten Zustand sollte der halbe Kopf noch aus dem Wasser ragen. Im ausgeatmeten Zustand jedoch solltest du absinken. Dann kannst du mit leerem Jacket an der Oberfläche noch ohne Schnorchelbenutzung aus dem Mund atmen.

Wenn du im Meer tauchst, so musst du etwas mehr Blei mitnehmen als im Süßwasser, weil das verdrängte Salzwasser schwerer ist. Da du dann aber meistens auch mit einem anderen Tauchgerät tauchst, ist es am besten, die richtige Bleimenge nochmal vor Ort

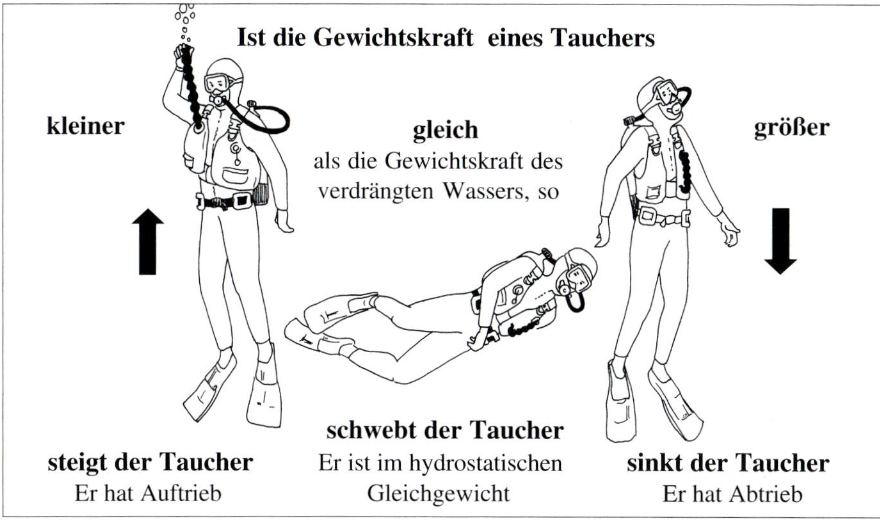

Abb. 38: Gewichtskraft des Tauchers kleiner/gleich/größer als Wasser

wie soeben beschrieben zu ermitteln. Beim ersten Tauchgang im Süßwasser danach solltest du wieder einen Test der richtigen Bleimenge durchführen und das überflüssige Blei abbauen.

Lernerfolgskontrolle

***10.2.1**

Was besagt das Prinzip des Archimedes?

a Ein Taucher schwebt im Wasser.
b Ein Taucher verdrängt scheinbar so viel an Wasser, wie er an Gewichtskraft hat.
c Ein Taucher verliert scheinbar so viel an Gewichtskraft, wie das von ihm verdrängte Wasser wiegt.
d Ein Taucher geht unter.
e Ein Taucher kann unter Wasser an Gewicht verlieren, wenn er eine hohe Wasserverdrängung (z.B. mit aufgeblasenem Jacket und viel Blei) bewirkt.

***10.2.2**

Das hydrostatische Gleichgewicht (austarierter Zustand) ist erreicht, wenn

a der Taucher zu Beginn des Tauchgangs die richtige Bleimenge mitgenommen hat;
b in die Taucherweste genauso viel Luft in Litern eingeblasen wird, wie der Bleigurt an Gewicht in kg hat;
c der Taucher in der jeweils aktuellen Tiefe einen Schwebezustand eingenommen hat;
d der Taucher leicht nach unten sinkt;
e der Taucher leicht nach oben steigt.

***10.2.3**

Mit Hilfe des Prinzips von Archimedes können wir

a die Gewichtskraft eines Tauchers bestimmen;
b den Auf- und Abtrieb eines Tauchers bestimmen;

c die Änderung des Volumens bei verändertem Druck bestimmen;
d die Luftmenge für unseren geplanten Tauchgang berechnen;
e die im Blut gelöste Menge des Stickstoffs bestimmen.

***10.2.4**
Was verändert sich, wenn du im Wasser schwebst und deine schwere Taucherlampe deinem Partner reichst?

a Ich sinke ab.
b Ich muss Luft in mein Jacket blasen, um weiter zu schweben.
c Ich steige langsam nach oben.
d Es ändert sich nichts.
e Mein Partner steigt langsam nach oben.

***10.2.5**
Wie viel Blei nimmst du beim Süßwassertauchen mit, wenn du davor zuletzt im Meer getaucht hast?

a Ich nehme den Bleigurt unverändert mit und korrigiere nach dem Tauchgang ggf. die Bleimenge.
b Ich reduziere die Bleimenge um 2 kg und gehe damit tauchen.
c Ich ändere nichts an der Bleimenge, wenn sie zuletzt in Ordnung war.
d Ich nehme etwas mehr Blei mit.
e Ich teste an der Wasseroberfläche meine Bleimenge erneut und reduziere gegebenenfalls die Bleimenge.

***10.2.6**
Was verändert sich, wenn du im Wasser schwebst und einen am Grund liegenden Bleigurt aufhebst?

a Ich sinke ab.
b Ich muss Luft aus meinem Jacket lassen, um weiter zu schweben.
c Ich steige langsam nach oben.
d Es ändert sich nichts.
e Ich benötige einen Hebesack, um überhaupt den Bleigurt zu bewegen.

10.3 Luftverbrauch beim Tauchen mit Berechnung des eigenen Verbrauchs

Wie lange kann ich noch bis zum Erreichen des Reservedrucks tauchen? Wie hoch ist mein Luftverbrauch? Was für einen Flaschendruck habe ich nach 10 Minuten noch in meinem DTG? Diese und ähnliche Fragen stellt sich ein Taucher, und sie lassen sich auch leicht beantworten. Das Wissen um diese Zusammenhänge sind für eine vernünftige und sichere Tauchgangsplanung unerlässlich.

Die Grundlage dafür ist der Zusammenhang zwischen

- Umgebungsdruck (Tauchtiefe)
- verfügbares Luftvolumen $V_{\text{Tauchtiefe}}$
- Tauchzeit
- Atemminutenvolumen (AMV)

Als Atemminutenvolumen bezeichnen wir dabei das Volumen an Luft, das vom Taucher pro Minute verbraucht wird (hier ist das Volumen, nicht die Luftmenge gemeint!). Das AMV wird daher in Liter pro Minute (l/min) angegeben.

Wir atmen an der Wasseroberfläche im ruhigen Zustand ca.15-mal pro Minute und bewegen dabei jedesmal ungefähr einen halben Liter Luft. Das bedeutet für den Ruhezustand ein AMV von ca. 7,5 l/min. Da wir uns beim Tauchen bewegen, erhöht sich entsprechend der Luftverbrauch, und wir haben ein AMV von ca. 15 l/min. Der Beginner benö-

$$\text{verfügbares Luftvolumen auf Tauchtiefe} = \frac{\text{Volumen des DTG} \cdot \text{verfügbarer Druck des DTG}}{\text{Druck auf der Tauchtiefe}}$$

$$V_{Tauchtiefe} = \frac{V_{DTG} \cdot p_{DTG}}{p_{Tauchtiefe}}$$

tigt aufgrund der neuen Umstände noch etwas mehr Luft. Deshalb gehen wir in unseren Berechnungen von einem AMV von 20 l/min oder sogar 25 l/min aus.
Den Luftvorrat in unserem Tauchgerät können wir anhand des Gesetzes von Boyle und Mariotte bestimmen. Ist unser Tauchgerät mit einem Volumen von 10 l auf einen Druck von 200 bar gefüllt, so hat die darin enthaltene Luftmenge bei 1 bar Umgebungsdruck ein Volumen von 2000 l. Das auf der vorgesehenen Tauchtiefe verfügbare Luftvolumen berechnen wir genauso nach dem Gesetz von Boyle und Mariotte nach der oben abgedruckten Formel.

Lernerfolgskontrolle

***10.3.1**
Ein 12 l-DTG ist noch mit 140 bar gefüllt. Wie viel Luft steht dem Taucher bei 1 bar zur Verfügung, wenn der Reservedruck (50 bar) nicht mitgerechnet werden darf?

***10.3.2**
Was bedeutet der Begriff Atemminutenvolumen?

a Den Luftverbrauch eines Tauchers in Liter.
b Die Atemfrequenz beim Tauchen, also die Atemzüge pro Minute.
c Die von einem Taucher in einer Minute benötigte Luftmenge in g/min.
d Das von einem Taucher in einer Minute benötigte Luftvolumen (in l/min).
e Das ist ein medizinischer Fachausdruck, der nicht zum Tauchen gehört.

Haben wir in einer bestimmten Zeit t auf einer gewissen Tiefe ein Luftvolumen V verbraucht, so können wir unser Atemminutenvolumen berechnen.
Teilen wir das verbrauchte Luftvolumen V durch die Anzahl der Minuten, in der diese Luft verbraucht wurde, so erhält man den Luftvolumenverbrauch pro Minute. Man erhält also für das AMV die Formel

$$AMV = \frac{V_{Tauchtiefe}}{t}$$

In Worten bedeutet die Formel:
Das Atemminutenvolumen erhält man, indem man das auf der Tauchtiefe verbrauchte Luftvolumen durch die dort verbrachte Zeit dividiert.
Sind in dieser Formel zwei Größen gegeben, so kann man die dritte daraus berechnen.

Hilfreich ist dazu der „AMV-Kreis“, wenn du noch Schwierigkeiten beim Umstellen der Formel hast:

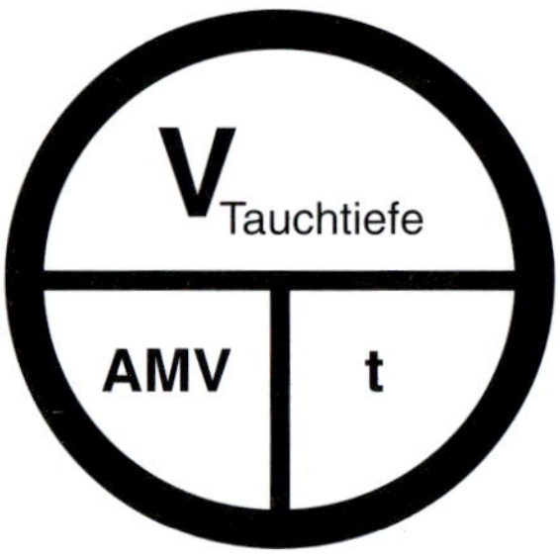

AMV-Kreis

Abb. 39: AMV-Kreis

Um das AMV, das verbrauchte Luftvolumen $V_{Tauchtiefe}$ oder die Tauchzeit t zu berechnen, hälst du einfach die gesuchte Größe zu und hast die Formel dafür in dem Kreis stehen (entweder als Bruch oder als Produkt).
Zur Berechnung des Atemminutenvolumens kann man die Formel in der oben angegebenen Form benutzen. Man benötigt dazu lediglich Angaben über das auf der Tauchtiefe verbrauchte Luftvolumen und die dort verbrachte Zeit.
Sicherlich werden für den mathematisch weniger Geübten selbst bei diesen so einfach erscheinenden Formeln und Rechnungen erst einige Übungsbeispiele das nötige Verständnis schaffen und zu eigenständigen Berechnungsmöglichkeiten führen. Doch nur Mut, mit ein bisschen Geduld ist auch diese Rechenhürde leicht zu bewältigen.
Beispiel:
Ein Taucher mit einem 10-l-DTG liest in 10 m Tiefe auf seinem Finimeter einen Druck von 160 bar ab und 10 Minuten später einen Druck von 120 bar. Was für ein AMV hat er?
Wir benötigen zunächst das auf der Tauchtiefe verbrauchte Luftvolumen. In den 10 Minuten ergab sich eine Druckdifferenz von 40 bar. Da das DTG ein Volumen von 10 l hat und der Wasserdruck in 10 m Tiefe 2 bar beträgt, ergibt sich für das bei 2 bar verbrauchte Luftvolumen nach Boyle-Mariotte

$V_{Tauchtiefe} = 40\ \text{bar} \cdot 10\ \text{l} / 2\ \text{bar} = 200\ \text{l}.$

Nach der Formel für das Atemminutenvolumen ergibt sich:

$AMV = V_{Tauchtiefe}/t = 200\ \text{l}/10\ \text{min} = 20\ \text{l/min}.$

Lernerfolgskontrolle

***10.3.3**
Ein Taucher atmet aus seinem 12-l-DTG in 20 m Tiefe 20 min und liest dabei eine Druckdifferenz von 100 bar ab. Wie hoch ist sein AMV?

Auch die Frage nach dem Luftverbrauch ist üblich. Ein Taucher mit einem AMV von 25 l/min taucht in 20 m Wassertiefe. Was für ein Luftvolumen verbraucht er dort in 20 Minuten? Was für einen Druck liest er nach dieser Zeit auf seinem 10-l-DTG ab, wenn er zu Beginn 200 bar in seinem DTG hatte?
Um Aufgaben dieses Typs zu lösen, müssen wir die Formel so umstellen, dass das Luftvolumen auf der Tauchtiefe $V_{Tauchtiefe}$ allein auf einer Seite steht.
Mit dem AMV-Kreis erhälst du die gewünschte Formel, indem du oben $V_{Tauchtiefe}$ zuhälst. Unten bleiben AMV und t nebeneinander, also als Produkt, stehen.

$$\mathbf{V_{Tauchtiefe} = AMV \cdot t}$$

In unserer Beispielaufgabe ergibt sich also ein Luftverbrauch von

$V_{Tauchtiefe} = 25\ \text{l/min} \cdot 20\ \text{min} = 500\ \text{l}.$

Bezogen auf die Oberfläche (1 bar) ergibt sich ein verbrauchtes Luftvolumen von

$V_{1bar} = V_{Tauchtiefe} \cdot p_{Tauchtiefe} / 1 \text{ bar} = 1500 \text{ l}.$

Nach der Formel zum Gesetz von Boyle-Mariotte müssen wir zum Ermitteln der Druckdifferenz im DTG lediglich das verbrauchte Luftvolumen auf der Tauchtiefe durch das Flaschenvolumen und den Umgebungsdruck auf der Tauchtiefe teilen. Wir erhalten als Druckdifferenz

$V_{Tauchtiefe} / V_{DTG} \cdot p_{Tauchtiefe} =$

$500 \text{ l} / 10 \text{ l} \cdot 3 \text{ bar} = 150 \text{ bar}.$

Lernerfolgskontrolle

***10.3.4**
Ein Taucher mit einem AMV von 25 l/min atmet in 15 m Tiefe 10 min lang aus seinem 12-l-DTG. Was für einen Flaschendruck liest er danach ab, wenn er zu Beginn sein Gerät mit 200 bar gefüllt hatte?

***10.3.5**
Wie groß ist das bei einem Tauchgang in 15 m Tiefe auf dieser Tiefe verbrauchte Luftvolumen bei einer Tauchzeit von 10 min und einem Atemminutenvolumen von 20 l/min?

a 2000 l
b 200 l
c 500 l
d 50 l
e 20 l

Der Taucher hat also nach den 20 Minuten noch 50 bar in seinem DTG.

Ein anderer Taucher mit einem auf 195 bar gefüllten 10-l-DTG möchte einen Tauchgang in durchschnittlich 25 m Tiefe unternehmen. Wie lange kann er voraussichtlich bis zum Erreichen des Reservedrucks von 50 bar tauchen, wenn sein AMV 20 l/min beträgt?

Da hier nach der Zeit gefragt ist, müssen wir die Formel so umformen, dass die Zeit allein auf der einen Seite der Formel steht. Mit dem AMV-Kreis erhälst du die Formel, indem du das t für die Tauchzeit zuhälst. Es bleibt der folgende Bruch stehen:

$$t = \frac{V_{Tauchtiefe}}{AMV}$$

Bis zum Erreichen des Reservedrucks (50 bar) haben wir eine Druckdifferenz von 145 bar. Das bis zum Erreichen des Reservedrucks verfügbare Luftvolumen auf der Tauchtiefe von 25 m (Umgebungsdruck 3,5 bar) ist also

$V_{Tauchtiefe} = 10 \text{ l} \cdot 145 \text{ bar} / 3{,}5 \text{ bar} = 414{,}3 \text{ l}.$

Dividieren wir dieses Volumen durch das AMV von 20 l/min, so erhalten wir die maximale Tauchzeit t = 20,7 min. Um dies auf volle Minuten zu runden, müssen wir beachten, dass bei allen diesen Berechnungen zur sicheren Seite hin gerundet wird. Da in diesem Beispiel keine 21 min, sondern höchstens 20 volle Minuten getaucht werden kann, wäre 20 min die richtige (gerundete) Zeit, die der Taucher in 25 m verbringen kann.

Lernerfolgskontrolle

***10.3.6**

Ein Taucher mit einem AMV von 25 l/min will mit seinem auf 200 bar gefüllten 10-l-DTG einen Tauchgang in durchschnittlich 15 m Tiefe unternehmen. Wie lange kann er dort wohl tauchen, bis er einen Flaschendruck von 100 bar erreicht?

***10.3.7**

Wie wird der Reserveluftvorrat in die Planung eines Tauchgangs miteinbezogen?

a Er darf nicht miteingerechnet werden, da er eine echte Reserve darstellt. Das gilt auch beim Tauchen ohne Reserveschaltung.

b Er darf miteinbezogen werden, wenn in der Nullzeit getaucht wird.

c Er darf nicht miteingerechnet werden, wenn mit Reserveschaltung getaucht wird, anderenfalls schon.

d Er darf nur dann eingerechnet werden, wenn mit Reserveschaltung und mit Finimeter getaucht wird.

e Er darf nicht miteingerechnet werden, außer beim Tauchen in einer größeren Gruppe, wenn einer der Taucher einen Zweitautomaten hat.

***10.3.8**

Wie verhälst du dich, wenn du erst am Tauchplatz feststellst, dass dein DTG nur 160 bar statt der für den geplanten Tauchgang benötigten 200 bar enthält?

a Ich atme während des Tauchgangs etwas flacher und hoffe, dass die Luft ausreicht.

b Da sowieso die Reserveluft nicht eingeplant war, kann ich den Tauchgang wie geplant durchführen.

c Mit einem langsameren Atemrhythmus wird die Luft reichen.

d Ich führe den Tauchgang wie beabsichtigt durch und beende den Tauchgang, wenn ich keine Luft mehr habe.

e Ich berechne meinen Luftvorrat neu und plane ein neues Tauchprofil.

***10.3.9**

Wie verhälst du dich, wenn du beim Tauchen feststellst, dass du den Reservedruck von 50 bar erreicht hast?

a Ich tauche weiter, da ich ja noch ausreichend Luft habe.

b Ich beende den Tauchgang, indem ich schnellstens alleine auftauche.

c Ich tauche unter Atmung aus dem Zweitatemregler meines Partners oder unter Wechselatmung auf.

d Ich gebe meinen Partnern das Zeichen für „Ich bin auf Reserve“ und leite so die Beendigung des Tauchgangs ein.

e Ich atme sparsamer, um wieder den gleichen Luftverbrauch wie meine Tauchpartner zu erreichen.

***10.3.10**

Wieviel Luft steht als Reserveluft für die Tauchgangsplanung in einem DTG nicht zur Verfügung?

a 20 % des Fülldrucks

b 25 % des Fülldrucks

c 1/4 des Drucks beim Beginn des Tauchgangs

d 500 Liter

e 50 bar

Lektion 11 Praxisblock mit Drucklufttauchgerät III

11.1 Schnorcheln mit DTG

Das Schnorcheln mit Drucklufttauchgerät ist wesentlich schwieriger und anstrengender als nur in ABC-Ausrüstung. Das liegt einerseits an der eingeschränkten Bewegungsfähigkeit und dem höheren Wasserwiderstand. Außerdem liegt durch das Gewicht des DTG der gesamte Körper tiefer im Wasser. Die Lunge muss gegen einen entsprechend höheren Umgebungsdruck arbeiten. Der Atemwiderstand nimmt also zu.

Später wirst du häufiger auch zum Boot in kompletter Ausrüstung zurückschnorcheln müssen. Damit du auch dort ankommst, ist eine gewisse Grundkondition im Schnorcheln nötig. Übe das Schnorcheln mit Gerät mindestens 10 Minuten und versuche, es später regelmäßig zu wiederholen. Diese Übung dient deiner Sicherheit.

Ohne einen Schnorchel ist das Schwimmen mit DTG nicht oder nur sehr eingeschränkt möglich. Ein Schwimmen auf dem Rücken führt zu einer ungünstigen, gebogenen Körperlage und schützt nicht das Gesicht bei hohem Wellengang. Bei Strömung ist durch die schlechte Lage fast kein Vorwärtskommen möglich. Ein Schnorchel ist daher ein unverzichtbares Ausrüstungsteil auch für den Gerätetaucher. Das Schwimmen auf dem Rücken ist jedoch dann hilfreich, wenn der Taucher außer Atem ist, da die Lunge so näher an der Oberfläche ist und somit gegen einen geringeren Druck arbeiten muss. Nachteil beim Schwimmen auf dem Rücken ist auch die schlechtere Orientierung zum Zielpunkt und die fehlende Möglichkeit der Beobachtung der Unterwasserwelt.

Wichtig ist dabei wie beim Tauchen, dass du nicht zu viel Blei mitführst und die Weste oder das Jacket nur so weit aufbläst wie gerade nötig. Anderenfalls hast du nicht nur eine ungünstige Schwimmlage, sondern du erhöhst deinen Wasserwiderstand beträchtlich. Dies hat eine erhöhte Anstrengung zur Folge.

Beim Wechsel vom Atemregler auf den Schnorchel ist wie bei der Wechselatmung darauf zu achten, dass du nach einem Wechsel zunächst mit deiner Ausatemluft den Schnorchel oder das Mundstück freibläst. Achte beim Loslassen des Automaten darauf, dass er mit der Öffnung nach unten liegt, da er sonst leicht abbläst.

Lernerfolgskontrolle

***11.1.1**
Was hast du beim Schnorcheln mit Drucklufttauchgerät zu beachten?

a Die Taucherweste/das Jacket wird voll aufgeblasen.
b Die gesamte Luft wird aus der Taucherweste/dem Jacket gelassen.
c Eine Taucherweste ist überflüssig.
d Mit Drucklufttauchgerät braucht nie geschnorchelt zu werden – man taucht besser ab.
e Die Taucherweste/das Jacket wird nur so weit wie nötig aufgeblasen.

***11.1.2**
Ist ein Schnorchel beim Gerätetauchen notwendig?

a Nur bei Verwendung von Taucherwesten statt Jackets.
b Ja, da eine Wechselatmung sonst nicht durchgeführt werden kann.
c Ja, um sich in der Not vom Drucklufttauchgerät trennen zu können.
d Nein, schließlich hat man dafür den Atemregler.
e Ja, immer, um effektiv an der Wasseroberfläche mit DTG zu schwimmen.

11.2 Wechselatmung und Atmung aus dem Zweitatemregler des Partners

Bei der Wechselatmung bist du bereits mit deinem Partner eine gewisse Strecke zu zweit bei gleichzeitiger Atmung aus einem DTG getaucht. Um den Ablauf zu festigen, soll dies nun noch einmal wiederholt werden.
Noch einfacher und sicherer wird die Atmung mit deinem Partner aus einem DTG, wenn du an deinem DTG einen zweiten Atemregler oder zumindest eine zusätzliche zweite Stufe (Zweitautomat oder Oktopus) hast. Dann wird der Wechsel des Mundstücks und jede Unterbrechung der Luftversorgung überflüssig. Jeder Taucher sollte daher mit einem Zweitautomaten und in kalten Gewässern mit einem zweiten Atemregler tauchen.
Wie bei der Wechselatmung gibst du nun, nachdem ihr euch beide tariert habt, deinem Partner auf dessen Zeichen hin den Zweitautomaten vor den Mund, den er sich dann selbst in den Mund nimmt. Bleibt so zunächst an einer Stelle und atmet einige Minuten so. Anschließend kommt die Bewegung über Strecke hinzu. Um dabei die richtige Position zueinander einzunehmen, solltet ihr aufgrund der eingeschränkten Bewegungsfreiheit eine seitliche Lage einnehmen, wobei ihr euch beide zugewandt seid und euch z.B. am Ventil des DTG festhaltet. Taucht so einige Minuten und mindestens 50 m Strecke.

11.3 Rettung eines DTG-Tauchers

Als Taucher mit ABC-Ausrüstung solltest du in der Lage sein, einen anderen Taucher zu retten, selbst wenn dieser ein Drucklufttauchgerät trägt.
Du tauchst zu ihm herunter, greifst mit deinem rechten Arm von hinten unter seinen rechten Arm, hälst das Mundstück fest im Mund des zu Rettenden und überstreckst dabei den Kopf des zu Rettenden leicht. Nun tauchst du mit ihm durch Flossenkraft an die Oberfläche auf.

Abb. 40: Rettung eines Gerätetauchers

Dort angekommen, füllst du unter Benutzung des Inflators das Jacket oder die Taucherweste des „Verunfallten". Nun liegt er stabil auf dem Rücken in einer „ohnmachtsicheren" Lage. Der Lungenautomat wird in der Regel aus dem Mund genommen, damit er frei und ohne Atemwiderstand atmen kann.

Bei starkem Wellengang kann auch der Lungenautomat im Mund gelassen werden, wenn du sicher bist, dass er noch gut und leicht Luft gibt und das DTG ausreichend gefüllt ist. Die Tauchmaske wird üblicherweise angelassen, da sie nicht behindert und noch einen gewissen Schutz vor Wasser bietet.
Nun überprüfst du die Vitalfunktionen (Bewusstsein, Puls, Atmung), gibst ggf. ein Notsignal ab und beginnst mit dem Transport. Üblicherweise wird vor dem Transport der Bleigurt und das DTG des „Verunfallten" abgeworfen. Wir üben nun zunächst den Transport eines vollständig ausgerüsteten Gerätetauchers.
Wenn das Jacket oder die Taucherweste aufgeblasen ist, so liegt der Taucher automatisch in einer ohnmachtsicheren Lage mit überstrecktem Kopf. Du kannst ihn also ziehen, ohne gleichzeitig den Kopf zu überstrecken. Trägt der Gerätetaucher (z.B. im Bad) keine Taucherweste bzw. Jacket, so musst du beim Ziehen den Kopf über Wasser halten und dabei überstrecken.
Dann ziehst du den „Verunfallten" am Kopf. Anderenfalls ist es auch möglich, ihn z.B. am Ventil des DTG zu ziehen.
Da du beim Ziehen mit deinen Knien immer wieder gegen das DTG des „Verunfallten" stößt, ist diese Position ziemlich hinderlich. Besser ist eine seitliche Position.
Besonders effektiv ist auch das Schieben. Dazu begibst du dich zwischen die Beine des „Verunfallten", greifst mit gestreckten Armen das Jacket oder die Taucherweste und beginnst den Transport mit deinem Flossenschlag. Ein Schieben ist jedoch nur möglich, wenn auf jeden Fall die ohnmachtsichere Lage gewährleistet ist, wenn also entweder Jacket oder Taucherweste aufgeblasen sind oder ein weiterer Helfer das Ziehen am Kopfende mit Überstrecken des Kopfes übernommen hat.
Zum Üben solltest du den Transport über eine Strecke von mindestens 50 m durchführen.

Denke daran, dass auch mit dem Transport die Rettung noch nicht beendet ist. Der Gerätetaucher muss noch in das Schiff, in das Schlauchboot, ans Ufer oder aus dem Schwimmbecken gebracht werden. Wie dies am besten geschieht, wird dir dein Tauchlehrer an den individuellen örtlichen Gegebenheiten zeigen.

Lernerfolgskontrolle

***11.3.1**
Was ist bei der Rettung eines bewusstlosen Tauchers an die Wasseroberfläche zu beachten?

a Es muss immer das Jacket des Verunfallten gefüllt werden, damit er zur Oberfläche auftreibt.
b Ich greife den Verunfallten und erzeuge mit meinem Jacket Auftrieb, um zur Oberfläche aufzutreiben.
c Der Kopf des Verunfallten muss beim Aufstieg überstreckt werden und der Atemregler muss im Mund des Verunfallten fixiert werden.
d Der Aufstieg muss so schnell wie möglich erfolgen.
e Vor dem Aufstieg sind der Tauchcomputer des Verunfallten und der Restdruck seines DTG zu checken.

Lektion 12 Theoretische Einweisung

12.1 Die drei Phasen des Tauchgangs aus medizinischer Sicht und Einführung in die Dekompressionskrankheit

Die Begriffe Taucherkrankheit und Tauchunfall sind zunächst verwirrend. Dem allgemeinen Sprachgebrauch entsprechend sind sie jedoch gleichbedeutend, wenn auch die Definition des Unfalls im juristischen Sinne auf den Tauchunfall nicht zutrifft. Dies sollte beim Abschluss von Unfallversicherungen bedacht werden.

In jüngster Zeit wurde der Tauchsport durch verschiedene Publikationen und Fernsehberichte in Misskredit gebracht, und dies nicht zum ersten Mal.
Leider kommen in den Medien nur die Vertreter der extremen Richtungen zu Wort. Wäre dies im Verkehrswesen der Fall, so würden schnell Gesetze entworfen, die das Betreten der Straße verbieten und als Höchstgeschwindigkeit auf Autobahnen Tempo 50 festlegen würden. Wir leben aber am besten mit der Realität.
Die größten Tauchunfallstatistiken stammen aus Amerika. In einer über 3 Jahre laufenden Statistik wurden durchschnittlich 3 Todesfälle pro Jahr beschrieben, bezogen auf 100.000 aktive Taucher. In früheren Jahren lag diese Rate bei 6 Todesfällen, bezogen auf 100.000 Taucher.

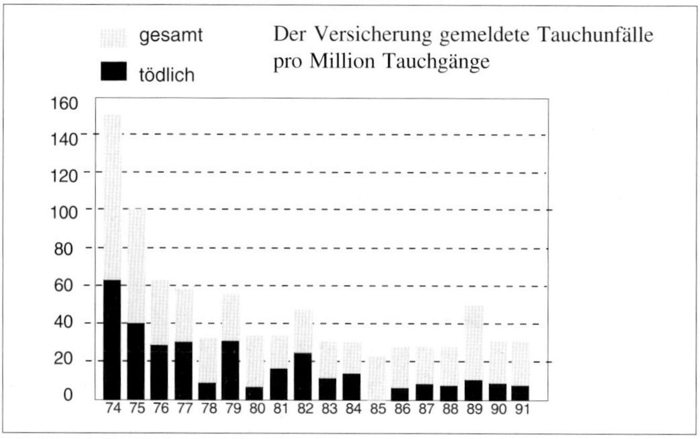

Abb. 41: Tauchunfallstatistik des Verbandes Deutscher Sporttaucher

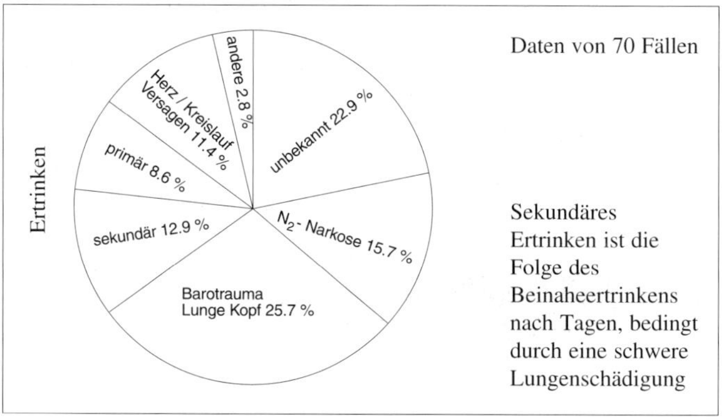

Abb. 42: Wahrscheinlichste Ursache tödlicher Tauchunfälle

Nach einer Statistik des Verbandes Deutscher Sporttaucher (VDST), die von Dr. Max Hahn erstellt wurde, ist die Gesamtzahl der tödlichen Unfälle in der Beobachtungszeit von 1974 bis zum jetzigen Zeitpunkt deutlich zurückgegangen. Gab es 1974 noch 62 Unfälle mit Todesfolge, so war diese Zahl 1991 auf 5 reduziert, und zwar bezogen auf 1 Million Tauchgänge.
70 tödliche Tauchunfälle konnten insgesamt ausgewertet werden. Hierbei stand ursächlich das Lungenüberdruckbarotrauma mit 25,7 % an erster Stelle, gefolgt von einem großen Prozentsatz (22,9 %) nicht aufgeklärter Fälle. Die Dekompressionskrankheit ist in dieser Statistik nicht vertreten, weil es diesbezüglich keine Todesfälle gegeben hat. Sie ist allerdings die häufigste Taucherkrankheit überhaupt.
Die in Abb. 41 gezeigten Unfalldaten stellen einen repräsentativen Zeitraum dar. In den Folgejahren bis zum jetzigen Zeitpunkt sind die Ergebnisse der Unfallstatistik keinen großen Schwankungen mehr unterlegen.
Als Sporttaucher, Tauchlehrer und Verbandsarzt beobachten die Autoren die Entwicklung der Ausbildung im Tauchsport seit vielen Jahren. Die unten aufgeführten Ursachen für Tauchunfälle sollten uns zu denken geben. Jeder Sporttaucher und Tauchlehrer sollte sich zu folgenden Punkten Gedanken machen und sein Handeln darauf abstimmen:
Die Zahl der tödlichen Tauchunfälle ist zwar laut Statistik in den letzten Jahren rückläufig, jedoch liegt sie in der gesamten Sportunfallstatistik leider im oberen Drittel.

1. Häufigste Ursache für die tödlichen Unfälle war ein Mangel an Atemluft im weitesten Sinne.
2. Beim Aufstieg oder bei Dekompressionspausen gab es eine große Anzahl von Unfällen, weil der Luftvorrat für Deko-Stopp oder kontrollierten Aufstieg nicht ausgereicht hat.
3. Fehleinschätzung des Luftvorrats, weil körperliche Anstrengung bei mangelnder Kondition, Kälte, Stress und Angst sowie Unerfahrenheit nicht berücksichtigt wurden.
4. Unfälle durch schlechte Ausrüstung (Pflege, Wartung, Basteltrieb).
5. Flug nach dem Tauchgang.
6. Nasse Rekompression.
7. Tieftauchgänge.
8. Non-Limit-Tauchen ohne entsprechende Pausen.
9. Sog. Jojo-Tauchgänge.
10. Zu schneller Aufstieg.
11. Falscher Computergebrauch.
12. Falscher Tabellengebrauch.
13. Schlechter Gesundheitszustand.
14. Oberflächenpanik und Unfälle an oder auf dem Boot.
15. Schlechte „Seemannschaft“.
16. Alkoholisierung.
17. Charakterliche oder psychische Störungen.
18. Heldentum.

Alle Tauchsportorganisationen überdenken ihre Ausbildungsrichtlinien und ihre Tauchlehrerausbildung; denn der neue Breitensport Tauchen stellt neue und höhere Anforderungen an die Ausbildung und Umwelt. Nicht zuletzt decken neue medizinische Erkenntnisse neue und vielseitigere Unfallzusammenhänge auf.
Würde die Ausbildung im Tauchsport intensiver gestaltet (ausgewogenes Verhältnis von Theorie und Praxis) und würden die oben aufgeführten Punkte vernunftgemäß richtig beurteilt und in die Praxis umgesetzt, so könnte das Image weiter aufpoliert werden.
Der Dekompressionsunfall stellt mit den größten Anteil aller Tauchunfälle dar, jedoch ist er nicht die gefährlichste Komplikation. Die häufigste Ursache für den tödlichen Tauchunfall ist nicht der Dekompressionsunfall als klassische Taucherkrankheit und auch nicht der Tiefenrausch, sondern der Lungenüberdruckunfall mit seinen sehr unterschiedlichen Erscheinungsbildern und Folgeerscheinungen.

Man teilt die Tauchunfälle am besten so ein, dass sie auf die verschiedenen Phasen des Tauchgangs bezogen werden können:

Unfälle beim Abstieg
= Kompressionsphase

Unfälle während des Tauchgangs
= Isopressionsphase

Unfälle während des Aufstiegs oder danach
= Dekompressionsphase

In der Kompressionsphase des Tauchgangs sind praktisch nur die Barotraumen von Bedeutung, in der Isopressionsphase die Gasvergiftungen und das Essoufflement, in der Dekompressionsphase die Barotraumen, der Lungenüberdruckunfall und die Dekompressionskrankheit.

Die Dekompressionskrankheit stellt die klassische Taucherkrankheit dar. Sie kann in der Dekompressionsphase bei zu schnellem Aufstieg oder Nichteinhalten vorgeschriebener Austauchpausen entstehen. Es können sich dabei Stickstoffblasen im Körper bilden, die unter Umständen Blutgefäße verstopfen und so die weitere Sauerstoffzufuhr zu den dahinter liegenden Bezirken verhindern. Da jedoch jede Zelle Sauerstoff benötigt, kommt es je nach betroffenem Gebiet zu mehr oder weniger starken Schädigungen.

Wie kommt denn der Stickstoff in den Körper, und warum können sich dann Blasen bilden? Bei der Zusammensetzung der Atemluft hast du gehört, dass sich rund 78 % Stickstoff in ihr befinden. Tauchen wir ab, so nimmt der Umgebungsdruck zu, und auch der Stickstoff befindet sich unter einem erhöhten Druck in den Lungenbläschen. Im Blut dagegen

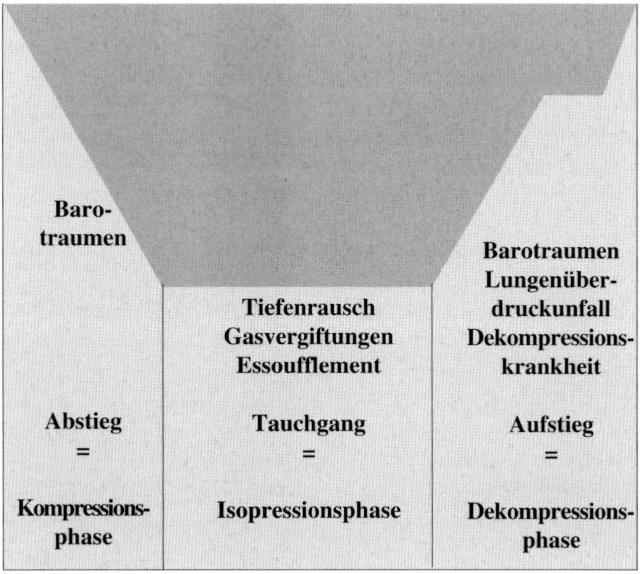

Abb. 43: Übersicht Tauchunfälle

befindet sich nur Stickstoff entsprechend dem geringeren Druck vor dem Abtauchen. Deshalb geht der Stickstoff vom Ort des höheren Drucks (Lungenbläschen) zum Ort des niedrigeren Drucks (Blut) über. Diesen Vorgang nennt man Diffusion. Mit dem Blut wird der Stickstoff in alle Bereiche des Körpers transportiert, so dass sich der Körper unterschiedlich schnell (unter anderem abhängig von der Durchblutung) mit Stickstoff sättigt.
Tauchen wir auf, so läuft dieser Vorgang umgekehrt ab: Da wir „mehr“ Stickstoff im Körper als in der Atemluft haben, geht der Stickstoff wieder vom Blut in die Lungenbläschen über und wird abgeatmet.
Das geht aber nur, wenn wir nicht zu schnell auftauchen. Stelle dir eine Mineralwasserflasche vor. Im Wasser ist das Gas Kohlendioxid gelöst, so wie der Stickstoff in unserem Körper.
Öffnest du die Mineralwasserflasche langsam, so passiert fast nichts. Lässt du sie längere Zeit offen stehen, so entweicht das Kohlendioxid mit der Zeit.
Wenn du dagegen die Flasche eventuell noch vorher schüttelst und dann schnell öffnest, perlen die Gasblasen schon im Wasser aus – es sprudelt. Die Druckentlastung war so schnell, dass das Kohlendioxid nicht an der Oberfläche, sondern schon im Wasser wieder in den gasförmigen Zustand übergegangen ist.
Das Gleiche passiert in unserem Körper, aber mit Stickstoff. Tauchen wir zu schnell auf, so ist die Druckentlastung so hoch, dass

Symptome	**Therapie**	**Prophylaxe (Vorbeugung)**
Die Symptome treten nicht sofort nach dem Tauchgang, sondern erst nach geraumer Zeit auf! Wir unterscheiden Typ I und Typ II: **Typ I:** Hautsymptome **(Juckreiz, „Taucherflöhe")** Schmerzen in Gelenken, Knochen und Bändern **(bends)**, Lymphbahnverschlüsse **Typ II**: Alle gefährlicheren Symptome mit Schädigungen des Zentralen Nervensystems und der Atmung: Querschnittslähmung, Halbseitenlähmung, Schädigung des Innenohres, Sinnesausfälle, Schmerzen hinter dem Brustbein (Chokes)	Sauerstoffatmung als wichtigste Maßnahme Stabile Seitenlage bei Bewusstlosigkeit Schockbehandlung (Lagerung, Schutz vor Temperaturverlust) Herz-Lungen-Wieder-Belebung, wenn erforderlich Transport zur nächsten Druckkammer organisieren, dort hyperbare Sauerstoffbehandlung. Feststellen der wichtigsten Tauchgangsdaten für den behandelnden Arzt (Tauchgangsprotokoll)	Einhaltung der Aufstiegsgeschwindigkeit und der Austauchregeln. Beim Tauchen mit Computer kein Tauchen an den Grenzen **Sicherheitsstopp 3 min auf 3 m**

Tabelle 7: Dekompressionskrankheit

Abb. 44: Mineralwasserflasche mit Schraubverschluss wird geöffnet, CO_2 perlt aus

der Stickstoff schon im Körper wieder in den gasförmigen Zustand übergeht. Die entstehenden Stickstoffbläschen verursachen dann die Dekompressionskrankheit.

Lernerfolgskontrolle

***12.1.1**
Welche Phasen werden während eines Tauchgangs unterschieden?

a Einstieg, Tauchgang, Ausstieg
b Abstieg (Kompressionsphase), Tauchgang (Isopressionsphase), Austauchpausen
c Abstieg (Kompressionsphase), Tauchen auf einer Tiefe (Isopressionsphase), Aufstieg (Dekompressionsphase)
d Abstieg (Kompressionsphase), Zielort antauchen, Ankersuche
e Abstieg (Kompressionsphase), Tauchgang incl. Aufstieg (Dekompressionsphase)

***12.1.2**
Welche Tauchunfälle kannst du in welcher Phase eines Tauchgangs erleiden?

a Barotraumen nur in der Kompressionsphase
b Lungenüberdruckunfall in der Kompressions- und Dekompressionsphase
c Dekompressionskrankheit in der Isopressions- und Kompressionsphase
d Gasvergiftungen während der Dekompressionspausen
e Barotraumen in der Kompressions- und Dekompressionsphase

***12.1.3**
Wann sprechen wir von einer Dekompressionskrankheit?

a Bei Krankheitserscheinungen durch Stickstoffblasen nach zu schnellem Auftauchen oder Nichteinhalten der Austauchpausen.
b Bei einem Lungenriss, wenn beim Auftauchen der Atem angehalten wird.
c Bei einem Barotrauma (z.B. Trommelfellriss) in der Dekompressionsphase (Aufstieg).
d Bei Krankheitserscheinungen nach zu schnellem Abtauchen.
e Bei Schmerzen in der Stirngegend nach dem Tauchgang.

***12.1.4**
Woran erkennst du eine Dekompressionskrankheit?

a Atemnot beim Auftauchen
b Bewusstlosigkeit an der Oberfläche nach dem Tauchgang

c Gelenkschmerzen während des Tauchgangs
d Lähmungen, Sinnesstörungen, Hautjucken, Gelenkschmerzen unmittelbar nach dem Tauchgang
e Lähmungen, Sinnesstörungen, Hautjucken, Gelenkschmerzen nicht unmittelbar nach dem Tauchgang

***12.1.5**
Was unternimmst du, wenn dein Partner eine Stunde nach dem Tauchgang Lähmungen auf einer Körperhälfte hat?

a Unbedingt sofort die Herz-Lungen-Wiederbelebung einleiten.
b Notruf absetzen und abwarten, bis der Arzt kommt.
c Stabile Seitenlage herstellen und abwarten, bis der Arzt kommt.
d Transport ins nächste Krankenhaus.
e Notruf absetzen, Sauerstoffatmung und Transport in die nächste einsatzbereite Druckkammer organisieren.

***12.1.6**
Was unternimmst du, wenn dein Partner einige Zeit nach dem Tauchgang über starke Schmerzen in der Brustgegend (und sonst nichts) klagt?

a Sofortige Sauerstoffatmung, vermutlich liegt ein Lungenüberdruckunfall vor.
b Sofortige Sauerstoffatmung, Auslösen der Rettungskette und Organisation einer Druckkammerbehandlung, da vom Schlimmsten auszugehen ist.
c Wenn alle Austauchregeln beim Tauchen eingehalten wurden, kann keine Dekompressionskrankheit vorliegen; dann wird zunächst abgewartet, wie die Symptome sich entwickeln.
d Da sonst keine Symptome vorliegen, warte ich ab, da eine Diagnose zu unsicher ist.
e Entfernen der Kleidung und Kühlen der Brust.

***12.1.7**
Wie vermeidest du eine Dekompressionskrankheit?

a Beim Tauchen mit einem Tauchcomputer kann nichts passieren, da sonst gewarnt wird.
b Niemals die Luft anhalten.
c Nach dem Tauchgang sofort in einer Druckkammer dekomprimieren.
d Einhalten der zulässigen Aufstiegsgeschwindigkeit und der Austauchpausen.
e Immer mit der Bergseetabelle tauchen, auch im Meer.

***12.1.8**
Wie sollte grundsätzlich der Sicherheitsstopp durchgeführt werden, auch wenn keine Dekompression laut Tabelle erforderlich ist?

a 1 min auf 1 m
b 3 min auf der Maximaltiefe unmittelbar vor dem Auftauchen.
c 3 min auf 3 m
d so lange auf 3 m, bis der gesamte Stickstoff aus dem Körper abgebaut ist
e 3 min auf 6 m

***12.1.9**
Was kannst du zur Vermeidung einer Dekompressionskrankheit tun?

a Möglichst wenig Flüssigkeit aufnehmen.
b Nicht länger als 30 min tauchen.

c Nicht langsamer als mit 10 m/min aufsteigen.
d Nicht zu schnell auftauchen und Einhalten der Austauchpausen.
e Beim Tauchgang möglichst schnell fortbewegen.

***12.1.10**
Wie ändert sich die Menge des im Körper gelösten Stickstoffs bei abnehmendem Druck?
a Im Körper wird kein Stickstoff gelöst.
b Die Menge des Stickstoffs im Körper ändert sich nicht, da der Stickstoff ein Inertgas ist.
c Die Menge des im Körper gelösten Stickstoffs hängt nicht von dem Druck, sondern nur von der Tauchgangsdauer ab.
d Es wird mehr Stickstoff im Körper gelöst.
e Es wird weniger Stickstoff im Körper gelöst.

***12.1.11**
Welches Gas im Körper ist die Ursache für die Anwendung der Austauchtabellen?
a Kohlenmonoxid
b Kohlendioxid
c Sauerstoff
d Stickstoff
e Xenon

***12.1.12**
Warum ist gerade der Stickstoff von großer Bedeutung beim Tauchen?
a Es kann schon bei geringen Tauchtiefen eine Bewusstlosigkeit eintreten.
b Es kann zum sogenannten Schwimmbad-Blackout kommen.
c Er ist bei nicht ausreichender Berücksichtigung die Ursache für die Dekompressionskrankheit.
d Er führt zum Lungenüberdruckunfall.
e Er bewirkt bei vermehrter Atmung eine Stickstoffvergiftung mit der Folge eines Essoufflements.

12.2 Handhabung der Austauchtabelle mit Berechnungen von Wiederholungstauchgängen

In dem Abschnitt über die Dekompressionskrankheit haben wir beschrieben, warum die Einhaltung der Aufstiegsgeschwindigkeit und der Austauchpausen so wichtig ist. Da die im Körper gelöste Menge des Stickstoffs von dem Umgebungsdruck abhängig ist, kann es beim Nichteinhalten dieser Regeln zur Bildung von Gasblasen im Blut und in allen Körperbereichen kommen. Damit der Taucher unter Wasser eine Möglichkeit hat, diese Austauchpausen zu berechnen, gibt es so genannte Dekompressions- oder Austauchtabellen. Wie man auch mit Hilfe von Dekompressionscomputern diese Werte bestimmen kann, werden wir anschließend erläutern. Die Dekompressionscomputer und die Austauchtabellen enthalten auch Richtlinien für die eingerechnete Aufstiegsgeschwindigkeit, über die du dich unbedingt informieren musst.
Die von Sporttauchern heute verwendete und hier abgedruckte Tabelle DECO 2000 wurde von Dr. Max Hahn berechnet. Die hier abgebildete Tabelle ist gültig für Gewässer bis 700 m über dem Meeresspiegel.
Für höher gelegene Seen muss eine spezielle Bergseetabelle verwendet werden. Dann muss ggf. auch der Tauchcomputer für Bergseen geeignet sein, es sollte vor dem ersten Tauchgang eine ausreichende Adaptionszeit (Anpassungszeit) an die Höhe eingehalten werden, und es ist besonders auf Schutzmaß-

nahmen gegen Auskühlung und Flüssigkeitsverlust zu achten.
Bei Verwendung der Tabelle DECO 2000 ist eine Aufstiegsgeschwindigkeit von 10 m/min einzuhalten. Oberhalb von 10 m Tiefe wird eine Aufstiegsgeschwindigkeit von 6 m/min empfohlen.
Zum Verständnis der Tabelle müssen einige Begriffe erklärt werden:
Austauchen ist das Auftauchen unter Einhaltung der Dekompressionsregeln.
Grundzeit ist der Zeitraum vom Verlassen der Oberfläche beim Abtauchen bis zum Beginn des Austauchens.
Nullzeit ist die maximale Grundzeit, bei der noch keine Austauchpausen eingehalten werden müssen.
Austauchpausen sind die Zeiten, die gemäß Tabelle auf bestimmten Tiefen verbracht werden müssen.
Austauchstufen sind die Wassertiefen, in denen die Austauchpausen verbracht werden müssen.
Wiederholungstauchgänge sind Tauchgänge, für die sich ein Zeitzuschlag gemäß Tabelle ergibt.
Oberflächenpause ist die zwischen zwei Tauchgängen nicht unter Wasser verbrachte Zeit.
Die Tabelle ist in verschiedene Bereiche aufgeteilt. Auf der Vorderseite befindet sich der Hauptteil, aus dem sich die Austauchpausen, die Nullzeit und die Wiederholungsgruppe ablesen lassen.
Auf der Rückseite befindet sich die Tabelle zur Bestimmung des Zeitzuschlags bei Wiederholungstauchgängen, in die die Oberflächenpause, die Wiederholungsgruppe und die Tiefe des Wiederholungstauchgangs einfließen.
Der Hauptteil der Tabelle ist in verschiedene Spalten aufgeteilt.
In der ersten Spalte sind die Tauchtiefe und die zugehörige Nullzeit ablesbar. In der zweiten Spalte befinden sich die Grundzeiten, und in der letzten Spalte der Buchstabe, der die Wiederholungsgruppe kennzeichnet. Zwischen der ersten und der letzten Spalte befinden sich die Angaben, auf welchen Tiefen wie lange dekomprimiert werden muss.
Auf der Tabelle für Wiederholungstauchgänge befindet sich im oberen Teil für jede Wiederholungsgruppe eine Zeile mit Oberflächenpausen und darunter eine Tabelle mit Zeitzuschlägen für die jeweilige Tiefe.
Lasst euch jetzt nicht von der Menge an Zahlen erschlagen, wir wollen nun an einem Beispiel erläutern, wie einfach man seine Austauchpausen bestimmen kann:
Der erste Tauchgang hat eine Grundzeit von 20 min, die maximale Tiefe beträgt 28 m. Danach halten wir eine Oberflächenpause bis zum zweiten Tauchgang von 2 Stunden und 20 min ein.
Beim zweiten Tauchgang haben wir eine Grundzeit von 35 min auf maximal 19 m Tiefe. Am nächsten Tag soll der Rückflug aus dem Urlaub erfolgen.

Wir möchten nun wissen,
- wie lange wir beim ersten Tauchgang auf der Tiefe hätten tauchen können, ohne dass Austauchpausen erforderlich sind (Nullzeit für die Tiefe des ersten Tauchgangs);
- welche Austauchpausen für den ersten Tauchgang erforderlich sind;
- die Wiederholungsgruppe;
- den Zeitzuschlag für den zweiten Tauchgang und
- welche Austauchpausen für den zweiten Tauchgang erforderlich sind.
- Außerdem ist zu klären, wann der Heimflug angetreten werden kann.

Feststellen der Nullzeit
Die Nullzeit ist in Minuten unter der Tauchtiefe angegeben. Ist die tatsächliche maximale Tauchtiefe nicht auf der Tabelle aufgeführt, so wird bei der nächsthöheren Tiefe abgelesen.

Austauchtabelle DECO 2000

Stopp in		6	3	m
12 140'	36			D
	54			E
	72			F
	90			G
	108			G
15 72'	24			D
	36			E
	48			E
	60			F
	72			G
	84		4	G
18 45'	15			C
	25			D
	35			E
	45			F
	55		4	F
	65		8	G
	75		14	G
21 31'	11			C
	16			D
	21			D
	26			E
	31			E
	36		2	F
	41		5	F
	46		7	F
	51		10	G
	56		13	G
	61		17	G
24 23'	7			B
	11			C
	15			D
	19			D
	23			E
	27		2	E
	31		4	F
	35		7	F
	39		9	F
	43	1	12	G
	47	2	14	G
	51	3	17	G
	55	5	19	G

Stopp in		9	6	3	m
27 18'	6				B
	10				C
	14				D
	18				E
	22			2	E
	26			5	F
	30			8	F
	34		2	10	F
	38		3	13	G
	42		5	15	G
	46		7	18	G
	50		9	21	G
30 15'	6				B
	9				C
	12				D
	15				D
	18			2	E
	21			4	E
	24		1	6	F
	27		2	8	F
	30		3	10	F
	33		5	12	G
	36		6	15	G
	39	1	7	17	G
	42	1	9	19	G
33 12'	6				C
	9				D
	12				D
	15			2	E
	18			5	E
	21		1	7	F
	24		3	8	F
	27		5	10	F
	30	1	5	13	G
	33	2	7	15	G
	36	3	8	18	G
36 10'	6				C
	10				D
	14			3	E
	18		2	5	F
	21		3	8	F
	24	1	4	11	F
	27	2	6	13	G
	30	3	7	16	G
	33	4	9	19	G

Stopp in		12	9	6	3	m
39 9'	6					C
	9					D
	12				3	E
	15			1	5	E
	18			3	7	F
	21		1	5	9	F
	24		3	5	13	G
	27		4	7	16	G
42 7'	4					C
	7					D
	10				2	E
	13			1	5	E
	16			4	6	F
	19		2	4	10	F
	22		3	6	13	G
	25	1	4	8	16	G
45 6'	6					D
	8				1	D
	10				3	E
	12			2	4	E
	14		1	3	6	F
	16		2	3	9	F
	18		3	5	10	F
	20	1	3	6	13	G
	22	2	4	7	15	G
48 5'	5					C
	7				1	D
	9			1	3	E
	11			2	5	E
	13		1	3	6	F
	15		2	4	9	F
	17	1	3	5	11	F
	19	2	3	6	14	G
	21	3	4	7	17	G
51 5'	6				1	D
	8			1	3	E
	10			2	5	E
	12		1	3	7	F
	14		3	4	9	F
	16	1	3	6	11	F
	18	2	4	7	14	G

Autor: Dr. Max Hahn
© VDST Verband Deutscher Sporttaucher

0 – 700m ü. N.N.
Aufstieg mit 10m/min

Die von Dr. Max Hahn erstellte Austauchtabelle DECO 2000 erlaubt Tauchgänge in Höhen von 0 bis 700 Meter über NN. Sie ist für eine Ausstiegsgeschwindigkeit von 10 m/min berechnet. – © VDST e.V.

Abb. 45a: DECO 2000

Tiefe m / Nullzeit min(')	Grundzeit min	15	12	9	6	3 m	Wiederholungsgruppe
54 / 4'	6					2	D
	8				1	4	E
	10			1	2	6	E
	12			2	4	7	F
	14		1	3	5	10	F
	16		2	4	6	13	G
57 / 3'	6					3	D
	8				2	4	E
	10			2	3	6	F
	12		1	2	4	9	F
	14		2	3	6	12	F
	16	1	3	4	7	15	G
60 / 3'	6				1	3	E
	8			1	2	5	E
	10		1	2	3	7	F
	12		2	3	4	11	F
	13	1	2	3	5	12	F
	14	1	2	4	6	14	G
63 / 2'	6				1	4	E
	8			1	3	6	E
	10		1	2	4	9	F
	11		2	3	4	10	F
	12	1	2	3	6	12	F
	13	1	2	4	6	14	G

Stopp in 15 12 9 6 3 m – Dekotiefe m

Tiefe m
Nullzeit min(')
Grundzeit min
Dekopausen min
Wiederholungsgruppe

Erst planen – dann tauchen !

Oberflächenpause (h:min)

Wiederholungsgruppe											
G	2:00	3:00	4:00	5:00	6:00	7:00	8:00	9:00	10:00	12:00	24h
F	0:30	1:00	1:30	2:15	3:00	3:45	4:30	5:30	6:30	10:00	20h
E			0:30	1:00	1:30	2:00	2:30	3:00	3:30	8:00	16h
D					0:30	0:45	1:00	1:30	2:00	6:00	12h
C							0:10	0:20	0:30	4:00	8h
B								0:10	0:20	2:00	4h

Zeitzuschläge (min)

Tiefe des Wiederholungstauchgangs (m)									
12	66	60	54	47	41	35	30	25	20
15	52	47	42	37	32	27	23	19	16
18	43	39	34	30	26	22	19	16	13
21	36	33	29	26	22	19	16	13	11
24	31	28	25	22	19	16	14	12	10
27	27	25	22	19	17	14	12	10	8
30	24	22	20	17	15	13	11	9	8
33	22	20	18	16	14	12	10	8	7
36	20	18	16	14	12	11	9	7	6
39	18	17	15	13	11	10	8	7	6
42	17	15	14	12	10	9	8	6	5
45	16	14	13	11	10	8	7	6	5
48	15	13	12	10	9	8	6	5	4
51	14	12	11	10	8	7	6	5	4
54	13	12	10	9	8	7	6	5	4
57	12	11	10	9	7	6	5	5	4
60	11	10	9	8	7	6	5	4	4
63	11	10	9	8	7	6	5	4	3

Zeitzuschlag zur Grundzeit (min)

VDST e.V.

Der Abdruck erfolgt mit freundlicher Genehmigung des VDST e.V. Zu beziehen über: VDST-Tauchsport-Service GmbH, Berliner Str. 312, 63067 Offenbach

Abb. 45b: DECO 2000

In unserem Beispiel ist die Tiefe 28 m nicht in der Tabelle aufgeführt. Die nächsthöhere Tiefenangabe der Tabelle ist 30 m. Unter dieser Tiefe ist als Nullzeit für unseren ersten Tauchgang 15 min angegeben. Da unsere Grundzeit 20 min beträgt, liegt der erste Tauchgang außerhalb der Nullzeit, und es müssen Austauchpausen („Dekopausen“) eingehalten werden.

Berechnen der Austauchpausen

Zuerst wird in der Spalte Tauchtiefe die maximale Tiefe des Tauchgangs aufgesucht. Auch hier wird bei der nächsthöheren Tiefe abgelesen, wenn die tatsächliche maximale Tauchtiefe nicht aufgeführt ist. Wie oben bereits beschrieben, müssen wir in unserem Beispiel unter „30 m“ nachsehen.

In dem so bestimmten Tiefenbereich der Tabelle suchen wir in der Spalte „Grundzeit“ die unter Wasser verbrachte Grundzeit. Auch hier wird, falls die tatsächliche Grundzeit nicht aufgeführt ist, unter der nächsthöheren Zeitstufe nachgesehen. In unserem Beispiel ist die Grundzeit von 20 min nicht aufgeführt, daher muss unter der nächsthöheren Zeitstufe „21 min“ weiter abgelesen werden.

Anschließend gehen wir in der durch die Grundzeit bestimmten Zeile nach rechts und finden in der Spalte „Dekopausen“ eine oder mehrere Eintragungen. Dies sind die Zeiten in Minuten, die auf der oberhalb der Spalte angegebenen Tiefe verbracht werden müssen, um einer Dekompressionskrankheit vorzubeugen.

Tiefe Nullzeit	Grund-zeit (min)	Dekopausen 9	6	3	Wgr.
	6				B
30	9				C
15'	12				D
	15				D
	18			2	E
	21			**4**	**E**
	24		1	6	F
	27		2	8	F
	30		3	10	F
	33		5	12	G
	36		6	15	G
	39	1	7	17	G
	42	1	9	19	G

Abb. 46: Tabellenausschnitt

Bei unserem Tauchgang finden wir als Dekopause in der Spalte unter „3 m“ eine „4“. Das bedeutet, dass in 3 m Tiefe eine Austauchpause von 4 min Dauer eingehalten werden muss.

Zusatzregel für die Bestimmung der Nullzeit und der Austauchpausen:

Beim Tauchen in sehr kalten Gewässern und bei kurzer, starker Anstrengung wird die nächsthöhere Zeitstufe abgelesen.

Bei längerer, starker Anstrengung müssen 50 % zur Grundzeit zugeschlagen werden.

Für die Bestimmung der Grundzeit ist die Zeit bis zum Beginn der ersten Austauchstufe zu wählen, wenn nicht mit der zulässigen Auftauchgeschwindigkeit ausgetaucht wird. So kann auch sonst zur einfacheren Handhabung vorgegangen werden, allerdings führt dies in der Regel zu längeren Austauchpausen.

Wgr.	Oberflächenpause (h:min)										
G	2:00	3:00	4:00	5:00	6:00	7:00	8:00	9:00	10:00	12:00	24 h
F	0:30	1:00	1:30	2:15	3:00	3:45	4:30	5:30	6:30	10:00	20 h
E			0:30	1:00	1:30	2:00	2:30	3:00	3:30	8:00	16 h
D					0:30	0:45	1:00	1:30	2:00	6:00	12 h
C							0:10	0:20	0:30	4:00	8 h
B								0:10	0:20	2:00	4 h

Abb. 47: Tabellenausschnitt Wiederholungsgruppe

Bestimmen der Wiederholungsgruppe

Werden an einem Tag mehrere Tauchgänge durchgeführt, so ist der Stickstoff-

gehalt des vorangegangenen Tauchgangs bei dem Folgetauchgang in der Regel noch nicht vollständig abgebaut. Dieser erhöhte Stickstoffgehalt des Körpers muss bei der Berechnung des nachfolgenden Tauchgangs berücksichtigt werden.
Auch du als Anfänger wirst vielleicht an deinem Urlaubsort zwei Tauchgänge am Tag unternehmen. Deshalb müssen wir auch schon jetzt besprechen, wie du dann deine Austauchpausen ermittelst.
Entsprechend der Zeit und Tiefe des ersten Tauchgangs wird in der zugehörigen Zeile unter der Spalte „Wiederholungsgruppe" ein Buchstabe abgelesen. In unserem Beispiel ist es der Buchstabe „E".

Bestimmung des Zeitzuschlags

Wir tun dann beim zweiten Tauchgang so, als wären wir etwas länger als tatsächlich unter Wasser gewesen. Dazu müssen wir einen fiktiven Zuschlag zu der Grundzeit des zweiten Tauchgangs bestimmen.
In der Wiederholungstauchgang-Tabelle finden wir den Buchstaben der Wiederholungsgruppe wieder. In der zugehörigen Zeile sind verschiedene Zahlen aufgeführt, die Zeitangaben darstellen. Die Zahl vor dem Punkt bedeutet Stunden, die Zahl hinter dem Punkt Minuten. Wir müssen nun nachsehen, zwischen welchen beiden Zeitangaben unsere Oberflächenpause liegt. Ist die Oberflächenpause länger als die größte Zeitangabe, so ergibt sich kein Zeitzuschlag zu der Grundzeit des zweiten Tauchgangs. In unserem Beispiel befindet sich die Oberflächenpause von 2 h 20 min in dem Bereich zwischen „2.00" und „2.30". Zwischen diesen beiden Zeitangaben geht ein Pfeil nach unten in die Zeitzuschlagstabelle.
Falls die Oberflächenpause genau so lang sein sollte wie eine der Zeitangaben in der Oberflächenpausentabelle, so nehmen wir aus Sicherheitsgründen den links davon stehenden Pfeil. Wir suchen nun in der unter dem Pfeil befindlichen Spalte die Zahl, die in der zu der Tiefe des zweiten Tauchgangs gehörigen Zeile steht.
Ist die Tiefe des zweiten Tauchgangs nicht aufgeführt, so wird in der Zeile mit der *nächstkleineren* Tiefenstufe abgelesen.
Die so ermittelte Zahl gibt den so genannten „Zeitzuschlag" in Minuten an, den wir zu der Grundzeit des zweiten Tauchgangs addieren müssen, bevor wir die Dekompressionspausen des Wiederholungstauchgangs ablesen.
In unserem Beispiel ist die maximale Tiefe des zweiten Tauchgangs 19 m. Daher lesen wir unter der nächstkleineren Tiefe „18 m" den Zeitzuschlag von 22 min ab.

						↓			
12	66	60	54	47	41	35	30	25	20
15	52	47	42	37	32	27	23	19	16
18	43	39	34	30	26	22	19	16	13
21	36	33	29	26	22	19	16	13	11
24	31	28	25	22	19	16	14	12	10
27	27	25	22	19	17	14	12	10	8
30	24	22	20	17	15	13	11	9	8
33	22	20	18	16	14	12	10	8	7
36	20	18	16	14	12	11	9	7	6
39	18	17	15	13	11	10	8	7	6
42	17	15	14	12	10	9	8	6	5
45	16	14	13	11	10	8	7	6	5
48	15	13	12	10	9	8	6	5	4
51	14	12	11	10	8	7	6	5	4
54	13	12	10	9	8	7	6	5	4
57	12	11	10	9	7	6	5	5	4
60	11	10	9	8	7	6	5	4	4
63	11	10	9	8	7	6	5	4	3
Zeitzuschlag zur Grundzeit (min.)									

Abb. 48:
Tabellenausschnitt Zeitzuschlagstabelle

Berechnen der Austauchpausen für den zweiten Tauchgang

Wie bei dem ersten Tauchgang suchen wir die Tiefe bzw. die nächsthöhere Tiefe in dem Hauptteil der Tabelle auf und gehen in der Zeile der betreffenden Zeitstufe nach rechts. Dort können dann die Austauchpausen abgelesen werden.
Im Unterschied zum ersten Tauchgang berücksichtigen wir zur Bestimmung der Zeitstufe jetzt jedoch nicht die Grundzeit, sondern die Summe aus Grundzeit und Zeitzuschlag.

In unserem Beispiel haben wir einen Zeitzuschlag von 22 min zur Grundzeit von 35 min. Wir müssen also die Austauchpausen des Wiederholungstauchgangs so bestimmen, als wenn er 57 min gedauert hätte.
Abzulesen ist daher bei 21 m. Dort ergibt sich unter der nächsthöheren Zeitstufe von 61 min eine Austauchpause von 17 min auf 3 m Tiefe. Die Wiederholungsgruppe für diesen Tauchgang ist jetzt „G".
Immer dann, wenn sich aus der Tabelle Zeitzuschläge für den nachfolgenden Tauchgang ergeben, ist somit die Restsättigung bei der Tauchgangsplanung zu berücksichtigen.

Tiefe Nullzeit	Grundzeit (min)	Dekopausen 6	3	Wgr.
	11			C
21	16			D
31'	21			D
	26			E
	31			E
	36		2	F
	41		5	F
	46		7	F
	51		10	G
	56		13	G
	61		**17**	**G**

Abb. 49: Tabellenausschnitt

Fliegen nach dem Tauchen
Nach einem Tauchgang darf erst geflogen werden, wenn der Körper vom Stickstoff ausreichend entsättigt ist. Dies ist erst nach Ablauf der in der letzten Spalte der Oberflächenpausentabelle unter dem Flugzeugsymbol angegebenen Wartezeit. In unserem Beispiel ist unter der Wiederholungsgruppe „G" die Wartezeit 24 Stunden. Die Wartezeit nach dem ersten Tauchgang betrug 16 Stunden (Wiederholungsgruppe „E"), davon verbleiben nach der Oberflächenpause von 2 h 20 min noch 13 Stunden und 40 Minuten. Diese werden zu den 24 Stunden addiert. Die Wartezeit bis zum Flug beträgt daher 37 Stunden und 40 Minuten.

Lernerfolgskontrolle

***12.2.1**
1. Tauchgang um 9.00 Uhr auf 25 m, 25 min;

2. Tauchgang nach 2 h 40 min Oberflächenpause auf 20 m, 30 min.

Zu berechnen sind die Austauchpausen, Nullzeiten und die Zeit bis zum Flug.

Merke: In der Tabelle gehen wir immer zur höheren Sicherheit, das bedeutet auf der Tabellenvorderseite zur größeren Tiefe und in der Zeitzuschlagstabelle zur geringeren Tiefe, falls die genaue Tiefenstufe nicht in der Tabelle zu finden ist.
Die Tabellen sind so ausgelegt, dass sie eine größtmögliche Sicherheit bieten. Für einen Tauchgang, der während der gesamten Grundzeit auf der maximalen Tiefe verbracht wurde, gelten daher die gleichen Austauchpausen wie für einen Tauchgang, bei dem nur kurz die maximale Tiefe erreicht wurde.

Wgr.	Oberflächenpause (h:min)										
G	2:00	3:00	4:00	5:00	6:00	7:00	8:00	9:00	10:00	12:00	24 h
F	0:30	1:00	1:30	2:15	3:00	3:45	4:30	5:30	6:30	10:00	20 h
E			0:30	1:00	1:30	2:00	2:30	3:00	3:30	8:00	16 h
D					0:30	0:45	1:00	1:30	2:00	6:00	12 h
C							0:10	0:20	0:30	4:00	8 h
B								0:10	0:20	2:00	4 h

Abb. 50: Tabellenausschnitt Zeit bis zum Fliegen

Es ist klar, dass bei dem letzteren Tauchgang der Körper nicht so sehr mit Stickstoff gesättigt ist wie bei dem Tauchgang, der ständig auf der maximalen Tiefe verbracht wurde. Dies wird jedoch in der Tabelle nicht berücksichtigt.

Obwohl also eigentlich keine derart langen Dekopausen eingelegt werden müssen, erlaubt die Tabelle kein Ablesen auf der Durchschnittstiefe oder andere selbst erfundene Regeln.

Um jedoch die Austauchpausen und Nullzeiten entsprechend dem tatsächlichen Tauchprofil zu berechnen, können so genannte Dekompressionscomputer benutzt werden.

Diese elektronischen Geräte berechnen ständig die aktuelle Stickstoffsättigung von verschiedenen Gewebearten, in die der Körper modellhaft unterteilt ist. Daraufhin gibt er die notwendigen Dekopausen an.

Je nach Typ zeigt solch ein Computer auf seinem digitalen Anzeigefeld außerdem die aktuelle Tauchzeit, die aktuelle Tauchtiefe, die maximale Tauchtiefe und die aktuelle Nullzeit an. Neuere Computer zeigen sogar schon den Luftvorrat und den Luftverbrauch mit an.

Zusätzlich ist es nach dem Tauchgang möglich, die Logbuchdaten der letzten Tauchgänge abzurufen. Auch die Anzeige der Oberflächenpause oder der Entsättigungszeit ist bei vielen Computern integriert.

Da mittlerweile auch die Preise für solche Computer in einem erschwinglichen Bereich liegen, scheint eine solche Anschaffung durchaus sinnvoll.

Im regelmäßigen Einsatz hat sich jedoch gezeigt, dass es auch bei den Computern zu Ausfällen kommen kann. Um dann nicht hilflos dazustehen, müssen unbedingt Uhr, Tabelle und Tiefenmesser mitgeführt und der Umgang damit muss beherrscht werden. Ein Anfänger sollte sich daher trotz der attraktiven Preise als Erstausrüstung immer Uhr, Tiefenmesser und Tabelle zulegen, damit er auch später auf diese Instrumente zurückgreifen kann.

Eine Folge des Tauchens mit Computern ist es häufig, dass beim Tauchen die Grenzen ausgereizt werden. Es wird dann exakt entlang der Nullzeitgrenze getaucht. Gelangt man in den Bereich der Dekompression, so werden nur die notwendigen Pausen eingehalten und danach sofort aufgetaucht.

Tatsächlich hat aber jeder Mensch eine unterschiedliche Toleranz für Stickstoffübersättigungen, die auch noch dazu schwankt. Diese Faktoren kann kein Computer berücksichtigen. Aus diesem Grunde sollte niemals an den Grenzen des „Erlaubten“ getaucht werden, sonden immer ein gewisser Sicherheitsspielraum eingehalten werden.

Es sollte nur noch mit Tauchcomputern getaucht werden, die sich beim Tauchen über mehr als einen Tag nicht mehr automatisch ausschalten, sondern durchrechnen.

Es gibt weitere Regeln für den Umgang mit der Dekompressionstabelle, die bei der Ausbildung zum Taucher** behandelt werden.

Lernerfolgskontrolle

***12.2.2**

Warum ist die Abhängigkeit der in einer Flüssigkeit gelösten Gasmenge vom Druck des Gases über der Flüssigkeit für Taucher von Bedeutung?

a Nur deshalb ist eine ausreichende Sauerstoffversorgung in größeren Tiefen möglich.

b Beim Auftauchen kann es zur Gasblasenbildung im Körper kommen.

c Beim Abtauchen kann es zur Gasblasenbildung im Körper kommen.

d Deshalb können Gerätetaucher beim Auftauchen ohnmächtig werden.

e Deshalb können Gerätetaucher beliebig tief tauchen.

***12.2.3**
Was bedeutet Nullzeit?
a Die Zeit, bis das Finimeter den leeren Zustand des DTG anzeigt.
b Die Zeit, bis zu der ich spätestens den Rückweg angetreten haben muss.
c Die Zeit bis zum Erreichen des Reservedrucks.
d Die Zeit vom Erreichen bis zum Verlassen der größten Tauchtiefe.
e Die maximale Grundzeit, die gerade noch keine Austauchpausen erforderlich macht.

***12.2.4**
Was bedeutet Grundzeit?
a Die Zeit, die ich am Grund des Tauchgewässers verbringe.
b Die gesamte unter Wasser verbrachte Zeit.
c Die Tauchzeit, ab der Austauchpausen eingehalten werden müssen.
d Die Zeit vom Verlassen der Oberfläche beim Abtauchen bis zum Beginn des Austauchens.
e Die Zeit vom Erreichen des Grundes bis zum Beginn des Austauchens.

***12.2.5**
Was kann man mit einer Dekompressionstabelle bestimmen?
a Den frühestmöglichen Beginn eines Wiederholungstauchgangs.
b Die Oberflächenpausen.
c Die Dekompressionszeiten und -stufen.
d Das Profil einer Behandlung einer Dekompressionskrankheit in einer Druckkammer.
e Das exakte Tauchprofil für eine bestimmte Tauchtiefe, das die geringste Austauchzeit erfordert.

***12.2.6**
Welche Aufstiegsgeschwindigkeit darf nicht überschritten werden?
a 25 m/min
b 20 m/min
c 18 m/min
d 12 m/min
e 10 m/min

***12.2.7**
Wie wendest du in sehr kalten Gewässern die Austauchtabelle an?
a Es gibt keinen Unterschied zu warmen Gewässern, da ich einen ausreichenden Kälteschutz trage.
b In der Tabelle ist unter der nächsthöheren Tiefenstufe abzulesen.
c In der Tabelle ist unter der nächsthöheren Zeitstufe abzulesen.
d Es ist unter der 1,5-fachen Grundzeit abzulesen.
e Bei Wiederholungstauchgängen ist der Zeitzuschlag zu verdoppeln.

***12.2.8**
Wie wendest du bei kurzer, starker Anstrengung die Austauchtabelle an?
a Ich verlängere die Austauchpausen entsprechend der Dauer der Anstrengung.
b Ich lese meine Austauchpausen unter der nächsthöheren Tiefenstufe ab.
c Ich lese meine Austauchpausen unter der nächsthöheren Zeitstufe ab.
d Es ist unter der 1,5-fachen Grundzeit abzulesen.
e Auf den Austauchpausen ist absolute Ruhe und Entspannung einzuhalten.

***12.2.9**

Nach welcher Zeit darfst du nach einem Tauchgang von 31 min auf 30 m den Rückflug aus deinem Urlaubsort antreten?

a Sobald die Rechnungen der Tauchbasis bezahlt sind.
b Am darauf folgenden Tag.
c Am gleichen Tag.
d Nach 20 Stunden.
e Nach 24 Stunden.

***12.2.10**

Kannst du die Austauchtabelle für Tauchgänge in Meereshöhe auch ohne Änderungen in einem Bergsee in 1000 m Höhe verwenden?

a Ja, wegen der Kälte ist aber die nächsthöhere Zeitstufe abzulesen.
b Ja, die Tabelle ist bis 1200 m gültig. Für höhere Seen gelten andere Tabellen.
c Nein, es ist eine spezielle Bergseetabelle erforderlich.
d Ja, wenn eine Adaptionszeit von mindestens einem Tag eingehalten wurde.
e Nein, es darf nur mit Tauchcomputern für Bergseen getaucht werden.

***12.2.11**

Welche Größen spielen bei der Bestimmung der Austauchpausen mit der Tabelle eine Rolle?

a Gesamte Tauchzeit und Durchschnittstiefe
b Grundzeit, Durchschnittstiefe und Temperatur
c Nullzeit, Maximaltiefe und Temperatur
d Tauchzeit, Maximaltiefe und Zeit bis zum Flug
e Grundzeit, Maximaltiefe und Restsättigung.

***12.2.12**

Welchen Hauptvorteil hat ein Tauchcomputer?

a Er beinhaltet mehr Sicherheiten bei der Berechnung der Austauchpausen.
b Er erlaubt wesentlich längere Nullzeittauchgänge bei Rechteckprofilen.
c Er gibt das Tauchprofil für einen Druckkammertauchgang vor.
d Er zeigt automatisch in einem Gerät Tauchtiefe, Tauchzeit, Nullzeit und Austauchpausen an.
e Er erlaubt eine genauere Kontrolle des Restluftvorrates.

***12.2.13**

Wann muss eine Restsättigung aus dem ersten Tauchgang für den nachfolgenden Tauchgang bei der Dekompression berücksichtigt werden?

a Immer, bei jedem nachfolgenden Tauchgang.
b Nur, wenn weniger als 24 Stunden zwischen den beiden Tauchgängen liegen.
c Nur, wenn danach geflogen wird.
d Immer, wenn weniger als 12 Stunden zwischen den beiden Tauchgängen liegen.
e Nur, wenn sich aus der Tabelle ein Zeitzuschlag für den nachfolgenden Tauchgang ergibt.

***12.2.14**

Was wird als Wiederholungstauchgang bezeichnet?

a Ein zweiter Tauchgang am Tag.

b Ein zweiter Tauchgang innerhalb von 24 Stunden.
c Ein zweiter Tauchgang innerhalb von 12 Stunden.
d Ein Tauchgang, für den sich ein Zeitzuschlag gemäß Austauchtabelle ergibt.
e Ein Tauchgang, bei dem die Tiefe des vorhergehenden Tauchgangs für die Austauchpausen zugrunde zu legen ist.

***12.2.15**
Wie wird die Dekompression in Bergseen berücksichtigt?
a Durch Multiplikation der Tauchzeit mit dem Faktor 1,5.
b Durch Multiplikation der Tauchtiefe mit dem Faktor 1,5.
c Durch Verwendung spezieller Austauchtabellen oder besonderer Einstellungen des Tauchcomputers für diese Höhen.
d Durch Begrenzung der Tauchtiefe auf 25 m.
e Durch spezielle Kälteschutzmaßnahmen, insbesondere ausschließliche Verwendung von Trockentauchanzügen.

***12.2.16**
Wann endet ein Tauchgang, der um 10.00 Uhr beginnt, eine Tiefe von 28 m erreicht und eine Grundzeit von 19 min hat?
a 10.19 Uhr
b 10.23 Uhr
c 10.26 Uhr
d 10.30 Uhr
e 10.31 Uhr

***12.2.17**
Welche Bedeutung hat es für die Berechnung der Dekompression, wenn die Gruppe sich während des Tauchgangs über eine längere Zeit stark anstrengen muss?
a Es ist in der Tabelle unter der um 50 % erhöhten Grundzeit abzulesen.
b Es ist in der Tabelle unter der nächst höheren Tiefenstufe abzulesen.
c Es ist in der Tabelle unter der nächst höheren Zeitstufe abzulesen.
d Es sind um 50 % verlängerte Austauchpausen einzuhalten.
e Wenn danach eine längere Erholungspause eingelegt wurde, kann die Dekompression mit den tatsächlichen Daten nach der Austauchtabelle berechnet werden.

***12.2.18**
Was bedeutet die Tauchzeit?
a Zeit vom Beginn des Abtauchens bis zum Beginn des Austauchens.
b Zeit, die beim Tauchen insgesamt unter Wasser verbracht wurde.
c Zeit, die man ohne Einhaltung von Austauchpausen unter Wasser verbringen kann.
d Zeit, die beim Tauchen am Grund verbracht wurde.
e Zeit vom Ende des Abtauchens bis zum Beginn des Auftauchens.

12.3 Weitere Tauchausrüstungsgegenstände

Das Unterwasser-Manometer (Finimeter)
Damit wir während des Tauchens unseren Luftvorrat überprüfen können, ist es empfehlenswert, an die erste Stufe des Atemreglers (HP oder HD für Hochdruck) ein Unterwassermanometer anzuschließen. Dieses

gibt uns den aktuellen Flaschendruck an. Es sollte ein übersichtliches Leuchtzifferblatt und eine besondere Markierung für den Reservedruckbereich besitzen. Das Glas muss bruchsicher sein, und an dem Atemregleranschluss des Hochdruckschlauchs sollte sich eine Drosseldüse befinden, die bei einer Beschädigung des Finimeters die entweichende Luftmenge begrenzt. Notwendig ist auch eine Schwachstelle an der Finimeterrückseite, damit ein sich bei leichten Undichtigkeiten im Finimetergehäuse aufbauender Druck nicht das Gehäuse zum Platzen bringt, denn dies kann schwere Verletzungen verursachen.

Die Uhr

Neben dem Tiefenmesser ist die Uhr unter Wasser unser wichtigstes Instrument. Beide sind beim Tauchen unerlässlich. Die Zeit, die bereits unter Wasser verbracht wurde, ist nicht nur zur Berechnung und Einhaltung der Dekompressionspausen notwendig, sondern auch zur Orientierung unter Wasser, zum Überwachen der Aufstiegsgeschwindigkeit und zur Planung des Tauchgangverlaufs.

Eine Uhr, die zum Tauchen verwendet werden soll, muss in einem druckfesten Gehäuse untergebracht sein und sollte eine Analoguhr sein. Zusätzlich benötigt die Uhr einen Einstellring, der nur gegen den Uhrzeigersinn verdrehbar ist und auch mit Tauchhandschuhen bedient werden kann. Der Sinn des Rings ist die Markierung der Einstiegszeit, indem man die 0-Marke des Rings mit der Stellung des großen Zeigers in Deckung bringt. Die Tauchzeit kann man dann ständig ablesen, indem auf dem Einstellring die Zeit abgelesen wird, auf der der große Zeiger steht. Da sich der Ring nur nach links verstellen kann, liest der Taucher allenfalls eine größere Tauchzeit ab, was auf der sicheren Seite liegt.

Das Wichtigste ist natürlich, dass die Uhr wasserdicht ist. Das geht jedoch nicht aus Aufschriften wie „water resistant" hervor – solche Uhren, auch wenn 50 m mögliche Wassertiefe bescheinigt werden, können schon beim Duschen oder in geringen Tiefen undicht werden. Druckfest und zum Tauchen geeignet sind nur Uhren, die eine Dichtigkeit von 100 bis 200 m Wassertiefe angeben.

Weiterhin sollte die Taucheruhr ein Leuchtzifferblatt, kratzfestes Glas und ein verstellbares Armband besitzen, damit sie auch über einem dicken Neoprenanzug getragen werden kann. Die Uhr kann über Batterie oder mit Automatik betrieben werden.

Der Tiefenmesser

Bei Tiefenmessern gibt es verschiedene Konstruktionsprinzipien. Bei jeder Bauweise sollten jedoch bestimmte Anforderungen erfüllt sein.

Der Tiefenmesser muss vor allem gut ablesbar sein. Dies ist im flachen Bereich am wichtigsten. Daher sollten besonders die Dekostufen gut erkennbar sein und die Skala in diesem Bereich möglichst gespreizt sein. Was nützt jedoch eine gute Ablesbarkeit, wenn die abgelesene Tiefe zu ungenau ist? Die Genauigkeit der angezeigten Tiefe sollte daher höchstens im Bereich von 5 % um die tatsächliche Tiefe liegen. Ein Leuchtzifferblatt ist wichtig, um auch bei Dunkelheit und einem eventuellen Ausfall der Lampe die Tiefe erkennen zu können. Praktisch ist auch ein so genannter Schleppzeiger, der auf der größten erreichten Tiefe stehen bleibt.

Die aktuelle und die maximale Tiefe sind unerlässliche Informationen für den Taucher, da sie zur Berechnung des Tauchgangs bzw. der Dekompressionsstufen, zur Orientierung unter Wasser und als Grenze für bestimmte Tauchgänge gelten. Da die aktuelle Tiefe nicht gefühlsmäßig geschätzt werden kann, ist der Tiefenmesser zum Tauchen unerlässlich. Zusammen mit der Uhr und einer Austauchtabelle (Dekompressionstabelle) gehört er zu den Pflicht-Ausrüstungsgegenständen, auch bei Verwendung eines Tauchcomputers.

Der Kälteschutzanzug

In den meisten Gewässern benötigen wir zum Tauchen unbedingt einen Kälteschutz. Dieser kann entweder aus einem Nass-, Halbtrockentauchanzug oder aus einem Trockentauchanzug bestehen. Da für den Anfänger jedoch nicht nur wegen des geringeren Preises, sondern auch wegen der einfacheren Handhabung und des bequemeren Tauchens nur der Nasstauchanzug in Frage kommt, soll dieser hier näher besprochen werden. Ein kompletter Nasstauchanzug besteht in der Regel aus Hose, Jacke, Handschuhen und Füßlingen. Das Material hierfür ist Neopren. Neopren besteht aus aufgeschäumtem gummiähnlichem Material, das durch die so eingeschlossenen Gasbläschen eine hervorragende Wärmedämmung bewirkt. Die Oberfläche des Neoprens kann glatt sein, geriffelt (Haihaut) oder mit Nylon kaschiert. Heute sind eigentlich nur noch beidseitig kaschierte Neoprenanzüge üblich. Die Stärke des Materials sollte für unsere heimischen Gewässer 6 bis 7 mm betragen, in den Tropen 3 bis 5 mm.

Die Jacke sollte mit einer fest angesetzten Kopfhaube und mit einem Schrittlatz versehen sein. Reißverschlüsse erleichtern das Anziehen.

Die Hose kann eine „Long-John"-Hose sein, das heißt, sie schließt den Oberkörper mit ein und bewirkt dort einen doppelten Kälteschutz. Heute viel verbreitet ist ein Overall mit Kopfhaube und für die kalten Gewässer eine zusätzliche Weste ohne Kopfhaube.

Wichtig ist beim Anzug vor allem die Passform. Er sollte eng sitzen, jedoch nicht drücken oder gar die Atmung behindern. Besonders guten Kälteschutz bringen so genannte halbtrockene Anzüge, die an Stelle von Reißverschlüssen Manschetten an Armen, Beinen, Hals und Gesicht haben und durch ihren Schnitt besonders dicht sind.

Auch die Füßlinge und Handschuhe bestehen aus Neopren. Handschuhe mit drei Fingern bewirken einen besseren Kälteschutz als Fünf-Finger-Handschuhe. Handschuhe sollten zum Schutz immer beim Tauchen getragen werden, in warmen Gewässern reichen jedoch dünne Schutzhandschuhe. Die Füßlinge sollten eine stabile Laufsohle besitzen.

Das Messer

Ein unverzichtbares Teil der Tauchausrüstung ist das Tauchermesser, da der Taucher durchaus einmal irgendwo hängen bleiben und sich ohne ein Messer nicht befreien kann. Das Tauchermesser ist für uns ein Werkzeug und keine Waffe. Es besteht aus einer durchgehenden Klinge aus rostfreiem Material und einer Beinscheide, an der das Messer verletzungs- und verlustsicher getragen werden kann.

Der Bleigurt

Zum Ausgleich des Auftriebs des Neoprenanzuges benötigt der Taucher einen Bleigurt oder Bleigewichte in einem bleiintegrierten Jacket. Dieser Bleigurt besteht aus nicht dehnbarem Material mit einer einhandbedienbaren Schnellabwurfschnalle. Die Bleigewichte müssen sich rutschfest und verlustsicher auf dem Gurt befestigen lassen. Weniger Druck auf die Hüfte verursacht so genanntes „Soft-Blei". Hierbei befinden sich mit Bleigranulat gefüllte Säckchen in einem mit Taschen versehenen Gurt. Das Blei sollte möglichst im Bauchbereich rechts und links der Schnalle platziert sein, um eine günstige Lage im Wasser zu haben.

Der Bleigurt muss so über allen anderen Ausrüstungsteilen getragen werden, dass er als Erstes abwerfbar ist.

Beim Tauchen im Meer ist darauf zu achten, dass im Vergleich zu Tauchgängen im Süßwasser mehr Blei benötigt wird.

Die Dekompressionstabelle

Zur Freigewässerausrüstung gehört auch eine

Dekompressionstabelle, die unzerbrechlich und wasserfest sein muss. Die Handhabung hast du im Abschnitt 12.2 kennen gelernt.

Der Kompass

Als zusätzliche Ausrüstung ist ein Kompass zur Orientierung unter Wasser notwendig. Ein solcher ist mit einer in 360 Grad unterteilten Skala ausgestattet, aber auch eine Einteilung in größere Abstände ist möglich. Beim Kauf ist darauf zu achten, dass ein leichtes Verkanten des Kompasses nicht zum Hängenbleiben der Kompassnadel führen darf. Am besten sind Kompasse, die nahezu Kugelform haben und damit viel Bewegungsspielraum für die Nadel bieten. Praktisch ist auch ein drehbarer Außenring zum Markieren einer Richtung, und eine Peileinrichtung sollte vorhanden sein. Der Kompass sollte weder in einer Konsole noch am Arm, sondern frei an einer Leine befestigt werden, damit er in der Körperachse vor dem Taucher gehalten werden kann.

Transport und Lagerung von Drucklufttauchgeräten

Drucklufttauchgeräte (DTG) sollten beim Abstellen für längere Zeit immer stehend und gegen Umfallen gesichert gelagert werden. Bei längerer Benutzungspause sollte ein Restdruck von mindestens 10 bar in der Flasche verbleiben.

Zwischenzeitlich, z.B. im Bad oder an Bord, sollten sie immer hingelegt werden, damit sie nicht umfallen und anderen Tauchern Verletzungen zufügen, beschädigt werden oder andere Gegenstände beschädigen. Während der Fahrt auf dem Boot sollte das Tauchgerät je nach den Gepflogenheiten der Tauchbasis fertig montiert sein. Anschließend wird das Ventil wieder geschlossen, aber der Druck auf den Atemreglern gelassen. Das montierte Gerät muss dann z.B. in dafür vorgesehenen Halterungen oder Gestellen gegen Umfallen und Verrutschen gesichert und ggf. auch verzurrt werden.

Beim Transport auf der Straße unterliegen sie in Deutschland der Gefahrgutverordnung Straße (GGVS) bzw. dem ADR. Diese sehen eine Stempelung, einen Gefahrzettel und eine Farbkennzeichnung vor. Die Vorschriften des ADR gelten jedoch nicht für Privatpersonen, wenn die Druckluftflaschen einzelhandelsgerecht mit Ventilschutz abgepackt sind, sie für Freizeit und Sport bestimmt sind, das Freiwerden des Inhalts verhindert wird und die Bruttomasse 1.000 kg nicht übersteigt. Daher sind eine Sicherung gegen Verrutschen und ein Schutz des Ventils vor Beschädigung erforderlich. Über weitere aktuelle Bestimmungen informiert dich deine Tauchsportorganisation. Gefüllte Druckluftflaschen dürfen nicht über längere Strecken transportiert werden.

Lernerfolgskontrolle

***12.3.1**
Welche Ausrüstungsteile gehören zur unverzichtbaren Ausstattung eines Tauchers?

- a Uhr, Tiefenmesser, Thermometer
- b Uhr, Messer, Schreibtafel
- c Tiefenmesser, Uhr, Dekotabelle
- d Dekotabelle, Thermometer, Uhr
- e Schreibtafel, Messer, Tiefenmesser

***12.3.2**
Was gilt für den Bleigurt?

- a Er muss mindestens 4 kg Blei haben.
- b Er dient zum Ausgleich des Auftriebs der Taucherweste oder des Jackets.
- c Er ist dann nötig, wenn der Auftrieb des Anzugs ausgeglichen werden muss.
- d Er dient der Tarierung in wechselnden Tiefen.
- e Er wird getragen, um eine stabile, leicht schräge Tauchlage einzunehmen.

***12.3.3**
Wie muss ein Bleigurt beschaffen sein?

a Er muss möglichst wenige, dafür aber große Bleistücke haben.
b Er muss möglichst viele, kleine Bleistücke haben.
c Er muss eine Schnellabwurfschnalle besitzen.
d Er muss einzeln abtrennbare Gewichte besitzen, die im Notfall und zum Tarieren separat abgeworfen werden können.
e Er muss mit einer Fangleine zum Taucher verbunden sein, um beim Abwerfen im Notfall nicht verloren zu gehen.

***12.3.4**
Wenn du im Urlaub im Salzwasser tauchst, deine Ausrüstung aber zuletzt in einem Binnensee mit Süßwasser benutzt hast,

a muss sie vorher gereinigt werden;
b brauchst du einen zusätzlichen Atemregler;
c brauchst du mehr Blei;
d kannst du ohne Veränderung deine Ausrüstung weiterbenutzen;
e brauchst du einen dickeren Anzug.

***12.3.5**
Wie muss ein kompletter Kälteschutz für unsere Binnenseen beschaffen sein?

a 3-mm-Overall mit 5-Finger-Handschuhen und Füßlingen.
b Long-John-Hose, Jacke und Füßlinge aus 7 mm dickem Neopren. Auf Handschuhe und Kopfhaube kann dann verzichtet werden.
c Long-John-Hose, Jacke mit angesetzter Kopfhaube, 3-Finger-Handschuhe und Füßlinge aus 7 mm dickem Neopren.
d Anfangs reicht ein Surfanzug aus.
e Ein gebrauchter oder geliehener Anzug reicht, wenn er mindestens 7 mm dick ist, auch wenn er nicht so gut passt.

***12.3.6**
Was ist beim Transport gefüllter Drucklufttauchgeräte zu beachten?

a Atemregler anschrauben und Ventil aufdrehen.
b Ventil vor Beschädigung schützen.
c Ventil so fest wie möglich zudrehen.
d Die Druckluftflasche ist stehend zu transportieren.
e Drucklufttauchgeräte dürfen gefüllt nicht transportiert werden.

***12.3.7**
Wie lagerst du Druckluftflaschen bei einem längeren Transport im Auto?

a Ventil muss an der Rücksitzbank befestigt und dadurch geschützt sein.
b Die Druckluftflasche muss senkrecht stehen, auch bei leerem Kofferraum.
c Das Ventil wird durch das Anschrauben eines Atemreglers geschützt.
d Die Lagerung ist nicht vorgeschrieben und kann beliebig geschehen.
e Gefüllte Druckluftflaschen dürfen nicht über längere Strecken transportiert werden.

***12.3.8**
Wie lagerst du Druckluftflaschen, wenn du über den gesamten Winter nicht tauchst?

a Mit geringem Restdruck und stehend und gegen Umfallen gesichert.
b Völlig entleert und stehend, gegen Umfallen gesichert.

c Gefüllt und stehend, gegen Umfallen gesichert.
d Völlig entleert und liegend.
e Gefüllt und liegend.

***12.3.9**
Wie wird an Bord eines Bootes während der Tauchausfahrt das montierte Tauchgerät gelagert?
a Völlig entleert und stehend, gegen Umfallen gesichert.
b Liegend, das Ventil muss mit einer Kappe geschützt sein.
c Unter Deck.
d In Halterungen gegen Umfallen gesichert, mit geschlossenem Ventil und Druck auf den Atemreglern.
e Das Tauchgerät wird vor der Tauchausfahrt komplett angelegt.

***12.3.10**
Wozu dient ein Tauchermesser?
a Zum Erlegen von Fischen.
b Zur Verteidigung gegen heranschwimmende Fische.
c Zum Öffnen des Tauchanzuges des Partners bei einer Überhitzung unter Wasser.
d Zum Öffnen von Seeigeln.
e Zum Zerschneiden von Netzen oder Leinen, wenn ein Taucher hängen bleibt.

***12.3.11**
Wozu brauchst du beim Tauchen Schutzhandschuhe?
a Schutzhandschuhe sind nur in kalten Gewässern erforderlich.
b Schutzhandschuhe werden bei jedem Tauchgang zum Schutz vor Verletzungen oder zum Kälteschutz getragen.
c Schutzhandschuhe werden nur im Meer getragen.
d Schutzhandschuhe dienen nur zum Festhalten bei Strömungstauchgängen.
e Schutzhandschuhe werden nur zum Schutz vor Verletzungen getragen.

Lektion 13 Praxisblock mit Drucklufttauchgerät IV

13.1 Verhalten bei einem Essoufflement

Dass man bei großer Anstrengung und gleichzeitigem Atemwiderstand außer Atem kommen kann, hast du bereits in Lektion 8.4 kennen gelernt. Um dieses Essoufflement zu vermeiden und im Bedarfsfall richtig zu reagieren, solltest du bereits jetzt die notwendigen Handlungsweisen erlernen.

Hier ist zu unterscheiden, dass du selbst von einem Essoufflement betroffen bist oder dass dein Partner betroffen ist.

Du merkst an dir selbst, dass du außer Atem kommst, wenn du nicht mehr über mehrere Sekunden die Luft anhalten kannst. Du solltest dann eine Pause machen, die Anstrengung ausschalten und deinem Partner das Zeichen für „Essoufflement“ (siehe Lektion 1.2) geben.

Als Partner erkennst du das Essoufflement an einer vermehrten Blasenentwicklung und an schnellen Atemgeräuschen. Du tauchst dann zu deinem Partner hin, hältst ihn am Schultergurt fest, beruhigst ihn und sorgst dafür, dass die Anstrengungsursache (z.B. zu schnelles Tauchen) behoben wird. Du musst deinem Partner sofort das Zeichen für „Ausatmen“ geben, damit er das vermehrt angefallene Kohlendioxid abatmet. Anschließend wird ein kontrollierter Aufstieg durchgeführt, um den Faktor Tiefe und Atemgasdruck zu reduzieren.

13.2 Tarierung und Halten eines Schwebezustandes mithilfe der Atmung und des Jackets

Du hast bereits in Lektion 7 die Grundlagen für die Tarierung kennen gelernt. Mit welcher Ausrüstung du ins Wasser gehst und ob du einen Tauchanzug dabei trägst, hängt natürlich von dem Gewässer ab, in dem du das Tauchen erlernst.

Der Bleigurt ist eigentlich ein lästiges Zubehörteil, das wir nur benötigen, um den Auftrieb unseres Anzuges auszugleichen. Daher ist ein Bleigurt unnötig, wenn du ohne Anzug tauchst. Da auch das DTG mit Atemregler zusammen einen Abtrieb erzeugt, ist selbst bei dünnen Tauchanzügen das Tragen eines Bleigurtes bei vielen Tauchern überflüssig. Natürlich hängt das auch von dem Körperbau des einzelnen Tauchers ab. Die wichtigste Einflussgröße für die benötigte Bleimenge ist jedoch die Atmung. Nur wenn du im vorwiegend ausgeatmeten Zustand tauchst, wirst du mit wenig Blei und damit in einem fast durch die Atmung alleine erzielbaren Schwebezustand tauchen können. Du benötigst weniger Luft in deinem Jacket oder in deiner Taucherweste, um den mit der Tiefe zunehmenden Abtrieb auszugleichen. Damit verringert sich auch dein Strömungswiderstand, die Fortbewegung wird einfacher.

Zum Feststellen der richtigen Bleimenge sollte bei leerem Jacket im eingeatmeten Zustand noch der halbe Kopf aus dem Wasser ragen, sodass noch eine Atmung durch den Mund möglich ist. Atmest du aus (aber richtig!), so solltest du absinken. Sinkst du schon vorher, so hast du zu viel Blei. Sinkst du auch nach vollständiger Ausatmung nicht ab, so brauchst du noch Blei.

Das Tarieren hat deshalb nichts mit der mitgeführten Bleimenge zu tun. Wie du in Lektion 7 erlernt hast, wird vorwiegend durch die Tiefe der Atmung der Schwebezustand

erreicht. Erst nach gewissen Tiefen muss über das Jacket oder über die Taucherweste eine weitere Grobtarierung vorgenommen werden.
Tauche nun, sofern du mit Anzug tauchst, mit deiner anfangs festgestellten Bleimenge und tariere dich über deine Lunge sowie im tieferen Bereich über dein Jacket bzw. deine Taucherweste.
Ein Ablegen des Bleigurtes unter Wasser führt natürlich zum Verlust des Gleichgewichtszustandes. Daher ist es nur in größeren Tiefen bei gleichzeitigem Entleeren des Jackets oder der Taucherweste möglich, ohne gleich nach oben zu schießen. An der Oberfläche hingegen sollte es ein eingeübter Griff sein, den Bleigurt abzuwerfen. Übe dies deshalb für den Notfall, indem du deinem Partner den Bleigurt überreichst. Der Bleigurt wird am offenen Ende gefasst und dann die Schnalle geschlossen. Erst dann wird der Bleigurt übergeben.
Tauche nun in kompletter Ausrüstung mit leerem Jacket bzw. leerer Taucherweste auf ca. 3 m Tiefe und blase Ausatemluft hinein, bis bei der darauf folgenden Einatmung ein leichter Auftrieb entsteht.
Über die Atmung kannst du nun deine Tarierung so steuern, dass ein Schwebezustand gehalten wird. Sinkst du ab, atmest du tiefer ein. Steigst du nach oben, so atmest du voll aus.
Erst dann, wenn über die Atmung kein Ausgleich mehr erreicht werden kann, bläst du Luft in dein Jacket bzw. deine Taucherweste oder lässt Luft ab. Das Einblasen von Atemluft sollte jetzt zur Übung nur über den Mund, nicht über den Inflator erfolgen.
Versuche nun, den erreichten Schwebezustand über einige Minuten unter Atmung aus dem Drucklufttauchgerät zu halten. Du wirst es genießen, gerade in diesem Zustand der scheinbaren „Schwerelosigkeit“ zu verharren und dabei die Steuerung über deine Atmung vorzunehmen.

Lernerfolgskontrolle

***13.2.1**
Wie viel Blei solltest du zum Tauchen mitnehmen?

a 7 kg
b 7 % deines Körpergewichtes
c Das hängt von der vorgesehenen Tauchtiefe ab.
d So viel, dass du mit voller Lunge und leerer Taucherweste bzw. leerem Jacket an der Oberfläche absinkst.
e So viel, dass du mit leerer Taucherweste bzw. leerem Jacket an der Oberfläche ohne Schnorchelbenutzung durch den Mund atmen kannst.

***13.2.2**
Wie solltest du dich tarieren?

a So, dass ich auf dem Grund stehe.
b Ich nehme lieber etwas mehr Blei mit, um den Auftrieb der Taucherweste auszugleichen.
c Ich nehme lieber etwas zu wenig Blei mit, um ständig leicht die Oberfläche zu erreichen.
d Ein ständiger Abtrieb kann mit Flossenschlag ausgeglichen werden und bringt so noch einen Trainingseffekt.
e Ich schwebe im Wasser, um die Unterwasserwelt nicht durch Grundberührung zu schädigen.

***13.2.3**
Was unternimmst du, um die Verkleinerung deines Anzugvolumens beim Abtauchen auszugleichen?

a Ich werfe Blei ab.
b Ich atme tiefer aus.
c Ich gleiche den zunehmenden Abtrieb mit Flossenschlag aus.
d Ich strecke Arme und Beine von

mir, um den Wasserwiderstand zu vergrößern.
e Ich tariere mich durch Lufteinblasen in die Taucherweste / das Jacket und durch Einatmen aus.

***13.2.4**
Was unternimmst du, um die Vergrößerung deines Anzugvolumens beim Auftauchen auszugleichen?
a Ich blase Luft in die Taucherweste/ das Jacket, bis ein Schwebezustand erreicht ist.
b Ich sammle Steine, um mein Gesamtgewicht zu erhöhen.
c Ich halte mich an allem Möglichen, eventuell an meinem Partner, fest, um nicht nach oben durchzuschießen.
d Ich verabschiede mich von meinem Partner, steige auf und lasse mich vorsorglich in einer Druckkammer behandeln.
e Ich lasse Luft aus meiner Taucherweste/meinem Jacket ab, bis ein Schwebezustand erreicht ist.

***13.2.5**
Warum solltest du beim Tauchen und an der Wasseroberfläche richtig tariert sein?
a Damit der Anzug nicht dreckig wird.
b Damit durch eine horizontale Schwimmlage eine kraftsparende Fortbewegung möglich ist.
c Damit ich meinem Tauchpartner notfalls etwas Blei abgeben kann.
d Damit ein jederzeitiges Auftauchen durch Lufteinlassen ins Jacket möglich ist.
e Damit ich ständig einen zusätzlichen Luftvorrat in meinem Jacket mitführe, den ich im Bedarfsfall zum Absinken ablassen kann.

13.3 Wiederholung ausgewählter Themen, insbesondere der Rettungsübung

Du hast nun erlernt, wie bestimmte Übungen durchgeführt werden, wie du dich unter Wasser bewegst und wie du atmest. Diese Fertigkeiten kannst du aber nur dann richtig und automatisch anwenden, wenn du sie immer wieder neu übst und so festigst. Erst durch vielfache Wiederholung und Üben wirst du wie selbstverständlich tauchen, so dass die technischen Fertigkeiten für dich zur Nebensache werden und du voll und ganz die Schönheiten der Unterwasserwelt auf dich wirken lassen kannst.
Wegen der besonderen Bedeutung für die Sicherheit beim Tauchen sollte ein Schwerpunkt der Wiederholung in der Rettung eines bewusstlosen Gerätetauchers liegen.

Lektion 14
Theoretische Einweisung

14.1 Zusammenhang von Druck und Temperatur

Holst du dein Tauchgerät vom Füllen ab, so ist es vielleicht noch warm und zeigt einen Druck von 210 bar an. Am See steigst du in das kalte Wasser, liest dein Finimeter ab und stellst fest, dass nur noch 190 bar in dem Gerät sind.
Keine Sorge, es hat dir niemand das Ventil geöffnet, auch Undichtigkeiten sind nicht die Ursache dafür. Es ergibt sich vielmehr aus einem physikalischen Gesetz, dass bei abnehmender Temperatur auch der Druck einer gegebenen Gasmenge sinkt. Umgekehrt steigt der Druck bei Erhitzung dieser Gasmenge an. Dieses Gesetz von Gay-Lussac wird in der Ausbildung zum Taucher** noch genauer behandelt.
Das bedeutet aber nicht, dass bei starker Sonneneinstrahlung der Druck in deinem Tauchgerät so ansteigen kann, dass es vielleicht platzt. Dazu müsste weitaus mehr als der 1,5-fache Druck erreicht werden, und das ist durch Sonneneinstrahlung nicht möglich. Einen gewissen Anstieg des Drucks wirst du allerdings feststellen können.
Doch deshalb ist nicht abhängig von der Umgebungstemperatur mehr oder weniger Luft in deinem Tauchgerät. Schließlich erwärmt sich die eingeatmete Luft immer auf deine Körpertemperatur, und du hast die Luftmenge zur Verfügung, die sich bei deiner Körpertemperatur von ca. 37 Grad Celsius ergibt.

Lernerfolgskontrolle

***14.1.1**
Was geschieht mit einem Drucklufttauchgerät, wenn es sich in der Sonne erwärmt?
a Es droht zu platzen.
b Der Druck erhöht sich.
c Der Druck verringert sich.
d Die Luftmenge nimmt ab.
e Der Druck ändert sich nicht.

***14.1.2**
Beim Füllen hat sich dein DTG auf 50 °C erwärmt, der Fülldruck beträgt 220 bar. Was geschieht, wenn wir anschließend in 10 °C kaltem Wasser tauchen gehen?
a Das Finimeter zeigt uns einen höheren Druck an.
b Das Finimeter zeigt uns immer einen Ausgangsdruck von 200 bar an.
c Das Finimeter zeigt uns einen niedrigeren Druck an.
d Das Finimeter zeigt uns den gleichen Druck (220 bar) an.
e Die für den Tauchgang zur Verfügung stehende Luftmenge hat sich erhöht.

14.2 Wärmeabgabe beim Tauchen

Du hast sicherlich schon bemerkt, dass du in 21 Grad Celsius „warmem" Wasser frierst, dich aber in 21 Grad warmer Luft durchaus wohl fühlst. Der Körper kühlt im Wasser wesentlich schneller aus als an der Luft. Das liegt daran, dass Wasser ein wesentlich besserer Wärmeleiter ist als Luft oder andere Gase.
Da somit auch Stoffe, die Luft oder Gase enthalten, wärmedämmend wirken, tragen wir einen Tauchanzug aus Neopren, das ist

ein aufgeschäumtes gummiähnliches Material, das auch hauptsächlich aus Gasbläschen besteht.
Die Wärmeabgabe des Körpers erfolgt über direkte Weiterleitung durch Kontakt mit Wasser, durch Ersatz erwärmten Wassers der Umgebung durch kälteres Wasser, aber auch durch die Atmung. Vorheriger Alkoholgenuss sollte nicht nur wegen der Auswirkungen auf die Sinne tabu sein, sondern auch, weil er die Auskühlung begünstigt. Den direkten Kontakt zum Wasser und das Vorbeiströmen von Wasser können wir durch das Tragen des Tauchanzuges verhindern.
Trotz aller Kälteschutzmaßnahmen kühlt der Körper beim Tauchen aus. Je tiefer du tauchst, desto dünner wird der Tauchanzug, und du gibst mehr Wärme ab. Auch die niedrigeren Wassertemperaturen in größeren Tiefen und die höhere Wärmeabgabe durch die verstärkte Atmung begünstigen die Auskühlung. Da die Wärmeabgabe individuell unterschiedlich ist, wird der Tauchgang beendet, sobald der erste Taucher friert. Du solltest dich daher auch unbedingt mit dem Unterwasserzeichen für das Frieren bemerkbar machen, wenn du frierst.
Wird dies nicht beachtet, so kann es zu Schädigungen durch Unterkühlung und zu Erfrierungen kommen. Dann darf keinesfalls eine sofortige Aufwärmung durch heißes Wasser oder Reiben und Frottieren der Haut erfolgen, sondern eine langsame Wärmezufuhr nach Entfernung der nassen Kleidung.
Allerdings kann es auch zu Schädigungen kommen, wenn bei großer Hitze die Wärmeabgabe behindert wird. Dies ist der Fall, wenn du den Tauchanzug bei hohen Temperaturen schon lange vor dem Tauchgang anziehst. Du solltest dich erst unmittelbar vor dem Tauchgang anziehen. Auf einem Schlauchboot mit wenig Platz kann zwar schon die Hose angezogen werden, sie sollte dann jedoch noch nicht über den Oberkörper gezogen werden.

Lernerfolgskontrolle

***14.2.1**
Die Weiterleitung der Wärme ist im Wasser
a unmöglich;
b besser als an der Luft;
c schlechter als an der Luft;
d genauso wie an der Luft;
e abhängig von der Tauchtiefe.

***14.2.2**
Die Wärmeabgabe des Körpers
a ist im Wasser durch die Wärmeleitung besser als an der Luft;
b wird durch Gase gut verhindert, da sie wärmedämmend wirken;
c ist an der Luft besser, da Gase gute Wärmeleiter sind;
d erfolgt nur über die Haut, nicht über die Atmung;
e kann durch das Tragen eines Neoprenanzuges vollkommen ausgeschaltet werden.

***14.2.3**
Was gehört unbedingt zur Vermeidung von Unterkühlungen beim Tauchen?
a Alkohol vor dem Tauchgang verzögert das Frieren.
b Tauchen in kalten Gewässern ist tabu.
c Im Winter wird niemals in heimischen Gewässern getaucht.
d Wenn ein Tauchpartner friert, wird der Tauchgang beendet.
e Wenn ein Tauchpartner die Finger nicht mehr bewegen kann, wird der Tauchgang beendet.

***14.2.4**
Wodurch wird eine Unterkühlung beim Tauchen begünstigt?
a Tauchen mit viel Bewegung

b Tauchen bei Strömung
c Alkohol vor dem Tauchen
d Flachatmung
e Verwendung von Drei-Finger-Handschuhen

***14.2.5**

Welche Maßnahmen sollten bei Unterkühlungen eingeleitet werden?

a Langsames Aufwärmen und Entfernen nasser Kleidung.
b Alkohol fördert die Wärmebildung.
c Reiben und Frottieren der Arme und Beine erzeugt Wärme.
d Sofort in eine heiße Wanne (50 °C) steigen.
e Einreiben der betroffenen Gliedmaßen mit Salben.

***14.2.6**

Wie verändert sich die Wärmeabgabe mit der Tauchtiefe?

a Die Wärmeabgabe nimmt zu, weil der Tauchanzug dünner wird und schlechter isoliert.
b Die Wärmeabgabe nimmt zu, weil die Blutgefäße der Haut besser durchblutet werden.
c Die Wärmeabgabe bleibt gleich, da ich an mir nichts ändere.
d Die Wärmeabgabe nimmt ab, weil der Tauchanzug enger sitzt.
e Die Wärmeabgabe nimmt ab, weil ich in größeren Tiefen weniger atme.

***14.2.7**

Wie kannst du auch bei großer Hitze Schädigungen erleiden?

a Bei anstrengendem Schwimmen gegen die Strömung.
b Beim Tauchen in warmen tropischen Gewässern.
c Bei höherer Wärmeabgabe als Wärmeproduktion im Körper.
d Beim Tragen des Tauchanzuges schon lange vor dem Tauchgang.
e Beim Tauchen ohne Kopfhaube.

14.3 Gasvergiftungen: Tiefenrausch

Wie tief kann man tauchen? Dies ist wohl eine häufige Frage, die dir von Nichttauchern gestellt wird. Während beim Tauchen ohne Drucklufttauchgerät die Tauchtiefe durch die Wirkung des Drucks auf die Lunge begrenzt wird, scheint die erreichbare Tiefe beim Tauchen mit DTG durch den ständigen Druckausgleich in der Lunge grenzenlos zu sein.

Mit zunehmender Tiefe werden jedoch auch die Gase unserer Atemluft giftig. Das Gas in unserer Atemluft mit dem höchsten Anteil ist der Stickstoff.

Der Stickstoff und die Edelgase sind Füllgase in unserer Atemluft und spielen für den Atmungsvorgang keine Rolle. Wird Stickstoff jedoch unter erhöhtem Druck eingeatmet, so können beim Überschreiten eines gewissen Teildrucks, der individuell verschieden ist und bei ca. 4 bar liegt, Vergiftungserscheinungen auftreten. Dies bezeichnen wir als Tiefenrausch.

Der Tiefenrausch ist gekennzeichnet als ein Zustand

- eingeschränkter Wahrnehmungsfähigkeit,
- gestörten Urteilsvermögens und
- unlogischen Reaktionsverhaltens,

der durch den Druck des Atemgases ausgelöst wird.

Der Tiefenrausch meldet sich jedoch im Gegensatz zum Schwimmbad-Blackout an. Der Taucher kann ein Missverhältnis zwischen seiner Wahrnehmung und der normalerweise zu erwartenden Wahrnehmung feststellen. Dazu gehören

- optische und akustische Sinnestäuschungen, z.B. Einschränkung des Blickwinkels (so genanntes „Röhrensehen“),
- Empfindungsstörungen wie Euphorie, aber auch Beklemmung und Angst,
- Kritiklosigkeit, z.B. schnelles weiteres Abtauchen.

Schließlich kann der Tiefenrausch bis zur Bewusstlosigkeit führen.

Einen Tiefenrausch beim Partner zu erkennen, ist sehr schwer. Wird in einer Tiefe getaucht, in der mit einem Tiefenrausch gerechnet werden kann, so können das Nichtreagieren auf Unterwasserzeichen oder eine überbetonte Reaktion Anzeichen eines beginnenden Tiefenrausches sein.

Die Angabe einer bestimmten Tiefengrenze ist nicht möglich. Ab einer Tiefe von etwa 30 m muss mit einem Tiefenrausch gerechnet werden, in der Regel tritt ein Tiefenrausch in Tiefen ab 40 m auf.

Verstärkt wird der Tiefenrausch durch Alkohol, Medikamente, Angst und Müdigkeit, aber auch durch äußere Einflüsse wie Kälte, Dunkelheit und Arbeit unter Wasser.

Die Reaktion auf einen Tiefenrausch muss ein sofortiges Höhertauchen um mindestens 10 bis 20 m sein. Da der Betroffene seinen Zustand eventuell überhaupt nicht bemerkt, muss der Partner ihn notfalls auch gegen seinen Willen in geringere Tiefen bringen. Dann werden die Symptome von selbst wieder verschwinden. Dies darf jedoch kein Grund sein, den Tauchgang fortzusetzen, da es immerhin zu einer ernst zu nehmenden Vergiftungskrankheit unter Wasser gekommen ist. Der Tauchgang muss in jedem Fall beendet werden, was jedoch ohne Panik und unter Einhaltung der Aufstiegsgeschwindigkeit und der vorgeschriebenen Austauchpausen erfolgt.

Um einem Tiefenrausch vorzubeugen, sollte grundsätzlich niemals so tief getaucht werden, dass es dazu kommen kann. Für Anfänger sollte sowieso die Tiefengrenze bei 10 bis 20 m je nach äußeren Bedingungen liegen. Beim Tauchgang muss ständig der Partner beobachtet werden, aber auch eine Selbstkontrolle in größeren Tiefen ist wichtig. Da oft nur der Partner den Tiefenrausch erkennen und entsprechend reagieren kann, liegt hier wieder eine Bestätigung des obersten Tauchgebots „Tauche nie allein“. Aus den gleichen Gründen ist es wichtig, ständig bei der Gruppe zu bleiben.

Lernerfolgskontrolle

***14.3.1**

Was ist beim Tiefenrausch der Fall?

a Der Tiefenrausch tritt immer an der 40-m-Grenze auf.

b Der Tiefenrausch kann nie oberhalb von 40 m auftreten.

c Der Tiefenrausch kann nur unerfahrene Taucher ereilen.

d Beim Tiefenrausch hat man immer eine euphorische Stimmung.

e Die Wahrnehmungsfähigkeit ist eingeschränkt, das Urteilsvermögen gestört und die Reaktionen erfolgen unlogisch.

***14.3.2**

Was unternimmst du, wenn dein Partner von einem Tiefenrausch betroffen ist?

a Weitertauchen, die Symptome verschwinden mit der Zeit.

b Höhertauchen; wenn die Symptome verschwunden sind, den Tauchgang fortsetzen.

c Höhertauchen; wenn die Symptome verschwunden sind, den Tauchgang trotzdem beenden und austauchen.

d Abstand von meinem Partner halten, damit er mich nicht angreifen kann.

e Auf der Stelle bleiben und beruhigend auf meinen Partner einwirken, bis der Tiefenrausch vorbei ist. Dann den Tauchgang beenden und austauchen.

***14.3.3**
Wann tritt ein Tiefenrausch möglicherweise ein?

a Ein Tiefenrausch kann in jeder Tiefe eintreten.
b Ein Tiefenrausch tritt nur beim Tauchen mit anderen Gasgemischen als Luft auf.
c Ein Tiefenrausch tritt nur bei sehr niedrigen Umgebungstemperaturen auf.
d Ein Tiefenrausch tritt nur in Tiefen von mehr als 40 m auf.
e Ein Tiefenrausch kann schon in Tiefen ab 30 m eintreten.

14.4 Verletzungen durch Meerestiere

Verhälst du dich als Taucher umweltgerecht, d.h.

- du tarierst dich richtig aus,
- hältst entsprechenden Abstand zum Riff,
- fasst nichts an und
- fütterst keine Tiere,

so ist das Verletzungsrisiko nahezu null. Damit du aber mit allen Situationen vertraut bist, hier die häufigsten Verletzungsmöglichkeiten.

Die durch Meerestiere hervorgerufenen Schäden sind sehr vielseitig, deshalb können in diesem Kapitel nur die wichtigsten mit den hierfür geeigneten Erste-Hilfe-Maßnahmen besprochen werden.

Wir unterscheiden direkte Verletzungen, z.B. Bissverletzungen durch Haie und Barrakudas, und solche, die durch Giftwirkung der unterschiedlichsten Ursache zustande kommen. Die Giftwirkung kann nur lokal sein, sie kann aber auch den gesamten Organismus erfassen und tödliche Folgen haben. Die Gifte können auf das Nervensystem wirken (neurotoxisch), indem sie auf die Überträgersubstanzen einwirken. Andererseits können sie hämolytisch wirken, indem sie die roten Blutzellen zerstören, oder sie führen zu einer Blutgerinnungsstörung, indem sie eine Blutgerinnung im Gefäßsystem auslösen. Häufig sind bei einer Verletzung mehrere Gifte wirksam, wie wir es auch von einigen Schlangengiften kennen.

Bei den allgemeinen Notfallmaßnahmen kommt es darauf an,

- die lokale Verletzung zu versorgen,
- das aufgenommene Gift wieder zu entfernen bzw. seine Ausbreitung zu verhindern,
- die Giftwirkung zu reduzieren durch Schmerzbekämpfung, Unterstützung der Atmung, Kontrolle von Herz-, Kreislauf- und Nierenfunktion sowie Schutz vor einer Sekundärinfektion.

Schäden durch nesselnde Tiere

Nesselnde Tiere sind Feuerschwämme (engl.: fire sponge, franz.: éponge de feu), Federpolypen (engl.: white weed, franz.: coryne), Quallen (engl.: jelly fish, franz.: méduse), Seeanemonen (engl.: sea anemone, franz.: anémone) und Feuerkorallen (engl.: fire corals, franz.: coraux de feu).

Der Schmerz kann vom leichten Prickeln bis zum Vernichtungsschmerz mit Bewusstlosigkeit reichen. Die Symptome sind vielseitig: Rötung, Schwellung, Schwindel, Erbrechen, Blasenbildung, Krämpfe, Taubheit, Schmerz, Verlust der Sprache, Schaum vor dem Mund, Schwellung der Luftröhrenschleimhaut, Atemnot, Delir, Schock mit Lähmungen.

In doppelter Weise unangenehm ist eine Verletzung durch Feuerkorallen: Zur nesselnden Wirkung kommen noch mechanische Verletzungen hinzu: Die Tiere, die in Gebieten leben, in denen die durchschnittliche Wassertemperatur nie unter 18 °C sinkt, scheiden ein Kalkskelett ab, an welchem man sich scharfe Schnittwunden zufügen kann; der stark nesselnde Schleim kann direkt in die offene Wunde eindringen.

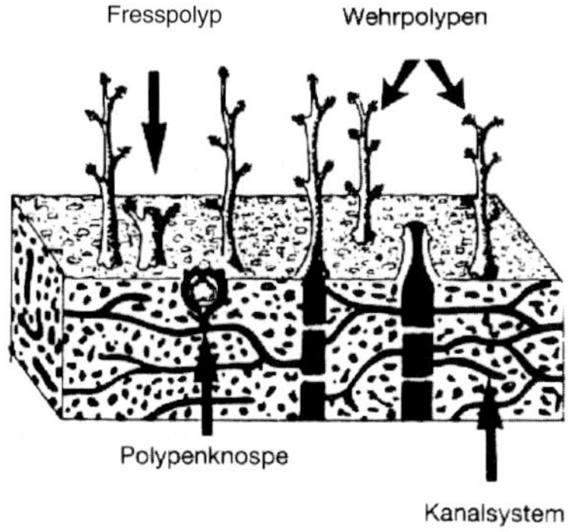

Abb. 51: Feuerkoralle (Schema)

Zur Behandlung ist der Verletzte möglichst schnell aus dem Wasser zu retten und wegen der immer bestehenden Ohnmachtsgefahr flach hinzulegen. Tentakelstücke auf der Haut des Betroffenen müssen schonend so entfernt werden, dass man sie nicht zerrt und nicht selbst berührt. Bei Zerrung erfolgt weiteres Freiwerden des Giftes. Am besten entfernt man sie durch Spülungen mit Meerwasser. Bei Süßwasser, sogar bei Spülungen mit Weinessig oder Seifenlauge, kommt es zur weiteren Aktivierung der Nematocysten. Die Spülung soll 2 bis 3 min dauern. Die weitere Behandlung kann mit Corticoiden (Arzt!) und Anästhesinsalbe erfolgen.

Bissverletzungen durch Meerestiere

Bei Bissverletzungen durch Haie, Barrakudas oder Muränen steht die mechanische Schädigung des Gewebes im Sinne einer Rissverletzung im Vordergrund. Eine Giftwirkung ist nicht vorhanden.

Die Therapie nach der Rettung aus dem Wasser sollte aus sterilen Verbänden, Blutstillung und möglichst schneller ärztlicher Versorgung bestehen. Biss- und Rissverletzungen sollen nach Möglichkeit nicht durch eine chirurgische Naht versorgt werden, da hierdurch eine große Infektionsgefahr gegeben ist (hoher Erregergehalt in den Nahrungsresten im Gebiss der Raubfische!). So genannte Sekundärheilung ist angebracht. Sehr gefährlich sind die Bisse von Seeschlangen (engl.: sea snake, franz.: serpent de mer), die ein Gift ähnlich dem der Kobra besitzen, oder von besonderen Kopffüßerarten, die um Australien vorkommen. Die Verletzungsgefahr ist jedoch deshalb selten, weil diese Tiere scheu sind.

Seeschlangenbisse können unbemerkt bleiben, da die Bissstelle sehr klein ist. Die typische Wunde weist 1,5 cm auseinanderliegende Fangmarken auf, gelegentlich befindet sich ein Zahn in der Wunde. Reaktionen treten erst nach Stunden auf. Die Symptome bestehen in Krankheitsgefühl, Angst, eventuell Euphorie, Gefühl der dicken Zunge, Muskelsteife, Bewegungsschmerz, Schwäche bis zur Bewegungsunfähigkeit, zufallende Augenlider, Kieferkrampf, Durst, quälende Trockenheit der Kehle und Schock.

Zur Behandlung soll der Verletzte ruhig liegen. Handelt es sich um eine verletzte Gliedmaße, so ist diese oberhalb der Verletzung zu stauen (unter Stauen versteht man die Kompression eines Gliedes, deren Druck so stark sein muss, dass er den venösen Rückstrom des Blutes zum Herzen zuverlässig unterbindet, jedoch nicht die arterielle Zufuhr von Blut zu dem jeweiligen Glied). Die Wunde muss kreuzförmig eingeschnitten werden. Man lässt sie bluten; anschließend wird sie vorsichtig ausgewaschen. Zur Weiterbehandlung wird der Verletzte möglichst schnell in ein Krankenhaus gebracht, wo er ein Antiserum erhalten kann.

Verletzungen durch Seeigel

Seeigel (engl.: sea urchin, franz.: oursin)

kommen häufig vor und erzeugen beim Eindringen in unsere Haut einen scharfen, brennenden Schmerz sowie eine Rötung und Schwellung der Haut. Man findet in den Wunden abgebrochene Spitzen der Seeigelstacheln. Zur Behandlung versucht man, die Stacheln mit einer Pinzette zu entfernen oder sie auszudrücken. Die Stacheln können im Laufe der Zeit resorbiert werden oder herauseitern. Stachelreste in der Haut können auch mithilfe von Essig- oder Zitronensaftumschlägen über längere Zeit aufgelöst werden.

Verletzungen durch stechende Meerestiere

Diese Verletzungen werden verursacht durch Drachenköpfe (Synonym: Skorpionfisch, engl.: scorpionfish, franz.: rascasse rouge), Rotfeuerfische (engl.: lionfish, franz.: ptérois) und Steinfische (engl.: stonefish, franz.: poisson pierre). Kontakte mit Kegelschnecken und den verschiedenen Fels- und Sandfischen, z.B. Petermännchen, rufen Verletzungen hervor, die sogar tödlich sein können. Zeichen eines Stichs oder der Berührung mit einem Kontaktgift sind der örtliche Schmerz und der meist nach 4 bis 10 Minuten auftretende Schwächezustand sowie die oft auftretende Ohnmacht. Der Schmerz steigert sich meist innerhalb eines Zeitraums von 1 1/2 Stunden. Oft ist eine Stichwunde sichtbar. Es kommt zur Schwellung und Entzündungsreaktion, manchmal befinden sich Teile des Tieres (Stachel oder Gräte) in der Wunde.

Die Wunde ist mit frischem, heißem Wasser oder mit Seifenwasser auszuwaschen. Zur Verminderung der Giftmenge in der Wunde empfiehlt sich kreuzweises Einschneiden und Blutenlassen. Gesaugt werden sollte nur mit Hilfsmitteln (z.B. Schnorchel ohne Mundstück), nicht jedoch direkt mit dem Mund. Um das Gift unwirksam zu machen, empfiehlt es sich, die Wunde mit heißen Kompressen zu behandeln, wie diese gerade noch ertragen werden. Ein Hochlegen der betroffenen Extremität reduziert die Durchblutung und damit die Verteilung des Giftes im Körper. Bei starken Schmerzen kann die Wunde mit einem örtlichen Betäubungsmittel umspritzt werden. Bei schweren Allgemeinsymptomen mit Kreislaufstörungen wendet der Arzt Cortisonpräparate und Antihistaminika an. Eventuell Schockbehandlung, wenn es erforderlich ist.

Verletzungen durch Dornenkronen

Dornenkronen (engl.: crown of thorns, franz.: astéride) sind Seesterne, die Verletzungen an Händen und Fingern verursachen können, obgleich Schutzhandschuhe getragen wurden. Sollte man Stacheln von Dornenkronen in die Haut bekommen, muss man sofort noch unter Wasser an der Wunde pressen, damit so viel Blut und Gift wie möglich heraustreten kann. Die auftretenden sehr starken Schmerzen lassen dann ohnehin nach ca. 1 1/2 Stunden nach. Später sind die Stacheln mit einer Pinzette zu entfernen. Sollte es dennoch zu einer starken Schwellung kommen, so sind antiallergische oder cortisonhaltige Salben anzuwenden.

Verletzungen durch Rochenstiche

Der Stachelrochen (engl. stingray, franz.: pastenague) besitzt bis zu 10 cm lang werdende Stacheln, die am Schwanz sitzen und mit Widerhaken versehen sind. Der Rochenstich ruft mechanische Verletzungen hervor, außerdem wird ein alkalisches Gift übertragen. Der auftretende Schmerz ist stark, er steigert sich in den nächsten 30 bis 60 Minuten. Später treten Allgemeinsymptome auf wie Übelkeit und Erbrechen, Durchfall und Kollapszustände.

Therapeutisch ist die Wunde mit Säure zu waschen (das Gift ist alkalisch!). In Frage kommen hierfür Essig oder Zitronensäure, notfalls stark verdünnte Salzsäure. Die zusätzliche Behandlung in Form von Einschneiden, Saugen und Waschen mit heißem Wasser ist dieselbe wie vorher beschrieben. Da es sich meist um ausgedehntere Verletzungen handelt, die einige Stunden nach dem Stich zu einer Lymphgefäßentzündung mit roter Streifenbildung herzwärts reagieren, ist absolute Ruhigstellung und auch die Gabe eines Antibiotikums erforderlich.

Lernerfolgskontrolle

***14.4.1**
Welche Hilfsmaßnahmen kannst du bei Seeigelstichverletzungen vornehmen?

a Stachel sichern und abpolstern.
b Stachelreste mit einem Messer herausschneiden.
c Stachel mit Wasser herauswaschen.
d Stachelreste mit Essig oder Zitronensaft auflösen.
e Stachel nicht berühren, Bettruhe.

***14.4.2**
Was unternimmst du, wenn du eine Berührung mit leicht nesselnden Anemonen hattest?

a Auf die betroffenen Stellen kalte Tücher auflegen
b Betroffene Stellen mit Meerwasser spülen
c Betroffene Stellen mit Säure (z.B. Zitronensäure) abwaschen
d Betroffene Stellen mit Sand abreiben
e Nichts, da der Schmerz von alleine aufhört

14.5 Umweltschutz

Mit dem Wachstum des Tauchsports an allen Tauchgebieten der Welt wird es immer bedeutender für uns, diese Tauchgebiete nicht zu schädigen, sondern unverändert zu erhalten.

Mach dir unser Prinzip zu eigen:

Tauche
wie dein Schatten,
hinterlasse keine Spuren!

Bitte beachte die Hinweise zur Umwelterziehung ab Seite 17.

Lernerfolgskontrolle

***14.5.1**
Wie solltest du den Einstieg in ein Gewässer aussuchen?

a Den Einstieg möglichst oft wechseln, um nicht ein Gebiet besonders zu schädigen.
b Den kürzesten Weg wählen, eventuell auch durch bewachsene Uferzonen, damit das Tauchgewässer schnell erreicht wird.
c Einfach den bequemsten Einstieg wählen.
d Wenn möglich befestigte vorhandene Einstiegsmöglichkeiten wie Stege oder Anleger benutzen.
e Um andere Gewässerbenutzer nicht zu stören, sollten Stege und Anleger den Bootsbesitzern überlassen und gemieden werden.

***14.5.2**
Wie kannst du aktiv die Umwelt schützen?

a Alle nicht im Wasser entstandenen künstlichen Gegenstände entfernen, um die Umwelt möglichst unverändert zu lassen;
b Andere Personen mit den Unterwasserlebewesen vertraut machen, die du als Tierpräparate im Urlaub erworben hast;

Sporttaucher benutzen Parkplätze und vorhandene Einstiege ins Gewässer!

*

Sporttaucher dringen nicht in Schilf- und Wasserpflanzenbestände ein!

*

Sporttaucher bleiben den Nist-, Laich- und Ruheplätzen fern!

*

Sporttaucher achten auf einen ausreichenden Abstand zum Gewässergrund und wirbeln kein Sediment auf!

*

Sporttaucher berühren und füttern keine wild lebenden Tiere!

*

Sporttaucher harpunieren nicht; sie kaufen und sammeln keine Tiersouvenirs!

*

Sporttaucher beobachten kritisch ihren See und halten die Tauchgewässer und ihre Uferzonen sauber!

*

Sporttaucher befolgen die Arten- und Naturschutzbestimmungen!

*

Sporttaucher lassen ihren Kompressor nur dort laufen, wo er niemanden stört!

*

Sporttaucher halten ihre Kameraden an, sich ebenfalls umweltbewusst zu verhalten!

Abb. 53: Die zehn goldenen Verhaltensregeln für Sporttaucher, die du immer beachten solltest

c Laichplätze beobachten und betauchen, um den Jungfischbestand zu registrieren;
d Friedfische schützen und Raubfischbestände dazu z.B. durch Harpunieren vermindern;
e Tauchgewässer kritisch beobachten und Veränderungen melden, die auf eine Belastung des Gewässers hindeuten.

***14.5.3**
Wie verhält man sich in einem Korallenriff richtig?

a Man hangelt sich gegen eine starke Strömung von Korallenblock zu Korallenblock vor.
b Man zieht sich nur mit den Händen an den Korallen vorwärts, da durch Flossenschläge Sedimente aufgewirbelt werden, die sich auf den Pflanzen und den Tieren absetzen.
c Mit richtiger Tarierung Abstand zum Grund halten, um so Schäden durch mechanische Zerstörung und durch Sedimentaufwirbelung zu vermeiden.
d Anker können direkt in ein Korallenriff geworfen werden.
e Korallen sind so biegsam und fest, dass Berührungen ihnen nichts anhaben können.

***14.5.4**
Süßwasserfische verringern im Winter ihren Stoffwechsel. Worauf ist bei einer Begegnung mit ihnen zu achten?

a Ich darf sie nur vorsichtig streicheln, damit ihre Schleimhäute nicht verletzt werden.
b Ich mache im Winter nur Tieftauchgänge, um die Fische in der Uferregion nicht zu stören.
c Ich leuchte die Fische mit sehr starken Scheinwerfern an, damit ich sie nicht übersehe.
d Ich halte ausreichend Abstand zu den Fischen.
e Ich kontrolliere, ob die Fische noch leben, indem ich sie aufschrecke.

***14.5.5**
Wie verhält man sich richtig gegenüber Meeresbewohnern beim Tauchen?

a Fische reichlich füttern, um so die Artenvielfalt zu erhalten.
b Die schönsten Sammelstücke wie Muscheln, Schnecken und Korallen mit nach Hause nehmen und Freunden zeigen, um so neue Leute für den Tauchsport zu gewinnen.
c Fische nicht füttern, da sonst das ökologische Gleichgewicht im Riff gestört wird.
d Hinter besonders schönen Fischen schnell hinterhertauchen oder sie am Wegschwimmen hindern.
e Wenn die Zahl der Meeresbewohner zunimmt, muss etwas dagegen unternommen werden, um eine Überbevölkerung der Meere zu vermeiden.

***14.5.6**
Warum soll das Aufwirbeln von Sediment beim Tauchen vermieden werden?

a Ich verschlechtere mir sonst die Sicht auf die Fische.
b Die Fische sehen sonst schlechter.
c Das Sediment dient zum Schutz des Grundes.
d Mit dem Sediment werden Nährstoffe aufgewirbelt, die zur unerwünschten Vermehrung von Seesternen und Muscheln führen.

e Die mit dem Sediment aufgewirbelten Nährstoffe wirken wie Düngemittel und verstärken das Wachstum pflanzlicher Organismen, die nach ihrem Absterben für den Abbau dem Wasser Sauerstoff entziehen.

***14.5.7**
Warum musst du den Schilfgürtel eines Sees meiden?

a Weil ich mich im Schilf verfangen könnte, und so eine gefährliche Situation entstehen kann.
b Weil es in diesem Bereich zu flach zum Tauchen ist.
c Weil dies ein Rückzugs-, Nist- und Laichgebiet ist, das nicht gestört werden soll.
d Weil im Schilfgürtel generell schlechtere Sicht herrscht.
e Weil dort meistens schon zu viele andere Taucher tauchen.

***14.5.8**
Wie reagierst du, wenn dein Tauchpartner zum Schutz vor Korallen Lederschutzhandschuhe verwendet?

a Ich ziehe zum Tauchen immer 3-Finger-Neoprenhandschuhe an.
b Ich verwende zum Tauchen in warmen Gewässern nur dünne Gummihandschuhe.
c Ich tauche in warmen Gewässern immer ohne Handschuhe.
d Ich versuche, meinen Tauchpartner davon zu überzeugen, dass Handschuhe nicht zum Greifen von Korallen gedacht sind, sondern zum Schutz vor unbeabsichtigten Verletzungen.
e Ich versuche, meinen Tauchpartner davon zu überzeugen, dass Neoprenhandschuhe einen besseren Schutz beim Greifen der Korallen bieten.

***14.5.9**
Unter welchen Bedingungen dürfen Sporttaucher harpunieren?

a Sporttaucher harpunieren niemals.
b In bestimmten Ländern spricht nichts gegen Harpunieren.
c Harpunieren ist nur mit einem automatischen Schussgerät erlaubt.
d Harpunieren ist nur mit ABC-Ausrüstung allein erlaubt.
e Sporttaucher harpunieren nur bei Wettkämpfen.

***14.5.10**
Wie kannst du mit deiner Tauchausrüstung die Umwelt schützen?

a Mit langen Flossen kann ich besser Hindernissen ausweichen.
b Mit einem zweiten Atemregler vermeide ich Notaufstiege, die Fische stören könnten.
c Mit einer Taucherlampe kann ich die Fische anleuchten und sie heranlocken.
d Mit etwas mehr Blei kann ich besser mit einer Unterwasserkamera die Fische fotografieren.
e Durch eine enge Befestigung des zweiten Atemreglers am Körper werden Beschädigungen von Tieren und Pflanzen vermieden.

***14.5.11**
Wo parkst du am Tauchgewässer dein Auto?

a So nahe wie möglich am Ufert, wo der Einstieg am leichtesten ist.
b Am Ufer versteckt hinter einem einem Schilfgürtel.
c Ich lade am Ufer nur die Ausrüstung aus und parke danach auf einem Parkplatz.
d Ich parke auf dem nächstgelegenen

Parkplatz und trage die Ausrüstung zum See.
e Ich parke nie auf den Parkplätzen, um nicht von anderen Tauchern gestört zu werden.

***14.5.12**
Wie verhälst du dich, wenn an dem geplanten Tauchgewässer plötzlich Schilder stehen, dass das Tauchen aus Naturschutzgründen verboten ist?
a Ich richte mich nach meinen Tauchpartnern.
b Ich fahre mit meinen Tauchpartnern zu einem anderen See.
c Ich warte, bis es dunkel ist, und gehe dann tauchen.
d Da beim Tauchen die Natur geschützt wird und das Verbot sinnlos ist, gehe ich tauchen.
e Wenn schon andere Taucher in dem See sind, gehe ich auch tauchen.

***14.5.13**
Wie fährst du zum Tauchen an einen entfernten See?
a Jeder Taucher kommt mit seinem eigenen PKW.
b Jeder Anfänger kommt mit seinem PKW, einer nimmt den Tauchlehrer mit.
c Es werden Fahrgemeinschaften gebildet.
d Alle DTG kommen in einen PKW, die Taucher reisen getrennt an.
e Es wird immer mit Bussen oder Bahnen angereist.

***14.5.14**
Was unternimmst du, wenn du bei einem Tauchgang im Frühjahr in einem See weiße, fast durchsichtige Perlschnüre siehst?
a Ich tauche woanders hin, ohne die Laichschnüre zu beschädigen.
b Ich befühle die Laichschnüre, um ihre Beschaffenheit festzustellen.
c Ich tauche an die Laichschnüre heran, weil sich dort so viel Fisch befindet.
d Ich entsorge die Schnüre, indem ich sie einsammle und aus dem Wasser entferne.
e Die Schnüre enthalten Parasiten und müssen daher unter Wasser zerstört werden.

***14.5.15**
Wie weit solltest du über dem Grund tauchen?
a So nah wie möglich.
b So tariert, dass die Tier- und Pflanzenwelt so wenig wie möglich beeinträchtigt wird und dass der Tauchgang sicher durchgeführt werden kann.
c 1,5 Meter.
d Bei Sandgrund 0,3 Meter.
e So, dass ich auch kleinste Lebewesen auf dem Grund erkennen kann.

***14.5.16**
Welche Vorteile hat das Sammeln und Kaufen von Souvenirs aus dem Meer?
a Es stellt eine schöne Urlaubserinnerung dar.
b Es unterstützt das Herkunftsland, da ein Teil des Kaufpreises direkt dort hin fließt.
c Es dient der Aufklärung von Nichttauchern über die Schönheiten des Meeres.
d Es ermöglicht die Ausgestaltung heimischer Aquarien.
e Keine; wir verzichten auf das Sammeln und Kaufen von Souvenirs aus dem Meer.

***14.5.17**
Was machst du mit einer leeren, unbewachsenen Glasflasche, die du beim Tauchen im See findest?

a Ich entsorge sie fachgerecht im dafür vorgesehenen Sammelcontainer.
b Ich belasse sie an ihrem Fundort, um anderen Lebewesen ein Ansiedeln zu ermöglichen.
c Ich zeige sie meinen Mittauchern und weise andere Taucher darauf hin.
d Ich lege die Flasche an einen unauffälligeren Ort im See, damit sie von anderen Tauchern unbehelligt bleibt.
e Ich benachrichtige die untere Wasserschutzbehörde.

***14.5.18**
Welchen Nachteil hat eine Fütterung von Meeresbewohnern?

a Sie kommen nicht mehr zu mir, wenn ich an deren Futterplatz tauche.
b Es können nicht alle Meeresbewohner gleich bedient werden, was zu Ungerechtigkeiten bei der Futterverteilung führt.
c Nicht gefressenes Futter bleibt liegen und verschmutzt die Umwelt.
d Der finanzielle Aufwand ist nicht zu rechtfertigen, da sich nur wenige Fische anschließend fotografieren lassen.
e Das Verhalten der Fische untereinander und gegenüber Tauchern ändert sich bis hin zur Aggressivität.

***14.5.19**
Was kannst du tun, um nicht zu nah am Grund zu tauchen?

a Ich befestige Styroporschwimmer an den Fußgelenken.
b Ich beobachte genau meinen Tiefenmesser.
c Es gehört zum Tauchen dazu, den Grund auch zu berühren, dies muss nicht vermieden werden.
d Ich achte während des gesamten Tauchgangs auf eine richtige Tarierung.
e Ich habe während des gesamten Tauchgangs etwas mehr Luft im Jacket als nötig.

***14.5.20**
Warum soll am See kein mobiler Kompressor betrieben werden?

a Die Anwohner sowie die anderen Taucher und Erholungssuchenden werden durch den Lärm und Geruch belästigt.
b Die Tiere unter Wasser könnten erschreckt werden.
c Es gibt keinen Grund, der dagegen spricht.
d Die Abgase könnten die Atemluft in den mitgebrachten Tauchgeräten verunreinigen.
e Die Füllung über einen mobilen Kompressor ist zu teuer.

***14.5.21**
Was machst du, wenn du bei einem Tauchgang im heimischen See viele tote Fische siehst?

a Schnell weitertauchen, da der Anblick mich und meine Mittaucher stört.
b Die Polizei rufen und Anzeige wegen Umweltverschmutzung erstatten.
c Ich informiere den zuständigen Verantwortlichen des Vereins, Verbandes oder der Tauchschule mit der Bitte um aktive Einflussnahme.
d Das ist im Sommer durchaus normal.
e Ich desinfiziere meine Tauchausrüstung und warne andere Taucher vor Tauchgängen in diesem See.

***14.5.22**
Was kann eine Beschädigung von Korallen beim Tauchen bewirken?
a Ein Verkratzen der Flossen.
b Zerstörung des Korallenbestandes am Riff, der erst nach Jahrzehnten wieder kommt.
c Das ist nicht schlimm, da Korallen schnell wieder nachwachsen.
d Übermäßige Vermehrung des Fischbestandes am Riff.
e Ausbleiben von UW-Fotografen.

***14.5.23**
Wie verhälst du dich gegenüber anderen Tauchern, die sich nicht umweltgerecht verhalten?
a Ich rücke die Taucher bei den Mittauchern in ein schlechtes Licht.
b Ich versuche sie im Gespräch von ihrem Fehlverhalten zu überzeugen.
c Ich bringe einen Artikel in der lokalen Presse darüber.
d Ich verhindere mit allen Mitteln – auch mit Gewalt – das Vorhaben.
e Ich verständige den zuständigen Umweltreferenten im Verband und verhalte mich selbst umweltgerecht.

14.6 Grundregeln des Tauchens

Tauche nie allein!

Schon einfache Zwischenfälle, wie zum Beispiel Unwohlsein, ein Hängenbleiben unter Wasser in einem Baum oder Wrackteil oder das Nichterreichen der Reservezugstange können gefährliche Situationen werden – der Partner kann jedoch durch einfache Handgriffe helfen, diese zu beseitigen.

Beim Verlust eines Partners sofort austauchen!

Durch schlechte Sicht, Unachtsamkeit oder andere Umstände kann es passieren, dass sich Tauchpartner unter Wasser aus den Augen verlieren. Da die Taucher in diesem Fall alleine tauchen, müssen alle Mitglieder der Gruppe sofort austauchen – allerdings nicht in Panik, sondern nach einem kurzen Umsehen in Ruhe und unter Einhaltung der zulässigen Aufstiegsgeschwindigkeit und eventueller Dekostopps. Auf keinen Fall darf unter Wasser gewartet, nach dem Partner weitergesucht oder weitergetaucht werden. In trüben Gewässern empfiehlt sich zur Vermeidung ein dichtes Zusammenrücken mit Handkontakt.

Tauche nie bei Unwohlsein!

Zum „Nicht-Tauchen“ gehört oft mehr Mut und Überwindung als zum Tauchen. Die Gesundheit ist jedoch wichtiger als die Kosten, die man zum Tauchen auf sich genommen hat. Tauche daher nur, wenn du dich absolut fit fühlst! Auch Angst ist keine Schande, sondern ein Gefühl, über das du mit deinen Mittauchern reden musst. Wenn die Angst andauert, solltest du auf den Tauchgang verzichten.

Tauche nie tiefer als 40 m!

Ab dieser Tiefe muss jeder mit einem Tiefenrausch rechnen. Für den Anfänger jedoch sollte die Tiefengrenze bei den ersten Tauchgängen schon bei 10 bis 15 m liegen, da es hier noch nicht so kalt und dunkel ist, keine Dekostopps notwendig sind und bei Zwischenfällen sofort aufgetaucht werden kann. Auch der psychische Druck ist für den Anfänger nicht so groß, wenn er die Oberfläche kurz über sich weiß. Der Anfänger sollte sowieso immer in der Nullzeit tauchen. Tauchgänge von mehr als 40 m können auch ein versicherungstechnisches Problem werden und den Taucher teuer zu stehen kommen.

Halte beim Aufstieg nie den Atem an!

Anderenfalls droht ein Lungenüberdruckunfall.

Halte die zulässige Aufstiegsgeschwindigkeit ein!

Anderenfalls kann es zu einer Dekompressionskrankheit durch die Bildung von Gasblasen im Körper kommen. Es darf höchstens mit 10 m/min und im Flachbereich ab 10 m Tiefe besser noch mit 6 m/min aufgestiegen werden.

Tauche beim Erreichen der Reserve aus!

Normalerweise sollte zum Ende eines Tauchgangs die Reserveluft noch nicht erreicht sein. Erreicht jedoch während eines Tauchgangs ein Gruppenmitglied die Reserve, so ist dies das letzte Signal zum Beenden des Tauchgangs. Besser ist es, während des gesamten Tauchgangs den Flaschendruck zu kontrollieren und rechtzeitig, zum Beispiel nach dem Verbrauch des halben Luftvorrates, den Rückweg anzutreten.

Die Tauchgruppe geht gemeinsam ins Wasser, taucht gemeinsam ab, taucht gemeinsam auf und verlässt gemeinsam das Wasser!

Eine „Gruppe“ ist auch beim Tauchen eine feste Gemeinschaft, die sich vor, bei und nach dem Tauchen gegenseitig hilft und unterstützt. Niemand darf auf eigene Faust vorpreschen, sich von der Gruppe unter Wasser entfernen oder den Langsamsten beim Anziehen alleine lassen. Jeder, auch erfahrene Taucher, kann mal auf die Hilfe des Partners angewiesen sein. Auch aus Gründen des Umweltschutzes ist der gemeinsame Ein- und Ausstieg wichtig.

Der Gruppenschwächste begrenzt den Tauchgang!

Dies betrifft die Tauchgeschwindigkeit, die Tauchtiefe und die Tauchzeit. In der Regel wird der Anfänger das schwächste Gruppenmitglied sein. Gerade ihm gebührt besondere Obacht und Rücksicht.

Die zugeteilte Position in der Gruppe wird immer eingehalten!

Der Gruppenleiter muss jederzeit wissen, wo er die anderen Gruppenmitglieder sehen kann. Nur so kann er schnell bei Zwischenfällen reagieren. Auch bei einem Wechsel der Richtung und beim Umdrehen wird die Position ständig beibehalten. Schart sich die Gruppe jedoch zum Beispiel um einen schönen Fisch, so wird zwangsläufig die Gruppeneinteilung verändert. Anschließend wird sie jedoch sofort wieder eingenommen. Beim Nebeneinandertauchen sollten alle Taucher auf gleicher Höhe tauchen und keiner zurückbleiben. Für den Gruppenleiter ist es leichter, den Kopf nach links und rechts zur Kontrolle zu drehen, als sich jedes Mal nach hinten umdrehen zu müssen. Bei schlechter Sicht sollten die Taucher näher zusammentauchen als normal und sich gegebenenfalls sogar anfassen, um ein Verlieren zu verhindern.

Kein Tauchgang ohne Vorbesprechung!

Ungewollte Zwischenfälle können durch vorheriges Besprechen von Tauchtiefe, Tauchzeit, Kurs und Verhaltensmaßregeln vermieden werden. Die Vorbesprechung sollte jedoch kurz sein und nicht zur Diskussion von Themen dienen, die nichts mit dem eigentlichen Tauchgang zu tun haben. Zur Vorbesprechung gehört auch eine gegenseitige Kontrolle der Ausrüstung. Dabei sollten die Funktion des Atemreglers, des Inflators und der Jacketauslassmöglichkeiten, der Druck des DTG (Kontrolle des Finimeters), die Reihenfolge des Anlegens (auch des Bleigurtes) und die Vollständigkeit der Ausrüstung (auch Messer, Schnorchel, Instrumente) überprüft werden.

Beim Frieren wird der Tauchgang beendet!

Beim Frieren wird der Tauchgang beendet! Wenn bei nur einem Gruppenmitglied das Frösteln einsetzt, zeigt es dies durch das Unterwasserzeichen an, und die gesamte Gruppe beendet den Tauchgang.

Jeder zweite Blick gilt dem Tauchpartner!

Anderenfalls ist das Gebot „Tauche nie allein“ sinnlos. Schon ein paar Sekunden reichen aus, dass der Partner Schwierigkeiten hat und dies von seinem Begleiter nicht bemerkt wird. Bleibe auch immer so dicht bei deinem Partner, dass du ihn im ausgeatmeten Zustand erreichen kannst.

Tauche nie

- ohne Tauchmesser, Tiefenmesser, Taucheruhr und Tabelle, ein zusätzlicher Tauchcomputer dient zur Kontrolle und erhöht die Sicherheit,

- ohne deinen Schnorchel,
- ohne dein Jacket oder deine Taucherweste,
- ohne dein Tauchgerät vor dem Tauchgang auf Druck und Funktion überprüft zu haben,
- ohne dich mit der Bedienung der Ausrüstung deines Tauchpartners vertraut gemacht zu haben.

Tauche nie mit einer Erkältung!

Und benutze keine Nasentropfen, wenn du tauchen möchtest! Tauche auch nicht, wenn der Druckausgleich nicht möglich ist.

Tauche nie mit belegten Atemwegen!

Sind die Atemwege nach einer Erkältung noch belegt oder ist aufgrund von Rauchen Schleimbildung vorhanden, so darf nicht getaucht werden. Auch aus geringer Tiefe kann es zum „air trapping“ (eingeschlossene Luft) kommen.

Fliege erst je nach letztem Tauchgang und Sättigung 24 bis 48 Stunden nach dem letzten Tauchgang!

Ein Tag pro Woche ist tauchfrei!

Im Urlaub solltest du einen Tag in der Woche nicht tauchen, damit sich der Körper wieder vollständig entsättigen kann. Auch sollten ***nicht mehr als zwei Tauchgänge am Tag*** unternommen werden.

Kein Tauchgang nach Alkohol!

Die Flasche Bier schmeckt auch noch nach dem Tauchgang. Auch unter Medikamenteneinfluss darf nicht getaucht werden.

Tauche bei Strömung und ohne Grundsicht immer am Ankerseil ab!

Tauchst du im freien Wasser ohne Grundsicht ab, so wirst du abgetrieben, ohne es zu merken. Der Tauchgang wird dann gegen die Oberflächenströmung begonnen, um mit der Strömung zurückzukehren.

Höchstens ein Anfänger pro Ausbilder!

Ein Anfänger erfordert die maximale Konzentration des Begleiters. Er kann sich nur um dich alleine richtig kümmern. Bei den ersten Tauchgängen wirst du solange mit einem Tauchlehrer tauchen, bis er dich auch anderen Begleitern anvertrauen kann.

Lernerfolgskontrolle

***14.6.1**
Was unternimmst du, wenn dein Tauchpartner unter Wasser plötzlich verschwunden ist?

a Ich leite unter Wasser sofort die Suche ein.
b Ich warte dort, wo ich ihn verloren habe, bis er wieder zurückkommt.
c Ich setze den Tauchgang wie geplant fort.
d Ich führe einen Notaufstieg durch.
e Nachdem ich mich davon überzeugt habe, dass der Partner wirklich nicht in der Nähe ist, tauche ich aus.

***14.6.2**
Wie solltest du dich verhalten, wenn du beim Tauchen in schlechte Sicht gerätst?

a Dichter zusammenrücken, eventuell Handkontakt, um Partnerverlust zu vermeiden.
b In tieferes Wasser abtauchen, um die Sicht nicht zusätzlich durch meinen Flossenschlag zu verschlechtern.
c Schon im Vorfeld mit möglichst großen Gruppen tauchen, um zumindest einen Partner zu sehen.
d Lampen ausschalten, da sich sonst die Sicht wie im Nebel weiter verschlechtert.
e Abstand vom Partner halten, um nicht in das von ihm aufgewirbelte Sediment zu geraten.

***14.6.3**
Was sollte in einer Tauchgangsvorbesprechung erläutert werden?

a Vor- und Nachteile verschiedener Urlaubstauchreviere.
b Ob es sinnvoller ist, den Schnorchel links oder rechts zu tragen.
c Welche Fische beim letzten Tauchgang an dieser Stelle gesehen wurden.
d Festlegung von Tauchgangsdauer, Tauchtiefe und ausführliche Darstellung der geplanten Tauchübung.
e Eine Tauchgangsvorbesprechung kann weggelassen werden, wenn es sich um erfahrene Taucher handelt.

***14.6.4**
Was kontrollierst du beim Ausrüstungscheck vor dem Tauchgang?

a Funktion, Sitz und Vollständigkeit der Ausrüstung.
b Letzte TÜV-Überprüfung des DTG.
c Alter und Aktualität der Ausrüstung.
d Vor- und Nachteile gegenüber der eigenen Ausrüstung.
e Ob der Atemregler bei gleichzeitiger Betätigung von Inflator und Luftdusche vereist.

***14.6.5**
Wann kontrollierst du zuerst das Finimeter deines Partners?

a Vor dem Anschrauben des Atemreglers.
b Beim Ausrüstungscheck unmittelbar vor dem Tauchgang.
c Auf dem 3-m-Stop beim Abtauchen.
d Beim Erreichen des Reservedrucks (50 bar).
e Nach dem Tauchgang.

***14.6.6**
Welche der folgenden Verhaltens regeln kann zu einer Gefährdung führen, wenn du bei Strömung vom geankerten Boot tauchst?

a Beginn des Tauchgangs gegen die Oberflächenströmung.
b Abtauchen am Ankerseil.
c Auftauchen am Ankerseil.
d Abtauchen im freien Wasser ohne Grundsicht.
e Setzen einer Taucherboje.

***14.6.7**
Wie verhältst du dich, wenn ein lange geplanter Tauchausflug bevorsteht, du dich aber nicht wohl fühlst?
a Mit Medikamenten kann versucht werden, das Unwohlsein in den Griff zu bekommen – am Tauchplatz geht es dann meistens besser.
b Mit Unwohlsein kann man durchaus tauchen, wenn man körperlich fit ist.
c Dieses Gefühl verschwindet, sobald ich unter Wasser bin. Der Tauchausflug muss deshalb nicht ausfallen.
d Ich verzichte auf das Tauchen, weil ich sonst mich und meine Mittaucher gefährde.
e Wenn der Tauchausflug schon bezahlt ist, wird er durchgeführt.

***14.6.8**
Wie viele Anfänger dürfen in einer Tauchgruppe mit einem ausgebildeten erfahrenen Taucher mitgenommen werden?
a höchstens einer
b höchstens zwei
c höchstens drei
d keiner
e beliebig viele

***14.6.9**
Welche maximale Aufstiegsgeschwindigkeit sollen Taucher einhalten?
a 18 m/min, damit ausreichend Zeit für Beobachtungen bleibt.
b 20 m/min, damit die kleinsten Luftblasen den Taucher nicht überholen.
c 10 m/min, damit die schnelle Druckentlastung im Körper nicht zur Dekompressionskrankheit führt.
d Taucher können beliebig schnell aus 25 m auftauchen, da dann noch keine Stickstoffaufnahme erfolgt ist.
e Die maximale Aufstiegsgeschwindigkeit hängt von der Erfahrung der Taucher ab.

***14.6.10**
Was solltest Du immer beim Tauchen einhalten?
a Beobachte deinen Tauchpartner nur, wenn er sich bei dir meldet.
b Tauche niemals tiefer als 20 m.
c Tauche niemals langsamer als dein Tauchpartner.
d Tauche nie allein.
e Tauche niemals länger als 30 min.

***14.6.11**
In welche Richtung tauchst du bei Strömung vom Anker aus weg?
a Vom Schiff weg, also in Verlängerung der Ankerleine.
b Zunächst zur Positionsbestimmung unter das Schiff.
c Zum schönsten Riff in der Nähe.
d Mit der Strömung weg vom Anker.
e Gegen die Oberflächenströmung.

***14.6.12**
Beim Abtauchen zu Beginn des Tauchgangs sollte ein Check auf ca. 3 m Tiefe durchgeführt werden. Wozu dient dieser Stopp?

a Feststellen der Restnullzeit oder ggf. Austauchpausen aller Mittaucher.
b Abbau der Restsättigung vom vorherigen Tauchgang.
c Überprüfung des Drucks der Tauchgeräte aller Mittaucher.
d Abfrage bei allen Mittauchern, ob sie sich wohl fühlen, alles in Ordnung ist und der Druckausgleich funktioniert.
e Überprüfung der Ausrüstung auf Vollständigkeit.

***14.6.13**
Wie gehst du tauchen, wenn dein Atemregler beim Ausrüstungscheck nur schwer Luft abgibt?
a Ich tausche den Atemregler mit dem eines anderen Tauchschülers, wenn der gerade wegschaut.
b Ich repariere den Atemregler, indem ich die zweite Stufe aufschraube und einstelle.
c Ich tauche mit dem Atemregler.
d Ich lasse mir von meinem Ausbilder einen anderen Atemregler geben.
e Ich drücke ca. 1 min die Luftdusche, danach ist der Atemregler wieder frei.

***14.6.14**
Das Gesetz von Henry beschreibt die Stickstoffsättigung im Körper. Was musst du beachten, damit daraus keine Schädigung entsteht?
a Tauche nur mit Computer, statt mit Tabelle, da dieser sicherer ist.
b Tauche nur Rechteckprofile.
c Tauche mindestens dreimal am Tag.
d Tauche nie tiefer als 10 m.
e Halte die maximale Aufstiegsgeschwindigkeit und die Austauchpausen ein.

***14.6.15**
Wie reagierst du auf das Unterwasserzeichen „Irgendetwas stimmt nicht"?
a Ich versuche, durch Zeichensprache und mit der Unterwasserschreibtafel zu ergründen, was nicht stimmt.
b Ich tauche weiter, bis mir mein Partner das Zeichen zum Auftauchen gibt.
c Ich führe mit meinem Partner sofort einen Notaufstieg durch.
d Wenn es sich um Druckausgleichsschwierigkeiten handelt, halte ich an, wir tauchen etwas höher, gegebenenfalls wird der Tauchgang beendet.
e Ich gebe meinem Partner meinen zweiten Atemregler oder führe eine Wechselatmung durch.

***14.6.16**
Wie verhälst du dich, wenn du dich beim Tauchen in einem Netz verfängst?
a Ich gebe meinem Tauchpartner ein Signal und lasse mich von ihm befreien.
b Durch Hin- und Herbewegen versuchen, frei zu kommen.
c Feste an dem Netz reißen, um es zu lösen; anschließend auftauchen.
d Das DTG ablegen, mit dem ich festhänge, und mit dem Tauchpartner unter Wechselatmung auftauchen.
e Durch Aufblasen des Jackets ausreichend Auftrieb herstellen, damit ich mit dem Netz zur Oberfläche auftreibe.

***14.6.17**
Wie beugst du vor, dass kein Tauchpartner beim Tauchgang verloren geht?

a Durch feste Verbindung aller Taucher mit Leinen.
b Durch eine sorgfältige Tauchgangsvorbesprechung mit Festlegung der Formation.
c Durch regelmäßige akustische Signale unter Wasser.
d Indem ich alleine tauchen gehe.
e Bei guter Sicht kann kein Tauchpartner verloren gehen.

***14.6.18**

Was tust du, wenn du vermutest, dass die Luft in deinem DTG verunreinigt ist?

a Nicht tauchen.
b Der Tauchgang wird besonders kurz und in geringer Tiefe durchgeführt.
c Ich führe den Tauchgang unter Atmung aus dem zweiten Atemregler meines Partners durch.
d Da die Luft am Sinterfilter des Atem reglers gereinigt wird, kann ich normal tauchen.
e Ich tauche besonders vorsichtig.

***14.6.19**

Wer führt eine Tauchgruppe?

a Der Taucher mit dem größten Luftvorrat.
b Der Taucher mit der besten Kondition.
c Der älteste Taucher der Gruppe.
d Der erfahrenste Taucher der Gruppe.
e Der Taucher, der sich zuerst freiwillig dafür meldet.

***14.6.20**

Wozu dient der Sicherheitscheck beim Abtauchen in etwa drei bis fünf Meter Tiefe?

a Zum Wiederauffinden des Rückweges durch genaues Merken des Ankerseiles und des Bootsrumpfes.
b Zur Funktionsprüfung, Dichtigkeitskontrolle der Tauchausrüstung und zum Check des Wohlbefindens der Taucher.
c Zur Vorbeugung einer Dekompressionskrankheit.
d Zur Vorbeugung eines Lungenüberdruckunfalls.
e Zur Kontrolle der Vollständigkeit der Ausrüstung.

***14.6.21**

Was machst du, wenn der dir zugeteilte und sehr erfahrene Tauchpartner dir aufgrund seiner überheblichen Art überhaupt nicht gefällt?

a Ich schließe mich unter Wasser einer anderen Gruppe an.
b Ich ignoriere meine Bedenken und gehe tauchen.
c Ich verzichte auf den Tauchgang wegen angeblicher gesundheitlicher Probleme.
d Ich gehe mit ihm tauchen und übernehme unter Wasser die Gruppenführung.
e Ich lasse mich von dem verantwortlichen Tauchleiter in eine andere Gruppe einteilen.

***14.6.22**

Was hat es zu bedeuten, wenn du nach der Montage des Atemreglers bei geschlossenem Ventil feststellst, dass du Luft ansaugen kannst?

a Ich benötige ein kleineres Mundstück für den Atemregler.

b Dann kann ich auch unter Wasser gut daraus atmen.
c Ich muss den Atemregler noch einmal ab- und wieder anschrauben.
d Ein Tauchgang mit dem Atemregler ist zu unterlassen, da vermutlich die Ausatemmembrane defekt ist.
e Ich muss noch den Inflatorschlauch anschließen.

***14.6.23**
Wie reagierst du, wenn du beim Tauchen auf deinem Finimeter einen Druck von 50 bar abliest?
a Ich muss sofort auftauchen.
b Ich zeige das Finimeter meinem Gruppenleiter und tauche dann sofort auf.
c Ich zeige das Finimeter meinem Gruppenleiter und kann dann noch etwa 10 Minuten tauchen.
d Ich beobachte das Finimeter in kürzeren Abständen und tauche auf, wenn es 20 bar anzeigt.
e Ich zeige das Finimeter meinem Gruppenleiter, und dann taucht die gesamte Gruppe gemeinsam aus.

***14.6.24**
Wie verhälst du dich bei der Tauchgangsvorbesprechung (Briefing), wenn du merkst, dass der geplante Tauchgang wohl deine taucherischen Fähigkeiten und Erfahrungen übersteigt?
a Ich ziehe mich wieder um und fahre sofort wieder zurück.
b Ich strenge mich beim Tauchgang besonders an, damit nichts schief geht.
c Ich spreche meine Bedenken an und verzichte notfalls auf den Tauchgang, wenn der Tauchgang nicht anders geplant wird.
d Ich verlasse mich auf den Gruppenführer, der mir bei Schwierigkeiten hilft.
e Ich will niemandem den Tauchgang verleiden und richte mich nach den anderen Gruppenmitgliedern.

***14.6.25**
Wie verhälst du dich, wenn dir dein Tauchpartner in 12 m Tiefe das Zeichen „Ich habe keine Luft mehr“ anzeigt?
a Ich gebe ihm sofort Luft aus meinem Atemregler und gehe auf die Wechselatmung oder auf meinen zweiten Atemregler über.
b Ich gehe davon aus, dass mein Tauchpartner ein Problem hat, und tauche nicht weiter.
c Ich leite sofort den Aufstieg mit meinem Partner ein.
d Ich tauche sofort tiefer, damit mein Tauchpartner wieder Luft bekommt.
e Ich kann den Tauchgang fortsetzen, wenn ich selbst noch genügend Luft habe.

Einschub: HLW-Kurs, Rettungskette, erste Hilfe und Reanimation

Die Rettungskette bei Tauchunfällen beginnt vor dem Tauchgang! Nämlich dann, wenn sich der verantwortliche Leiter der Tauchgruppe nach den vorhandenen Gegebenheiten am Tauchplatz umsieht. Am wichtigsten ist die Kenntnis der Lage des nächsten Telefons mit der dazugehörigen Notfalltelefonnummer für den Rettungswagen sowie das Sammeln weiterer Informationen wie:

- Welche Notfalleinrichtungen stehen zur Verfügung?
- Wo befindet sich das nächste Krankenhaus?
- Wo befindet sich die nächste Druckkammer?
- Welche Möglichkeiten eines Notfalltransportes sind vorhanden?

Ist es dann letztlich doch zu einem Tauchunfall gekommen, so sind nach oder noch während der Erstversorgung des Verletzten folgende Schritte zu unternehmen:

- **Unfallprotokoll**
  Das Unfallprotokoll kann von dem Tauchbegleiter erstellt werden.
  Es hat zu enthalten:
  - genaue Aufzeichnungen des Tauchgangsprofils mit Wiederholungstauchgängen, Tiefe, Zeit und Dekompressionsstufen und -pausen,
  - Auftreten und Art der Krankheitssymptome (Zeit notieren),
  - eingeleitete Erste-Hilfe-Maßnahmen,
  - Verlaufskontrollen.
- **Telefon 112**
- **Rettungswagen und Notarzt**

Inzwischen gibt es in Deutschland das aus Amerika stammende DAN-Rettungssystem (Divers Altert Network), das dem Taucher in der ganzen Welt bei Tauchunfällen ein „Rundum-Paket“ bietet mit der kompletten Organisation eines Tauchunfalls einschließlich Rücktransport in die Heimat. Diese Hotline kann in Notfällen auch von Nicht-DAN-Mitgliedern genutzt werden.

Nationale Tauchunfall-Hotline
Divers Alert Network (DAN) Europa
für Unfälle in Deutschland und Österreich:
00800 - 326 668 783
für die Schweiz:
+41-333-333-333
Internationale DAN-Hotline
mit Zentrale in Italien
+39 - 0396057858
Schifffahrtmedizinisches Institut der Marine
+49-(0)431-5409-1441

Der VDST bietet seinen Mitgliedern den gleichen Service einschließlich einer Auslandsreisekrankenversicherung.

VDST-TAUCHERHOTLINE

+49-(0)1805 66 05 60
+49-(0)621 549 018 14

Hier wird eine Betreuung durch Taucherärzte rund um die Uhr weltweit sichergestellt.

Entsprechende Notfallhilfe erhalten Sie auch unter der Taucherhotline aqua-med
+49-(0)700-34835463
weitere Nummern bei
http://www.gtuem.org

Der Ersthelfer bei Tauchunfällen sollte den Verletzten ins Krankenhaus begleiten, um dem später behandelnden Arzt neben dem erstellten Unfallprotokoll weitere Informationen zu überbringen, insbesondere in Bezug auf die Differenzierung der ernsteren Taucherkrankheiten Lungenüberdruckbarotrauma und Dekompressionskrankheit; denn die Differenzierung dieser beiden lebensgefährlichen Erkrankungen ist durch den objektiven Untersuchungsbefund allein nicht möglich. Die erste Hilfe bei Tauchunfällen

Lernerfolgskontrolle

***E.1**
Wie informierst du dich vor einem Tauchgang über die Rettungskette?

a Ich verlasse mich darauf, dass die Tauchbasis oder der Tauchlehrer im Notfall für alle Maßnahmen sorgen.
b Ich erkundige mich über Sauerstoffeinrichtungen an Bord, Notfallrufnummern und die nächste einsatzbereite Druckkammer.
c Ich rufe die nächste Druckkammer an und kündige meinen Tauchgang an.
d Ich erkundige mich unmittelbar vor dem Tauchgang bei meinem Tauchlehrer über alle Maßnahmen, die bei den jeweiligen Taucherkrankheiten durchzuführen sind.
e Ich kenne die deutsche Rettungskette – diese wird auch im Ausland funktionieren.

ist zur Rettung eines Verunglückten die wichtigste Maßnahme. Da man niemals alleine taucht, ist der Tauchpartner in der Regel derjenige, welcher als Erster helfen kann. Jeder Taucher muss daher über die Maßnahmen der ersten Hilfe Bescheid wissen. Auch du als Anfänger musst dich bereits frühzeitig in der ersten Hilfe ausbilden lassen.
Natürlich kann hier nur ein Überblick gegeben werden. Um die erste Hilfe und Reanimation richtig zu erlernen, ist unbedingt der Besuch eines Kurses in Herz-Lungen-Wiederbelebung (HLW) nötig. Dieser ist für die Ausbildungsstufen ab Taucher** Pflicht, aber auch für Taucher* unbedingt zu empfehlen. In diesem Buch wird die HLW ab Seite 163 ff. detailliert beschrieben. Eine fundierte praktische Ausbildung, die regelmäßig wiederholt wird, ermöglicht es erst, im Notfall Wiederbelebungsmaßnahmen tatsächlich wirkungsvoll anzuwenden.
Die Reanimationsmaßnahmen beginnen mit der Prüfung des Bewusstseins und folgen dann einem vorgegebenen Ablaufschema (Basisalgorithmus):
Prüfe das Bewusstsein durch Schütteln und Ansprechen. Um Hilfe rufen.
Mache die Atemwege frei durch Überstrecken des Kopfes und Anheben des Kinns. Bei sichtbaren Fremdkörpern in der Mundhöhle sollten diese entfernt werden.
Prüfe die Atmung durch Sehen, Hören und Fühlen.
30 Thoraxkompressionen. Setze dazu den Ballen einer Hand auf den Mittelpunkt des Brustkorbs und komprimiere ihn ca. 4–5 cm tief in einer Frequenz von 100/min.
Dann **beatme** die Lunge durch zwei effektive Beatmungen über einen Zeitraum von 1 sec. Fortsetzung der HLW mit einem Rhythmus
30 Thoraxkompressionen : 2 Beatmungen ohne Pause. Wenn ausreichende Helfer zur Verfügung stehen, ist es empfehlenswert ausgeruhte Helfer einzusetzen.
Die Feststellung des Pulses an der Halsschlagader (Karotispuls) ist zur Effektivitätsbeurteilung eines Herz-Kreislauf-Stillstandes nicht ausreichend.

Ein- und Zwei-Helfer-Methode:

Die Zwei-Helfer-Methode soll in der Zukunft nicht mehr gelehrt werden. Es ist sinnvoll, dass eine zweite Person als Helfer zu Verfügung steht, wenn ein Helfer körperlich erschöpft ist. Sollten zwei Helfer die HLW durchführen, geschieht das auch in einem Rhythmus
30 Thoraxkompressionen : 2 Beatmungen.

Wenn der Taucher noch bei Bewusstsein ist, aber eine blasse Hautfarbe hat, der Puls erhöht ist und der Blutdruck abfällt, so hat er vermutlich einen Schock. Dann wird er nicht in die stabile Seitenlage gebracht, sondern in die Schocklage (Hochlagern der Beine). Außerdem muss er vor Unterkühlung geschützt werden (Decke). Wichtig ist auch schnelle ärztliche Hilfe und Flüssigkeitszufuhr, wenn er noch bei Bewusstsein ist und trinken kann.

Lernerfolgskontrolle

***E.2**

Welche Erste-Hilfe-Maßnahme ist richtig?

a Bei Bewusstlosigkeit sofort mit der Beatmung beginnen.
b Liegt keine Atmung vor, wird mit den Herzmassagen begonnen.
c Das Wichtigste ist der Notruf per Telefon, dann werden Puls und Atmung kontrolliert.
d Herz-Lungen-Wiederbelebung kann von jedem Laien ohne spezielle Ausbildung durchgeführt werden.
e Liegen weder Puls noch Atmung vor, wird mit der Herz-Lungen-Wiederbelebung begonnen.

***E.3**

Wie beginnst du bei einem bewusstlosen Taucher die erste Hilfe?

a Sofort beatmen.
b Sofort Herz-Lungen-Wiederbelebung beginnen.
c Zunächst das Bewusstsein prüfen, Atemwege befreien durch Überstrecken des Kopfes, Atmung überprüfen und ggf. beatmen.
d Zunächst Notruf per Telefon absetzen, dann zurückkehren und Lebensfunktionen überprüfen.
e Bewusstlosen Taucher immer in die stabile Seitenlage bringen und auf Hilfe warten.

***E.4**

In welcher Reihenfolge überprüfst du die Lebensfunktionen eines Verunfallten?

a Ansprechbarkeit, Atmung, Puls
b Atmung, Puls, Temperatur
c Schmerzen, Temperatur, Auswurf
d Atmung, Schmerzen, Puls
e Temperatur, Puls, Atmung

***E.5**

Wie wird ein bewusstloser Taucher nach der Rettung an Land oder Bord versorgt?

a Kontrolle der Lebensfunktionen. Wenn Puls und Atmung vorliegen, stabile Seitenlage.
b Atemerleichternde Haltung und warme Getränke verabreichen.
c Tauchanzug entfernen und Schocklagerung herstellen.
d Notruf absetzen und warten, bis ein Arzt kommt.
e Die Versorgung übernimmt der zuständige Tauchlehrer – ich könnte schließlich etwas verkehrt machen.

***E.6**

Aus welchen Beobachtungen kannst du auf eine Atemstörung schließen?

a Wenn Bewusstlosigkeit vorliegt.
b Wenn keine Brustkorbbewegung fühlbar oder sichtbar ist und wenn keine Atemgeräusche hörbar sind.
c Wenn der Puls nur noch schwach ist.
d Wenn der Körper blau verfärbt ist.
e Wenn die Haut blass ist.

***E.7**

Wie hilfst du einem Taucher, der einen Schock hat?

a Beruhigend auf ihn einreden, alles andere kann nur ein Arzt.
b Nach einer kurzen Ruhepause kann er nach Hause fahren.
c Stabile Seitenlage.
d Beine hoch lagern, Schutz vor Temperaturverlust, evtl. Flüssigkeitszufuhr.
e Sofort beatmen.

Lektion 15
*Schriftliche Überprüfung zum Grundtauchschein (Basic Diver) und CMAS-Taucher**

Nun haben wir die wichtigsten Grundlagen für das Tauchen mit dir behandelt. Das heißt zwar noch lange nicht, dass du nun über alle für das Tauchen wichtigen Dinge Bescheid weißt. Aber die für dich notwendigen Themen solltest du jetzt beherrschen. Dein Tauchlehrer wird mit dir jetzt vor der Prüfung noch einmal die wichtigsten Punkte durchgehen und dir Kontrollfragen stellen.
Als Nachweis für deine Kenntnisse, die du jetzt durch deine Ausbildung erworben hast, dient auch eine schriftliche Überprüfung. Nach erfolgreicher Überprüfung hast du den theoretischen Teil für den Grundtauchschein (Basic Diver) bestanden. Auch für die Stufe CMAS-Taucher* hast du damit bereits deinen Nachweis der theoretischen Kenntnisse erbracht. Die Theorieprüfung zum Taucher* ist die gleiche wie für den Grundtauchschein und kann auch ohne die vorherige Stufe Grundtauchschein abgelegt werden.
Auf einem von deinem Tauchlehrer vorgelegten Fragebogen für diese Stufe müssen innerhalb der dort angegebenen Zeit Antworten nach dem Multiple-Choice-Verfahren angekreuzt werden. Es ist immer genau eine Antwort richtig. Zu den Themengebieten Tauchphysik, Medizin, Ausrüstung, Praxis und Umwelt werden insgesamt 40 Fragen gestellt. Es müssen mindestens 30 Fragen richtig beantwortet sein.
Alle möglichen Fragen haben wir ausführlich in den Theorielektionen besprochen. Daher dürfte dir die richtige Beantwortung nicht schwer fallen. Teste dich selbst zur Vorbereitung mit den Lernerfolgskontrollen.

Lektion 16 Praktische Überprüfung zum Grundtauchschein (Basic Diver)

In deiner Anfängerausbildung hast du alle Ausbildungsstufen durchlaufen, die dich zum Beginn mit Freigewässertauchgängen qualifizieren. Zum Erwerb des Grundtauchscheins (Basic Diver) solltest du noch folgende Fertigkeiten üben:

16.1 Schnorcheln in Bauch-, Rücken- und Seitenlage und mit einer Flosse

Jede Schwimmlage ist in bestimmten Situationen vorteilhaft und sollte deshalb sicher und über einen längeren Zeitraum beherrscht werden. Auch das Schwimmen mit einer Flosse sollte geübt werden, da es durchaus möglich ist, eine Flosse zu verlieren.
Nicht auf die Geschwindigkeit, sondern auf die Ausdauer kommt es dabei an. Was nützt es dir, wenn du besonders schnell zum Boot zurückschnorchelst und die letzten 100 m nicht mehr schaffst? Ankommen ist wichtig.
Da es auch beim Tauchen durch mangelnde Orientierung oder unerwartete Zwischenfälle dazu kommen kann, in ziemlicher Entfernung vom Schiff aufzutauchen, muss dann eine mehr oder weniger lange Strecke zurückgeschnorchelt werden. Eine Grundkondition ist deshalb Voraussetzung für ein sicheres Tauchen. Schwimm deshalb mindestens 5 Minuten in jeder Lage.
Das Ankommen ist zwar wichtiger als die Geschwindigkeit, aber eine gewisse Grundgeschwindigkeit ist schon beim Schnorcheln erforderlich. In Tauchgebieten mit Strömung wirst du auch Schnorchelstrecken gegen die Strömung zu bewältigen haben. Eine nicht besonders starke Strömung sollte dir dabei auch über eine größere Strecke nichts ausmachen.
Übe nun das Schnorcheln mit Arm- und Flossenbenutzung über eine Strecke von 200 m. Durch regelmäßiges Training wirst du eine Kondition erlangen, die dir Sicherheit bei deinen kommenden Tauchgängen verleiht.

16.2 Sprung mit ABC-Ausrüstung vorwärts aus 0,5 bis 1 m Höhe

Wenn du aus einer gewissen Höhe ins Wasser springst, musst du dich vorher davon überzeugen, dass das Wasser tief genug ist und dass sich kein Hindernis, z.B. ein anderer Taucher, dort befindet.
Beim Sprung musst du deine Ausrüstung gegen Verlust sichern. Dazu hältst du deine Maske mit einer Hand fest angedrückt. Der Schnorchel ist im Mund, und die Flossen werden leicht nach oben gehalten, da sie sonst nach hinten abknicken. Du springst vorwärts ab und kommst mit geschlossenen Beinen auf den Füßen an.
So ist gewährleistet, dass du selbst sicher ins Wasser gelangst, niemanden gefährdest und einen sofortigen Überblick über die Situation erlangst.

16.3 Tauchgerät an- und ablegen in 3 m Tiefe

Bei den folgenden Übungen wollen wir das Tauchgerät antauchen. Dazu legen wir es am Grund in ca. 3 bis 4 m Tiefe ab. Dies kannst du unter Wasser entweder von der Seite wie das Ausziehen einer Jacke machen, oder du greifst mit den Armen nach hinten in das Jacket oder die Begurtung und ziehst dir das DTG über den Kopf. Das hat den Vorteil, dass dabei der Lungenautomat immer in der richtigen Position zu dir bleibt. Beim Ausziehen über die Seite musst du zuerst den

Abb. 52: DTG anlegen unter Wasser

Arm aus der Seite ziehen, an der sich nicht der Mitteldruckschlauch befindet, da du dir sonst das Mundstück mit aus dem Mund ziehst.
Erst wenn du das DTG abgelegt hast, nimmst du den Lungenautomaten aus dem Mund, legst ihn mit der Öffnung nach unten neben das DTG und tauchst langsam unter ständiger leichter Ausatmung auf.
Als Vorübung zum Anlegen des Tauchgerätes tauchst du nun lediglich zum DTG an den Grund, nimmst dir den Lungenautomaten in den Mund, bläst das Mundstück aus und atmest ein paar Züge. Du wirst feststellen, dass du jetzt mit Luftversorgung eigentlich beliebig lange dort verweilen könntest und ohne Luftprobleme das Gerät in aller Ruhe anlegen könntest.
Zunächst legst du aber den Lungenautomaten wieder mit der Öffnung nach unten neben das DTG und tauchst unter ständiger leichter Ausatmung auf.
Denke immer daran, dass du dort Luft unter erhöhtem Umgebungsdruck geatmet hast, die sich beim Auftauchen nach dem Gesetz von Boyle-Mariotte ausdehnt!
Wiederhole nun das Antauchen des Tauchgerätes aus ca. 10 m Entfernung. Übe dies so oft, bis du es sicher beherrschst.
Ein Problem könnte es für dich sein, dass du sofort nach dem Einatmen nach oben treibst, weil dein Körper nun ein größeres Volumen einnimmt. Wenn du das DTG auf dem Rücken trägst, wird dies durch die Gewichtskraft des DTG ausgeglichen. Halte dich daher bei dieser Übung einfach an dem DTG fest, denn es ist schwerer und bleibt auf dem Grund liegen.
Nun tauchst du das Gerät wieder an, nimmst den Lungenautomaten in den Mund, bläst ihn aus und kannst so erst einmal unter normaler Atmung an dem Gerät verweilen.
Jetzt legst du das Tauchgerät so vor dich hin, dass das Ventil direkt vor deinen Knien liegt und das Jacket bzw. die Trage oben liegt. Ordne nun in Ruhe die Begurtung so, dass deine Hände durch die Schultergurte an den unteren Rand der Tragschale greifen und die Schultergurte außen liegen. Nun hebst du das DTG (im Wasser wiegt es fast nichts) über deinen Kopf und lässt es auf den Rücken hinuntergleiten. Alle Gurte liegen nun gleich richtig, auch der Lungenautomat mit dem Mitteldruckschlauch konnte unverändert im Mund bleiben.
Eine andere Möglichkeit bei Tauchgeräten mit Jacket ist es, dieses auf dem Grund liegen zu lassen und selbst auf dem Rücken liegend hineinzuschlüpfen. Dabei ist besonders auf den Arm zu achten, an dessen Seite der Mitteldruckschlauch verläuft.
Nach dem Anlegen schließt du den Bauchgurt, ziehst ggf. die Schultergurte fest und tauchst kontrolliert unter ständigem leichtem Ausatmen auf. Drehe dich dabei um deine Längsachse und beobachte die Oberfläche auf mögliche Hindernisse.
Bisher hast du das Ablegen und Anlegen des Tauchgerätes nur separat geübt. Lege nun das Gerät in 3 m Tiefe ab, tauche 10 m weit weg. Tauche das Gerät nun aus dieser Entfernung wieder an, lege es an und tauche kontrolliert auf.

Übungen für den Grundtauchschein (Basic Diver):

Übungen mit ABC-Ausrüstung:

- 30 Sekunden Zeittauchen mit stetiger Ortsveränderung (ca. 10 m).
- 25 m Streckentauchen oder 20 m Streckentauchen mit Neoprenjacke und -hose.
- Dreimal 3,5 m Tieftauchen in einer Minute.
- 20 Minuten Zeitschnorcheln, je 5 Minuten in Brustlage, Seitenlage, Rückenlage und mit einer Flosse, wobei insgesamt eine Strecke von mindestens 500 m zurückgelegt werden muss.
- Als Schnorcheltaucher 50 m weit zu einem Gerätetaucher schwimmen, der in ca. 3 m Tiefe liegt, diesen retten und dann 50 m an der Oberfläche transportieren.

Übungen mit Drucklufttauchgerät:

- Zwei vorschriftsmäßige Sprünge mit kompletter Gerätetaucherausrüstung aus ca. 1/2 m Höhe.
- Das Drucklufttauchgerät in 2,5 bis 3,5 m Tiefe ablegen und 10 m weit wegtauchen. Aus dieser Entfernung das Gerät antauchen, das Gerät anlegen und auftauchen.
- Unter Wasser eine Strecke von mindestens 50 m zurücklegen; die erste Hälfte davon unter Atmung aus dem Zweitautomaten des Partners, die zweite Hälfte unter (wenn gewünscht angedeuteter) Wechselatmung mit dem Partner.
- Mit dem DTG auf ca. 3 m Tiefe abtauchen, die Maske absetzen, eine Minute ohne Maske tauchen, dann die Maske aufsetzen und ausblasen. Anschließend das Gerätemundstück herausnehmen und langsam, unter Ablassen von Atemluft aufsteigen.
- Mit kompletter Ausrüstung und Taucherweste/Jacket auf ca. 3 m Tiefe abtauchen. Die Taucherweste/Jacket mit Ausatemluft aufblasen, bis ein Schwebezustand hergestellt ist. In der Tiefe des Schwebezustandes 3 Minuten lang aus dem Drucklufttauchgerät atmen.
- 10 Minuten Tauchen in der Hälfte der Schwimmbadtiefe, dabei korrekte Beantwortung von 5 Unterwasserpflicht zeichen.
- 10 Minuten Schnorcheln in Brustlage mit dem Drucklufttauchgerät.

Die Übungen können wahlweise unmittelbar in den zugehörigen Praxislektionen oder am Ende der gesamten Ausbildung überprüft werden.

Nach bestandener Prüfung zum Grundtauchschein (Basic Diver) hast du das theoretische und praktische Wissen erworben, das dich zum begleiteten Tauchen unter den Bedingungen, unter denen du deine Ausbildung absolviert hast, befähigt.

Sie sollten nun durch Freigewässertauchgänge ergänzt werden, bei denen du unbedingt von deinem Tauchlehrer begleitet werden musst. Nur dein Tauchlehrer kann die Sicherheit für dich gewährleisten, die gerade bei deinen ersten Freigewässertauchgängen erforderlich ist, da er selbst durch seine Tauchlehrerqualifikation den Nachweis dafür erbracht hat.

Dein Tauchlehrer wird dir dann sagen, wann du so fit bist, mit den Übungen zum Taucher* zu beginnen. Diese Ausbildungsstufe qualifiziert dich zum begleiteten Tauchen im Freigewässer mit erfahrenen Tauchern.

Merke: Es tauchen immer mindestens 4 Sterne zusammen. Das bedeutet, dass du als Taucher* mit mindestens einem Taucher*** tauchen solltest.

Solltest du danach Interesse haben, mehr über das Tauchen zu erfahren, dann versuche, die Stufe CMAS-Taucher** zu absolvieren (s. Seite 162 ff). Zuvor solltest du viele Tauchgänge unternehmen, um Sicherheit zu erlangen und das zu festigen, was du in deiner Anfängerausbildung erlernt hast.

Jacket- bzw. Westen-Kurs

1. Kurs-Klassifizierug
Der Spezialkurs Jacket- bzw. Westen-Kurs sollte parallel zum Grundtauchschein (Basic Diver) laufen, damit der Tauchschüler bei den Prüfungstauchgängen für den CMAS-Taucher* mit dem Jacket bzw. mit der Taucherweste umgehen kann. Dieser Kurs ist nicht vorgeschrieben, jedoch für das sichere Tauchen und die Gewöhnung an die Technik und an das Medium Wasser eine sinnvolle Zusatzausbildung.
Leider wird unter Tarieren oft der Druck auf den Inflatorknopf verstanden. Wie wir sehen werden, gehört zum richtigen Tarieren und dem gesamten Arbeiten mit dem Jacket oder mit der Taucherweste einiges mehr.

2. Kursziel
Der Taucher soll in Theorie und Praxis mit der Weste oder dem Jacket in jeder Situation perfekt umgehen können. Nach Abschluss des Kurses soll er

- sich in jeder Tiefe tarieren können,
- einen schnellen Auftrieb beherrschen lernen und auf 3 m stoppen können,
- auf einer bestimmten Tiefe Höhenunterschiede von ca. 3 m nur mit der eigenen Atmung überwinden (Feintarierung),
- die Rettung eines Tauchers mittels Jacket beherrschen und
- das Jacket im Wasser leicht an- und ablegen können.

3. Voraussetzungen

Alter:	14 Jahre
Ausbildungsstufe:	Grundtauchschein (Basic Diver)
Anzahl der Tauchgänge:	0
Sonstiges:	Gültige Tauchtauglichkeitsbescheinigung

4. Tauchlehrervoraussetzung
Tauchlehrer/Kursleiter:
Tauchlehrer oder Tauchlehrer-Assistent
Assistent (bei Bedarf):
Taucher*** mit dem Spezialkurs Jacket- bzw. Westen-Kurs

5. Theoretischer Teil
In zwei Unterrichtseinheiten werden die folgenden Lehrinhalte behandelt:

- Druck und Volumen
- Dichte
- was ist Tarierung
- die Atmung über und unter Wasser
- die Technik von Weste und Jacket
- die Wartung und Pflege des Jackets
- das Zubehör
- die verschiedenen Einsatzmöglichkeiten
- beim Tauchen und an der Wasseroberfläche

Diese Themen können auch unter den entsprechenden Kapiteln dieses Buches nachgelesen werden.

6. Praktischer Teil
Anzahl der Tauchgänge:
4, davon der erste im Pool oder Flachwasser
Tiefe: 3 m bis 10 m
Gewisse Vorübungen beim Grundtauchschein (Basic Diver) sind erforderlich.
Alle Tauchgänge dürfen nur bei ruhigem Wasser, guter Sicht und ohne Strömung durchgeführt werden, da sonst die Sicherheit nicht gewährleistet werden kann.

Erster Tauchgang: (Pool oder Flachwasser)
Vor dem ersten Tauchgang muss die Anprobe während der Theorieunterweisung erfolgt sein. Der Tauchgang sollte wie folgt ablaufen:

- Austarieren an der Wasseroberfläche und
- Feststellen der richtigen Bleimenge:
- Bei leerem Jacket und eingeatmetem Zustand muss der Taucher ohne Flossenschlag noch mit dem Mund atmen können. Im ausgeatmeten Zustand muss der

Taucher sinken und fängt erst in ca. 1 bis 2 m Tiefe wieder an zu atmen.
- Tarierübungen zwischen 1 m und 3 m mit der Atmung, mit dem Inflator und mit der Ausatemluft.

Zweiter Tauchgang
- Tarierübungen zwischen 3 m und 6 m mit dem Inflator und der eigenen Atmung, z.B. in horizontaler Tauchlage 1 m über dem Grund ohne Bewegung schweben.
- Auf einer festgelegten Tiefe auf dem Rücken tauchen, ohne Tiefe und Richtung zu verlassen.

Dritter Tauchgang
- Tarierübungen bis 10 m Tiefe.
- In 10 m austariert, Druck auf den Inflator, Auftrieb ohne Flossenschlag mit Stopp in 5 m. Bei entsprechenden Übungen in den Tauchgängen 1 und 2 ist diese Übung kein Problem. Der Tauchlehrer sollte jedoch direkt neben dem Schüler sein, um eine zu schnelle Fahrt nach oben zu stoppen. Ein „Durchschießen" ist unbedingt zu vermeiden.
- Schnorcheln in Bauch- und Rückenlage an der Wasseroberfläche.

Vierter Tauchgang
Rettungsübungen aus 5 m Tiefe nur mit dem Jacket oder der Taucherweste (ohne Kraft und Flossenschlag). Der Kopf des zu bergenden Tauchers soll überstreckt und das Mundstück fixiert sein.
Die Übung kann von hinten oder seitlich erfolgen, wobei die Rettung von hinten die effektivste ist, da der Retter die größte Kontrolle hat und somit den Partner sicher retten kann. Eine weitere Möglichkeit besteht darin, dass der Retter den Taucher mit Lufteinlass durch den Inflator aufrichtet und sich nun auf den Flaschenhals des DTG setzt. Mit der linken Hand kann er den Inflator des Tauchpartners und auch den eigenen bedienen. Ebenfalls kann auch das Ventil eines Trockentauchanzuges so bedient werden. Mit der rechten Hand wird der Kopf überstreckt und der Atemregler im Mund fixiert.

7. Erfolgskontrolle
Der Kursleiter soll feststellen, ob der Kursteilnehmer das Kursziel in Theorie und Praxis beherrscht. Der sichere Umgang mit dem Jacket in den vier Tauchgängen muss erkennbar sein.

8. Abschluss/Beurkundung
Dem Teilnehmer wird die erfolgreiche Teilnahme am Jacket- bzw. Westen-Kurs durch einen Eintrag ins Logbuch oder in den Taucherpass bestätigt. Der Tauchlehrer kann auch eine entsprechende Urkunde ausstellen.

Besondere Situationen unter Wasser – was tun?

Hier sollen Probleme angesprochen werden, die sich erfahrungsgemäß häufig bei Anfängern einstellen, und Lösungsmöglichkeiten aufgezeigt werden.

Problem	Ursachen	Lösung
Das Abtauchen klappt nicht.	Das Abtauchen wird tief eingeatmet versucht; psychisch: Hemmungen oder gar Angst; eventuell auch zu wenig Blei.	Beim Abtauchen ausatmen; den Anfänger an die Hand nehmen; den Anfänger durch Ziehen beim Abtauchen unterstützen; genug Blei mitnehmen (aber nicht zu viel, vorher testen).
Der Taucher findet nach dem Einblasen von Ausatemluft in sein Jacket den Lungeautomaten nicht mehr und kommt so in Luftnot	Er hat seinen Lungenautomaten beim Tarieren losgelassen.	Der Tauchpartner gibt ihm sofort seinen eigenen Atemregler zur Wechselatmung (bzw. den Zweitautomaten), da dies am schnellsten geht. Dann kann er in Ruhe den losgelassenen Lungenautomaten dem Taucher wiedergeben.
Der Lungenautomat bläst ab.	– Die erste Stufe des Lungenautomaten ist vereist, da eine hohe Luftabgabe (z.B. Inflator und Einatmung gleichzeitig) bei niedriger Umgebungstemperatur erfolgte, oder – Die Luftdusche hat sich verklemmt (z.B. durch ein Steinchen).	Der Tauchpartner leitet die Wechselatmung ein oder gibt seinen Zweitautomaten ab. Routinierte Taucher können dann das abblasende DTG zudrehen, einen Moment warten und dann (wenn die erste Stufe sich wieder erwärmt hat) das DTG wieder aufdrehen. In der Regel bläst der Automat dann nicht mehr ab. Mit Tauchanfängern sollte jedoch in so einem Fall der Aufstieg begonnen werden.
Der Anfänger steigt plötzlich immer weiter nach oben.	Er hat zu viel Luft in der Weste und nicht rechtzeitig den Tarierschlauch oder Schnellablass betätigen können.	Der Tauchpartner zieht den Anfänger wieder zu sich nach unten und lässt ihm dort Luft aus der Weste.

Problem	Ursachen	Lösung
Der Anfänger hängt ständig mit den Beinen auf dem Grund.	Er hat zu wenig Luft in der Weste.	Der Tauchpartner macht ihn darauf aufmerksam und bläst, falls notwendig, selbst ein wenig Luft in die Weste des Anfängers.
Der Anfänger rudert ständig mit den Armen	Er beherrscht noch nicht das Tarieren mit der Lunge und das Bewegen nur mit Flossenschlag.	Der Anfänger sollte bewusst versuchen, die Arme nicht zu bewegen, indem er sie beispielsweise vor sich verschränkt. Nur durch Üben kann er dieses Problem in den Griff bekommen.
Anschluss an den Tauchpartner verloren.	Der Taucher ist nicht nahe genug an der Gruppe geblieben. Eventuell auch noch schlechte Sicht.	Aus Gründen der raschen Kameradenhilfe sollte ein Taucher etwa eine Armlänge neben dem anderen schwimmen. Wird dies befolgt, so ist es auch in sehr trüben Gewässern fast unmöglich, dass man einander verliert. Bei schlechter Sicht sollten sich die Tauchpartner sogar an den Händen anfassen, um sich nicht zu verlieren. Sollte es dennoch vorkommen, wird unter Einhaltung der notwendigen Austauchpausen unverzüglich an die Wasseroberfläche aufgestiegen. Hier trifft man sich von selbst wieder.
Die Gruppe taucht so schnell, dass der Anfänger das Tempo nicht mithalten kann und außer Atem gerät.	Die Gruppe hat sich nicht nach dem Gruppenschwächsten gerichtet.	Der Anfänger verständigt die Gruppe darüber, dass er eine Pause zum Durchatmen braucht und dass dann langsamer getaucht werden soll. Hat er den Anschluss zur Gruppe bereits verloren, macht er trotzdem eine Pause, um kräftig auszuatmen und so einem Essoufflement vorzubeugen. Anschließend trifft sich die Gruppe wieder an der Wasseroberfläche. Dort sollte der Anfänger dem Gruppenleiter dann auch dessen zu schnelles Tempo vorwerfen.

Problem	Ursachen	Lösung
Beim Schnorcheln an der Oberfläche gerät ein Taucher so außer Atem, dass er schon fast zu ertrinken droht.	Essoufflement durch – zu viel Blei – zu volle Weste – zu engen Anzug (behindert die Atmung) – hohe Anstrengung, z.B.wegen Strömung	Eine Pause einlegen, die Weste aufblasen und tief ausatmen. Falls man dazu nicht mehr in der Lage ist: Blei abwerfen! Das Leben ist kostbarer als ein paar Stücke Blei. Die Tauchpartner müssen ständig auch beim Schnorcheln so nah zusammenbleiben, dass sie sofort helfend eingreifen können, wenn einer der Partner Probleme hat.
Druckausgleich klappt nicht, obwohl keine Erkältung vorliegt.	Es wurde zu spät mit dem Druckausgleich begonnen; die Druckunterschiede sind bereits so hoch, dass kein Druckausgleich mehr hergestellt werden kann (insbesondere auf den ersten 10 m).	Mit dem Druckausgleich wird bereits kurz unter der Wasseroberfläche begonnen und anschließend mit jedem Meter Tiefe wiederholt. Dann sind die Druckunterschiede so gering, dass dies keine Schwierigkeiten geben dürfte. Ist man bereits zu tief, so dass der Druckausgleich nicht mehr klappt, so hilft nur noch das Höhertauchen und Nachholen des versäumten Druckausgleichs. Wenn man schon den Druck auf den Ohren spürt, ist es manchmal bereits zu spät dazu.
Ein Tauchpartner kann seine Reserve nicht ziehen.	Möglicherweise hat sich die Reservezugstange aus der Halterung gelöst oder ist unbemerkt verloren gegangen. Besonders schwierig sind auch Reservezugleinen aufzufinden.	Der Taucher gibt das Unterwasserzeichen „Ich kann meine Reserve nicht ziehen – zieh mir meine Reserve", worauf der Tauchpartner ihm die Reserve direkt am Ventil öffnet. Stellt der Tauchpartner fest, dass die Reserve bereits geöffnet ist, so wird sofort unter Wechselatmung aufgetaucht.
Ein Taucher hat sich verfangen.	Unvorsichtigkeit und zu nahes Herantauchen an Netze oder andere Hindernisse.	Das Netz auf Zug bringen und dann die Maschen lösen oder, falls es gar nicht anders geht, mit dem Tauchermesser zerschneiden. Dazu wird das Messer hauptsächlich auch getragen. Verhakt man sich mit dem Tauchgerät, muss meistens der Tauchpartner helfen. Auf keinen Fall in Panik geraten und das Tauchgerät abwerfen.

Problem	Ursachen	Lösung
		Man bleibt dabei mit Garantie nochmals hängen. Bei Beschädigungen an den Netzen sollte man sich bei den Fischern melden.
Übelkeit auf dem Schiff. Verletzungsgefahr an Felsen und beim Ausstieg durch die Wellen.	Hoher Seegang.	Anfänger und solche, die leicht seekrank werden, sollten bei hohem Seegang nicht tauchen. Bei Tauchgängen mit hoher See sollte man entweder in der Nullzeit tauchen oder die Dekostufen genauestens planen. Man muss unbedingt daran denken, dass man bei den Dekopausen auch seekrank werden kann. In der Nähe von Klippen und Felswänden sollte in diesem Fall nicht dekomprimiert werden, da die Verletzungsgefahr ungemein hoch ist. Beim Aussteigen aus dem Wasser muss darauf geachtet werden, dass man in einer auflaufenden Welle auftaucht und vor der nächsten bereits die Gefahrenzone verlassen hat. Wer keine Tauchreinerfahrung bei hohem Wellengang hat, der sollte diese Situation nicht unterschätzen und sich auf den Rat eines erfahrenen Tauchers oder Tauchlehrers verlassen.
Unbemerktes Abtreiben während des Tauchgangs und Auftauchen in weiter Entfernung vom Ziel.	Starke Strömungsverhältnisse, die vorher nicht festgestellt wurden. Trotz offensichtlich ruhiger See können Strömungen und Unterströmungen auftreten oder vorhanden sein, ohne dass man beim Tauchgang etwas bemerkt.	Wenn man während des Tauchgangs unbemerkt abgetrieben wird, hilft nur Ruhe bewahren. Nicht gegen die zu starke Strömung anschwimmen. Am ehesten ist man aus einer Strömung heraus, wenn man sie rechtwinklig zu verlassen versucht. Man schwimmt an der Oberfläche mit Schnorchelatmung oder bläst die Taucherweste bzw. das Jacket auf und wartet auf Hilfe durch das Beiboot. Es sollten auf jeden Fall Notsignale wie die Signalboje oder Leuchtraketen mitgeführt werden.

CMAS-Taucher*

Die Stufe Taucher* umfasst einen Teil mit ABC-Ausrüstung und einen theoretischen Teil, die beide mit dem entsprechenden Teil des Grundtauchscheins (Basic Diver) übereinstimmen. Wurde der Nachweis der Kenntnisse zum Grundtauchschein bereits erbracht, so werden diese beiden Prüfungsteile als erfolgreich absolviert anerkannt.
Hinzu kommen für die Ausbildungsstufe Taucher* Freigewässertauchgänge.

Tarieren mit dem Inflator in unterschiedlichen Tiefen

Beim Tauchen im Freigewässer erfolgt die Tarierung genauso, wie wir es im Bad oder Flachwasser erlernt haben. Durch die größeren Tiefenunterschiede bis maximal 6 bis 15 m Tiefe kommt der Tarierung hier eine wesentlich größere Bedeutung zu. Gerade in diesem Bereich sind die Druckunterschiede am größten. Es wird häufiger erforderlich sein, die Grobtarierung zu verändern. Achte aber auch hier darauf, zunächst die Reserven deiner Atmung auszunutzen, bevor du Luft in dein Jacket bzw. in deine Taucherweste lässt oder ablässt. Natürlich kannst du den Inflator zum Lufteinlassen verwenden.
Du solltest dann auch in der Lage sein, bestimmte Tiefenstufen genau durch deine Feintarierung einzuhalten.
Außerdem wird dir dein Tauchlehrer während dieses und der nachfolgenden Tauchgänge Unterwasserzeichen geben oder von dir entsprechende Zeichen erwarten. Die Zeichen sollten von dir nicht nur gegeben oder verstanden werden, sondern du musst dich auch richtig und ohne langes Überlegen danach verhalten.

Geschwindigkeitskontrolliertes Auftauchen mit Stopp

Üblicherweise tauchen wir entlang des Bodenprofils mit Sichtkontakt zum Grund. Es wird aber auch regelmäßig vorkommen, dass du im freien Wasser zur Oberfläche oder zum Boot aufsteigst. Auch ohne feste Orientierungspunkte solltest du dann sicher unter Einhaltung der Aufstiegsgeschwindigkeit von maximal 10 m pro Minute, im flachen Bereich besser 6 m pro Minute, nach oben gelangen. Aus Sicherheitsgründen halten wir auch ohne das Erfordernis von Austauchpausen einen Stopp von mindestens 1 Minute in 3 m ein. Das sichere Einhalten der 3-m-Stufe durch exaktes Tarieren ist eine Grundvoraussetzung für dein weiteres Tauchen. **Bei stärkerem Wellengang kann der Sicherheitsstopp auch in 5 m Tiefe durchgeführt werden.** Kontrolliere regelmäßig deine Tiefe und Geschwindigkeit mit Uhr und Tiefenmesser und arbeite nicht so sehr mit den Flossen, sondern hauptsächlich über die Tarierung. Zur Kontrolle der Aufstiegsgeschwindigkeit kannst du dich auch an den Schwebeteilchen im Wasser, an den kleinsten aufsteigenden Luftblasen oder an Bezugspunkten wie eventuell der Ankerleine orientieren.
Du beginnst den Aufstieg im tarierten Zustand aus einer Tiefe von etwa 10 m. Durch das mit abnehmendem Druck zunehmende Volumen der eingeschlossenen Luft im Jacket/Taucherweste nimmt der Auftrieb ständig zu, und du wirst immer schneller. Daher musst du durch das Ablassen von Luft für einen stabilen Tarierungszustand sorgen. Dies geschieht in erster Linie über die At-

mung. Wenn du ausgeatmet hast und feststellst, dass du versehentlich zu viel Luft abgelassen hast, so kannst du jederzeit wieder einatmen und so einen Auftrieb erreichen. Tauche daher vorwiegend im ausgeatmeten Zustand auf.
Wenn du dich der 3-m-Stufe näherst, verlangsame deinen Aufstieg. Wenn du in einem stabil tarierten Zustand ankommst, kannst du allein durch die Ausatmung auf 3 m anhalten. Anderenfalls musst du noch etwas Luft aus deinem Jacket bzw. aus deiner Taucherweste lassen. Führe das aber auf jeden Fall im ausgeatmeten Zustand durch, um durch ein nachfolgendes Einatmen ausgleichen zu können.
Zum Ablassen der Luft aus dem Jacket oder aus der Taucherweste verwendest du die Dosiereinrichtung am Mundstück und hältst es dabei nach oben. Solltest du viel zu schnell geworden sein, so kannst du auch über den Schnellstopp deinen Aufstieg ruckartig abbremsen. Da dies jedoch ohne die Möglichkeit einer genauen Dosierung erfolgt, kann es schnell passieren, dass du dann zu viel Luft abgelassen hast. Steuere dem dann durch Einatmung und Nachtarieren entgegen. Bei dieser Übung solltest du auch zeigen, dass du mit dem Mund tarieren kannst.

Aufstieg unter Wechselatmung

Wir haben bereits bei dem Erlernen der Wechselatmung darauf hingewiesen, dass diese Technik hauptsächlich der Rettung in einem Notfall dient. In dem Fall, dass ein Partner keine Luft mehr hat, wird natürlich sofort der Aufstieg an die Wasseroberfläche begonnen. Da jedoch ausreichend Luft für beide vorhanden ist, werden auf jeden Fall die Austauchregeln eingehalten. Achte genau auf die Einhaltung der Aufstiegsgeschwindigkeit!
Sprich die Übung vorher detailliert mit deinem Partner durch! Wenn Fragen darüber offen bleiben, wer wen wo festhält und wie viele Atemzüge genommen werden, so war die Vorbesprechung nicht zweckmäßig. Durch eine gute Absprache kannst du den Erfolg der Wechselatmung schon wesentlich mit beeinflussen.
Ihr beginnt die Übung in der maximalen Tauchtiefe von 6 bis 15 m im austarierten Zustand. Auf ein Zeichen des Tauchlehrers nimmt dein Partner den Lungenautomaten aus dem Mund und zeigt dir „Ich habe keine Luft mehr". Du gibst ihm deinen Lungenautomaten und hältst ihn am Schlauchende fest. Gleichzeitig beginnt der Aufstieg.
Dein Partner hält sich dazu an dir fest und kann sich mit der anderen Hand tarieren. Du hast die Möglichkeit, dich auch mit deiner freien Hand zu tarieren. Es gibt verschiedene Möglichkeiten, die Tarierung durchzuführen. Tariert sich jeder selbst, so wird am ehesten ein stabiler Zustand erreicht. Dein Tauchlehrer wird dir erklären, wie ihr euch am besten tariert.
Die Wechselatmung scheint zwar eine Technikübung zu sein, da für jeweils zwei Atemzüge eine Unterbrechung der Luftversorgung und ein Wechsel des Lungenautomaten erforderlich ist. Dies stellt jedoch nicht die Hauptschwierigkeit der Wechselatmung dar. Die Wechselatmung ist in erster Linie eine Tarierübung. Die häufigsten Fehler sind ein Überschreiten der Aufstiegsgeschwindigkeit oder ein Wiederabsacken. Muss dann durch Flossenschlag der Abtrieb ausgeglichen werden, so gelangst du leicht in Atemnot, und der Wechsel des Lungenautomaten wird nicht mehr eingehalten. Damit es dazu nicht kommt, muss die Wechselatmung vor allem ruhig, nahezu ohne Flossenschlag und in einem jederzeit stabilen Zustand der Tarierung erfolgen. Hektik hat in der Regel den Abbruch der Wechselatmung zur Folge.
Kontrolliere deine Aufstiegsgeschwindigkeit über den Tiefenmesser und die Uhr. Da deine beiden Hände benutzt werden, sind diese Instrumente sinnvollerweise auf dem Arm angebracht. Auch die Schwebeteilchen im Wasser und die kleinsten Luftblasen die

Abb. 53: Wechselatmung mit Tarierung durch jeden selbst; der Luftgeber hält den Lungenautomaten fest

nen dir hier wieder zur Orientierung. Die Wechselatmung kann auch „angedeutet" werden. Dazu gibt der Automatengeber das Mundstück zwar dem Partner, dieser nimmt es jedoch nicht in den Mund, sondern behält seinen eigenen Lungenautomaten im Mund. Du und dein Partner solltet euch darauf einigen, ob die Wechselatmung richtig durchgeführt wird. Bedenke jedenfalls, dass im Notfall am ehesten automatisierte Bewegungsfolgen funktionieren, die auch schon früher realitätsnah und regelmäßig geübt worden sind.

Nach einer Wechselatmung befindest du dich im freien Wasser, und das Schiff oder Ufer sind in einiger Entfernung. Das Zurückschnorcheln in kompletter Ausrüstung wird sich daher meistens anschließen.

Das Üben des Schnorchelns in kompletter Ausrüstung sollte jedoch nach Möglichkeit immer vor den Tauchgängen erfolgen, da sich nach einem Tauchgang immer Mikrogasbläschen im Körper befinden, die zunächst über die Lunge abgebaut werden sollten.

Zwischenfälle beim Tauchgang

Wir checken vor dem Tauchgang immer die Vollständigkeit, den korrekten Sitz und die Funktionsfähigkeit unserer Ausrüstung. Auch dies gehört zu einer sorgfältigen Tauchgangsvorbereitung. Trotzdem kann es durch Unachtsamkeit zu Zwischenfällen kommen, die oft leicht wieder behoben werden können.

Bei dieser Übung wird simuliert, dass du deinen Lungenautomaten nach dem Herausnehmen losgelassen hast, er sich hinter deinem Rücken befindet und du ihn „wiederangeln" willst, um weiterzuatmen. Bewahre in einer solchen Situation auf jeden Fall die Ruhe, denn deine verbleibende Luft reicht auf jeden Fall, um durch geschickte Bewe-

gungen den Lungenautomaten wieder zu erreichen. Am einfachsten beugst du dich dazu nach vorne, so dass der Lungenautomat an deinem Kopf vorbei nach unten fällt. Dann ist er direkt vor deinem Kopf und kann von dir wieder genommen werden.
Sollte z.B. durch die unachtsame Flossenbewegung deines Tauchpartners deine Maske mit Wasser volllaufen, so solltest du auch im Freigewässer keine Probleme haben, wie erlernt die Maske auszublasen und weiterzutauchen.
Nach dem Tauchgang versorgst du die Ausrüstung, demontierst die Atemregler und gehst pfleglich mit allen Ausrüstungsgegenständen um. DTGs werden dabei wie vor dem Tauchgang grundsätzlich hingelegt.

Atmung aus dem Zweitautomaten

Die Atmung von zwei Tauchern aus einem Atemregler mit zwei Lungenautomaten ist der Wechselatmung vorzuziehen. Wie das durchgeführt wird, haben wir bereits in der Anfängerausbildung behandelt. Jetzt sollst du das Atmen aus dem Zweitautomaten auch im Freigewässer umsetzen.
Du nimmst im Abstand von 5 m zu deinem Partner den Lungenautomaten aus dem Mund, tauchst zu ihm, gibst ihm das entsprechende Zeichen und atmest dann 5 Minuten aus dem Zweitautomaten deines Tauchpartners. Dabei wird der Tauchgang fortgesetzt. Wie du schon früher festgestellt hast, besteht das Hauptproblem dabei in der eingeschränkten Bewegungsfreiheit durch die „Nabelschnur". Passe dich den Bewegungen deines Partners an. Eine sinnvolle Möglichkeit ist das etwas seitliche Tauchen, sodass ihr euch gegenseitig zugewandt seid.

Rettungsübung

Die Rettung eines anderen Tauchers ist die wichtigste Übung, die du beherrschen musst. Ein am Grund in ca. 6 bis 15 m Tiefe liegender Taucher wird von dir angetaucht und am besten von hinten oder von der Seite so gegriffen, wie du es in deiner Ausbildung kennengelernt hast. Achte vor allem darauf, dass der Kopf überstreckt und das Mundstück fixiert wird. Da du nicht davon ausgehen kannst, dass der Taucher tariert ist, kann es möglich sein, dass du zunächst etwas Luft in sein Jacket oder in seine Taucherweste geben musst. Dann beginnt der Aufstieg unter Einhaltung der zulässigen Geschwindigkeit.
An der Wasseroberfläche wird das Jacket oder die Taucherweste des Tauchers aufgeblasen, damit zunächst die ohnmachtsichere Lage erreicht wird. Wenn nicht ein zu hoher Wellengang herrscht, wird der Lungenautomat aus dem Mund genommen, um ihm ein freies Atmen ohne Atemwiderstand zu ermöglichen. Du gibst, da es sich um eine Übung handelt, nun statt des Notsignals ein O. K.-Zeichen zum Boot oder ans Ufer.
Nun werden in einem Notfall das Tauchgerät und das Blei abgeworfen. Da es sich jedoch hier um eine Übung handelt, wirfst du es nicht weg, sondern gibst es einem Begleiter (eventuell deinem Tauchlehrer) in die Hand. Das Abwerfen des Bleigurtes und des DTG muss unbedingt bei der Rettungsübung geübt werden, da dies in vielen echten Notfällen mangels Übung immer noch vergessen wird! Der Helfer, der die „abgeworfene" Ausrüstung dann hilfsbereiterweise transportiert, muss aber vor Annahme des Bleigurtes daran denken, dass er sich Luft in sein Jacket oder in seine Taucherweste gibt, um nicht abzusinken.
Überprüfe die Vitalfunktionen des „Verunfallten" und transportiere ihn ziehend zum Boot oder Ufer. Da du sein Jacket mit dem DTG abgelegt hast, muss dabei der Kopf überstreckt werden.
Wenn du festgestellt hast, dass der Verunfallte nicht mehr atmet, ist auch eine Beatmung im Wasser über den Schnorchel möglich **(nur mit Schnorchel ohne Ausatemventil möglich)**. Dies behindert und verlangsamt jedoch den Transport. Einem mög-

lichst schnellen Transport zum Ufer oder Boot mit anschließender wirklich effektiver Herz-Lungen-Wiederbelebung ist der Vorzug zu geben. Das bedingt allerdings, dass auch in kürzester Zeit das Ufer oder Boot erreicht werden kann.

Am Ufer oder Boot angekommen, entledigst du dich deiner Ausrüstung und bringst den „Verunfallten“ mit dem Rautek-Bergegriff oder dem Schultertragegriff an Land. Wie du gegebenenfalls in das Boot birgst, hängt von dem jeweiligen Boot ab und wird dir von deinem Tauchlehrer in deiner Ausbildung gezeigt.

An Land oder auf dem Boot wird der „Verunfallte“ nun flach auf einem ebenen, festen Untergrund gelagert, der Anzug geöffnet und die Vitalfunktionen überprüft. Setze dann den Notruf ab und demonstriere die Herz-Lungen-Wiederbelebung nach der Ein-Helfer-Methode, die Schocklage und die stabile Seitenlage.

Du solltest dich vor dem Tauchgang bereits über die Rettungskette informiert haben, den Ort des Funkgerätes oder Telefons sowie die Rufnummern und die Ansprechpartner kennen und beschreiben, wo und wie der „Unfall“ passiert ist.

Die Übungen zum Taucher* können in 6 Tauchgängen absolviert werden.

Nach dem erfolgreichen Abschluss dieser Ausbildungsstufe hast du die Grundbegriffe des Tauchens erlernt und kannst dich nun mit weiteren Ausbildungsschritten befassen, oder du genießt ganz einfach die Unterwasserwelt.

Als Taucher solltest du trotz guter Ausbildung immer deine Leistungsgrenze kennen, das Erreichte durch Übungen und Training erhalten. Solltest du den Wunsch haben, das Brevet CMAS Taucher** zu erwerben, so wird dir der nächste Abschnitt dieses Buches dazu eine wertvolle Hilfe sein. Vorher ist das Absolvieren der Spezialkurse „Orientierung beim Tauchen“ und „Gruppenführung“ erforderlich.

Ausbildung zum Taucher**

Einführung

Du hast jetzt die Prüfung zum CMAS-Taucher* abgelegt und bist seitdem viel getaucht. Als CMAS-Taucher* solltest du befähigt sein, als Mitglied einer Gruppe unter Leitung eines erfahrenen Tauchers, z.B. eines Tauchers***, mitzutauchen.

Du hast sicherlich erfahren, dass es nicht immer leicht ist, einen solchen erfahrenen Taucher zu finden. Andererseits hast du aber auch gemerkt, dass du schon einen Tauchpartner benötigst, der die Gruppe führt, sich orientieren kann und mit auf deine Sicherheit achtet. Du bist schließlich noch unerfahren.

Mit der Zeit sammelst jedoch auch du deine Erfahrung und möchtest selbstständig Tauchunternehmungen planen und mit anderen Tauchern deines Erfahrungsstandes gemeinsam tauchen. Dann solltest du die Stufe CMAS-Taucher** in Angriff nehmen.

Du musst dafür gewisse Voraussetzungen erfüllen, die du der Prüfungsordnung entnehmen kannst. Insbesondere musst du eine gewisse Anzahl von Tauchgängen seit Beendigung des CMAS-Taucher* nachweisen. Diese Anzahl Tauchgänge sollten jedoch nur ein Minimum darstellen. Frage deinen Tauchlehrer, ob du schon die Fertigkeiten und den Erfahrungsstand besitzt, um weiterzumachen.

Übertriebener Ehrgeiz könnte dir einen Misserfolg bescheren, der unnötig ist. Erst wenn du ein wirklich sicherer Taucher bist, Erfahrung in Gruppenführung gesammelt hast und auch für die Sicherheit deiner Mittaucher sorgen kannst, ist der richtige Zeitpunkt für diese Stufe gekommen.

Da auch die Erstversorgung von Verunfallten und das Wiederfinden des jeweiligen Ausgangspunktes beherrscht werden muss, sind ein Kurs in Herz-Lungen-Wiederbelebung und die erfolgreiche Teilnahme an den Spezialkursen „Orientierung beim Tauchen" und „Gruppenführung" nachzuweisen.

Wir haben hier den Schwerpunkt auf die HLW-Darstellung gelegt, da jeder Taucher die richtigen Maßnahmen in der ersten Hilfe kennen und anwenden können sollte.

Kurs in Herz-Lungen-Wiederbelebung

1. Kursziel

Der Kursteilnehmer soll in Theorie und Praxis die Erste-Hilfe-Maßnahmen bei einer verunfallten Person mit dem Schwerpunkt der Herz-Lungen-Wiederbelebung erlernen und sicher anwenden können. Außerdem soll er Rettungs- und Transporttechniken durchführen und die stabile Seitenlage herstellen können.
Eigentlich ist dieser Kurs für den CMAS* noch nicht Voraussetzung. Es ist jedoch sinnvoll, den Kurs schon im Rahmen der Ausbildung zum CMAS*-Taucher durchzuführen, denn lebensrettende Maßnahmen sind besonders im Tauchsport wichtig.
Es ist weiterhin ratsam, die Inhalte der Automatischen Externen Defibrillation hier in den HLW-Kurs zu integrieren, denn in Zukunft wird es keine HLW ohne AED geben. Die AED ist eine gerade für den medizinischen Laien geschaffene Methode, durch einen Elektroschock die gefürchtete und immer zum Tode führende Herzrhythmusstörung „Herzkammerflimmern" erfolgreich zu behandeln (siehe auch Spezialkurse Tauchsicherheit und Rettung sowie Medizin-Praxis).

2. Mindestvoraussetzungen

- Alter: 14 Jahre,
- Ausbildungsstufe: keine Voraussetzung,
- Anzahl der Tauchgänge: keine Voraussetzung,
- Sonstiges: Es sollten im Tauchtheorieunterricht bereits medizinische Grundlagen geschaffen worden sein und die wichtigsten Tauchunfälle angesprochen worden sein, um das Verständnis für die Erfordernisse der HLW zu bewirken.

3. Ausbildungs- und Prüfungsberechtigung

Kursleiter: durch Prüfungsnachweis qualifizierter Ausbilder für Herz-Lungen-Wiederbelebung einer anerkannten Sanitätsorganisation (DRK, MHD, ASB, JUH oder DLRG) oder durch den jeweiligen Tauchsportverband autorisierter und durch Prüfungsnachweis qualifizierter Tauchlehrer, mindestens Tauchlehrer*.
Assistent (bei Bedarf): mindestens ÜL-F mit guten Kenntnissen in HLW; der letzte Kurs in Herz-Lungen-Wiederbelebung darf nicht älter als ein Jahr sein.

4. Kursort

Der Theorieunterricht sollte in einem mit den notwendigen Unterrichtsmedien ausgestatteten Unterrichtsraum stattfinden. Die Praxis kann in dem Unterrichtsraum oder im Freien stattfinden.

5. Kursumfang

Der theoretische Teil ist für 2 Unterrichtseinheiten ausgelegt. Die Dauer der praktischen Übungen richtet sich nach der Anzahl der Teilnehmer, der Übungsgeräte und der Ausbilder. Es sollten auf jeden Fall für jeden Teilnehmer 15 Minuten für die HLW vorgesehen werden.

6. Hilfsmittel

Theorieunterricht:
- Overhead-Projektor
- Leinwand, Tafel, Flipchart
- Lehrfolien, Anschauungsobjekte
- HLW-Puppe
- Beatmungsbeutel
- Guedel-Tubus
- evtl. Sauerstoffsysteme
- evtl. AED-Geräte
- weitere Unterrichtsmedien

Praxis:
- Übungspuppe für HLW, evtl. weitere Puppen
- Decken
- evtl. AED-Geräte
- Desinfektionsmittel

- Reinigungstücher
- je nach Puppe Ersatz für Einwegmaterial
- Beatmungsbeutel
- Guedel-Tubus
- evtl. Sauerstoffsysteme

7. Theoretischer Teil

- Unterrichtseinheiten: 2

Lehrinhalte:

Einleitung

- Hinweis auf bereits besprochene Tauchunfälle
- Möglichkeit der Rettung auch bei Ausfall von Lebensfunktionen
- Tauchpartner als erster Helfer
- Folgerung: Beherrschen der HLW für jeden Taucher wichtig, auch schon für den Anfänger!

Grundlagen Anatomie und Physiologie

- Herz-Kreislauf-System
- Anatomie der Lunge
- Physiologie, insbesondere Aufgabe der Atmung
- Gefahren bei Störungen der Atmung (Sauerstoffversorgung insbesondere des Gehirns)

Wann ist die Herz-Lungen-Wiederbelebung durchzuführen?

HLW ist bei plötzlichem Herz- und/oder Atemstillstand durchzuführen. Der plötzliche Herzstillstand – meist Folge einer Erkrankung der Herzkranzgefäße bzw. einer aktuellen Herzrhythmusstörung (Kammerflimmern) – ist die häufigste Todesursache. Bei primärem Atemstillstand kann das Herz noch wenige Minuten schlagen und das Gehirn aus den Sauerstoffreserven der Lunge versorgen. Durch frühzeitiges Eingreifen des Ersthelfers kann der folgende Herzstillstand verhindert werden. Auch bei vielen Tauchunfällen führt der Herz- und Atemstillstand unmittelbar zum Tode, meist ausgelöst durch die akute Herzrhythmusstörung Kammerflimmern. Solche Todesfälle könnten verhindert werden, wenn

- die Herz-Lungen-Wiederbelebung unverzüglich von einem erfahrenen Helfer durchgeführt wird; denn die Überlebenschancen sinken bei zu spätem Beginn der HLW (s. Abb. 54),
- die notfallmedizinische Behandlung rasch einsetzt, damit die eigene Herz- und Atemtätigkeit des Verletzten wiederhergestellt wird. Der wesentliche Anteil der notfallmedizinischen Behandlung ist hier der frühzeitige Einsatz der **A**utomatischen **E**xternen **D**efibrillation (AED).

Erste-Hilfe-Maßnahmen und Reanimation (nach ERC, European Resuscitation Council-2005)

Den diagnostischen Block gibt es nicht mehr. Nach der Aufforderung „Atemwege freimachen“ folgt die Prüfung der Atmung durch Sehen, Hören und Fühlen. Dann wird kein Puls getastet. Denn nach neueren Erkenntnissen ist die Feststellung des Pulses an der Halsschlagader (Karotispuls) zur Effektivitätsbeurteilung eines Herz-Kreislauf-Stillstandes nicht ausreichend. Bei fehlender Atmung (Notruf nicht vergessen!) werden sofort 30 Thoraxkompressionen durchgeführt. Nach dem Algorithmus der Basisreanimation für Erwachsene (Abb. 55) stehen 30 Thoraxkompressionen im Vordergrund, gefolgt von zwei effektiven Beatmungen über einen Zeitraum von 1 sec.

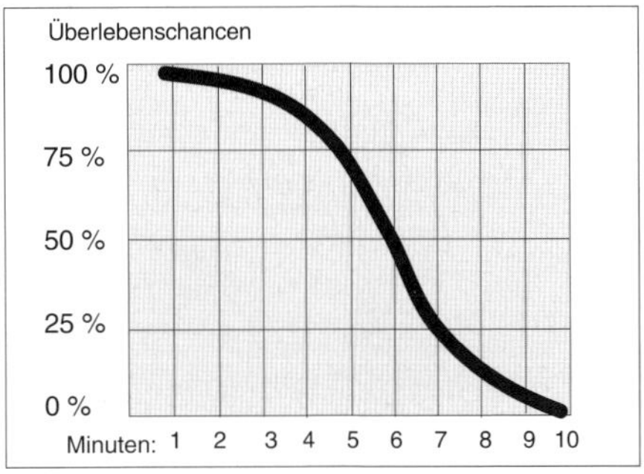

Abb. 54: Überlebenschancen in Abhängigkeit vom Beginn der HLW

Dieses Vorgehen gilt als die beste Methode, ein Optimum zwischen der Sauerstoffsättigung des Blutes und der Durchblutung des Gehirns zu erzielen. Der Rhythmus ist also:

30 Thoraxkompressionen : 2 Beatmungen als Ein- oder Zwei-Helfer-Methode. Die Zwei-Helfer-Methode soll in der Zukunft nicht mehr gelehrt werden. Es ist sinnvoll, dass eine zweite Person als Helfer zu Verfügung steht, wenn ein Helfer körperlich erschöpft ist.

Wie aus Abb. 55 zu ersehen ist, ist der Ablaufplan der Herz-Lungen-Wiederbelebung deutlich vereinfacht: das Pulstasten fällt weg. Die wesentliche Änderung ist der neue Rhythmus der HLW, 30 Thoraxkompressionen : 2 Beatmungen.

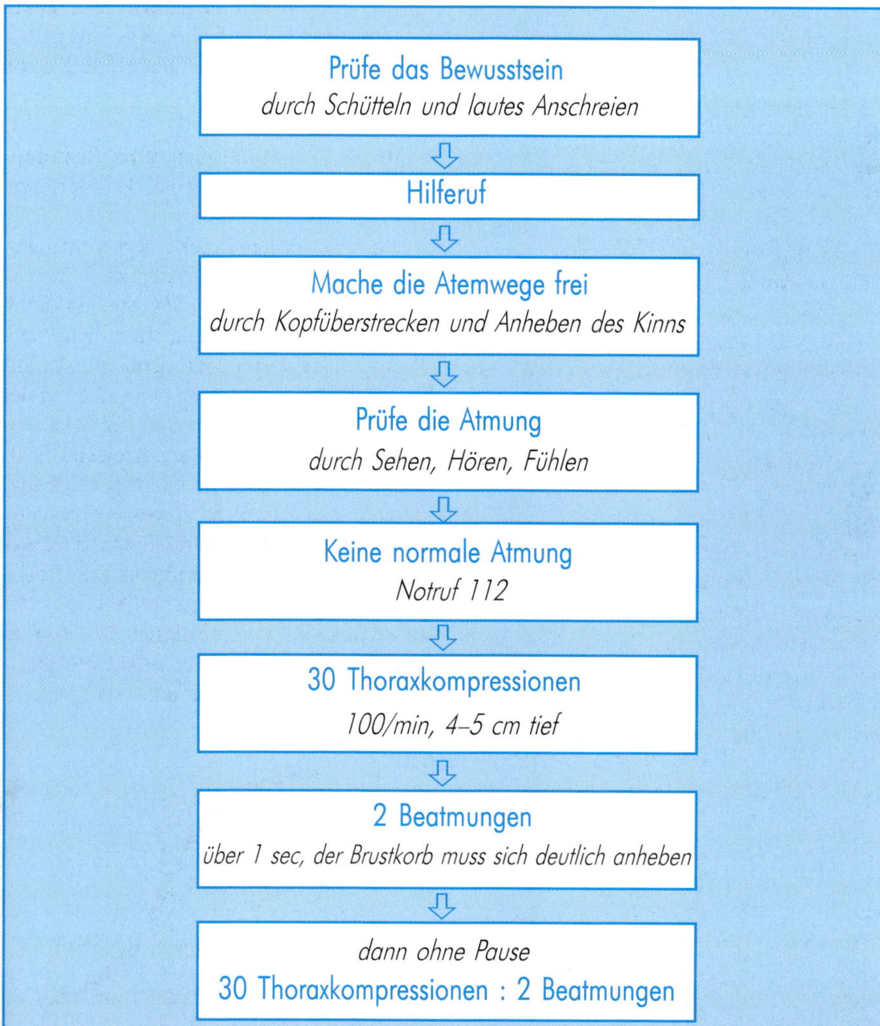

Abb. 55: Algorithmus der Basisreanimation Erwachsene (ERC-2005)

Notfallkarte

Sofortmaßnahmen bei schwerem Tauchunfall

- **Retten und Bergen, Befreien von der Ausrüstung**
- **Diagnose** (Bewusstsein, Atmung)
- **Um Hilfe rufen**

VDST TAUCHER-HOTLINE	**0180-566 05 60**
Rettungswagen mit Notarzt	112 oder 19222
DAN Europa, Roseto, Italien	+39-039 605 785 8

- **Atemwege freimachen** durch Kopfüberstrecken und Anheben des Kinns
- **Bei fehlender Atmung:**
  - Verwende keine Zeit durch Pausen für Pulskontrollen
  - 30 Thoraxkompressionen, 100/min, 4–5 cm tief
  - 2 Beatmungen über 1 sec
  - Rhythmus der HLW
    30 Thoraxkompressionen : 2 Beatmungen
- **Lagerung**
  Bei Bewusstlosen stabile Seitenlage, sonst flache Rückenlage und ständige Kontrollen der vitalen Funktionen (Bewusstsein und Atmung)
- **100 %iger normobarer Sauerstoff**
  über Maske mit Reservoirbeutel, Wenoll- oder Demandsystem
- **Flüssigkeit**
  Wenn ansprechbar, 2 Liter Wasser in 2 Stunden trinken lassen
  Wenn nicht ansprechbar, nur Infusionen (z.B. Ringer-Lactat-Lösung, 2 Liter in 2 Std.)
- **Dokumentation** des Unfallereignisses und der getroffenen Maßnahmen
- **Schneller Transport**
  zum nächsten Therapiezentrum
  (auch bei Verschwinden der Symptome)

VDST-Service-Center
Berliner-Str. 312, 63067 Offenbach, Tel. 069-981902-5

Abb. 55a: Notfall-Card

Algorithmus der Basisreanimation (ERC-2005)

Retten und Bergen
einer leblosen Person

⇩

Sicherheit für den Retter und die
gerettete Person

⇩

Prüfe das Bewusstsein
durch Schütteln und lautes Anschreien → *ansprechbar*

⇩

Bewusstlosigkeit ⇨ *Hilferuf*

⇩

Atemwege freimachen
durch Kopfüberstrecken und
Anheben des Kinns

⇩

Prüfe die Atmung
durch Sehen, Hören, Fühlen ⇨ *normale Atmung*
stabile Seitenlage

keine normale Atmung — *Notruf 112*

⇩

30 Thoraxkompressionen100/min, ca. 4–5 cm tief

⇩

2 Beatmungen, jeweils 1 sec
30 Thoraxkompressionen : 2 Beatmungen

Abb. 55b: Notfall-Card

Ablauf der Erste-Hilfe-Maßnahmen und HLW im Einzelnen (Basisalgorithmus)

1. Achte bei der Durchführung auf deine und des Verletzten Sicherheit.

2. Prüfe sein Bewusstsein durch vorsichtiges Schütteln seiner Schultern und lautes Ansprechen (s. Abb.)

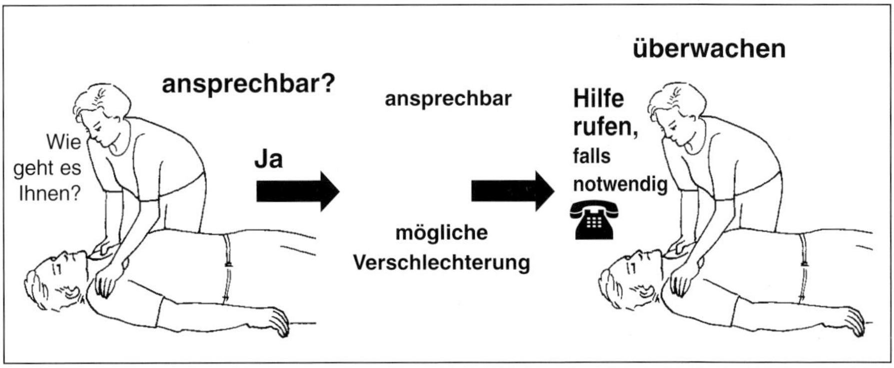

Bewusstseinsprüfung

3. Wenn er reagiert, belasse ihn in der Position, in der du ihn gefunden hast. Rufe nach Hilfe, falls notwendig. Überprüfe ihn ständig, denn eine Verschlechterung ist möglich.
Wenn er nicht reagiert, lege ihn auf den Rücken und mache die Atemwege frei durch Überstrecken des Kopfes (s. Abb).

Freimachen der Atemwege durch Überstrecken des Kopfes und Anheben des Kinns .

Falls hierbei sichtbare Fremdkörper oder Gebissteile zu erkennen sind, entferne diese. Oft tritt dann Spontanatmung ein.

4. **Halte die Atemwege weiter offen und prüfe die Atmung durch Sehen, Hören und Fühlen. Auch bei schwacher Atmung sieht man eine Brustkorbbewegung. Beachte aber, dass Schnappatmung oder deutlich gestörte Atmung keine normale Atmung sind! Du darfst nicht mehr als 10 sec benötigen, um zu entscheiden, ob die Atmung normal ist.**

5. **Wenn er normal atmet, drehe ihn in die stabile Seitenlage (s. Abb.), damit er nicht an seiner zurückfallenden Zunge oder an Erbrochenem ersticken kann. Hole Hilfe.**

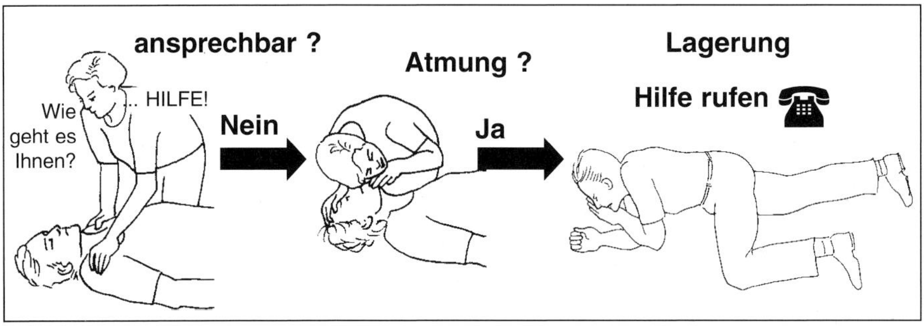

Lagerung in stabiler Seitenlage, wenn die Atmung normal ist, aber Bewusstlosigkeit vorliegt

6. **Wenn er nicht atmet, Schnappatmung vorhanden ist oder die Atmung anderweitig gestört ist, schicke jemand oder hole selbst Hilfe, wenn du allein bist. Am Besten:**

Notruf Tel. 112

7. **Der Puls wird nicht mehr getastet! Beginne nun unverzüglich mit 30 Thoraxkompressionen mit einer Frequenz von 100/min, in dem du mit dem Ballen einer Hand die Mitte der Brustwand des Verletzten ca. 4-5 cm rhythmisch eindrückst.**

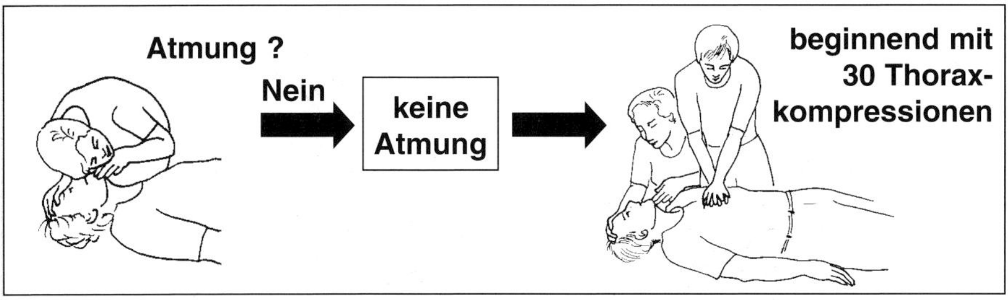

Atmung oder gestörte Atmung, dann sofort 30 Thoraxkompressionen

8. Dann folgen 2 Beatmungen, jeweils über ca. 1 sec und so stark, dass sich der Brustkorb deutlich anhebt

30 Thoraxkompressionen : 2 Beatmungen

9. Setze die Reanimation fort, bis:
- **professionelle Helfer den Fall übernehmen,**
- **der Patient wieder Lebenszeichen erkennen lässt,**
- **du körperlich erschöpft bist**

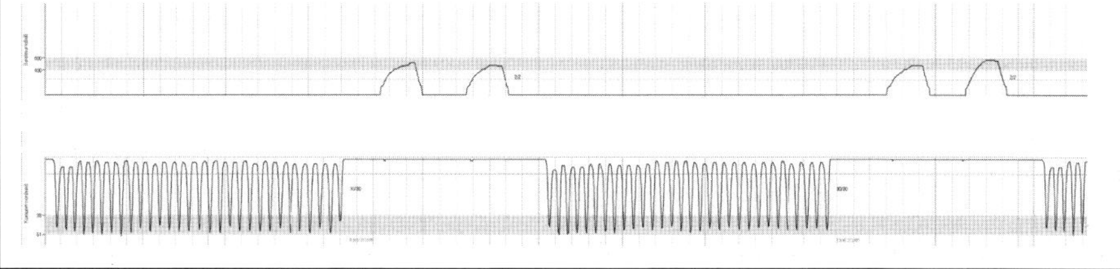

Abb. 56: Verhältnis Herzdruckmassage:Beatmung 30:2, gleichermaßen für die Ein-Helfer- und Zwei-Helfer-Methode, Beatmungsvolumen 500–600 ml

Verhältnis Herzdruckmassage : Beatmung

DasVerhältnis Herzdruckmassage : Beatmung beträgt 30:2, und zwar sowohl für die Ein-Helfer- wie auch für die Zwei-Helfer-Methode. Grund hierfür ist die Erkenntnis, dass bei 30 kontinuierlichen Thoraxkompressionen die Durchblutung und der Blutdruck in den Herzkranzgefäßen und in den Gehirnarterien deutlich höher ist als bei 15 Thoraxkompressionen. Das heißt, ein Optimum zwischen Sauerstoffsättigung des Blutes und der Durchblutung des Gehirns wird erzielt.

Ein- und Zwei-Helfer-Methode:

Die Zwei-Helfer-Methode soll in der Zukunft nicht mehr gelehrt werden. Es ist sinnvoll, dass eine zweite Person als Helfer zu Verfügung steht, wenn ein Helfer körperlich erschöpft ist. Sollten zwei Helfer die HLW durchführen, geschieht das auch in einem Rhythmus 30 Thoraxkompressionen : 2 Beatmungen.

Hinweise zur Beatmung

Die Beatmungsdauer beträgt 1 sec. Die einzelnen Beatmungen sollen zügig erfolgen, das Beatmungsvolumen soll 500-600 ml betragen, um zu verhindern, dass Luft in den Magen gelangt und Mageninhalt schließlich in die Mundhöhle aufsteigt. Eine Aspiration (Einatmung) des Mageninhaltes in die Lunge könnte die Folge sein. Dennoch sollen die einzelnen Beatmungen effektiv sein. Das Beatmungsvolumen muss so hoch sein, dass es durch die Beatmung zu einem deutlichen Anheben des Brustkorbs kommt.

Reanimation eines Kindes

Das Verhältnis Herzdruckmassage : Beatmung ist abhängig vom Alter der Betroffenen. Die vorher bekannte Altersgrenze von

8 Jahren gilt nicht mehr. Ein lebloses Kind ohne normale Atmung wird man zunächst mit 5 Beatmungen behandeln. Das weitere Vorgehen ist davon abhängig, wie viele Helfer zur Verfügung stehen. Bei der Ein-Helfer-Methode wird grundsätzlich der Erwachsenenrhythmus, d.h. 30 Thoraxkompressionen : 2 Beatmungen empfohlen. Sind zwei Helfer vorhanden, wird man einen Rhythmus von 15 Thoraxkompressionen : 2 Beatmungen empfehlen.

Fremdkörper in den Atemwegen, Erstickungsgefahr

Hier sind die Empfehlungen, bei ansprechbaren Verletzten 5 Schläge zwischen die Schulterblätter zu geben, dabei Tieflage des Oberkörpers. Bei Bewusstlosen soll die Reanimation begonnen werden unter der Vorstellung, dass die Thoraxkompressionen einen Druck in der Lunge aufbauen, über den der Fremdkörper hinausgedrückt wird. Der Heimlich-Handgriff (Abb.57) soll von Laienhelfern nur bei ansprechbaren Patienten ausgeführt werden.

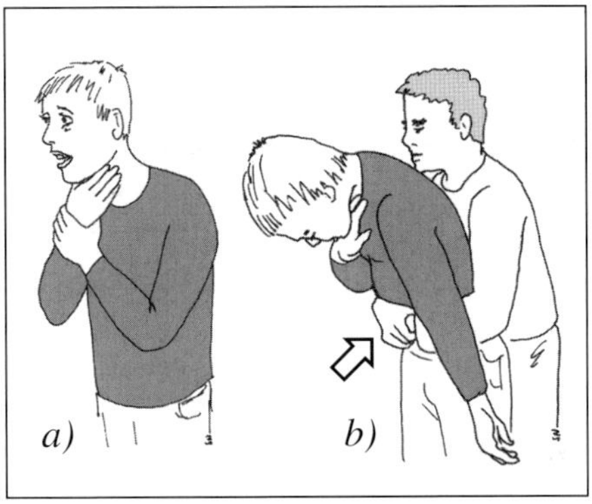

Abb. 57: Verlegung der Atemwege durch Fremdkörper
a) typische Haltung des Verletzten
b) Ausführung des Heimlich-Manövers

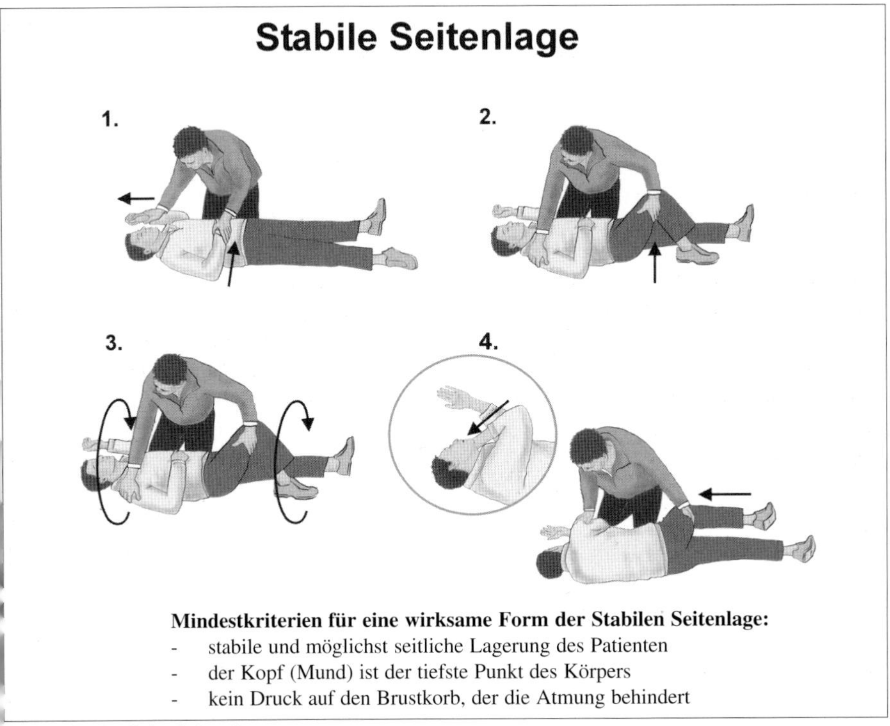

Abb. 58: Stabile Seitenlage

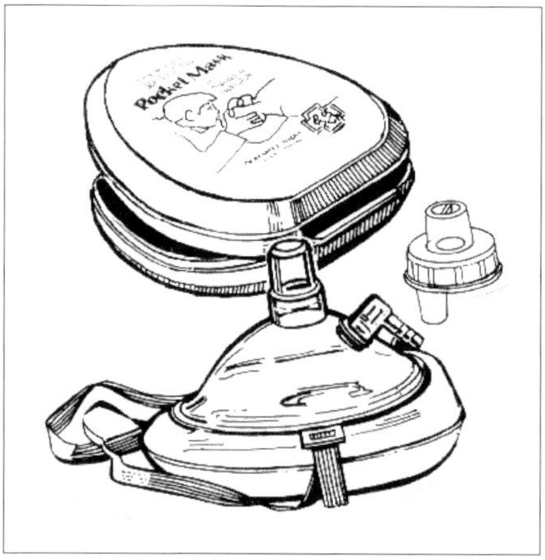

Abb. 59: Taschenmaske der Firma Laerdal, München

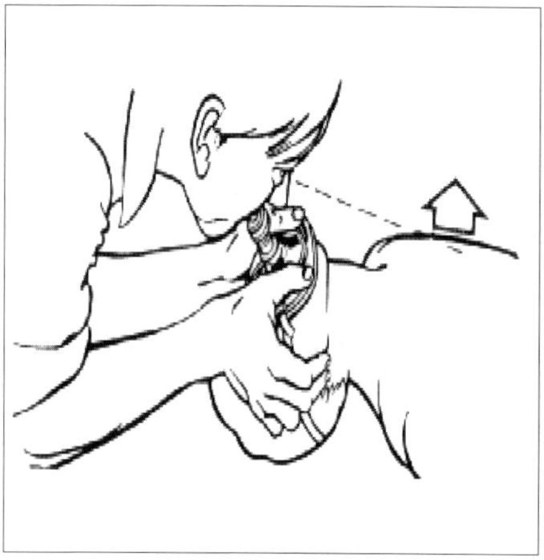

Abb. 60: Beatmungsmaske im praktischen Gebrauch

Stabile Seitenlage

Die stabile Seitenlage dient dazu, den atmenden, aber bewusstlosen Verletzten in eine sichere Position zu bringen, wobei es besonders auf die Lage des Kopfes ankommt (Abb. 58). Der Kopf soll so gelagert sein, dass seine Zunge bzw. Erbrochenes nicht die Atemwege verlegen können. Zu merken ist, dass man besonders auf die Durchblutung des unten liegenden Armes achten soll; denn bei Bewusstlosen kann es durch Druckeinwirkung schnell zu schwer wiegenden Durchblutungsstörungen kommen. Wenn der Verletzte sich mehr als 30 min in dieser Lage befindet, muss er vorsichtig auf die andere Seite gedreht werden, um Druckschäden zu vermeiden.

Die stabile Seitenlage ist häufig eine lebensrettende Maßnahme. Kreislauf und Atmung müssen jedoch kontinuierlich überprüft werden.

Beatmungshilfen

Als Beatmungshilfen eignen sich einfache Masken, mit denen die Beatmung wesentlich hygienischer und auch effektiver ist, besonders dann, wenn zusätzlich ein sog. Guedel-Tubus verwendet wird, der dann automatisch die Zunge in richtiger Position und damit die Atemwege offen hält.

Bewährt hat sich die Taschenmaske der Firma Laerdal, München, für die Mund-zu-Maske-Beatmung (s. Abb. 59). Sie kann problemlos in der Tauchertasche sogar auf einem Tauchboot mitgeführt werden.

Die Maske enthält ein Einwegventil mit oder ohne Sauerstoffanschluss. Beim praktischen Gebrauch kniet der Helfer oberhalb des Kopfendes, setzt das breite Ende der Maske am Kinn an und dichtet sie über Mund und Nase ab. Dann öffnet er die Atemwege durch Vorschieben des Unterkiefers, indem er mit den Zeige- und Mittelfingern unter die Kieferwinkel des Verletzten greift. Mit den Daumen wird die Maske aufgedrückt, dann kann beatmet werden (s. Abb. 60).

Für die manuelle Handbeatmung eignen sich Handbeatmungsbeutel (s. Abb. 61), mit denen ein maximales Volumen von 1000 ml Luft bewegt werden kann. Hierbei besteht die zusätzliche Möglichkeit, einen weiteren Beutel als Sauerstoffreservoir anzuschließen.

Es wird an dieser Stelle ausdrücklich darauf

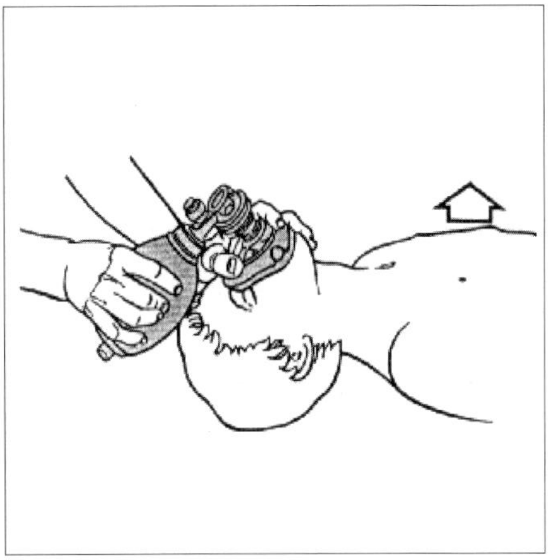

Abb. 61: Manuelle Beatmung mit dem Handbeatmungsbeutel

hingewiesen, dass es effektiver ist, mit reinem Sauerstoff zu arbeiten. Gerade bei Tauchunfällen soll der Verletzte den Sauerstoff atmen, um hierdurch den Stickstoff schneller aus dem Körper zu eliminieren.

Falls vorhanden:
Demonstration des Einsatzes von Sauerstoffsystemen.

Rettungs- und Transporttechniken

Vorführung des Rautek-Griffs und des Rautek-Schultertragegriffs

Schlussteil

- Bedeutung der Herz-Lungen-Wiederbelebung als Erste-Hilfe-Maßnahme
- Bedeutung des Tauchpartners als Ersthelfer
- Regelmäßiges praktisches Üben der HLW nötig

8. Praktischer Teil

An mehreren Stationen (je nach Zahl der Ausbilder und Übungspuppen) werden von jedem Kursteilnehmer aktiv und über einen ausreichenden Zeitraum die folgenden Erste-Hilfe-Maßnahmen geübt und vom Ausbilder kontrolliert:

Station 1:
Erste-Hilfe-Maßnahmen an der Übungspuppe

Hinweis: Vor jedem Wechsel ist auf Desinfektion zu achten bzw. Einwegteile sind auszutauschen!
Jeder Teilnehmer demonstriert unter Anleitung und später selbständig:

- Beurteilung der Ansprechbarkeit
- Hilferuf
- Befreien der Atemwege, Kontrolle von Atmung und Puls
- Notruf
- Herz-Lungen-Wiederbelebung nach der Ein-Helfer-Methode (mindestens über 5 Minuten)

Station 2:
Erste-Hilfe-Maßnahmen an der Übungspuppe und Einsatz weiterer Hilfsgeräte

Wie bei Station 1, jedoch nach der Zwei-Helfer-Methode und unter Demonstration des Beatmungsbeutels sowie (falls vorhanden) des Sauerstoffbeatmungsgerätes.

Station 3:
Erste-Hilfe-Maßnahmen an der Übungspuppe in Kombination mit einem AED-Gerät (Automatische Externe Defibrillation)

Aufbau wie bei den Stationen 1 und 2, jedoch unter Verwendung eines AED-Gerätes, das nach Feststellung von fehlender oder nicht normaler Atmung zum Einsatz kommt (s. auch Spezialkurse Tauchsicherheit und Rettung, S. 289 ff. und Medizin-Praxis, S. 404 ff.). Der Übende muss das AED-Gerät nach Feststellung fehlender oder fehlerhafter Atmung anlegen können und dann die Anweisungen des Gerätes befolgen können.

Station 4:
Stabile Seitenlage und Rettungsgriffe

Hinweis: Decken bereitlegen, falls der Untergrund für die Übungen ungeeignet ist. Jeder Teilnehmer demonstriert unter Anleitung und später selbstständig:
- Stabile Seitenlage
- Rautek-Griff
- Rautek-Schultertragegriff.

9. Erfolgskontrolle
Der Kursleiter soll feststellen, ob der/die Kursteilnehmer(in) das jeweilige Teilziel erreicht hat. Im theoretischen Teil soll die Form eines Lehrgesprächs gewählt werden. Bei den praktischen Übungen wird vom Kursleiter/Assistenten beobachtet, ob das Ziel der Übung erreicht wurde.

10. Abschluss/Beurkundung
Dem Teilnehmer wird die erfolgreiche Teilnahme am Kurs in Herz-Lungen-Wiederbelebung vom Kursleiter durch einen Eintrag in den Taucherpass mit einem Aufkleber bestätigt.

Spezialkurs Orientierung beim Tauchen

1. Kursziel

Der/die Kursteilnehmer(in) soll die Möglichkeiten der Orientierung unter Wasser mit natürlichen und technischen Hilfsmitteln im Binnensee und im Meer kennen lernen und diese auch praktisch nutzen können.

2. Mindestvoraussetzungen

- Alter: 14 Jahre
- Ausbildungsstufe: Taucher*
- Ersatzweise muss der Bewerber eine gleichwertige, vom Verband anerkannte Qualifikation vorlegen
- Anzahl der Tauchgänge: 20
- Sonstiges: Gültige Tauchtauglichkeitsbescheinigung
- Zusatzausrüstung: Kompass

Bemerkung: Der Spezialkurs „Orientierung beim Tauchen" ist Voraussetzung zum CMAS-Taucher**.

3. Ausbildungs- und Prüfungsberechtigung

Kursleiter: mindestens Tauchlehrer*. Eine Anerkennung anderer Personen als Kursleiter kann bei entsprechender Eignung durch den zuständigen Verband erfolgen. Diese Anerkennung muss vor Ausschreibung des Spezialkurses eingeholt sein.

4. Kursort

Binnensee oder Meer. Der Binnensee sollte über eine bis auf 10 m herabreichende Uferschräge verfügen. Der theoretische Teil ist in beiden Fällen gleich, für die Praxis ergeben sich leichte Unterschiede.

5. Kursumfang

Dauer: mindestens zwei Tage.

Für den theoretischen Teil werden drei Unterrichtseinheiten à 45 Minuten angesetzt, für die Praxis vier Tauchgänge. Pro Tag sollen maximal zwei Tauchgänge durchgeführt werden.

6. Theorie

Lernziel

Die Kursteilnehmer sollen erkennen, weshalb Orientierung unter Wasser wichtig ist, die Gefahren aus mangelnder Orientierung einschätzen können, natürliche und technische Hilfsmittel sowie deren Vor- und Nachteile sowie Grenzen kennen lernen. Sie sollen die Maßnahmen bei Verlust der Orientierung im Binnensee und im Meer und die Besonderheiten bei Nachttauchgängen kennen.

Einleitung

Warum ist Orientierung unter Wasser nötig?

- Hinweise auf Sicherheit
- Wiederfinden des Ausgangspunktes mit ausreichend Luft
- Vermeidung von Schnorchelstrecken
- Vermeidung von gefährlichen Bootsmanövern
- Abtreiben bei Strömung

Ziel

Am Ausgangspunkt (Anker, Ufer) wieder auftauchen.

Vor dem Tauchgang

- Rückschlüsse von der Überwasserlandschaft auf die Unterwasserwelt
- Informationen über das Tauchgebiet einholen
- Seekarte
- Gezeitenkalender (Hinweis auf Strömung)
- Wettervorhersage (Windstärke und -richtung)
- Echolot (Tiefenverhältnisse)
- Sonnenstand feststellen
- Kompasspeilung festlegen (nach Ausrichtung des Bootes)
- Strömungsleine
- Zusammenhang Wind/Strömung

Natürliche Orientierungshilfen

- Sonnenstand, Mond
- Tiefenlinien
- Bodenwellenrichtung
- Umgebung (Flora, Fauna)
- Bodenbelag (z.B. Laub, nahe am Land)
- markante Punkte
- Strömungsrichtung
- Motorgeräusche
- Uferbeschaffenheit
- Staubwolken und Ablagerungen an der Einstiegsstelle
- Zeit
- bei Richtungswechsel umdrehen und sich die UW-Landschaft einprägen

Erklären der Anwendungsmöglichkeiten insbesondere der natürlichen Orientierungsmerkmale, Verzichtbarkeit des Kompasses, Hinweis auf Zusammenwirken aller einzelnen Orientierungshilfen.

Technische Hilfsmittel

- Kompass, Echolot, Uhr, Tiefenmesser
- Prinzip, Bauform und Handhabung des Kompasses
- Hin- und Zurück-Kurs
- Dreieckkurs, Rechteckkurs

Bedeutung von Kompass und Uferschräge für den Binnensee

Fehlerquellen und Einflussgrößen

- Wrack (Eisen)
- Lampe, PTG, Westenflasche aus Eisen
- Magnetschalter
- Bewölkung
- schlechte Sicht
- Strömungsänderung (Gezeiten, Felsen)
- fremde Boote
- viele einzeln stehende Felsen
- monotone Landschaft
- Nacht

Beurteilung der Anwendbarkeit, Wichtigkeit von Ausweichmöglichkeiten auf natürliche Hilfsmittel sowie Wichtigkeit des Kompasses bei mangelnden natürlichen Hilfsmitteln.

Verhalten und Maßnahmen bei Verlust der Orientierung

- Ursachen für den Verlust der Orientierung
- Gefahren, die sich daraus ergeben

Verhalten

a) beim Tauchgang von Land ohne Strömung:

- Ruhe bewahren.
- Die anderen Gruppenmitglieder um Rat fragen.
- Falls niemand den richtigen Kurs weiß, in Kreisformation unter Beachtung der Austauchregeln auftauchen, oben O.K.-Zeichen zur Sicherungsgruppe geben.
- Peilen des richtigen Kurses.
- Je nach Situation zurückschnorcheln oder (falls noch genug Luft vorhanden ist)
- Tauchgang fortsetzen oder auf 3–6 m zurücktauchen.
- Analyse der Ursache für die Fehlorientierung.

b) beim Tauchgang vom Boot oder bei Strömung:

- Ruhe bewahren.
- Die anderen Gruppenmitglieder um Rat fragen.
- Falls niemand den richtigen Kurs weiß, gegen die Strömung unter Beachtung der Austauchregeln auftauchen, oben O.K.-Zeichen zur Sicherungsgruppe oder Bootsbesatzung geben. Möglichst vorlicher als querab vom Boot auftauchen!
- Oben schnelles Handeln (sonst Gefahr des Abtreibens).
- Je nach Situation Entscheidung, ob zurückgeschnorchelt oder der Tauchgang fortgesetzt werden soll. Ggf. Peilen des richtigen Kurses.
- Analyse der Ursache für die Fehlorientierung.
- Erläuterung der Methode, dass ein Taucher an der Oberfläche schnorchelt, den Kurs anzeigt und der Rest der Gruppe unter Kontakthaltung in ca. 3 m Tiefe hinterhertaucht.

- Bedeutung der Gefahr des Orientierungsverlustes bei Strömung.

Erklärung der Wichtigkeit der Orientierung unter Wasser und der Verantwortung jedes Gruppenmitgliedes, bei Bedarf den Kurs zu finden.

Besonderheiten bei Nachttauchgängen

- Markierung der Einstiegsstelle oder des Bootes (über und unter Wasser)
- Einfluss der Lampen
- *Einschränkungen:*
  - Kein Nachttauchgang bei Strömung!
  - Maximale Entfernung vom Einstieg/vom Boot.

7. Praxis

Bei dem ersten Tauchgang können mehrere Kursteilnehmer (je nach Gewässerbeschaffenheit) mit dem Ausbilder in einer Gruppe tauchen. Bei den Tauchgängen zwei bis vier muss jede(r) Kursteilnehmer(in) jeden Tauchgang einmal als Gruppenleiter führen. Die Gruppe soll jedoch außer dem Ausbilder und dem/der führenden Kursteilnehmer(in) mindestens eine(n) weitere(n) Taucher(in) enthalten. Die Gruppengröße, Tauchtiefe und Tauchzeit werden der Situation entsprechend vom Ausbilder festgelegt.

1.) Binnensee

Erster Tauchgang:
Einprägen der natürlichen Gegebenheiten
Als Gruppenmitglied ohne Benutzung des Kompasses. Abtauchen entlang dem Uferprofil querab zum Ufer. Nach Erreichen der abgesprochenen Tauchtiefe ca. 10 Minuten tauchen parallel zum Ufer. Dann entlang des Grundes auftauchen bis auf ca. 5 m und unter Beachtung der Tauchzeit parallel zum Ufer zum Einstieg zurücktauchen und dort auftauchen.

Ziel:
Die Kursteilnehmer sollen sich bei dem Tauchgang Uferprofil, markante Gegenstände und andere natürliche Gegebenheiten einprägen und erkennen, wie der Gruppenführer (ggf. der Kursleiter oder ein Assistent) den Einstieg ohne Benutzung des Kompasses wiederfindet.

Zweiter Tauchgang:
Führung eines Rechteckkurses
Die Kursteilnehmer führen einen Tauchgang ohne Benutzung des Kompasses mit folgendem Profil: Abtauchen entlang dem Uferprofil querab zum Ufer, anschließend ca. 10 Minuten parallel zum Ufer, anschließend auf ca. 5 m zurücktauchen parallel zum Ufer und am Einstieg auftauchen.

Ziel:
Die Kursteilnehmer sollen ohne Benutzung des Kompasses den Tauchgang führen und die Einstiegsstelle wiederfinden. Dabei soll die Gruppenführung selbst neben Vor- und Nachbesprechung ebenfalls in Ordnung sein.

Dritter Tauchgang:
Führung eines Dreieckkurses mit Kompass
Die Kursteilnehmer führen einen Tauchgang mit folgendem Profil: Abtauchen entlang dem Uferprofil querab zum Ufer auf die vorher besprochene Tauchtiefe. Anschließend taucht die Gruppe ca. 5 bis 10 Minuten parallel zum Ufer, danach wird mit direktem Kurs zurück zum Einstieg getaucht. Je nach Schwierigkeitsgrad des Gewässers entscheidet der Kursleiter oder sein Assistent, ob die Abweichung des Auftauchortes vom Einstieg tolerierbar ist.
Danach schnorchelt die Gruppe unter Leitung eines Kursteilnehmers ca. 5 Minuten vom Ufer weg und wird von ihm mit Kompass möglichst ohne Sichtkontakt zum Gewässerboden in ca. 5 m Tiefe zum Einstiegssort zurückgeführt. Bezüglich der Abweichung gilt das Gleiche wie bei dem vorhergegangenen Tauchgang.

Ziel:
Die Kursteilnehmer sollen zeigen, dass sie in der Lage sind, mit dem Kompass einen Dreieckkurs zu tauchen. Dabei sollen sie sich jedoch nicht an den Kompass alleine halten, sondern durchaus andere Hilfsmittel

wie die Zeit und die Tiefenlinie hinzuziehen. Sie sollen sich nicht so auf die Einhaltung des Kurses konzentrieren, dass sie die Gruppenführung vergessen, da diese immer die Hauptsache ist.
Sie sollen weiterhin zeigen, dass sie beim Schnorcheln und beim Tauchen im freien Wasser die Gruppe zusammenhalten können und dabei den vorgesehenen Kurs einhalten.

Vierter Tauchgang:
Abgabe der Gruppenführung während des Tauchgangs
Der Kursleiter oder ein Assistent führt die Gruppe ca. 10 Minuten einen beliebigen Kurs. Anschließend bestimmt er ein Gruppenmitglied, das die Gruppenführung übernimmt und die Gruppe zum Einstieg unter Benutzung jedes beliebigen Hilfsmittels zurückführt.
Ziel:
Die Kursteilnehmer sollen zeigen, dass sie auch als Gruppenmitglied unter Wasser ständig die Orientierung behalten, um die Gruppe zum Einstieg zurückführen zu können.

2.) Meer

Erster Tauchgang:
Einprägen der natürlichen Gegebenheiten
Als Gruppenmitglied ohne Benutzung des Kompasses. Abtauchen am Ankerseil. Nach Erreichen des Grundes ca. 10 Minuten in eine Richtung tauchen. Dann den umgekehrten Kurs unter Beachtung der Tauchzeit zum Anker zurücktauchen und dort auftauchen.
Ziel:
Die Kursteilnehmer sollen sich bei dem Tauchgang markante Gegenstände, Tiefe, und andere natürliche Gegebenheiten einprägen und erkennen, wie der Gruppenführer (ggf. der Kursleiter oder ein Assistent) den Anker ohne Benutzung des Kompasses wiederfindet.

Zweiter Tauchgang:
Führung eines Tauchgangs ohne Kompass
Die Kursteilnehmer führen einen Tauchgang ohne Benutzung des Kompasses mit folgendem Profil: Abtauchen am Ankerseil zum Grund, anschließend ca. 10 Minuten vom Anker wegtauchen und danach zum Anker zurücktauchen und dort auftauchen.
Ziel:
Die Kursteilnehmer sollen ohne Benutzung des Kompasses den Tauchgang führen und den Anker wiederfinden. Dabei soll die Gruppenführung selbst neben Vor- und Nachbesprechung ebenfalls in Ordnung sein.

Dritter Tauchgang:
Führung eines Dreieckkurses mit Kompass
Die Kursteilnehmer führen einen Tauchgang mit folgendem Profil: Abtauchen am Anker-seil zum Grund. Anschließend taucht die Gruppe ca. 5 bis 10 Minuten vom Anker weg, dann Kursänderung um 90 Grad und ca. 5 bis 10 Minuten Fortsetzung des Tauchgangs in dieser Richtung. Danach wird mit direktem Kurs zurück zum Anker und dort aufgetaucht.
Danach schnorchelt die Gruppe unter Leitung eines Kursteilnehmers ca. 5 Minuten vom Boot weg und wird von ihm/ihr mit Kompass möglichst ohne Sichtkontakt zum Grund in ca. 5 m Tiefe zum Anker zurückgeführt.
Ziel:
Die Kursteilnehmer sollen zeigen, dass sie in der Lage sind, mit dem Kompass einen Dreieckkurs zu tauchen. Dabei sollen sie sich jedoch nicht an den Kompass alleine halten, sondern durchaus andere Hilfsmittel wie die Zeit und die Tiefenlinie hinzuziehen. Sie sollen sich nicht so auf die Einhaltung des Kurses konzentrieren, dass sie die Gruppenführung vergessen, da diese immer die Hauptsache ist. Sie sollen weiterhin zeigen, dass sie beim Schnorcheln und beim Tauchen im freien Wasser die Gruppe zusammenhalten können und dabei den vorgesehe-

nen Kurs einhalten. Wird der Anker nach der normalerweise notwendigen Zeit nicht erreicht, so wird aufgetaucht und zurückgeschnorchelt. Wurde der Anker beim Auftauchen nach der Sollzeit nur leicht verfehlt, so gilt das Ziel als erreicht.

Vierter Tauchgang:
Abgabe der Gruppenführung während des Tauchgangs
Der Kursleiter oder ein Assistent führt die Gruppe ca. 10 Minuten einen beliebigen Kurs. Anschließend bestimmt er ein Gruppenmitglied, das die Gruppenführung übernimmt und die Gruppe zum Anker unter Benutzung jedes beliebigen Hilfsmittels zurückführt.
Ziel:
Die Kursteilnehmer sollen zeigen, dass sie auch als Gruppenmitglied unter Wasser ständig die Orientierung behalten, um die Gruppe zum Anker zurückführen zu können. Wird beim Tauchgang der Anker nach der normalerweise notwendigen Zeit nicht erreicht, so wird aufgetaucht und zurückgeschnorchelt. Wurde der Anker beim Auftauchen nach der Sollzeit nur leicht verfehlt, so gilt das Ziel als erreicht.

8. Erfolgskontrolle

Der Kursleiter soll feststellen, ob die Kursteilnehmer das jeweilige Teilziel erreicht haben. Im theoretischen Teil soll die Form eines Lehrgesprächs gewählt werden. Bei den Tauchgängen wird vom Kursleiter/Assistenten beobachtet, ob das Ziel des Tauchgangs erreicht wurde.

9. Abschluss/Beurkundung

Den Teilnehmern wird die erfolgreiche Teilnahme am Spezialkurs „Orientierung beim Tauchen" vom Kursleiter durch einen Eintrag in den Taucherpass mit einem Aufkleber bestätigt.

Wiederholungsfragen

Mittlerweile ist es schon länger her, dass du dich mit dem theoretischen Stoff zum Taucher* beschäftigt hast. Da diese Theorie jedoch wichtig für das Tauchen ist und für die Stufe Taucher** auch wieder benötigt wird, kannst du dich selbst noch einmal testen, ob du die wichtigsten Themen behalten hast. Im Abschnitt zum Taucher* solltest du dann den erforderlichen Stoff noch einmal nachlesen. In diesem Abschnitt erwirbst du dann das Wissen, das du als Taucher** zusätzlich benötigst.

Gedächtniskontrolle

**0.1
Wie hoch ist der Druck in 27 m Wassertiefe?

**0.2
Wie lautet das Prinzip des Archimedes?

**0.3
Wann hat ein Taucher Auftrieb, wann hat er Abtrieb, und wann sprechen wir vom hydrostatischen Gleichgewicht? Vergleiche dabei die Gewichtskraft des Tauchers mit der Gewichtskraft der verdrängten Wassermenge.

**0.4
Wie sollte ein Taucher in der Regel tariert sein, und warum?

**0.5
Wie lautet das Gesetz von Boyle-Mariotte?

**0.6
Wie ändert sich das Volumen einer eingeschlossenen Gasmenge mit zunehmender Tiefe?

**0.7
Wie verändert sich das Volumen einer Taucherweste beim Auftauchen an die Wasseroberfläche, wenn sie in 20 m Tiefe mit 5 l gefüllt war? Welche Gefahr kann sich daraus entwickeln, wenn beim Aufstieg keine Luft abgelassen wird?

**0.8
Wie verändert sich das Volumen in unserer Lunge beim Auftauchen aus 10 m Tiefe an die Wasseroberfläche, wenn sie anfangs mit 4 l Luft gefüllt war? Welche Gefahr kann sich daraus entwickeln, wenn die Luft beim Aufstieg angehalten wird?

**0.9
Was unternimmst du, wenn du beim Abtauchen einen immer stärker werdenden Druck an den Ohren verspürst?
Was ist die Ursache, und was solltest du nicht machen?

**0.10
Was ist die Ursache, wenn du beim Abtauchen heftige stechende Schmerzen in der Stirngegend verspürst?

**0.11
Aus welchen Gasen besteht unsere Einatemluft?
Welchen prozentualen Anteil haben die einzelnen Gase?

**0.12
Welches Gas unserer Atemluft wird nicht für die Stoffwechselvorgänge benötigt?
Wie werden solche Gase genannt, die keine Reaktion in unserem Körper eingehen?

**0.13
Wie muss eine Taucheruhr beschaffen sein?

**0.14
Welche Anforderungen werden an einen Kompass gestellt?

**0.15
Welche Ausstattungsmerkmale muss ein Finimeter aufweisen?

**0.16
Wie hoch ist dein gesamtes in 10 m Tiefe verbrauchtes Luftvolumen, wenn du in dieser Tiefe 10 Minuten lang aus deinem 10-l-Drucklufttauchgerät (gefüllt mit 200 bar) geatmet hast und ein Atemminutenvolumen von 20 l/Minute besitzt. Welchen Druck liest du danach auf deinem Finimeter ab?

**0.17
Beschreibe die Durchführung

der Herz-Lungen-Wiederbelebung nach der Ein-Helfer-Methode!

****0.18**
Beschreibe die Durchführung der Herz-Lungen-Wiederbelebung nach der Zwei-Helfer-Methode!

****0.19**
Wann wendest du die Wärmebehandlung mit heißen Kompressen an?

****0.20**
Welche Grundregeln wurden nicht eingehalten, wenn ein Taucher durch einen Notfall zur Oberfläche steigt, die anderen Taucher jedoch einfach weitertauchen?

****0.21**
Welches Zeichen gibst du, wenn ein Tauchgang abgebrochen wird?

****0.22**
Wie verhältst du dich, wenn während des Abtauchens erst ein stechender Schmerz im Ohr auftritt, dann der Schmerz plötzlich verschwindet und du Übelkeit, Schwindel und Orientierungsverlust verspürst?

****0.23**
Wie viel Luft gibst du beim Schnorcheln mit DTG in dein Jacket oder in deine Taucherweste?

****0.24**
Wie verändert sich das Volumen eines Nasstauchanzugs aus Neopren mit zunehmender Tiefe?

****0.25**
Wie stellst du die „stabile Seitenlage“ bei einem bewusstlosen Taucher her?

****0.26**
Mit welchen natürlichen Hilfsmitteln kannst du dich unter Wasser orientieren?

****0.27**
Wie ist die Lunge aufgebaut?

1. Tauchphysik

1.1 Gesetz von Dalton

Wir haben bisher erlernt, den Umgebungsdruck auf unserer jeweiligen Tauchtiefe zu berechnen. Auch wissen wir, dass unsere Atemluft aus den Bestandteilen 78 % Stickstoff, 21% Sauerstoff und rund 1% Rest besteht.
Tauchen wir auf 10 m Tiefe, so beträgt unser Umgebungsdruck und damit auch der Druck unserer Einatemluft 2 bar. Diese 2 bar ergeben sich jedoch aus allen Gasen gemeinsam, aus denen unsere Atemluft besteht. Jedes einzelne Gas ist daran entsprechend seinem Anteil am Gasgemisch beteiligt. Wir sprechen daher von den Teildrücken oder auch Partialdrücken der einzelnen Gase. Jedes einzelne Gas trägt mit seinem Teildruck zum Gesamtdruck bei. Alle Teildrücke der Atemluftbestandteile zusammengenommen ergeben also wieder den Gesamtdruck.
Der Teildruck eines trockenen Gases errechnet sich daher durch Multiplikation seines Volumenanteils mit dem herrschenden Gesamtdruck.
Das Gesetz von Dalton besagt dann:

Beispiel:
Bei einem Luftdruck von 1 bar beträgt der Sauerstoffpartialdruck 21 % von 1 bar, also pO_2 = 0,21 bar.
In 10 m Tiefe beträgt der Gesamtdruck 2 bar. Der Sauerstoffteildruck ist dann 21 % von 2 bar, also pO_2= 0,42 bar.
Für die verschiedenen Atemgasbestandteile und Tiefen bzw. Umgebungsdrücke ergibt sich dann:

Tiefe	Umgebungsdruck	Sauerstoffteildruck	Stickstoffteildruck
0 m	**1 bar**	**0,21 bar**	**0,78 bar**
10 m	**2 bar**	**0,42 bar**	**1,56 bar**
20 m	**3 bar**	**0,63 bar**	**2,34 bar**
30 m	**4 bar**	**0,84 bar**	**3,12 bar**

Warum sind für uns die Teildrücke der einzelnen Atemluftbestandteile interessant? Die Wirkung eines Gases auf unseren Körper hängt nicht von seinem volumenmäßigen Anteil, sondern von seinem Teildruck ab. Dieser Teildruck bestimmt, wie viel von dem jeweiligen Gas in unserem Körper gelöst wird. Dies ist wichtig, da unsere Atemgasbestandteile bei Überschreiten gewisser

Gesetz von Dalton:
Der Gesamtdruck eines Gases ist die Summe der Teildrücke seiner Bestandteile.

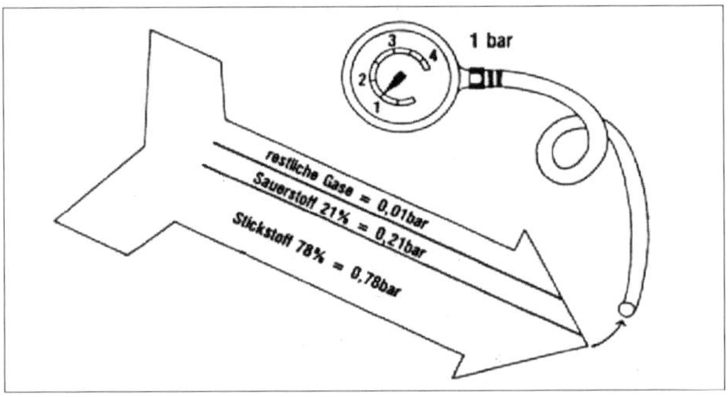

Abb. 62: Partialdrücke der Luftbestandteile

Teildrücke durch zu tiefes Tauchen giftig werden können. Auch ist für unsere Dekompression wichtig, wie viel Stickstoff in unseren Körper gelangt ist.

Lernerfolgskontrolle

****1.1.1**
Wie lautet das Gesetz von Dalton?

****1.1.2**
Wozu benötigen wir das Gesetz von Dalton?

****1.1.3**
Wie errechnet sich der Teildruck eines Gases?

****1.1.4**
Wie hoch ist der Teildruck von Sauerstoff in 40 m Tiefe?

****1.1.5**
Wozu benötigen wir die Teildrücke von Gasen?

****1.1.6**
In welcher Tiefe hat der Stickstoff unserer Atemluft einen Teildruck von 4 bar?

a 30 m	d 21 m
b 31 m	e 51 m
c 41 m	

****1.1.7**
In welcher Tiefe hat der Sauerstoff unserer Atemluft einen Teildruck von 1,7 bar?

a 17 m	d 71 m
b 7 m	e 70 m
c 81 m	

1.2 Diffusion und das Gesetz von Henry

Wir haben bereits bei der Behandlung der Dekompression erfahren, dass sich die einzelnen Gase unserer Atemluft im Körper oder allgemein in Flüssigkeiten lösen. Wenn ein Gas mit einer Flüssigkeit in Kontakt kommt, so stoßen Gasteilchen gegen die Oberfläche der Flüssigkeit und dringen zum Teil in sie ein. Dieser Vorgang geschieht nicht unmittelbar, sondern mit einer gewissen Verzögerung. Das Übertreten der Gasteilchen in die Flüssigkeit nennen wir Diffusion.
Steht ein Gas über einer Flüssigkeit, so dringen die Gasteilchen (Moleküle) nicht nur in die Flüssigkeit ein (sie werden von der Flüssigkeit quasi eingefangen), sondern treten auch wieder aus. Ist der Teildruck des Gases über der Flüssigkeit größer als in der Flüssigkeit, so gehen zunächst mehr Gasteilchen in die Flüssigkeit über als umgekehrt.

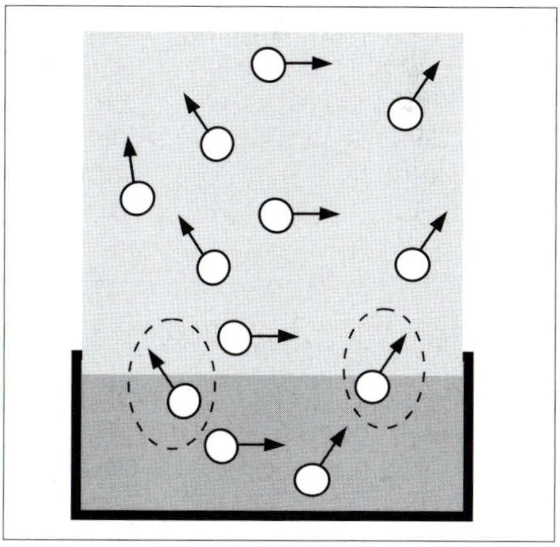

Abb. 63: Diffusionsvorgang

Schließlich hat die Flüssigkeit so viel Gas aufgenommen, dass der Teildruck des Gases in der Flüssigkeit genauso groß ist wie der des Gases über der Flüssigkeit. Dann treten genauso viele Moleküle in die Flüssigkeit ein wie aus ihr heraus. Diesen Gleichgewichtszustand, wenn kein weiteres Gas mehr in der Flüssigkeit gelöst werden kann, nennen wir den Sättigungszustand.

Zustände der Sättigung kennen wir auch aus dem täglichen Leben: Wenn wir in eine Kaffeetasse zu viel Zucker hineingeben, so stellen wir nach langem und kräftigem Umrühren fest, dass sich der Zucker nicht vollständig aufgelöst hat. Der Kaffee hat dann seine Sättigung erreicht. Genau den gleichen Zustand streben Gase an, die mit einer Flüssigkeit in Berührung kommen. Allerdings werden Feststoffe wie Zucker immer nur bis zu einem festen prozentualen Gewichtsanteil gelöst. Die Lösungsmenge von Gasen im Sättigungszustand kann durch Erhöhung des Teildrucks erhöht werden, ohne dass je eine absolute Grenze zu erreichen wäre.

Die Geschwindigkeit, mit der sich eine Flüssigkeit sättigt (d.h. mit der die Gasteilchen in die Flüssigkeit übergehen), hängt von verschiedenen Faktoren ab:

- Der entscheidende Faktor ist der Unterschied der Teildrücke des Gases über der Flüssigkeit und in der Flüssigkeit selbst. Ist in der Flüssigkeit das Gas überhaupt noch nicht enthalten, so läuft der Diffusionsvorgang äußerst schnell ab. Hat die Flüssigkeit jedoch schon so viel Gas aufgenommen, dass der Teildruck des Gases in der Flüssigkeit fast so hoch ist wie der des Gases über der Flüssigkeit, so werden kaum noch zusätzliche Gasteilchen aufgenommen.
- Wichtig ist auch die Größe der Oberfläche, über die die Flüssigkeit das Gas aufnehmen kann.

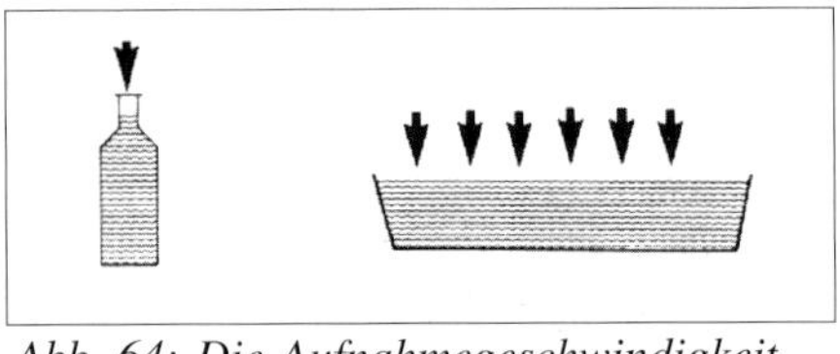

Abb. 64: Die Aufnahmegeschwindigkeit von Gasen in Flüssigkeiten ist u.a. von der gemeinsamen Oberfläche abhängig.

- Die Flüssigkeit in der Schale nimmt in der gleichen Zeit wesentlich mehr Gas auf als diejenige in der Flasche.
- Schließlich ist noch die Löslichkeit des betreffenden Gases in der jeweiligen Flüssigkeit entscheidend für die Diffusionsgeschwindigkeit.

Das Gesetz von Henry beschreibt jedoch nicht den Diffusionsvorgang, sondern den Zustand der Sättigung! Dies wird häufig verwechselt.

Das Gesetz von Henry besagt einfach, dass um so mehr Gas in einer Flüssigkeit im Sättigungszustand gelöst sein kann, je höher der Teildruck des Gases über der Flüssigkeit ist:

**Gesetz von Henry:
Bei konstanter Temperatur steht die Menge des in der Flüssigkeit gelösten Gases im Sättigungzustand in direktem Verhältnis zum Druck des über der Flüssigkeit stehenden Gases.**

Die Menge an Gas, die im Sättigungszustand in einer Flüssigkeit gelöst werden kann, steigt also mit

- dem Teildruck des Gases,
- abnehmender Temperatur der Flüssigkeit,
- der Löslichkeit des Gases in der betreffenden Flüssigkeit,
- der Flüssigkeitsmenge.

Fällt der Umgebungsdruck (zum Beispiel beim Auftauchen), so treten die Gasteilchen wieder aus der Flüssigkeit aus. Bei zu starker Druckentlastung geschieht dies dann nicht nur an der Oberfläche, sondern auch schon in der Flüssigkeit selbst. Dies führt dann zur

Bildung von Gasblasen. Dieses Phänomen ist euch sicherlich von einer Mineralwasserflasche her bekannt, die ihr erst schüttelt und dann plötzlich öffnet und damit den aufgebauten Druck entlastet. Das im Mineralwasser gelöste Kohlendioxid perlt dann in Form von Blasen aus.

Für uns Taucher ist das so wichtig, da genau solche Vorgänge in unserem Körper ablaufen können, wenn wir zu schnell auftauchen, d.h. unseren Umgebungsdruck zu schnell reduzieren. Der im Körper gelöste Stickstoff kann dann Gasblasen bilden. Allerdings verläuft die Lösung von Stickstoff nicht überall im Körper gleichmäßig oder gleich schnell. In gut durchbluteten Körperbereichen erfolgt der Lösungsvorgang schneller als in weniger gut durchbluteten Partien.

Durch den Unterwasseraufenthalt und die damit verbundene Druckerhöhung hat sich vermehrt Gas, insbesondere eben Stickstoff, in unserem Körper gelöst. Wenn nun der Druck bei einem schnellen Aufstieg plötzlich abnimmt, kann der Stickstoff in unserem Körper aus dem gelösten Zustand wieder in den gasförmigen Zustand, also Blasen, übergehen. Wie ihr das vermeiden könnt, erfahrt ihr bei der Behandlung der Dekompression.

Lernerfolgskontrolle

****1.2.1**
Was bezeichnet man als Diffusion?

****1.2.2**
Was bezeichnet man als Sättigungszustand?

****1.2.3**
Welchen Zustand bezeichnet das Gesetz von Henry?

****1.2.4**
Was besagt das Gesetz von Henry?

****1.2.5**
Wie verändert sich die Menge des im Sättigungszustand in einer Flüssigkeit gelösten Gases, wenn ich den Druck dieses Gases verdopple?

****1.2.6**
Warum ist das Wissen um die Lösungsvorgänge von Gasen in Flüssigkeiten für uns beim Tauchen wichtig?

1.3 Gesetz von Gay-Lussac

Schon in der Lektion 14 zum Taucher* hast du erfahren, dass sich der Druck einer abgeschlossenen Gasmenge mit steigender Temperatur erhöht und mit fallender Temperatur vermindert. Die Begründung hierfür liefert das folgende Gesetz.

Gesetz von Gay-Lussac: Bei konstantem Volumen wächst der Druck einer gegebenen Gasmenge im gleichen Verhältnis wie die absolute Temperatur.

Genauer lautet das Gesetz, dass sich Gase bei 1 Grad Temperaturerhöhung um 1/273 ihres Anfangsvolumens bei 0 °C ausdehnen. Ist ein Ausdehnen nicht möglich, so erhöht sich entsprechend der Druck. Dies führt auf die oben beschriebene Gesetzmäßigkeit.

Der Zusammenhang zwischen Druck und Temperatur wurde eigentlich von dem Physiker Amontons entdeckt. Gay-Lussac beschrieb dagegen den Zusammenhang zwi-

schen Volumen und Temperatur einer abgeschlossenen Gasmenge. Im Sprachgebrauch der Taucher hat sich jedoch der Zusammenhang von Druck und Temperatur unter dem Namen von Gay-Lussac eingeprägt, sodass dies hier auch beibehalten werden soll.
Neu ist für euch dabei sicherlich der Begriff der „absoluten Temperatur“. Diese ist deshalb entscheidend bei der Behandlung von Gasen, da sie als absoluten Nullpunkt die Temperatur hat, bei der sich kein Gasteilchen mehr bewegt. Eine niedrigere Temperatur gibt es nicht. Dieser absolute Nullpunkt liegt bei –273 °C. Die absolute Temperatur wird in Kelvin, abgekürzt K, gemessen. Die Gradabstände sind dann aber genauso wie bei der Celsius-Einteilung. Das bedeutet, dass 0 °C genau 273 K sind, oder allgemeiner:

Berechnung der absoluten Temperatur T:
Die absolute Temperatur ergibt sich aus der Celsius-Temperatur durch Addition von 273 K, d.h.

$$T = \vartheta + 273\ K$$

Wird ein Drucklufttauchgerät auf 200 bar gefüllt, so erhitzt es sich. Nach dem Füllen beträgt die Temperatur 40 °C. Wir berechnen nun den Druck, den das Finimeter nach Abkühlung auf 20 °C anzeigt.
Das Gesetz von Gay-Lussac sagt aus, dass das Verhältnis vom Druck p zur Temperatur T (in Kelvin) gleich bleibt, also:

$$\frac{p}{T} = \text{konstant}$$

Das ermöglicht es uns wie beim Gesetz von Boyle und Mariotte, zwei Zustände unterschiedlichen Drucks bzw. unterschiedlicher Temperatur miteinander zu vergleichen. Bezeichnen wir im Anfangszustand mit
p_1 den Anfangsdruck und mit
T_1 die Anfangstemperatur des Gases
sowie im Endzustand mit
p_2 den Enddruck und mit
T_2 die Endtemperatur des Gases,
so lässt sich, da die Verhältnisse gleich bleiben, die folgende Beziehung feststellen:

$$\frac{p_1}{T_1} = \frac{p_2}{T_2}$$

Suchen wir in unserem Beispiel den Druck p_2 nach Abkühlung auf die Temperatur T_2, so erhalten wir ihn also durch

$$p_2 = \frac{p_1}{T_1} \cdot T_2$$

Die Temperatur T_1 betrug (40+273) K = 313 K, die Temperatur T_2 (20+273) K = 293 K. Damit erhalten wir für den Druck p_2 nach Einsetzen der Größen den Wert 187,2 bar. Der Druck in unserem Drucklufttauchgerät ist also geringer geworden.
Tatsächlich spielt das Gesetz von Gay-Lussac für uns beim Tauchen keine bedeutende Rolle, da sich die Luft beim Einatmen auf die Körpertemperatur erwärmt und damit unabhängig vom Druck im Tauchgerät immer die 37 °C entsprechende Luftmenge zur Verfügung steht.

Lernerfolgskontrolle

**1.3.1

Wie verändert sich der Druck eines Gases, wenn ich die Temperatur in Kelvin um 10 % erhöhe?

**1.3.2

Wie lautet das Gesetz von Gay-Lussac?

**1.3.3

Wie hoch ist die Temperatur in Kelvin bei 4 °C, bei 10 °C, bei 27 °C?

**1.3.4

Ein 15-l-DTG hat bei 20 °C einen Druck von 200 bar. Du lässt es in der Sonne liegen, und es erwärmt sich auf 60 °C. Wie hoch ist dann der Druck in dem DTG?

**1.3.5

Welche Bedeutung hat die Temperatur des DTG für die Luftmenge, die uns beim Tauchen zur Verfügung steht?

**1.3.6

Nach dem Füllen hat sich ein 10-l-DTG auf 14 °C abgekühlt und hat nur noch 190 bar. Welches Luftvolumen steht uns tatsächlich in unserer Lunge (37 °C) zur Verfügung?

a 2000 l
b 1900 l
c 2005 l
d 1759 l
e 2052 l

**1.3.7

Nach dem Füllen hat sich ein 12-l-DTG auf 40 °C erwärmt, und das Manometer zeigt einen Druck von 225 bar an. Welchen Druck zeigt es am See an, wenn das DTG sich auf 8 °C abgekühlt hat?

a 250 bar
b 202 bar
c 198 bar
d 200 bar
e 192 bar

1.4 Licht

Die Sichtverhältnisse unter Wasser werden bestimmt durch die

- Intensität des Oberflächenlichtes (Wetter, Tageszeit, Einfallswinkel der Sonnenstrahlen),
- Tauchtiefe,
- Durchsichtigkeit des Wassers (Trübungsgrad),
- Beschaffenheit des Grundes (heller Sand, dunkler Fels, Schlick).

Das Licht unterliegt beim Eindringen in das Wasser folgenden Einflüssen:

- der Brechung,
- der Streuung und
- der Absorption.

Diese Einflüsse sollen nun verdeutlicht werden. Durch das Auftreffen von Lichtstrahlen auf unsere Netzhaut erzeugen diese dort ein scharfes Bild, das über unsere Sehnerven zum Gehirn geleitet wird. Entscheidend dafür, ob wir einen Gegenstand scharf sehen, ist es, dass die von jedem Punkt dieses Gegenstandes reflektierten Lichtstrahlen wieder exakt auf der Netzhaut gebündelt werden (s. Farbtafel VI).
Durch die unterschiedliche Brechung des Lichtes im Wasser gegenüber der Luft sehen wir unter Wasser ein unscharfes Bild, wenn

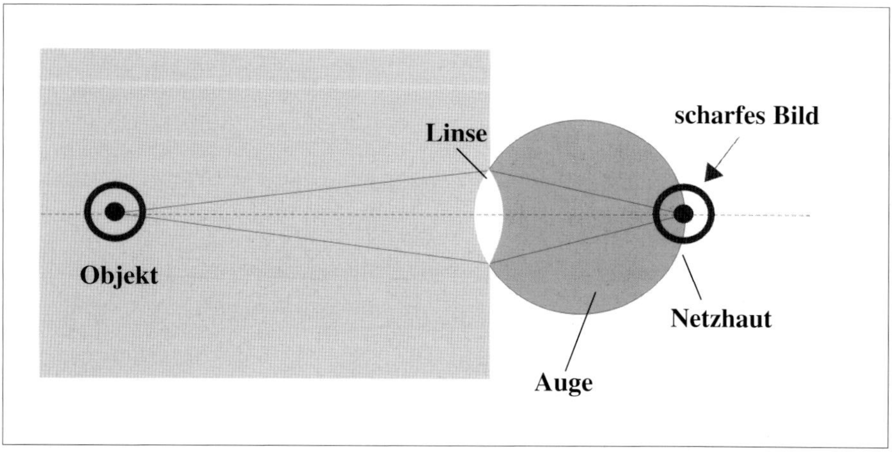

Abb. 65: Scharfes Sehen

wir ohne Hilfsmittel die Augen ins Wasser halten. Aufgrund der unterschiedlichen Brechung des Lichtes werden die von dem Gegenstand ausgehenden Strahlen erst hinter der Netzhaut gebündelt. Auch unsere Linse hat nicht die Möglichkeit, diese Fehlsichtigkeit auszugleichen. Der Effekt ist der gleiche wie bei einer starken Weitsichtigkeit. Ohne Taucherbrille beträgt unser Sehvermögen nur 10 % von dem an der Wasseroberfläche.

Aus diesem Grunde muss ein Medium zwischen Augen und Wasser geschaltet werden, das die natürlichen Brechungsverhältnisse wiederherstellt. Dies erreicht man durch das Tragen einer Tauchermaske, da diese wieder eine Luftschicht vor den Augen schafft. Allerdings hat die Lichtbrechung dann Auswirkungen auf das Erkennen von Größen und Entfernungen.

Der bereits durch die Tauchmaske eingeschränkte Blickwinkel wird nun durch die Lichtbrechung von Luft und Wasser noch zusätzlich eingeengt. Diese Einengung erfolgt im Verhältnis des Brechungsindex Luft/Wasser. Die Brechung ergibt sich aus der

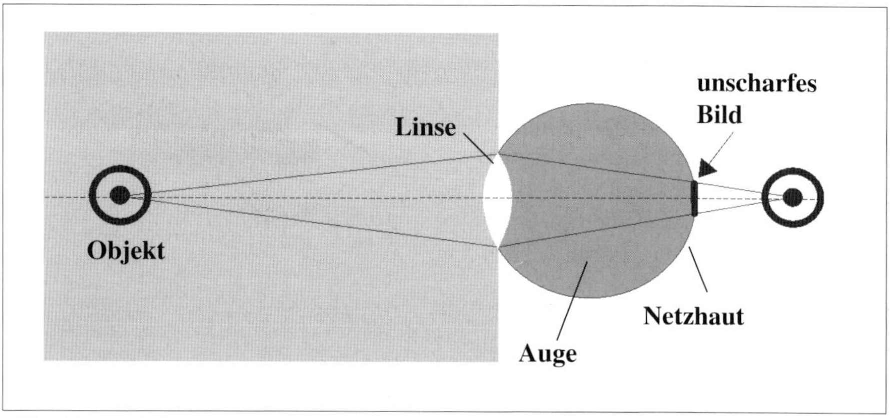

Abb. 66: Bündelung der Strahlen hinter der Netzhaut

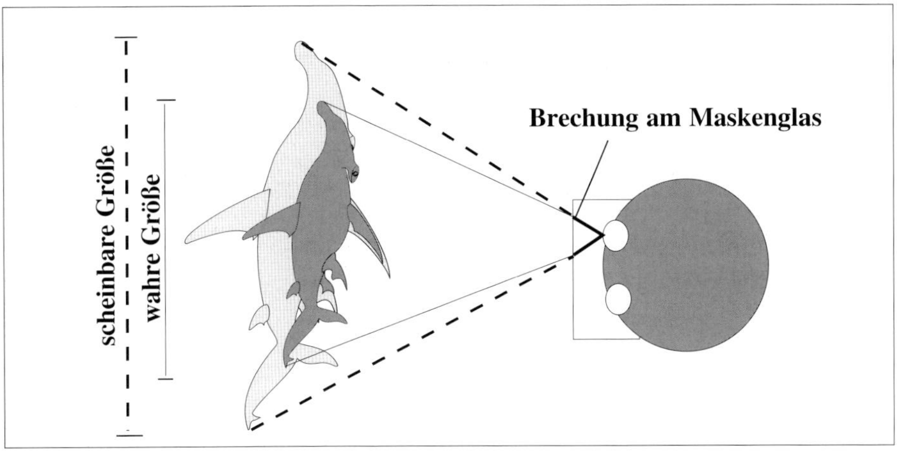

Abb. 67: Größensehen, Strahlengang

ungefähr 1,33fachen Geschwindigkeit des Lichtes in der Luft im Vergleich zum Wasser. Daher erscheinen Gegenstände unter Wasser 4/3 so groß, wie sie in Wirklichkeit sind, also ein Drittel größer.

Ist ein Fisch beispielsweise in Wirklichkeit 1 m lang, so erscheint er uns 4/3-mal so groß, nämlich 1,33 m.

Erscheint er uns dagegen 1 m lang zu sein, so ist das 4/3 seiner wirklichen Länge. Seine tatsächliche Länge erhalten wir also, indem wir durch 4/3 teilen. Das ist das Gleiche, als ob wir mit 3/4 multiplizieren. Die wirkliche Größe, 3/4 von 1 m beträgt also 0,75 m.

Ähnlich ist das bei den Entfernungen, in denen wir Gegenstände scheinbar sehen. Entfernungssehen geschieht immer mit zwei Augen. Aus dem Winkel, mit dem ein Punkt auf unsere beiden Augen trifft, bestimmt unser Gehirn aufgrund von Erfahrungswerten eine Entfernung. Durch die Brechung an der Tauchermaske verändert sich auch dieser Winkel:

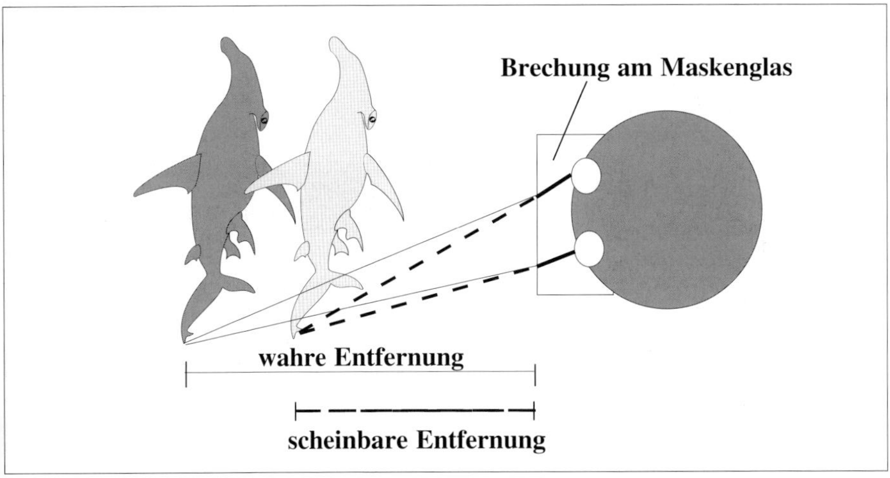

Abb. 68: Entfernungssehen mit zwei Augen

Gegenstände scheinen so nur noch 3/4 ihrer tatsächlichen Distanz entfernt zu sein.
Ist also beispielsweise ein Felsen 4 m weit von uns entfernt, so erscheint er uns nur 3 m weg zu sein, nämlich 3/4 von 4 m.
Erscheint er uns dagegen in 1,50 m Entfernung, so ist er tatsächlich noch 4/3 davon, nämlich 2 m weit entfernt.
Wir müssen uns also nur die Faktoren 3/4 und 4/3 merken, je nachdem ob der Wert größer oder kleiner sein soll.
Durch Gewöhnung an das Sehen unter Wasser können wir aber später auch Größen und Entfernungen unter Wasser besser schätzen.

Die Lichtstreuung wird durch feinste Teilchen im Wasser hervorgerufen. Lichtstrahlen werden daran in unterschiedliche Richtungen abgelenkt.

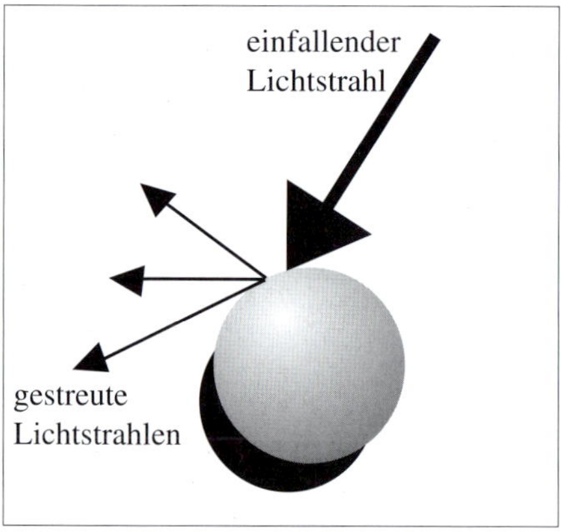

Abb. 69: Streuung

Hierdurch ergibt sich für uns ein Bild wie im Nebel. Alles scheint wie hinter einem Schleier zu liegen. Auch in vollkommen klarem Wasser wird das Licht an den Wassermolekülen gestreut. Je mehr feinste Teilchen jedoch das Wasser enthält, desto größer ist die Streuung. Wir beschreiben das dann mit „schlechter Sicht".
Die Fotografen unter uns stört besonders das Nachlassen verschiedener Farben mit zunehmender Tiefe. Dies ist eine Folge der Absorption oder Verschluckung des Lichtes, die je nach Farbe bzw. Wellenlänge unterschiedlich ist. Die Folgen haben wir euch bereits im Abschnitt zum Taucher*, Lektion 10 beschrieben.

Lernerfolgskontrolle

**1.4.1
Welchen Einflüssen unterliegt das Licht bei seinem Eintritt ins Wasser?

**1.4.2
Warum benötigen wir beim Tauchen eine Maske?

**1.4.3
Wie und warum ändern sich Entfernungen und Größen unter Wasser?

**1.4.4
Wie weit sind Farben unter Wasser zu sehen, und was ist die Ursache dafür?

**1.4.5
Welche Farbe ist schon auf 10 m Tiefe nicht mehr zu sehen?

1.5 Schall

Der Schall breitet sich im Wasser viel schneller aus als in der Luft, weil die einzelnen Teilchen (Moleküle) des Wassers gut gekoppelt sind und die Schwingungen der Schallwellen so besser weitergeben.
Die Schallgeschwindigkeit in der Luft beträgt bei ca. 20 °C und bei 1 bar ca. 340 m/s, im Salzwasser gleicher Temperatur, gleichen Drucks, 3,5 % Salzgehalt und einer Dichte von 1,027 kg/dm^3 ca. 1485 m/s. Im Wasser ist die Schallgeschwindigkeit also mehr als viermal so hoch wie an der Luft!

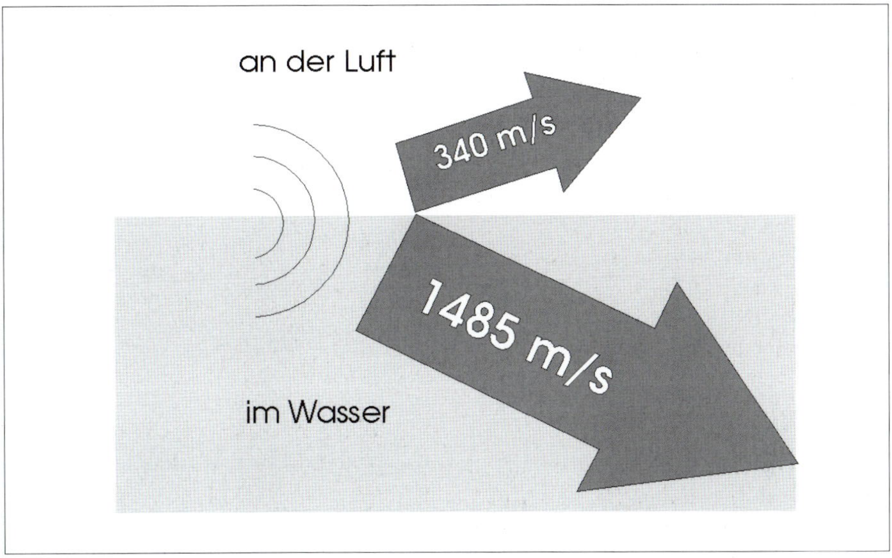

Abb. 70: Schallgeschwindigkeiten Luft/Wasser

Geräusche und Vibrationen (z.B. Schraubengeräusche von Schiffen) werden unter Wasser besser und weiter übertragen als an der Oberfläche. Schallwellen werden an der Grenzschicht Luft/Wasser zum größten Teil reflektiert, so dass auch lauteste Schreie und Geräusche von der Oberfläche unter Wasser praktisch unhörbar sind.

Töne, die unter Wasser entstehen, breiten sich dagegen rasch aus und führen zum Eindruck, dass ihre Entstehungsquelle näher und lauter ist, als es unserer üblichen Erfahrung mit der Fortpflanzung des Schalls an der Luft entspricht. Daher ist die Entfernung einer Schallquelle nicht aus unseren Erfahrungen vom Hören an der Luft feststellbar. An der Luft können wir die Richtung einer Schallquelle orten, da der Schall an unseren beiden Ohren unterschiedlich auftrifft. Aus dem Zeitunterschied des Auftreffens an den Ohren kann auf die Richtung der Schallquelle geschlossen werden. Unter Wasser dagegen ist dieser Zeitunterschied wegen der höheren Schallgeschwindigkeit derart gering, dass das Auflösungsvermögen unseres Hörsinns überfordert ist (s. Farbtafel VII).

Das fehlende Richtungshören kann gefährlich werden, wenn zum Beispiel Bootsverkehr über dem Tauchgebiet herrscht und der Taucher auftaucht. Die Richtung, aus der ein Schraubengeräusch gehört wird, ist dann nicht feststellbar. Allerdings hört man ganz gut aufgrund der Intensität der Schraubengeräusche, ob das Boot näher kommt oder sich entfernt.

Trotz erheblicher Erschwerung können Taucher in ihrer Welt der Stille akustische Signale zur Verständigung nutzen: Klopfzeichen an Tauchgeräten oder Metallteilen werden beispielsweise recht gut verstanden. Um Aufmerksamkeit durch Schall zu erregen, schlagen Unterwasserrugbyspieler mit einer Faust in ihre andere Hand.

Lernerfolgskontrolle

****1.5.1**
Welche Einschränkungen haben wir beim Hören unter Wasser?

****1.5.2**
Welche Gefahren können sich daraus beim Tauchen ergeben?

****1.5.3**
Wie hoch ist die Schallgeschwindigkeit an der Luft und im Wasser?

****1.5.4**
Warum können wir die Richtung einer Schallquelle unter Wasser nicht feststellen?

****1.5.5**
Warum können wir die Entfernung einer Schallquelle unter Wasser nicht feststellen?

****1.5.6**
Wozu kann man sich die gute Schallausbreitung unter Wasser zunutze machen?

1.6 Wärme

Wir geben ständig Wärme ab und produzieren gleichzeitig in unserem Körper neue Wärme. Da diese Möglichkeiten der Wärmeabgabe beim Tauchen eine größere Rolle spielen als an der Luft, werden sie kurz erläutert.

Die einzelnen Arten der Wärmeabgabe sind die

- Wärmeleitung,
- Wärmeströmung,
- Wärmestrahlung.

Wärme ist die Geschwindigkeit, mit der sich einzelne Teilchen (Moleküle) bewegen.

Die Wärmeleitung (oder Konduktion) ist die direkte Übertragung von Wärmeenergie von einem Körper an das direkt angrenzende Medium, z.B. durch Berührung. Wie beim Billard stoßen schnelle Teilchen an langsame Teilchen und versetzen diese in Bewegung, übertragen also die Wärme.

Der menschliche Körper gibt beispielsweise im Wasser durch direkte Berührung Wärme an das Wasser ab. Der Wärmeverlust ist größer als an der Luft, da Wasser die Wärme besser leitet. Ein Taucher ohne Kälteschutz verliert im Wasser schon bei 21 °C mehr Wärme, als der Körper neu produzieren kann. Als Schutz vor dem Wärmeverlust durch Wärmeleitung tragen wir beim Tauchen einen Anzug. Da Luft und andere Gase schlechte Wärmeleiter sind, eignen sie sich gut zur Wärmedämmung. Daher sind unsere Tauchanzüge aus Neopren, die zum größten Teil Gas enthalten, besonders gut zum Schutz vor Wärmeverlust geeignet, wenn sie entsprechend gut an unserer Haut anliegen.

Wärmeströmung (Konvektion) bewirkt eine Wärmeabgabe dadurch, dass die Wärme mit der umgebenden Flüssigkeit (z.B. Wasser) oder dem umgebenden Gas (z.B. Luft) wegtransportiert wird. Dieses Prinzip kennt jeder, der bei hohen Umgebungstemperaturen die Kühlung durch einen Luftzug, Ventilator oder Fächer sucht. Während wir dort Wärme abgeben möchten, soll dies beim Tauchen nach Möglichkeit verhindert werden. In einem schlecht sitzenden Tauchanzug jedoch wird durch Bewegung bereits erwärmtes Wasser wieder durch kaltes ersetzt. Daher ist ein guter Sitz des Tauchanzuges wichtig, der einen Wasseraustausch weitgehend verhindert.

Auch durch Wärmestrahlung wird Wärmeenergie in Form von elektromagnetischen Wellen abgegeben. Die Wärmestrahlung spüren wir bei Sonneneinstrahlung. Aber auch die Wärmestrahlung des eigenen Körpers kann man spüren, wenn man beispielsweise die Hand nah an das Gesicht hält. Beim Tauchen dagegen fällt die Wärmestrahlung als Abgabemöglichkeit schon allein durch das Tragen eines Tauchanzuges weitgehend aus.

Durch Verdunstung, z.B. Schwitzen, wird ein großer Teil Wärme bei hohen Temperaturen abgegeben. Diese Möglichkeit wird durch das Tragen eines Tauchanzuges verhindert. Das kann zu Problemen führen, wenn wir schon lange vor dem Tauchen bei hohen Außentemperaturen den Anzug anziehen oder gar noch anstrengende Fußwege vornehmen.

Wichtig ist für uns beim Tauchen jedoch, dass wir über die Atmung in Ruhe ca. 10 % unserer gesamten Wärme abgeben. Mit zunehmender Tiefe kann die Wärmeabgabe durch die Atmung sogar bis auf 40 % ansteigen.

Das Tragen eines Neoprenanzuges schützt uns also vor Wärmeverlust durch Wärmeleitung und Wärmeströmung. Allerdings nimmt die Dicke des Neoprens mit zunehmender Tiefe entsprechend dem Gesetz von Boyle und Mariotte ab. In 10 m Wassertiefe ist der Anzug nur noch halb so dick wie an der Oberfläche, in 30 m Wassertiefe beträgt die Dicke nur noch ein Viertel. Daher nimmt auch die Wärmedämmung mit zunehmender Tiefe entsprechend ab.

Größere Wassertiefen und gesteigerte Atmung erhöhen also die Wärmeabgabe. Begünstigt wird die Auskühlung eines Tauchers durch vorhergehenden Alkoholgenuss. Alkohol vor dem Tauchen ist für uns aber nicht nur wegen der Wärmeabgabe tabu.

Lernerfolgskontrolle

****1.6.1**
Auf welche Arten kann ein Körper Wärme abgeben?

****1.6.2**
Welche Auswirkungen haben die Wärmeabgabearten auf das Tauchen, und wie kann man sich davor schützen?

****1.6.3**
Wie geschieht die Wärmeleitung (Konduktion) beim Tauchen?

a Erwärmtes Wasser um den Taucher herum wird durch kälteres ersetzt.
b Die Wärme wird von der Körperoberfläche elektromagnetisch weitertransportiert.
c Durch direkte Berührung wird die Wärme des Tauchers an das umgebende Wasser abgegeben.
d Beim Tauchen kann die Wärme nicht weitergeleitet werden, da das Wasser ein guter Isolator ist.
e Wärme kann nicht geleitet werden, sondern nur Kälte. Diese wird von dem umgebenden Wasser durch direkte Berührung an den Körper des Tauchers abgegeben.

****1.6.4**
Wie geschieht die Wärmeströmung (Konvektion) beim Tauchen?

a Erwärmtes Wasser um den Taucher herum wird durch kälteres ersetzt.
b Die Wärme wird von der Körperoberfläche elektromagnetisch weitertransportiert.
c Durch direkte Berührung wird die Wärme des Tauchers an das umgebende Wasser abgegeben.
d Beim Tauchen tritt keine Wärmeströmung auf, da nur Luftströme Wärme transportieren.
e In strömungsreichen Gewässern ist eine erhöhte Muskelarbeit des Tauchers erforderlich, die eine gesteigerte Wärmeproduktion des Körpers zur Folge hat.

2. Tauchmedizin

2.1 Gewebearten

Ein Gewebe ist der Zusammenschluss von Zellen gleichen Aufbaus und gleicher Form zum Zweck einer speziellen Funktion. Die Gewebe stellen den größten Anteil des menschlichen Körpers dar. In Abhängigkeit von ihrer Durchblutung werden sie beim Tauchen mit Stickstoff unterschiedlich schnell gesättigt und entsättigt; man spricht auch von „langsamen“ und „schnellen“ Geweben.

Epithelgewebe

Die äußere Oberfläche des Körpers, aber auch seine „innere“ Oberfläche (z.B. die Innenwand des Darmrohres und der Atmungsorgane) wird von flächenhaften Zellverbänden bedeckt, die man zusammenfassend Epithelien nennt. Epithelien kommen ferner in Drüsen vor, um Sekrete zu produzieren. Eine besondere Funktion erfüllt das Flimmerepithel in den Atemwegen bei der Erwärmung der Atemluft und bei der Beseitigung von Staubpartikeln, die eingeatmet wurden.

Nervengewebe

Nervengewebe besteht aus erregungsleitenden Elementen sowie zelligem Hüll- und Stützgewebe. Wegen des hohen Fettgehaltes weist das Nervengewebe zusammen mit dem Fettgewebe eine 5fach höhere Löslichkeit von Stickstoff auf als andere Gewebe. Es reagiert sehr empfindlich gegenüber Sauerstoffmangel.
Die Gesamtheit der Nervengewebe eines Organismus wird als Nervensystem bezeichnet. Dieses kann nach verschiedenen Kriterien unterteilt werden: Bei der anatomischen Unterteilung unterscheidet man das zentrale vom peripheren Nervensystem.
Das Zentralnervensystem besteht aus Gehirn und Rückenmark. Hier werden die Meldungen aus den Sinnesorganen verarbeitet und die nachfolgenden Reaktionen gesteuert. Das Gehirn ist der Sitz des Willens, des Verstandes und des Bewusstseins. Das Rückenmark dient vor allem als Umschaltstelle für die Nervenreize.
Das periphere Nervensystem besteht u.a. aus den Nerven, die in einem engmaschigen Netz überall im Körper vorhanden sind. Sie leiten die Meldungen aus den Sinnesorganen zum Gehirn, an die Muskulatur und an die Drüsen.
Funktionell unterscheidet man das zerebrospinale vom vegetativen (autonomen) Nervensystem. Das sensorische System (die Sinnesorgane Augen, Ohren, Nase, Zunge) wird dem zerebrospinalen Nervensystem zugerechnet.
Das vegetative Nervensystem untersteht nicht unserem Willen. Es regelt die Funktion der inneren Organe und besteht aus den funktionellen Gegenspielern Sympathicus-Nerv und Parasympathicus-Nerv.

Binde- und Stützgewebe

Das Binde- und Stützgewebe besteht aus lockeren Geweben, in die z.B. die Organe eingebettet sind, und aus festem Material wie Knorpel- und Knochengewebe. Das straffe Bindegewebe ist schlecht durchblutet und gehört somit zu den „langsamen“ Geweben.

Muskelgewebe

Wir unterscheiden die Skelettmuskulatur, den Herzmuskel und die glatte Muskulatur der Arterien und der inneren Organe. Die Muskulatur ist entsprechend ihrer Arbeitsweise gut durchblutet, sie gehört daher zu den „schnellen“ Geweben.

Blut

Das Blut ist ein flüssiges Gewebe, das aus den Blutzellen und dem Blutplasma mit seinen gelösten Anteilen besteht. Die Blutmenge beträgt ca. 8 % des Körpergewichtes, der zelluläre Anteil (Hämatokrit) ist 44%. Die Blutzellen werden vorwiegend im Knochenmark gebildet; wir unterscheiden drei Arten:

Rote Blutkörperchen (Erythrozyten)
Der Erythrozyt gleicht in der Form einer runden, beidseits eingedellten Scheibe mit einem Durchmesser von 8 µm (1 Mikrometer = 1/1000 mm). Er enthält den roten Blutfarbstoff Hämoglobin, an den der Sauerstoff zum Transport chemisch gebunden wird. Die Lebensdauer einer roten Blutzelle beträgt bis zu 120 Tage, ein Zellkern ist nicht vorhanden.
Die Gesamtzahl beträgt 5 Mill./mm^3, die Hämoglobinkonzentration beträgt
- beim Mann 14 bis 18 g %,
- bei der Frau 12 bis 16 g %.

Weiße Blutkörperchen (Leukozyten)
Die weißen Blutzellen sind einfach gebaute, kernhaltige Blutzellen, die sich selbstständig fortbewegen können. Ihre Anzahl beträgt 4000 bis 10.000/mm^3. Sie haben entscheidende Bedeutung bei den Abwehrvorgängen im Organismus, da sie Fremdkörper und Zelltrümmer in sich aufnehmen können (Phagozytose). Bei entzündlichen Prozessen ist die Leukozytenzahl im Blut erhöht. 20 bis 25% der Leukozyten bestehen aus Lymphozyten, die auch in der Milz und in den Lymphknoten gebildet werden und ebenfalls bei der Abwehr eine Rolle spielen.

Blutplättchen (Thrombozyten)
Blutplättchen sind sehr kleine (2 bis 3 µm im Durchmesser), unregelmäßig geformte Scheibchen, die bei der Blutgerinnung eine Bedeutung haben. Ihre Anzahl beträgt 150.000 bis 300.000/mm^3.

Blutplasma
Das Blutplasma ist die eigentliche Blutflüssigkeit, bestehend aus Blutserum und Fibrin. Der Wassergehalt beträgt 90 %. In ihm sind Eiweiße, Kohlenhydrate, Fette, Mineralien, Hormone, Enzyme und Vitamine gelöst.
Das Blut gehört bezüglich seiner Sättigung mit Stickstoff zu den „schnellsten" Geweben; denn der Stickstoff geht unter erhöhtem Umgebungsdruck direkt aus der Alveolarluft durch Diffusion in das Blutplasma über.

2.2 Anatomie des Ohres

Das Ohr ist für den Taucher eines der wichtigsten Organe, deshalb ist es unbedingt in die tauchsportärztliche Untersuchung einzuschließen. Mit defektem Trommelfell z.B. ist die Ausübung des Tauchsports undenkbar. Anatomisch besteht das Hörorgan aus dem äußeren Ohr mit Ohrmuschel, äußerem Gehörgang und Trommelfell, dem Mittelohr mit den in der Paukenhöhle gelegenen Gehörknöchelchen Hammer, Amboss und Steigbügel und aus dem Innenohr mit den Bogengängen und der Hörschnecke. In der Hörschnecke ist das eigentliche Hörorgan lokalisiert, in den Bogengängen das Gleichgewichtsorgan (s. Farbtafel VII).
Der Schall trifft durch den äußeren Gehörgang auf das Trommelfell, ein zartes, leicht verletzbares Häutchen. Weiter geht es auf dem Weg durch das Mittelohr über die Kette der Gehörknöchelchen zum ovalen Fenster, der Begrenzung zum Innenohr. Von dort wird der Schall der Gehörschnecke zugeleitet, um bald das runde Fenster zu erreichen, eine weitere Begrenzung zwischen Mittel- und Innenohr.
Die Gehörschnecke besteht aus einem mit Endolymphe ausgefüllten Gang, der von zwei weiteren mit Perilymphe gefüllten Flüssigkeitsräumen, der Vorhoftreppe und der Paukentreppe, umgeben ist. Die Gänge gehen an der Schneckenspitze ineinander über. Nachdem die Schallwellen das ovale Fenster in Schwingungen versetzt haben, entsteht eine Volumenverschiebung der Perilymphe, die letztlich durch eine Ausbuchtung des runden

Fensters in Richtung Mittelohr ausgeglichen wird. Die Volumenverschiebung (Wanderwelle) erregt die Sinneszellen des Gehörs in der Gehörschnecke.
Der Gleichgewichtssinn (Vestibularorgan) liegt ebenfalls in Form der Bogengänge im Labyrinth. Die Bogengänge enthalten Endolymphe, in ihren Ampullen liegen die Sinneszellen, deren Fortsätze in eine gallertige Masse eingebettet sind. Auf der gallertigen Masse liegen kleine Kalksteinchen, die bei Lageänderungen des Kopfes einen Reiz an den Sinneszellen hervorrufen, so dass sie für den Lagesinn eine besondere Bedeutung haben. Die Trägheit der Endolymphe bewirkt bei Drehbewegungen des Kopfes eine Beeinflussung der gallertigen Masse mit Reizung der Sinneszellen, woraus eine besondere Bedeutung für den Drehsinn resultiert.
Sicherlich ist es schon jetzt verständlich, dass größere Druckschwankungen der Peri- und Endolymphe zu Störungen des Dreh- und Lagesinns führen können, besonders wenn man bedenkt, dass Peri- und Endolymphe mit der cerebrospinalen Flüssigkeit (Hirnwasser) und mit dem venösen Kreislaufsystem in Verbindung stehen.
Von großer Bedeutung ist die eustachische Röhre (Ohrtrompete), eine schlauchartige Verbindung des Mittelohrs zum Rachen, über die beim Tauchen der Druckausgleich zum Mittelohr erfolgt, d.h. der Luftdruck in der Paukenhöhle muss dem erhöhten Umgebungsdruck angeglichen werden. Bei Erkältungskrankheiten ist die Ohrtrompete oft durch Schleimhautschwellung verlegt, sodass der Druckausgleich nicht funktioniert. Das Tauchen ist dann untersagt, auch sollen keine schleimhautabschwellenden Nasentropfen verwendet werden; denn sie können während des Tauchgangs ihre Wirkung verlieren und dann zu einem Überdruckbarotrauma der Nasennebenhöhlen führen, weil die Luft in der Aufstiegsphase nicht entweichen kann.
Tauche nie bei Erkältungskrankheiten!

Lernerfolgskontrolle

****2.2.1**
In welche Abschnitte wird das Ohr untergliedert?

****2.2.2**
Beschreibe die Anatomie des Außenohres!

****2.2.3**
Beschreibe die Anatomie des Mittelohres!

****2.2.4**
Beschreibe die Anatomie des Innenohres!

2.3 Herz-Kreislauf-System

Das Herz-Kreislauf-System besteht aus dem Herzen als zentrale Saug-Druck-Pumpe, den Arterien, den Arteriolen und den Kapillaren (Haargefäße). Arteriolen sind kleinere Arterien, die durch ihre Kaliberschwankungen den größten Einfluss auf den Blutdruck haben. Entsprechend sind Venen und Venolen vorhanden, die das Blut wieder zum Herzen zurücktransportieren.

Herz
Das Herz ist ein aus vier Hohlräumen bestehender Hohlmuskel, der seine Befehle von einem eigenen Reizleitungssystem erhält, weitere kommen vom vegetativen Nervensystem. Die beiden Herzhälften haben unter normalen Umständen keinerlei Verbindungen miteinander, zwischen den Vorhöfen und Kammern bestehen ventilartige Verbindungen, die Segelklappen, die das Blut nur in einer Richtung hindurchlassen.
Die Austrittsöffnungen der Lungenarterie und der Aorta sind ebenfalls durch Klappen

gesichert, die sog. Taschenklappen. Venöse Zuflüsse erhält der rechte Vorhof durch die obere und untere Hohlvene aus dem großen Kreislauf, der linke Vorhof durch die Lungenvenen aus dem kleinen Kreislauf (siehe Farbtafel VIII).
Bei bis zu 25 % aller Menschen besteht ein offenes Foramen ovale in der Vorhofscheidewand, durch das während des Tauchgangs nach dem Valsalva-Versuch zum Druckausgleich Mikroblasen in das arterielle System übertreten können. Das Foramen ovale ist während der Embryonalzeit eine notwendige Kurzschlussverbindung (Shunt) zwischen beiden Vorhöfen, denn die Lungen sind noch nicht funktionsfähig.
Die Eigenversorgung des Herzmuskels mit Blut erfolgt durch die direkt aus der Aorta abgehenden Herzkranzgefäße. Bei Tauchunfällen können diese durch Luft- bzw. Stickstoffblasen embolisch verschlossen werden.
Die Vorhöfe und Kammern arbeiten jeweils synchron zusammen, d.h. die Vorhöfe treiben gleichzeitig das Blut in die Kammern, die Kammern gleichzeitig das Blut in die Lungenarterie bzw. in die Aorta. Die Herzfrequenz beträgt 60 bis 80 Schläge/min, das Schlagvolumen einer Herzaktion ist 70 bis 100 ml. Durch Erhöhung der Schlagzahl und Vergrößerung des Schlagvolumens kann die Leistung des Herzens erheblich gesteigert werden.

Kreislauf
Im Blutkreislauf zirkuliert das Blutvolumen in einem geschlossenen System. Der linke Ventrikel treibt das Blut durch die große Körperschlagader (Aorta) bis in die kleinsten Kapillargebiete, um die Organe mit Sauerstoff zu versorgen und andererseits das Kohlendioxid abzutransportieren (siehe Farbtafel VIII).
Der Gasaustausch erfolgt an der engsten Stelle des Kapillarsystems. Dort haben die Kapillaren einen Durchmesser von 8 µm, so dass die Erythrozyten gerade einzeln und nacheinander hindurchpassen. Die Venen sammeln das verbrauchte Blut und transportieren es über die obere und die untere Hohlvene zum rechten Vorhof, von dort aus weiter durch den rechten Ventrikel über die Lungenarterie (Arteria pulmonalis) zur Lunge. Dort findet wieder ein Gasaustausch statt: Durch Diffusion gelangt das Kohlendioxid (CO_2) aus dem Gefäßsystem in die Alveolen der Lunge, von wo es über die Atmung ausgeschieden wird. Der Sauerstoff (O_2) wird auf dem gleichen Wege aufgenommen und chemisch an das Hämoglobin der Erythrozyten gebunden, ein kleiner Teil ist physikalisch gelöst. Die Lungenvenen bringen dann das sauerstoffreiche Blut zum linken Vorhof und weiter zum linken Ventrikel. Der Lungenkreislauf wird auch als kleiner Kreislauf bezeichnet, der Körperkreislauf als großer Kreislauf. Die Unterteilung des großen Kreislaufs in ein venöses und arterielles System hat für die Dekompression eine besondere Bedeutung; denn Mikroblasen dürfen lediglich im venösen System vorhanden sein, damit sie über die Lunge abgeatmet werden können.
Die gesamte Passage nennt man auch die Kreislaufzeit; sie beträgt 23 Sekunden. Die Geschwindigkeit des Blutstroms ist in den großen Arterien 10 bis 50 cm pro Sekunde, in den Kapillaren wesentlich langsamer.

Blutdruck
Der Blutdruck kann mit dem Blutdruckmessgerät nach Riva-Rocci (RR) gemessen werden. Man bestimmt mit dieser Methode nur den arteriellen Blutdruck während der Kontraktionsphase des Herzens (Systole) und während der Erschlaffungsphase (Diastole). In den Armarterien werden Durchschnittswerte von 120 mm Hg systolisch gemessen, die diastolischen Blutdruckwerte sollten 90 bis 95 mm Hg nicht überschreiten, sonst liegt eine Hochdruckkrankheit (Hypertonie) vor. In den Lungenarterien beträgt der Druck

nur 20 mm Hg, in den großen herznahen Venen ist er sogar negativ, so dass es zu einer Sogwirkung des Herzens kommt (Saug- und Druckpumpe).
Die Blutdruckregulierung geschieht hormonell und nervös unter Mitwirkung von Kontrollorganen im Herzen, der Aorta und in den Halsschlagadern (Carotissinusknoten).
Durch Druck auf die Halsschlagader kann bei sensiblen Menschen ein plötzliches, bis zur Bewusstlosigkeit führendes Absinken der Pulsfrequenz hervorgerufen werden, das Carotissinussyndrom. Darum:

Nicht zu enge Halsmanschette beim Trockentauchanzug!

Todesfälle sind in der Literatur beschrieben worden.

Tauchreflex
Der Tauchreflex stammt noch aus der Entwicklungsgeschichte der Landlebewesen, er stellt eine Schutzmaßnahme des Organismus zum Zwecke der Sauerstoffeinsparung dar. Bei den Enten ist dieser Reflex sehr stark ausgeprägt. Nach dem Eintauchen des Gesichts in kaltes Wasser kommt es zu einer Verlangsamung des Herzschlags; denn die Rezeptoren für diesen Reflex liegen in der Haut des Mund- und Nasenbereichs. Obgleich die Blutgefäße dabei enger gestellt werden, bleibt der Blutdruck unbeeinflusst.

Lernerfolgskontrolle

**2.3.1
Welche Aufgabe hat das Herz?

**2.3.2
Welche Aufgabe hat der Kreislauf?

**2.3.3
Beschreibe den Kreislauf.

**2.3.4
Was verstehen wir unter dem Tauchreflex?

2.4 Atmungsorgane und Atmung

Die Atmungsorgane bestehen aus dem Nasen-Rachen-Raum, dem Kehlkopf mit der Stimmritze, der Luftröhre, den Bronchien und dem eigentlichen Lungengewebe mit den elastischen Fasern und den Lungenbläschen (Alveolen).

Atemwege
Die Atmungsluft kann durch Nase und Mund in der o.g. Reihenfolge zu den Alveolen gelangen. In den Atemwegen findet noch kein Gasaustausch statt, deshalb bezeichnet man sie auch als Totraum (siehe auch Farbtafel und nächste Seite).
Der Gebrauch eines überlangen Schnorchels vergrößert den Totraum in gefährlicher Weise: Es tritt Pendelatmung auf mit CO_2-Vergiftung und Sauerstoffmangel. Außerdem entsteht ein relativer Unterdruck in den Lungen, der sich schädigend auswirkt. Darum:

Nie überlange Schnorchel verwenden!

Die Maße für den Schnorchel sind vorgeschrieben: Maximale Länge 35 cm, bei Kindern 30 cm, Innendurchmesser bei Kindern 15 bis 18 mm, bei Erwachsenen 18 bis 25 mm.

Die Atemwege

Schlucken
Beim Schlucken wird das Gaumensegel (oder Zäpfchen) gehoben, der Eingang der Luftröhre durch den Kehldeckel verschlossen. Somit können keine Speiseteile in die Luftwege gelangen.

Nasenatmung
Wenn wir normal durch die Nase einatmen, wird das Gaumensegel gesenkt und der Kehldeckel gehoben, so dass die Atemluft ungehindert vom Nasen-Rachen-Raum durch die Luftröhre in die Lunge strömen kann.

Mundatmung
Beim Tauchen erhalten wir unsere Atemluft vom Lungenautomaten via Mund zugeführt. Normalerweise ist dabei das Gaumensegel gehoben, der Kehldeckel selbstverständlich auch.

Abb. 71: Atemwege

Filtration, Befeuchtung und Erwärmung der Atemluft

Im vordersten Teil der Nasenhöhle halten die Nasenhaare wie ein Sieb die gröberen Verunreinigungen zurück. Das Naseninnere ist mit einer mit Flimmerhärchen besetzten Schleimhaut (Flimmerepithel) überzogen. Durch eine große Anzahl von Schleimdrüsen wird das Naseninnere ständig feucht gehalten. Dabei verdunstet täglich eine große Tasse Wasser! Bei der Einatmung wird die vorbeistreichende Luft somit angefeuchtet und erwärmt. Zugleich erfolgt auch eine Feinreinigung der Luft von mitgeführten Staubpartikeln, die sich auf der Schleimhaut niederschlagen.

Unsere Stimme

Im oberen Teil der Luftröhre liegt der Kehlkopf. Er dient der Stimmerzeugung und vermag durch Verschluß der Stimmritze (Stimmritzenkrampf) den Luftweg abzusperren. Dieses Phänomen ist eine gefährliche Unfallursache beim Tauchen, da der Stimmritzenkrampf zu einem Lungenüberdruckbarotrauma mit Lungenriss führen kann. Bei der Erzeugung von Tönen spielen auch die luftgefüllten Hohlräume eine Rolle; denn sie helfen als Resonanzkörper mit, den Klang der Stimme zu bilden.

Lunge

Die Lunge besteht aus zwei Lungenflügeln, rechts in drei und links in zwei Lappen aufgeteilt. Sie liegt in dem aus zwölf Rippenpaaren gebildeten knöchernen Thorax, der durch viele kleine Gelenke, die die Rippen mit der Wirbelsäule und dem Brustbein bilden, durchaus beweglich ist. Diese Beweglichkeit ist für die zur Atmung notwendige

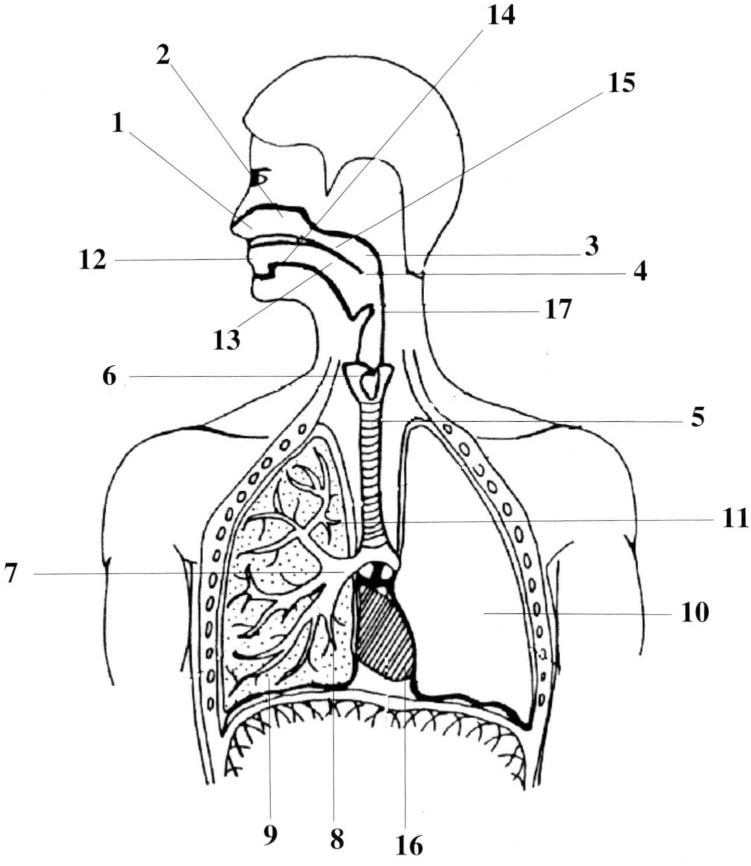

1. Nasenöffnungen
2. Nasenhöhlen
3. Rachenhöhle
4. Gaumensegel
5. Luftröhre
6. Kehlkopf
7. Hauptbronchus
8. Bronchus
9. Alveole
10. linker Lugenflügel
11. rechter Lungenflügel
12. Lippen
13. Mundhöhle
14. Zunge
15. weicher Gaumen
16. Herz
17. Kehldeckel

Abb. 72: Atemwege und Atmungsorgane

Volumenänderung der Lunge erforderlich. Die Lungenoberfläche ist mit einem dünnen Häutchen, dem Lungenfell (Pleura visceralis) bedeckt. An der Lungenwurzel schlägt dieses Häutchen um und geht in das Rippenfell (Pleura parietalis) über, das den Brustraum tapetenartig auskleidet. Zwischen beiden Fellen liegt der Pleuraspalt, der allseits geschlossen ist und einen negativen Druck aufweist.
Das eigentliche Funktionsepithel der Lunge wird von den Alveolen gebildet, in denen der Gasaustausch stattfindet (s. Farbtafel VIII). Die gesamte Funktionsfläche beträgt ca. 100 m^2. Das Bindegewebe der Lunge ist mit elastischen Fasern durchsetzt. Der Unterdruck im Pleuraspalt und die elastischen Fasern des Lungengewebes wirken als Kräfte gegeneinander, sodass die Lunge ständig entfaltet bleibt.

Atemmechanik

Die Ventilation ist notwendig, um die Luft in den Lungen zu erneuern. Sie kommt durch rhythmisch abwechselnde Ein- und Ausatmung zustande. Hierbei sind der Brustkorb, die Atemhilfsmuskulatur (Zwerchfell, Zwischenrippen- und andere Skelettmuskulatur) und die Lunge selbst beteiligt. Der Brustkorb tritt immer wieder in seine Ausgangslage zurück, die Atemruhelage.

A. Einatmung

Die Einatmung ist ein aktiver Vorgang und von der Muskelarbeit der Atemhilfsmuskulatur abhängig. Durch Adhäsionskräfte haftet die Oberfläche der Lunge mit ihrem Lungenfell an der Innenseite des Brustkorbs mit seinem Rippenfell an. Dem gegenüber steht die Kontraktionskraft der elastischen Fasern des Lungengewebes, so dass im Interpleuralspalt ein negativer Druck zustande kommt, der in der Einatmungsphase (Inspiration) höher ist als bei der Ausatmung (Exspiration). Die Alveolen erweitern sich, und die Luft folgt dem Sog über das Bronchialsystem.

B. Ausatmung

Die Ausatmung ist ein passiver Vorgang. Das Zwerchfell und die übrige Atemhilfsmuskulatur erschlaffen, der Brustkorb geht in die Atemruhelage zurück. Die damit verbundene Volumenverringerung der Lunge bewirkt ein Ausströmen der Luft über die Atemwege. Der Unterdruck im Pleuraspalt wird geringer.

Atmung und Atemregulation

Die Atmung ermöglicht die Sauerstoffaufnahme und die Sauerstoffabgabe in den Alveolen.
Sauerstoff ist das für die Verbrennung im Organismus notwendige Gas. Es dient der Energiegewinnung. Stickstoff (N_2) ist unter normalem Umgebungsdruck ein geruchloses und unschädliches Füllgas (Inertgas), das offenbar nicht am Stoffwechsel teilnimmt. Kohlendioxid ist das Oxidationsprodukt, das als Stoffwechselendprodukt bei der Energiegewinnung entsteht und beim Ausatmen an die Umgebung abgegeben wird. Tritt CO_2 in höherer Konzentration als 0,035 % im Atemgas auf, kann es zu Vergiftungserscheinungen kommen. Kohlenmonoxid (CO) darf in der Atemluft nicht vorhanden sein.
Edelgase zeigen ein chemisch inaktives Verhalten und sind an der Atmung nicht beteiligt. In der Berufstauchtechnik und bei Druckkammerversuchen sind sie allerdings von Bedeutung.

Äußere Atmung

Mit äußerer Atmung bezeichnet man die Passage der Atemluft durch die Atemwege bis zu den Alveolen, die den Gasaustausch sowie den Transport des an das Hämoglobin gebundenen Sauerstoffs zu den Zellen regelt, entsprechend auch den Abtransport von Kohlendioxid und dessen Ausscheidung durch die Atmungsluft. Durch die dünnen Wände der Alveolen findet auf dem Wege der Diffusion der Gasaustausch statt, und

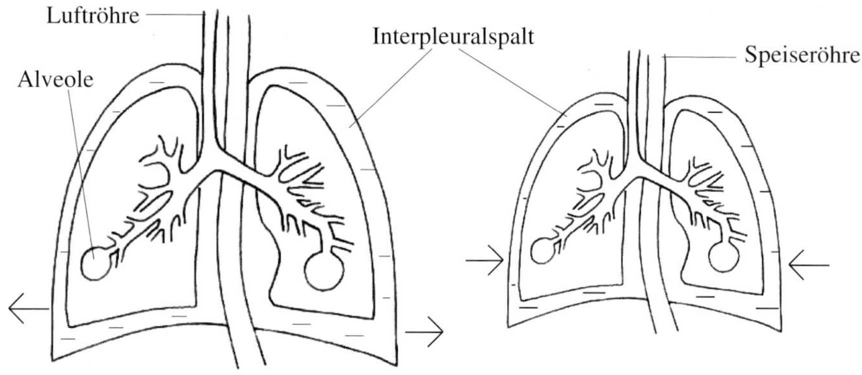

Abb. 73: Änderung der Druckverhältnisse im Pleuraspalt in Abhängigkeit von der Atemphase

zwar vom Ort der höheren Konzentration (d.h. O_2 diffundiert von den Alveolen in die Lungenkapillaren und CO_2 in umgekehrter Richtung) zum Ort der niedrigeren Konzentration. Von den 21% O_2 der Einatemluft wird nur ein kleiner Teil vom Organismus verbraucht; denn die Ausatmungsluft enthält noch 17 % O_2 (s. Farbtafel VIII).

Innere Atmung

Mit innerer Atmung bezeichnet man die Vorgänge, die sich in der Zelle unter Verwendung des O_2 zur Energiegewinnung abspielen.

Atemregulation

Das Atemzentrum liegt im verlängerten Rückenmark des Zentralnervensystems (Medulla oblongata). Der Atemantrieb wird durch folgende Faktoren beeinflusst:

1. Chemorezeptoren im arteriellen System messen den Partialdruck für CO_2 (pCO_2). Ist der Grenzwert erreicht, so wird der Atemreiz ausgelöst.
   - Erhöhung des pCO_2 und Erhöhung der Wasserstoffionenkonzentration (pH-Wert) bedeuten steigende Atemfrequenz und Atemtiefe.
   - Verminderung des pCO_2 bedeutet abnehmende Atemfrequenz und Atemtiefe.
2. Atemreiz durch Sinken des pO_2 im Blut (Sauerstoffmangel).
3. Atemreiz bei Eintauchen in kaltes Wasser.
4. Zwang zum Einatmen in Abhängigkeit von der psychischen Verfassung.

In den Alveolen finden sich ferner Dehnungsrezeptoren, die durch Impulse an das Atemzentrum die Einatmung begrenzen können.

Atemvolumina und Luftverbrauch

In Ruhe führt der Erwachsene 16 bis 20 Atemzüge in einer Minute aus, Kleinkinder und Säuglinge atmen schneller. Geht man von einem Atemzugvolumen von 500 ml aus, so entspricht das einem Atemminutenvolumen von 8 bis 10 l/min. Der Bedarf an Atemluft kann in einer Minute auf über

Definitionen:

Atemzugvolumen (AZV)
ist die Luftmenge, die bei einem normalen Atemzug in Ruhe bewegt wird (500 ml).

Inspiratorisches Reservevolumen (IRV)
ist die Luftmenge, die zusätzlich zum AZV maximal eingeatmet werden kann (2500 bis 4000 ml).

Exspiratorisches Reservevolumen (ERV)
ist das Volumen, das zusätzlich zum AZV ausgeatmet werden kann (1000 bis 1500 ml).

Residualvolumen (RV)
verbleibt nach vollständiger Ausatmung in der Lunge (1500 ml).

Vitalkapazität (VK)
ist die Luftmenge, die nach maximaler Einatmung maximal ausgeatmet werden kann (ca. 4500 ml). Die Vitalkapazität kann durch Training deutlich gesteigert werden.

Totalkapazität (TK)
ist das gesamte Luftvolumen, das die Lunge beinhalten kann (4000 bis 8000 ml).

Atemzugvolumen, Vitalkapazität und Totalkapazität sind stark abhängig von Alter, Körpergröße, Geschlecht und Kondition.

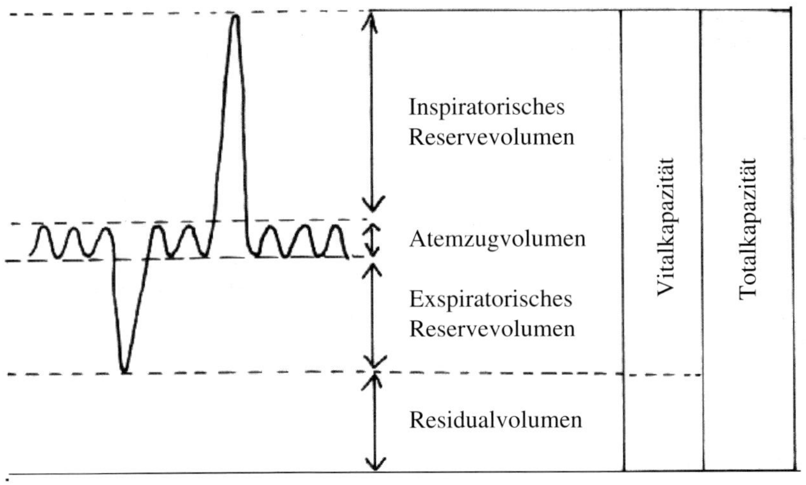

Abb. 74: Atemvolumina

60 l/min steigen. Unter erhöhtem Umgebungsdruck ist das Atemminutenvolumen in Abhängigkeit von der Tauchtiefe gesteigert.

Lernerfolgskontrolle

****2.4.1**
Beschreibe, wie der Atemvorgang mechanisch abläuft!

****2.4.2**
Wie funktioniert die äußere Atmung?

****2.4.3**
Was verstehen wir unter der inneren Atmung?

****2.4.4**
Wie werden die verschiedenen Atemvolumina bezeichnet und welche Größenordnung haben sie?

2.5 Barotraumen

In diesem Abschnitt sind die Barotraumen des Zahnes, der Lunge beim Apnoe-Tieftauchen, der Verdauungsorgane und der Haut zusammengefasst.

Barotrauma des Zahnes
Ein gesunder Zahn hat keine luftgefüllten Hohlräume, so dass kein Barotrauma entstehen kann. Bei kranken oder schlecht behandelten Zähnen kann ein Unter- oder Überdruckbarotrauma entstehen. Wenn durch eine nicht korrekte Zahnbehandlung ein Hohlraum unter der Füllung belassen wurde, kann es während des Abstiegs zu einer Implosion des Zahnes kommen (Unterdruckbarotrauma). Andererseits kann bei defekten Zähnen durch Haarrisse oder Verbindungskanälchen die Luft in schwer belüftbare kleine Hohlräume eindringen. Wenn die Luft während des Aufstiegs hier nicht wieder entweichen kann, sind Zahnsprengungen möglich (Überdruckbarotrauma).

Symptome	Therapie	Prophylaxe
Beide Formen des Barotraumas am Zahn verursachen heftigste Zahnschmerzen.	Während sich das Unterdruckbarotrauma nach Verlassen der Tiefe schnell bessert, kann die Beeinflussung des Überdruckbarotraumas viel hartnäckiger sein. Man kann einen neuen Abstieg versuchen und dann extrem langsam auftauchen. Nach dem Tauchgang schmerzlindernde Medikamente und dringend zahnärztliche Behandlung.	Die zahnärztliche Untersuchung gehört eigentlich nicht zu den Kriterien der Tauchtauglichkeit, jedoch sollte jeder aktive Taucher im eigenen Interesse in zahnärztlicher Überwachung bleiben. Bei anstehenden Füllungen kann man auch den Zahnarzt darauf aufmerksam machen, dass man Taucher ist. Er wird dann darauf achten, dass die Ränder gut abgedichtet sind und dass andererseits keine Hohlräume vorhanden sind.

Tabelle 8: Barotrauma des Zahnes

Barotrauma der Lunge beim Apnoe-Tieftauchen

Die Lunge hat begrenzte Kompensationsmöglichkeiten gegenüber dem veränderten Umgebungsdruck: Durch die Beweglichkeit der Rippengelenke, den Bau des knöchernen Brustkorbs, die Elastizität des Zwerchfells und des Lungengewebes selbst, ferner durch das Aufnahmevermögen der Lungenblutgefäße und die Dehnungsfähigkeit des rechten Herzens kann der veränderte Umgebungsdruck während der Ab- und Aufstiegsphase beim Tauchen individuell in gewissen Grenzen kompensiert werden. Die individuelle Grenze der Anpassungsfähigkeit ist beim Apnoetieftauchen dann erreicht, wenn die Lungen durch den wachsenden Umgebungsdruck auf das Residualvolumen (Restvolumen) von 1,5 l komprimiert sind. Der Umgebungsdruck beträgt dann 4 bar, entsprechend einer Wassertiefe von 30 m. Steigt der Umgebungsdruck weiter an, so entwickelt sich ein Lungenunterdruckbarotrauma mit folgenden Erscheinungen:

- Lungenödem (Austritt von Flüssigkeit aus dem Lungengefäßsystem in die Alveolen mit schwerer Behinderung des Gasaustausches)
- maximale Füllung des Lungenkreislaufes mit Rückstau zum rechten Herzen
- Minderdurchblutung des großen Kreislaufs

Durch Tieftauchversuche in Apnoe ist es erwiesen, dass die Kompensationsfähigkeit der Lunge trainierbar ist. Inzwischen sind Tauchtiefen von über 100 m bekannt geworden. Es ist jedoch auch erwiesen, dass diese Versuche nur mit erheblichem Risiko durchgeführt wurden; es sind Todesfälle durch Lungenödem vorgekommen. In der Praxis des Apnoetauchens kommt es selten zum Barotrauma der Lungen, da Luftnot und Beklemmung den Taucher schon vor Erreichen der Gefahrenzone zum Aufstieg zwingen.

Ähnliche Zusammenhänge liegen beim Tauchen mit Drucklufttauchgerät vor, wenn der Einatemwiderstand des Lungenautomaten durch einen Defekt zu hoch ist. Dann entsteht mit zunehmender Tauchtiefe ebenfalls ein relativer Unterdruck in den Lungen mit der Möglichkeit einer Gewebeschädigung. Auch durch den Gebrauch von überlangen Schnorcheln kann in den Lungen ein relativer Unterdruck entstehen. In 3 m Wassertiefe lastet ein Druck von 1,3 bar auf dem knöchernen Brustkorb, entgegen dem atmo-

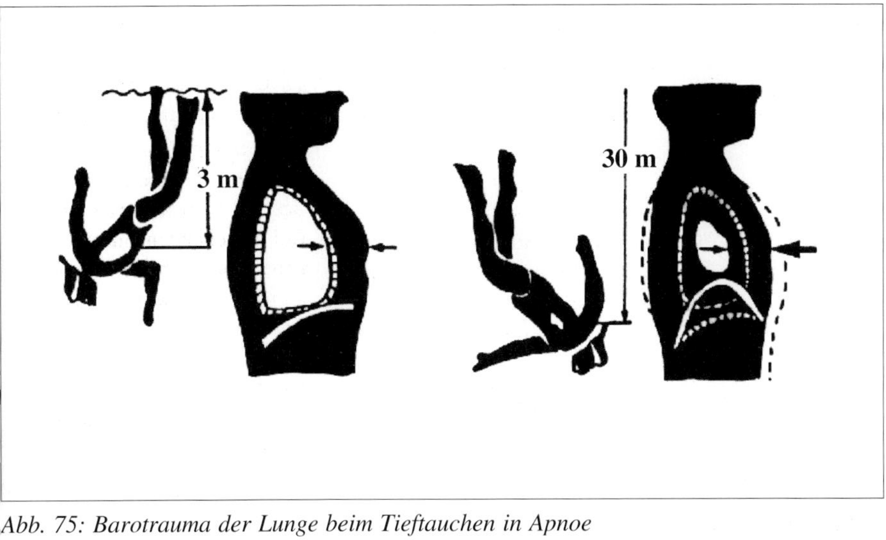

Abb. 75: Barotrauma der Lunge beim Tieftauchen in Apnoe

sphärischen Druck von 1 bar, der über den Schnorchel auf den Lungen lastet. Es entsteht also ein relativer Unterdruck von 0,3 bar in den Lungen, der schädigende Folgen hat. Unabhängig davon kommt es durch den überlangen Schnorchel zu einer Totraumvergrößerung mit Überbelastung der Atemmuskulatur.

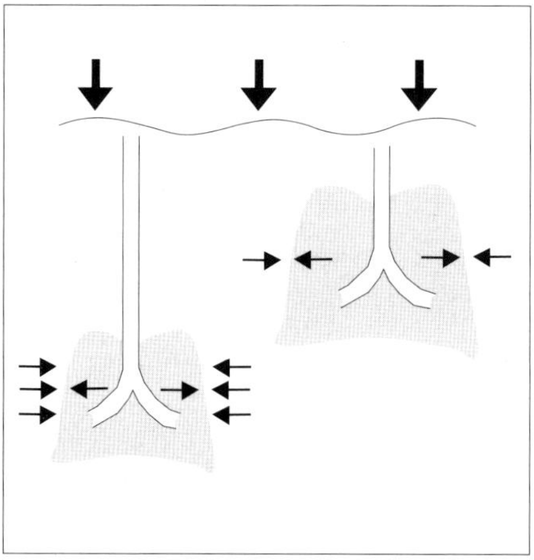

Abb. 76: Druckverhältnisse bei überlangem Schnorchel (li.) und bei Normalverhältnissen (re.)

Aus der Helmtaucherei der Berufstaucher sind folgende Begriffe bekannt: Der Tauchersturz ist ein rasches Absinken des Helmtauchers, bei dem das erforderliche Luftvolumen nicht schnell genug nachgeliefert werden kann. Es kommt dann zum äußeren und inneren „Blaukommen". Beim äußeren Blaukommen entstehen Blutaustritte im Kopf-, Hals- und Schulterbereich, jedoch nur innerhalb des starren Helmes. Das äußere Blaukommen lässt sich am besten mit einer Schröpfkopfwirkung vergleichen, es ist kein Barotrauma der Lunge. Beim inneren Blaukommen wirkt sich der relative Unterdruck in der Lunge wie ein Sog aus, der das Blut aus den großen Venen des Brustkorbs im Lungenkreislauf und im rechten Herzen ansaugt. Dadurch steht dem linken Herzen weniger Blut zur Verfügung, und es kommt zu einer Minderdurchblutung des Gehirns mit Kollaps und Bewusstlosigkeit. Wegen des zunehmenden Wasserdrucks können auch Frakturen der Rippen und Schlüsselbeine auftreten. Diese Verletzungen sind meist tödlich.

Symptome	Therapie	Prophylaxe
Während des Aufstiegs treten stechende oder kolikartige Schmerzen im Bauch auf. Wenn die Magenblase beim Aufstieg nicht in die unteren Darmabschnitte oder auf natürlichem Wege nach oben entweichen kann, liegt der Schmerz im Oberbauch unter dem Brustbein.	Da eine medikamentöse Therapie während des Tauchgangs nicht möglich ist, sollte man versuchen, tiefer zu tauchen, um dann betont langsam wieder aufzutauchen.	Wichtiger als die Therapie ist die Prophylaxe. Wegen der Entstehung von Blähungen sollten blähende Speisen vor dem Tauchgang vermieden werden. Dieser Ratschlag dient nicht nur zur Verhinderung eines Barotraumas. Es ist bekannt, dass opulente Mahlzeiten beim Schwimm- und Tauchsport zu einer starken Behinderung der Zwerchfelltätigkeit mit Unwohlsein führen.

Tabelle 9: Barotrauma der Verdauungsorgane

Barotrauma der Verdauungsorgane

Sowohl im Magen wie auch in den verschiedenen Darmabschnitten ist ständig eine gewisse Luftmenge vorhanden. Während die Magenblase aus verschluckter Luft besteht, sind die Luftansammlungen im Dünn- und Dickdarm Folge von Verdauungsprozessen mit Produktion von Schwefelwasserstoff (H_2S). Nach dem Genuss von stark blähenden Speisen wie Hülsenfrüchte und Kohlsorten entstehen diese Blähungen vermehrt. Die während des Tauchgangs entstandene Luft unterliegt natürlich auch dem Boyle-Mariotteschen Gesetz, das heißt, die Luft dehnt sich beim Aufstieg aus. Darum:

Vor dem Tauchgang nur leichte Kost, keine blähenden Speisen!

Barotrauma der Haut

Das Barotrauma der Haut kommt durch eine negative Druckwirkung auf die Haut zustande.

Durch schlecht sitzende, zu weite Tauchanzüge können in den Falten luftgefüllte Hohlräume entstehen, die beim Abstieg eine solche negative Druckwirkung hervorrufen können. Der Sog, der auf die Haut wirkt, verursacht gelegentlich kneifende Schmerzen und Blutaustritte in das Unterhautzellgewebe mit blauroten, streifenförmigen Verfärbungen. Die Hämatome lassen sich durch Heparinsalben günstig beeinflussen. Prophylaktisch ist bei Nasstauchanzügen auf gute Passform zu achten. Bei Trockentauchanzügen soll ein weicher Unterziehanzug getragen werden, ferner kann der relative Unterdruck durch Druckausgleich in den Anzug ausgeglichen werden.

2.6 Kohlendioxidvergiftung und Essoufflement

Kohlendioxid (CO_2) ist in der Einatmungsluft in einer Konzentration von 0,035% vorhanden, in der ausgeatmeten Luft beträgt sie 4,03%. Es ist ein geruch- und geschmackloses Gas, das bei der biologischen und technischen Verbrennung als Endprodukt anfällt. Die Ursache der Kohlendioxidvergiftung beim Tauchen ist einerseits ein erhöhtes Kohlendioxidangebot in der Inspirationsluft bei unsachgemäßer Füllung des DTG, andererseits eine mit „Essoufflement" bezeichnete Störung der Atemtechnik, die zu einer erhöhten CO_2-Konzentration in der Inspirationsluft führt.

CO_2-Vergiftungen durch unsachgemäße Füllung des DTG

Unter normalem atmosphärischem Druck kann es bei unsachgemäßer Füllung der Duckluftflaschen durch Ansaugen der Auspuffgase des Kompressors zu einem erhöhten CO_2-Anteil der Atemluft auf 1% kommen, ohne dass Beschwerden auftreten. Beim Tauchen steigt aber mit zunehmendem Umgebungsdruck auch der Partialdruck eines Gases. In unserem Fall würde in 15 m Tiefe der Druck um das 2,5fache ansteigen, nämlich auf einen CO_2-Anteil von 2,5%. Dieses wiederum führt zu einer Erhöhung der Wasserstoffionenkonzentration des Blutes und damit zu einer Steigerung des Atemminutenvolumens. Die durch die Erhöhung des Kohlensäuregehaltes gesteigerte Atmung kann als sinnvolle Reaktion des Organismus angesehen werden, mit dem Ziel, den Kohlensäurespiegel im Blut und das Säure-Basen-Gleichgewicht wieder zu normalisieren. Die Stimulierung des Atemzentrums wird möglicherweise weniger durch die erhöhte CO_2-Spannung als vielmehr durch den Säureüberschuss im Blut bzw. den verschobenen pH-Wert des Blutes bewirkt.

Anfangssymptome sind neben der Atemnot Kopfschmerz, Schweißausbrüche, Ohrensausen und Übelkeit und bei weiter steigendem CO_2-Partialdruck Erbrechen und Bewusstseinstrübung. Der Taucher sollte geringere Tiefen aufsuchen. Frischluft oder in schwereren Fällen Sauerstoffbeatmung lassen die Beschwerden nach einiger Zeit verschwinden. Diese Art der CO_2-Vergiftung kommt äußerst selten vor; gefährlicher ist die CO-Beimischung zum Atemgas, die in Ziffer 2.8 zum Taucher*** behandelt wird.

Essoufflement

Mit Essoufflement (außer Atem geraten) bezeichnen die Franzosen eine besondere Art der Ventilationsstörung mit CO_2-Vergiftung, die häufig Ursache für Bewusstlosigkeit unter Wasser und damit auch für tödliche Tauchunfälle ist. Ihr liegt möglicherweise eine Ermüdung der Atemmuskulatur zugrunde.

Mit zunehmendem Umgebungsdruck steigt während des Abstiegs die Dichte der Atemluft. Es wiegt z.B. ein l Luft an der Wasseroberfläche bei 37 °C nur 1,133 g, in einer Wassertiefe von 60 m aber fast 8 g! Es entstehen Turbulenzen in den Atemwegen, die den Atemwiderstand erhöhen. Dadurch wird die Atemmuskulatur stärker belastet als es an der Wasseroberfläche der Fall ist.

Wie aus der Abbildung hervorgeht, folgt als erste Reaktion eine kurze Phase der Hyperventilation, danach werden die Atemzüge frequenter und flacher (Hypoventilation). Die Atmung bewegt sich vorwiegend im Bereich der inspiratorischen Reserve. Mit dieser flachen Atmung kann das Lungenvolumen nicht ausreichend bewegt werden, so dass es zu einer Vergrößerung des Residu-

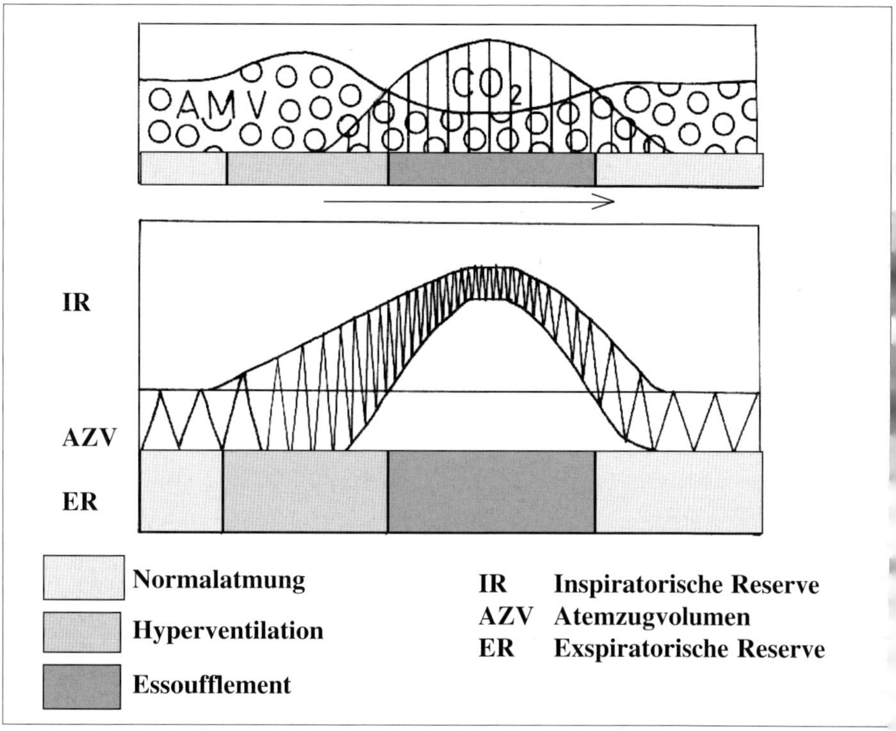

Abb. 77: Entwicklung einer CO_2-Intoxikation (Essoufflement)

	Tiefe und Druck		pCO_2		Symptome
	m	bar	bar	mbar	
Atmungsluft aus dem DTG	0	1	0,01	10	keine
	10	2	0,02	20	leichte Hyperventilation
	20	3	0,03	30	
	30	4	0,04	40	Essoufflement mit klarem Bewußtsein
	40	5	0,05	50	
	50	6	0,06	60	Essoufflement mit Bewußtseinsstörung
	60	7	0,07	70	Essoufflement mit Schwindel, Übelkeit und Erbrechen
	70	8	0,08	80	Schwindel, Benommenheit,Verlust des Bewusstseins

Abb. 78: Die Toxizität des CO_2 in Abhängigkeit von seinem Partialdruck (nach Fructus und Sciarli)

alvolumens kommt, wodurch das CO_2 nicht mehr ausreichend abgeatmet werden kann. Das AMV ist vermindert, der pCO_2 steigt an. Durch die Hechelatmung ist außerdem noch die Sauerstoffaufnahme reduziert. Der weitere Anstieg des pCO_2 verursacht Vergiftungserscheinungen. Die Giftigkeit des CO_2 in Abhängigkeit von seinem Partialdruck geht aus der abgebildeten Tabelle hervor.
Dem betroffenen Taucher wird diese Störung oft nicht rechtzeitig bewusst. Unter den Zeichen großer Luftnot entwickeln sich Hektik, Nervosität sowie flache und schnelle Hechelatmung. Selbstverständlich führt auch die angebotene Wechselatmung nicht zur Besserung; der Verunfallte ist unbedingt auf seinen Tauchbegleiter angewiesen, der ihn sofort in flachere Tauchtiefen zu bringen hat. In der Notsituation kann sowohl von dem Betroffenen als auch von dem Tauchbegleiter ein Unterwasserzeichen gegeben werden (s. Abb. 79). Im ersten Fall teilt der Betroffene durch gegenläufiges Wedeln der rechtwinklig abgewinkelten Unterarme in Höhe der Rippenbögen dem Begleiter mit: Ich habe keine Luft mehr! Im zweiten Fall fordert der Begleiter den Betroffenen mit demselben Unterwasserzeichen auf: Atme kräftig aus und ein! (Wobei es insbesondere auf die Ausatmung ankommt; denn es muss mehr CO_2 abgeatmet werden.)
Wird der Betroffene in flachere Tauchtiefen verbracht, so stellt sich die normale Atmung schnell wieder ein. Darum:

Stellst du ein Essoufflement bei deinem Tauchpartner fest, so verbringe ihn sofort in flachere Tauchtiefen!

Abb. 79: UW-Zeichen Essoufflement

Risikofaktoren
Außer den Turbulenzen in den Atemwegen unter erhöhtem Umgebungsdruck können weitere Faktoren den Atemwiderstand erhöhen und damit ein Essoufflement auslösen:
- Schlecht gewartete, falsch eingestellte oder defekte Lungenautomaten;
- nicht ausreichend geöffnete Flaschenventile;
- zu enge Tauchanzüge und zu fest sitzende Begurtungen;
- Überanstrengung beim Schnorcheln mit Gerät;
- Kälte, Dunkelheit und Angst lassen die Symptome noch schneller eintreten.

Prophylaxe
Die beste Prophylaxe ist die Kenntnis der Symptomatik, des Sachverhaltes und des Unterwasserzeichens, um rechtzeitig helfend eingreifen zu können. Noch besser ist ein guter körperlicher Trainingszustand, wobei es darauf ankommt, durch entsprechende Trainingsvarianten auch mit erhöhtem Atemwiderstand zurechtzukommen. Das Schnorcheln beim Hallenbadtraining mit Gerät und Blei wäre hierfür gut geeignet.

Lernerfolgskontrolle

****2.6.1**
Wie verändert sich die Atmung bei einem Essoufflement?

****2.6.2**
Welche Faktoren können ein Essoufflement mit auslösen?

2.7 Tiefenrausch

Der Tiefenrausch ist ein durch das Inertgas Stickstoff (N_2) hervorgerufener Zustand mit eingeschränktem Urteilsvermögen, eingeschränkter Wahrnehmungsfähigkeit und mit falschem Reaktionsverhalten, ähnlich wie es beim Alkoholrausch der Fall ist.
Unter atmosphärischen Verhältnissen dient der Stickstoff mit dem größten Anteil an der Atmungsluft (78 %) vorwiegend als Füllgas, es nimmt offensichtlich nicht am Stoffwechsel teil. Die Erfahrung hat jedoch gezeigt, dass das N_2 ab einem Teildruck von 4 bar, was einer Wassertiefe von 40 m entspricht, giftig auf das Nervensystem wirkt. Bei Helium wurden diese Wirkungen nicht beobachtet, deshalb gilt es als das ideale Füllgas bei Tieftauchversuchen. Wenn auch der eigentliche Mechanismus der Giftwirkung am Nervensystem noch nicht bekannt ist, so hängt der narkotische Effekt der Inertgase wahrscheinlich mit ihrer Lipoidlöslichkeit zusammen. Vermutlich beeinflusst das N_2 die Überträgersubstanzen an den Synapsen, den Schaltstellen, über die die Nervenimpulse weitergeleitet werden. Diese Beeinflussung der Überträgersubstanzen führt dann zu den bekannten Ausfallerscheinungen. Im Druckkammerversuch lässt sich mittels Ableitung der elektrischen Potenziale des Gehirns (EEG) eine Beeinflussung der Hirnfunktion objektivieren.

Symptome	Therapie	Prophylaxe
– Gefühl des Berauschtseins, euphorische Stimmung – metallischer Geschmack der Atemluft – Bewusstseinstrübung, Erinnerungsverlust – Verlust der Selbstkritik und fehlerhafte Einschätzung der Lage – Sinnestäuschungen und Wahnvorstellungen, Röhrensehen – Verlust der Kontrolle über die eigenen Körperfunktionen – Minderung der körperlichen Leistungsfähigkeit – Angst und Schreckreaktionen – schnelle, flache Atmung – Übergang in Bewusstlosigkeit mit Tod durch Ertrinken	Es ist charakteristisch für den Tiefenrausch, dass die Symptome sofort verschwinden, wenn der Taucher sich in geringere Tiefen begibt (verminderter pN_2). Deshalb gilt diese Maßnahme auch als einziges therapeutisches Vorgehen.	Tauchtiefen von über 40 m müssen grundsätzlich abgelehnt werden; bis zu 40 m sollte man Tauchgänge nur in bester körperlicher Verfassung unternehmen. Eine exakte Angabe zur Tiefe, in der der Tiefenrausch auftritt, kann nicht gemacht werden, da die Auslösung der Störung von vielen individuellen Faktoren abhängt. Ab 30 m muss jeder Taucher damit rechnen. Konditionelle Verfassung, Krankheit, Alkoholgenuss und Medikamenteneinnahme, Stress, Schlafmangel, Müdigkeit und Unterkühlung, vor allem aber die Tauchtiefe beeinflussen die Stickstofftoleranz des Körpers teilweise erheblich.

Tabelle 10: Tiefenrausch

Darum:
40 m Tauchtiefe sind genug!

Lernerfolgskontrolle

****2.7.1**
Wodurch kann es zu einem Tiefenrausch kommen, und ab wann muss damit gerechnet werden?

****2.7.2**
Was unternimmst du, wenn dein Partner einen Tiefenrausch hat?

2.8 Überdruckbarotrauma der Lunge

Sicherlich hat das Überdruckbarotrauma der Lunge eine ähnlich wesentliche Bedeutung bezüglich der Krankheitswertigkeit wie die klassische Dekompressionskrankheit. Gerade aus neuesten Unfallstatistiken wissen wir, dass das Lungenüberdruckbarotrauma viel häufiger vorkommt als bis jetzt angenommen wurde. Es kommt dabei weniger auf die Verletzung des Lungengewebes an als vielmehr auf die gefährlichen Folgen einer Luftembolie im Zentralnervensystem, Pneumothorax und Mediastinalemphysem.

Ursächliche Faktoren

Ein Lungenriss tritt auf, wenn die beim Aufstieg sich ausbreitende Luft nicht abströmen kann. Da es nicht möglich ist, das Abströmen der Luft durch Zukneifen der Lippen (angehaltener Atem) zu verhindern, ist mit großer Wahrscheinlichkeit der Stimmritzenkrampf die häufigste Ursache des Lungenrisses. Offenbar kann die ganze Lunge bei intaktem Brustkorbskelett und intaktem Zwerchfell im Bereich der randständigen Pleura nicht überdehnt werden, sondern es handelt sich um Bezirke unterschiedlicher Strömungswiderstände und unterschiedlich geblähter Regionen, die andere Lungenbezirke komprimieren und deren Zugang verlegen.

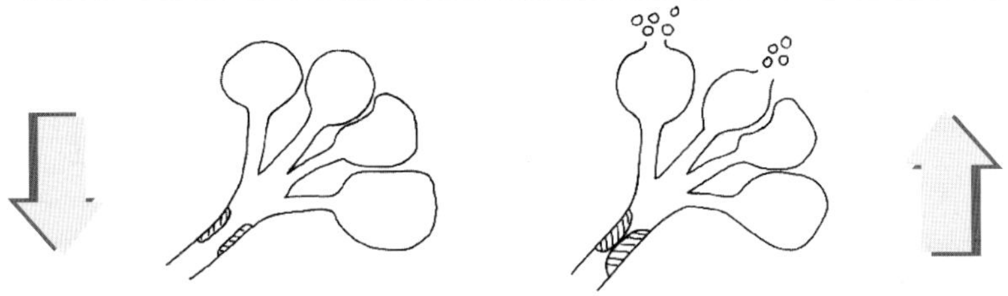

a: Lungenläppchen mit Schleim in den Atemwegen beim Abstieg und während der Isopression

b: Verschließender Schleimpfropf mit platzenden Alveolen beim Aufstieg und Übertritt von Atemluftblasen in das Gefäßsystem

Abb. 80: Lungenriss. Verletzte Alveole bei Bronchuseinengung („Air trapping")

Stimmritzenkrampf

Der Stimmritzenkrampf ist ein reflektorisches Geschehen, das nach Fremdkörperkontakt mit der Stimmritze, meist bedingt durch aspiriertes Wasser bei defekten Lungenautomaten, auftreten kann. Wahrscheinlich spielen auch subjektives Angstgefühl und gewisse Panikreaktionen eine Rolle.

Erkennt der Tauchbegleiter an den fehlenden Ausatmungsblasen die Situation, so sollte er warten, bis bei dem Betroffenen Bewusstlosigkeit eingetreten ist. Dann löst sich der Stimmritzenkrampf, und die Rettung kann ohne Lungenriss erfolgen. Meistens kommt es jedoch zu einem Notaufstieg in Panikreaktion und zum Lungenriss.

Air trapping

Mit „Air trapping" bezeichnen wir den Zustand einer regionalen Lungenüberblähung. In einem kleinen Lungenbezirk wird die Atmungsluft „eingefangen" (trapper = Fallensteller). Das Phänomen ist durch eine während der Isopressionsphase des Tauchgangs entstandene Bronchusverengung bedingt. In der Auftauchphase kommt es dann zu einer Überdehnung dieses Bezirks mit Lungenriss (s. Abb. 80).

Der Lungenriss ist ein lebensgefährliches Zustandsbild mit unterschiedlichen Folgen.

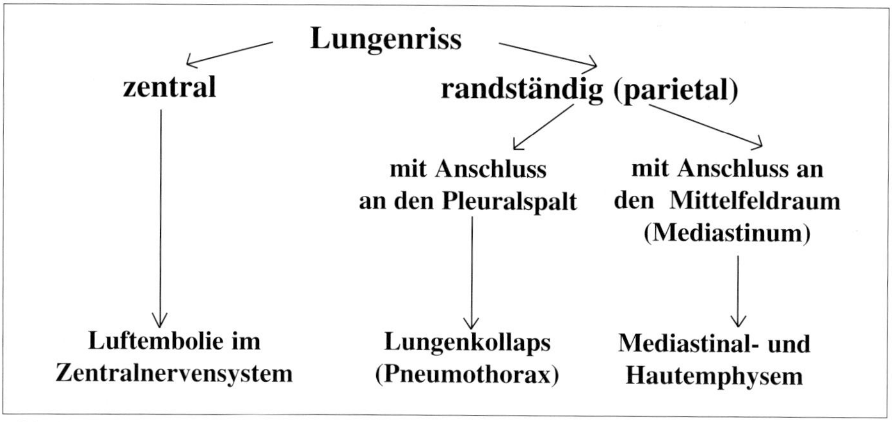

Abb. 81: Der Lungenriss und seine Folgen

Je nach Lokalisation der Verletzung unterscheiden wir den parietalen (randständigen) und den zentralen Lungenriss.

Parietaler (randständiger) Lungenriss

Der randständige Lungenriss führt zu einem Pneumothorax (Luftansammlung im Pleuraraum). Hierdurch strömt Atmungsluft in den Pleuraraum, und die Lunge fällt zusammen. In der Regel schließt sich die Verletzungsstelle spontan. Bleibt sie jedoch geöffnet, so strömt mit jedem Atemzug weiter Luft in den Pleuraraum, es entsteht ein Spannungspneumothorax.

Erhält der Lungenriss jedoch Anschluss an das Mediastinum (Mittelfellraum), so kann die Atmungsluft durch das lockere Bindegewebe bis in die Halsregion hochsteigen; es entstehen ein Mediastinal- und Hautemphysem (s. Abb. 82).

Zentraler Lungenriss

Beim zentralen Lungenriss wird das blutreiche Gewebe der Lunge verletzt, und die Alveolarluft gewinnt Anschluss an das Gefäßsystem der Lunge.

Es kommt zum Einstrom von Atmungsluft in die Lungenvenen. Die Luftblasen können dann auf ihrem Weg durch das linke Herz embolische Verschlüsse in den funktionellen Endarterien des Gehirns und Rückenmarks und sogar in den Herzkranzgefäßen hervorrufen.

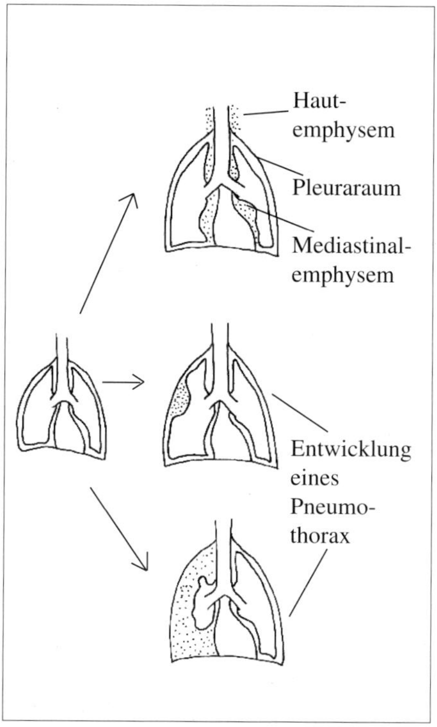

Abb. 82: Parietaler (randständiger) Lungenriss

Symptome	Therapie	Prophylaxe
Bei einem **parietalen Lungenriss** klagen die Verletzten über sofort auftretende, von der Atmung abhängige Schmerzen im Brustbereich, im Rücken oder auch gürtelförmig in einer Brustkorbseite. Ist es zu einem Pneumothorax gekommen, so treten Luftnot und Blaufärbung der Lippen (Cyanose) auf. Seltener kommt es zu Hustenreiz mit blutigem Auswurf. Beim **zentralen Lungenriss** sind die Symptome durch die Auswirkung der Embolie im Gehirn oder Rückenmark bedingt. Die Symptome treten grundsätzlich eher auf als bei der Dekompressionskrankheit, meist direkt nach dem Tauchgang. Je nach Lokalisation der ausgefallenen Bezirke ist die Lähmung halbseitig (Hemiplegie) oder vollständig (Tetraplegie). Weitere Symptome sind Sprachstörungen, Sehstörungen, in schweren Fällen auch Schocksymptomatik und Bewusstseinsverlust.	Als ersthelferische Maßnahme Schocklagerung und, wenn möglich, Beatmung mit reinem Sauerstoff. Der Sauerstoff kann über eine einfache Atemmaske der Atmungsluft beigemischt werden, besser ist jedoch die Verwendung eines sog. Demand-Systems, bei dem der Betroffene den Sauerstoff wie aus einem Atemregler atmen kann. Durch die Sauerstoffatmung kommt es zu einer schnelleren Stickstoffausscheidung durch die Lunge; denn die Alveolarluft enthält nunmehr nahezu 100 % Sauerstoff und nur ganz wenig Stickstoff. Außerdem werden die Luftblasen in Blut und Geweben aktiv verkleinert. Ist weder Herztätigkeit noch Spontanatmung festzustellen, so muss man nach den Regeln der Herz-Lungen-Wiederbelebung verfahren. Alsdann sollte schnellstmöglicher Transport zur nächsten Druckkammer erfolgen, wo die hyperbare Sauerstofftherapie eingeleitet wird.	Grundsätzlich sollte nicht getaucht werden, wenn ein Schwellungszustand der Bronchialschleimhaut zu erwarten ist; denn unter diesen Umständen ist die Gefahr des „Air trapping" besonders groß. Diese Gefahr besteht bei jeder akuten Erkältung mit Husten, aber auch bei der chronischen Bronchitis mit Asthmacharakter. Starke Raucher sind ebenfalls gefährdet, da bei ihnen oft ein chronischer Raucherkatarrh mit häufigem Husten vorliegt. Im praktischen Tauchbetrieb muss beachtet werden, dass die Gefahr eines Lungenrisses beim Aufstieg kurz unter der Oberfläche am größten ist.

Tabelle 11: Parietaler und zentraler Lungenriss

Bei jedem Tauchgang ein Sicherheitsstopp in 3 m Tiefe (bei starker Dünung bis 5 m) für eine Minute, auch wenn es kein Dekompressionstauchgang war!

Andererseits ist es auch möglich, dass die Luftblasen entlang den größeren Bronchien zur Lungenwurzel wandern und anschließend ein Mediastinalemphysem erzeugen können. Auch in der Netzhaut können embolische Verschlüsse durch Blasen aus Atemluft entstehen.

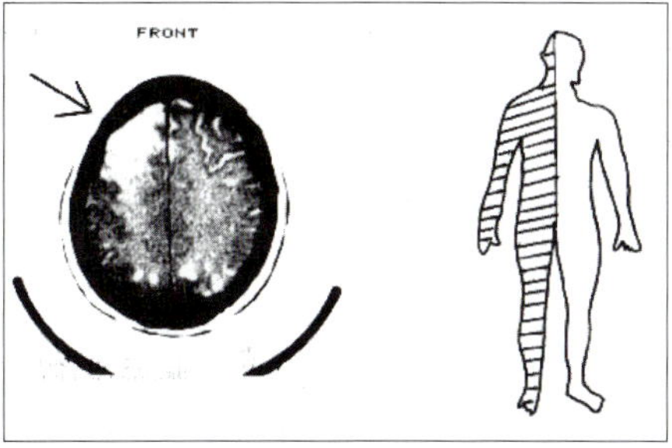

Abb. 83: Links: Computertomographische Abbildung einer linksseitigen Hirnembolie nach zentralem Lungenriss (s. Pfeil) Rechts: Entsprechende rechtsseitige Nervenausfälle (Hemiplegie)

Die Abbildung demonstriert einen Tauchunfall, bei dem es infolge eines zentralen Lungenrisses nach „Air trapping“ zu einem embolischen Verschluss einer Hirnarterie mit linksseitigem Gewebsuntergang gekommen ist. Da die Nervenbahnen sich kreuzen, sind die nachweisbaren Ausfälle auf der gegenüberliegenden Seite, nämlich rechts, zu erwarten. Es hat sich um eine typische Halbseitenlähmung rechts gehandelt.

Lernerfolgskontrolle

****2.8.1**
Welche Formen des Lungenüberdruckunfalls werden unterschieden, und wie können sie entstehen?

****2.8.2**
Woran erkennst du einen Lungenüberdruckunfall?

****2.8.3**
Was unternimmst du, wenn ein Taucher einen Lungenüberdruckunfall hat?

2.9 Dekompressionsunfall

Die Dekompressionskrankheit (Caisson- oder Druckfallkrankheit) stellt die klassische Taucherkrankheit dar. Sie ist 1845 erstmals von einem französischen Ingenieur bei zwei Caisson-Arbeitern beschrieben worden, die in einer Tiefe von 20 m gearbeitet und dann eigenartige Lähmungserscheinungen entwickelt hatten. Damals hatte man noch keine Vorstellung von den wissenschaftlichen Zusammenhängen.
Der Begriff Caisson kommt aus dem Französischen und bedeutet Senkkasten. Wie die Abbildung (Bert 1878) zeigt, stellen die Senkkästen eine Möglichkeit dar, z.B. beim Brückenbau unter Wasser zu arbeiten oder auch beim Kanal- und Tunnelbau in trockener Umgebung zu sein. Voraussetzung ist aller-

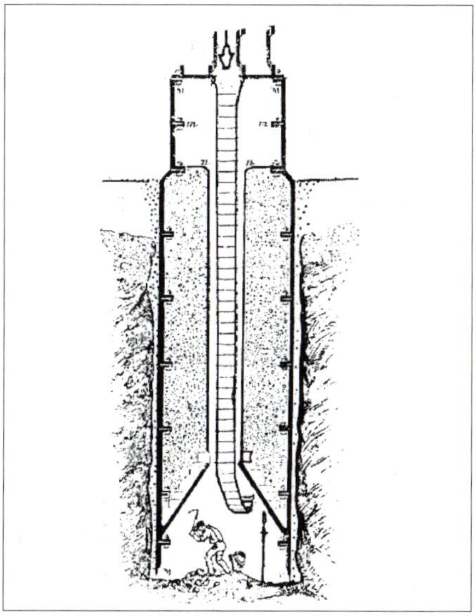

Abb. 84: Caisson

dings, dass das Innere des Senkkastens unter einem höheren Druck steht als das umgebende Wasser. Beim Tunnelbau soll dadurch das Grundwasser fern gehalten werden.
Man wusste, dass das Krankheitsbild mit Arbeiten unter erhöhtem Umgebungsdruck zusammenhing, aber erst die berühmt gewordenen Austauchtabellen von Haldane aus dem Jahre 1908 leisteten den wichtigsten Beitrag zur Verringerung des Risikos bei der Dekompression. Seine theoretischen Überlegungen wurden in Tier- und Menschenversuchen erprobt und führten schließlich unter Verwertung vieler empirischer Daten zur Anfertigung der Tabellen.
Inzwischen hat die Tabelle der US Navy von 1958 die weiteste Verbreitung. Ebenfalls bedeutungsvoll sind die später entstandenen Tabellen der französischen Marine. Wir richten uns hier in Deutschland nach den Tabellen von Prof. Bühlmann aus dem Druckkammerlaboratorium der Universität Zürich, die im Wesentlichen auf wissenschaftlichen Berechnungen beruhen. Von Dr. Max Hahn wurden diese Tabellen bearbeitet und als DECO 92 veröffentlicht. Basierend auf neuesten Daten und ausführlichen mathematischen Berechnungsgrundlagen zum Restrisiko sind diese zwischenzeitlich durch die DECO 2000 abgelöst worden..

Physikalische Grundlagen

Bei der Besprechung der Luftzusammensetzung haben wir schon von dem Inertgas Stickstoff (N_2) gehört, das zu 78 % in der Atmungsluft vorhanden ist ($pN_2 = 0{,}78$ bar) und nicht am Stoffwechsel teilnimmt. Unter erhöhtem Umgebungsdruck steigt der pN_2 entsprechend der Tauchtiefe an, in 30 m Tiefe besteht z.B. ein Partialdruck für N_2 von 3,12 bar, und es kommt zu einem Übertritt von N_2 aus der Atmungsluft in die Lungenkapillaren. Nach dem Gesetz von Henry steht die Menge des in der Flüssigkeit gelösten Gases in direktem Verhältnis zum Druck des über der Flüssigkeit stehenden Gases. Entsprechend der mehr oder weniger starken Durchblutung der Organe werden diese langsam oder schnell mit N_2 aufgesättigt. Ein „schnelles“ Organ hat eine kurze, ein „langsames“ Organ eine lange Halbwertszeit (s. Abb. 85).

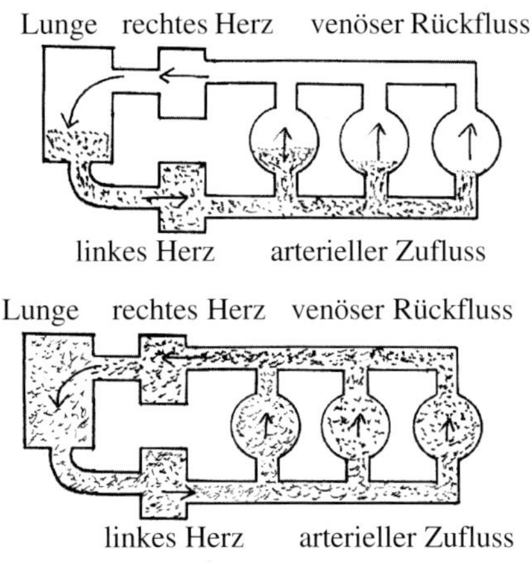

Abb. 85: Stickstoffaufsättigung bei unterschiedlich schnellen Geweben

„Schnelle“ Gewebe mit kurzen Halbwertszeiten sind das Nervengewebe, vor allem Gehirn und Rückenmark, die Muskulatur und das Blut; „langsame“ Gewebe sind grundsätzlich schlecht durchblutete Gewebe wie Bindegewebe, Sehnen- und Gelenkkapselgewebe.
Der Gasdruckgradient des Inertgases N_2 ist die treibende Kraft für den Druckausgleich des Stickstoffs zwischen Atemluft, Lungen, Blut und Geweben. Zwischen Alveolarluft und den Lungenkapillaren erfolgt der Inertgasdruckausgleich schnell, zwischen Blut und Geweben dagegen langsam. Schließlich ist eine Sättigung erreicht. Wenn die Druckdifferenz des N_2 und die Tauchzeit bekannt sind, so kann der Druckausgleich mittels der bekannten Halbwertszeit der Gewebe errechnet werden.

Beim Auftauchen verlaufen diese Vorgänge in umgekehrter Richtung (s. Abb. 86). Die Werte für die Halbwertszeit gelten also genauso für die Aufsättigung wie für die Entsättigung der Gewebe.

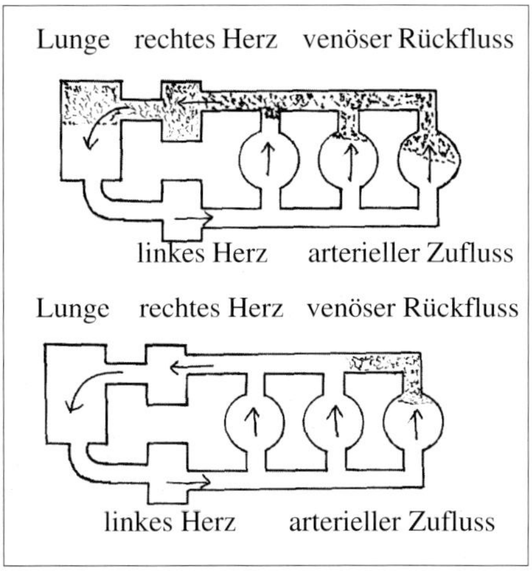

Abb. 86: Stickstoffentsättigung bei unterschiedlich schnellen Geweben

Am Ende des Tauchgangs ist der pN_2 in den Geweben höher als in der Atemluft. Mit weiter abnehmendem Umgebungsdruck muss ein Ausgleich des pN_2 erfolgen, aber nach Möglichkeit auf natürlichem Wege. Eine Blasenbildung aus Stickstoff im Gefäßsystem und in den Geweben ist gefährlich, da sie zu Gewebsschäden und zu embolischen Verschlüssen führen kann. Aus diesem Grunde darf die Aufstiegsgeschwindigkeit von 10 m/min keinesfalls überschritten werden, andererseits sind die vorgeschriebenen Pausen auf den entsprechenden Austauchstufen einzuhalten. Oberhalb von 10 m wird eine Aufstiegsgeschwindigkeit von 6 m/min empfohlen.
Heute wissen wir, dass trotz Einhaltens aller Vorschriften sog. Mikroblasen besonders in der Haut, im Fettgewebe, in der Muskulatur und im Knochengewebe entstehen können, die jedoch über die Lunge ohne Beschwerden ausgeschieden werden.

Kommt es dennoch in Geweben und Körperflüssigkeiten zur Blasenbildung aus Stickstoff, so bestehen folgende Möglichkeiten der Krankheitsentwicklung:

1. Mikrogasblasen entstehen spontan im so genannten interstitiellen Bindegewebe, wo sie bei Größenzunahme mechanische Schäden mit Behinderung des Kapillarnetzes hervorrufen, andererseits können sie auch das Kapillarsystem der Haut verstopfen und Gewebeschädigung mit Ödembildung verursachen.

2. Beim „blow up"-Phänomen entstehen zahlreiche Blasen in den Geweben und im venösen System, vergleichbar mit dem Vorgang beim Öffnen einer unter Druck stehenden Mineralwasserflasche. Es kommt zustande, wenn Taucher nach langen, tiefen Tauchgängen plötzlich nach oben schießen (explosive Dekompression). Die Blasen können unter Erzeugung von Schmerzen hinter dem Brustbein mit Luftnot („chokes") die Lungenkapillaren verstopfen oder sogar passieren, sie erscheinen dann im arteriellen System, wo sie Embolien verursachen können.

3. Die Blasen entstehen im arteriellen System und verursachen embolische Verschlüsse in den funktionellen Endarterien des Gehirns, Rückenmarks, des Herzens und in anderen Organen, wo sie nicht unbedingt Beschwerden auslösen müssen.

4. Die Blasen entstehen im venösen System, werden zur Lunge transportiert und dort symptomlos ausgeschieden.

5. Bei einem relativ häufigen, angeborenen Herzfehler, der bei 25 % der Normalbevölkerung vorkommt (offenes Foramen ovale), können Blasen aus dem

rechten Vorhof in den linken gelangen, also vom venösen in das arterielle System überwechseln. Dort können sie dann embolische Verschlüsse hervorrufen.

Krankheitsbild
Wie wir gesehen haben, kommt es bei der Dekompressionskrankheit sowohl durch eine Verstopfung der Kapillaren (Kapillarobstruktion) durch Stickstoffblasen wie auch durch mechanische Kompression der wachsenden Blasen zu einer Gewebsschädigung. Das geschieht, wenn der Taucher die vorgegebenen Dekompressionsvorschriften missachtet. Es soll aber nochmals darauf hingewiesen werden, dass es auch bei völlig korrekter Tauchpraxis zum Auftreten von Mikrogasblasen kommen kann, die in der Haut, der Muskulatur, in den Gelenken und Knochen Schäden hervorrufen können. Die Symptome der Dekompressionskrankheit werden durch den Ort der Gewebs- bzw. Organschädigung bestimmt. In den angelsächsischen Ländern unterscheiden wir daher immer noch zwei Typen der Dekompressionskrankheit:

Typ I
mit Symptomen der Haut, der Muskulatur, der Gelenke und Knochen,

Typ II
mit Symptomen, die auf eine Schädigung des Zentralnervensystems hinweisen.

Das Lungenüberdruckbarotrauma mit Embolie im ZNS wird in der Regel auch unter dem Kapitel Dekompressionskrankheit Typ II abgehandelt.
In letzter Zeit scheint sich eine neue Terminologie durchzusetzen, wonach nicht mehr in Typ I und II, sondern nach der Entwicklung, Lokalisation und dem Schweregrad der Symptome unterschieden wird.

Dekompressionskrankheit Typ I
Im Gegensatz zum Lungenüberdruckbarotrauma treten die Symptome der Dekompressionskrankheit später auf, meistens innerhalb der ersten Stunden nach dem Auftauchen, in 70% der Fälle im Verlauf der ersten Stunde. Es sind aber auch nach 24 Stunden noch erste Symptome gesehen worden. Sie kommen bei Berufstauchern wesentlich häufiger vor als bei Sporttauchern (s. Farbtafel IX, X und XVI).
Oft treten sie als chronische Dekompressionskrankheit in Erscheinung mit ausgeprägten Gelenkschäden, die von der Berufsgenossenschaft als Berufskrankheit anerkannt werden.

Symptome
Statistisch am häufigsten sind Symptome der Haut, die der Geschädigte subjektiv als „Taucherflöhe" mit starkem Juckreiz beschreibt. Objektiv sieht man eine blaurote Verfärbung einzelner Hautpartien, die auch leicht geschwollen sind. Die Schwellung (Ödem) ist dadurch bedingt, dass die Kapillaren und Lymphgefäße der Haut durch Verstopfung mit Mikrogasblasen eine erhöhte Durchlässigkeit für Wasser aufweisen.
In der Muskulatur zeigen sich die Symptome in ziehenden Schmerzen mit Druckempfindlichkeit der betroffenen Muskulatur. Die Symptome können einige Stunden anhalten und ähneln später dem bekannten Muskelkater.
Die Symptome in Gelenken, Knochen und Bändern werden als „bends" bezeichnet (engl. to bend = beugen). Es sind Schmerzen und schmerzhafte Bewegungseinschränkungen in Gelenken und gelenknahen Knochenteilen, die am häufigsten in den Kniegelenken, weniger häufig aber auch in den Schulter- und Ellenbogengelenken vorkommen. Während die Halbwertszeiten für N_2 in Haut und Muskulatur bei ca. 1/2 bis 3 Stunden liegen, so beträgt sie für das Knochengewe-

be bis zu 10 Stunden. Daraus ist zu entnehmen, dass die Skeletterscheinungen hauptsächlich bei Berufstauchern und Kanalarbeitern auftreten, die lange Expositionszeiten im Überdruckmilieu haben. Da es sich um Dauerschäden handeln kann, werden die Skelettschäden auch als „chronische Dekompressionskrankheit“ bezeichnet und von der Berufsgenossenschaft entsprechend anerkannt.
Bei Fettgewebsschädigung ist eine Fettembolie in der Lunge möglich. Die Fetttröpfchen können auch die Lungenkapillaren passieren und später im arteriellen System embolische Verschlüsse hervorrufen.

Therapie
Die Symptome der Dekompressionskrankheit Typ I verschwinden in der Regel auch ohne Druckkammerbehandlung rasch. DCS I und DCS II können wegen ihrer unterschiedlichen Pathogenese (Krankheitsentstehung) nicht ineinander übergehen, sie können aber gleichzeitig bestehen. Oft ist die DCS I ein Vorläufer der DCS II, bei allen Formen der DCS ist deshalb die hyperbare Sauerstoffbehandlung (HBO) angezeigt.
Zur Prophylaxe gelten dieselben Maßnahmen wie für die Dekompressionskrankheit Typ II.

Dekompressionskrankheit Typ II
Unter Typ II der Dekompressionskrankheit werden alle gefährlicheren Symptome zusammengefasst, die mit einer Schädigung des Gehirns, des Innenohrs und des Rückenmarks einhergehen und schwer wiegende Folgen haben. Das Lungenüberdruckbarotrauma mit zentralem Lungenriss und nachfolgender Embolie ist auch hier einzuordnen, es wurde jedoch schon unter dem Kapitel „Barotrauma der Lunge“ abgehandelt.

Symptome
Die zentrale Embolie verursacht sofort eine Trübung des Bewusstseins, in schweren Fällen auch Bewusstlosigkeit und Atemlähmung, weil wichtige Hirnbezirke zugrunde gegangen sind. Meistens handelt es sich hier um multiple Herde, die ausgefallen sind. Es kommt auch vor, dass der Taucher an der Wasseroberfläche zunächst nur eine Trübung des Bewusstseins hat und erst nach der Rettung in das Boot vollständige Bewusstlosigkeit entwickelt. In weniger schweren Fällen treten Halbseitenlähmung (Hemiplegie) oder isolierte Ausfälle in den Extremitäten auf.
Bei embolischen Verschlüssen im Rückenmark handelt es sich meist um multiple Herde mit oft beidseitig auftretenden motorischen Schäden (Lähmungen) und Ausfällen in der Sensibilität (Empfindungsstörungen). Harnblasen- und Mastdarmstörungen zeigen sich in der Unfähigkeit, spontan Urin zu lassen; die Störung der Mastdarmfunktion wird den Patienten oft erst wesentlich später bewusst. Die Rückenmarksymptome treten etwas später auf als die Ausfälle von Hirnbezirken und können sich an Land noch steigern. Oft klagt der Verletzte über Missempfindungen (Parästhesien) in den Zehen und Füßen, die sich dann innerhalb von 1 bis 2 Stunden zu vollständigen Lähmungen entwickeln können. Diese Verschlechterung erklärt sich durch die Entwicklung eines Ödems im Bereich der geschädigten Bezirke.
Störungen des Innenohrs zeigen sich in den Symptomen Übelkeit, Brechreiz, Schwindel sowie Ohrgeräusche und Hörverlust. Ursächlich kommt hier wohl die Bildung von Mikrogasblasen in der Endo- und Perilymphe des Labyrinths in Frage.
Vorübergehende Sehstörungen sind die Folge von Mikrogasblasen in der Netzhaut des Auges. Bei Berufstauchern wurden chronische Schäden der Netzhaut beschrieben.
Die Differenzierung zwischen Lungenüberdruckbarotrauma und Dekompressionskrankheit am Ort des Geschehens ist nicht leicht, sie ist für den Ersthelfer aber auch ohne Konsequenzen. Wichtig sind die An-

	DCS I	DCS II	AGE
Ursachen	Inertgasübersättigung, Ausperlen von N_2-Blasen in den Geweben (Haut, Gelenke)	Inertgasübersättigung, Ausperlen von N_2-Blasen im Blut, Shunt, autochthone Blasenbildung	Lungenüberdehnung und -riss durch Überschreiten der physiologischen Elastizitätsgrenzen (Notaufstieg, "Air trapping")
Physikalische Gesetze	Dalton und Henry	Dalton und Henry	Boyle-Mariotte
Symptome (Zeitpunkt des Auftretens)	Minuten bis Stunden nach TG, in den meisten Fällen innerhalb von 3 Stunden nach TG	Minuten bis Stunden nach TG, in den meisten Fällen innerhalb von 3 Stunden nach TG	Sofort beim Erreichen der Wasseroberfläche oder kurz danach
Neurologische Ausfälle	Hautsymptome, Missempfindungen, Gelenkschmerzen	Missempfindungen, Lähmungen, starke Müdigkeit und Körperschwäche	Sensibilitätsstörungen, Lähmungen, Bewusstlosigkeit, Tod
Art der Schädigung	Lokale Gewebsschädigung durch ausperlende N_2-Blasen	Embolien durch N_2-Blasen im ZNS und anderen lebenswichtigen Organen	Embolien durch Atemluftblasen im ZNS und anderen lebenswichtigen Organen
Therapie	normobarer O_2, später HBO, Achten auf neue Symptome	Notfallmaßnahmen, normobarer O_2, später HBO, evtl. HLW	Notfallmaßnahmen, normobarer O_2, später HBO, evtl. HLW
Prophylaxe	Diszipliniertes Tauchen unter Einhaltung der Sicherheitsregeln, evtl. Ausschluss PFO	Diszipliniertes Tauchen unter Einhaltung der Sicherheitsregeln, evtl. Ausschluss PFO	Sorgfältige ärztliche Untersuchung zum Ausschluss von Lungen-/Bronchialerkrankungen, Sicherheitsstopp, evtl. Ausschluss PFO

Abb. 87: Gegenüberstellung von DCS I, DCS II und AGE.

gaben zum Unfallgeschehen. Grundsätzlich treten die Folgen des Lungenrisses früher auf. Beim Notaufstieg entwickelt sich nach einer Statistik von Prof. Bühlmann mit größerer Wahrscheinlichkeit eine Dekompressionskrankheit. Beim Auftreten von Lungensymptomen wie Thoraxschmerz, Husten und blutiger Auswurf ist eher ein Lungenriss anzunehmen.

Therapie
Das therapeutische Vorgehen richtet sich nach dem Zustand des verletzten Tauchers und beginnt an der Wasseroberfläche, später im Boot oder an Land nach entsprechenden Rettungsmaßnahmen. Nach der Erstversorgung ist die hyperbare Sauerstofftherapie in der Druckkammer das Mittel der Wahl.

Erste-Hilfe-Maßnahmen:

- Sauerstoffbehandlung als wichtigste Maßnahme.
- Stabile Seitenlagerung, falls Bewusstlosigkeit vorliegt, und ständige Beobachtung des Verletzten unter Kontrolle von Atmung, Blutdruck und Pulsfrequenz, um eine Schockreaktion frühzeitig zu erkennen.
- Herz-Lungen-Wiederbelebung (Reanimation), wenn Atemstillstand und/oder Pulslosigkeit vorliegen. Die Beatmung soll, falls vorhanden, mit reinem Sauerstoff erfolgen.
- Kälteschutzmaßnahmen.
- Schocklagerung (Kopf tief, Beine hoch) bei Schocksymptomatik, sonst bei Bewusstsein flach auf den Rücken legen, eventuell Kopf leicht erhöht.
- Medikamentöse und Infusionsbehandlung, die aus juristischen Gründen nur von einem Arzt durchgeführt werden darf. Der Ersthelfer soll, wenn der Verletzte bei Bewusstsein ist, 2 l Wasser in 2 Stunden zuführen.
- Aktivierung der Rettungskette so bald als möglich. Hierzu gehören die telefonische Anforderung eines Rettungswagens mit Notfallarzt und Kontaktaufnahme mit einem Druckkammerbehandlungszentrum mit 24-stündigem Bereitschaftsdienst, dort Druckkammerbehandlung mit hyperbarem Sauerstoff.
- Transport des Verletzten, der häufig auch von dem informierten Behandlungszentrum organisiert wird. Hubschrauber flüge sollten in nicht mehr als 400 m Höhe über der Unfallstelle erfolgen. Bei Flugzeugen muss der Kabinendruck angepasst werden, er soll gleich oder höher als der Luftdruck am Unfallort sein, damit durch weitere Gasblasenbildung keine Verschlechterung des Zustandes eintritt.

Sowohl für Mitglieder wie auch für Nichtmitglieder ist es möglich, in allen Fragen des Tauchunfalls die aus Amerika stammende, jetzt flächendeckende Rettungsorganisation DAN (Divers Alert Network) über die Hotline

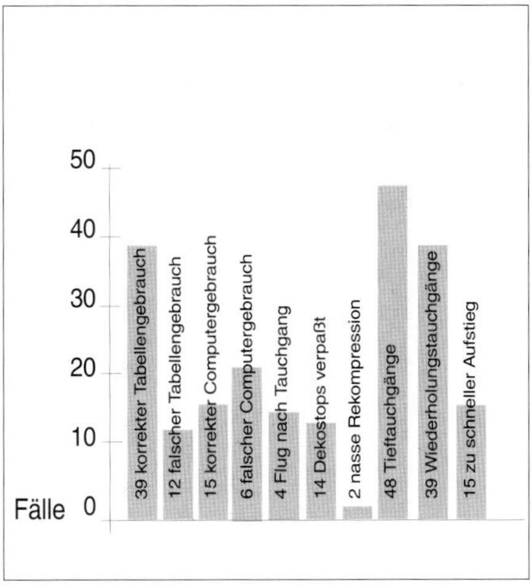

Abb. 88: Britische Unfallstatistik aus dem Jahre 1989 mit 244 Tauchunfällen, davon 137 Dekompressionskrankheiten. Tieftauch- und Wiederholungstauchgänge waren die Hauptursachen für Dekompressionskrankheiten

zu kontakten, damit alle weiteren Schritte von dort geregelt werden.

Prophylaxe
Grundsätzlich sind bei allen Tauchgängen die Aufstiegsgeschwindigkeit und die Regeln für die Dekompression zu beachten. Auch bei Computergebrauch ist es ratsam, ständig eine Austauchtabelle und eine Taucheruhr mit sich zu führen. Sinnvoll ist in jedem Fall ein Sicherheitsstopp in 3 m (bei Wellengang auch in 5 m) Wassertiefe für 1 Minute, auch wenn keine Dekompressionspausen vorgeschrieben waren.
Wie die abgebildete Tabelle der schon zitierten englischen Unfallstatistik zeigt, sind die meisten Dekompressionsunfälle nach Tieftauchgängen und nach Wiederholungstauchgängen aufgetreten. Darum:

Zur Vermeidung von Dekompressionsunfällen keine Risikotauchgänge!

Eine wesentliche Rolle spielen auch individuelle Faktoren, die unbedingt beachtet werden müssen:

- Akute Infekte der oberen Luftwege mit Bronchitis, aber auch die chronische Bronchitis und starkes Zigarettenrauchen schlechthin erhöhen das Risiko des Lungenüberdruckbarotraumas durch „Air trapping“.
- Nach akuten Durchfallerkrankungen kommt es durch starken Wasserverlust zur Verminderung des Blutvolumens (Dehydrierung und Hypovolämie), wodurch die Mikrozirkulation in den Organen gestört und das Risiko der Gasblasenbildung gesteigert ist.
- Alkoholexzesse und Fieberzustände beeinflussen durch Wasserverlust ebenfalls das Blutvolumen, so dass die Mikrozirkulation gestört ist.

Darum:

Dekompressionstauchgänge nur bei guter körperlicher Gesamtverfassung!

Verhalten nach Notaufstieg
Wenn der Taucher – aus welchen Gründen auch immer – einen Notaufstieg durchgeführt hat, so kann er nur dann die Dekompression unter Wasser nachholen, wenn der Aufenthalt an der Wasseroberfläche nicht länger als 3 Minuten dauerte, wenn sich keine Symptome einer Dekompressionskrankheit gezeigt haben und wenn es sich nicht um einen Extremtauchgang gehandelt hat. Er kann dann mit einem Begleiter auf die halbe Tiefe des vorhergegangenen Tauchgangs absteigen und mit einem Zeitzuschlag von 5 Minuten zur Grundzeit des ehemaligen Tauchgangs den Aufstieg mit den entsprechenden Dekompressionspausen durchführen. Besondere Sorgfalt ist ratsam, da es hierbei auch noch spät zu Krankheitssymptomen kommen kann. Diese Maßnahme entspricht den Empfehlungen des schweizerischen Tauchsportverbandes.

Lernerfolgskontrolle

****2.9.1**
Beschreibe, woran du eine Dekompressionskrankheit vom Typ I erkennst!

****2.9.2**
Beschreibe, woran du eine Dekompressionskrankheit vom Typ II erkennst!

**2.9.3
Was ist das Hauptunterscheidungsmerkmal für die Typen I und II der Dekompressionskrankheit?**

**2.9.4
Kann nach einer Dekompressionskrankheit vom Typ I ein Typ II auftreten? Was bedeutet das für die Behandlung?**

**2.9.5
Können bei einer Dekompressionskrankheit vom Typ II auch Symptome des Typ I auftreten?**

**2.9.6
Was unternimmst du, wenn dein Tauchpartner nach einem Tauchgang Schmerzen in der Brustgegend hat, du aber keine weiteren Informationen erhälst?**

**2.9.7
Was unternimmst du, wenn dein Tauchpartner nach einem Tauchgang über Taubheitsgefühle im Bein klagt?**

**2.9.8
Wie erfolgt die Stickstoffsättigung im Körper? Ist sie in allen Geweben gleich? Wovon ist sie abhängig?**

**2.9.9
In welcher Phase des Tauchgangs kann es zur Gasblasenbildung kommen?**

2.10 Unfälle beim Apnoetauchen

Hierzu gehören Störungen, die beim Schwimmbadtraining und bei Tieftauchübungen mit ABC-Ausrüstung auftreten können. Der Wasser-Nase-Reflex (vgl. Ausbildung zum Taucher*) kann sowohl im Schwimmbad als auch beim Gerätetauchen zu Zwischenfällen führen, wenn dem Unerfahrenen versehentlich die Maske vom Gesicht gestoßen wird. Den Konjunktivalreflex muss der Anfänger überwinden.

Konjunktivalreflex
Beim Konjunktivalreflex handelt es sich um einen reflektorischen Lidschluss bei Berührung der Bindehaut des Auges, in diesem Fall durch Wasser. Viele Kraulschwimmer halten daher die Augen geschlossen, wenn sie mit dem Kopf untertauchen. Sie können im Wasser die Augen nicht öffnen und begnügen sich damit, die Richtung zu überprüfen, wenn der Kopf über Wasser ist. Beim Tauchen aber ist es notwendig, die Binde-

Black-out beim Apnoe-Tieftauchen

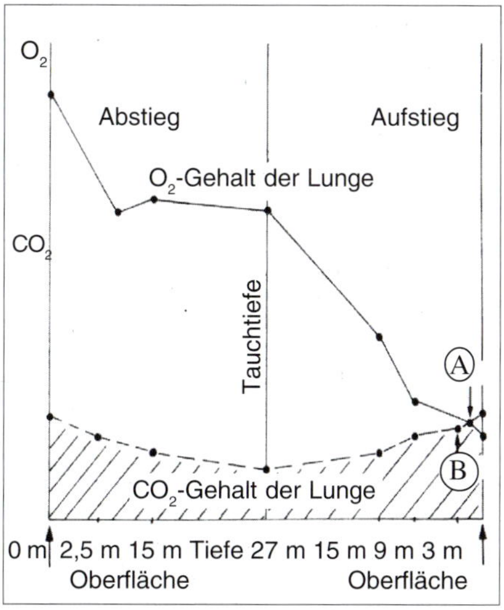

*Abb. 89: Black-out beim Apnoe-Tieftauchen
A = Atemreiz; B = Bewusstlosigkeit*

haut (Konjunktiva) und die Hornhaut (Kornea) der Augen an den Wasserkontakt zu gewöhnen. Derartige Versuche können mit Hilfe eines Wasserbeckens im Badezimmer perfekt durchgeführt werden.

Definition:
Der Black-out beim Apnoe-Tieftauchen ist eine plötzlich und ohne jede Vorwarnung auftretende Bewusstlosigkeit unter Wasser, die kurz vor Erreichen der Wasseroberfläche eintritt (Flachwasser-Black-out).

Beim Apnoe-Tieftauchen kommt es in der Tiefe infolge des erhöhten Umgebungsdrucks (erhöhter pO_2!) zu einer schnelleren Erschöpfung der Sauerstoffreserven als an Land. Während der Aufstiegsphase vergrößert sich das Lungenvolumen wieder, und der Partialdruck für O_2 sinkt ab, eventuell unter die kritische Black-out-Schwelle. Der Taucher wird bewusstlos, bevor der normale Atemreiz einsetzen kann. Bei vorheriger Hyperventilation setzt dieser natürlich verspätet ein. Durch zusätzliche Körperarbeit und Anspannung, z.B. bei dem bei uns verbotenen Harpunieren, wird der kritische pO_2 früher erreicht. Die Abbildung verdeutlicht, wie sich die Partialdrücke für O_2 und CO_2 während eines Apnoe-Tieftauchgangs verhalten. Die besondere Gefahr besteht beim Apnoe-Tieftauchen darin, dass eine rechtzeitige Rettung des Betroffenen oft nicht möglich ist, wenn kein Gerätetaucher in der Nähe ist, denn der Verletzte kann in große Tiefe absinken und dort ertrinken.

Prophylaxe
Auch beim Apnoe-Tieftauchen keine Hyperventilation! Jede zusätzliche körperliche Anstrengung und Anspannung ist zu vermeiden, um eine zusätzliche Senkung des pO_2 zu verhindern. Bei Tieftauchversuchen darf die Wassertiefe an der entsprechenden Stelle nur so groß sein, dass eine Rettung auch durch den begleitenden Apnoe-Taucher möglich ist.

Lernerfolgskontrolle

****2.10.1**
Wie wird ein Apnoe-Taucher durch seinen Partner (auch Apnoe-Taucher) beim Tauchversuch „Tieftauchen" auf 10 m Tiefe gesichert?

****2.10.2**
Welche Gefahr besteht beim Apnoe-Tieftauchen in der Auftauchphase?

2.11 Unterkühlungen

Temperatureinwirkungen, die die normalen Schwankungen überschreiten, können negative Auswirkungen auf unseren Organismus haben. Im praktischen Tauchbetrieb werden wir es unter Wasser mit Kälteeinflüssen und über Wasser mit Hitzeeinflüssen zu tun haben, und beide Einflüsse treten sowohl im Tauchurlaub in wärmeren Ländern wie auch beim Tauchen im heimischen Binnensee auf.

Allgemeines
Der Mensch gehört zu den homöothermen Lebewesen, bei denen die Körpertemperatur auch bei wechselnder Umgebungstemperatur konstant gehalten wird. Davon sind allerdings nur die Körperhöhlen mit einer Kerntemperatur von ca. 37 °C betroffen; denn die Gliedmaßen und die Haut verhalten sich eher poikilotherm, d.h. wechselwarm. Die

Konstanthaltung der Kerntemperatur ist durch die Thermoregulation garantiert. Diese ist effektiv, wenn die Wärmeproduktion und die Wärmeaufnahme mit der Wärmeabgabe ins Gleichgewicht gebracht werden. An der Wärmeabgabe sind folgende Mechanismen beteiligt:

Wärmeleitung.
Wärme wird durch Leitung (Konduktion) z.B. über die Hautoberfläche abgegeben. Aber auch der umgekehrte Vorgang der Wärmeaufnahme von einem benachbarten wärmeren Körper oder Gegenstand ist möglich.

Wärmeströmung.
Durch Konvektion wird die Wärme der Haut an die umgebende Luft abgegeben; es muss ein Temperaturgefälle zwischen der Haut und der umgebenden Luft vorhanden sein. Bewegte Luft (z.B. Wind) fördert den Vorgang.

Verdunstung.
Sie wird dann wirksam, wenn infolge zu hoher Außentemperatur (über 36 °C) die Wärmestrahlung und Wärmeleitung nicht mehr ausreichend sind. Die Schweißdrüsen sind dabei das Mittel zum Zweck, denn sie liefern das für die Verdunstung nötige Wasser.
Das Steuerzentrum für die Thermoregulation liegt im Hypothalamus des Gehirns, wo temperaturempfindliche Thermorezeptoren die Kerntemperatur registrieren. Weitere Informationen erhält das Zentrum durch Thermorezeptoren der Haut.
Beim Tauchsport, besonders in unseren Breiten, werden hohe Anforderungen an die Thermoregulation des Organismus gestellt. Wissen wir doch, dass im kalten Wasser die Unterkühlung wesentlich schneller fortschreitet als in kalter Luft: Bei einem unbekleideten Menschen, der sich bei +1 °C draußen aufhält, beträgt die Rektaltemperatur nach vier Stunden noch 36 °C. Im Wasser von +1 °C sinkt die Rektaltemperatur schon nach einer Stunde auf 25 °C ab.

Kälteeinflüsse (Hypothermie)

Der gesunde Organismus entwickelt Abwehrmechanismen gegen Kälteeinflüsse. Sind wir beim Tauchen über längere Zeit der niedrigeren Umgebungstemperatur ausgesetzt, so reagieren wir mit einer Querschnittsverminderung der Hautgefäße (Vasokonstriktion), Zittern und Katecholaminausschüttung, wodurch der Sauerstoffverbrauch, die Herzfrequenz und der Blutdruck vorübergehend ansteigen. In dieser Phase verbietet die Vernunft glücklicherweise eine Fortsetzung des Tauchgangs. Gefährliche Unterkühlungen entstehen in der Regel nur im Anschluss an Tauchunfälle, wenn der Betroffene nicht rechtzeitig geborgen wird. Bei Andauern des Kälteeinflusses sind die Abwehrmechanismen schließlich erschöpft, die Körpertemperatur sinkt ab. Durch Alkoholgenuss wird dieser Vorgang beschleunigt, so dass von dem gewohnheitsmäßigen erwärmenden „Schluck aus der Pulle" unbedingt abgeraten werden muss. Mit zunehmendem Abfall der Körpertemperatur sinken der O_2-Verbrauch, das Herzminutenvolumen, die Herzfrequenz und das Atemminutenvolumen. Der Blutfluss und die Hirnaktivität sind vermindert. Entsprechend diesen Erkenntnissen finden sich bei Unterkühlten folgende Symptome:

Symptome
1. Verminderung der Rektaltemperatur bis auf 34 °C
   - Abwehrmechanismen in Form von Vasokonstriktion der Hautgefäße, Zittern, Anstieg von Blutdruck und Pulsfrequenz
   - beginnende Muskelstarre mit Lähmungen, erhöhter O_2-Verbrauch und beschleunigter Stoffwechsel
   - subjektiv Angstgefühl und Stresssituation mit erhöhtem Atemminutenvolumen

2. Verminderung der Rektaltemperatur auf 33–27 °C
   - Fehlen der Abwehrmechanismen
   - beginnende Muskelstarre mit Lähmungen
   - verminderte Schmerzempfindlichkeit
   - Absinken von Blutdruck, Pulsfrequenz und Hirnaktivität (verminderte Wahrnehmungsfähigkeit)
   - verminderter O_2-Verbrauch
   - Verminderung des Atem- und Herzminutenvolumens

3. Verminderung der Rektaltemperatur auf 31–22 °C
   - Lähmungsphase
   - Herz-Kreislauf-Stillstand

Therapie
Die therapeutischen Bemühungen richten sich nach dem Grad der Unterkühlung. In jedem Fall sollte der Betroffene möglichst schnell an einen wärmeren Ort gebracht werden. Die Wiedererwärmung muss langsam erfolgen, weil durch den nun einsetzenden erhöhten O_2-Verbrauch eine akute Herzrhythmusstörung (Kammerflimmern) mit Herzstillstand auftreten kann. Zu den Aufwärmmethoden gehören Oberflächenerwärmung (nasse Kleider entfernen, Decken, warme Getränke usw.), Anwärmen der Einatemluft und durch einen Arzt zu verabreichende warme intravenöse Dauertropfinfusionen oder warme Magen- oder Darmspülungen. Diese Maßnahmen können auch begleitend während der eventuell nötigen Reanimationsmaßnahmen durchgeführt werden.

Prophylaxe
Zur Isolierung ist ein geeigneter Tauchanzug für den geplanten Tauchgang zu verwenden, wobei die Hände, die Füße und das Gesicht mitbedacht sein müssen, da sie gegenüber Kälteeinflüssen besonders empfindlich sind. Bei Trockentauchanzügen aus Gummi sollte man nicht mit Blei sparen, da diese Einsparung auf Kosten der gut isolierenden Luft im Anzug gehen würde. Es ist ratsam, den Tauchgang sofort abzubrechen, wenn man an sich selbst oder bei seinem Begleiter die o.g. Abwehrmechanismen, besonders das Kältezittern, beobachtet.

Erfrierungen

Erfrierungen sind Folgen einer lokalen Kälteeinwirkung, die oft in Begleitung einer allgemeinen Unterkühlung auftreten. Örtliche Kälteschäden zeigen sich schon bei längeren Aufenthalten im Wasser bei Umgebungstemperaturen von 15–10 °C. Sie treten besonders dann auf, wenn der Kälteschutz an Händen, Füßen und an den Ohren nicht ausreichend oder defekt ist. Es kommt dann zu einer Vasokonstriktion mit Querschnittsverminderung der kleinen Hautgefäße und zu einer erheblichen Verlangsamung des Blutstroms, wodurch letztlich die Schäden auftreten. Die Blutviskosität (innere Reibung) nimmt mit jedem Grad Temperaturabfall um 2% zu. Ähnlich wie bei den Verbrennungen unterscheiden wir drei Grade:

Erfrierungen ersten Grades
Die betroffenen Körperteile sind blassbläulich verfärbt; sie fühlen sich kalt und klamm an. Das Gewebe ist ödematös geschwollen, weil wegen des verlangsamten Blutstroms Blutplasma aus den Gefäßen in das umliegende Gewebe ausgetreten ist. Subjektiv werden Schmerzen empfunden, die später in Missempfindungen (Parästhesien) und Gefühllosigkeit übergehen können.

Erfrierungen zweiten Grades
Bei Andauern der Kälteeinwirkung wird die Gewebsschwellung massiver, eine Blauverfärbung tritt auf. Durch Plasmaaustritt unter die oberflächlichen Hautschichten entstehen flüssigkeitsgefüllte Blasen. Die Missempfindungen werden stärker.

Erfrierungen dritten Grades

Während Erfrierungen ersten und zweiten Grades noch gut rückbildungsfähig sind, zeigen sich bei den Schäden dritten Grades irreparable Gewebsuntergänge; denn durch Wiedererwärmung des betroffenen Körperteils gelingt es nicht, die Gefäßverengung rechtzeitig zu lösen. Das betroffene Gewebe stirbt ab (Gewebsnekrose) und wird später abgestoßen. Es sind dabei alle Hautschichten betroffen, eventuell sogar ganze Extremitätenteile.

Therapie

- Grundsätzlich nur langsame, vorsichtige Erwärmung der betroffenen Körperteile. Keinesfalls durch Reiben oder Massieren eine Erwärmung versuchen, da hierdurch die Gefahr einer zusätzlichen Gewebsschädigung des schlecht durchbluteten Gewebes besteht.
- Ruhigstellung; unnötige Bewegungen der betroffenen Gliedmaßen vermeiden.
- Nicht zu fest sitzende, mit reichlich Watte gut gepolsterte Verbände als wichtigste Maßnahme. Bei Blasenbildung sollte steriles Material verwendet werden.

Prophylaxe

- Guter Kälteschutz an den besonders gefährdeten Körperstellen.
- Neoprenhandschuhe und die Füßlinge sollen von derselben Neoprenstärke sein wie der Tauchanzug. Man sieht immer häufiger, dass wegen der besseren Beweglichkeit 5-Finger-Handschuhe verwendet werden, die aber erfahrungsgemäß nur aus einer 3 mm starken Neoprenschicht bestehen und weniger gut isolieren.
- Abbruch des Tauchgangs, wenn der Kälteeinfluss an Fingern und Zehen unangenehm zu spüren ist.

Lernerfolgskontrolle

****2.11.1**
Welche Faktoren begünstigen eine Auskühlung?

****2.11.2**
Welche Symptome charakterisieren eine Unterkühlung der Phase 2?

****2.11.3**
Wie kannst du eine Unterkühlung beim Tauchen vermeiden?

2.12 Schock

Der Schockzustand stellt ein Versagen des Kreislaufs dar, wobei es zu einer kritischen Verminderung des Blutvolumens kommt, das dem Kreislauf für seine Funktion zur Verfügung steht. Durch die ungenügende Blutzufuhr der Organe kommt es dann zu einem akuten Sauerstoffmangel (Hypoxie) sowie zu einer Ansäuerung (Azidose) der Gewebe.

Der Schockzustand läuft ab wie ein Film, der jeweilige Zustand kann durch die Parameter Blutdruck und Pulsfrequenz beurteilt werden. Zunächst ist nur die Peripherie des Körpers betroffen:

Kalte Extremitäten, blasse und bläuliche Hautverfärbung, kalter Schweiß. In späteren Phasen des Schocks werden die Organe geschädigt, so dass es infolge der Hypoxie und Azidose zu irreparablen Gewebsuntergängen (Nekrosen) in der Leber, in den Nieren und im Herzmuskel kommt.

Der Schock ist streng von dem häufigeren und harmlosen Kreislaufkollaps zu unterscheiden. Er stellt ein ernstes Krankheitsbild dar und erfordert sofort sowohl Laienhilfe als auch schnellen ärztlichen Beistand.

Ursachen

- *Verminderung des Blutvolumens durch äußere oder innere Blutungen (hämorrhagischerSchock/ Volumenmangelschock)*
  Der hämorrhagische Schock stellt einen Folgezustand von inneren und äußeren Blutungen dar. Äußere Blutungen entstehen durch Verletzungen, Unfälle usw., innere Blutungen erfolgen in Brusthöhle, Bauchhöhle oder auch in das Schädelinnere, ferner sind innere Blutungen bei Magen-Darm-Geschwüren und Knochenbrüchen möglich. Blutungen durch Magen-Darm-Geschwüre können sehr gefährlich sein, da sie zunächst nicht erkennbar sind. Die Blutung eines Oberschenkelhalsbruches kann sehr beträchtlich sein, es können sich bis zu 4 Liter Blut in das Gewebe ergießen.
- *Kritische Verminderung des Eiweißes*
- *Kritische Verminderung des Wassers*
- *Kritische Verminderung des Salzgehaltes*
  Zur kritischen Verminderung des Eiweiß-, Wasser- und Salzgehaltes des Blutes kommt es bei Verbrennungen, aber auch bei schwerem und gehäuftem Erbrechen oder bei unstillbaren Durchfällen. Diese Symptome kommen bei Tauchurlauben in den Tropen nach Magen-Darm-Infektionen häufig vor.
- *Versagen der Herzleistung (kardiogener Schock)*
  Ein kardiogener Schock kann bei allen schweren Herzerkrankungen, z.B. Herzinfarkt, Herzmuskelentzündung, Herzklappenfehler, Blutungen in den Herzbeutel und vermehrter Druckbelastung des Herzens bei Hypertonieerkrankung enstehen. Auch eine Lungenembolie führt zu einer akuten Belastung des (rechten) Herzens.
- *Überflutung des Kreislaufs mit Bakteriengiften (septischer Schock)*
  Bei bakteriellen Infektionen kann es zu einer Überschwemmung des Kreislaufs mit Bakterientoxinen kommen, wonach ein septischer Schock entstehen kann.
- *Allergischer Schock (anaphylaktischer Schock)*
  Der allergische oder anaphylaktische Schock entsteht als Folge von akuten allergischen Reaktionen gegen Allergene wie Arzneimittel oder körperfremdes Eiweiß. Bekannt ist der plötzliche Todesfall nach einem Wespenstich bei entsprechend sensibilisierten Menschen. Bei Verletzungen durch giftige Meerestiere kann es auch zu einem allergischen Schock kommen.

Grundsätzlich kann ein Schockzustand auch nach allen schweren Krankheitsprozessen auftreten. Im Schockzustand kommt es zu einer Verengung der peripheren Blutgefäße, bedingt durch körpereigene gefäßverengende Stoffe und durch einen verminderten Gefäßinnendruck. Es resultiert ein verlangsamter Blutstrom, der wiederum eine Zusammenballung der Blutplättchen und der roten Blutkörperchen hervorruft. Auf diese Weise entstehen Thrombosen (Blutgerinnungsvorgänge in den Gefäßen) mit Verschluss der feinsten Kapillaren.
Beim septischen und allergischen Schock kommt es sehr schnell zu einem kritischen Blutdruckabfall, der oft nicht mehr zu beheben ist.
Die Schockbehandlung muss außerhalb des Krankenhauses beginnen!

Symptome

Der Verletzte ist nicht bewusstlos, das Bewusstsein ist jedoch getrübt, oft liegt Verwirrung vor. Er wirkt unruhig und ängstlich und klagt oftmals über Durst und Schwindel. Objektiv ist der Puls beschleunigt und erschwert tastbar, die Haut ist blass, sie fühlt sich feucht und kalt an. Bei höheren Blutverlusten entstehen Schnappatmung und Lufthunger mit zunehmender Unruhe. Der

Schock läuft wie ein Film ab: Bei Blutverlusten von 30 bis 40 % ist der Puls auf mehr als 100 Schläge pro Minute erhöht, entsprechend dem verminderten Blutvolumen ist der systolische Blutdruck unter 100 mm Hg erniedrigt. Der diastolische Blutdruck steigt an, die Blutdruckamplitude (Differenz zwischen systolischem und diastolischem Blutdruck) wird kleiner. Bei einem stärkeren Blutverlust von mehr als 50 % liegt die Pulsfrequenz dann über 140 Schlägen pro Minute, die Haut ist leichenblass und kalt. Der systolische Blutdruck sinkt auf 70 mm Hg ab. Der Zustand ist jetzt lebensbedrohlich. Die Bestimmung des Schockindex stellt auch für den Laien eine einfache Methode dar, die Intensität und Gefährlichkeit des Schocks zu beurteilen.

$$\textbf{Schockindex} = \frac{\textbf{Pulsfrequenz}}{\textbf{systolischer Blutdruck}}$$

Der Schockindex ist der Quotient aus Pulsfrequenz pro Minute und systolischem Blutdruck in mm Hg. Beispiel für Normalverhältnisse: 60:120 = 0,5; Beispiel für einen schweren Schock: 120:60 = 2. Je größer der Schockindex, desto schwerer ist der Schock einzuschätzen.

Erste-Hilfe-Maßnahmen

- Der Verletzte soll in eine den Umständen entsprechend angenehme Lage gebracht werden, in der unnötiges Umlagern nicht erforderlich ist. Keine falsche Lagerung, die Schmerzen bereiten könnte. Anderenfalls droht eine Verschlimmerung des Schocks.
- Typische Schocklagerung mit Hochlagerung der Beine und Horizontallage des Kopfes und Oberkörpers. Auch bei Tauchunfällen wie Dekompressionskrankheit und Lungenüberdruckunfall wird diese Schocklagerung neuerdings empfohlen. Es sollte darauf geachtet werden, dass die Beine nicht zu hoch gelagert werden, um nicht die Atmung negativ zu beeinflussen.
- Sauerstoffzufuhr.
- Schutz vor Unterkühlung und Überwärmung, entsprechende Maßnahmen ergreifen.
- Herz-Kreislauf-Situation laufend beurteilen und beobachten durch Messen der Pulsfrequenz und der Blutdruckwerte. Dem Verletzten Mut zusprechen.
- Schneller, aber schonender Transport ins Krankenhaus.

Die ärztlichen Maßnahmen bei der Schockbehandlung beinhalten eine schnelle Kompensierung des verminderten Herzzeitvolumens mittels Infusionsbehandlung. Verwendet werden hierzu Blutplasma, Humanalbumin und niedermolekulare Dextranlösungen (z.B. Macrodex und Rheomacrodex oder Hydroxyäthylstärke). Ferner ist es wichtig, den Blutdruck auf normale Werte anzuheben und den peripheren Gefäßwiderstand zu senken. Durch Natriumbicarbonatgabe intravenös werden Hypoxie und Azidose der Gewebe günstig beeinflusst. Ebenfalls wichtig ist die Thromboseprophylaxe. Den Erfolg der Schockbehandlung sieht man an einem Absinken der Pulsfrequenz auf normale Werte und an einer Normalisierung der Blutdruckwerte.

Lernerfolgskontrolle

****2.12.1**
Woran erkennst du einen Schockzustand?

****2.12.2**
Welche Maßnahmen sind bei einem Schock vom Ersthelfer einzuleiten?

3. Tauchausrüstung

3.1 Atemregler

Der Atemregler hat die Aufgabe, den in unserem Tauchgerät vorhandenen Druck so zu reduzieren, dass dem Taucher bei der Einatmung ständig Luft unter dem Umgebungsdruck und entsprechend seinem Bedarf zufließt. Der Atemluftstrom ist also nicht kontinuierlich, sondern stets der Atemfrequenz angepasst. Er setzt ein, sobald bei Beginn der Einatmung am Mundstück ein geringer Sog entsteht, und bricht ab, wenn nach vollendeter Einatmung bzw. bei Anhalten des Atems der Sog aufhört.

Diese Reduzierung auf den Umgebungsdruck kann in einem oder in zwei Schritten (Stufen) erfolgen. Danach unterscheiden wir einstufige und zweistufige Atemregler.

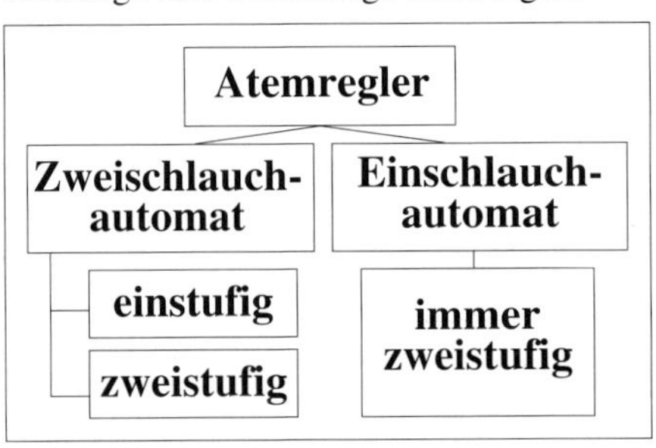

Abb. 90: Unterteilung einstufig/zweistufig, Einschlauch/Zweischlauch

Sind die erste und die zweite Stufe voneinander getrennt und mit einem Schlauch verbunden, so sprechen wir von einem Einschlauchatemregler. Dieser Begriff dient zur Unterscheidung von den weniger verbreiteten Zweischlauchatemreglern, bei denen die komplette Druckreduzierung in einem Gehäuse erfolgt, das an dem Ventil unserer Druckluftflasche montiert wird. Dann muss nämlich die Luft über einen Einatemschlauch zum Mund geführt werden, und die Ausatemluft wird über einen zweiten Schlauch, den Ausatemschlauch, wieder zum Gehäuse zurückgeführt, wo sie in die Umgebung entweicht.

Am gebräuchlichsten ist der zweistufige Einschlauchatemregler, bei dem die erste Stufe an der Druckluftflasche montiert ist und dort den Druck auf einen Mitteldruck von 4–15 bar über dem Umgebungsdruck reduziert. Über einen Schlauch wird dieser Mitteldruck, der also mit steigendem Umgebungsdruck auch erhöht wird, zu der zweiten Stufe geleitet, die wir an einem Mundstück im Mund halten und die den Mitteldruck auf den Umgebungsdruck reduziert.

Der zweistufige Einschlauchautomat hat die Vorteile, dass er

- handlicher, z.B. besser für Wechselatmung ist,
- eine größere Luftabgabe erlaubt,
- einen gleichen Ansprechdruck in jeder Lage und je nach Bauart auch bei jedem Fülldruck hat,
- geringere Ausmaße hat.

Ein Nachteil ist die kompliziertere Bauweise, die einen höheren Wartungsaufwand zur Folge hat (s. Farbtafel XIV).

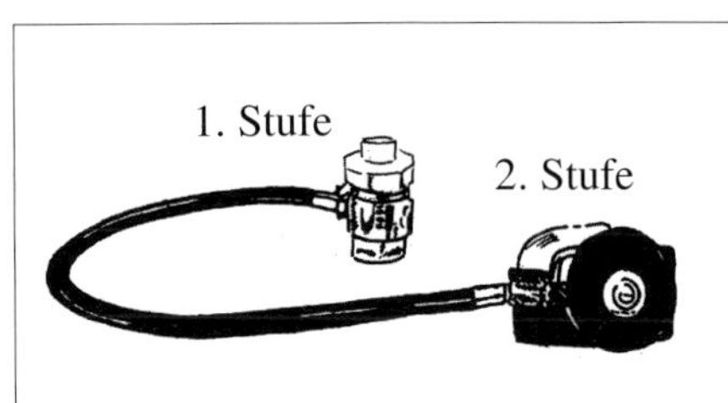

Abb. 91: Einschlauch-Zweistufenautomat

Atemregler, bei denen beide Stufen in einem Gehäuse untergebracht sind, werden heute kaum noch benutzt. Der Vertrieb von einstufigen Atemreglern ist heute in Deutschland nicht mehr zulässig.

Derartige Atemregler haben zwar den Vorteil, dass sie keine Luftblasen vor dem Gesicht erzeugen, was für das Fotografieren gut ist. Außerdem sind sie relativ vereisungssicher. Aber die zwei Faltenschläuche sind nicht nur störend, sie sind auch kaum für eine Wechselatmung zu gebrauchen. Insbesondere ergibt sich ein großer Atemwiderstand in der Bauchlage des Tauchers.

Abb. 92: Zweischlauchautomat

Allerdings lässt sich am einstufigen Atemregler das Prinzip der Druckreduzierung leicht erklären.

Einstufige Atemregler

Einstufige Atemregler bestehen aus einer Kapsel, die durch eine Membrane in zwei Kammern aufgeteilt ist. Die äußere, Wasserkammer genannt, weist in ihrer Schale Zirkulationslöcher auf, wird also von umgebendem Wasser durchflutet, so dass sich dessen Druck ständig auf die Membrane auswirkt.

In der darunter befindlichen Niederdruckkammer überträgt ein Hebelsystem die Bewegungen der Membrane auf das Hochdruckventil (Drosselventil). Dieses steht unter Belastung durch die Hochdruckfeder und sperrt in Ruhestellung den Luftfluss aus der Hochdruckkammer ab, die über die Zufuhröffnung mit dem Sinterfilter unmittelbar mit dem Druckluftvorrat in den Flaschen verbunden ist.

Atmet nun der Taucher, so entsteht in der Niederdruckkammer ein Unterdruck. Dadurch wird die Membran in die Nieder-

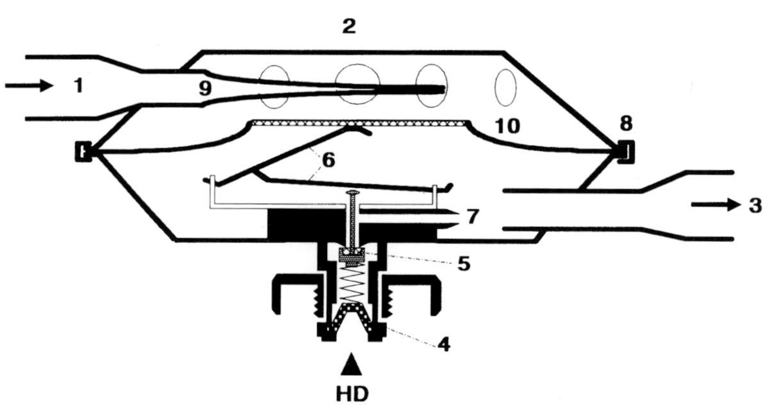

1	Ausatemluft	7	Venturidüse
2	Gehäuse	8	Spannring
3	Einatemluft	9	Entenschnabel
4	Filter aus Sinterbronze	10	Membrane mit darunter liegender Metallplatte
5	Drosselventil		
6	Hebel		

Abb. 93: Einstufiger Atemregler mit DIN-Anschluss

druckkammer gedrückt, wobei sie das Hebelsystem betätigt. Nun strömt aus dem Hochdruckanschluss Luft nach, bis der Druck zwischen Niederdruckkammer und Wasserkammer (Umgebungsdruck) ausgeglichen ist. Dies ist dann der Fall, wenn der Taucher das Einatmen beendet hat und so kein Sog mehr entsteht.
Die Ausatmung erfolgt über einen zweiten Schlauch in die Wasserkammer, an der die Luft durch die Zirkulationslöcher wieder austritt. Rückschlagventile am Mundstück (Ein- und Ausatemventil) ermöglichen dabei die richtige Fließrichtung der Luft.

Zweistufige Einschlauchatemregler
In der ersten Stufe wird zunächst der Flaschendruck auf einen Mitteldruck von 4–15 bar über dem Umgebungsdruck reduziert. Dies kann durch eine kolbengesteuerte oder durch eine membrangesteuerte erste Stufe erfolgen. Die erste Stufe wird zunächst mit dem Ventil der Druckluftflasche verbunden. Mit einem Dichtring (O-Ring) wird diese Verbindung abgedichtet.

Bei der kolbengesteuerten ersten Stufe drückt im drucklosen Zustand die starke Feder den Kolben empor und hält so das Ventil der ersten Stufe offen. Fließt nun Luft aus der Flasche über den Hochdruckanschluss (HP = High Pressure) über Hochdruckkammer, Kolbenstössel, Mitteldruckraum und Mitteldruckschlauch (LP = Low Pressure) zur zweiten Stufe, so wird sie dort durch einen auf das Ventil wirkenden Federdruck von 4–15 bar + Umgebungsdruck gestaut. Der Rückstau drückt nun seinerseits den Kolben der ersten Stufe hinunter und sperrt den Luftstrom ab. Atmet nun der Taucher, so entsteht im Mitteldruckraum ein relativer Unterdruck, wodurch die Feder den Kolben emporstoßen kann. Die Luft strömt nach, bis der Einatemsog aufhört. Dann schließt das Ventil wieder ab.
Bei der membrangesteuerten ersten Stufe strömt Luft über den Anschluss mit dem Sinterfilter (gegen Roststaub und Schmutz) in die Hochdruckkammer der ersten Stufe. Die Hochdruckkammer hat einen direkten Ausgang für den Anschluss eines Finimeters. Von dort fließt sie weiter durch das offene Ventil in die Mitteldruckkammer und über den Mitteldruckschlauch zur zweiten Stufe. Durch einen Federdruck im Ventil der zweiten Stufe wird die Luft gestaut, wodurch die Membrane der ersten Stufe so weit zurückgedrückt wird, bis das Ventil schließt.
Atmet nun der Taucher, so entsteht im Mitteldruckraum ein Unterdruck. Die Membrane wird durch die auf sie wirkende Federkraft wieder einwärts gedrückt, so dass das Ventil betätigt wird und Luft aus dem Hochdruckraum nachströmen kann.
Das Ventil wird von der Hochdruckseite her durch Flaschen- und Federdruck auf seinen Sitz gedrückt. Da der Flaschendruck im Gegensatz zur Federkraft eine variable Größe

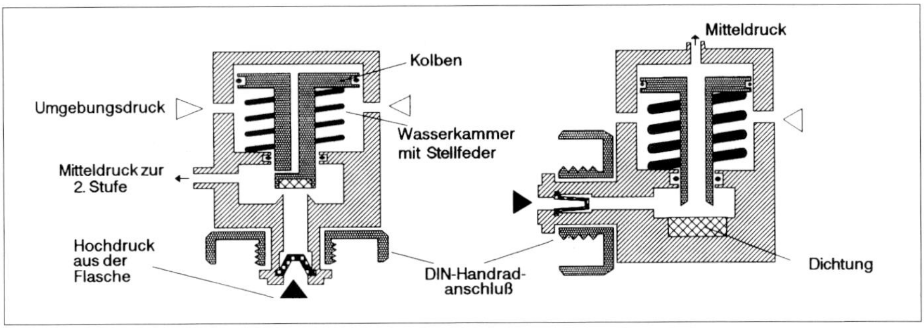

Abb. 94: Kolbengesteuerte erste Stufe, links normal, rechts kompensiert.

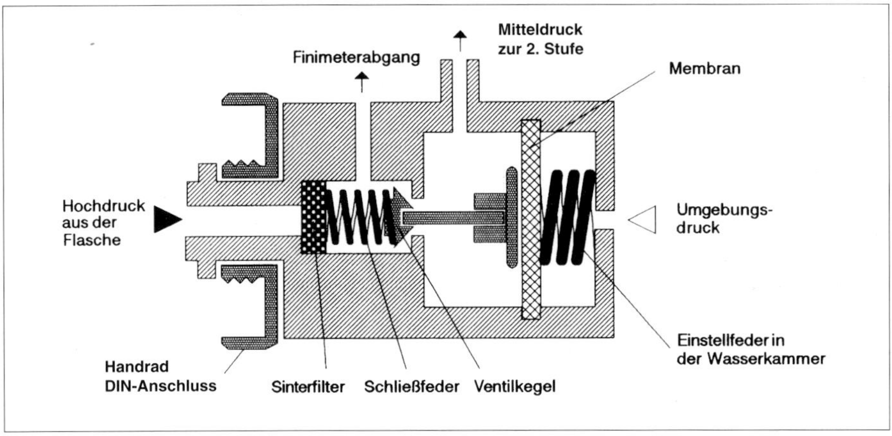

Abb. 95: Membrangesteuerte erste Stufe

darstellt, ist die Ventilöffnungskraft direkt von seiner Höhe abhängig. Der Mitteldruck und als Folge davon die Luftlieferleistung erhöhen sich mit abnehmendem Flaschendruck, wenn, wie bei diesem Prinzip, das Ventil gegen den Druck öffnet (so genanntes Up-Stream-Ventil, d.h. gegen den Druck öffnend).

Der Einatemwiderstand wird dann um so geringer, je niedriger der Flaschendruck wird. Mit einer so genannten balancierten oder kompensierten ersten Stufe wird eine vom Flaschendruck völlig unabhängige Ventilöffnungskraft erreicht.

Die meisten heutigen für den Unterwassereinsatz konzipierten Atemregler sind kompensiert. Bei steigendem Umgebungsdruck, also zunehmender Tauchtiefe, passt sich der Mitteldruck automatisch den veränderten Druckverhältnissen an. Diese Kompensation bewirkt dementsprechend einen konstanten Überdruck und benötigt dazu eine Druckübertragung zwischen Umgebung und Membrane bzw. Kolben der ersten Stufe.

Die Luft fließt über den Mitteldruckschlauch von der ersten Stufe zur zweiten Stufe, wo sie auf das federbelastete Ventil trifft.

Atmet der Taucher, so entsteht im Luftraum

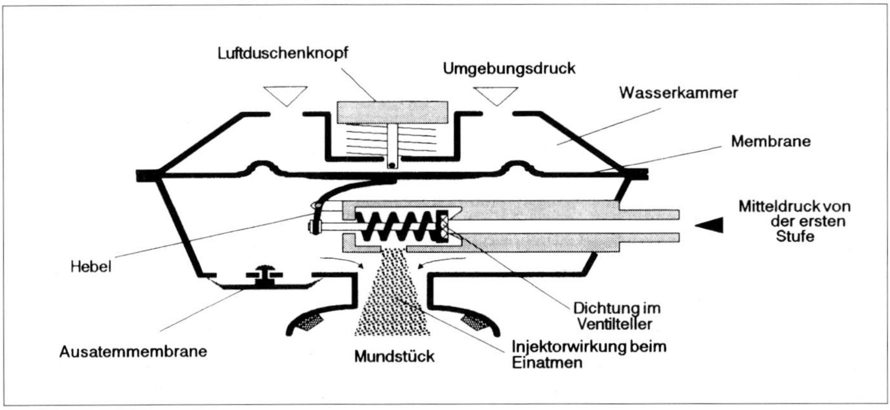

Abb. 96: Zweite Stufe

der zweiten Stufe ein Unterdruck. Dies hat zur Folge, dass die Membrane eingedrückt wird und dadurch der Hebel des Ventils betätigt wird.
Nun strömt so lange Luft nach, bis der Druck der jeweiligen Tiefe erreicht ist. Dies ist gleichzeitig auch das Ende des Atemzuges.
Atmet der Taucher aus, so drückt die Luft das Gummiplättchen des Ausatemventils gegen das Wasser auf und entweicht durch den Blasenabweiser zur Wasseroberfläche.
Das Ventil der zweiten Stufe öffnet üblicherweise mit dem Druck (Down-Stream-Ventil). Damit dient es gleichzeitig als Sicherheitsventil, wenn bei einer fehlerhaften ersten Stufe der Mitteldruck zu sehr ansteigt. Dann wird das Ventil aufgedrückt, und der zu hohe Mitteldruck kann entweichen. Ist dagegen in der zweiten Stufe ein Up-Stream-Ventil, so muss ein zusätzliches Sicherheitsventil eingebaut sein.
Der Luftduschenknopf dient zum Entlüften des Atemreglers, wenn er wieder vom Drucklufttauchgerät abgeschraubt werden soll. Keinesfalls sollte die Luftdusche, wie der Name fälschlicherweise vortäuscht, unter Wasser zum Ausblasen des Lungenautomaten genutzt werden, da durch die hohen Strömungsgeschwindigkeiten die Vereisungsgefahr erhöht wird. Nur im Notfall sollte sie dazu benutzt werden.
Einige Atemregler weisen in der zweiten Stufe eine Injektordüse auf. Dabei gibt es verschiedene Konstruktionen.
Der Injektor bewirkt eine direkte Luftzufuhr zum Mund ohne Einatemsog. Durch den Luftstrom aus der Injektordüse zum Mund entsteht in der Stufe eine Sogwirkung, welche die Membrane einwärts zieht. Beim Atmen entsteht somit nur am Anfang ein Einatemwiderstand. Strömt einmal die Luft, so bleibt die zweite Stufe so lange geöffnet, bis keine Luft mehr entnommen wird.
Mit Injektoratemreglern lässt sich sehr leicht atmen. Bei Strömungstauchgängen können Injektor-Atemregler unter Umständen abblasen (einige weisen deshalb eine Umschaltvorrichtung auf).
Beim Einstieg ins Wasser darauf achten, dass der Automat nicht durch den Wasserdruck abzublasen beginnt (Mundstück voll Wasser laufen lassen, Lungenautomaten mit der Mundstückseite nach unten ins Wasser tauchen).

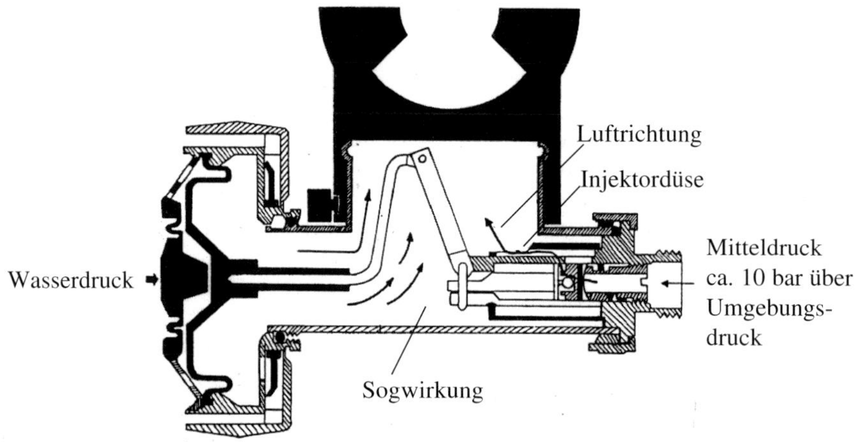

Abb. 97: Zweite Stufe mit Injektordüse

Vereisung
Ein Problem stellt sich beim Tauchen in kalten Gewässern dar: Der Atemregler kann vereisen. Das bedeutet, dass durch die Bildung von Eiskristallen am Ventilsitz der ersten Stufe (inneres Vereisen) oder durch Eisbildung in der Wasserkammer der ersten Stufe (äußeres Vereisen) die erste Stufe nicht mehr schließen kann und unkontrolliert Luft abströmt. Für die Taucher bedeutet das Auftauchen unter Wechselatmung oder mit dem Zweitautomaten des Partners, da ein Weiteratmen nur äußerst schwer möglich ist. Sinnvoll ist daher ein Verwenden von Drucklufttauchgeräten mit zwei getrennt absperrbaren Ventilen, um den abblasenden Atemregler abzusperren und aus dem anderen weiterzuatmen.
Um dem vorzubeugen, sollten bei entsprechenden Wassertemperaturen nur für Kaltwasser taugliche Atemregler benutzt werden. Die Hersteller haben zum Schutz vor Vereisung verschiedene Konstruktionen, wie Gefrierschutzkappen, Glycerinfüllung etc., entwickelt. Alle diese Konstruktionen können jedoch keinen absoluten Schutz vor Vereisung bieten, es gibt keine absolut vereisungssicheren Atemregler.

Wartung und Pflege
Nach jedem Salzwassertauchgang sollte der Atemregler wenn möglich gründlich in Süßwasser gespült werden.
Mindestens einmal jährlich sollte der Atemregler zur Revision. Die Wartung darf nur durch einen Fachmann und mit entsprechendem Werkzeug ausgeführt werden.

Lernerfolgskontrolle

****3.1.1**
Welche Aufgabe haben Atemregler?

****3.1.2**
Was kennzeichnet einen Einschlauchatemregler, und wie funktioniert er?

****3.1.3**
Was kennzeichnet einen einstufigen Atemregler, und wie funktioniert er?

****3.1.4**
Was kennzeichnet allgemein einen zweistufigen Atemregler, und wie funktioniert er?

****3.1.5**
Gibt es vereisungssichere Atemregler?

3.2 Drucklufttauchgerät

Als Drucklufttauchgerät wird ein komplettes Tauchgerät bezeichnet, das aus Druckluftflasche, atemgesteuerter Dosiereinrichtung (Atemregler), Trage oder Jacket mit Tragevorrichtung und Sicherheitseinrichtung (Reserveschaltung, Finimeter etc.) besteht.
Druckluftflaschen gibt es in Größen von 4 l bis 20 l als Einzelflaschen oder als Doppel- und Mehrfachgeräte.
Bei für Sporttaucher üblichen Druckluftflaschen beträgt der höchstzulässige Fülldruck 200 bar bezogen auf 15 °C. Es gibt auch Druckluftflaschen mit einem zulässigen Fülldruck von 300 bar.
Drucklufttauchgeräte und damit auch Druckluftflaschen müssen die aktuellen nationalen und europäischen Bestimmungen erfüllen.
Ab 2003 hergestellte Tauchflaschen müssen nicht mehr zwingend eine vorgeschriebene Einprägung vorweisen, auch der Stempel „TG“ ist nicht mehr vorgesehen. Nach der Betriebssicherheitsverordnung unterliegen

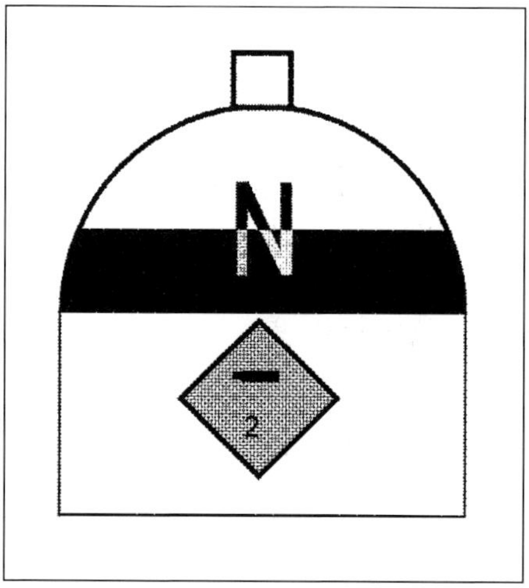

Abb. 98: Farbliche Kennzeichnung der Druckluftflaschen

DTGs einer Festigkeitsprüfung alle fünf Jahre und einer Gewichtsprüfung sowie einer äußeren und inneren Prüfung alle zweieinhalb Jahre. Alle Druckluftflaschen über 0,22 l Inhalt, also auch Westenflaschen, müssen in den vorgeschriebenen Fristen überprüft werden. Die farbliche Kennzeichnung ist für neue Druckluftflaschen weiß mit einem schwarzen Streifen und dem Buchstaben „N" für „neu". Auch Händler können zur Verantwortung gezogen werden, wenn sie Geräte verkaufen, die nicht den gültigen gesetzlichen Vorschriften, insbesondere dem Gerätesicherheitsgesetz, entsprechen. Wie kann sich der Käufer eines Tauchgerätes schützen? Es genügt nicht, dass er auf der Flasche den gültigen Prüfstempel ansieht, sondern er sollte sich auch das Flaschenventil ansehen, ob es mit einem zulässigen Innengewinde versehen ist, den gültigen nationalen und europäischen Normen genügt und ob ein Bauartzulassungszeichen eingeschlagen ist. Das Bauartzulassungszeichen ist nicht mit der Seriennummer zu verwechseln, da es immer den Buchstaben des Herstellungslandes enthält.

Eine Flaschen- und Ventilwartung im Abstand von einem Jahr ist sinnvoll.
Unmittelbar vor oder nach dem Tauchgang sollten Flaschen liegend aufbewahrt werden. Dadurch werden durch umkippende Flaschen verursachte Unfälle und Beschädigungen vermieden. Bei längerer Lagerung sollten Druckluftflaschen stehend aufbewahrt werden, sodass bei Korrosion nur der dickere Boden betroffen wird.
Einzelflaschen können auch zu Flaschenpaketen mit Verbindungselementen verbunden werden, aber nur Einzelflaschen gleichen Typs.

Flaschenventil

Das Flaschenventil ist die Absperrvorrichtung des Drucklufttauchgerätes. Es muss ebenfalls den gültigen nationalen und europäischen Vorschriften entsprechen. Das Bauartzulassungszeichen muss auf dem Flaschenventil sichtbar eingeschlagen sein. Außerdem muss eine Zulassung für den maximal möglichen Fülldruck bestehen.
Das Öffnen der Ventile geschieht durch Linksdrehungen am Handrad. Nach dem vollständigen Öffnen ist das Ventil wieder eine halbe Umdrehung zurückzudrehen, um ein Festsetzen des Ventil in dieser Stellung zu verhindern. Außerdem wird bei versehentlichem Drehen in die Öffnungsrichtung so der Irrtum sofort bemerkt, und ein gewaltsames Drehen in die falsche Richtung unterbleibt.
Das Schließen der Ventile geschieht in umgekehrter Richtung und soll ohne Gewalt erfolgen, um Beschädigungen vor allem am Ventilsitz zu vermeiden. Nach dem Schließen des Ventils kann jedoch die Verbindung zum Atemregler erst gelöst werden, wenn sie druckentlastet ist. Dies geschieht über den Atemregler durch Atmung oder Betätigung der Luftdusche.
Die Drehbewegung wird nicht unmittelbar auf den Ventilsitz übertragen, da hierzu eine Hubbewegung erforderlich ist. Dies bewirkt

die Unterspindel, die über ein Gewinde ihren Abstand vom Ventilsitz verändern kann. Über ein Kupplungstück, das die Hubbewegung auffängt, wird sie von der Oberspindel mitgedreht. Das Wasserschutzrohr verhindert das Eindringen von Wasser und Schmutz aus der Flasche, wenn man mit dem Kopf nach unten taucht. Sinterfilter werden heute kaum noch am Wasserschutzrohr als Schutz vor Schmutzteilchen angebracht, da auch diese sich schnell zusetzen und so den Luftdurchsatz behindern können.

Es gibt auch Ventile, die nicht über eine Drehbewegung (dann mindestens zwei Umdrehungen), sondern über einen Kipphebel betätigt werden.

Das Drucklufttauchgerät muss über mindestens eine Sicherheitseinrichtung verfügen. Als solche gelten Reserveschaltungen, die in das Ventil eingebaut werden. Auch ein Finimeter gilt als eine solche Sicherheitseinrichtung, bedingt aber ein selbstständiges Kontrollieren des Luftvorrates. Es gibt auch andere aktive Warneinrichtungen, zum Beispiel akustische Reservesignale, die sogar in den Tauchcomputer eingebaut sein können. Bei Tauchgängen, die eine starke körperliche und geistige Beanspruchung des Tauchers erwarten lassen (auch das Tauchen in unseren kalten, unter Umständen trüben oder dunklen Binnenseen), sollten zur Sicherheit immer zwei Warneinrichtungen mitgeführt werden, z.B. Reserveschaltung und Finimeter. Das Mitführen eines Finimeters neben einer Reserveschaltung ist auch deshalb sinnvoll, um jederzeit den aktuellen Fülldruck des Tauchgerätes ablesen zu können und danach den Tauchgang zu planen.

Am Flaschenventil befindet sich der Anschluss für den Atemregler. In Deutschland ist der DIN-Anschluss vorgeschrieben (am Ventil Innengewinde R 5/8" Gas). Daneben gibt es auch den Bügelanschluss (INT). Beide Systeme können ohne Werkzeuge, also nur von Hand, hochdruckdicht angeschlossen werden. Im Ausland können wegen verschiedener Anschlusssysteme beim Flaschenfüllen Probleme entstehen.

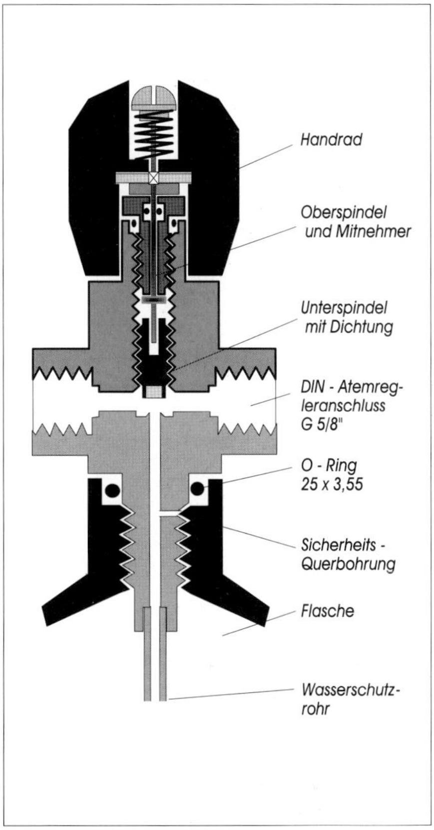

Abb. 99: Prinzipieller Aufbau eines Ventils mit zwei Abgängen

Beim DIN-Anschluss wird mit einem Handrad der Atemregler in das Gewinde des Flaschenventils handfest durch Rechtsdrehungen hineingeschraubt. Der DIN-Anschluss hat sich auch international immer mehr durchgesetzt, da er weniger anfällig für Beschädigungen durch Stoß ist. Außerdem entstehen bei ihm weniger Probleme mit der Dichtigkeit, da der Dichtring sich nicht offen am Ventil, sondern am Atemregler befindet und dieser in der Regel geschützt verstaut wird. Der INT-Anschluss ist im Ausland jedoch

noch weit verbreitet. Bei ihm wird der Atemregler mit einem Bügel über das Ventil gesetzt, an dem sich der Dichtring befindet, und mit einer Klemmschraube befestigt. Die Dichtungsfläche am Atemregler hat dabei einen Durchmesser von 17,5 mm, bei alten französischen Ausführungen auch 18,5 mm. Da auch die Druckluftflaschen entsprechend leichte Unterschiede haben können, solltet ihr euch vor einem Tauchurlaub erkundigen, welches System an der Tauchbasis verwendet wird.
Ihr könnt jedoch euren Atemregler weiterverwenden, wenn ihr euch Adapter besorgt, die für beide Systeme erhältlich sind.

Abb. 100: Bügeladapter und Würfeladapter

Sollte nach Anschluss des Atemreglers am Ventil die Verbindung undicht sein, so solltet ihr den Dichtring (O-Ring) überprüfen. Es ist immer sinnvoll, Ersatzdichtringe dabei zu haben. Gerade der O-Ring am Anschluss zum Ventil unterliegt dem größten Verschleiß, vor allem beim INT-Anschluss, da er dort offen liegt. Ihr werdet an Tauchbasen mit INT-Ventilen regelmäßig bei den Vorbereitungen zum Tauchgang ein Zischen erleben, das von defekten O-Ringen herrührt.

Lernerfolgskontrolle

****3.2.1**
In welchen Intervallen müssen Druckluftflaschen nach neuem Recht gemäß Betriebssicherheitsverordnung zur wiederkehrenden Prüfung?

****3.2.2**
Welche Farbkennzeichnung müssen nach DIN EN 1089-3 neue Druckluft-Tauchflaschen in Deutschland besitzen?

****3.2.3**
Welche Anschlüsse für Atemregler gibt es im In- und Ausland?

3.3 Reserveschaltung

Die Reserveschaltung hat die Aufgabe, dem Taucher unmissverständlich das Zuendegehen des Atemluftvorrates anzuzeigen und gibt somit ein Zeichen zur Beendigung des Tauchgangs. Dazu wird die Luftzufuhr bei ca. 50 bar durch eine mehr oder weniger schnelle Erhöhung des Atemwiderstandes unterbrochen.
Anschließend muss der Taucher durch Betätigung einer Zugstange oder eines Zugseiles die Reserveschaltung wieder aktiv öffnen, damit er weiteratmen kann und ihm die 50 bar Reservedruck wieder zur Verfügung stehen. Das Auffinden der Stange oder des Seils sollte daher bereits vorher geübt worden sein. Es gibt manuelle und automatische Reserveschaltungen. Automatische Reserveschaltungen können nicht vor Erreichen des Reservedrucks geöffnet werden.
Beim Füllen eines DTG mit manueller Reserveschaltung müsst ihr unbedingt darauf achten, dass die Reserveschaltung gezogen ist,

da sonst der Füllvorgang behindert oder gar blockiert wird. Die Reserveschaltung ist gezogen, wenn der Reservehebel unten ist. Nur automatische Reserveschaltungen werden beim Füllen nicht gezogen.
Die Funktionsweise einer Reserveschaltung ist einfach: Ist der Flaschendruck höher als der Federdruck (entspricht dem Reservedruck), so wird der Reservedichtkolben dadurch vom Sitz abgehoben. Bei geöffnetem Ventil kann also die Luft am Kolben vorbei zum Luftaustritt strömen.
Fällt der Flaschendruck unter den Reservedruck, so drückt die Reservefeder stärker als der Flaschendruck von der anderen Seite auf den Kolben und verschließt so den Luftweg. Diesen Vorgang bemerkt ihr am ansteigenden Atemwiderstand. Versucht nicht, durch Flachatmung weiterzuatmen! Wenn ihr den Anstieg des Atemwiderstandes verspürt, muss die Reserve gezogen werden.
Durch das Ziehen der Reserve wird der Reservekolben wieder vom Sitz abgehoben und gibt den Luftweg frei. Das geschieht durch einen Excenter, der die Drehbewegung durch die Reservezugstange in eine Hubbewegung am Kolben umsetzt.
Es gibt verschiedene Funktionsweisen von Reserveschaltungen, je nachdem ob der Kolben mit einem Dichtring versehen ist oder nicht. Davon hängt es ab, ob ihr am Finimeter euren vollen Flaschendruck oder den um den Druck der Reserveschaltung verminderten Flaschendruck ablest. Dann ist es möglich, dass ihr mit eurem Tauchgerät bis zur Finimeteranzeige von 0 bar tauchen könnt,

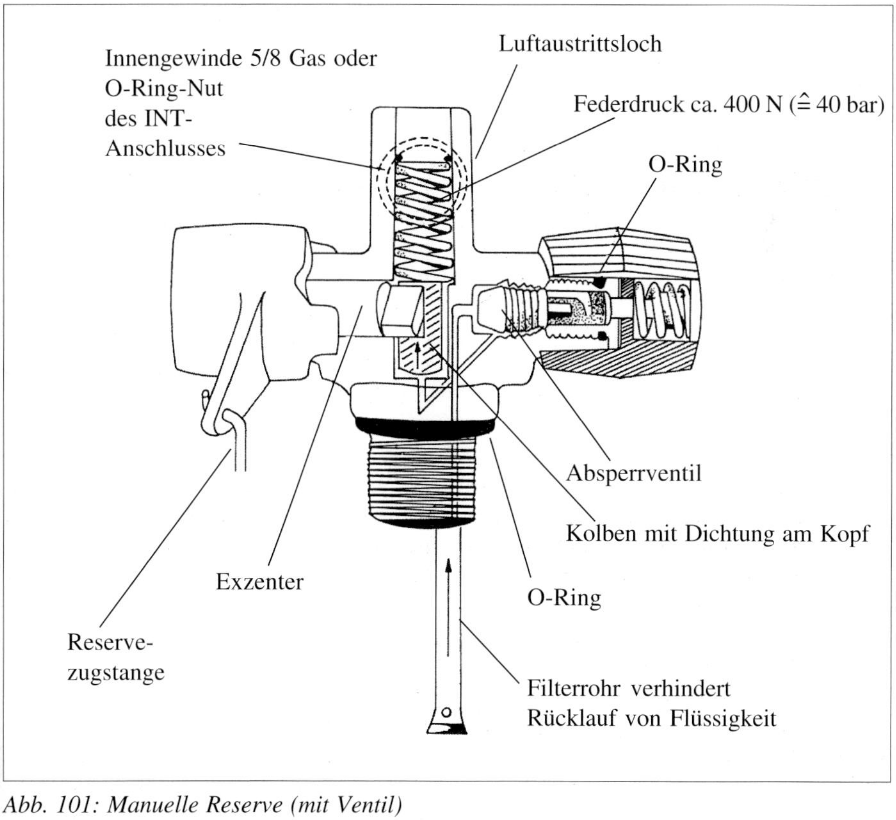

Abb. 101: Manuelle Reserve (mit Ventil)

bevor die Reserve anspricht. Wundert euch darüber nicht, es ist dann noch Luft im Gerät! Geht aber bei einem euch nicht bekannten Tauchgerät nicht davon aus, dass die Finimeteranzeige bereits um den Reservedruck erniedrigt ist. Macht euch unbedingt vorher mit dem Tauchgerät vertraut, damit ihr die Druckanzeige richtig deuten könnt. Im Zweifelsfall könnt ihr unter Wasser durch das Ziehen der Reserve den richtigen Druck ablesen. Nicht alle Reserven können jedoch danach wieder in den geschlossenen Zustand versetzt werden und halten dabei noch 50 bar zurück.

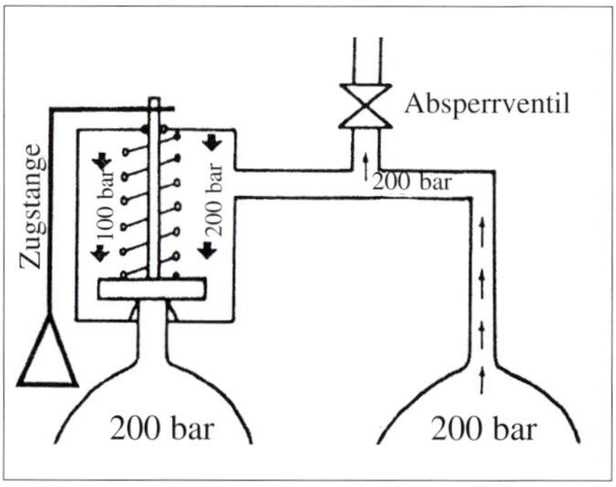

Abb.102: Reserve bei Doppelflaschengerät

Bei Doppelflaschengeräten befindet sich die Reserveluft nur in einer Flasche. Daher muss die Reserveschaltung an dieser Flasche schon beim doppelten Reservedruck abschließen! Beim Öffnen der Reserve eines Doppelgerätes hört man aus diesem Grunde die Reserveluft in die geleerte Flasche überströmen. Vergewissert euch vor jedem Tauchgang, dass die Reserveschaltung nicht gezogen, also der Reservehebel oben ist (sonst könntet ihr sie ja gleich weglassen). Nur wenn ihr mit einer anderen Sicherheitseinrichtung, zum Beispiel mit einem Finimeter, taucht und dies allein ausreichend ist, kann auf die Reserveschaltung verzichtet werden.
Wichtig ist, dass das Ziehen der Reserve nur eines Gruppenmitgliedes das Beenden des Tauchgangs bedeutet. Das heißt nicht, dass ein Freiwasseraufstieg durchgeführt wird. Aber ein Fortsetzen des Tauchgangs ist dann nicht mehr möglich, es sollte auf dem kürzesten Wege zum Ausgangspunkt ausgetaucht werden. Nur wenn dieser zu weit entfernt ist, wird ein Freiwasseraufstieg nötig, aber unter Einhaltung aller Austauchregeln!
Wenn ihr euch weit vom Ausgangspunkt entfernt habt und noch einen langen Rückweg einplanen müsst, so reicht die Reserveluft nicht aus, um zurückzugelangen. Ihr solltet euren Tauchgang dann von vornherein so planen, dass euer Flaschendruck noch für den Rückweg reicht und ihr dann immer noch die Reserveluft im Tauchgerät habt. Deshalb heißt sie auch Reserve. Dieser Notvorrat darf in die Tauchgangsplanung nicht mit einbezogen werden. Die sorgfältige Planung gilt ganz besonders, wenn ihr noch Austauchpausen einzuhalten habt.

Lernerfolgskontrolle

****3.3.1**
Welche Aufgabe hat die Reserveschaltung?

****3.3.2**
Erkläre das Funktionsprinzip einer manuellen Reserveschaltung.

****3.3.3**
Was unterscheidet eine automatische von einer manuellen Reserveschaltung?

3.4 Instrumente

Beim Tauchen sind als Instrumente eine Uhr und ein Tiefenmesser unverzichtbar. Zusammen mit einer Dekompressionstabelle gehören sie zur Grundausrüstung. Auch auf die Bedeutung des Finimeters als einer möglichen Sicherheitseinrichtung haben wir euch bereits hingewiesen. Ein Kompass sollte für euch in dieser Ausbildungsstufe selbstverständlich sein.

Die Anforderungen an ein Finimeter, an einen Kompass und an eine Uhr haben wir bereits in der Ausbildung zum Taucher* behandelt. Auch die notwendigen Eigenschaften von Tiefenmessern haben wir dort bereits mit euch besprochen. Zum Aufbau der Tiefenmesser gibt es jedoch verschiedene Konstruktionsprinzipien:

- Membrantiefenmesser
- Rohrfedertiefenmesser (System Bourdon-Rohr)
- Boyle-Mariottesche Tiefenmesser
- elektronische Tiefenmesser

Die Boyle-Mariotteschen Tiefenmesser oder Kapillartiefenmesser sind vom Aufbau her die einfachsten:

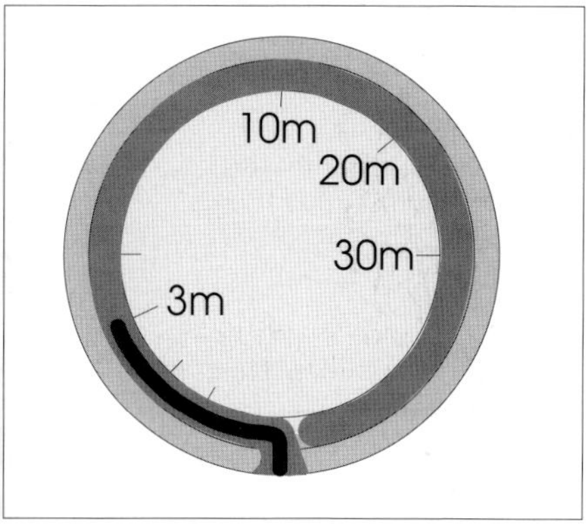

Abb. 103: Boyle-Mariottescher Tiefenmesser

Eine gebogenes Röhrchen ist an einer Seite verschlossen, an der anderen Seite geöffnet und mit Luft gefüllt. Taucht man nun tiefer, so füllt sich dieses Röhrchen von der offenen Seite her immer mehr mit Wasser. Nach dem System von Boyle-Mariotte ist die eingeschlossene Luftmenge auf 10 m nur noch halb so groß, auf 20 m ein Drittel usw. An einer Skala kann so die Tiefe an der Stelle abgelesen werden, an der sich die Grenzschicht Luft/Wasser befindet. In geringeren Tiefen, gerade auf den Deko-Stufen, erlaubt dieser Tiefenmesser eine genaue Messung, dafür werden größere Tiefen nur ungenau angezeigt. Der Tiefenmesser ist einfach und billig, leider aber auch nur schlecht abzulesen.

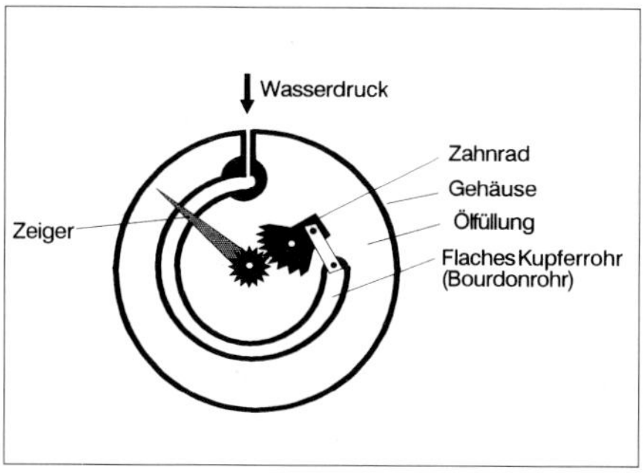

Abb. 104: Rohrfedertiefenmesser

Beim Rohrfedertiefenmesser wird (übrigens wie im Finimeter) ein gebogenes Röhrchen von innen oder von außen mit dem Umgebungsdruck belastet. Da die Oberfläche an der Außenkrümmung größer ist als an der Innenseite, streckt sich das Rohr bei innen zunehmendem Druck (Kraft = Druck • Fläche), also ist die Kraft nach außen größer als nach innen). Nimmt umgekehrt der Druck um das Rohr zu, so krümmt es sich. Die Bewegung wird auf einen Zeiger übertragen und zeigt ziemlich genau die Tiefe an.

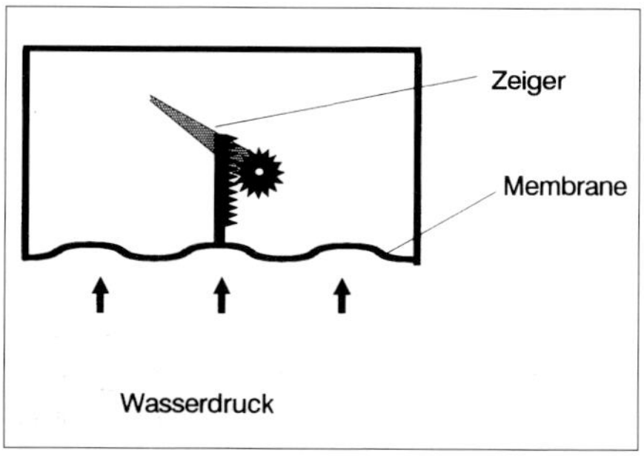

Abb. 105: Membrantiefenmesser

Bei Membrantiefenmessern wölbt sich durch den Umgebungsdruck der flexible Boden einer geschlossenen Metalldose. Diese Wölbung wird über ein Hebelsystem auf einen Zeiger übertragen, der dann die Tiefe anzeigt. Diese Tiefenmesser sind sehr genau, auch im Flachbereich. Sie eignen sich auch zum Tauchen in Bergseen, da die Nullmarke nachjustiert werden kann.
Elektronische Tiefenmesser nehmen wie Dekompressionscomputer die Tiefe über einen Sensor auf. Der Druck wird dann digital auf einem Display angezeigt. Sie sind ebenfalls sehr genau und können auch den veränderten Umgebungsdruck beim Bergseetauchen registrieren.

Lernerfolgskontrolle

3.4.1
Beschreibe die Anforderungen an eine Taucheruhr.

3.4.2
Beschreibe die Anforderungen an ein Finimeter.

3.4.3
Beschreibe die Anforderungen an einen Kompass.

3.4.4
Beschreibe die Funktionsweise eines Boyle-Mariotteschen Tiefenmessers.

3.4.5
Beschreibe die Funktionsweise eines Rohrfedertiefenmessers.

3.4.6
Beschreibe die Funktionsweise eines Membrantiefenmessers.

3.4.7
Beschreibe die allgemeinen Anforderungen an einen Tiefenmesser.

3.5 Tauchcomputer

Die Elektronik hat auch in den Tauchsport Einzug gehalten. Heute sind Computer, die uns wichtige, manchmal aber auch überflüssige oder zu viele Informationen unter Wasser geben, nicht mehr wegzudenken. Da die Preise für die Anschaffung mittlerweile äußerst günstig geworden sind, gehören sie schon fast zur Standardausrüstung eines fortgeschrittenen Tauchers (s. Farbtafel V).
Aber nicht nur Vorteile, sonderen auch Risiken sind mit der Benutzung von solchen Computern, die es als Nullzeitcomputer oder als Dekompressionscomputer (Dekompressiometer) gibt, verbunden.
Ihr habt euch bei den Berechnungen mit der Dekompressionstabelle gefragt, warum ihr denn immer die Maximaltiefe mit der gesamten Grundzeit betrachten müsst, wenn ihr doch nur für einen kurzen Moment auf dieser Maximaltiefe gewesen seid. Da die Tabelle für Mittelwertbildung oder Schätzverfahren auf keinen Fall verwendet werden darf, ist aus dieser Idee der Tauchcomputer entstanden: Auf elektronischem Wege werden ständig Tauchtiefe und Tauchzeit und so das persönliche Tauchprofil gemessen. Zu diesem Tauchprofil kann über Rechenmodelle der für diesen Tauchgang maßgebliche Austauchplan ermittelt werden. Dieser Plan für die gesamte Dekompression ist dann in der Regel kürzer als die nach der Tabelle erforderliche Gesamtaustauchzeit. Nur wenn ein Rechteckprofil getaucht wurde, dürften sich bei gleichem Rechenmodell Computer und Tabelle nicht unterscheiden.

Der Dekocomputer zeigt dann nicht nur die Tauchtiefe und Tauchzeit, sondern auch die erforderlichen Austauchstufen an. Je nach Modell werden auch die gesamte verbleibende Aufstiegszeit und die Maximaltiefe angezeigt. Solange keine Dekopausen erforderlich sind, wird die verbleibende Restnullzeit auf der aktuellen Tiefe angezeigt. Auch den Flaschendruck, den Luftverbrauch und die mit der vorhandenen Luft mögliche Resttauchzeit zeigen neuere Computer an.

Die Nullzeitcomputer dagegen zeigen beim Tauchen nur die verbleibende Nullzeit auf der entsprechenden Tiefe an, nicht jedoch die Austauchpausen. Sie sind daher nicht für Dekotauchgänge geeignet.

Der vom Computer vorgeschlagene Austauchplan stellt nur die Grenzlösung dar. Die angegebenen Pausen dürfen nicht unterschritten werden. Das Gleiche gilt für die Nullzeiten.

Das Tauchen mit dem Computer darf euch jedoch nicht dazu verleiten, an diesen Grenzen entlangzutauchen. Es gibt nicht den einheitlichen Menschen, für den ein Rechenmodell immer Gültigkeit hat. Jeder Mensch hat eine andere, noch dazu von äußeren Umständen und der aktuellen Tagesform abhängige individuelle Übersättigungstoleranz. Daher bietet ein Einhalten von Austauchregeln niemals eine Gewähr, dass keine Dekompressionskrankheit auftreten kann. Kein Computer und keine Tabelle können eine Dekompressionskrankheit ausschließen. Tauchen mit Computer bedeutet, sich großzügig innerhalb der vorgegebenen Grenzen, aber mit einem ausreichenden Sicherheitsspielraum, zu bewegen. Das fängt damit an, dass wir nicht die verbliebene Restnullzeit der aktuellen Tiefe abwarten, bevor wir höher tauchen. Das bedeutet weiter, dass die zulässige Aufstiegsgeschwindigkeit nicht ausgereizt wird. Allerdings berücksichtigen neuere Computer schon, dass man im tieferen Bereich schneller aufsteigen kann als im Flachbereich. Dies muss sich jedoch eindeutig aus der Gebrauchsanleitung für den Computer ergeben. Schließlich bedeutet das Einhalten von Sicherheitsspannen auch, dass Dekompressionspausen länger eingehalten werden als unbedingt nötig. Durch langsames Auftauchen im Flachbereich und Verlängern von Dekopausen verkürzt euer Computer von selbst die nachfolgenden Dekopausen. Die gesamte Austauchzeit wird dabei natürlich länger. Soll jedoch die kürzestmögliche Austauchzeit gewählt werden, so sind die Vorschläge des Computers das Optimum.

Ein Tauchcomputer ist ein persönliches Gerät. Es speichert die Restsättigung eines Tauchgangs so lange für einen eventuellen Folgetauchgang, bis keine solche mehr (rechnerisch) vorhanden ist. Daher kann der Computer nicht einfach an einen anderen Taucher übergeben werden. Dieser hatte vorher unter Umständen ein ganz anderes Tauchprofil, so dass die Computerwerte für ihn nicht maßgeblich sind. Umgekehrt darfst du auch nur mit dem gleichen Computer einen Wiederholungtauchgang machen, da nur so deine individuelle Vorsättigung berücksichtigt werden kann.

Nach einem Tauchgang liefern die Tauchcomputer Angaben über die erforderliche Wartezeit bis zum Fliegen, Nullzeiten für die aktuelle Restsättigung oder über die Logbuchfunktion alle wesentlichen Daten der letzten Tauchgänge. Manche Computer besitzen sogar einen Tauchgangsplaner, mit dem vorab Tauchgänge mit beliebigen Profilen simuliert werden können. Neuere Computer besitzen auch eine Möglichkeit zum Anschluss an einen PC, um das exakte Tauchgangsprofil nachzuvollziehen. Sinnvoll ist diese Funktion besonders dann, wenn nach einem Tauchgang eine Druckkammerbehandlung erforderlich wird. Anhand des Computers kann an vielen Druckkammerzentren dann das Tauchprofil ausgewertet werden (s. Farbtafel V).

Tauchcomputer der neuesten Generation

berücksichtigen erst die Auswirkungen auf die Stickstoffaufnahme und -abgabe, die sich durch die Mikrogasblasenbildung im Blut ergeben. Dies ist wichtig für die Berechnung von Wiederholungstauchgängen und für die erforderliche Wartezeit bis zum Fliegen. Allerdings sind Wiederholungstauchgänge noch nicht so ausreichend erforscht, dass die Rechenmodelle auch für Dritt- oder Mehrfachtauchgänge fortgeführt werden könnten. Es sollten daher niemals mehr als zwei Tauchgänge pro Tag unternommen werden. Gerade im Urlaub mit gebuchtem „Non-Limit-Tauchen" wollen viele Taucher das maximale an Tauchgängen ausreizen. Die Dekocomputer kommen dann aus dem Zustand der Restsättigung gar nicht mehr heraus, und jeder Tauchgang wird zum Wiederholungstauchgang. Aus diesem Grunde sollte nicht nur die Zahl der Tauchgänge am Tag begrenzt werden, sondern außerdem mindestens ein Tag pro Woche tauchfrei sein, bis der Dekocomputer wieder „clean" ist, also keine Restsättigung mehr anzeigt.
Sicherlich könnt ihr durch Erfahrung im Tauchen mit eurem Computer feststellen, wie er auf bestimmte Tauchprofile reagiert. Ihr werdet beispielsweise feststellen, dass die gesamte Austauchzeit am niedrigsten ist, wenn tiefere Tauchgänge immer zuerst durchgeführt werden und wenn die größte Tauchtiefe immer zu Beginn eines Tauchgangs aufgesucht wird. Diese Regel ist euch aber auch schon vom Tabellentauchen bekannt. Es ist ohne weiteres möglich, mit dem Computer auch anders zu tauchen. Ihr müsst dann allerdings mit der Bestrafung durch besonders lange Austauchpausen rechnen.
Denkt schließlich daran, dass Dekocomputer wie alle elektronischen Teile ausfallen können, und zwar immer dann, wenn man es am wenigsten gebrauchen kann. Daher sollte immer zusätzlich mit Uhr, Tiefenmesser und Dekotabelle getaucht werden.

Lernerfolgskontrolle

****3.5.1**
Was für ein Tauchprofil berücksichtigt ein Dekocomputer gegenüber einer Tabelle?

****3.5.2**
Wie sind die gesamten Austauchzeiten eines Dekocomputers im Vergleich zu einer Tabelle?

****3.5.3**
Können Taucher ihre Dekocomputer austauschen?

****3.5.4**
Wie viele Tauchgänge sollten an einem Tag maximal unternommen werden?

****3.5.5**
Wie tauchst du möglichst sicher bei einem Wiederholungstauchgang unter Verwendung eines Dekocomputers?

3.6 Taucherweste/Jacket

Wir tragen eine Taucherweste oder ein Jacket nicht nur, um damit das abnehmende Volumen unseres Tauchanzuges beim Abtauchen auszugleichen. Vielmehr hat eine Taucherweste bzw. ein Jacket wichtige Sicherheitsfunktionen zu erfüllen:

- Das schnelle Erreichen der Oberfläche im Notfall,
- das ohnmachtsichere Halten an der Oberfläche, wenn der Taucher sonst absinken würde und dies durch Flossenkraft nicht mehr ausgleichen kann,

- Unterstützung beim Retten anderer Taucher,
- Unterstützung beim Bergen von Gegenständen (z.B. kleiner Anker, verlorener Bleigurt),
- Herstellung eines in jeder Tiefe austarierten Zustands.

Das Jacket dient außerdem als Tragevorrichtung für unser Tauchgerät.

Auch der austarierte Zustand, also das Schweben in jeder beliebigen Wassertiefe, ist ein wichtiger Sicherheitsaspekt. Wir erreichen ihn durch Einlassen oder Ablassen von Luft in unser Jacket oder in unsere Weste, wenn unsere Lungentarierung ausgeschöpft ist. Anderenfalls müsstet ihr durch Flossenschlag gegen den Abtrieb arbeiten. Gleichzeitig würdet ihr im hauptsächlich eingeatmeten Zustand verharren, was zu einem Überdruck in eurer Lunge mit Auswirkungen auf den Blutdruck und das Befinden führt. Beides zusammen jedoch führt schnell zu einem Essoufflement. Natürlich solltet ihr lernen, euch hauptsächlich mit der Lunge zu tarieren. Sind jedoch die noch ohne Anstrengung möglichen Ausgleichsfunktionen der Lunge erschöpft, so ist eine Nachtarierung über das Jacket oder die Taucherweste nötig. Diese Reihenfolge – erst Lunge, dann Jacket – gilt sowohl für das Ab- wie für das Auftauchen. Ihr seht, dass auch bei flachen Tauchgängen eine Taucherweste oder ein Jacket unbedingt erforderlich ist.

Selbst wenn ihr euch noch ohne Hilfsmittel im Flachbereich tarieren könnt, so ist die Taucherweste oder das Jacket für euch bei der Rettung anderer Tau-cher oder auch bei eurer eigenen Rettung ein unersätzliches Hilfsmittel (s. Farbtafel IV).

Folgende Bestandteile muss eine Taucherweste oder ein Jacket besitzen:

- Westenkörper, der robust, farbecht, knickbeständig und reißfest ist. Es gibt ein- oder zweischalige Bauweisen.
- Mindestens 15 l Volumen.
- Signalfarbe.
- Eine ohnmachtsichere Lage an der Oberfläche gewährleistende Bauweise.
- Schnellablass zum schnellen Entleeren. Dieser kann in den Faltenschlauch der Mundaufblasvorrichtung integriert sein und befindet sich im Schulterbereich, da dieser in der Regel am höchsten liegt. Bei Jackets ist ein zweiter Schnellablass im hinteren Bereich unten sinnvoll, um auch in Kopflage das Jacket entleeren zu können.
- Überdruckventil, damit das Jacket (z.B. beim Auftauchen ohne Entleerung) nicht platzen kann. Das Ventil öffnet dann bei einem Überdruck von 100 bis 130 mbar. Das Überdruckventil ist häufig in den Schnellablass integriert.
- Mundaufblasvorrichtung zum Befüllen der Weste oder des Jackets auch mit dem Mund. Eine Atemmöglichkeit aus dem Westenkörper heraus darf jedoch nicht gegeben sein. Allerdings gibt es Mundstücke, die gleichzeitig einen Lungenautomaten darstellen. Solche Oktopussysteme erlauben auch das Atmen aus dem Tauchgerät, stellen jedoch wegen ihrer eingeschränkten Einsetzbarkeit keinen vollwertigen Zweitautomaten dar.
- Inflator, also eine Verbindung zum Mitteldruckanschluss unseres Atemreglers zum Befüllen der Taucherweste oder des Jackets durch Druckluft unseres Tauchgerätes per Knopfdruck.
- Signalpfeife.
- Nur bei Taucherwesten: Bebänderung zum festen Sitz der Weste am Körper, am besten eine aus Brust- und Schritt gurt bestehende Kreuzbebänderung.
- Eine Einrichtung zum automatischen und schnellen Befüllen der Taucherweste oder des Jackets insbesondere im Notfall. Ist kein Inflatoranschluss vorhanden, so ist dazu eine Druckluftflasche (Westenflasche) mit mindestens 0,5 l Volumen erforderlich. Diese Druckluftflasche muss alle Anforderungen wie die

Druckluftflasche unseres DTG erfüllen. Durch ein Rückschlagventil am Anschluss zur Taucherweste oder zum Jacket wird das Eindringen von Wasser in die Westenflasche vermieden.

CO_2-Patronen dienen auch zum automatischen Befüllen, sind jedoch wegen ihres geringen Gasvorrates und der fehlenden Dosiermöglichkeit weniger geeignet.

Westentaschen sind sinnvoll, um beim Tauchen kleinere Ausrüstungsgegenstände wie die Dekompressionstabelle, eine Notsignalboje, eine Unterwasserschreibtafel, einen Notsignalblitz oder eine kleine Ersatzlampe aufzunehmen. Auch sollten verschiedene Befestigungsmöglichkeiten in Form von Haken, Karabinern, Ösen oder Klemmverschlüssen vorgesehen sein, um Schläuche, Kompass, Lampe und andere Ausrüstungsteile gegen Verlust und Umherbaumeln zu sichern.

Zum Anlegen einer Tauchweste wird die Begurtung so angepasst, dass sie erst bei voll aufgeblasener Weste straff sitzt.

Beim Anlegen der Ausrüstung ist unbedingt auf die Reihenfolge *Anzug – Taucherweste – Tauchgerät – Bleigurt* zu achten. Anderenfalls ist der Abwurf des Bleigurts im Notfall oder das Ablegen des Tauchgerätes behindert. Der Bleigurt muss also über allen anderen Vergurtungen sitzen.

Praktisch alle Taucherwesten sind heute ohnmachtsicher. Das bedeutet, der Kragen der Weste bewirkt im gefüllten Zustand ein Zurückfallen des Kopfes derart, dass er gleichzeitig überstreckt wird und die Atemwege frei liegen. Leider ist dies bei Jackets nicht unbedingt der Fall.

Die Taucherweste oder das Jacket besteht aus einer kragen- oder jacketförmigen Blase mit einem Volumen von mindestens 15 (demnächst 10) Litern. Sie kann im Notfall durch das Öffnen des Ventils der Westenflasche, über eine CO_2-Patrone oder über den Inflator schnell befüllt werden. Vorsicht jedoch mit der Aufstiegsgeschwindigkeit! Zum Austarieren darf die Westenflasche nicht angetastet werden, sie dient nur als Notfallreserve. Zum Austarieren dient vielmehr die Ausatemluft oder der Inflator. Das Aufblasen und Entleeren der Weste geschieht dann über einen angebauten Faltenschlauch mit Mundstück (s. Farbtafel IV).

Um eventuell eingedrungenes Wasser zu entleeren, haben die meisten Typen einen Wasserablass.

Das Nachfüllen der Westen-Druckluftflasche geschieht folgendermaßen:

- Flasche von der Weste lösen und am Ventil des gefüllten Drucklufttauchgerätes anschließen (nach vorheriger Druckkontrolle des DTG).
- Durch Öffnen beider Ventile Luft aus dem Tauchgerät langsam (wegen Wärmeentwicklung) in die Westenflasche überströmen lassen.
- Ventile schließen, entlüften, abnehmen und wieder an die Weste anschließen, Entlüftungsschraube schließen.
- Anschluss kontrollieren, indem ganz wenig Luft aus der Flasche in die Weste gegeben wird.

Auch wenn die Westenflasche beim letzten Tauchgang nicht benutzt worden ist, so ist sie dennoch am Tauchgerät wie zum Befüllen anzuschließen. Nur so kann der volle Füllungszustand gewährleistet und kontrolliert werden. Es könnte schließlich sein, dass sie sich infolge einer Undichtigkeit des Ventils inzwischen geleert hat.

Zur Pflege der Taucherweste oder des Jackets muss nach jedem Tauchgang eventuell in den Westenkörper eingedrungenes Wasser entleert werden. Dazu wird die Weste oder das Jacket am besten aufgeblasen und so gehalten, dass das Wasser durch den geöffneten Ablassschlauch oder, wenn vorhanden, den Wasserablass abfließen kann. Nach einem Tauchgang im Salzwasser sollte sie mit Süßwasser gespült werden. Zum Trocknen und Lagern wird die Weste oder das

Jacket leicht aufgeblasen. Dies erfolgt jedoch nicht in der Sonne, da auch hier die Sonneneinstrahlung schädlich ist. Von Zeit zu Zeit sollte die Innenblase mit Seifenwasser ausgewaschen werden. Damit Ablassschlauch, Ventile und Inflatorschlauch nicht spröde und brüchig werden, empfiehlt sich eine periodische Behandlung mit Silikonfett. Die ständige Funktionskontrolle dieses lebenswichtigen Ausrüstungsgegenstandes ist für den verantwortungsbewußten Taucher eine Selbstverständlichkeit. Auch der kleinen Druckluftflasche sollte Aufmerksamkeit geschenkt werden. Infolge großer Temperaturspannungen ist sie innen stark korrosionsgefährdet. Da sie mehr als 0,22 l Volumen besitzt, muss auch sie ebenfalls alle zwei Jahre von der zuständigen Stelle überprüft werden.

Lernerfolgskontrolle

****3.6.1**
Welche sicherheitsrelevanten Aufgaben erfüllt eine Taucher weste oder ein Jacket?

****3.6.2**
Zähle alle notwendigen Bestandteile einer Taucherweste auf!

****3.6.3**
Welche Bestandteile von Jackets oder Taucherwesten sind nicht sicherheitsrelevant?

3.7 Tauchbekleidung

Nasstauchanzug

Der Tauchanzug soll dem Taucher Schutz bieten vor

- Kälte und Unterkühlung,
- Schädigung der Haut (Schürfungen, Seeigelstachel, Nesselgifte etc.),
- Verunreinigungen des Wassers (Krankheiten).

Aus Preisgründen und aus tauchtechnischer Sicht ist der Nasstauchanzug für Sporttaucher ideal. Wie kann nun ein Nasstauchanzug vor Kälte schützen, wenn wir doch darunter nass werden (s. Farbtafel III)?

Unserem Körper wird am meisten Wärme entzogen, wenn das kalte Wasser direkt an unserer Haut vorbeiströmen kann (Wärmeströmung). Aus diesem Grunde bietet bereits z.B. ein Stoffleibchen einen gewissen Kälteschutz. Wenn wir nun unsere Körperoberfläche mit einem gut sitzenden Isolationsanzug vollständig bedecken, kann das vorbeiströmende Wasser dem Körper keine Wärme mehr direkt entziehen.

Das Wasser kann jedoch beim Abtauchen zwischen Haut und Anzug eindringen. Bei einem eng anliegenden Anzug entsteht dabei nur ein Wasserfilm, so dass das einmal eingeströmte Wasser praktisch nicht mehr zirkulieren kann. Dadurch wird die Wasserschicht unter dem Anzug in kurzer Zeit auf Körpertemperatur aufgewärmt. Die Isolationsschicht des Anzugs verhindert nun ihrerseits eine Abkühlung durch Wärmeleitung an das umgebende Wasser.

Nasstauchanzüge bestehen heute fast ausschließlich aus Neoprenzellschaum. Diese für die Anzugfabrikation verwendete Schaumgummifolie weist geschlossene, meist mit Stickstoff (wegen der besseren Isolation) gefüllte Zellen auf. Das Neopren-Material kann also nur oberflächlich nass werden, seine gasgefüllte Schaumschicht bietet eine ausgezeichnete Isolation und verhindert die Wärmeleitung. Aus Festigkeitsgründen und für ein leichteres Anziehen wird es heute beidseitig mit einem Nylon- oder Lycragewebe kaschiert. Es gibt aber auch glatte oder gerasterte Oberflächen ohne Kaschierung.

Grundsätzlich unterscheiden wir zweiteilige und einteilige Anzüge (Overalls) mit und ohne Kopfhaube. In heimischen Binnenseen empfiehlt sich ein zweiteiliger Anzug mit an die Jacke angesetzter Kopfhaube in einer Materialstärke von ca. 7 mm (dann sind im Rumpfbereich 14 mm). In wärmeren Gewässern wie in den Tropen empfiehlt sich ein Overall in einer Stärke von 3 bis 5 mm, da dieser Anzug zudem relativ bequem ist. 7 mm bewirken an der Oberfläche zwar einen guten Kälteschutz; mit zunehmender Tiefe nimmt jedoch nach dem Gesetz von Boyle-Mariotte das Volumen und damit die Dicke des Tauchanzuges ab. Damit reduziert sich auch die Wärmedämmwirkung.

Overalls sind in ihrer Anschaffung wesentlich billiger als gleich dicke Zweiteiler. Mit einer schulterhohen Hose, die den Oberkörper mit umschließt (Long-John-Hose) ist der Kälteschutz eines Zweiteilers aber wesentlich besser, da der besonders kälteschutzbedürftige Rumpf des Tauchers dabei durch die doppelte Isolationsschicht geschützt wird. Jedenfalls sollte der Anzug eng sitzen, aber die Atmung nicht behindern. Reißverschlüsse erleichtern das Anziehen, ermöglichen aber auch wieder mehr Wasserzirkulation.

Ob die Anzuginnenseite eine glatte Nylonkaschierung oder ein weiches Nylonfrottee aufweist, ist eher Geschmackssache. Auch gibt es speziell beschichtete Innenflächen, die einen weiteren Schutz vor Temperaturverlust bringen sollen. Hingegen kommt der Wahl der Außenseite große Bedeutung zu. Eine gute Anzugoberfläche bestimmt im Wesentlichen die Lebensdauer des Anzuges. Das Neopren soll geschmeidig sein, die Oberfläche muss jedoch gegen Abrieb und Rissbildung widerstandsfähig sein. Anzüge mit beidseitiger Kaschierung können besser genäht werden. Eine Außenkaschierung aus dem strapazierfähigen und dennoch glatten Lycra-Gewebe bietet zurzeit am meisten Vorteile.

Sollte man nun einen Maßanzug kaufen, oder reicht ein Anzug von der Stange? Damit ein Nasstauchanzug seinen Zweck wirklich erfüllt, muss er tadellos anliegen. Nur bei wenigen erfüllt ein Konfektionsanzug diese Bedingung. Wer es sich finanziell leisten kann, ist mit dem Maßanzug am besten beraten.

Auch Handschuhe und Füßlinge gehören zu einem kompletten Nasstauchanzug. Da die Hände zu den kälteempfindlichsten Teilen unseres Körpers gehören, müssen sie entsprechend geschützt werden. In kalten Gewässern bewähren sich dazu 7 mm dicke 3-Finger-Handschuhe am besten. 5-Finger-Handschuhe dagegen erleichtern das Greifen, bieten aber einen wesentlich geringeren Schutz. Bei Tauchgängen im Meer bewähren sich solche aus dünnem Neopren oder einfache Lederarbeitshandschuhe (Fotografen werden diesen Sparhinweis allerdings verdammen, da solche unprofessionellen Ausrüstungsgegenstände jede Aufnahme zu „Schrott" werden lassen) ausgezeichnet. Diese widerstehen sogar Seeigelstacheln.

Die Füßlinge müssen eine stabile Laufsohle aufweisen und sollten ebenfalls 7 mm dick sein. Auch hier erleichtern Reißverschlüsse zwar das Anziehen, bringen aber auch weniger Kälteschutz. Zusätzlichen Kälteschutz dagegen bewirken Neoprensocken, die man noch unter den Füßlingen anzieht.

Zur Pflege: Nach jedem Tauchgang ist das Auswaschen von Tauchanzügen aus hygienischen Gründen eine Selbstverständlichkeit. Mit max. 40 °C dürfen Tauchanzüge sogar in der Waschmaschine gewaschen werden. Es empfiehlt sich, den Tauchanzug mittels Kleiderbügeln an einer gut belüfteten Stelle im Schatten zum Trocknen aufzuhängen. Trocknen an der Sonne oder über Heizkörpern sollte möglichst vermieden werden. Weist ein Anzug Risse im Neopren auf, können diese meist mittels speziellem Neoprenkleber selbst behoben werden. Risse in der Nylonkaschierung verlangen zusätzlich sorgfältiges Nähen nach dem Kleben. Beim

Nähen darf das Neopren jedoch möglichst nicht durchstochen werden. Die Reißverschlüsse des Anzuges sollen ab und zu mit Silikonspray oder Bienenwachs behandelt werden. Sorgfältiges Öffnen und Schließen verlängert ihre Lebensdauer.

Halbtrockentauchanzug

Diese Variation eines Nasstauchanzuges hat sich weitestgehend auf dem Markt durchgesetzt. Das doppelkaschierte Material besteht wie beim Nasstauchanzug aus Neopren und ist, je nach Schnittmuster, nur an der Jacke und eventuell an der Hose mit einem Reißverschluss versehen.
Der Anzug hat an Beinen, Armen und am Hals bzw. Kopf Dichtmanschetten, an denen kaum Wasser eindringen kann. Sie verhindern ähnlich wie beim Trockentauchanzug ein Eindringen des Wassers fast vollständig. Die Wärmeisolation liegt ca. 30% über der des Nasstauchanzuges. Zwar erscheint dem

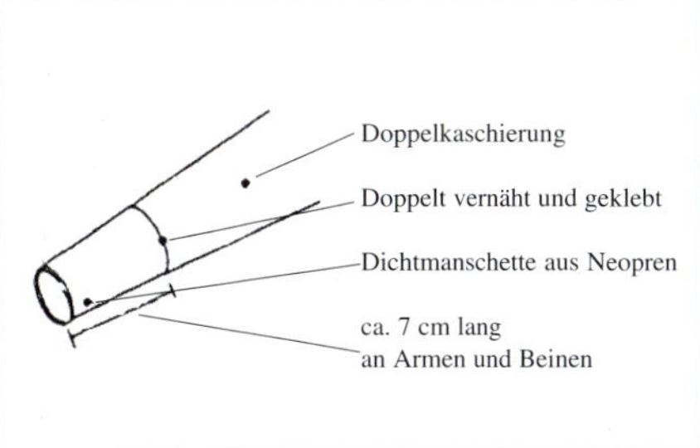

Abb. 106: Armmanschetten

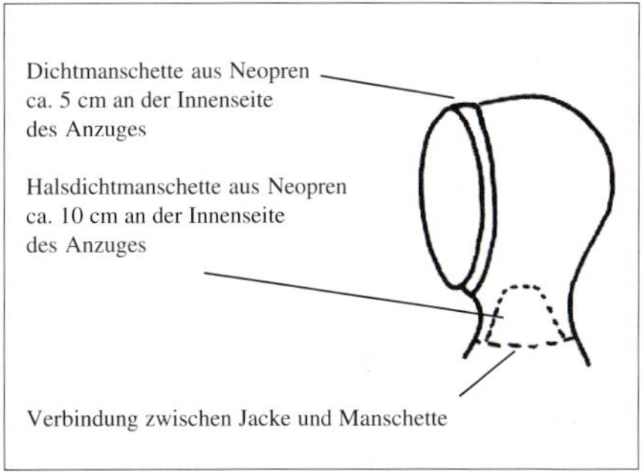

Abb. 107: Kopfmanschetten

neuen Besitzer das An- und Auskleiden etwas komplizierter, doch ist nach einiger Übung auch das kein Problem mehr. Der Halbtrockentauchanzug ist auch vom Preis eine echte Alternative zum Trockentauchanzug, zumindest für den Sporttaucher. Profis, die auch im Winter länger als eine Stunde im Wasser sein müssen, können auf einen Trockentauchanzug nicht verzichten.

Lernerfolgskontrolle

****3.7.1**
Aus welchen Bestandteilen sollte ein kompletter Kälteschutzanzug für unsere heimischen Binnenseen bestehen, und welche Dicke sollte er aufweisen?

****3.7.2**
Warum bietet ein zweiteiliger Anzug einen besseren Kälteschutz als ein Overall?

****3.7.3**
Welche Wärmeabgabearten werden durch den Nasstauchanzug wie reduziert?

****3.7.4**
Wie wird ein Nasstauchanzug nach dem Tauchgang behandelt?

****3.7.5**
Warum und wie ändert sich die Wärmedämmwirkung eines Nasstauchanzuges mit zunehmender Tiefe?
Welche Gesetzmäßigkeit beschreibt diese Änderung?

3.8 Handhabung des Kompressors

Der Atemluftkompressor wird zum Verdichten (Komprimieren) und Füllen von atembarer Druckluft und ebensolchen Edelgasen verwendet.
Erst mit seiner Hilfe kann der Atemgasvorrat des Tauchers in den Druckluftflaschen des Tauchgerätes gespeichert werden.
Moderne Aggregate sind für einen maximalen Fülldruck von 200 oder 300 bar ausgelegt und ermöglichen somit dem Taucher das Mitführen eines Atemgasvorrates, der dem 200- bis 300fachen Flascheninhalt entspricht.
Da aber an die Qualität der Atemluft in Bezug auf Reinheit sehr hohe Anforderungen gestellt werden, weist der Atemluftkompressor im Unterschied zum Industriemodell eine wirkungsvolle Filteranlage gegen Staub, Öl und Feuchtigkeit auf. Erst die so gereinigte und getrocknete Luft gelangt komprimiert in unsere Drucklufttauchgeräte.
Die Bedienung eines Atemluftkompressors sollte nur eingewiesenen Personen vorbehalten bleiben:
Bei einer Aufstellung im Freien werden zum Antrieb Verbrennungsmotoren verwendet, in geschlossenen Räumen dagegen Elektromotoren mit 220 V- oder 380 V-Anschluss.
Achtet darauf, einen Kompressor nur in Betrieb zu nehmen, wenn keine Belästigung der Umwelt oder anderer Passanten durch die hohe Geräuschentwicklung zu erwarten ist. Bevor am See deshalb ein Tauchverbot ausgesprochen wird, solltet ihr besser den Weg zur nächsten Füllstation in Kauf nehmen.
Bei Antrieb durch Verbrennungsmotor ist es wichtig, dass nur reine Luft angesaugt wird. Der Kompressor wird so in die Windrichtung gestellt, dass die Auspuffgase von der Anlage wegströmen und nicht angesaugt

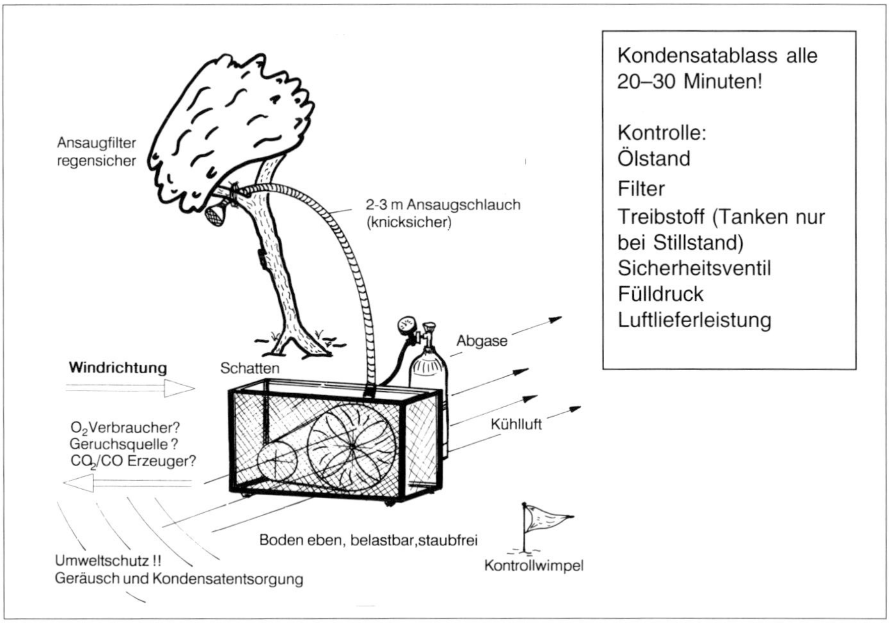

Abb. 108: Kompressoraufstellung

werden können. Sonst könnte Kohlenmonoxid (CO) in die Flasche gelangen, das durch seine Wirkung auf den Körper lebensbedrohliche Vergiftungen hervorrufen kann. Der Ansaugschlauch sollte ca. 5 m lang sein und einen Grobvorfilter montiert haben. Das Ende des Ansaugschlauches sollte mindestens 3 m entfernt gegen den Wind und mindestens 2 m über dem Kompressor angebracht werden. Doch auch auf den Ort des Aufstellens muss geachtet werden. Wird der Kompressor an einer befahrenen Straße aufgestellt, so besteht auch die Gefahr des Ansaugens von Abgasen mit Kohlenmonoxid.

- Vor Inbetriebnahme sämtliche Ölstände überprüfen (Motor und Kompressor).
- Den Füllschlauch am Flaschenventil anschließen, das Flaschenventil jedoch noch geschlossen lassen.
- Kondensatablasshahn öffnen, damit der Motor entlastet anlaufen kann.
- Sobald der Motor auf vollen Touren läuft, Kondensatablasshahn schließen.
- Kompressoranlage auf Maximaldruck pumpen lassen, damit die ordnungsgemäße Funktion des Überdruckventils (Abblasen) überprüft werden kann.
- Flaschenventil öffnen. Die Kompressorluft strömt nun in die Druckluftflasche.
- Regelmäßig während des Füllvorganges Kondensat ablassen (ca. alle 10–15 Minuten).

Zur Wartung sollte beachtet werden:

- Kondensat bei niedrigem Druck ablassen!
- Wärmeentwicklung an Ventilköpfen überprüfen: Ansaugleitungen müssen handwarm, die Abgangsleitungen jedoch heiß sein!
- Filterpatrone in den vorschriebenen Abständen auswechseln!
- Ölwechsel etc. gemäß Betriebsanleitung vornehmen.
- Betriebsstundenbuch führen.

Lernerfolgskontrolle

3.8.1
Worauf ist bei der Aufstellung des Kompressors zu achten? Welche Gefahren könnten sonst entstehen?

3.8.2
Wie oft muss der Ölstand überprüft werden?

3.8.3
Wie oft müssen die Filterpatronen gewechselt werden?

3.8.4
Wie oft muss das Überdruckventil überprüft werden?

4. Tauchpraxis

4.1 Tauchgangsvorbereitungen

Auswahl des Tauchgewässers

Beim Tauchen in einem Binnensee spielen sicherlich die Entfernung von eurem Wohnort, die Anfahrtmöglichkeit, aber vor allem die aktuelle Sicht eine Rolle. Erkundigt euch daher vorher bei jemandem, der kurz vorher in diesem See getaucht ist.
Wichtig ist vor allem der Schwierigkeitsgrad des Gewässers. Die zu erwartende Tiefe muss bekannt und angemessen sein. Vorhandene Steilwände, eventuelle Gebäude oder Bäume unter Wasser sollten ebenfalls bekannt sein und gegebenenfalls gemieden werden. Auch über andere Gefahrenpunkte sollte man sich erkundigen. So kann man im Vorfeld feststellen, ob der Tauchgang an diesem Gewässer nicht besser unterlassen werden sollte.
Die Temperatur des Wassers, gerade auch in der Tiefe, spielt für die richtige Wahl des Kälteschutzes eine Rolle.
Gerade in stark bewachsenen Seen sollte das Tauchen vermieden werden, wenn dadurch die Umwelt zu sehr geschädigt werden könnte. Erkundigt euch daher auch danach.
Beim Tauchen im Meer gibt es wesentlich mehr Sicherheitsaspekte, die bei der Auswahl des Tauchplatzes berücksichtigt werden müssen. Nicht nur die Tiefe, sondern auch eventuell vorhandene Grotten und Höhlen sollten bekannt sein. Höhlen sind für Sporttaucher tabu! Gerade Strömung spielt im Meer eine große Rolle. Wählt einen Tauchplatz, an dem ihr mit wenig Strömung zu rechnen habt und an dem ihr im Strömungsschatten tauchen könnt. Auch ein guter Ankerplatz ist wichtig. Wenn ihr dann noch erfahrt, wo es die schönsten Stellen und Meeresbewohner gibt, dürftet ihr den Tauchgang eigentlich nicht mehr „in den Sand setzen".

Taucherlaubnis

Das Tauchen ist in Deutschland stark eingeschränkt. Nur an wenigen Binnengewässern darf getaucht werden. Erkundigt euch genau, ob das Tauchen erlaubt ist und welche Auflagen dort bestehen. Meldet euch an und beachtet die Auflagen, denn sonst gefährdet ihr auch dieses Tauchgewässer in der Zukunft für alle Taucher.
Im Meer kennt euer Basisleiter genau die Stellen, an denen getaucht werden darf. In manchen Ländern ist jedoch vorab die Erteilung einer Tauchgenehmigung, zum Beispiel durch die Marine, erforderlich. Erkundigt euch vor eurem Urlaub, welche Unterlagen wie Fotokopien und Passbilder zur Erteilung der Genehmigung erforderlich sind.

Auswahl der Tauchzeit

Nicht an allen Gewässern kann zu jeder Jahres- und Tageszeit getaucht werden. Auch dies werdet ihr bei den Fragen zur Taucherlaubnis erfahren. Haltet euch an diese Einschränkungen im Interesse aller Taucher. Gerade das Nachttauchen ist in vielen Seen, aber auch an der Küste, oft eingeschränkt oder gänzlich verboten.

Mittaucher

Schon bei der Auswahl des Tauchgewässers und der Tauchzeit müsst ihr euch an eurem Leistungsstand und an dem Stand eurer Mittaucher orientieren. Der schwächste Taucher bestimmt die Tauchtiefe und das Tauchprofil, und der Taucher, der zuerst friert, die Reserve erreicht oder Probleme hat, begrenzt die Tauchzeit. Ihr solltet eure Mittaucher und ihre Probleme kennen und euch vorher mit Hilfe des Taucherpasses und des Logbuches von ihrem Erfahrungsstand überzeugen. Auch eine gültige Tauchsporttauglichkeitsuntersuchung gehört dazu. Trotz alledem solltet ihr euch bei euren Mittauchern schon vorher über den aktuellen Gesundheitszustand erkundigen. Auch die Tagesform, das allgemeine Wohlbefinden spielen eine Rolle.

Anzahl der Taucher

Eine Tauchgruppe kann nicht beliebig groß sein. Ideal sind Zweiergruppen. Wenn ihr mit Gruppenführungen beginnt, sollte die Gruppe auch nicht größer sein. In Binnenseen mit eingeschränkter Sicht sollten höchstens Dreiergruppen gebildet werden. Im Meer ist die Grenze dessen, was ein Gruppenführer noch beobachten und sicher führen kann, bei fünf Tauchern anzusiedeln. Das bedingt aber schon einen hervorragenden, erfahrenen und umsichtigen Gruppenführer, beste Sicht- und Wasserverhältnisse, ein einfaches Tauchrevier und disziplinierte Mittaucher.
Auch an dem Gewässer selbst spielt die Anzahl der gesamten Taucher eine Rolle. Kleine Seen sind mit Horden von Tauchern überlastet, auch aus Umweltgesichtspunkten. Ihr tut auch euch und euren Mittauchern keinen Gefallen, wenn ihr bei immer schlechter werdenden Sichtverhältnissen schon Ecken suchen müsst, in denen man noch etwas sieht. Beim Tauchen vom Boot schränkt schon die Größe des Bootes die Menge an Tauchern ein. Ab einer gewissen Zahl endet der Tauchbetrieb an Bord im Chaos, wenn nicht ein umsichtiger Leiter für geordnete Verhältnisse und Disziplin auch an Bord sorgt.

Umwelt

Ihr solltet wissen, in welchen Bereichen des Gewässers aus Umweltgesichtspunkten nicht getaucht werden sollte, z.B. weil dort Laichgebiete sind, schützenswerte Wasserpflanzen oder Fischzuchten. Taucher, die sich nicht tarieren können, haben dort überhaupt nichts zu suchen. Das gilt auch für das Tauchen im Meer. Gerade an den schönsten Gebieten mit vielen Korallen kann durch nachlässige Taucher am meisten Zerstörung hervorgerufen werden. Wenn ihr weniger erfahrene Taucher dabei habt, meidet solche Gebiete. Manche Seen werden zur Reaktivierung der Unterwasserwelt im Winter vollkommen von Tauchern freigehalten.

Ein- und Ausstieg

Ihr solltet nach Möglichkeit einen befestigten Einstieg wählen, an dem ihr keine Uferbereiche schädigt. Alle Taucher sollten den gleichen Einstieg wählen. Macht euch aus Sicherheitsgründen vorher mit dem Gedanken vertraut, ob und wie es im Notfall möglich ist, jemanden an das Ufer oder an Bord zu bringen. Bei manchen Steilufern und Bootsleitern ist eine Rettungsaktion fast unmöglich. Wenn ihr euch erst dann Gedanken dazu macht, ist es zu spät.

Notfallorganisation

Das Vordenken betrifft die gesamte Notfallorganisation. Wie ihr schon vor dem Tauchgang Vorbereitungen für eine funktionierende Rettungskette treffen solltet, besprechen wir genauer im Kapitel 4.9. Jedenfalls gehören dazu die Kenntnis des nächsten Telefons/Funkgerätes und der Notfallnummern.

Ausrüstung

Manche Tauchgänge erfordern zusätzliche Ausrüstungsgegenstände. Je nach Ufer ist ein Seil hilfreich. Bei Nachttauchgängen sind ausreichend Lampen und Hilfsmittel mitzubringen. Der Kälteschutz muss ausreichend sein. Es müssen genügend Tauchgeräte zur Verfügung stehen, wenn mehrmals getaucht werden soll. Ein Kompressorbetrieb sollte nach Möglichkeit am Gewässer vermieden werden. Dass die Tauchausrüstung eines jeden Tauchers vollständig ist, sollte nicht erst am Tauchgewässer, sondern schon vor der Abfahrt feststehen.

Ausfahrt

Vor der Ausfahrt an Land euer Ziel und eure voraussichtliche Rückkehrzeit hinterlassen. Um den Schiffsbetrieb kümmert sich in der Regel die Besatzung. Fahrt ihr mit eigenen Schlauchbooten, so müssen natürlich auch die Betriebssicherheit, der Vorrat an Kraftstoff und Öl, das Vorhandensein von Notsig-

nalmitteln und Werkzeug überprüft werden. An Bord werden jedem Taucher bzw. jeder Tauchgruppe feste Plätze zugewiesen, damit später kein Durcheinander entsteht. Bleibt nach Möglichkeit sitzen, wenn ihr nichts zu tun habt. So behindert ihr den Bootsführer am wenigsten. Das gilt besonders beim An- und Ablegen und beim Ankermanöver.
Der Tauchanzug sollte bei hohen Außentemperaturen erst unmittelbar vor dem Tauchgang angezogen werden. Auf einem Schlauchboot ist das natürlich schlecht möglich. Dann sollte aber zumindest das Oberteil noch weggelassen werden, um die Wärmeabgabe nicht zu behindern.
Während der Ausfahrt werden die Geräte vorbereitet, außer wenn zu hoher Wellengang herrscht. Wenn der Bootsführer die Leiter der Tauchgruppen über das vorgesehene Tauchgebiet, seine besonderen Reize und Gefahren informiert hat, führen die Gruppen ihre Tauchgangsvorbesprechung durch.

Lernerfolgskontrolle

****4.1.1**
An welche Themen solltest du bei der Tauchgangsvorbereitung denken?

****4.1.2.**
Was besagt die 4-Sterne-Regel darüber, wer mit wem tauchen darf?

****4.1.3.**
Woraus ziehst du als Gruppenleiter Rückschlüsse auf die Erfahrung deiner Mittaucher?

****4.1.4.**
Wie verhältst du dich an Bord eines Tauchschiffes, damit die Sicherheit gewährleistet bleibt?

****4.1.5**
Nach welchen Kriterien stellst du eine Tauchgruppe zusammen?

4.2 Tauchgangsvorbesprechung

Was du vor dem Tauchgang verhindern kannst, das passiert beim Tauchen nicht mehr! Aus diesem Grunde ist eine Tauchgangsvorbesprechung aus Gründen der Sicherheit unverzichtbar. Die meisten Zwischenfälle entstehen nur deshalb, weil man die Situation nicht vorher besprochen hat.
Eine Vorbesprechung (Briefing) sollte kurz sein, aber alle wesentlichen Punkte enthalten. Märchenerzähler, bei denen die Vorbesprechung länger dauert als der eigentliche Tauchgang, sind genauso wenig angebracht wie Taucher, die wortlos ins Wasser steigen und dann dort diskutieren, wo denn lang getaucht werden soll.
Gerade als angehender Taucher** wirst du Verantwortung für andere Taucher übernehmen. Als Gruppenführer führst du dann natürlich auch eine Tauchgangsvorbesprechung durch. Diese Aufgabe ist jetzt neu für dich. Habe keine Scheu und lasse dir von deinem Tauchlehrer sagen, was du vielleicht weglassen kannst oder ergänzen musst.
Bereits in der Tauchgangsvorbereitung, also vor der Tauchgangsvorbesprechung, hast du die Rettungskette geklärt. Es würde zu viel Zeit kosten, das alles in der Vorbesprechung wieder aufzurollen. Es muss einfach jedem klar sein, was in einem Notfall zu tun ist.
Ebenfalls vorher wurde von dir geklärt, welchen Ausbildungsstand und wie viele Tauchgänge deine Mittaucher haben. Auch namentlich solltet ihr euch vorgestellt haben, wenn ihr euch nicht schon vorher kanntet. Aber unmittelbar vor dem Tauchgang gibt es noch wichtige Dinge zu besprechen.
Zur Durchführung der Tauchgangsvorbe-

sprechung gibt es keine Regeln oder feste Reihenfolgen. Die folgenden Punkte sollen euch nur einen Anhalt geben, an was gedacht werden sollte.

Zum Menschen

- Wohlbefinden.
- Aktueller Gesundheitszustand, evtl. Erkältung?
- Irgendwelche Medikamente, Alkohol, Drogen vorher genommen?
- Restsättigung, wenn es sich um einen Wiederholungstauchgang handelt. Dann ist es noch sinnvoller, dass jeder Mittaucher seine aktuelle Nullzeit auf der vorgesehenen Tiefe angibt, die er auf seinem Computer oder in der Tabelle ablesen kann. So kann der Gruppenführer den Tauchgang sicherer planen.

Zum Tauchgewässer

- Ein- und Ausstieg
- Unterwasserlandschaft
- Ort und Tiefe des Ankers
- Strömungsverhältnisse: Stärke an der Oberfläche, am Grund; Strömungsschatten, Engstellen mit starker Strömung
- Strömungsrichtung, evtl. Gezeitenwechsel
- Zeit für Strömungsminimum (Gezeitenstillstand)
- Sichtverhältnisse
- Kälte
- Besondere Sehenswürdigkeiten (Fische, Wracks)
- Besondere Gefahrenpunkte (Steilabfälle, Höhlen)
- Orientierungsmerkmale
- Seegang und Wetter

Zur Tauchgangsdurchführung

- Einstiegszeit, wenn von äußeren Faktoren abhängig (Wetter, Gezeiten, eingeteilte Reihenfolge der Gruppen auf dem Schiff).
- Tauchtiefe, die geplant ist. Diese sollte dann auch nicht überschritten werden.
- Dauer des Tauchgangs, die vorgesehen ist. Auch daran sollte man sich halten.
- Zweck, Ziel des Tauchgangs
- Gruppeneinteilung: Gruppenführer, Schlussmann bzw. Stellvertreter, Position jedes einzelnen innerhalb der Gruppe, evtl. engerer Kontakt zwischen Gruppenmitgliedern
- *Was hat zu geschehen, wenn ...?*
  In diesem wichtigsten Punkt sollte vorhergesehen werden, welche Zwischenfälle möglicherweise eintreten könnten, und die richtige Reaktion oder Vorbeugung besprochen werden, damit es nicht zu einer Sicherheitsgefährdung kommt. Das kann sein, dass man sich wegen schlechter Sicht verliert (dann tauchen alle auf), dass ein Taucher keinen Druckausgleich bekommt, dass ein Taucher wegen Luftmangel an den Zweiautomaten muss, dass eine Lampe ausfällt, dass man den Anker nicht wiederfindet und im freien Wasser auftauchen muss, dass Dekopausen eingehalten werden müssen, dass die Strömung stärker als erwartet ist, dass konditionelle Mängel auftreten, dass jemand friert, dass ein Taucher Tarierprobleme bekommt und vieles mehr. All diese Probleme können im Vorhinein gelöst werden, wenn man sie anspricht. Unter Wasser kann ich schlecht noch das richtige Verhalten zum z.B. korrekten Tarieren erklären.
- Durchführung der Übung, wenn eine vorgesehen ist. Auch hier ist auf alle Standardfehler einzugehen, die erfahrungsgemäß bei der betreffenden Übung häufig falsch gemacht werden.
- Unterwasserzeichen, soweit diese speziell für diesen Tauchgang von Bedeutung sind, oder wenn einem die Mittaucher wenig bekannt sind.

Ausrüstungscheck

- Reihenfolge des Anlegens (Bleigurt zuerst abwerfbar)

- Ventile vollständig geöffnet
- Reserve (falls vorhanden) geschlossen; Ausnahme nur, wenn andere Warneinrichtung ausreichend ist.
- Fülldruck
- Kälteschutz vollständig, d.h. auch Handschuhe und Füßlinge vorhanden
- Inflator angeschlossen
- Funktionsweise der Taucherweste oder des Jackets:
  - Möglichkeiten des Ein- und Ablassens von Luft vormachen
- Position von Erst- und Zweitatemregler; wer hat einen Zweitatemregler?
- Vollständigkeit der Instrumente Uhr, Tiefenmesser sowie der Tabelle
- Dekompressionscomputer
  Verständnis für Besonderheiten verschiedener Programme. In der Vorbesprechung sollten keine Fachsimpeleien über Vorzüge und Features einzelner Typen entstehen. Es sollte jedoch klar sein, wessen Computer die geringsten Nullzeiten erlaubt und somit die Tauchzeit begrenzt.
- Lampen
  Wer hat eine Lampe, wer hat eine Ersatzlampe? Tagsüber z.B. zum Beleuchten von Felsspalten sinnvoll, nachts jedoch unbedingt für jeden Taucher notwendig (dann muss eine Reservelampe in der Gruppe vorhanden sein).
- Sicherheitsausrüstung, z.B. Notboje

Die Themenliste ist lang. Aber was davon kann man ohne Abstriche bei der Sicherheit weglassen? Das müsst ihr im Einzelfall entscheiden. Sicherlich gelten manche Punkte nur für Tauchen im Meer oder bei Strömung. Gewässerbeschreibungen können abgekürzt werden, wenn es allen Mittauchern bekannt ist. Wenn du mit dir gut bekannten Tauchern tauchst, wirst du auch wissen, ob Unterwasserzeichen noch besprochen werden müssen oder ob auf bestimmte Verhaltensregeln eingegangen werden muss. Auch eure Ausrüstung werdet ihr dann schon gut kennen. Eine Tauchgangsvorbesprechung muss daher immer der Situation angepasst werden und um so gründlicher sein, je unbekannter die Mittaucher oder das Gewässer sind.

Lernerfolgskontrolle

****4.2.1**
Was sprichst Du in einer Tauchgangsvorbesprechung an?

****4.2.2.**
Was überprüfst Du beim Sicherheitscheck?

4.3 Gruppenführung

Gruppenführung bedeutet das Leiten aller Mittaucher zum sicheren Tauchen vom Beginn bis zum Ende des Tauchgangs, also auch noch an der Oberfläche bis zum Betreten des Schiffs oder des Ufers. Aber auch da hört eure Fürsorge nicht auf. Die Nachbesprechung gehört genauso zur Gruppenführung wie die Tauchgangsvorbesprechung. Sollten noch nach dem Tauchen Probleme bestehen, sind sie zu lösen.
Du übernimmst als Gruppenführer die Verantwortung für die Sicherheit deiner Mittaucher und für dich selbst. Du stehst aber auch der Erwartungshaltung gegenüber, deiner Gruppe einen schönen Tauchgang zu bereiten. Dabei sollst du wie selbstverständlich noch die Orientierung behalten und die Gruppe zurück zum Ausgangspunkt führen. Zum Führen gibt es verschiedene Stile: den „Laissez-faire“-Stil, den kooperativen Stil oder den autoritären Stil. Während der Laissez-faire-Stil die Ausführung der Beliebigkeit überlässt, erlaubt der kooperative Stil das zielgerichtete Ausbilden unter partnerschaftlichem Einbezug der Auszubildenden. Unter Wasser jedoch gibt es keine Diskus-

sionen. Oft müssen sekundenschnell Entscheidungen getroffen und umgesetzt werden. Diese können nur von einer Person, dem Gruppenführer, getroffen werden. Daher eignet sich unter Wasser nur der autoritäre Führungsstil, um die Sicherheit jederzeit zu gewährleisten. Ein guter Gruppenführer jedoch führt seine Gruppe, hat jede Situation jederzeit unter Kontrolle, ohne dass seine Mittaucher das unbedingt merken.
Vorausschauendes Denken bewahrt vor ungewollten Zwischenfällen, und dazu ist Erfahrung nötig. Erfahrung, solche Zwischenfälle schon in ihrer Entstehung zu erkennen und die Ursachen zu beheben.
Zweck eines jeden Tauchgangs sollte jedoch ein schönes Erlebnis sein. Erkundige dich daher vorher nach den Besonderheiten des Tauchplatzes, um diese schönen Eindrücke auch an deine Mittaucher weitergeben zu können.

Beim Abtauchen

- Bei unbekannten Mittauchern vorher kurzen Test der richtigen Bleimenge durchführen.
- Beim Tauchen vom Boot springt der Gruppenführer zuerst, um die Mittaucher in Empfang zu nehmen und ihnen bei Schwierigkeiten helfen zu können.
- Vor dem Abtauchen Kompassrichtung einstellen.
- Beim Abtauchen die Mittaucher beobachten, nicht den Grund.
- Unter Umständen am Ankerseil rückwärts abtauchen, um die Mittaucher zu sehen.
- Bei schlechter Sicht anfassen. Meistens verlieren sich sonst die Taucher schon beim Abtauchen. Vorher die Lampen einschalten lassen.
- Wenn Mittaucher Schwierigkeiten haben, abzutauchen, beobachte sie genau und ergründe die möglichen Ursachen, z.B. Jacket nicht ausreichend geleert (manche Jackets lassen sich im Kopfstand nicht entleeren), vorwiegend eingeatmeter Zustand, psychische Ursachen, Druckausgleichsprobleme etc. Nimm diesen Taucher dann am besten an die Hand.
- Nicht die Strömung vergessen: wenn ein Gruppenführer mit sich selbst oder der Gruppe beschäftigt ist, kann die Gruppe schon beim Abtauchen abtreiben. Daher immer das Ankerseil oder einen anderen Bezugspunkt im Blick behalten und die Gruppe gegen die Strömung halten.
- Direkt nach dem Abtauchen kurzer Check, ob alles in Ordnung ist.
- Kontrolle des Ankers auf festen Sitz, wenn ihr die erste Gruppe seid.

Beim Tauchgang

- Vorgesehene Tiefe und Tauchzeit einhalten.
- Ständige Kontrolle, ob bei einer Fortsetzung des Tauchgangs in der entsprechenden Tiefe möglicherweise Austauchpausen erforderlich werden, und vorausschauende Planung des Tauchprofils.
- Ständige Kontrolle des Luftvorrates unter Berücksichtigung der notwenigen Rückkehrzeit zum Ausgangsort ohne Einbezug der Reserve. Dabei unterschiedliche Strömungsstärke je nach Tauchrichtung einkalkulieren.
- Tauchgang gegen die Oberflächenströmung beginnen.
- Zusammenhalten der Tauchgruppe in der besprochenen Formation. Ein Blick muss genügen, um alle Taucher im Blick zu haben. Verändern Mittaucher ihre Position oder Seite, so muss der Gruppenführer ihn erst suchen. Das erschwert nicht nur seine Aufgabe, die Gruppe zusammenzuhalten, sondern auch das sofortige Eingreifen im Notfall. Auch führt es zu Unruhe in der Gruppe und bringt den Gruppenführer um seinen angenehmen Tauchgang, da er ständig mit dem

Zusammensuchen seiner Mittaucher beschäftigt ist. Anderenfalls könnte er das Tauchgebiet genauer ergründen und den Mittauchern schöne Unterwassersehenswürdigkeiten zeigen.
Du solltest also Mittaucher, die sich von ihrer Position entfernen, unmissverständlich auf ihren Platz zurückweisen.
Auch zu große Abstände zwischen den Tauchern solltest du, je nach Sichtweite, durch entsprechende Unterwasserzeichengebung reduzieren.
- Abstimmung mit dem Schlussmann.
- Orientierung jederzeit unter Ausnutzung aller natürlichen und technischen Hilfsmittel behalten. Das sollte jedoch wie selbstverständlich nebenbei erfolgen. Wenn du ununterbrochen auf deinen Kompass schaust, kannst du nicht gleichzeitig deine Mittaucher im Auge behalten und ihnen noch gleichzeitig schöne Unterwassereindrücke präsentieren. Ein kurzer Blick zwischendurch und ein dauerndes Gesamtbild von der aktuellen Position im Vergleich zum Ausgangspunkt gewährleisten viel besser ein sicheres Zurückfinden zum Ausgang nach einem schönen Tauchgang.
- Bei Verlust der Orientierung können die Mittaucher um Rat gefragt werden. Kommt keine eindeutige Aussage zustande oder widerspricht es deiner Auffassung, entscheide schnell selbst über das Weitertauchen. Diskussionen kann es nicht geben, du entscheidest.
- Vorausschauend tauchen: Hektische Bewegungen, Angst in den Augen, unregelmäßer Atemrhythmus oder Zurückbleiben hinter der Gruppe deuten auf Probleme der Mittaucher hin, die du erkennen solltest, um die Ursachen zu beseitigen. Bei psychischen Problemen tauche direkt zu dem Taucher und halte ihn an der Begurtung, damit er nicht im nächsten Moment einen unkontrollierten Aufstieg einleitet. Beruhige ihn und beende gegebenenfalls den Tauchgang. Probleme mit der Atmung oder ein Zurückbleiben können der Anfang von einem Essoufflement sein. Passe daher die Geschwindigkeit der Gruppe dem Schwächsten an, lass ihm Pausen zum Durchatmen, gib ihm das Zeichen zum richtigen Ausatmen. Tauche gegebenenfalls mit ihm höher oder beende den Tauchgang.

Beim Auftauchen

- Achte noch mehr als die Mittaucher auf die zulässige Aufstiegsgeschwindigkeit und das Einhalten der Dekopausen. Orientiere dich dabei an dem Mittaucher, dessen Computer die längsten Austauchzeiten anzeigt. Nur du kannst den Gesamtüberblick über alle Gruppenmitglieder haben.
- Aufgetaucht wird am Ankerseil oder bei guter Sicht an einem anderen Bezugspunkt, da nur so ein Abtreiben durch Strömung verhindert werden kann.
- Solltest du mit deiner Gruppe im Freiwasser auftauchen müssen (z.B. weil ihr den Anker nicht wiedergefunden habt), so halte die Gruppe schon während des Aufstiegs gegen die (vorher festgestellte) Strömungsrichtung. Sonst könnt ihr euch unkontrolliert weit von eurem Ziel entfernen. Das Gleiche gilt für die Dekopausen. Auch auf den Dekostufen kann gegen die Strömung getaucht werden.
- Halte beim Auftauchen alle Gruppenmitglieder auf einer Höhe und achte darauf, dass keiner absackt oder abgetrieben wird.
- Achte auf den Sicherheitsstopp in 3–5 m, auch wenn keine Austauchpausen erforderlich sind.

An der Oberfläche:

- Bist du an deinem Zielpunkt aufgetaucht, so sorge noch für einen sicheren Ausstieg deiner Gruppe. Als Gruppen-

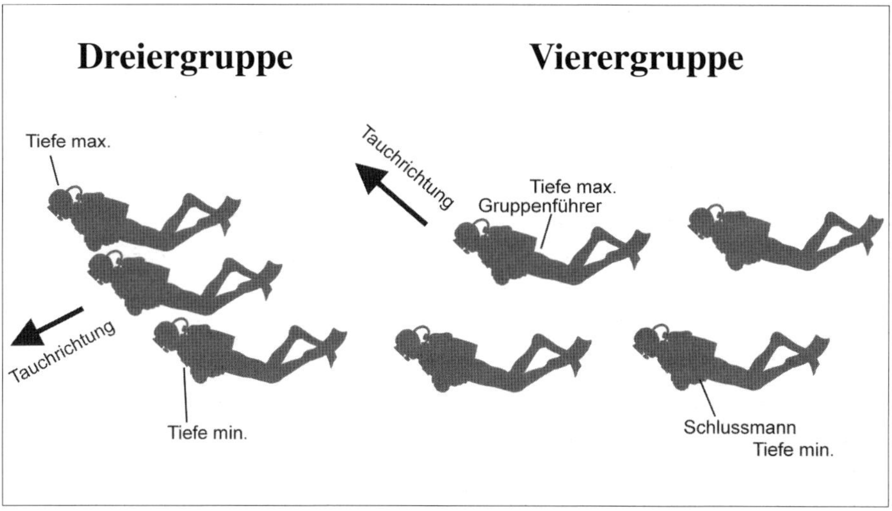

Abb. 109: Dreiergruppe nebeneinander, Vierergruppe zwei vorne, zwei hinten versetzt.

führer steigst du als Letzter aus, um noch im Wasser befindlichen Mittauchern behilflich zu sein oder bei Abtreiben eingreifen zu können. Beim Ausstieg an einer Bootsleiter achte auf einen ausreichenden Sicherheitsabstand von dem auf der Leiter befindlichen Taucher, damit niemand bei einem Herunterfallen verletzt werden kann.

- Hast du den Zielpunkt verfehlt, so kannst du mit deiner Gruppe nach Kurspeilung in 3–5 m Wassertiefe zurücktauchen, zurückschnorcheln oder eine Kombination wählen. In jedem Fall musst du an der Oberfläche sofort reagieren und entscheiden, da sonst bei Strömung die Gruppe ständig weiter abtreibt.
- Ein Zurücktauchen ist einfacher und effektiver, vorher solltest du aber kurz den Luftvorrat der Mittaucher erfragen. Auch beim Zurückschnorcheln musst du die Gruppe zusammenhalten und ständig im Blick haben, denn auch dabei kann etwas passieren. Das effektivste Schnorcheln geschieht in gestreckter Bauchlage mit möglichst leerem Jacket bzw. Weste.

Als Formationen beim Tauchgang gibt es viele Möglichkeiten, aber nur wenige sind für ein gutes Zusammenhalten geeignet.

Während bei einer Zweiergruppe lediglich die Seite getauscht werden kann, gibt es bei einer Dreiergruppe schon mehr Alternativen. Taucht der Gruppenführer in der Mitte, so hat er zwar beide Mittaucher in Griffweite, muss jedoch abwechselnd nach links und nach rechts blicken, um beide zu sehen. Taucht der Gruppenführer an einer Seite, so kann er mit einem Blick beide Mittaucher erfassen. Dafür ist jedoch der äußere weiter von ihm entfernt. Es hängt also von dem Erfahrungsstand der Mittaucher ab, welche Variante gewählt wird.

Eine Vierergruppe ist schon schwieriger zu führen. Hier muss ein Schlussmann eingeteilt werden, der von hinten die Gruppe im Auge behält. Eine regelmäßige kurze Abstimmung mit dem Schlussmann signalisiert dem Gruppenführer, ob alles in der Gruppe in Ordnung ist.

Ein Nebeneinander aller vier Taucher ist nur bei guten Sichtweiten möglich. Das Tauchen in der Formation Gruppenführer vorne, zwei Taucher in der Mitte und Schlussmann hinten ist abzulehnen, da so der vordere und hintere Taucher quasi alleine tauchen. Besser ist daher das paarweise tauchen vorne und hinten, da so jeder Taucher direkt seinen Bezugspartner hat, an den er sich bei Schwierigkeiten wenden kann. Dabei sollten die beiden Paare leicht versetzt tauchen. Die hinteren Taucher sollten sich außerdem etwas höher befinden. Der Schlussmann sollte dabei genau diagonal zum Gruppenführer eingeteilt sein, da dieser so beim Blick zum Schlussmann gleichzeitig alle Mittaucher sieht.

Fünfergruppen können ähnlich eingeteilt werden, so dass zwei Taucher vorne und drei Taucher hinten versetzt tauchen. Derart große Gruppen können jedoch nur bei wirklich guten Sichtverhältnissen gebildet werden. Auch dann erfordern sie vom Gruppenführer hohe Aufmerksamkeit, die auf Kosten des Tauchgangsgenusses geht.

Lernerfolgskontrolle

****4.3.1**
Was ist allgemein deine Aufgabe bei der Gruppenführung?

****4.3.2.**
Wie sollte ein Checktauchgang für einen dir unbekannten Taucher durchgeführt werden, worauf achtest du und welche Übungen sollten dabei durchgeführt werden?

****4.3.3**
Worauf achtest du als Gruppenführer, damit bei keinem Mittaucher eventuelle Probleme unbemerkt bleiben oder er gar unbemerkt auftaucht?

4.4 Tauchgangsnachbesprechung

Jeder Tauchgang sollte ein Erlebnis gewesen sein. Natürlich möchte jeder darüber reden. Es gibt aber sicherlich auch bei jedem Tauchgang Punkte, die man beim nächsten Mal besser machen möchte. All dies sollte in der Tauchgangsnachbesprechung (Nachbriefing oder Debrief) behandelt werden, die auch vom Gruppenführer gelenkt wird. Ein wortloses Auseinandergehen nach dem Tauchgang, ohne dass man etwas Positives oder Negatives davon mitnimmt, sollte es nicht geben.

Es gibt auch keine festen Regeln, wie eine Tauchgangsnachbesprechung durchgeführt wird. Eine Möglichkeit ist es, daß der Gruppenführer, natürlich in partnerschaftlicher Weise,

- Tauchzeit und Tauchtiefe des Tauchgangs feststellt;
- den Tauchgang in chronologischer Reihenfolge und nicht durcheinander noch einmal durchgeht, soweit es sich um erwähnenswerte Vorkommnisse handelt, damit auch nichts vergessen wird;
- besondere Vorfälle unter Wasser unter Einbezug der Mittaucher analysiert, Ursachen herausfindet und Vorschläge zur zukünftigen Vermeidung mit den Mittauchern erarbeitet;
- positives Handeln der Mittaucher herausstellt,
- Fehler einzelner Mittaucher nicht bloßstellt, aber deutliche Kritik und Verbesserungsvorschläge anbringt, wo es notwendig, z.B. sicherheitsrelevant, ist;
- im Anschluss jeden Mittaucher um seine Meinung zu dem Tauchgang fragt und darauf eingeht.

Lernerfolgskontrolle

****4.4.1**
Was solltest du in einer Tauchgangsnachbesprechung behandeln?

4.5. Tauchen bei Strömung

An den meisten Tauchgebieten im Meer – und gerade dort, wo es besonders schön ist – herrscht im Regelfall Strömung. Man kann sie nicht umgehen, sich jedoch so verhalten, dass sie den Tauchgang möglichst wenig beeinträchtigt oder dass man sich die Strömung sogar zunutze macht. Tauchen bei Strömung ist keine Besonderheit, sondern der Regelfall. Der richtige Umgang mit der Strömung erfordert Kenntnisse, die sicherlich nicht hier in Kürze dargestellt werden können. Es empfiehlt sich daher, an einem Spezialkurs „Strömungstauchen" teilzunehmen.

Strömungen entstehen hauptsächlich durch Gezeiten, können aber auch durch starken Dauerwind aus einer Richtung verursacht werden.

Anhand von Gezeitentabellen können ortsgebunden die täglichen Zeiten für Hoch- und Niedrigwasser bestimmt werden. Daraus lassen sich Rückschlüsse auf die Strömungsverhältnisse wie Strömungsstärke und Strömungsrichtung ziehen. An unserem Tauchgebiet spielen auch Strömungsänderungen an Inseln, Felsen und Engstellen eine Rolle. Hinter solchen Felsen findet man je nach Strömungsrichtung Strömungsschatten. Je nach Unterwasserlandschaft können die Strömungsverhältnisse jedoch in verschiedenen Tiefen unterschiedlich sein.

Auch der Wind kann das Wasser je nach seiner Stärke in eine andere Richtung als die Gezeitenströmung bewegen. Bei entgegengesetzter Windrichtung entsteht dann starker Wellengang. Durch Wind ist es möglich, dass eine andere Oberflächenströmung als am Grund herrscht.

Für die Tauchzeit solltet ihr, sofern die Zeiten überhaupt variabel sind, um den Gezeitenstillstand herumtauchen, da ihr dann bei möglichst geringer Strömung taucht. Da bei festen Tauchausfahrten dies oft nicht möglich ist, sollte ein Tauchplatz so ausgesucht werden, dass dort möglichst geringe Strömung herrscht, sich der Ankerplatz je nach Strömungsrichtung im Strömungsschatten befindet und das vorgesehene Tauchgebiet sich auch im Strömungsschatten eines Riffs, Felsens oder einer Insel befindet.

Springt jedoch nicht ins Wasser, ohne euch vorher Gedanken zur Strömung gemacht zu haben! Anhand der Gezeitentabelle, der Seekarte und der Überwasserlandschaft könnt ihr euch schon ein gutes Bild von den Strömungsverhältnissen machen. Wenn das Boot geankert hat, beobachtet die Ausrichtung des Bootes. Der Bug zeigt, wenn kein Wind herrscht, in der Regel grob in die Richtung, aus der die Strömung kommt. Der Wind drückt jedoch das Boot oft in eine etwas andere Richtung. Dann achtet auf den Unterschied zwischen Längsachse des Bootes und der Richtung des Ankerseiles.

Eine Strömungsleine von ca. 100 m Länge wird mit einer Boje am Ende am Heck des Bootes zur Sicherheit der Taucher befestigt, damit sich abtreibende Gruppen im Notfall an ihr festhalten können. Die Strömungsleine dient nicht zur Feststellung der Strömungsrichtung, da sie besonders stark dem Einfluss des Windes unterliegt.

Durch die Geschwindigkeit von im Wasser treibenden Teilen oder Spucke können wir die Strömungsstärke schätzen. Wenn die erste Gruppe ins Wasser gesprungen ist, wird beobachtet, ob diese gut gegen die Strömung anschwimmen kann. Ist ein Anschwimmen gegen die Strömung nicht möglich, sollte der Tauchgang nicht unternommen werden.

Daher gilt für die Durchführung eines Strömungstauchgangs:

- Information über die Strömungsverhältnisse.
- Planung von Tauchzeit und Tauchgebiet.
- Niemals einen Strömungstauchgang bei Nacht, in Grotten oder Höhlen oder in zu großen Tiefen durchführen!
- Bei Strömung nur Nullzeittauchgänge durchführen!
- Feststellen von Strömungsrichtung und -stärke.
- Ausbringen der Strömungsleine (mind. 100 m) mit Boje am Ende.
- Beiboot muss vorhanden und startklar sein (beim Tauchen von einem größeren Boot).
- Atemregler benutzen, die nicht durch den Strömungsdruck abblasen.
- Abtauchen immer am Ankerseil oder (bei klarer Sicht) mit einem anderen Bezugspunkt.
- Am Anker Feststellen der Grundströmung.
- Beginn des Tauchgangs gegen die Oberflächenströmung! Dies geschieht auch bei unterschiedlicher Grundströmung, um beim evtl. Auftauchen von der Oberflächenströmung zum Boot zurückgetrieben zu werden.
- Erhöhten Luftverbrauch durch größere Anstrengung einkalkulieren.
- Bei der Rückkehr zum Anker ist wegen der im Regelfall größeren Geschwindigkeit eine kürzere Zeit erforderlich.
- Faustformel bei normaler Strömung: Die Hälfte der Zeit für den Hinweg für den Rückweg einplanen.
- Auftauchen am Anker.
- Findet die Gruppe den nicht wieder und muss im freien Wasser aufgestiegen werden, so muss versucht werden, vor dem Boot aufzutauchen. Dazu schon während des Aufstiegs gegen die vorher per Kompass festgestellte Oberflächenströmung anschwimmen!

Beim Tauchen von Land und bei Strömung gelten im Wesentlichen die gleichen Grundsätze. Wichtig ist hier vor allem die Wahl des richtigen Zeitpunktes für den Tauchgang, also um den Zeitpunkt für das Hoch- oder Niedrigwasser herum. Am besten ist es, 15 bis 30 Minuten vor dem Gezeitenstillstand den Tauchgang zu beginnen, um noch bei nahezu Stillstand ohne die Gefahr eines Abtreibens auszutauchen. Zum Feststellen der Gezeitenstillstände müsst ihr beachten, dass jede Gezeitentabelle orts- und zeitbezogen ist. Vergewissert euch bei Einheimischen, dass eure Tabelle wirklich aktuell ist und für den Ort zutrifft. Außerhalb der Stillstandszeiten kann die Strömung so stark sein, dass sich kein Taucher mehr in ihr halten kann. Wichtig ist auch, **einen Tauchgang von Land niemals bei Ebbe, also ablaufendem Wasser, durchzuführen.** Ihr würdet sonst ins offene Meer getrieben. Tauchen mit der Strömung parallel zum Ufer ist möglich; dann solltet ihr jedoch eine geeignete Ausstiegsmöglichkeit feststellen und einen Fußmarsch einkalkulieren.

Eine nicht risikolose, aber an manchen Tauchzielen praktizierte Art des Strömungstauchens ist das Tauchen bei nicht geankertem Boot (so genannte Drift-Tauchgänge). Man taucht mit der Strömung, das Boot folgt den Luftblasen und sammelt alle Tauchgruppen nach einer festgelegten Zeit an einem bestimmten Ort wieder ein.

Die Risiken solcher Tauchgänge bestehen zum einen darin, dass bei zu rauer Wasseroberfläche das Boot den Blasen nicht folgen kann. Daher ist unbedingt eine Boje mitzuführen, an der auch gemeinsam aufgetaucht wird. Zum anderen kommt es vor, dass die Gruppen nicht gleichzeitig oder am gleichen Ort wieder auftauchen. Dann ist der Bootsführer gezwungen, eine oder mehrere Gruppen zu verlassen. Gleichzeitig oder unabhängig davon ist es möglich, dass eine Gruppe unbemerkt von der Bootsbesatzung abtreibt und bei einem gewissen Wellengang

Abb. 110: Taucher mit Notboje

und fehlenden Signalfarben nicht mehr gesehen wird. Daher sind besonders bei solchen Tauchgängen unbedingt Notbojen in Stabform mitzuführen, die noch aus großen Entfernungen gesehen werden können. Schließlich besteht ein weiteres Risiko darin, dass sich das Boot Tauchern nähert, obwohl noch nicht alle Gruppen aufgetaucht sind. Dann können auftauchende Gruppen in die Schraube geraten. Um dies zu vermeiden, muss beim Auftauchen natürlich auf Boote und Schraubengeräusche geachtet werden.

Lernerfolgskontrolle

**4.5.1
Wie bereitest du einen Strömungstauchgang vor?

**4.5.2
Worauf ist bei der Durchführung eines Strömungstauchgangs zu achten?

**4.5.3
Was ist bei Strömungstauchgängen von Land zu beachten?

**4.5.4
Welche Risiken können bei Drift-Tauchgängen entstehen?

**4.5.5.
Wie reagierst du, wenn du am Ende des Tauchgangs von einer starken Strömung an der Wasseroberfläche erfasst wirst?

**4.5.6
Worauf achtest du, wenn du in der Brandung auftauchst?

**4.5.7
Was ist beim Tauchen von einem Boot zu beachten?

4.6 Tauchen bei Nacht

Gerade nachts kommt die Schönheit der Unterwasserwelt erst richtig zum Ausdruck. Viele Fische sind nachtaktiv, und die Farbenpracht der Korallen erscheint nachts im Lampenschein noch eindrucksvoller.
Nachttauchgänge solltet ihr erst dann unternehmen, wenn ihr schon einigermaßen Erfahrung gesammelt habt. Natürlich taucht ihr dabei zunächst als Mittaucher und Nachttauchneuling nur mit erfahrenen Tauchern.
Vor dem Tauchgang ist neben den bereits für einen Tagtauchgang bekannten Vorbereitungen Folgendes zu beachten:

- Nur bekanntes Tauchgebiet auswählen, das man bereits tagsüber kennen gelernt hat.
- Nur bei ruhigem Wetter und ohne Strömung.
- Am besten bei Vollmond (wegen der Helligkeit und Orientierungsmöglichkeit).

- Ein- und Ausstiegsstelle mit Licht kennzeichnen:
  Beim Tauchgang von Land nicht auf fremde Lichter verlassen (z.B. Straßenlaternen) verlassen, da sie abgeschaltet werden könnten.
- Beim Tauchgang vom Boot:
  - Auf dem Boot hat mindestens eine Aufsichtsperson (i.d.R. der Bootsführer) zu bleiben.
  - Beleuchtung auf dem Boot als helles, weißes Rundumlicht (gleichzeitig Ankerlicht).
  - Beleuchtung unter Wasser durch Befestigung eines UW-Blitzes, eines Leuchtstabes oder einer Unterwasserlampe an der Ankerleine ein paar Meter oberhalb des Ankers.
- Gefahrlosen Ein- und Ausstieg wählen, besonders auf Brandung achten.

Bei der Tauchgangsvorbesprechung

- Tauchtiefe und Tauchzeit für alle Gruppen gleich bestimmen und begrenzen.
- Keinen Tief-, Deko-, Wrack-, Eis- oder Langstreckentauchgang, nur Nullzeit- und Beobachtungstauchgang.
- Möglichst nur Zweiergruppen einteilen, maximal Dreiergruppen.
- Keine Tauchanfänger, nur erfahrene Taucher.
- Maximal ein Nachttauchneuling.
- Lichtzeichen absprechen.
- Geben von Unterwasserzeichen im Lampenschein absprechen (Hand anstrahlen!).
- Auf Körperkontakt bzw. geringe Abstände hinweisen.
- Leuchtdauer der Lampen abfragen, Reserve wie bei der Luft einplanen.
- Ausrüstungscheck:
  Jeder Taucher hat eine eigene Lampe mit ausreichender Leuchtdauer für den Tauchgang.
- Die Gruppe hat zusätzlich eine Ersatzlampe mit.
- Für jeden Taucher ist ein Blitz oder eine Notlampe sinnvoll.
- Leuchtstäbe sollten wegen ihrer Umweltschädlichkeit vermieden werden.

Durchführung des Nachttauchgangs

- An der Ankerleine oder an einer Felswand abtauchen, um einen Bezugspunkt zu haben.
- Tauchpartner nicht mit der Lampe blenden.
- Lampen nur unter Wasser einschalten, nicht oberhalb der Wasseroberfläche leuchten oder schwenken (das gilt als Notsignal).

Lernerfolgskontrolle

**4.6.1
Wie bereitest du einen Nachttauchgang vor?

**4.6.2
Was für Tauchgänge sollte man nachts nicht unternehmen?

**4.6.3
Welche Erfahrung müssen Taucher haben, die nachts tauchen möchten?

**4.6.4
Was musst du besonders in der Tauchgangsvorbesprechung für einen Nachttauchgang ansprechen?

**4.6.5
Wie muss die Ausrüstung für einen Nachttauchgang ergänzt werden?

**4.6.6
Worauf musst du bei der Durchführung eines Nachttauchgangs achten?

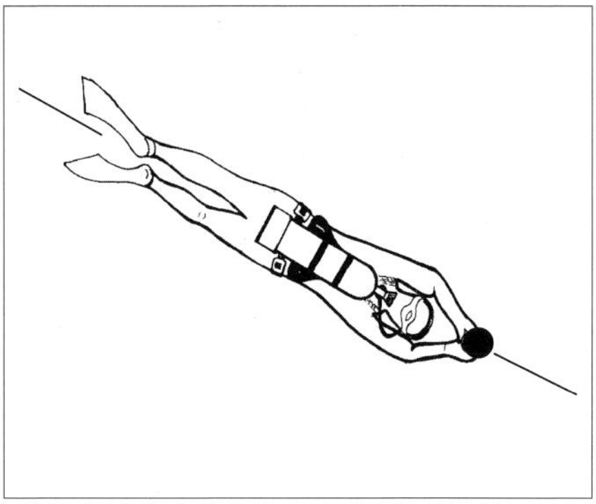

Abb. 111: Haltung Kompass

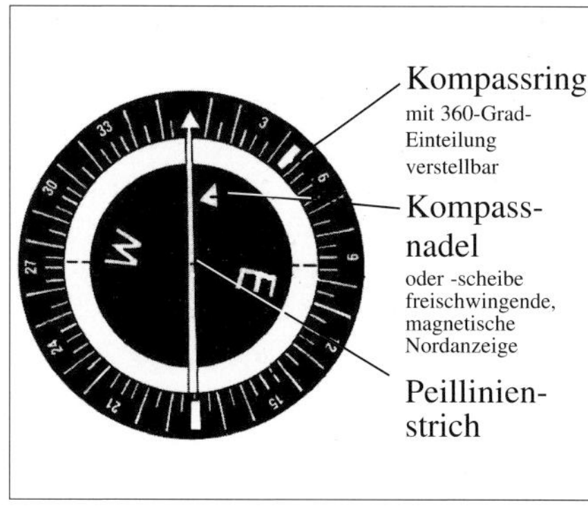

Abb. 112: Kompass

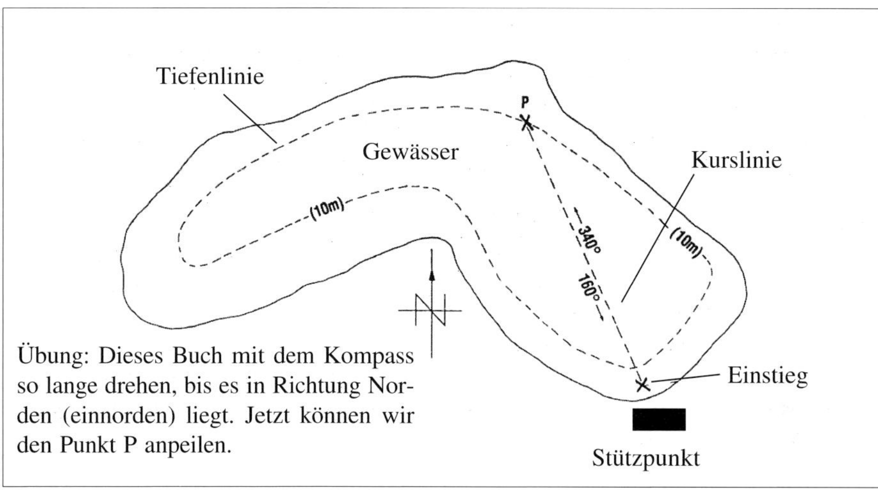

Abb. 113: Kurspeilung (einfache Version)

4.7 Handhabung des Kompasses

Das Tauchen mit dem Kompass hast du nun bei dem Spezialkurs „Orientierung beim Tauchen“ erlernen können.

Die Voraussetzung dafür ist zunächst ein Kompass, der nicht bei leichtem Verkanten hängen bleibt. Wichtig ist die Anbringung des Kompasses. Am Arm oder in der Konsole wird der Kompass zwangsläufig etwas schräg zur Körperachse gehalten. Man kann sich zwar konzentriert bemühen, den Kompass auch so in der Körperachse zu halten, wird jedoch ein Schräghalten auf Dauer nicht vermeiden können. Wichtig ist auch ein vom Körper etwas entfernter Punkt, damit eine genauere Peilung durchgeführt werden kann. Dies geschieht am besten durch Befestigung des Kompasses mit einer Leine an eurer Ausrüstung (z.B. am Jacket), sodass ihr den Kompass mit gestreckten Armen vor euch genau in die Tauchrichtung halten könnt und so exakt den vorgesehenen Kurs einhalten könnt.

Der Kompass besitzt eine 360-Grad-Einteilung. Aus Platzgründen sind jedoch meist nur die Striche im 10-Grad-Abstand angebracht. Wenn die Kompassnadel auf 0 Grad bzw. 360 Grad zeigt, so tauchen wir gerade in Richtung Norden. Entsprechend liegt der Osten bei 90 Grad, der Süden bei 180 Grad und der Westen bei 270 Grad.
Um in eine bestimmte Richtung zu tauchen, ist der Verstellring um den Kompass hilfreich. Wollen wir beispielsweise in Richtung Osten tauchen, so müssen wir als Erstes den Kompass in die gewünschte Richtung halten (also die Mittellinie auf 90 Grad) und dann die Nordanzeigen von Kompassnadel und Verstellring in Übereinstimmung bringen. Bleiben diese Nordmarken während des Tauchens in Übereinstimmung, so halten wir unseren gewünschten Kurs ein.
Wenn wir nun ein einem unbekannten Gewässer tauchen, so bestimmen wir vor dem Tauchen unseren Kurs. Halten wir diesen ein, so ist auch das Auffinden des Rückweges kein Problem mehr.
Wir peilen über die Peillinie (Mittellinie) unseres Kompasses den Zielpunkt an und lesen auf unserem Kompassring die Gradzahl 340 ab. Sind wir dann zum Beispiel an der 10-m-Linie angekommen, oder sind wir 15 Minuten unterwegs und müssen zurück, so tauchen wir mit dem Gegenkurs von 160 Grad (nämlich 340 Grad minus 180 Grad) zum Ausgangspunkt zurück.
Wenn der Kompass mit der Hand weit nach vorne gehalten wird, ist ein recht genaues Anvisieren und Kurshalten möglich.
Vorsicht ist vor allen Metallteilen, auch vor der eigenen Ausrüstung, angebracht. Kommt man mit dem Kompass zu nah heran, so wird die Kompassnadel abgelenkt, und der Taucher kommt von seinem Kurs ab oder bestimmt ihn von Anfang an verkehrt. Auch Lampen oder andere elektronische Geräte erzeugen ein Magnetfeld, das den Kompass ablenkt.
Taucht ihr mit Kompass in strömenden Gewässern, so muss bei einer Strömung von der Seite eine gewisse Abdrift einkalkuliert werden, um die ihr euren Kurs korrigiert. Eine einfache Möglichkeit zur Bestimmung des korrigierten Kurses ist es, euch in der gewünschten Kursrichtung einen Gegenstand zu merken, zu diesem unter Korrektur eurer Körperhaltung gegen die Strömung hin zu tauchen und dabei den Kurs auf dem Kompass abzulesen. Der Kompass wird dazu natürlich auch in der Richtung der Körperachse gehalten.
Kompasstauchen bedeutet jedoch nicht, während des Tauchgangs auf den Kompass zu starren und keinen Blick mehr für die Umgebung zu haben. Das Einhalten des Kurses muss eine Nebensache sein, die wie selbstverständlich funktioniert.
Gerade wenn ihr eine Tauchgruppe führt, so ist die Gruppenführung das Wichtigste. Die Sicherheit eurer Mittaucher, das Zusammenhalten der Gruppe, das Einhalten der Tauchtiefe und des geplanten Tauchprofils muss für euch die höchste Priorität haben, nicht das ununterbrochene Beobachten des Kompasses. Ihr solltet vielmehr eine Gesamtorientierung über euren aktuellen Standort besitzen, um eure Gruppe wieder gefahrlos zum Land oder Anker zurückführen zu können. Auch solltet ihr bei einem freien Aufstieg in Gewässern mit Strömung vorausschauend die Gruppe gegen die Strömung tauchen lassen. Für all dies benötigt ihr zwar auch euren Kompass, daneben aber auch alle natürlichen Hilfsmittel. Habt ihr euer Ziel verfehlt oder seid ihr aus einem anderen Grund vorher aufgetaucht, so ist es oft hilfreicher, das Ziel anzupeilen und dann unter Wasser anzutauchen als dorthin zu schnorcheln. Dabei solltet ihr folgendermaßen vorgehen:

- Gewünschte Richtung anpeilen und Kurs einstellen.
- Beim Zurücktauchen zum Boot und bei Strömung einen Punkt vor dem Bug des Bootes anpeilen, da man sonst hinter dem Boot herauskommt!

- Luftvorrat der Gruppe checken.
- Mindestgeschwindigkeit und Positionen mit der Gruppe kurz und knapp vereinbaren.
- Im 5-Meter-Bereich zurücktauchen. Dabei auch auf die Tiefe achten, da ein Absacken oft erst zu spät bemerkt wird!
- Kompass in Blickrichtung und in Verlängerung der Körperachse, nicht verkanten!
- Gestreckte Körperhaltung.
- Mindestgeschwindigkeit erforderlich.
- Gruppe und Kompass sowie Tiefenmesser beobachten.
- Mittaucher auf gleicher Höhe oder vor dem Gruppenführer (in dessen Blickfeld).
- Auf Ablenkung durch Metall achten, Kompass dort kaum einsetzbar.
- Auf Seitenströmung achten und diese einkalkulieren.

Lernerfolgskontrolle

****4.7.1**
Wie sollte ein Kompass befestigt und gehalten werden?

****4.7.2**
Wie führst du als Gruppenführer über Grund mit dem Kompass zum Ziel zurück?

****4.7.3**
Wie führst du als Gruppenführer im freien Wasser mit dem Kompass zum Ziel zurück?

4.8 Verhalten bei Komplikationen

Trotz aller Vorsichtsmaßnahmen können immer wieder außergewöhnliche Situationen unter Wasser entstehen, auf die wir besonnen reagieren müssen. Besser ist es natürlich, wenn solche Situationen durch sorgfältige Vorbereitung und vorausschauendes Tauchen gar nicht erst entstehen. Richtiges Reagieren ist aber nur dann möglich, wenn es vorher erlernt oder besprochen wurde. Aus diesem Grund soll hier ein kleiner Ausschnitt von Situationen vorgestellt werden.

Verlust des Tauchpartners unter Wasser

- Nur kurz umherblicken und wenige Meter zurücktauchen.
- Keine Suchaktion unter Wasser beginnen.
- Sofort austauchen (also unter Einhaltung der Austauchregeln).
- An der Oberfläche treffen sich wieder alle Gruppenmitglieder.

Vermeidung:

- Ausreichend Blickkontakt zu den Partnern halten.
- Bei schlechter Sicht Körperkontakt oder sogar an die Hand fassen.
- Dies eventuell schon beim Abtauchen.
- Bei schlechter Sicht Lampen einschalten.

Ein Verlieren unter Wasser ist absolut unnötig. Ein guter Gruppenführer schenkt jeden zweiten Blick seinen Tauchpartnern. Durch ein Verlieren beim Tauchen sind schon viele kritische Folgesituationen entstanden, da der Partner dann alleine taucht und zusätzliche psychische Belastungen auf ihn einwirken.

Auftreiben eines Tauchers, der sein Auslassventil nicht findet

- Festhalten.
- Auf das Ausatmen hinweisen.
- Auslassventil des Partners betätigen, ggf. vorher die eigene Luft ablassen.

Vermeidung:
- Vorher ausreichendes Üben, Vertrautheit mit der Ausrüstung erlangen.
- Atmung einbeziehen.
- Bei Kopfstand im Jacket ist ein Ablass am unteren Jacketende erforderlich

Druckausgleichsschwierigkeiten
- Höher tauchen, bis der Druckausgleich wieder funktioniert.
- Salzwasser durch die Nase einziehen ist oft hilfreich (abschwellend).
- Niemals mit Gewalt den Druckausgleich erzwingen.
- Bei Misserfolg Abbruch des Tauchgangs.

Vermeidung:
- Nie bei Erkältung tauchen.
- Frühzeitiger Beginn des Druckausgleichs, Wiederholung in kurzen Abständen.

Atemregler bläst ab
- Umdrehen und Zuhalten des Mundstücks (manche Automaten blasen schon bei geringsten Druckunterschieden ab, hinzu kommt die Injektorwirkung).
- Weiteratmen aus dem Zweitatemregler des Partners, sonst Aufstieg unter Wechselatmung.
- Bei getrennt absperrbaren Ventilen: Ventil mit dem abblasenden Atemregler absperren, eigenen Zweitatemregler benutzen.

Vermeidung:
- Für kalte Gewässer geeignete Atemregler benutzen.
- Atemregler regelmäßig zur Revision bringen.
- Hohe Strömungsgeschwindigkeiten im Atemregler vermeiden (z.B. durch gleichzeitige Betätigung des Inflators beim Einatmen).

Starker Seegang
- Alle Gegenstände an Bord werden gut befestigt.
- Jeder Taucher zieht einen Auftriebskörper an (z. B. Jacket, Weste, Neopren).
- Alle Taucher sitzen an ihrem Platz; keiner läuft unnötig umher.
- Das Anziehen der Tauchgeräte erfolgt nur im Sitzen und zu zweit.
- Alle Taucher sitzen so, dass sie nicht über Bord fallen können (nicht auf der Bordwand).
- Seekranken Tauchern wird geholfen.

Tauchen an Riff mit steil abfallender Wand (Drop-Off)
- Sichern des Sprungs ins Wasser: Nicht übereilt tauchen, Jacket leicht aufblasen, Atemregler oder Schnorchel im Mund, Empfang durch Sicherungstaucher im Wasser.
- Kein freies Abtauchen, sondern Beginn an der Riffkante mit Sicht zur Steilwand.
- Nur Taucher mit sicherer Tarierung.
- Ständige Tiefenkontrolle, vorher festgelegte Tiefenbegrenzung einhalten.
- Kontrolle der Restnullzeit bzw. Austauchpausen.
- Ständiger Gruppenzusammenhalt; Nähe und Sichtkontakt zur Steilwand halten.

Lernerfolgskontrolle

****4.8.1**
Wie verhältst du dich, wenn du deine Tauchpartner verloren hast?

****4.8.2**
Wie verhältst du dich, wenn dein Tauchpartner nach oben treibt?

****4.8.3**
Wie verhältst du dich, wenn dein Tauchpartner keinen Druckausgleich bekommt?

****4.8.4**
Wie verhältst du dich, wenn dein Atemregler abbläst?

****4.8.5.**
Wie verhältst du dich bei starkem Seegang an Bord eines Tauchschiffes?

****4.8.6.**
Wie verhältst du dich beim Tauchen an einem steil abfallenden Riff (Drop-Off)?

****4.8.7**
Wie kannst du dich unter Wasser bei deinen Tauchpartnern akustisch bemerkbar machen?

4.9 Notfallorganisation

Es ist zu spät, sich erst bei einem eingetretenen Notfall darum zu kümmern, wie am besten reagiert wird. Dies sollte rechtzeitig vor einem Tauchgang klar sein. Es gibt viele Fragen im Vorfeld zu klären. Hinzu kommen Unterschiede für jedes Tauchgewässer.
Vor dem Tauchgang:

- In welcher Zeit kann Hilfe eintreffen?
- Stehen Helfer oder eine Sicherungsgruppe zur Verfügung?
- Nächstes Telefon (mit Münzen oder Karte, Handy?)
- Ist Funk an Bord, wie funktioniert er?
- Wer ist zu benachrichtigen?
- Notfallnummern nächster Arzt, nächstes Krankenhaus, nächste Druckkammer mit 24-h-Bereitschaft, Hubschraubertransport, Notruf,
- Notfallkoffer mit Sauerstoff vorhanden?
- Notsignalmittel vorhanden?
- Wie sind die Ein- und Ausstiegsmöglichkeiten am Tauchplatz?
- Gibt es Parkmöglichkeiten für den Rettungswagen oder Landemöglichkeiten für einen Hubschrauber?

Das Wichtigste ist dann eine gründliche Sicherheitseinweisung in der Tauchgangsvorbesprechung. Die Vorwegnahme kritischer Situationen und Vermeidungshinweise sind die beste Vorbeugung, damit es gar nicht erst zum Notfall kommt.
Aber auch bei bester Vorbereitung kann es zu Unfällen kommen – und wenn nicht in deiner Gruppe, dann vielleicht in einer anderen.

Notfallmaßnahmen

- **immer nach dem Ablaufschema (Algorithmus der Basisreanimation) verfahren:**
- Rettung an die Wasseroberfläche
- Transport zum Ufer oder zum Boot
- Feststellen des Bewusstseins
- Diagnose/Feststellen der Vitalfunktionen
- Telefon/Funkspruch
- ggf. Herz-Lungen-Wiederbelebung und Sauerstoffbeatmung
- Lagerung
- Schockbehandlung
- ständige Kontrolle der Vitalfunktionen
- Transport zum Krankenhaus oder zur Druckkammer

Außerdem muss die Unfallursache so gut wie möglich rekonstruiert werden:

- Befragung der übrigen Gruppenmitglieder
- Erstellung eines Unfallberichtes mit Tauchgangsprotokoll
- Sicherstellen des Tauchcomputers
- Informationen an den behandelnden Arzt

Wenn ihr ins Ausland fahrt, werdet ihr einige Unterschiede in den Notfallsystemen feststellen.

Während in Deutschland der Rettungsdienst überall in wenigen Minuten verfügbar ist, ist im Ausland, besonders im außereuropäischen Raum, ein intaktes Notfallsystem meistens nicht vorhanden.
Auch die in Deutschland übliche und immer dichtere Druckkammerversorgung mit 24-stündigem Bereitschaftsdienst ist im Ausland selten anzutreffen. Hinzu kommt dort oft die veraltete Technik. Wenn keine Behandlung mit hyperbarem Sauerstoff möglich ist, sollte man Alternativen abwägen.
Im Ausland existieren noch Einmannkammern, deren Benutzung mangels Behandlungsmöglichkeit grundsätzlich abgelehnt werden muss. Fachkundiges Personal ist im Ausland selten.
An Bord mancher Tauchschiffe ist kein Funk, kein Notfallkoffer oder keine Sauerstoffversorgung. Vergewissert euch vor eurem Tauchurlaub von dem Zustand der Basis und des Bootes!
An manchen Tauchbasen wird schlecht ausgebildetes Personal als Bootsbesatzung oder Assistent beschäftigt, da dies weniger Lohn kostet. Natürlich ist bei diesen Personen das Wissen über ein Vorgehen im Notfall schnell erschöpft, Krankheiten werden verharmlost, oder es werden falsche Diagnosen gestellt. Achtet auch auf die Qualifikation eurer Begleiter!
Ein Hubschraubereinsatz oder Bootstransfer kann wetterbedingt nicht möglich sein.
Sprachliche Verständigungsschwierigkeiten können zu Missverständnissen führen.
Im Ausland ist eine Behandlung oft nur gegen Barzahlung möglich. Da dies oft hohe finanzielle Belastungen in fünfstelliger Höhe ergeben kann, empfiehlt sich neben der Mitnahme von entsprechenden Zahlungsmitteln unbedingt der Abschluss einer Auslandsreisekrankenversicherung!

Lernerfolgskontrolle:

4.9.1
Welche vorbereitenden Maßnahmen triffst du für einen Notfall vor dem Tauchgang?

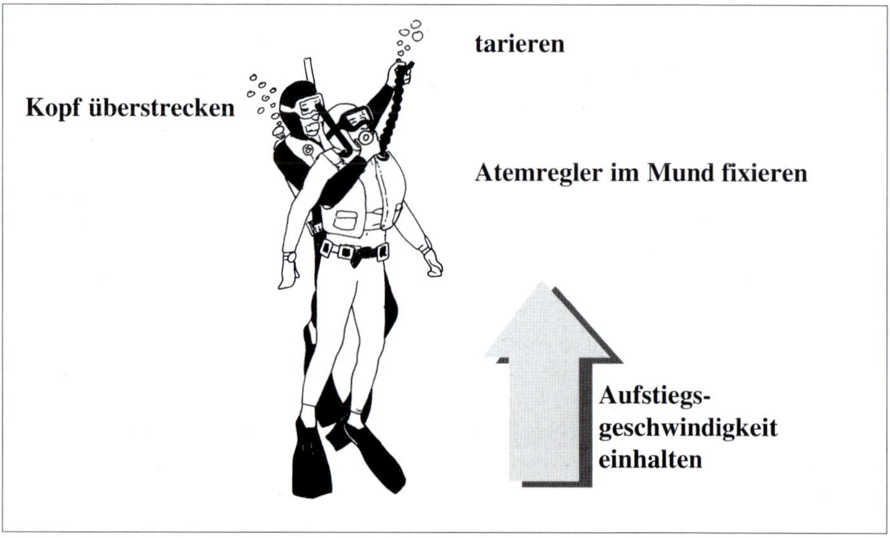

Abb. 114: Rettung eines Tauchers an die Oberfläche

****4.9.2**
Welche Maßnahmen führst du bei Eintritt eines Notfalls durch?

****4.9.3**
Nenne Notsignale auf dem Wasser!

****4.9.4**
Wie kann man vom Boot aus Tauchern unter Wasser signalisieren, dass ein Notfall vorliegt und sie austauchen sollen?

4.10 Retten eines bewusstlosen Tauchers an die Wasseroberfläche

Die Notfallmaßnahmen beginnen mit der Rettung des betroffenen Tauchers bis an die Wasseroberfläche. Dazu gibt es viele mögliche Methoden, von denen eine Standardversion hier vorgestellt wird:

- Antauchen des Betroffenen.
- Von hinten oder von der Seite den Verunfallten unter dessen rechten Arm greifen und mit der Hand gleichzeitig den Kopf überstrecken und den Atemregler im Mund fixieren, damit dieser nicht herausfallen kann.
- Kontrollieren, ob Luft abgeatmet wird.
- Die andere (linke) Hand ist dann frei und steht für die Durchführung der Tarierung und zur Instrumentenkontrolle zur Verfügung.
- Die Tarierung erfolgt am besten über beide Jackets/Westen, da so beide Personen annähernd im Gleichgewichtszustand gehalten werden können. Solltest du damit Schwierigkeiten haben, so kannst du auch deine Weste entleeren und über die Weste des Verunfallten allein tarieren. Keinesfalls darf der Verunfallte einen größeren Abtrieb haben als du selbst, da er sonst bei versehentlichem Loslassen wieder absacken würde.
- Kontrolle der Aufstiegsgeschwindigkeit.

Welche Methode auch immer gewählt wird: Es muss gewährleistet sein, dass der Kopf überstreckt wird, dass der Atemregler im Mund gehalten wird und dass die Aufstiegsgeschwindigkeit eingehalten wird.

Lernerfolgskontrolle

****4.10.1**
Wie wird ein bewusstloser Taucher an die Wasseroberfläche gebracht?

4.11 Transport eines Tauchers an der Wasseroberfläche

An der Oberfläche angekommen, ist schnelles Handeln angesagt. Es hängt vom Geschick des Gruppenleiters ab, möglichst alle Mittaucher in die Aktion einzubeziehen.

- Notsignal zum Boot oder an Land geben.
- Zunächst wird die Weste oder das Jacket des bewusstlosen Tauchers mit Luft gefüllt, so dass die ohnmachtsichere Lage hergestellt wird. Der Kopf muss überstreckt sein.
- Um ein freies Atmen des Verunfallten ohne Atemwiderstand zu ermöglichen, wird im Regelfall der Lungenautomat aus dem Mund genommen. Nur wenn ihr sicher seid, dass noch ausreichend Luft im Gerät des Verunfallten vorhanden ist, der Atemregler funktioniert und keinen zu hohen Atemwiderstand hat, kann bei höherem Wellengang der Lungenautomat im Mund gelassen werden. Ansons-

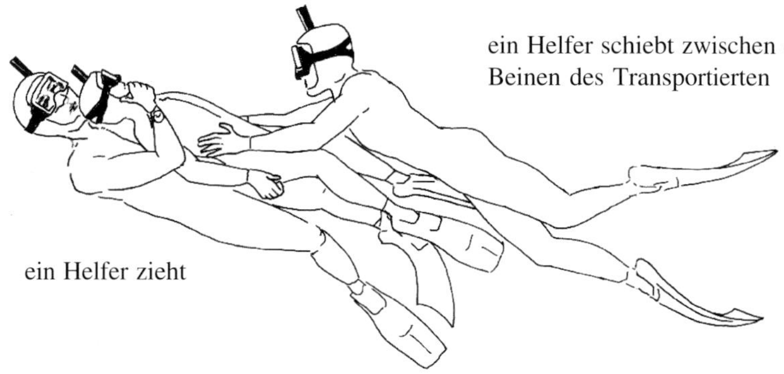

Abb. 115: Transport eines Tauchers mit zwei Helfern (zur Vereinfachung ohne DTGs dargestellt)

ten ist für den zu Rettenden die direkte Umgebungsluftatmung nicht nur angenehmer, sondern befreit ihn auch psychisch von der Abhängigkeit von der Tauchausrüstung.

- Das Blei des Verunfallten wird abgeworfen. Dieser Griff muß im Notfall sitzen und wird daher auch bei Übungen grundsätzlich durchgeführt werden. Natürlich wird die Ausrüstung bei Übungen nicht fallen gelassen, sondern einem Mittaucher oder eventuell dem Tauchlehrer in die Hand gegeben. Es reicht auch aus, mit der Hand die Schnalle des Bleigurtszu ertasten und „ich werfe das Blei ab“ zu sagen. Das Gerät wird nur dann ausgezogen, wenn es die Situation (z.B. Entfernung) erfordert. Taucht der Verunfallte mit einem Jacket, so wird das Gerät zusammen mit dem Jacket abgelegt. Da hierbei jedoch die ohnmachtsichere Lage aufgegeben wird, muss der Kopf von dem ziehenden Retter unbedingt überstreckt werden! Bevor hier kostbare Zeit verschenkt wird, sollte aufgrund der Entfernung zum Schiff oder Ufer abgewogen werden, ob ein Abwurf sinnvoller ist als der Transport zum Ziel mit Gerät. Bei kurzen Strecken wird man von einem Abwurf sicherlich absehen, bei langen Strecken hingegen bringt es einen großen Zeitgewinn. Bei Übungen sollte jedenfalls, da hier Zeit keine Rolle spielt, der Abwurf simuliert werden.
- Ist außer dem Ziehenden ein weiterer Mittaucher vorhanden, so sollte dieser zum Boot oder an Land geschickt werden. Dies hat einerseits den Zweck, dass er die Rettungskette auslöst. Andererseits kann er sich seiner Ausrüstung entledigen und den Verunfallten annehmen.
- Der Bewusstlose wird nun von dem Ziehenden zum Schiff transportiert, wobei auf das Überstrecken des Kopfes zu achten ist, wenn das Jacket des Verunfallten abgelegt wurde. Dabei darf keine Zeit verloren werden. Abdrift durch Strömung sollte einkalkuliert werden.
- Steht ein weiterer Mittaucher zur Verfügung, so kann er durch gleichzeitiges

Schieben des Verunfallten den Transport beschleunigen. Dazu begibt er sich zwischen die Beine des Verunfallten und greift ihn an der Weste, an den Schultergurten oder an den Anzugseiten.
- Am Ufer oder an der Leiter des Bootes übernimmt der vorausgeschwommene Taucher den Bewusstlosen. Auch das Retten über die Leiter ins Boot oder das Retten mit dem Rautekbergegriff oder dem Schultertragegriff an Land will geübt sein.
- Flachlagerung des Verunfallten, Öffnen des Anzuges und Kontrolle der Lebensfunktionen.
- Je nach Diagnose stabile Seitenlage, Herz-Lungen-Wiederbelebung, Sauerstoffbeatmung oder weitere Erste-Hilfe-Maßnahmen.
- Festhalten der Daten des Tauchgangs für die nachfolgenden Behandlungsmaßnahmen,
- Erstellen eines Unfallprotokolls.

Lernerfolgskontrolle

****4.11.1**
Welche Maßnahmen sind nach dem Erreichen der Wasseroberfläche nötig, um einen bewusstlosen Taucher zurück zum Boot oder Ufer zu transportieren?

****4.11.2.**
Welche Maßnahmen führst du nach dem Erreichen des Bootes oder des Ufers mit einem verunfallten Taucher durch?

****4.11.3**
Wie bringst du einen an der Oberfläche treibenden Taucher im flachen Wasser bei festem Grund an Land?

****4.11.4**
Wie rettest du einen an der Oberfläche treibenden Taucher aus dem tiefen Wasser in ein Schlauchboot?

4.12 Aufstieg ohne Flossenschlag

Dieser Bestandteil deiner Praxisübungen ist als eine Tarierübung anzusehen, bei der du nachweist, dass du das kontrollierte Aufsteigen mit Austauchpausen und das Einhalten der Aufstiegsgeschwindigkeit allein durch die Tarierung mit der Lunge und der Weste oder dem Jacket, jedoch ohne Hinzunahme der Flossen, beherrschst. Beherrschst du dies, so fällt dir auch ein Aufstieg mit Flossenschlag leichter, da du dich ständig in einem stabilen Zustand befindest und keine Kraft für den Aufstieg benötigst. Bei einem echten Aufstieg wirst du natürlich deine Flossen benutzen, erst recht im Notfall.
Zu Beginn der Übung ist es wichtig, sofort in eine Aufwärtsbewegung zu kommen. Wenn du schon vorher austariert bist, dürfte dies allein durch ein tieferes Einatmen möglich sein. Dann kontrollierst du deine Aufstiegsgeschwindigkeit durch die ständig etwas flacher werdende Atmung. Erst wenn die Möglichkeiten der Atmung erschöpft sind, lässt du im ausgeatmeten Zustand etwas Luft aus der Weste oder dem Jacket ab. Eventuell zu viel abgelassene Luft kannst du dann durch sofortiges Einatmen wieder ausgleichen.
Dies ist das Wichtigste an der Aufstiegsübung: Zuerst werden die Möglichkeiten der Lunge ausgenutzt, anschließend der externen Tarierhilfen. Dann kannst du jederzeit durch die Atmung deinen Zustand kontrollieren. Entlüftest du im eingeatmeten Zustand dein Jacket oder deine Weste, so sinkst du beim nächsten Atemvorgang zwangsläu-

fig ab, da du zunächst ausatmen musst. Dann kannst du nur noch durch Nachtarieren deinen Tarierzustand stabilisieren. Da dies jedoch immer eine gewisse Zeit in Anspruch nimmt, sinkst du weiter ab. Ohne Flossenschlag lässt sich dann meistens der Aufstieg nicht mehr wie vorgesehen durchführen. Damit durch das Absinken die Sicherheit nicht gefährdet wird, wird dein Tauchlehrer bereits nach einem Absacken um wenige Meter die Übung abbrechen.
Einen zu schnellen Aufstieg solltest du durch sofortiges Ausatmen abbremsen. Denke auch hier an die Reihenfolge, denn üblicherweise schlägt ein Durchschießen wegen Überreaktionen ins Absacken über.
Das Einhalten von Stopps auf den Dekostufen erfordert einen vollkommen stabilen Zustand. Nähere dich daher diesen Tiefen langsam, dann ist auch ein Überreagieren in Form von zu viel Ablassen unnötig. Wenn du im tarierten Zustand ankommst, kannst du allein durch die Ein- und Ausatmung die Tiefe halten. Du wirst bei der Übung üblicherweise auf den Rücken fallen, da dein Tauchgerät dich nach hinten zieht und du mit deinen Flossen keine Ausgleichsbewegung durchführst. Wundere dich nicht darüber und setze die Übung einfach fort. Für einen Aufstieg ist die Lage ohne Bedeutung. Sei bereits vorher mit den Ein- und Auslassmöglichkeiten deines Jackets oder deiner Weste vertraut. Wenn du den Ablassschlauch noch suchen musst, verlierst du kostbare Zeit. Ein Tarieren über den Schnellablass verhindert ein genaues Dosieren, so dass du zu viel oder zu wenig Luft ablässt. Der Schnellablass sollte daher nur zum schnellen Abgeben größerer Luftmengen genutzt werden, wenn es auf eine Feintarierung nicht ankommt.

4.13 Aufstieg unter Wechselatmung

Die Wechselatmung ist eine Technik zur Luftversorgung von zwei Tauchern aus einem Tauchgerät für den Notfall, die jeder Taucher unbedingt beherrschen muss. Das bedeutet natürlich, dass du die Wechselatmung aus jeder Tiefe, in der du tauchst, durchführen kannst. Da in einem Notfall die Wechselatmung immer mit Schwierigkeiten verbunden ist, sollte jedoch jeder Taucher mit einem Zweitautomaten ausgerüstet sein, um eine Wechselatmung überflüssig zu machen. Das Üben der Wechselatmung wird dadurch jedoch nicht ersetzt.
Ein erfolgreiches Üben der Wechselatmung beginnt schon mit der Vorbesprechung. Die Partner müssen die Ausrüstung, insbesondere die Tariermittel, ihrer Mittaucher genau kennen und die Ein- und Auslassventile bedienen können. Im Notfall ist es zu spät, herauszufinden, wie die Ausrüstung des Partners funktioniert.
Im komplett angezogenen Zustand sollte im Trockenen die Stellung zueinander probiert und an Land die Vorgehensweise simuliert werden. Spätere Probleme unter Wasser, die sich aus der Haltung des Atemreglers oder der Position zueinander ergeben können, werden damit vermieden. Dann sollten der Beginn der Wechselatmung durch entsprechende Zeichengebung („Ich habe keine Luft mehr“) und einige Wechselatmungszyklen durchgespielt werden, um den Rhythmus zu üben.
Es sollte ein Atemrhythmus von jeweils zwei Atemzügen abgesprochen werden. Obwohl sicherlich manchen Tauchern auch ein Atemzug reicht, kommt so mehr Ruhe in den Vorgang, und es verbleibt mehr Zeit zwischen den Wechseln, um die Tarierung vorzunehmen oder die Instrumente zu kontrollieren. Bei nur einem Atemzug entsteht durch den häufigen und unnötigen Wechsel in der Regel zu viel Hektik. Natürlich ist beides möglich. Wichtig ist aber, dass beide Partner die gleiche Anzahl Atemzüge nehmen, da die Atempause nicht länger oder kürzer sein sollte als der Atemvorgang.
Die Wechselatmung ist eigentlich auch nur

Abb. 116: Wechselatmung mit Tarierung durch jeden selbst; der Luftgeber hält den Atemregler fest.

eine Tarierübung. Der Wechsel des Lungenautomaten stellt selten eine Schwierigkeit dar, da ein Atemanhalten über wenige Sekunden wohl jedem möglich ist. Anders sieht das aus, wenn die Tarierung nicht stimmt. Muss dann mit dem Flossenschlag ein zusätzlicher Auftrieb erzeugt werden, so kostest dies zusätzliche Energie, und die Atmung nimmt zu. Dann kommt schnell Hektik in die Wechselatmung, da der Luftbedarf größer wird.

Die Tarierung kann von jedem Taucher selbst oder von nur einem Taucher vorgenommen werden. Die Tarierung durch jeden Taucher selbst hat den Vorteil, dass sich beide im tarierten Zustand befinden und dies auch an sich selbst kontrollieren können. Das ist möglich, indem der Taucher, der nicht den Automaten führt, sich am Partner festhält. Die andere Hand steht zu seiner Tarierung zur Verfügung. Der Automatenführer hat ebenfalls seine andere Hand (in der Regel ist es die linke, da der Automat von rechts kommt) zur Tarierung und zur Kontrolle der Instrumente (in der Regel am linken Arm) frei. Ein Tarieren durch jeden Taucher selbst ist aber nur dann möglich, wenn beide Taucher noch psychisch und körperlich dazu in der Lage sind. Ist ein Partner in einer derartigen Notsituation, dass er sich nicht mehr selbst tarieren kann, so muss dessen Tarierung von dem anderen Taucher mit übernommen werden. Dies ist zwar schwieriger, aber auch möglich.

Auch hier sollte der Beginn der Übung im austarierten Zustand erfolgen. Wenn ihr euch zunächst am Grund hinstellt oder hinkniet, um euch zu tarieren, so seid ihr schnell von einer Schlammwolke umgeben, die euch zusätzliche Probleme bereitet. In einem echten Notfall wird auch unverzüglich der Aufstieg ohne langen Aufenthalt am Grund eingeleitet. Ihr solltet dann auch zügig mit dem Aufstieg beginnen, der durch das Luftmangelzeichen eines Tauchers eingeleitet wird. Dann gilt wie beim Aufstieg ohne Flossenschlag: Erst mit der Lunge tarieren, dann Luft aus dem Jacket oder der Weste ablas-

sen. Das ist natürlich nur eingeschränkt möglich, wenn man zwischendurch den Atem anhält. Aber auch im angehaltenen Zustand lässt sich der Füllungszustand variieren. Schließlich reicht zum Ausblasen des Automaten äußerst wenig Luft aus.
Wenn ihr dann den Aufstieg langsam beginnt und in Ruhe durchführt, könnt ihr auch jederzeit rechtzeitig die Luft ablassen, um nicht zu schnell zu werden. Hektik verursacht schnell ein Misslingen der Wechselatmung.
Solltet ihr wieder absacken, ist ein Nachtarieren kaum noch möglich. Ihr gleicht den immer größer werdenden Abtrieb dann durch verstärkten Flossenschlag aus. Das wiederum erhöht die Atemfrequenz und kann zur Luftnot führen. Vermeidet daher von Beginn an diese Situation, indem ihr eure Lungentarierung nutzt!
Der Taucher, der den Atemregler führt, darf diesen nicht loslassen, da sonst die Gefahr besteht, dass er dem Partner aus dem Mund fällt und erst mühsam wiedergesucht werden muss. Es ist auch seine eigene Rückversicherung, dass er den Atemregler wieder bekommt. Andererseits sollte er dem Partner nicht das Mundstück in den Mund stecken, da dies oft nicht so einfach geht und eventuell Wasser aspiriert wird. Der Partner kann sich das Mundstück besser selbst in den Mund führen. Um das zu ermöglichen, bietet es sich für den Automatengeber an, diesen nur am Ende des Schlauchs zu fassen. Dann kann der Partner das Mundstück fassen, ohne dass der Geber es loslassen muss.

4.14 Tauchen unter Atmung aus dem Zweitatemregler

Zur Vermeidung einer Wechselatmung, die in Notfällen schnell zu Komplikationen führen kann, sollte jeder Taucher einen zweiten Atemregler mit sich führen.Dieser dient zum sicheren Aufstieg an die Oberfläche, wenn der Partner in Luftnot geraten ist, zur eigenen Sicherheit, wenn der erste Atemregler Funktionsstörungen aufweist, zum Ausgleich von Luftverbrauchsunterschieden zweier Taucher, aber nur, wenn absolut keine Komplikation vorliegt und der Mittaucher genauso gut aus seinem eigenen DTG weiteratmen könnte.
In warmen Gewässern ist auch eine zusätzliche zweite Stufe des Atemreglers (Zweitautomat) ausreichend, die mit an die erste Stufe des Erstatemreglers montiert wird. Es sind aber nicht beliebig zweite Stufen mit anderen Atemreglern kombinierbar, sondern nur zugelassene zweite Stufen gleicher Bauart, insbesondere des gleichen Mitteldrucks. Dies reicht in warmen Gewässern, da hier das Problem des Vereisens vernachlässigbar ist. Ein Vereisen in der ersten Stufe wird nämlich durch hohe Strömungsgeschwindigkeiten, wie sie bei zwei gleichzeitig aus einer Stufe atmenden Tauchern entstehen, begünstigt oder gar hervorgerufen. Aus diesem Grunde müssen in kalten Gewässern immer zwei völlig getrennte Atemregler verwendet werden, die nach Möglichkeit noch an einzeln absperrbaren Ventilen montiert sind. Dann kann der wegen Vereisens abblasende Atemregler abgesperrt werden und aus dem anderen Atemregler kann problemlos weitergeatmet werden.
Aus diesem Grunde sollte der Zweitautomat immer so montiert sein, dass man auch selbst daraus atmen kann. Beide Systeme sollten auch deshalb für dich selbst austauschbar sein, da es im Notfall am einfachsten ist, dem in Luftnot geratenen Mittaucher zunächst den eigenen Atemregler zu geben und danach erst seinen Zweitautomaten selbst zu nehmen.
Ein Aufstieg unter Verwendung des Zweitautomaten für den Partner geschieht im Prinzip wie bei der Wechselatmung. Du gibst auf das entsprechende Zeichen deinem Partner den Zweitautomaten, hälst ihn an der Begurtung fest und beginnst einen kontrollierten Aufstieg. Dabei kontrollierst du auch

deine Instrumente und kannst mit der freien Hand dich und eventuell auch noch deinen Partner tarieren. Probiert aber auch hier vorher an Land die Position zueinander, damit es unter Wasser keine Überraschungen gibt! Der Vorteil gegenüber der Wechselatmung ist, dass die Atempausen entfallen. Es kann so weitergeatmet werden wie aus dem eigenen Gerät, lediglich der Bewegungsspielraum ist eingeschränkt. Auf die Tarierung ist genauso zu achten wie bei der Wechselatmung, aber ein Fehler, der durch Flossenschlag ausgeglichen werden muss, führt nicht so leicht zu einer Luftnot. Dadurch ist dies die sicherste Möglichkeit, dass zwei Taucher mit einem DTG einen Aufstieg durchführen.
Wenn ein Taucher keine Luft mehr hat, so wird der Tauchgang natürlich beendet. Sind euch hingegen eure Luftverbrauchsunterschiede bekannt, so könnt ihr, solange der Partner noch mindestens den Reserveluftvorrat in seinem DTG hat, bei optimalen Bedingungen den Tauchgang verlängern, indem ihr beide aus dem volleren Gerät atmet. Dann taucht ihr in der horizontalen Lage, sodass bedingt durch die Länge des Mitteldruckschlauchs Probleme mit der Position zueinander entstehen können. Testet auch dies aus. Ihr könnt euch dazu etwas zueinander drehen, oder der Empfänger des Zweitautomaten taucht etwas über dem Luftgeber und hält sich dabei am DTG fest. Denkt daran, dass ihr den Zweitatemregler in erster Linie nicht für diesen Fall, der lediglich der Tauchgangsverlängerung dient, sondern für den Notfall mit euch führt. Wenn ihr ihn seitenverkehrt montiert, so steht er euch selbst im Notfall nicht in der richtigen Position zur Verfügung.

4.15 Tarierung, Atemtechnik und Feststellen der richtigen Bleimenge

Viele Taucher benötigen zu viel Blei, weil sie sich eine falsche Atemtechnik angewöhnt haben. Statt wie an der Luft in dem Rhythmus Einatmen – Ausatmen – Pause zu atmen, wird die Luft nach dem Einatmen angehalten und erst unmittelbar vor dem nächsten Einatemvorgang wieder ausgeatmet. Das führt dazu, dass ständig die Luft, die nach dem Einatmen ausgeatmet wird, mitgeführt wird. Dies können ohne weiteres einige Liter Luft sein. Für jeden Liter Luft muss jedoch ungefähr 1 kg Blei mehr mitgenommen werden.
Unser Körper und die atembestimmenden Bestandteile des Blutes, unser Befinden und unsere Tauchlage werden durch die Atmung stark beeinflusst. Das Befinden kann sich je nach Atmung positiv oder negativ verändern. Wir haben jedoch für eine solche Veränderung keine objektive Wahrnehmungsmöglichkeit. Durch die Kenntnisse über die Nachteile einer einatemorientierten Atmung und die Vorteile einer ausatemorientierten Atmung können das Befinden und damit die Sicherheit beeinflusst werden.
Bei einem Anhalten des Atems nach dem Einatmen führt dieser zu einem erhöhten Druck auf die Dehnungsrezeptoren der Lunge. Durch den gleichzeitigen Druck auf die Gefäße kommt es zu einer Blutdruckerhöhung. Da das Atemzentrum den Trend zur Periodizität hat (d.h. Atemmuster werden beibehalten), reicht bereits eine kurze Zeit dieser einatemorientierten Atmung, um Impulse zu setzen, dass sie beibehalten wird.
Durch das Anhalten der Atmung nach dem Einatmen kommt es schließlich zu einer vermehrten Anhäufung von Kohlendioxid. Dies kann zu Kopfschmerz führen, verschiebt die Atemreizschwelle nach oben und begünstigt die Entstehung eines Essoufflements.

Beim Tauchen bedingt die Einatemorientiertheit das Mitführen von mehr Blei. Dadurch liegen wir schräg im Wasser und müssen an einer größeren Angriffsfläche gegen den Wasserwiderstand anschwimmen. Das kostet nicht nur mehr Kraft, sondern führt weiter zu einer Atemsteigerung. Auch hierdurch wird ein Essoufflement begünstigt. Durch eine ausatemorientierte Atmung hingegen erreichen wir eine Entlastung der Lunge, einen niedrigeren Blutdruck und als Folge ein angenehmeres, ruhigeres Befinden. Das Kohlendioxid wird besser abgeatmet, die erforderliche Menge Blei sinkt und die Lage im Wasser ist strömungsgünstiger. Hierdurch sinkt auch das Risiko eines Essoufflements.
Wie stellst du die richtige Menge Blei fest? Den höchsten Auftrieb musst du beim Abtauchen überwinden, da an der Oberfläche das Volumen des Anzugs noch am größten ist. Gelingt das Abtauchen, so wird mit zunehmender Tiefe der Anzug dünner, der Auftrieb nimmt ab. Dann hat man eher zu viel Blei. Lediglich zum Ende des Tauchgangs, wenn das Tauchgerät nahezu leergeatmet ist, ist durch die fehlende Gewichtskraft der verbrauchten Luftmenge ein etwas höherer Auftrieb festzustellen.
Gelingt es daher abzutauchen, so wird auch beim nachfolgenden Tauchgang die Bleimenge ausreichen. Daher darf nicht der Fehler begangen werden, gerade beim Abtauchen im eingeatmeten Zustand zu verharren. Atme aus, tauche ab und atme in zwei bis drei Metern Wassertiefe wieder ein. Setze dann die ausatemorientierte Atmung fort.
Atme an der Oberfläche in vollständiger Ausrüstung mit leerer Weste ein – dann sollte der Kopf gerade eben so weit aus dem Wasser schauen, dass eine Atmung ohne Schnorchel möglich ist. Atmest du dann aus (aber richtig!), dann solltest du absinken. Dann hast du die richtige Menge Blei. Sinkst du mit gefüllter Lunge ab, so hast du zu viel Blei. Aus Gründen der Sicherheit und des

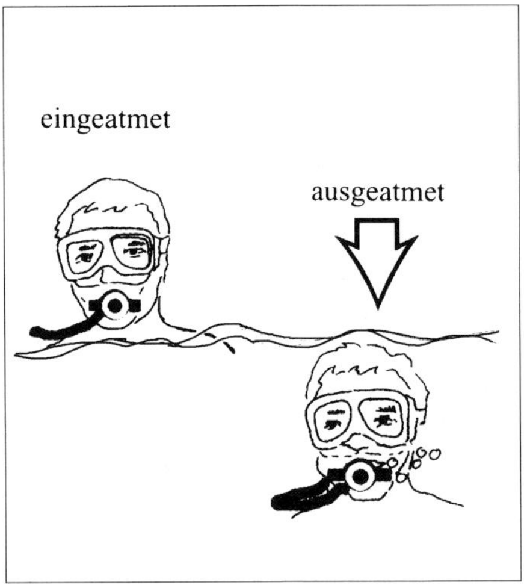

Abb. 117: Eingeatmeter Zustand – Mund über Oberfläche; ausgeatmeter Zustand – absinken.

Umweltschutzes solltet ihr während des Tauchgangs immer so tariert sein, dass ihr schwebt, euch also im hydrostatischen Gleichgewicht befindet. Nur dann könnt ihr euch in jeder Tiefe sicher halten. Nutzt auch während des Tauchgangs zunächst die Tariermöglichkeiten eurer Lunge, bevor ihr Luft in euer Jacket oder eure Weste ein- oder ablasst. Auch für das Schnorcheln an der Wasseroberfläche mit Drucklufttauchgerät bringt eine einatemorientierte Atmung Nachteile mit sich. Durch die erhöhte Bleimenge wäre an der Oberfläche eine vermehrte Füllung der Taucherweste oder des Jackets nötig. Das erhöht auch beim Schnorcheln den Wasserwiderstand bei gleichzeitig nicht gestreckter Lage. Das kostet unnötig Kraft. Außerdem liegt die Lunge wegen der höheren Gewichtskraft der Ausrüstung tiefer im Wasser, wodurch der Atemwiderstand erhöht wird. Achtet auch beim Schnorcheln darauf, dass die Taucherweste oder das Jacket nur so weit wie gerade nötig aufgeblasen wird.

Lernerfolgskontrolle

****4.15.1**
Wie viel Blei solltest du beim Tauchen mitnehmen?

****4.15.2**
Wie solltest du beim Tauchen atmen?

****4.15.3**
Wie sollte die Taucherweste oder das Jacket beim Schnorcheln gefüllt sein?

****4.15.4**
Wie sollte dein Tarierungszustand beim Tauchen sein?

4.16 Regeln zur Handhabung der Dekompressionstabelle

In der Ausbildung zum Taucher* hast du bereits den Umgang mit der Austauchtabelle bzw. Dekompressionstabelle erlernt. Dazu gehören das Einhalten der maximalen Aufstiegsgeschwindigkeit von 10 m/min und das Ablesen der erforderlichen Austauchpausen beim Erst- und ggf. auch Wiederholungstauchgang.

Das Ablesen der Nullzeit dürfte euch nun genauso geläufig sein wie das Bestimmen der Austauchpausen, auch wenn die Tiefe oder Grundzeit zwischen den in der Tabelle angedruckten Werten liegt.

Beachte bitte noch folgende Regeln:

- Für das Tauchen in Bergseen oberhalb von 700 m über N.N. ist eine andere Tabelle erforderlich, die speziell für Höhen von 700 m bis 1.500 m über N.N. entwickelt wurde. Wir sprechen dann im Folgenden von der „Bergseetabelle". Für Höhen über 1.500 m müssen weiterführende Bergseetabellen verwendet werden.
- Wenn sich für euren Zweittauchgang kein Zeitzuschlag ergibt (also die tatsächliche Oberflächenpause länger als die Oberflächenpause in der letzten Spalte der Tabelle), so handelt es sich nicht um einen Wiederholungstauchgang. Die Berechnung erfolgt dann wie beim Ersttauchgang.
- Ist eure Oberflächenpause kürzer als die kleinste Zahl der Tabelle, so handelt es sich auch nicht um einen Wiederholungstauchgang, sondern um einen einzigen Tauchgang. Die Zeiten sind dann zu addieren, und die maximale Tiefe beider Tauchgänge ist maßgebend.
- Bei starker Anstrengung unter Wasser kann das Austauchen nicht wie üblich aus der Tabelle bestimmt werden! Es muss nach der Dauer dieser Anstrengung unterschieden werden. Ist die Anstrengung nur von kurzer Dauer, so wird die nächsthöhere Zeitstufe abgelesen. Ist die Anstrengung von längerer Dauer, so werden zur Grundzeit 50% zugeschlagen, es wird also bei der 1 1/2-fachen Grundzeit abgelesen. Da der Körper bei Anstrengung vermehrt Stickstoff aufnimmt, muss diese Regel unbedingt beachtet werden! Auch bei sehr kaltem Wasser wird die nächsthöhere Zeitstufe abgelesen.
- Die Aufstiegsgeschwindigkeit von 10 m/min auch im tieferen Bereich dient dem Abbau der Mikrogasblasen in der Lunge. Oberhalb von 10 m wird eine Aufstiegsgeschwindigkeit von 6 m/min empfohlen. Dein Tauchcomputer rechnet unter Umständen mit anderen Aufstiegsgeschwindigkeiten. Hierüber solltest du dich unbedingt informieren.
- Steigst du langsamer als mit 10 m/min auf, so gilt als Grundzeit auch noch die Zeit für den Aufstieg, da du während des Aufstiegs auch noch weiter Stickstoff aufnimmst.
- Ein Restrisiko verbleibt auch bei Ein-

Austauchtabelle DECO 2000

Tiefe	Nullzeit	Zeit	Stopp in 15 m	12 m	9 m	6 m	3 m	Gruppe
12	112'	36						D
		54						E
		72						F
		90						G
		108						G
15	60'	24						D
		36						E
		48						E
		60						F
		72					5	G
		84					10	G
18	38'	15						C
		25						D
		35						E
		45					3	F
		55					9	F
		65					15	G
		75					22	G
21	27'	11						C
		16						D
		21						D
		26						E
		31					2	E
		36					5	F
		41					8	F
		46					12	F
		51					16	G
		56				1	20	G
		61				2	25	G
24	20'	7						B
		11						C
		15						D
		19						D
		23					2	E
		27					4	E
		31					7	F
		35					11	F
		39				1	14	F
		43				3	17	G
		47				4	20	G
		51				6	24	G
		55				8	28	G
27	16'	6						B
		10						C
		14						D
		18					1	E
		22					4	E
		26					8	F
		30				2	10	F
		34				3	14	F
		38				5	18	G
		42				7	22	G
		46				10	26	G
		50			1	11	31	G
30	13'	6						B
		9						C
		12						D
		15					2	D
		18					4	E
		21					7	E
		24				2	9	F
		27				3	12	F
		30				5	14	F
		33				7	17	G
		36			1	8	21	G
		39			2	9	25	G
		42			3	11	28	G
33	11'	6						C
		9						D
		12					1	D
		15					4	E
		18				1	6	E
		21				2	9	F
		24				4	12	F
		27			1	5	15	F
		30			2	7	19	G
		33			3	9	22	G
		36			4	10	27	G
36	9'	6						C
		10					1	D
		14					5	E
		18				3	8	F
		21				5	11	F
		24			2	5	15	F
		27			3	7	19	G
		30			4	9	23	G
		33		1	5	11	28	G
39	8'	6						C
		9					1	D
		12					4	E
		15				2	7	E
		18			1	4	10	F
		21			2	6	14	F
		24			4	7	18	G
		27		1	4	9	24	G
42	7'	4						C
		7						D
		10					4	E
		13				2	6	E
		16			1	4	10	F
		19			3	5	14	F
		22		1	4	7	19	G
		25		2	5	9	25	G
45	6'	6						D
		8					2	D
		10				1	4	E
		12				3	6	E
		14			1	4	9	F
		16			2	5	12	F
		18		1	3	6	15	F
		20		1	4	8	18	G
		22		2	5	9	22	G
48	5'	5						C
		7					2	D
		9				1	4	E
		11				3	6	E
		13			2	3	10	F
		15			3	5	12	F
		17		1	4	6	16	F
		19		2	4	8	20	G
		21	1	2	5	10	24	G
51	4'	6					2	D
		8				1	4	E
		10			1	2	7	E
		12			2	4	9	F
		14		1	3	5	13	F
		16		2	3	7	17	F
		18	1	2	5	8	21	G

Autor: Dr. Max Hahn

701 – 1500m ü. N.N.
Aufstieg mit 10m/min

Die von Dr. Max Hahn erstellte Bergseetabelle DECO 2000 erlaubt Tauchgänge in Höhen von 701 bis 1500 Meter über NN. Sie ist für eine Ausstiegsgeschwindigkeit von 10 m/min berechnet. – © VDST e.V.

Abb. 118 a: DECO 2000, 701 m–1500 m

Tiefe m	Nullzeit min(')	Grundzeit min	15	12	9	6	3 m	Wiederholungsgruppe
54	3'	6					3	D
		8				2	5	E
		10			1	4	7	E
		12		1	2	5	11	F
		14		2	3	6	15	F
		16	1	2	4	8	20	G
57	3'	6				1	3	D
		8			1	2	6	E
		10			2	4	9	F
		12		1	3	6	12	F
		14	1	2	4	7	18	F
		16	2	3	4	10	23	G
60	2'	6				1	4	E
		8			1	3	7	E
		10		1	2	5	10	F
		12		2	4	6	15	F
		13	1	2	4	7	18	F
		14	1	3	4	8	21	G
63	2'	6				2	5	E
		8			2	3	8	E
		10		2	2	5	13	F
		11	1	2	3	6	15	F
		12	1	2	4	7	17	F
		13	2	2	5	8	20	G

Stopp in 15 12 9 6 3 m — Dekotiefe m

Tiefe m / Nullzeit min(') / Grundzeit min / Dekopausen min / Wiederholungsgruppe

Erst planen – dann tauchen !

Oberflächenpause (h:min)

Wiederholungsgruppe											
G	2:00	3:00	4:00	5:00	6:00	7:00	8:00	9:00	10:00	12:00	36h
F	0:30	1:00	1:30	2:15	3:00	3:45	4:30	5:30	6:30	10:00	30h
E			0:30	1:00	1:30	2:00	2:30	3:00	3:30	8:00	24h
D					0:30	0:45	1:00	1:30	2:00	6:00	18h
C							0:10	0:20	0:30	4:00	12h
B								0:10	0:20	2:00	6h

Zeitzuschläge (min)

Tiefe des Wiederholungstauchgangs (m)									
12	66	60	54	47	41	35	30	25	20
15	52	47	42	37	32	27	23	19	16
18	43	39	34	30	26	22	19	16	13
21	36	33	29	26	22	19	16	13	11
24	31	28	25	22	19	16	14	12	10
27	27	25	22	19	17	14	12	10	8
30	24	22	20	17	15	13	11	9	8
33	22	20	18	16	14	12	10	8	7
36	20	18	16	14	12	11	9	7	6
39	18	17	15	13	11	10	8	7	6
42	17	15	14	12	10	9	8	6	5
45	16	14	13	11	10	8	7	6	5
48	15	13	12	10	9	8	6	5	4
51	14	12	11	10	8	7	6	5	4
54	13	12	10	9	8	7	6	5	4
57	12	11	10	9	7	6	5	5	4
60	11	10	9	8	7	6	5	4	4
63	11	10	9	8	7	6	5	4	3

Zeitzuschlag zur Grundzeit (min)

Der Abdruck erfolgt mit freundlicher Genehmigung des VDST e.V. Zu beziehen über: VDST-Tauchsport-Service GmbH, Berliner Str. 312, 63067 Offenbach.

Abb. 118 b: DECO 2000, 701 m–1500 m

haltung aller Austauchregeln, da durch keine Tabelle individuelle Besonderheiten oder äußere Faktoren wie Kälte oder Strömung berücksichtigt werden können. Bei jedem Tauchgang treten Mikrogasblasen auf, die jedoch im venösen System zur Lunge transportiert und dort abgebaut werden. Durch einen Shunt bei einem Loch in der Vorhofscheidewand des Herzens können jedoch auch bei Nullzeittauchgängen Mikrogasblasen in den arteriellen Kreislauf gelangen und so eine Dekompressionskrankheit auslösen. Daher ist es ohne weiteres möglich, dass nach einem harmlosen Tauchgang ein Mittaucher über Symptome der Dekompressionskrankheit klagt. Dies ist dann unbedingt ernst zu nehmen und unverzüglich zu behandeln!

Lernerfolgskontrolle

****4.16.1**
Welche Tabelle verwendest du bei einem Bergseetauchgang in 1.000 m über N.N.?

****4.16.2**
Wie bestimmst du deine Austauchpausen bei einer kurzen, starken Anstrengung?

****4.16.3**
Wie bestimmst du deine Austauchpausen bei einer längeren Anstrengung?

****4.16.4**
Wie bestimmst du deine Austauchpausen bei sehr kaltem Wasser?

****4.16.5**
Kann es auch bei Einhalten aller Austauchregeln zu einer Dekompressionskrankheit kommen?

****4.16.6**
Woran kann es liegen, wenn dein Tauchpartner nach einem Tauchgang eine andere Anzeige auf seinem Dekocomputer hat als du?

4.17 Planung eines Tauchgangs mit Berechnung der Dekompression und des Luftverbrauchs

Nachdem dir die Handhabung der Austauchtabelle und das Berechnen des Luftverbrauchs bekannt sind, soll nun ein kompletter Tauchgang geplant werden.
Entsprechend den Tauchgewässern und dem geplanten Tagesablauf kennen wir

- die Höhe des Gewässers über N.N. und damit die zu verwendende Tabelle,
- die Uhrzeit für den ersten Tauchgang,
- die geplante Maximaltiefe und Grundzeit für den ersten Tauchgang,
- die ungefähre Oberflächenpause oder die Uhrzeit für den Beginn des zweiten Tauchgangs,
- die geplante Maximaltiefe und Grundzeit für den zweiten Tauchgang,
- unsere Tauchausrüstung, insbesondere die Größe der Tauchgeräte und deren Füllung,
- unser ungefähres Atemminutenvolumen.

Damit ist es möglich, sämtliche Austauchpausen beider Tauchgänge zu berechnen. Außerdem können wir feststellen, ob unsere Tauchgeräte überhaupt für den Luftbedarf ausreichen oder ob vielleicht die Tauch-

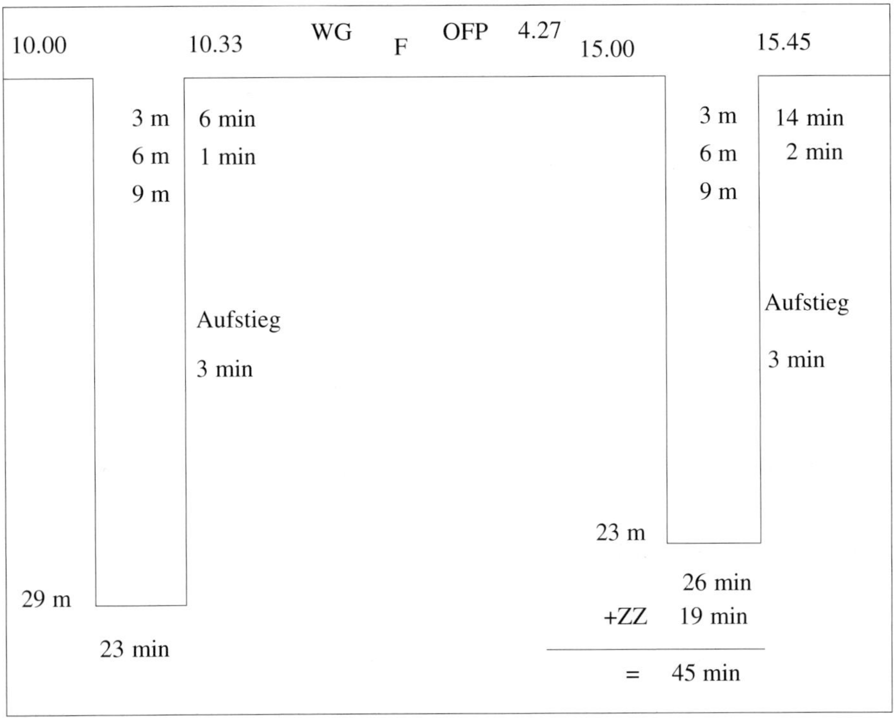

Abb. 119: Berechnung zweier Tauchgänge

gänge so gar nicht durchführbar sind. Dann muss vorab anders geplant werden, also die Tiefe verringert oder die Grundzeit verkürzt werden.

Beispiel:

- Du unternimmst einen Tauchgang auf Meereshöhe.
- Erster Tauchgang: Beginn 10.00 Uhr, maximale Tiefe 29 m, Grundzeit 23 min.
- Zweiter Tauchgang: Beginn 15.00 Uhr, maximale Tiefe 23 m, Grundzeit 26 min.
- Das Atemminutenvolumen beträgt 20 l/min. Du tauchst jeweils mit einem auf 200 bar gefüllten 10-l-DTG.

Zur Berechnung der Austauchstufen und später des Luftverbrauchs empfiehlt sich die Skizzierung des Tauchgangs in einem Schema wie in Abb. 119 gezeigt.

Für den ersten Tauchgang lesen wir die Austauchstufen unter 30 m und 24 min ab. Es ergeben sich 1 min auf 6 m und 6 min auf 3 m. Die Aufstiegszeit beträgt (auf volle Minuten aufgerundet) 3 min. Damit dauert der gesamte Tauchgang (23+1+6+3) min = 33 min, und der Tauchgang endet um 10.33 Uhr. Als Wiederholungsgruppe haben wir „F“ abgelesen.

Soll der zweite Tauchgang um 15.00 Uhr beginnen, so beträgt unsere Oberflächenpause 4 Stunden und 27 Minuten. Wir können damit den Zeitzuschlag für den Wiederholungstauchgang bestimmen.

Dazu lesen wir unter der nächstkleineren Tiefe von 23 m, also 21 m, einen Zuschlag von 19 min ab. Für den zweiten Tauchgang ergibt sich so eine fiktive Grundzeit von 45 min. Als Austauchstufen lesen wir bei der Tiefe 24 m und der Grundzeit 45 min 2 min auf 6 m und 14 min auf 3 m ab.

Nun muss noch das benötigte Luftvolumen

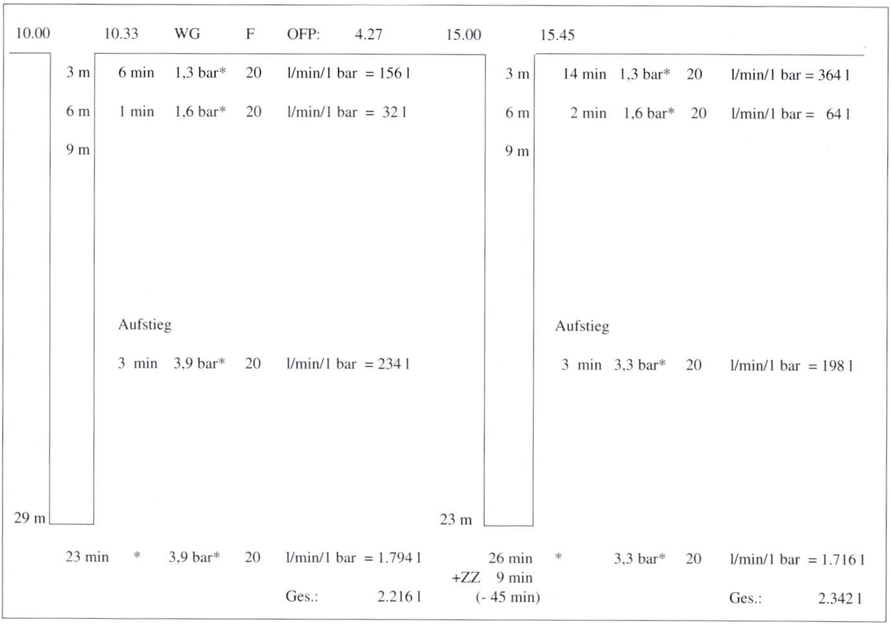

Abb. 120: Berechnung des Luftverbrauches

bei 1 bar errechnet werden. Dazu ergänzen wir unser Schema mit dem Druck und dem Atemminutenvolumen für die Grundzeit, den Aufstieg und die Austauchpausen:

Zur Ermittlung des verbrauchten Luftvolumens wird die auf der jeweiligen Austauchstufe eingetragene Zeit mit dem Umgebungsdruck und dem Atemminutenvolumen multipliziert und durch den Oberflächendruck von 1 bar geteilt. Das Gleiche geschieht für die Grundzeit und für die aufgerundete Aufstiegszeit. Bei der Aufstiegszeit ist zu beachten, dass als Umgebungsdruck aus Sicherheitsgründen der Druck der maximalen Tiefe zugrunde gelegt wird! In dem Schema bilden wir dann einfach in der Spalte der verbrauchten Luftvolumina die Summe und erhalten unser gesamtes verbrauchtes Luftvolumen. Als Gesamtluftvolumen für beide Tauchgänge ergibt sich 4.558 l. Der gesamte Vorgang ist oben im Schema der Abb. 120 dargestellt.

Wir erkennen, dass mit unseren 10-l-DTG diese Tauchgänge so nicht durchführbar sind. Wir müssen daher entweder unser Tauchprofil ändern (z.B. die Grundzeit verkürzen) oder die Tauchgänge mit 15-l-DTG durchführen.

Lernerfolgskontrolle

****4.17.1**

Du möchtest einen Tauchgang in einem auf 400 m ü. N.N. gelegenen See durchführen.
1. Tauchgang: um 9.00 Uhr auf maximal 32 m, Grundzeit 25 min.
2. Tauchgang: um 15.30 Uhr auf maximal 25 m, Grundzeit 23 min.
Dein Atemminutenvolumen beträgt 20 l/min. Errechne die Austauchpausen und das gesamte bei 1 bar verbrauchte Luftvolumen.

5. Tauchen und Umwelt

5.1 Umweltgerechtes Tauchen im Binnensee

Die Zahl der Taucher wächst ständig, auch in Deutschland. Dagegen nimmt die Zahl der Gewässer, die für Taucher zugänglich sind, eher ab. Damit werden die wenigen Seen, in denen wir noch tauchen können, von immer mehr Tauchern besucht. Dass dies zu Problemen nicht nur unter den Tauchern oder mit den Anliegern, sondern auch für die Natur führt, ist leider eine Tatsache. Um nicht auch die wenigen Gewässer, die uns noch offen stehen, zu gefährden, sollten daher einige grundlegende Prinzipien beachtet werden. Zunächst sollte die Anzahl der Taucher für den See nicht zu groß sein. Ein Stausee kann sicherlich mehr Taucher verkraften als ein kleiner bewachsener Baggersee. Solltet ihr eine größere Gruppe sein, so sucht euch ein Tauchgewässer passender Größe aus.

Anfahrt umweltschonend
- Fahrgemeinschaften bilden.
- Über befestigte Wege anfahren.
- Vorhandene Parkplätze nutzen (ein kleiner Fußmarsch kann jedem zugemutet werden).
- Keine Kompressoren am Gewässer laufen lassen (besser ausreichend Geräte mitbringen).
- Rücksicht auf Anwohner, andere Gäste und andere Taucher nehmen (das betrifft auch das Umziehen am See).

Ein- und Ausstieg
- Vorhandene, befestigte Wege benutzen.
- Stege und andere befestigte Einstiege nutzen.
- Uferstreifen schützen und sauber halten.
- Nicht die Ufervegetation schädigen; wenn kein befestigter Einstieg vorhanden ist, dann benutzen alle Taucher den gleichen Weg.
- Nicht durch Schilfgürtel gehen.
- Keine Wasservögel stören.

Tauchgang
- Kein Sediment aufwirbeln (Tarierung).
- Laichzeiten beachten, Laichgebiete meiden.
- Nicht in Pflanzengürtel hineintauchen, mit Flossenschlag aufpassen.
- Pflanzen und Tiere nicht berühren, Fische nicht anstrahlen.
- Rücksicht bei Eistauchgängen!

Abfahrt
- Abfälle wieder einsammeln.
- Sonst wie bei der Anfahrt.

Lernerfolgskontrolle

****5.1.1**
Was muss zum umweltgerechten Tauchen in Binnenseen beachtet werden?

****5.1.2.**
Wie verhältst du dich beim Tauchen in einem See, der direkt neben einem Wohngebiet liegt?

****5.1.3**
Warum ist das Aufwirbeln von Sediment schädlich für ein Gewässer?

****5.1.4**
Wie verhältst du dich, wenn sich ein Anwohner über den starken Tauchbetrieb am See beschwert?

**5.1.5
Weshalb sollen Übungen, bei denen der Gewässergrund berührt wird, möglichst in großen, ökologisch stabilen Seen ohne Bewuchs durchgeführt werden?**

**5.1.6
Was beachtest du als Leiter einer Tauchgruppe beim Tauchen in einem empfindlichen See, und mit welchen Beeinträchtigungen rechnest du?**

5.2 Umweltgerechtes Tauchen im Meer

Die Meere stellen flächenmäßig den größten Teil der Erde dar. Doch auch sie sind durch Umweltschädigungen bedroht. Auch Taucher tragen ihren Teil zur Schädigung von Tauchgebieten bei. Um die Auswirkungen so gering wie möglich zu halten, solltet ihr dringend einige Verhaltensregeln beachten.

Anfahrt

- Nicht mit zu vielen Booten an einem Gebiet gleichzeitig tauchen.
- Nicht mit Anfängern an empfindlichen Korallenriffs tauchen.
- Beim Ankern den Anker nur in Gebiete werfen, in denen keine Schädigungen verursacht werden.
- Ankerbojen verwenden.

Tauchgang

- Durch richtiges Tarieren Sedimentaufwirbelungen und Berührungen vermeiden.
- Ausreichender Abstand vom Grund.
- Mechanische Belastung, z.B. durch Flossentritte, vermeiden.
- Keine Korallen oder andere Lebewesen abbrechen oder mitnehmen.
- Sich nicht an Korallen festhalten.
- Niemals harpunieren!
- Kein Sammeln von Meerestieren oder Pflanzen.
- Kein Anfüttern von Tieren, kein Berühren.
- Fische nicht durch Blitz oder Lampe aufschrecken, insbesondere bei Nachttauchgängen.
- Beim häufigen Tauchen in einer vollständig gefluteten Meereshöhle können durch die Ausatemluft die oberen Höhlenbereiche trockenfallen, so dass dort lebende festsitzende Organismen absterben.

Hinterher

Keine Tiersouvenirs kaufen (Korallen, Muscheln etc.).

Lernerfolgskontrolle

**5.2.1
Was muss zum umweltgerechten Tauchen im Meer beachtet werden?**

**5.2.2
Wozu kann häufiges Betauchen einer vollständig gefluteten Meereshöhle führen?**

**5.2.3
Wie solltest du dich tarieren, wenn du fotografierst oder filmst, und warum?**

5.3 Aktiver Umweltschutz

Die Umwelt nicht zu schädigen, heißt noch lange nicht, etwas für sie zu tun. Auch hier kannst du tätig werden:

- Beobachte die Gewässer kritisch, um Verschlechterungen der Wasserqualität zu erkennen und gegebenenfalls weiterzuleiten (Sichtweite, Tier- und Pflanzenwelt).
- Gewässserreinigungsaktionen, aber nur Gegenstände entfernen, die offensichtlich noch nicht als Lebensraum von Tier- und Pflanzenwelt angenommen wurden, z.B. Farbeimer, Batterien, Chemikalienbehälter.
- Als Tourist auf den Kauf von Tierpräparaten als Souvenir verzichten.
- Kameraden dazu anhalten, sich ebenfalls umweltbewusst zu verhalten.
- Umweltschutz in der Tauchausbildung lehren.
- Tauchbasen auch unter Umweltschutzgesichtspunkten auswählen (z.B. Ankerbojen).
- Teilnahme an Spezialkursen und Seminaren zum Thema Umweltschutz und Biologie.

Lernerfolgskontrolle

****5.3.1**
Wie kannst du dich aktiv am Umweltschutz beteiligen?

****5.3.2**
Unter welchen Voraussetzungen sind Gewässerreinigungsaktionen an einem Binnensee sinnvoll?

****5.3.3**
Was unternimmst du, wenn du unter Wasser antike oder archäologisch wertvolle Gegenstände findest?

Bitte beachte die Hinweise zur Umwelterziehung ab Seite 17.

Ausbildung zum Taucher*** und Taucher****

Einführung

Als CMAS-Taucher** hast du erlernt, Tauchgänge selbst zu planen und mit anderen ähnlich erfahrenen Tauchern durchzuführen. Du hast Erfahrung in Gruppenführungen gesammelt und kannst dich beim Tauchen orientieren. Wenn du nun auch mit unerfahreneren Partnern tauchen möchtest und für diese ein sicherer Begleiter und Gruppenführer werden möchtest, so solltest du den dritten Stern erwerben.
Als CMAS Taucher*** bist du Inhaber des Deutschen Tauchsportabzeichens in Gold, also der höchsten Qualifikationsstufe im Tauchen. Du solltest dann selbstverständlich alle Techniken und Fertigkeiten des Tauchens beherrschen, aber nicht mehr mit dir selbst beschäftigt sein, sondern für andere mitdenken können.
Die Voraussetzungen, insbesondere auch die Anzahl der Tauchgänge seit CMAS-Taucher**, kannst du der Prüfungsordnung entnehmen. Auch hier sollten sie nur ein Minimum darstellen. Um Taucher*** zu werden, musst du schon sehr gut tauchen. Auch deine Kondition sollte auf einem hohen Stand sein. Erfahrung als Gruppenführer ist genauso gefragt wie die jederzeitige Aufrechterhaltung der Sicherheit beim Tauchgang.
Um dies zu erreichen, ist der Spezialkurs „Tauchsicherheit und Rettung" eine Voraussetzung zum Beginn mit dieser Stufe. Dieser wohl wichtigste Spezialkurs für alle Taucher vermittelt dir nicht nur die Maßnahmen, die in einem Notfall zu ergreifen sind, sondern auch die vorbereitenden Möglichkeiten, Komplikationen beim Tauchen zu vermeiden.
Um auch deine taucherischen Fertigkeiten weiter zu vertiefen, soll ein weiterer Spezialkurs aus diesem Bereich absolviert werden. Nutze hier die breite Palette an Möglichkeiten, die dir geboten wird, beispielsweise im Strömungstauchen, Wracktauchen oder Trockentauchen. Manche Spezialkurse können am besten im Ausland durchgeführt werden. Scheue dich nicht davor, denn dabei kannst du sicherlich eine Menge lernen und vor allem weitere Erfahrungen sammeln. Jeder Spezialkurs bringt dir wieder mehr Sicherheit und eine Erweiterung deiner Fähigkeiten als Taucher.
Das theoretische Wissen zum CMAS**-Taucher war schon äußerst umfangreich und tief gehend. Du solltest es jetzt noch einmal auffrischen, denn als Taucher*** kommst du häufig auch in die Rolle eines Ratgebers für weniger erfahrene Taucher. Es wird dir dann sicherlich Freude bereiten, als kompetenter Ansprechpartner zur Verfügung zu stehen.

Spezialkurs: Tauchsicherheit und Rettung

1. Kursziel

Der Kursteilnehmer soll in Theorie und Praxis mit der vorbeugenden Unfallvermeidung (vorbeugende Maßnahmen) und der Unfallbewältigung (bei einem Tauchunfall zu ergreifende Maßnahmen) vertraut gemacht werden. Nach Abschluss des Kurses soll er sich der besonderen Bedeutung von Unfallvermeidung und Unfallbewältigung bewusst sein,

- Tauchgänge so durchführen zu können, dass vorhersehbare Probleme oder Unfälle bei sich selbst oder bei Mittauchern vermieden werden,
- Tauchgänge so durchführen zu können, dass eingetretene Probleme oder Unfälle bei sich selbst oder bei Mittauchern bewältigt werden,
- tauchspezifische Erkrankungen zu erkennen und unterscheiden können (Symptomatik),
- Rettungs- und Transporttechniken an die Oberfläche, zum Land/Boot, an Land/Boot durchführen zu können,
- Erste-Hilfe- und Reanimationstechniken inklusive der Automatischen Externen Defibrillation (AED) anwenden zu können,
- den effizienten Rettungs- und Signalmitteleinsatz zu kennen,
- die Grundsätze der Rettungskette und ihre bedarfsgerechte Modifizierung zu kennen bzw. einleiten zu können.

2. Mindestvoraussetzungen

- Alter: 14 Jahre
- Ausbildungsstufe: CMAS Taucher* Ersatzweise muss der Bewerber eine gleichwertige, vom zuständigen Verband anerkannte Qualifikation vorlegen.
- Anzahl der Tauchgänge: 30
- Sonstiges: Gültige Tauchtauglichkeitsbescheinigung

3. Ausbildungs- und Prüfungsberechtigung

Tauchlehrer/Kursleiter: mindestens Tauchlehrer** und vom zuständigen Verband zugelassene Tauchlehrer.
Eine Anerkennung anderer Personen als Kursleiter kann bei entsprechender Eignung durch den zuständigen Verband erfolgen. Diese Anerkennung muss vor Ausschreibung des Kurses eingeholt sein.

4. Theoretischer Teil

- Unterrichtseinheiten: 4

Lehrinhalte:

Unfallvermeidung: Vermeidung von Unfällen (vorhersehbare Probleme) durch Ausschalten von Risikosituationen

Dieses Kapitel ist als Einleitung zum theoretischen Teil des Kurses zu verstehen. Anhand von Unfallstatistiken können Risikofaktoren dargelegt werden. Es muss klar werden, dass auch bei Beachten aller Verhaltensregeln Restrisiken bestehen, die bereits eine qualifizierte Notfallorganisation erfordern. Erfahrungsgemäß führt ein regelwidriges Verhalten immer wieder zu Vorfällen, die ihrerseits ein Notfallmanagement erfordern.
Besondere Sorgfalt ist der Psyche des Mittauchers zu widmen, dabei Berücksichtigung von Angstzuständen mit möglicher Panikreaktion.
Hinweis auf exakte Durchführung eines Tauchgangs inkl. Sicherheitsstopp von einer Minute in ca. 3–5 m Wassertiefe (je nach örtlichen Verhältnissen).
Unbedingtes Einhalten der vorgeschriebenen Aufstiegsgeschwindigkeit und der ermittelten Dekompressionsstufen und -pausen, Mitführen und korrekte Handhabung gültiger Dekompressionstabellen trotz Computergebrauch.

Besondere Risikofaktoren bei Strömungs-, Nacht-, Trocken-, Eis- und Tieftauchgängen. Unterschiede beim Tauchen in Salz- und Süßwasser.

Unfallbewältigung: Erkennen und Beurteilen von Unfallsituationen

Hierzu gehört die Kenntnis der wichtigsten Taucherkrankheiten wie Barotraumen des Ohres, Tiefenrausch, Lungenüberdruckunfall und Dekompressionskrankheit sowie das Essoufflement. Wichtig ist die Gegenüberstellung des Lungenüberdruckunfalls und der Dekompressionskrankheit Typ II.
Aber auch einfache Störungen wie der Wasser-Nase-Reflex und der Tauchreflex müssen erklärt werden, weil sie zu ernsteren Zwischenfällen führen können.
Besondere Bedeutung kommt dem Umgang mit einem Bewusstlosen zu: Wann sind Reanimationsmaßnahmen angezeigt?

Rettungs- und Transporttechniken

Hierzu gehört das Retten und Bergen des bewusstlosen Tauchers an die Oberfläche, der Transport eines Verletzten, ziehend und schiebend inkl. Betreuung.
Bergen in das Boot (Schlauchboot oder mit Rettungshilfen an einem größeren Boot) bzw. an Land (Rautek-Bergegriff und Schultertragegriff nach Rautek).
Die Versorgung beginnt mit dem Lockern

Abb. 121: Rautek-Bergegriff

Abb. 122: Schultertragegriff nach Rautek

der Kleidung und – soweit erforderlich – Entkleidung. Die Rautek-Griffe ermöglichen die Rettung ohne spezielle Ausrüstung.

Rautek-Bergegriff

Der Rautek-Bergegriff eignet sich für zahlreiche Rettungsmaßnahmen, insbesondere ist er auch für die Rettung eines bewusstlosen Tauchers an das Ufer zu empfehlen (siehe Abb. 121).

Zur Durchführung des Rautek-Bergegriffes tritt der Helfer hinter den Verletzten und fasst unter den Achseln hindurch, wobei ein Arm vor dem Oberkörper angewinkelt und vom Helfer mit beiden Händen so gefasst wird, dass die Hände den Unterarm des Verletzten nicht mit dem Daumen umgreifen (weniger Halt!). In dieser Position kann der Verletzte bei Tauch- oder Badeunfällen ans Ufer verbracht werden. Das Aufrichten des liegenden Verletzten ist besser möglich, wenn der Retter sich zunächst hinter den Verletzten kniet. Der Rautek-Bergegriff ist nur dazu geeignet, den Verletzten aus dem akuten Gefahrenbereich zu holen.

Mit dem Rautek-Schultertragegriff ist die Rettung eines verunfallten Tauchers aus hüfthohem Uferwasser möglich. Man fasst dazu aus der Abschlepplage heraus in etwa bauchhohem Wasser (bezogen auf den Retter) über Kreuz das Handgelenk des Verunglückten (für Rechtshänder mit der linken Hand das rechte Handgelenk) und den Oberschenkel (für Rechtshänder mit der rechten Hand den linken Oberschenkel). Der Verunglückte wird dann über die Längsachse drehend auf die eigenen Schultern gebracht. Mit der rechten Hand wird nun um beide Beine des Verunglückten herum der rechte Arm des Verunglückten gefasst (die linke Hand ist frei). Die Körperlast sollte möglichst gleichmäßig verteilt sein (siehe Abb. 122).

Der Rettung aus dem Wasser geht in der Regel die Rettung des verletzten oder bewusstlosen Tauchers an die Wasseroberfläche voraus.

Der Wichtigkeit halber sind hierzu folgende Punkte zu merken:

Für spätere Unfallanalyse wichtig:

- Wo ist der Lungenautomat?
- Sitzt die Maske korrekt?
- Wie ist die Lage des Verletzten?
- Sind äußere Verletzungen vorhanden?
- Der Lungenautomat ist im Munde des Verletzten zu belassen (nicht einführen, sofern nicht im Mund befindlich).
- Der Retter schwimmt von oben und hinten an den Kopf des Verletzten und fixiert den Lungenautomaten mit einer Hand, dabei aufrechte Lage beider Taucher, wobei der Kopf des Verletzten in eine überstreckte Position gebracht wird. Alternativ ist die Rettung auch aus seitlicher Position des Retters durchführbar.
- Tarieren des Betroffenen und anschließende Rettung an die Wasseroberfläche; wichtig hierbei: Der Verunfallte muss stets so tariert sein, dass er hydrostatisches Gleichgewicht oder einen leichten Auftrieb hat (damit bei Verlust Aufwärtsbewegung). Es gilt immer der Grundsatz, sich selbst nie zu gefährden, d.h. der Transport an die Oberfläche sollte zwar zügig erfolgen, im Flachbereich (d.h. ab ca. 10 m) immer betont langsam (Air-Trapping-Gefahr!).

An der Wasseroberfläche müssen die vitalen Funktionen (Atmung und Kreislauf) des Verletzten geprüft werden, das Transportschwimmen muss vorbereitet werden. Zunächst muss das Opfer ggf. herumgedreht und fixiert werden: Gesicht nach oben! Diese Aktion ist leichter möglich, wenn der Retter mit gekreuzten Armen die Schultern des Verletzten von der Kopfseite her fasst und ihn so mit Schwung auf den Rücken dreht. Es folgt das Abwerfen seines Bleigurtes und eventuell die Entfernung seines Tauchgerätes (Vorsicht bei Übungen: Fangleine mit Boje verwenden!).

Das Transportschwimmen (Abb. 123) ist grundsätzlich ziehend und schiebend möglich. Bei der üblichen Abschlepptechnik ist eine bessere Verständigung mit dem Verunfallten möglich. Beide Taucher befinden sich in der Rückenlage. Wenn der Verletzte von seinem Ballast befreit ist, wird seine Taucherweste oder sein Jacket aufgeblasen. (Vorsicht: Zu viel Luft im Tariersystem kann Transport und Atmung behindern!) Beim Transportschwimmen werden die Masken angelassen. Es ist ständig darauf zu achten, dass Mund und Nase des Verletzten frei sind, damit kein Wasser aspiriert werden kann. Der Atemregler wird nur bei hohem Seegang im Mund des zu Rettenden belassen, da ohne Atemregler ein freies Atmen ohne Atemwiderstand möglich ist.

Hinweis auf das veränderte Transportverhalten bei Wingjackets (andere Luftverteilung als üblich)!

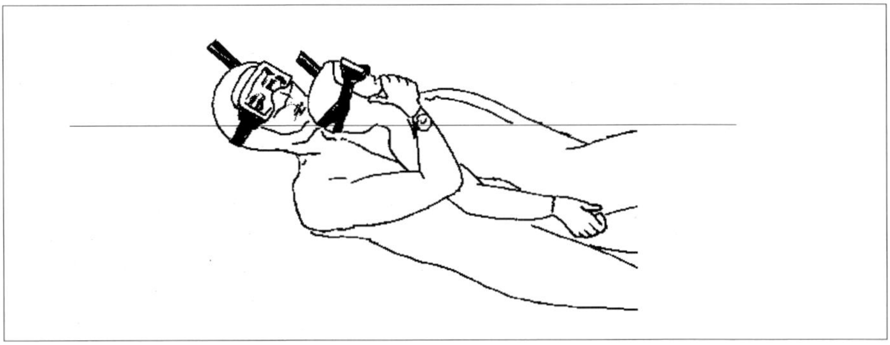

Abb. 123: Transportschwimmen

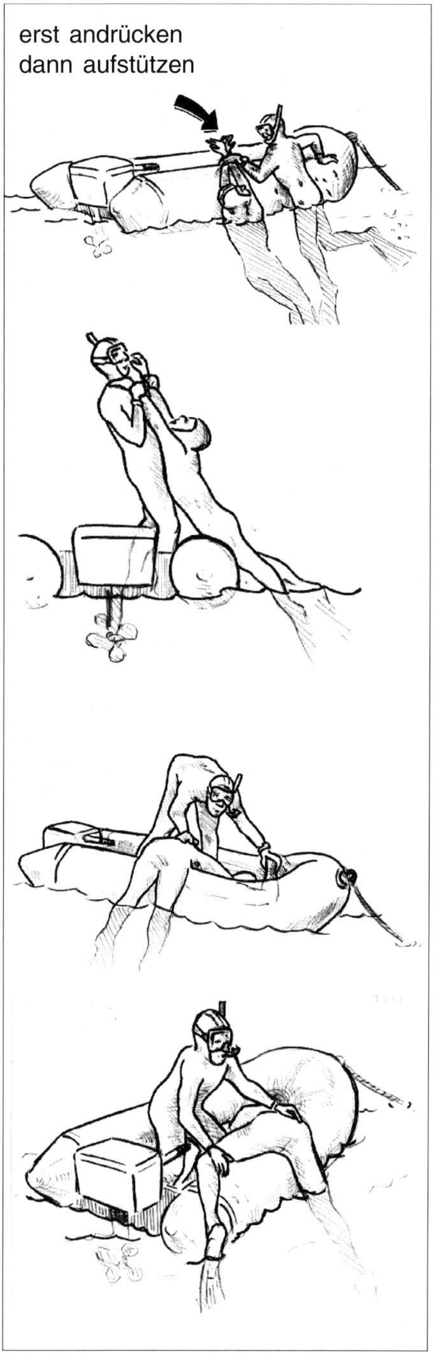

Abb. 124: Retten in ein Schlauchboot

Anmerkung:
Die Beatmung über den Schnorchel wird neuerdings von vielen Tauchsportverbänden abgelehnt, weil die notwendige Herz-Druck-Massage im Wasser nicht effektiv durchgeführt und damit ein effektiver Kreislauf nicht aufrechterhalten werden kann. Die Beatmung über den Schnorchel kann nur dann sinnvoll sein, wenn es sich um einen Atemstillstand bei noch vorhandener Herztätigkeit handelt (Carotispuls vorhanden).
Wichtig ist es immer, den Verunfallten in eine Umgebung zu bringen, in der er optimal und wirkungsvoll versorgt werden kann.
Mindestens ebenso wichtig wie der Transport ist die Betreuung des Verunfallten. Außerdem darf der Transport nicht unter Aufbringen aller verfügbaren Kraft geschehen, weil noch weitere anstrengende Aktivitäten folgen werden.
Anschließend erfolgt die Rettung des Verletzten an Land oder in das Boot; spätestens vor diesem Schritt muss das Tauchgerät entfernt werden.

Bergen in das Schlauchboot

Mit einem Bewusstlosen oder Verletzten bereitet das Bergen in Boote oder steile Wände hinauf oft Probleme. Es ist jedoch auch für eine einzelne Person möglich, einen bewusstlosen Taucher sicher in ein Schlauchboot zu bergen. Der Retter legt eine oder beide Hände des Opfers auf die Wand des Schlauchbootes, stützt sich auf die Wand und steigt selbst als Erster in das Boot, ohne die aufgelegte Hand loszulassen (Abb. 124). Alsdann hievt er den Verletzten an beiden Händen fassend nach einigem Eintauchen (nicht Gesicht) mit Schwung in das Boot.

Bergen über die Leiter in das Boot

Bei größeren Booten müssen steile Leitern überwunden werden, um an Bord zu kommen. Man legt zunächst den zu Rettenden mit dem Rücken an die Leiter, greift dann mit dem linken Arm unter der Achsel hin-

Abb. 125: Rettung über eine Bootsleiter

durch an eine Leitersprosse, um Halt zu bekommen (Abb. 125). Dann zieht man mit der rechten Hand den Verletzten auf den rechten Oberschenkel, möglichst dicht heran. Anschließend greift man mit der rechten Hand durch die andere Achsel an die Leiter und kann so den Bewusstlosen hochtragen. Diese Rettungsübung sollte man vorher geübt haben. Sie lässt sich auch durchführen, wenn der Verletzte über beiden Oberschenkeln des Retters im Grätschsitz hochgetragen wird. Bei dieser Methode hat der Retter mehr Beinfreiheit.

Wenn genügend Helfer vorhanden sind, kann man den Verletzten auch mit einer Leine hochziehen. Dies geschieht mit dem Brustbund (Feuerwehrstek).

Dieser Spezialknoten wird so ausgeführt, dass man aus einer dem Verletzten von vorn zugewandten Position das Seil um den Nacken legt, es dann nach vorn über die Schultern und anschließend durch die Achseln

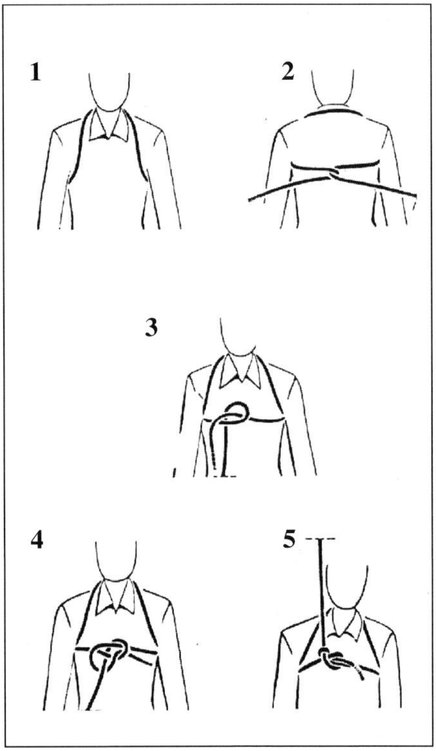

Abb. 126: Brustbund (Feuerwehrstek)

hindurch nach hinten zieht. Auf dem Rücken wird es dann einmal überkreuzt und über der Brust mit dem Palstek befestigt (Abb. 126). So besteht für den Verletzten bei der Rettung keine Gefahr des Abgleitens. Beim Hochhieven muss dafür Sorge getragen werden, dass der Verunfallte sich an der Bordwand / Reling keine Verletzungen zuzieht.

Erste-Hilfe-Maßnahmen

Möglichst mit Anschauungsmaterial sollen Maßnahmen bei Verletzungen, die beim Tauchsport vorkommen, demonstriert werden. Es handelt sich um Verstauchungen, Verrenkungen, Knochenbrüche, Schürfverletzungen, spritzende Blutungen und Verletzungen durch bestimmte Meerestiere, hierbei ist eine kurze Einweisung in Verbandstechniken empfehlenswert.

Reanimation

Die Reanimation muss von jedem Teilnehmer aktiv und intensiv geübt werden. Zwingende Notwendigkeit hierfür ist ein Reanimationsmodell (Puppe). Es ist streng nach folgendem Schema vorzugehen:

Ein-Helfer-Methode

Hier verfahre bitte genau nach den Ablaufschemen und den Anweisungen und Ausführungen der HLW, wie sie im **HLW-Kurs (Seite 163 bis 174)** beschrieben worden sind.

Zwei-Helfer-Methode

Die Zwei-Helfer-Methode soll in der Zukunft bei der einfachen Basisreanimation für Erwachsene nicht mehr gelehrt werden. Es ist aber sinnvoll, dass eine zweite Person als Helfer zu Verfügung steht, wenn ein Helfer körperlich erschöpft ist. Sollten zwei Helfer die HLW durchführen, geschieht das auch in einem Rhythmus 30 Thoraxkompressionen:2 Beatmungen.

Eine Ausnahme bildet die HLW des Kindes, wenn zwei Helfer vorhanden sind, die nach einem Rhythmus von 15 Thoraxkompressionen : 2 Beatmungen arbeiten.

Automatische Externe Defibrillation (AED)

Wenn ein AED-Gerät (Elektroschockgerät) vorhanden ist, muss es in die Maßnahmen der Herz-Lungen-Wiederbelebung integriert werden, um die lebensgefährliche Herzrhythmusstörung frühzeitig zu erkennen und sie erfolgreich zu behandeln. Wenn am Unfallort kein Gerät parat ist, wird es in der Regel von dem durch Notruf herbeigeholten Rettungswagen mitgebracht. Das bedeutet Zeitverlust, es ist also ratsam, dass auch ein AED-Gerät zur Notfallausrüstung eines Tauchvereins gehört. Das AED-Gerät erkennt das Kammerflimmern des Herzens und veranlasst den Bediener, den Elektroschock abzugeben. Danach erfolgen neue Analysen und neue Sprachanweisungen des

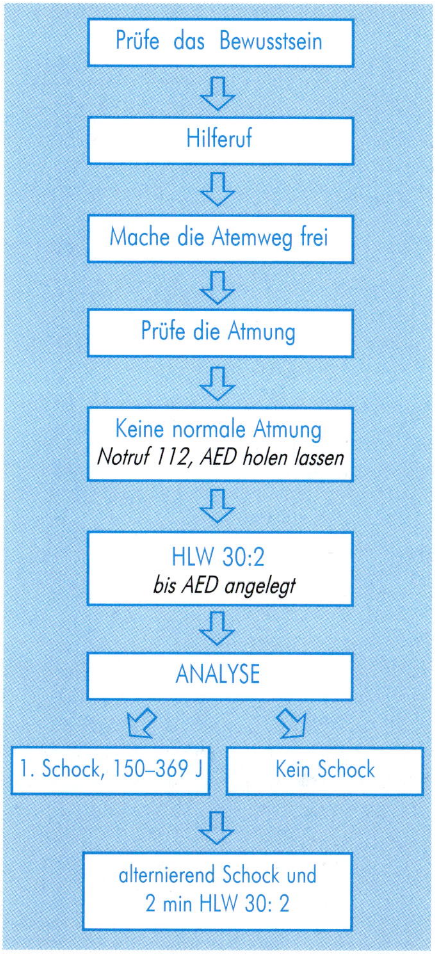

Abb. 127: Algorithmus der Basisreanimation Erwachsene (ERC-2005) Automatische Externe Defibrillation

Gerätes. Nach dem ersten Schock fordert das Gerät zum Fortsetzen der HLW auf, wenn es so programmiert ist. Die Abb. 127 zeigt, wie die Automatische externe Defibrillation in die Maßnahmen der Herz-Lungen-Wiederbelebung zu integrieren ist. Das Gerät ist einfach zu bedienen:

- Gerät einschalten
- Elektroden aufkleben,
- optische und akustische Anweisungen

des Gerätes zum weiteren Vorgehen befolgen

Damit der Einsatz eines AED auch von Erfolg gekrönt wird, sind einige Sicherheitskriterien zu beachten:

- benutze den Defibrillator nur bei Patienten, die ohne oder ohne normale Atmung sind,
- stelle sicher, dass niemand den Patienten berührt,
- stelle sicher, dass die Elektroden auf dem entblößten Oberkörper des Patienten richtig positioniert sind,
- entferne den Sauerstoff vor der Durchführung der Defibrillation (Explosionsgefahr!)

Nach jeder Analyse, d.h. nach einer Schockabgabe aber auch bei Ablehnung des Schocks muss sofort die HLW begonnen werden, 30 Thoraxkompressionen : 2 Beatmungen. Die HLW soll jeweils 2 min dauern.

Grundsätzlich soll die HLW im Zuge der Automatischen Externen Defibrillation nicht unterbrochen werden, nur

- zum Zeitpunkt der Analyse bzw. der Schockabgabe,
- wenn professionelle Hilfe die HLW über nimmt,
- wenn der Patient wieder normal atmet und
- wenn die Helfer körperlich erschöpft sind.

Sauerstoffsysteme

Zur Behandlung von Tauchunfällen ist die Atmung von Sauerstoff die Therapie mit der besten Wirkung. Daher ist es zwingend notwendig, dass ein Sauerstoffsystem vor Ort vorhanden ist.

Die beste Wirkung haben Sauerstoffsysteme, bei denen der Verletzte reinen Sauerstoff atmen kann (Dräger Akut 2000, Wenoll-System, DAN-Sauerstoff-Kit). Die Handhabung dieser Systeme ist Gegenstand des Spezialkurses „Medizin-Praxis“ (Seite 404 ff.), sollte aber auch im Rahmen des Spezialkurses „Tauchsicherheit und Rettung“ geübt werden.

Rettungs- und Signalmittel

Demonstration und Erläuterung von Taucherwesten und Jackets mit ihren Vor- und Nachteilen. Signalpfeife, Signalboje, Signalhupe für Wasserbetrieb, Signalblitz, Notsignale (Seemannschaft) etc.

Rettungskette

Erklärung der Rettungskette an Binnenseen und am Meer.

Maßnahmen vor dem Tauchgang und nach eingetretenem Notfall, Notfalltelefon, Funk, Rettungswagen mit Notarzt, Kontakt zum nächsten Druckkammerzentrum.

Tauchgangs- und Unfallprotokoll

Das Unfallprotokoll muss enthalten:

- genaue Aufzeichnung des Tauchgangsprofils mit Wiederholungstauchgängen, Tiefe, Zeit und Sicherheits- bzw. Dekompressionsstufen und -pausen,
- Auftreten (Art/Zeit) von Krankheitssymptomen,
- eingeleitete Erste-Hilfe-Maßnahmen,
- Verlaufskontrolle.
- Außerdem sind die Ausrüstung, insbesondere der Tauchcomputer, sicherzustellen sowie Zeugen zu benennen.

5. Praxis

Gruppengröße, Tiefe und Zeit der Tauchgänge werden der Situation entsprechend vom Ausbilder festgelegt.

Erster Tauchgang

Beim Briefing vor dem Tauchgang (zusätzlich zum üblichen Briefing):

Überlegungen zur Einleitung der Rettungskette

- Wo ist das nächste Telefon?
- Wie sind die Entfernungen zum nächsten Rettungswagen/Notarzt?
- Welche Transportmaßnahmen sind zu aktivieren?
- Welche Telefonnummern sind bereitzuhalten?

Allgemeine Notruf-Nummer 112
bzw. 19222 für Süddeutschland

Tauchärztliche Telefonberatung:
VDST-Taucherhotline:
Tel. +49 (0)1805-66 05 60 mit
24 Stunden-Bereitschaft weltweit durch zwei erfahrene Taucherärzte. Die Bereitschaft gilt auch für Nichtmitglieder,

Nationale DAN
(Divers Alert Network)-Hotline in Deutschland:
Tel. 00800-326 668 783, kann auch von Nicht-DAN-Mitgliedern genutzt werden,

Internationale DAN-Hotline:
Tel. +39-0396 057 858,
kann auch von Nicht-DAN-Mitgliedern genutzt werden.

- Eventuell Kontakt der nächstgelegenen Druckkammer.
- Gegenseitige Sicherheitskontrolle an der Ausrüstung, wobei der Kursleiter absichtlich Fehler einbauen soll, die erkannt werden müssen (z.B. falsch sitzende Ausrüstung, nicht geschlossene Begurtung, geschlossenes Flaschenventil, vergessener Inflatoranschluss usw.).
- Besprechung der Tauchgangsdurchführung, Benennung eines Gruppenleiters und von Position und Funktion der Mittaucher.

Während des Tauchgangs Vortäuschung einer Problemsituation (Unsicherheit/Unwohlsein) durch den Tauchlehrer oder einen weiteren Betreuer und Rettungsübung bei Bewusstsein des Betroffenen. Anschließend Beurteilung der Handlungsweise des Retters: Erkennen der Situation, beruhigendes Einwirken auf den Betroffenen, reduzierte Aktivität, kontrollierte Atmung, vorsichtiger Aufstieg.
Nach dem Tauchgang Beurteilung der vitalen Funktionen (Atmung und Kreislauf) des Verunfallten und Transportschwimmen zum Land bzw. Boot (ca. 100 m).

Zweiter Tauchgang
Briefing wie beim ersten Tauchgang.
Während des Tauchgangs Vortäuschung von „Zwischenfällen" wie z.B. „kein Druckausgleich" oder „es stimmt etwas nicht" oder „keine Luft mehr" oder „Reserve ziehen" oder „Maske verloren" etc. durch den Tauchlehrer oder einen weiteren Betreuer. Anschließend Beurteilung der Handlungsweise des Retters: Erkennen der Situation, beruhigendes Einwirken auf den Betroffenen, reduzierte Aktivität, kontrollierte Atmung, vorsichtiger Aufstieg.
Nach dem Tauchgang Übung von Rettungstechniken an Land (Rautek-Bergegriff und Schultertragegriff nach Rautek).

Dritter Tauchgang
Briefing wie bei den ersten Tauchgängen.
Während des Tauchgangs Demonstration einer Bewusstlosigkeit unter Wasser durch den Tauchlehrer oder einen weiteren Betreuer; Rettung des bewusstlosen Gerätetauchers unter Einhaltung der vorgeschriebenen Aufstiegsgeschwindigkeit.
Für spätere Unfallanalyse wichtig:
- Wo sitzt der Lungenautomat?
- Sitzt die Maske korrekt?
- Wie ist die Lage des Verletzten? Sind äußere Verletzungen vorhanden?
- Der Lungenautomat ist im Munde des Verletzten zu belassen und mit der Hand zu fixieren.
- Der Retter schwimmt von oben und hinten oder von der Seite an den Kopf des Verletzten und fixiert den Lungenautomaten mit einer Hand; dabei aufrechte

Lage beider Taucher, wobei der Kopf des Verletzten in eine leicht überstreckte Position gebracht wird.
- Tarieren des Betroffenen und anschließende Rettung an die Oberfläche.

An der Wasseroberfläche, sofern nicht ohnehin der Fall, Herumdrehen des Verunfallten mit Gesicht nach oben (leichter mit gekreuzten Armen des Retters), Abwerfen von Bleigurt und Tauchgerät des Verunfallten je nach Entfernung (anderem Mittaucher übergeben oder Fangleine mit Boje verwenden, da Übung).

Aufblasen des Tarierkörpers des Verunfallten (Vorsicht: Zu viel Luft im Tarierkörper kann die Atmung behindern), Beurteilung der vitalen Funktionen des Verunfallten (Atmung und Kreislauf), Transportschwimmen inkl. Betreuung und Rettung des Verletzten an Land oder in das Boot nach Entfernung des Tauchgerätes (falls dies nicht schon geschehen ist).

Anschließend Reanimationsübungen an Land oder im Boot und Demonstration der Geräte des Notfallkoffers und Organisation weiterer Rettungsmaßnahmen: Kontakt zum Rettungswagen mit Notarzt, Information eines Druckkammerzentrums.

Vierter Tauchgang

Briefing wie bei den ersten Tauchgängen.

Während des Tauchgangs Vortäuschung von Störungen wie Essoufflement oder Tiefenrausch durch den Tauchlehrer oder einen weiteren Betreuer und Problemlösung durch Gruppenführer mit Unterstützung der anderen Mittaucher.

Nach Beendigung des Tauchgangs Bergen des Verunfallten in das Schlauchboot oder über eine Leiter an einen Steg oder auf ein größeres Boot; eventuell andere Rettungshilfen.

Vorsicht: Bei allen simulierten „Zwischenfällen“ darf kein Taucher in Gefahr gebracht werden!

6. Organisation und Durchführung des Kurses

Der gesamte Kurs sollte an zwei aufeinander folgenden Tagen durchgeführt werden, wobei folgender Zeitplan vorgeschlagen wird:

Erster Tag, vormittags: Zweimal 90 Minuten Theorie in einem geeigneten Unterrichtsraum, dazwischen 30 Minuten Pause.

Erster Tag, nachmittags: Zwei Tauchgänge, hierbei Demonstration und Übung der Praxiseinheiten.

Zweiter Tag, vormittags: Zwei Tauchgänge, hierbei Demonstration und Übung der restlichen Praxiseinheiten.

7. Erfolgskontrolle

Am Ende des Kurses soll der Kursleiter feststellen, ob der Teilnehmer das jeweilige Kursziel erreicht hat. Im theoretischen Teil soll dabei die Form eines Lehrgesprächs gewählt werden, bei den Tauchgängen genügt eine zielorientierte Beobachtung.

8. Abschluss/Beurkundung

Dem Teilnehmer wird die erfolgreiche Teilnahme am Spezialkurs „Tauchsicherheit und Rettung“ durch Eintrag in den Taucherpass (Aufkleber) und ggf. durch eine Urkunde bestätigt.

Wiederholungsfragen

Für Taucher** hast du eigentlich schon die Themen kennen gelernt, die für jeden Taucher wichtig sind. Natürlich musst du diese Gebiete wiederholen und vertiefen, denn auch als Taucher*** verlieren diese Themen nicht an Bedeutung. In diesem Abschnitt werden lediglich die Themen behandelt, die noch neu auf dich zukommen. Deshalb kannst du dich anhand der folgenden Fragen selbst noch einmal testen, wie weit du den Stoff aus der Ausbildung zum Taucher** behalten hast. Eine Wiederholung des im Abschnitt zum Taucher** behandelten Stoffs sollte für dich jedoch selbstverständlich sein.

Wissenskontrolle

***0.1
Welche Folgen hat die Brechung des Lichtes für das Tauchen?

***0.2
Was für eine Bedeutung hat die Streuung des Lichtes beim Tauchen?

***0.3
Welche Veränderungen erfährt das Licht beim Eintritt ins Wasser durch Absorption?

***0.4
Ein Tauchgerät hat sich nach dem Füllen erwärmt, zwischenzeitlich abgekühlt und gelangt nun in einen 4 °C kalten See. Welche Temperatur ist für die Ermittlung der uns zur Verfügung stehenden Luftmenge entscheidend?

***0.5
Wie verändert sich der Druck in einem Drucklufttauchgerät, wenn es nach dem Füllen bei einer Temperatur von 50 °C einen Druck von 220 bar anzeigte und sich dann auf 16 °C abgekühlt hat?

***0.6
Es soll Taucher geben, die trotz Erkältung tauchen gehen. Welche Folgen kann dies für sie beim Abtauchen und beim Auftauchen haben?

***0.7
Gibt es mögliche lebensbedrohliche Folgen, wenn bei Husten getaucht wird?

***0.8
Welche Arten des Lungenüberdruckunfalls unterscheiden wir?

***0.9
Wie kann es zu einem Mediastinalemphysem kommen, und welche Maßnahmen ergreifst du als Ersthelfer?

***0.10
Wie kann es zu einem Pneumothorax kommen, und welche Sonderform kann dabei auftreten? Wie wird ein Pneumothorax behandelt?

***0.11
Wie behandelst du einen zentralen Lungenriss?

***0.12
Nach welchen Kriterien wird zwischen Typ I und Typ II der Dekompressionskrankheit unterschieden, und welche Symptome werden ihnen zugeordnet?

***0.13
Gibt es einen Unterschied in der Behandlung eines Typ I oder Typ II der Dekompressionskrankheit?

***0.14
Wodurch kann es zur Unterkühlung beim Tauchen kommen, und bei welchen Symptomen sprechen wir schon von der ersten Phase?

***0.15
Welche Maßnahmen führst du bei unterkühlten Tauchern durch?

***0.16
Welche Vitalfunktionen müssen bei einem verunfallten Taucher überprüft werden, und wie geschieht das?

***0.17
Welche Maßnahmen führst du durch, wenn ein verunfallter Taucher keinen Herzschlag mehr aufweist?

***0.18
Wie sollten, bezogen auf die Druckverhältnisse, die Ventile eines Atemreglers arbeiten, warum dies?

***0.19
Warum ist die Verwendung von Tauchcomputern sinnvoll, und wo liegen die Risiken?

***0.20
Wie ist ein Rohrfeder-Tiefenmesser aufgebaut und wie funktioniert er?

***0.21
Wie erfolgt die Tiefenanzeige an einem Membran-Tiefenmesser?

***0.22
Wie zeigt ein Boyle-Mariotte-scher Tiefenmesser die Tiefe an?

***0.23
Warum sind Rohrfeder- und Membran-Tiefenmesser zu bevorzugen?

***0.24
Welche Anforderungen muss ein Finimeter erfüllen?

***0.25
Worauf achtest du beim Kauf eines Kompasses für das Tauchen?

***0.26
Wie wird ein Kompressor aufgestellt und in Betrieb genommen?

***0.27
Warum verwenden wir beim Tauchen unbedingt eine Tauchenweste oder ein Jacket?

*****0.28**
Welche Bestandteile muss eine Taucherweste bzw. ein Jacket aufweisen?

*****0.29**
Welche Aufgabe hat die Reserveschaltung eines Drucklufttauchgerätes?

*****0.30**
Was sollte in einer Tauchgangsvorbesprechung angesprochen werden?

*****0.31**
Welche Tiefenstufe ist für die Ermittlung des Zeitzuschlages bei der Dekotabelle maßgebend, wenn die geplante Tauchtiefe zwischen zwei angedruckten Tiefenstufen liegt?

*****0.32**
Wie wird bei der Benutzung der Dekotabelle ein Befreien des Ankers aus einem festen Sitz und wie die Durchführung eines Tauchgangs vorwiegend gegen eine starke Strömung berücksichtigt?

*****0.33**
Wie teilst du eine Vierergruppe am besten ein?

*****0.34**
Wie bereitest du einen Nachttauchgang vor?

*****0.35**
Wie bereitest du einen Tauchgang bei Strömung vor?

*****0.36**
Wie rettest du einen bewusstlosen Taucher an die Wasseroberfläche?

*****0.37**
Wie transportierst du einen bewusstlosen Taucher an der Wasseroberfläche zum Boot oder an das Ufer?

*****0.38**
Auf welche Ursachen kann es möglicherweise zurückgeführt werden, wenn dein Tauchpartner nach dem Tauchgang nicht mehr richtig laufen kann?

*****0.39**
Welche Tauchunfälle können in den drei Phasen des Tauchgangs auftreten? Nenne kurz die Ursachen!

*****0.40**
Wie ist eine Bissverletzung durch eine Muräne zu behandeln?

*****0.41**
Welche verschiedenartigen Ursachen kann ein Kribbeln in den Händen und Füßen nach einem Tauchgang haben?

*****0.42**
Welche Regel ist beim Überströmen zu beachten, wenn du ein DTG mit einem geringen Rest-

druck und zwei Überströmflaschen mit unterschiedlichem Druck zur Verfügung hast? Wie erhälst du den maximalen Druck und wie hoch ist er in deinem mit 50 bar gefüllten 10-l-DTG, wenn du zum Überströmen zwei 20-l-Flaschen mit 200 bar und 180 bar zur Verfügung hast?

***0.43
Was beachtest du als Gruppenführer mit einem unerfahrenen Taucher* hinsichtlich Planung und Vorbereitung, Vorbesprechung, Durchführung und Nachbereitung eines Tauchgangs in einem heimischen See?**

***0.44
Welche Vorbereitungen sind zu treffen, wenn in einem heimischen See zu zweit das Apnoe-Tieftauchen geübt wird?

***0.45
Wie solltest du mit einem Tauchcomputer tauchen, um Risiken zu minimieren?

***0.46
Warum solltest du beim Tauchen vermeiden, den Grund oder Korallen zu berühren?

***0.47
Bis zu welcher Tiefe darfst du bei Anstrengung tauchen, bevor du den kritischen Sauerstoffpartialdruck von 1,4 bar beim Tauchen mit Druckluft erreichst?

***0.48
Wie ist der Aufbau des Herzens, und wie läuft das Blut durch den Körper? Welche Auswirkung auf die Herztätigkeit kann es beispielsweise beim Tauchen geben?

***0.49
Wodurch kann ein Essoufflement entstehen, wie erkennst du es und wie leistest du erste Hilfe?

***0.50
Wann dürfen Apnoeübungen im Zusammenhang mit Druckluft-tauchgängen durchgeführt werden, und warum?

***0.51
Was versteht man unter Tauchcomputern mit einem adaptiven Rechenmodell, und welche Eingabewerte werden von einem solchen Computer zusätzlich ausgewertet?

***0.52
Woran erkennst du eine Verletzung von einer stark nesselnden Qualle, und welche Maßnahmen wendest du an?

***0.53
Welche Risiken bestehen beim Apnoetieftauchen?

***0.54
Wie erfolgt die Wartung bzw. Revision von
a) Maske **c) DTG**
b) Taucherlampe **d) Atemregler?**

1. Tauchphysik

1.1 Lösung von Gasen in Flüssigkeiten

Dass Gase in Flüssigkeiten gelöst werden können, hast du schon bei deiner Ausbildung zum Taucher** gelernt. Der Vorgang der Diffusion, also des Übergangs von Gasteilchen in die Flüssigkeit, und das Gesetz von Henry sind dir daher bereits bekannt.
Die Geschwindigkeit, mit der die Gasmoleküle in eine Flüssigkeit übergehen, hängt ab von

- dem Unterschied der Teildrücke des Gases über der Flüssigkeit und in der Flüssigkeit selbst,
- der Oberfläche, an der die Diffusion erfolgt,
- der Löslichkeit des Gases in der betreffenden Flüssigkeit.

Hat in einer Flüssigkeit, oder in der Modellvorstellung ein Gewebe des Körpers, an der Oberfläche beispielsweise der Stickstoff einen Partialdruck von 0,78 bar (78 % von 1 bar, vgl. Gesetz von Dalton) und tauchst du schnell auf 10 m Tiefe ab, so hat sich der Stickstoffpartialdruck in unserer Lunge verdoppelt. In unserem Körper hingegen ist der Stickstoff noch nicht entsprechend gelöst. Je nach Flüssigkeitsart oder modellhaft Gewebe benötigt der Diffusionsvorgang eine bestimmte Zeit, bis nun so viel Gas in die Flüssigkeit übergegangen ist, dass sie zur Hälfte mit dem Gas gesättigt ist. Diese Zeit nennt man die „Halbsättigungszeit“ oder „Halbwertszeit“.
Bleibst du auf 10 m Tiefe, so hat sich nach dieser Zeit entsprechend der Teildruck des Stickstoffs im Gewebe erhöht, und zwar um die Hälfte der vorherigen Differenz der Teildrücke. Jetzt ist der Teildruckunterschied also nur noch halb so hoch wie zu Beginn des Diffusionsvorgangs, entsprechend langsamer verläuft der Übergang des Gases in die Flüssigkeit. Nach wiederum einer Halbsättigungszeit ist so viel Gas übergegangen, dass nun die Hälfte der vorherigen Teildruckdifferenz erreicht ist.
Dieser Vorgang setzt sich so nahezu unendlich fort. Nach jeder Halbsättigungszeit erhöht sich der Teildruck des Gases in der Flüssigkeit um die Hälfte der noch verbleibenden Teildruckdifferenz. Der Diffusionsvorgang verläuft also immer langsamer.

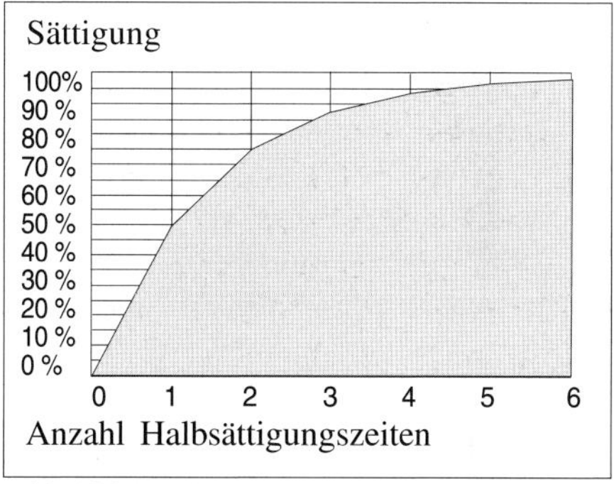

Abb.128: Diffusionsvorgang

Du fragst dich jetzt, wann denn die volle Sättigung erreicht ist, wenn doch immer nur die Hälfte dazukommt. Theoretisch eigentlich nie, aber annähernd kann man sagen, dass ein Gewebe nach ungefähr 6 Halbsättigungszeiten gesättigt ist. Jetzt verstehst du sicherlich auch, warum wir den Begriff der Halbsättigungszeit und nicht den der Sättigungszeit verwenden. Die Halbsättigungszeit kann man genau angeben, den Zeitraum bis zur Sättigung dagegen nicht.
Wozu brauchen wir jetzt diese Zusammenhänge?
Je kleiner die Halbsättigungszeit ist, desto schneller nimmt das Gewebe den Stickstoff auf. Die Teildruckdifferenz bestimmt die Geschwindigkeit des Druckausgleichs.
Für Modelle der Berechnung des Stickstoffgehaltes wird der Körper in Gewebe gerastert. Ein Gewebe ist durch die Schnelligkeit, mit der der Druckausgleich zwischen

Stickstoff in der Umgebung und Stickstoff im Gewebe stattfindet, charakterisiert (also durch die Halbsättigungszeit). Diese Geschwindigkeit hängt stark von der Durchblutung der Gewebe ab. Die verschiedenen Organe und Bereiche des menschlichen Körpers sind sehr unterschiedlich durchblutet. Gut durchblutete Gewebe sind reich kapillarisiert.
Die Diffusion erfolgt dort schneller als in wenig mit Blut versorgten Geweben. Fettreiche Gewebe nehmen bei festem Stickstoffteildruck mehr Stickstoff auf als fettarme und wässrige Gewebe.
Gut durchblutete Gewebe haben eine Halbsättigungszeit von nur 3–6 Minuten (völliger Druckausgleich nach 30–40 Minuten). Die längste Halbsättigungszeit ist schwierig zu bestimmen und wurde in Versuchen auf ca. 480 Minuten bestimmt. Derartige Halbsättigungszeiten spielen jedoch in der Sporttaucherei keine Rolle, da die Tauchzeiten weit darunter liegen.
Die Menge des vor Erreichen des Sättigungszustands in einer Flüssigkeit gelösten Gases hängt also ab von

- dem Teildruck des Gases über der Flüssigkeit,
- der Zeit, die seit dem Beginn des Diffusionsvorganges vergangen ist,
- der Temperatur der Flüssigkeit,
- der Oberfläche, an der die Diffusion stattfindet,
- der Löslichkeit des betreffenden Gases in der Flüssigkeit (also Art des Gases und Art der Flüssigkeit),
- der Flüssigkeitsmenge.

Bezogen auf das Tauchen haben wir also umso mehr Stickstoff (Art des Gases) in den jeweiligen Geweben des Körpers (Art der Flüssigkeit) gelöst,

- je tiefer wir tauchen,
- je länger die Zeit ist, die wir auf dieser Tiefe verbringen,
- je kälter unsere Körpertemperatur ist,
- je besser das Gewebe durchblutet ist.

Lernerfolgskontrolle

*****1.1.1**
Wovon hängt die Geschwindigkeit des Diffusionsvorganges ab?

*****1.1.2**
Erkläre den Begriff der Halbsättigungszeit.

*****1.1.3**
Wovon hängt die Menge des in einer Flüssigkeit gelösten Gases vor Erreichen des Sättigungszustandes ab?

*****1.1.4**
Welche Faktoren bestimmen beim Tauchen die Menge des gelösten Stickstoffs?

1.2 Der Joule-Thomson-Effekt

Ihr habt euch sicherlich schon oft gefragt, weshalb die Atemluft eiskalt aus dem Ventil eures DTG strömt, wenn ihr es plötzlich öffnet. Tatsächlich entstehen dabei Minusgrade. Durch das gleichzeitige Abkühlen des Ventils seht ihr auch, wie sich die Feuchtigkeit der Umgebungsluft daran niederschlägt.
Auch in der ersten Stufe unseres Atemreglers, dem Druckminderer, findet eine solche „Entspannung“ der Luft statt. Ihr könnt euch sicherlich vorstellen, dass derartige Minustemperaturen der Atemluft leicht eventuell vorhandene Feuchtigkeit zum Einfrieren bringen kann, was dann unter Umständen zum Vereisen des Atemreglers führt.
Die einzelnen Gasteilchen, die Moleküle, ziehen sich gegenseitig an. Soll Luft komprimiert werden, so erleichtern diese Anziehungskräfte das Verdichten. Wird Luft da-

gegen entspannt, so wirken die Anziehungskräfte dagegen.
Das führt dazu, dass beim Komprimieren der Luft Energie frei wird, während beim Entspannen zusätzliche Energie benötigt wird, weil die Moleküle zusätzlich „auseinandergezogen“ werden müssen.
Die frei werdende Energie spüren wir in Form von Wärme. Diese entsteht auch beim Füllen der Tauchgeräte, deshalb erwärmt sich die Flasche dabei. Die zusätzlich benötigte Energie beim Entspannen muss der Umgebung entnommen werden. Daher kühlt sich die Umgebungsluft ab. Dies führt zu den niedrigen Temperaturen. Wird beispielsweise Luft von 200 bar auf 1 bar entspannt, so kühlt sie sich um rund 40 °C ab.
Die größten Abkühlungseffekte treten dann auf, wenn wir viel Luft auf einmal aus unserem Tauchgerät entnehmen, da dann bei hohen Strömungsgeschwindigkeiten die Druckdifferenz vom Tauchgerät zum Mitteldruckraum unseres Atemreglers besonders hoch ist. Ist bereits die Umgebungstemperatur niedrig, so werden noch niedrigere Temperaturen erreicht. Bei derartigen Minusgraden kommt es bei feuchter Atemluft zur Eiskristallbildung, dem inneren Vereisen des Atemreglers.
Begünstigend für ein Einfrieren wirken also das Tauchen in kalten Gewässern und hohe Luftentnahmen, z.B. durch

- Tauchen in großen Tiefen,
- starke Atmung z.B. bei Stress oder Angst,
- Betätigen des Inflators bei gleichzeitigem Einatmen,
- Betätigen der „Luftdusche“,
- Füllen von Hebebojen.

Ein Temperaturausgleich wird dagegen geschaffen, indem die relative Wärme des umgebenden Wassers über die gut leitenden metallischen Bauteile des Druckminderers an die inneren Bauteile und den Ventilsitz geleitet wird. Eine Schutzwirkung versprechen sich Hersteller von Öl- oder Fettfüllungen, Ummantelungen oder einer automatischen Trockenhaltung des Innenraums. Damit wird jedoch die Temperaturreduzierung durch das Entspannen nicht verhindert. Es kann im Gegenteil sogar die Wärmezufuhr des umgebenden Wassers behindert werden. Lediglich ein äußeres Vereisen, also eine Eisbildung in der Wasserkammer des Druckminderers, kann dadurch vermieden werden. Einen echten Schutz kann beim Tauchen daher nur ein unabhängiger zweiter Atemregler bieten, wobei der eventuell vereiste Atemregler über ein separates Ventil abgesperrt wird. Die sicherste Variante ist ein separates Drucklufttauchgerät.

Lernerfolgskontrolle

*****1.2.1**
Warum kühlt sich Luft beim Entspannen ab?

*****1.2.2**
Wodurch wird die Abkühlung des Atemgases begünstigt?

*****1.2.3**
Was kann durch die Abkühlung der Luft im Atemregler bewirkt werden, und wie kannst du das verhindern?

1.3 Grenzen der Gasgesetze

Die Gasgesetze von Boyle-Mariotte und Gay-Lussac besagen zusammengenommen, dass das Verhältnis von dem Produkt aus Druck und Volumen zur absoluten Temperatur immer konstant bleibt. Die ideale Gasgleichung lautet demnach:

$$\frac{p \cdot V}{T} = \text{konstant}$$

Das bedeutet jedoch auch, daß bei Abkühlung eines Gases auf den absoluten Nullpunkt (0 K entsprechen – 273 °C) das Gas keinen Druck bzw. kein Volumen mehr besitzt. Das ist jedoch eine Idealvorstellung, die in Wirklichkeit nicht gilt. Bei dieser Vorstellung wird von idealen Gasen ausgegangen, von denen angenommen wird, dass die Moleküle beliebig klein werden können, dass sie keinen Raum einnehmen.
Bei besonders hohen Drücken oder besonders niedrigen Temperaturen spielt es jedoch eine Rolle, dass die Moleküle selbst ein bestimmtes Volumen besitzen. Dann können diese Moleküle nicht mehr näher zusammenrücken, und das Gas wird flüssig. In der Nähe von diesem Verflüssigungspunkt gelten die Gesetze von Boyle-Mariotte und Gay-Lussac nicht mehr.
Auch die Anziehungskräfte der Gasmoleküle (Kohäsion) unterstützen das Aneinanderkleben der Moleküle bei sehr niedrigen Temperaturen und damit die Verflüssigung der Gase.
Beim Tauchen haben wir es zwar nicht mit derart niedrigen Temperaturen zu tun, jedoch mit sehr hohen Drücken. Das kann dazu führen, dass wir bei der Berechnung des Luftvorrates in unserem Drucklufttauchgerät nach dem Gesetz von Boyle und Mariotte einen Fehler machen.
In einem mit 300 bar gefüllten 10-l-Drucklufttauchgerät befinden sich beispielsweise bei 1 bar Umgebungsdruck nicht 3.000 l Luft, sondern lediglich rund 2.700 l. Dies kann zu einer Fehlbeurteilung unseres Luftvorrates und damit zu einer falschen Tauchgangsplanung führen.
Auch der Joule-Thomson-Effekt ist eine Folge der Anziehungskräfte der Gasmoleküle, die es bei idealen Gasen nicht gäbe.

Lernerfolgskontrolle

*****1.3.1**
Welche Eigenschaften realer Gase führen zu Einschränkungen der Gültigkeit der Gasgesetze?

*****1.3.2**
Unter welchen Bedingungen können die Gasgesetze zu Fehlbeurteilungen führen?

*****1.3.3**
Nenne Beispiele für Auswirkungen des Unterschiedes zwischen realen Gasen und idealen Gasen für das Tauchen!

1.4 Dichte des Atemgases

Unser Atemregler erlaubt uns das Atmen von Luft aus unserem Drucklufttauchgerät in jeder Tiefe unter dem jeweiligen Umgebungsdruck. Der Füllungszustand der Lunge jedoch und damit der Atemvorgang erfolgt im Wesentlichen unabhängig von der Tiefe. Bewegen wir beispielsweise bei 1 bar im Flachbereich mit der Atmung ein Volumen von 1 Liter Luft, so bewegen wir auch in 40 m Tiefe 1 Liter Luft.
Ein Liter Luft in 40 m Tiefe (5 bar) entspricht nach dem Gesetz von Boyle-Mariotte jedoch bereits 5 Liter!
Ein Liter Luft an der Oberfläche hat bei 1 bar eine Masse von rund 1,3 g.
In 40 m Tiefe dagegen ist ein Liter Luft mit rund 6,5 g fünfmal schwerer als an der Oberfläche!
Die Luft wiegt also in 40 m Tiefe das Fünffache, ihre Dichte ist fünfmal so hoch wie an der Oberfläche. Sie wird damit zäher, so wie Honig im Vergleich zu Wasser.

Damit muss auch die Lunge wesentlich mehr Atemarbeit leisten, um das gleiche Volumen Luft zu bewegen. Ab einer gewissen Tiefe geht schließlich die glatte (laminare) Strömung der Luft in unseren Atemwegen in eine verwirbelte (turbulente) Strömung über. Dies führt zu zusätzlichen Atemwiderständen, die Atemarbeit erhöht sich damit stark. Dies kann zusammen mit einergrößeren Anstrengung zu einem Essoufflement führen.

Lernerfolgskontrolle

*****1.4.1**
Wie verändert sich die Dichte unserer Atemluft mit zunehmender Tauchtiefe?

*****1.4.2**
Welche Folge hat die Atemgasdichte für unsere Atmung?

*****1.4.3**
Welche Auswirkungen kann eine Veränderung der Atemgasdichte beim Tauchen haben?

2. Tauchmedizin

2.1 Auswirkungen eines Rechts-Links-Shunts für die Dekompression

Gelangt venöses Blut (rechtes Herz) in den arteriellen Kreislauf (linkes Herz), so sprechen wir von einem Rechts-Links-Shunt. Neben der venösen Zumischung in der Lunge gibt es die Möglichkeit, dass venöses Blut im Herzen in den arteriellen Kreislauf gelangt. Dies kann geschehen, wenn es eine Verbindung zwischen der rechten und der linken Herzhälfte durch ein Loch in der Herzscheidewand der Vorhöfe gibt.
Ein solches Loch hat jeder Embryo während der Schwangerschaft zur natürlichen Umgehung des Lungenkreislaufs durch einen „Kurzschluss“ der Vorhöfe. Normalerweise wächst dieses Loch nach der Geburt wieder zu.
Rund 25% der Menschen behalten jedoch ein (wenn auch kleines) Loch, das zwar nicht dauerhaft geöffnet ist, unter bestimmten Umständen jedoch den Durchtritt von Blut freigibt. Dieses Loch nennt man „offenes Foramen ovale“.
Gelangt durch solch ein Loch venöses Blut von der rechten in die linke Herzhälfte, so kommt es zunächst zu einer verstärkten venösen Zumischung, die eine verzögerte Stickstoffaufnahme und -abgabe zur Folge hat. Problematischer sind jedoch dann die Mikrogasbläschen, die bei jedem Tauchgang im venösen System entstehen. Im venösen System selbst richten sie keinen Schaden an, da sie zur Lunge transportiert werden und dort mit der Zeit abgebaut werden. Außer einer verzögerten Dekompression hat dies keine Auswirkungen.
Beim offenen Foramen ovale jedoch können die Mikrogasblasen in den arteriellen Kreislauf gelangen und dort eine Gasembolie mit

Gehirn- und Rückenmarkschädigungen verursachen!
Dies geschieht natürlich nicht bei jedem Tauchgang, denn sonst hätten rund 25 % der Taucher schon eine solche Dekompressionskrankheit bekommen. Das Phänomen ist auch abhängig von der Einkapselung der Mikrogasblasen mit Gerinnungsprodukten, was bei jedem Menschen unterschiedlich abläuft. Insbesondere ist jedoch das Risiko größer, wenn der zweite Tauchgang tiefer als der erste Tauchgang ist.
Charakteristisch ist es jedoch, dass solche Dekompressionskrankheiten nach Tauchgängen auftreten, die vollkommen normal verlaufen sind, nicht dekompressionspflichtig waren oder bei denen Aufstiegsgeschwindigkeit und Austauchpausen eingehalten wurden. Trotzdem hat ein Taucher Symptome der Dekompressionskrankheit, während alle anderen Tauchpartner beschwerdefrei sind.
Die Konsequenz für jeden Taucher muss sein, dass solche Symptome auch nach einem Nullzeittauchgang trotz aller Unerklärlichkeit ernst genommen werden und die sofortige Behandlung eingeleitet wird!
Zu einem Übertritt von Mikrogasblasen vom rechten in den linken Vorhof kommt es aber nur unter bestimmten Umständen. Ein offenes Foramen ovale ist wie ein Ventil durch sich überlappende Bereiche der Herzscheidewand aufgebaut. Normalerweise ist dieses

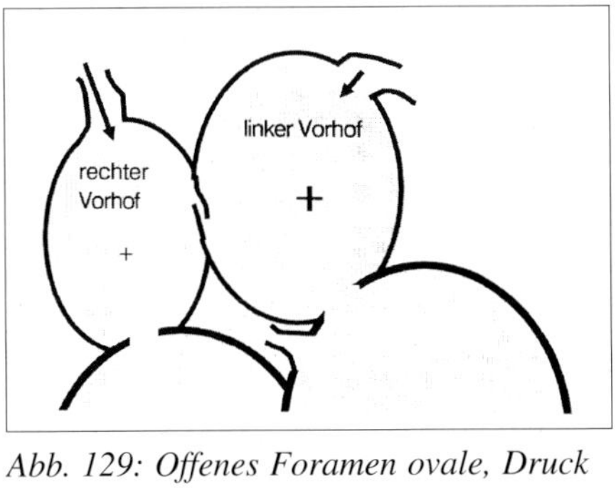

Abb. 129: Offenes Foramen ovale, Druck im rechten Vorhof geringer als links

Ventil geschlossen, da der Druck im linken Herzen größer ist als der Druck im rechten Herzen.
Falls jedoch der Druck im rechten Herzen größer ist als im linken Herzen, so ist ein Übertritt von Blut und damit auch von Mikrogasblasen möglich.

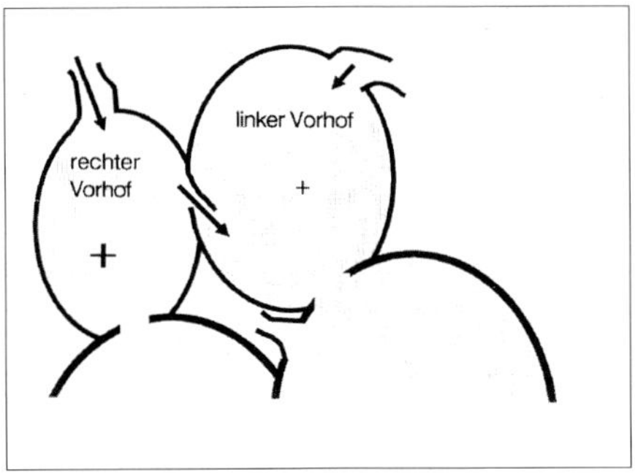

Abb.130: Offenes Foramen ovale, Druck im rechten Vorhof größer als links

Eine Erhöhung des Drucks im rechten Herzen kann geschehen beim:
- Druckausgleich nach Valsalva mit starkem Pressen,
- Husten,
- Niesen,
- und bei Pressatmung.

Dies muss daher unbedingt beim Tauchen unterlassen werden.
Die wichtigste Vorkehrung einer Verminderung der Drucksteigerung im kleinen Kreislauf ist es, beim Druckausgleich nicht das Manöver nach Valsalva zu wählen, sondern nach Möglichkeit die Methode nach Frenzel. Diese Methode ist erlernbar: durch Kontraktion der Zungen- und Schlundmuskulatur gegen den geschlossenen Mund versucht man, bei gleichzeitig geschlossener Nase das Gaumensegel und damit auch die Eustachische Röhre zu öffnen. Das geschieht dadurch, dass man die Zunge nach hinten gegen den Gaumen drückt und wie einen Fremdkörper nach hinten gegen den Gaumen schiebt. Der Versuch ist gelungen, wenn

man fühlt, wie sich die Eustachischen Röhren öffnen.

Da es natürlich nicht immer möglich ist, ein Husten zu unterdrücken, sollte man sich dann entsprechend verhalten, besonders langsam austauchen und seine Dekompressionszeiten verlängern. Auch ein Sicherheitsstopp von mindestens 1 Minute in 3 m sollte dann in jedem Fall eingehalten werden.

Schützen gegen eine Dekompressionskrankheit durch ein offenes Foramen ovale kann man sich prinzipiell nicht. Auch in der Tauchsporttauglichkeitsuntersuchung wird kein offenes Foramen ovale festgestellt. Dies ist nur durch eine spezielle Echokardiographie möglich, die natürlich einiges kostet.

Aber selbst wenn ein offenes Foramen ovale festgestellt wird, bedeutet dies noch keinen Ausschluss vom Tauchen. Schließlich tauchen zur Zeit rund 25 % der Taucher mit einem offenen Foramen ovale, ohne dass einem entsprechenden Prozentsatz etwas passiert. Die Feststellung eines offenen Foramen ovale wird jedoch mit Sicherheit zu einem verstärkten Risikobewusstsein bei dem betroffenen Taucher führen, der seine Dekompressionszeiten daraufhin individuell verlängern wird.

Lernerfolgskontrolle

*****2.1.1**
Was ist ein offenes Foramen ovale und welche Folgen können sich daraus beim Tauchen ergeben?

2.2 Air Trapping

Eine andere Ursache für ungeklärte Tauchunfälle stellt das Air Trapping dar, eine besondere Form des partiellen Lungenüberdruckunfalls. Es sind Fälle aufgetreten, bei denen Taucher nach einem Nullzeittauchgang ohne zu schnelles Aufsteigen neurologische Ausfälle wie Lähmungen oder Sinnesstörungen zeigten. Neben einer Dekompressionskrankheit werden derartige Symptome auch durch eine arterielle Gasembolie hervorgerufen. Ein Unterscheidungsmerkmal ist das zeitliche Auftreten der Symptome: treten sie unmittelbar nach dem Tauchgang auf, so handelt es sich eher um einen Lungenüberdruckunfall als um eine Dekompressionskrankheit.

Doch ob es sich nun um Stickstoff- oder Luftblasen handelt – die Behandlung muss sich nach der Schwere der Erkrankung richten und sofort mit Sauerstoff beginnen.

Was ist nun genau ein Air Trapping? Es wird damit erklärt, dass in kleinen Lungenbezirken durch Verkleben der zuführenden Gefäße ein lokaler Überdruck mit der Folge des Platzens einzelner Alveolen entsteht. Die Luft wird dabei quasi eingefangen.

Dies kann durch erhöhte Schleimproduktion z.B. bei Rauchern oder bei einer Erkältung hervorgerufen werden, aber auch durch die Sogwirkung starker Luftströmungen nach dem Gesetz von Bernoulli, wie es z.B. beim Husten hervorgerufen wird.

Wie bei einem zentralen Lungenriss gelangt so Luft in die Blutgefäße, es entstehen kleinere Luftembolien mit den bekannten Folgen.

Die Entstehung eines Air Trapping ist weitgehend unabhängig vom Dekompressionsprofil, jedoch abhängig von der Aufstiegsgeschwindigkeit.

Wie kann man sich nun vor einem solchen Air Trapping schützen?

- Kein Rauchen insbesondere vor dem Tauchgang.
- Starke Luftströmungsgeschwindigkeiten z.B. durch Husten vermeiden.
- Sicherheitsstopp von 1 Minute in 3 m (bei starkem Wellengang auch in 5 m) und langsames Auftauchen.
- Tauchverbot bei Erkältung.

Keine erhöhte Sicherheit erlangt man durch Änderung der Austauchregeln. Aber durch den Sicherheitsstopp und das langsame Auftauchen gibt man verklebten Bezirken die Chance, sich eventuell noch zu „befreien", so dass sich ausdehnende Luft abströmen kann. Wie bei der Vermeidung einer Dekompressionskrankheit durch ein offenes Foramen ovale kommt auch hier dem Husten eine besondere Bedeutung zu.

Lernerfolgskontrolle

*****2.2.1**
Was ist ein Air Trapping, woran erkennst du bei einem Taucher Symptome aufgrund eines Air Trapping, wie leistest du erste Hilfe und wie solltest du einem Air Trapping vorbeugen?

2.3 Druckkammerbehandlung der Dekompressionkrankheit – und was man nicht tun sollte!

Die Druckkammerbehandlung mit hyperbarem Sauerstoff (HBO) muss bei allen Symptomen der Dekompressionskrankheit Typ II durchgeführt werden. Auch bei der Dekompressionskrankheit Typ I sollte mit hyperbarem Sauerstoff rekomprimiert werden, um den Übergang in eine schwerere Form der Dekompressionskrankheit zu verhindern.
Generell sind Einmann-Druckkammern lediglich Transportkammern, und die Behandlung des Tauchers sollte dort nur im Notfall erfolgen.
Während früher eine Rekompression mit Luftatmung unter 6 bar entsprechend einer Wassertiefe von 50 m über 1–3 Tage durchgeführt wurde, kommt heute in den modernen Behandlungszentren nur noch die Re-

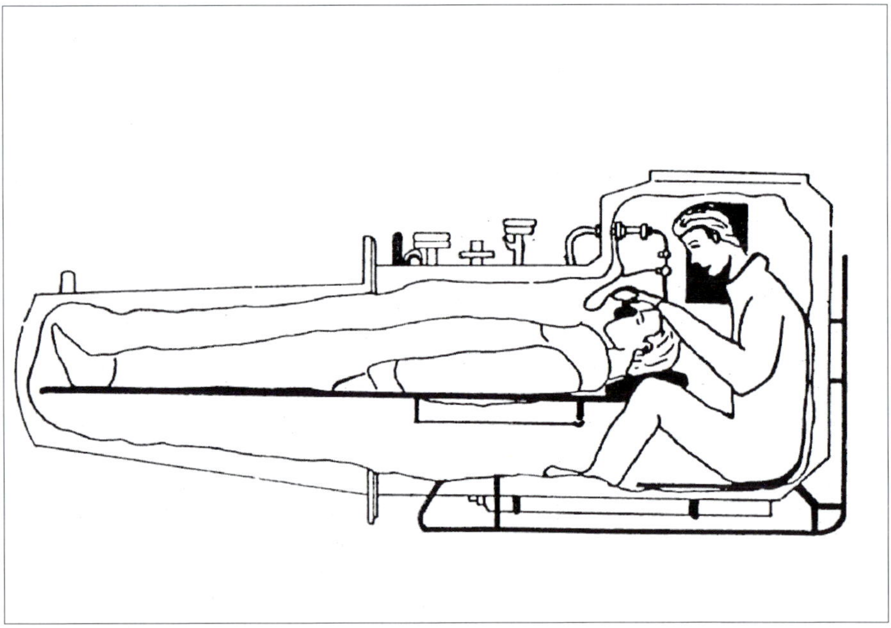

Abb.131: Zweimann-Kammer

kompression mit gleichzeitiger Sauerstoffatmung (HBO-Therapie) in Frage. In den größeren Auslandstauchbasen sind oft schon ausreichende Druckkammern vorhanden, die über alle Therapiemöglichkeiten verfügen. Unsere modernen Druckkammerzentren verfahren nach folgenden Richtlinien:

akuter Unfall

USN 6	2,8 bar 100% O_2
Cx 30	4 bar N_2/O_2 oder He/O_2, ab 2,8 bar 100% O_2
USN 6A	6 bar Luft oder N_2/O_2, ab 2,8 bar 100% O_2

Unfall bis 2 Tage alt

USN 6	2,8 bar 100% O_2
Cx 30	4 bar N_2/O_2 oder He/O_2, ab 2,8 bar 100% O_2

alter Unfall

HBO	2,4 bar 100% O_2

Die US-Navy (USN) und die französische Comex (Cx) behandeln mit unterschiedlichen Methoden, wobei auch Mischgas eingesetzt wird. Die Behandlungserfolge sind mit allen Methoden zufriedenstellend. Oft kommt es schon nach einer einzigen Druckkammerfahrt zu einer vollständigen Besserung der Symptome.

„Nasse“ Rekompression

Unter der „nassen“ Rekompression versteht man ein früher häufiger praktiziertes Vorgehen bei Symptomen der Dekompressionskrankheit, wenn eine Druckkammer nicht in erreichbarer Nähe war. Hierbei sind die verletzten Taucher auf die ehemalige Tauchtiefe zurückgetaucht. Diese Methode wird inzwischen diskussionslos abgelehnt, da sie nach der Erfahrung keinen Erfolg gebracht hat, zudem ist sie gefährlich für den Verletzten; denn er müsste sich über viele Stunden in der Tiefe aufhalten. Eine Alternative wäre allenfalls die in Australien mancherorts praktizierte Atmung von reinem Sauerstoff unter Wasser mit Spezialgerät.

Lernerfolgskontrolle

*****2.3.1**
Welches Gas sollte bei einer Druckkammerbehandlung grundsätzlich geatmet werden?

*****2.3.2**
Was ist nasse Rekompression, und wie ist sie zu beurteilen?

2.4 Ertrinken im Süßwasser und im Salzwasser

Nach statistischen Erhebungen ertrinken ca. 140.000 Menschen jährlich, wobei die Hälfte jünger als 20 Jahre alt ist. Wesentlich größer noch ist die Zahl beim sog. Beinahe-Ertrinken. Vom Beinahe-Ertrinken spricht man dann, wenn der Verunfallte lebend geborgen wird, wenn die Reanimationsmaßnahmen Erfolg hatten und wenn er wenigstens die ersten 24 Stunden nach dem Unfall überlebt. Die häufigste Ursache für das Ertrinken ist die Unfähigkeit zu schwimmen, aber auch Tauchunfälle, Suizid, Alkoholeinfluss, Erschöpfungszustände und Krampfanfälle mit Bewusstlosigkeit im Wasser kommen in Frage. Ein akuter Herztod im Wasser kann einen Ertrinkungstod vortäuschen.
Nach dem Untertauchen sind panische Angstzustände mit wirrem Umherschlagen und reflektorischen Einatmungsbemühungen typisch. Es kommt dann zur Aspiration (Einatmen) und zum Verschlucken von Wasser, obgleich bei 10–20% der Ertrunkenen bei der Sektion kein Wasser in der Lunge gefunden wird. Dieses ist wahrscheinlich auf einen reflektorischen Stimmritzenkrampf zurückzuführen. Der entstehende Sauerstoffmangel (Hypoxie) führt zur Bewusstlosigkeit. Zusätzlich zu der bestehenden akuten Unfähigkeit, Sauerstoff über die Lungen auf-

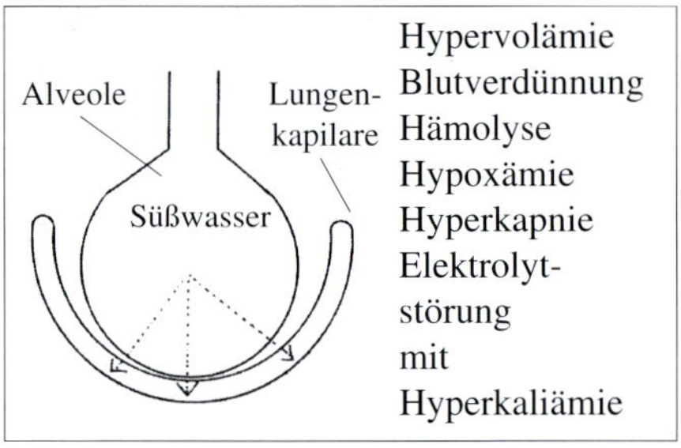

Abb. 132: Süßwasseraspiration

zunehmen (akute respiratorische Insuffizienz), hat das Wasser weitere negative Effekte, die davon abhängen, ob es sich um Salzwasser oder Süßwasser handelt.

Durch die Aspiration von Süßwasser wird das alveoläre Surfactant (**sur**face **act**ive **agent** = oberflächenaktive Substanz, die unter anderem das Zusammenfallen der Alveolen verhindert) direkt geschädigt und inaktiviert. Hierdurch treten ein Lungenödem und Atelektasen (nicht belüftete Bezirke) des Lungengewebes auf. Salzwasser hat bekanntlich einen hohen osmotischen Druck, sodass es nach Salzwasseraspiration zu einem Einstrom von Blutplasma aus den Lungenkapillaren in die Alveolen kommt (alveoläres Lungenödem). Das Surfactant wird sekundär geschädigt, die Alveolen kollabieren, und eine schwere Einschränkung der Lungenfunktion ist die Folge. Komplizierend kommt noch hinzu, dass bei der Wasseraspiration Schlamm, Algen und Bakterien in die Lunge geraten, die wiederum schwere, auch tödlich verlaufende Infektionen auslösen können.

Die Schäden am Herz-Kreislauf-System hängen von Ausmaß und Dauer der Hypoxie (Sauerstoffmangel) und der Aktivität des Tauchreflexes ab. Durch den Tauchreflex kann es zur Bradykardie (Verminderung der Herzfrequenz) und zur peripheren Gefäßverengung und damit zu einer Verlängerung der Hypoxietoleranz kommen.

Die hier aufgeführten Schäden an der Lunge und den Herz-Kreislauf-Organen sind die wichtigsten, tatsächlich kommt es zu weiteren Schäden am Zentralnervensystem und anderen Organsystemen, die schließlich insgesamt zum Multiorganversagen führen.

Definitionsgemäß unterscheiden wir das Beinahe-Ertrinken, wenn es zu einer erfolgreichen Rettung gekommen ist, das primäre Ertrinken bei allen Formen des Ertrinkens ohne oder mit vorherigem Bewusstseinsverlust, und das sekundäre Ertrinken, wenn es Stunden oder Tage nach einem Beinahe-Ertrinken infolge einer Lungenschädigung und sogenanntem Multiorganversagen doch noch zum Tode kommt. Der sofortige Ertrinkungstod nach einem Herzinfarkt oder einem Tauchunfall ist also ein primäres Ertrinken.

Therapie

Da der Sauerstoffmangel bei den Beinahe-Ertrunkenen die hauptsächliche Ursache für neurologische Schäden und letztlich für den Tod ist, stehen die Wiederherstellung einer effektiven Ventilation und die Zufuhr von reinem Sauerstoff an erster Stelle aller Notfallmaßnahmen.

Die Beurteilung der Kreislaufsituation kann bei Beinahe-Ertrunkenen oft schwierig sein, da die extreme Kreislaufzentralisation (Schock!), die oft gleichzeitig vorliegende Hypothermie und eine möglicherweise durch den Tauchreflex bedingte Bradykardie einen Kreislaufstillstand vortäuschen können. Ein Kreislaufstillstand sollte daher nur durch ausreichend langes Tasten des Carotispulses diagnostiziert werden. In diesem Falle sollen die Reanimationsmaßnahmen eingeleitet und ausreichend lange durchgeführt werden.

Lernerfolgskontrolle

*****2.4.1**
Was geschieht beim Ertrinken in Süßwasser?

*****2.4.2**
Was geschieht beim Ertrinken in Salzwasser?

2.5 *Hitzeschäden (Hyperthermie)*

Wie wir eingangs gehört haben, hat der Körper verschiedene Möglichkeiten der Wärmeabgabe, nämlich durch Strahlung, Konduktion, Konvektion und durch die Schweißproduktion (Verdunstung). Wenn die Wärmeproduktion und die Wärmeabgabe sich die Waage halten, ist das Verhältnis ausgeglichen, und es sind keine Störungen zu erwarten.

Für uns Taucher ist es wichtig, dass bei hohen Außentemperaturen trotz des Tauchanzugs eine ausreichende Wärmeabgabe gewährleistet ist. Bei langen Anmarschstrecken vom Parkplatz bis zum Tauchplatz in voller Ausrüstung und bei zusätzlicher Körperarbeit kann es leicht zu Ausfallserscheinungen wie Kreislaufkollaps oder auch Hitzschlag kommen.

Besonders gefährdet ist man aber in Klimagebieten mit hoher Luftfeuchtigkeit, da die Möglichkeit der Wärmeabgabe durch Verdunstung um so stärker eingeschränkt ist, je höher die Luftfeuchtigkeit ist.

Ähnlich den Kälteschäden unterscheiden wir bei den Hitzeeinwirkungen ebenfalls allgemein schädigende Einwirkungen und lokale Einwirkungen (Verbrennungen).

Hitzeerschöpfung

Hitzeerschöpfung (Hitzekollaps) ist ein Kreislaufkollaps, der durch Hitzeeinfluss und dadurch bedingten starken Flüssigkeitsverlust zustande kommt.

Hitzekrämpfe

Es handelt sich hierbei um gutartige, d.h. nicht zentralbedingte Krampfzustände (Muskelzuckungen) meist der Bein- und Bauchmuskulatur, die durch den Elektrolytverlust bei hoher Schweißsekretion bedingt sind.

Symptome	Therapie	Prophylaxe
Subjektiv Kopfschmerzen, Ohrensausen, Schwindel, Sehstörungen, Übelkeit und Brechreiz, wie wir es von einem normalen Kreislaufkollaps infolge Blutdruckabfalls kennen. Objektiv zeigt sich ein Blutdruckabfall mit Ansteigen der Pulsfrequenz. Durch eine übermäßige Blutfüllung der Hautgefäße ist die Haut gerötet und warm. Die oft auftretende Bewusstlosigkeit sieht bedrohlicher aus, als sie ist. Sie ist dadurch bedingt, dass es zu einer Blutverteilungsstörung mit Mangeldurchblutung des Gehirns gekommen ist.	– Lagerung des Betroffenen im Schatten oder in einem kühlen Raum (Kopf tief). – Ersatz von Flüssigkeit, die durch übermäßige Schweißproduktion verloren gegangen ist. Sinnvoll ist Mineralwasser, weil hierin auch Elektrolyte enthalten sind. – Kreislaufüberwachung durch Kontrolle von Blutdruck und Pulsfrequenz.	– Vermeidung von körperlichen Anstrengungen bei hohen Außentemperaturen. – Vermeidung von lange andauernder Hitzeeinwirkung. Hierzu kann es sinnvoll sein, die Tauchausrüstung einschließlich Tauchanzug erst unmittelbar vor dem Tauchgang anzulegen. Wenn das nicht möglich ist, sollen bei langen Anmarschwegen Pausen an schattigen Stellen eingelegt werden.

Tabelle 12: Hitzeerschöpfung

Symptome	Therapie	Prophylaxe
Muskelkrämpfe	– Lagerung in kühler Umgebung. – Flüssigkeits- und Elektrolytersatz; eventuell ist hier die Gabe von zusätzlichen Mineralsalzpräparaten angezeigt.	Meist kennen die Betroffenen ihre diesbezügliche Anfälligkeit bei übermäßiger Schweißsekretion. Schon prophylaktisch sollte bei hohen Außentemperaturen mit körperlicher Belastung an vermehrte Elektrolyt- und Flüssigkeitszufuhr gedacht werden.

Tabelle 13: Hitzekrämpfe

Hitzschlag

Beim Hitzschlag versagt der körpereigene Mechanismus der Temperaturregulierung. Die Körpertemperatur steigt weiter an, weil die Abkühlmechanismen erschöpft sind.
Die Ursache ist oft eine Kombination aus äußerer Hitze, schwerer körperlicher Betätigung und Entwässerung (Dehydratation) des Körpers nach starker Schweißsekretion. Die Wärmeabgabe kann auch dadurch gestört sein, daß z.B. durch einen Tauchanzug bei zusätzlicher Körperarbeit und hoher Luftfeuchtigkeit eine Abkühlung des Körpers unmöglich ist. Der Zustand ist lebensgefährlich.

Sonnenstich

Der Sonnenstich entsteht durch Schädigung der Gehirnzellen bei intensiver, länger andauernder Sonneneinstrahlung des Schädels bei nicht geschütztem Kopf.

Lokale Hitzeschäden

Zu den lokalen Hitzeschäden gehören der Sonnenbrand und die Verbrennungen I. bis III. Grades im eigentlichen Sinne.

Sonnenbrand

Unter Sonnenbrand versteht man eine Schädigung der Haut durch das ultraviolette Licht der Sonneneinstrahlung. Die UV-Strahlung ist in den tropischen und subtropischen Gebieten besonders intensiv. Die Intensität der Strahlung hängt davon ab, wie hoch die Sonne am Himmel steht, das heißt also von dem Einstrahlwinkel. Morgens früh und abends ist daher die Intensität nicht so groß.
Ein Sonnenbrand kann aber auch bei bedecktem Himmel entstehen. Er ist gerade dann gefährlich, weil man oft bei fehlender direkter Sonneneinstrahlung die Schutzmaßnahmen vernachlässigt. Mit einer Intensivierung der UV-Strahlung muss man beim Aufenthalt in Wassernähe (Strand, Boot) rechnen, da die UV-Strahlen von der Wasseroberfläche reflektiert werden und gewissermaßen zweimal wirken können.
Vor übermäßigem Sonnenbaden muss durch die steigende Strahlungsintensität aufgrund der Verringerung der Ozonschicht dringend gewarnt werden.
Besonders Schnorchler sind hier extrem gefährdet und sollten ebenfalls Schutzmaßnahmen treffen (siehe Tabelle 16, übernächste Seite).

Verbrennungen

Nach dem Ausmaß der geschädigten Hautschichten unterscheiden wir Verbrennungen I. bis III. Grades. Bei den Verbrennungen I. Grades zeigt sich lediglich eine ödematöse

Symptome	Therapie	Prophylaxe
– Kopfschmerzen, Schwindel, Übelkeit, Körperschwäche, Bewusstseinsstörung bis zur Bewusstlosigkeit – gerötete, heiße, trockene Haut bei völligem Stillstand der Schweißsekretion – Anstieg der Körpertemperatur bis auf 42 °C – Erhöhung des Herzminutenvolumens, des Blutdrucks, der Herzfrequenz und des Atemminutenvolumens – Schädigung des Gehirns in Abhängigkeit von der Erhöhung der Körpertemperatur und ihrer Einwirkdauer – Schock und Tod durch Herz-Kreislauf-Versagen	– Lagerung in kühler Umgebung – Abkühlung durch kalte, feuchte Tücher – O_2-Beatmung – Schocklagerung, eventuell Reanimtionsmaßnahmen – unbedingt ärztliche Behandlung, da die Erhöhung der Körper temperatur auf 42 °C zum Schock mit tödlichem Herz-Kreislauf-Versagen führt	Prophylaktisch muss bei hohen Außentemperaturen immer an eine gute Wärmeabgabe durch Verdunstung gedacht werden. Bei langen Fußwegen zum Tauchplatz Öffnen des Tauchanzuges, Anlegen der Tauchausrüstung vielleicht erst unmittelbar vor dem Tauchgang.

Tabelle 14: Hitzschlag

Symptome	Therapie	Prophylaxe
– Übelkeit, Brechreiz, Schwindel – hochroter und heißer Kopf – in schweren Fällen Krämpfe und Bewusstlosigkeit	– Lagerung an einem kühlen Ort, Kopf leicht erhöht – Kühlung des Kopfes mit kalten, feuchten Tüchern – rascher Transport ins Krankenhaus, da ein Hirnödem auftreten kann	– Kopfschutz bei direkter Sonneneinstrahlung – Vermeidung von direkter Sonneneinstrahlung

Tabelle 15: Sonnenstich

Symptome	Therapie	Prophylaxe
– subjektiv brennende Schmerzen, Juckreiz und Hitzegefühl an den betroffenen Körperstellen – großflächige, leicht erhabene Rötung und ödematöse Schwellung, Temperaturerhöhung, – in schwereren Fällen Fieber – in schweren Fällen Blasenbildung entsprechend einer Verbrennung II. Grades	– Kühlende Gele oder cortisonhaltige Salbenzubereitungen, die die entzündliche Reaktion in der Haut günstig beeinflussen. – Bei Blasenbildung sind sterile Verbände indiziert, da Infektionsgefahr besteht. – Eröffnung der Blasen nur mit sterilen Instrumenten. Hiernach sollen die Wundflächen mit antibiotikahaltiger Tüllgaze bedeckt werden, um Infektionen der Haut zu vermeiden. – An Krustenbildungen und Hautabschälungen nicht manipulieren (Infektionsgefahr), sie stoßen sich von selbst ab.	– Keine lange, direkte Sonnenbestrahlung an den ersten Urlaubstagen. – Zum Sonnenbrand neigende Personen sollten sich nur kurzfristig und langsam steigernd den UV-Strahlen aussetzen. – Verwendung von Sonnenschutzpräparaten mit entsprechend hohem Schutzfaktor für die gefährdeten Körperstellen, vor allem Nasenrücken und Gesicht. – Wenn schnelle Hautbräunung gefragt ist, sollte man vor dem Urlaub prophylaktische UV-Bestrahlungen (Höhensonne) vornehmen, um die pigmentbildenden Zellen an die Intensivstrahlung im Urlaub zu gewöhnen.

Tabelle 16: Sonnenbrand

Rötung vergleichbar mit dem Sonnenbrand, bei denen II. Grades findet sich eine Blasenbildung. Bei den drittgradigen Verbrennungen sind tiefere Hautschichten betroffen mit Gewebsuntergängen (Nekrosen).

Die Therapie erfolgt bei den Verbrennungen I. Grades mit antibiotika- oder sulfonamidhaltigen Gelen (z.B. Aristamid Gel), die Verbrennungen II. Grades und III. Grades gehören in ärztliche Behandlung. Als Notfallmaßnahme kann die verbrannte Körperstelle unter fließendes Leitungswasser gehalten werden, um die Beschwerden zu lindern. Anschließend sterile Abdeckung. Von den alten Hausmitteln wie Brandsalben, Ölen, Puder oder gar Mehl muss abgeraten werden.

Lernerfolgskontrolle

*****2.5.1**
Welchen Hitzeschaden kannst du durch starkes Schwitzen erleiden, und wie beugst du dem vor?

***2.5.2
Welchen Hitzeschaden kannst du durch die Weitstellung der Hautgefäße bei hohen Temperaturen verbunden mit hohem Flüssigkeitsverlust erleiden, und wie beugst du dem vor?

***2.5.3
Welchen Hitzeschaden kannst du bei Behinderung der Wärmeabgabe des Körpers und gleichzeitig hoher Wärmeproduktion erleiden, und wie beugst du dem vor?

***2.5.4
Welchen Hitzeschaden kannst du durch intensive Sonneneinstrahlung auf den Kopf erleiden, und wie beugst du dem vor?

2.6 Dehydratation

Besonders bei Aufenthalten in tropischen Gebieten ist Flüssigkeitsverlust ein Problem, der auch für das Tauchen erhebliche Auswirkungen haben kann.
Der menschliche Körper gibt Flüssigkeit über die Haut in Form von Schweiß, über die Lunge als Wasserdampf, über die Niere als Urin und über die Verdauungsorgane ab. Besonders die Wasserdampfabgabe bei erhöhter Atemarbeit spielt beim Tauchen eine Rolle. Da die Luft in den Drucklufttauchgeräten getrocknet ist, führt die Anfeuchtung der Atemluft in den Atemwegen zu einem ständigen Flüssigkeitsverlust.
Hinzu kommen beim Tauchen die veränderten Druckverhältnisse auf den Körper. Durch die gleichmäßige Druckbelastung von allen Seiten fließt weniger Blut (wegen der Kompensation der Schwerkraft) in die Beine und führt zu einer verstärkten Blutfülle im Körperstamm, im Brustbereich und damit auch im rechten Herzen. Durch die stärkere Dehnung schüttet der rechte Vorhof ein Hormon aus, das die Wasserausscheidung durch die Niere steigert. Auch die Niere selbst ist besonders gut durchblutet und steigert daher ihre Ausscheidungsfunktion. So verliert man beim Tauchen 200–600 ml Flüssigkeit zusätzlich. Jeder kennt die Auswirkungen dieses so genannten Henri-Gauer-Effektes als starken Harndrang nach dem Tauchen.
Wird dem Körper zu wenig Flüssigkeit zugeführt oder verliert er besonders viel Flüssigkeit, so kommt es zu einer Verminderung des Blutvolumens verbunden mit einer Verdickung, so dass die Durchblutung in den Organen gestört wird. Hierdurch wird auch die Stickstoffabgabe beeinflusst, so dass das Risiko der Gasblasenbildung und damit auch der Dekompressionskrankheit steigt.
Vor und nach einem Tauchgang muss dem Körper daher ausreichend Flüssigkeit zugeführt werden. Besonders nach Durchfallerkrankungen, nach starkem Alkoholgenuss am Vorabend oder auch durch Fieber verliert der Körper viel Flüssigkeit, die ausgeglichen werden muss.
Ungeeignet sind jedoch zum Flüssigkeitsausgleich alkoholische Getränke, Kaffee und Tee, da mehr Flüssigkeit über die Nieren ausgeschieden wird als vorher getrunken wurde.

Lernerfolgskontrolle

***2.6.1
Was solltest du vor dem Tauchen machen, um eine Dehydratation zu vermeiden?

***2.6.2
Welche Ursachen und Folgen hat eine Dehydratation beim Tauchen?

2.7 Psychische Faktoren beim Tauchen

In diesem Kapitel sind psychische Störungen des Tauchanfängers zusammengefasst, die einerseits der noch unbekannten Konfrontation mit der „Unterwassersituation", mit Kälte und Dunkelheit zuzuschreiben sind, andererseits können sie Ausdruck einer psychiatrischen Erkrankung sein, die unterschwellig vorhanden ist und deren Symptome sich unter Stresssituationen verschlechtern können.

Panik

Die häufigste Störung ist die Panik unter Wasser. Panik ist bei dazu prädestinierten Menschen eine plötzlich auftretende Phase von absoluter Kritiklosigkeit mit Einschränkung des Bewusstseins und sinnlosen Abwehr- und Fluchtreaktionen. Es liegt ein Erregungszustand vor, der häufig durch damit verbundene unüberlegte Handlungen und Reaktionen die Ursache für ernsthafte Tauchunfälle ist (z.B. Notaufstieg mit Stimmritzenkrampf und Lungenüberdruckunfall!).
Ursächliche Faktoren sind:

- Tiefe, Kälte und Dunkelheit
- ungewohnte Umgebung
- eingeengtes Gesichtsfeld
- Einsamkeit bei Verlust des Partners
- plötzlich auftretende technische Mängel
- unvorhergesehene Ereignisse
- körperliche Überanstrengung

Entscheidend ist es für den Tauchlehrer oder Tauchbegleiter, den Betroffenen aus der Phase der Panik herauszuholen, um Schlimmstes zu verhindern. Unterwasserzeichen haben jetzt keinen Sinn mehr. Der Tauchlehrer muss:

- beruhigend auf den Betroffenen einwirken,
- ihn eventuell an einen anderen Ort in geringerer Tiefe verbringen mit festem Halt an Riffkante oder Gegenständen,
- den Tauchgang unter Beachtung der Aufstiegsgeschwindigkeit möglichst bald beenden,
- einen lebensgefährlichen Notaufstieg nach Möglichkeit vermeiden.

Angst

Angst bedeutet im psychiatrischen Sinne Furcht in Abwesenheit einer äußeren Gefahr. Oft wird sie durch im Grunde unbedeutende Situationen in der Umgebung verursacht. Sie wird als eine Art innerer Gespanntheit empfunden und kann kurz und vorübergehend sein, sie kann aber auch als intensive Bedrohung erlebt werden und dann das Ausmaß von Panik annehmen oder fließend in diese übergehen.
Beim Tauchen ist die Hauptursache für die Entstehung der Angst sicherlich die veränderte Umgebung mit dem erhöhten Umgebungsdruck. Es kommt zu Fehlinformationen in den landadaptierten Kontrollsystemen und wahrscheinlich als Folge einer erhöhten Stressbelastung zu einer Verminderung der normalen Persönlichkeitsreaktionen. Auf lange Sicht ist dem betroffenen Tauchanfänger zur Verhinderung der Angst- und Panikreaktionen ein intensives Körpertraining im Schwimmbad mit Übungen der Notfallsituation anzuraten. Durch Training und Schulung können situationsgerechte Reaktionen auf das nicht gewohnte Milieu erlernt werden. Fehlreaktionen sind dann reduziert oder sie treten erst gar nicht auf.
Für den Tauchlehrer oder Trainer gilt es, sein Augenmerk während der ersten Tauchgänge auf die angstauslösenden Faktoren zu richten und diese dann durch ein gezieltes Training und Aufbau von Erfahrungen zu verdrängen.

Phobie

Phobie ist ein intensiver Schrecken, Furcht oder Panik, die an eine spezifische Idee oder einen Gegenstand fixiert sind. Es handelt sich um einen Bewusstseinsinhalt, der als unsinnig und grundlos erkannt wird, der aber doch nicht zu verdrängen ist. Auch die Klaustrophobie (Angst vor geschlossenen Räumen) hat im Tauchsport wesentliche Bedeutung. Im Gegensatz zu den Angstzuständen lässt sich diese Störung nicht durch Training oder Aufbau von Erfahrungen beeinflussen. Die Tauchtauglichkeit ist fragwürdig.

2.8 Sauerstoffvergiftung

Der sonst nützliche Sauerstoff kann giftige Wirkung auf den menschlichen Organismus haben. Die toxische Wirkung hängt von dem Sauerstoffpartialdruck (pO_2) und seiner Einwirkdauer ab. Während der pO_2 unter atmosphärischen Bedingungen 0,21 bar beträgt, erreicht er in einer Tauchtiefe von 71 m den Wert von 8,1 x 0,21 bar = 1,7 bar. Gerade diese Konzentration ist schädlich für den Organismus, wenn sie eine Stunde und länger einwirkt. Das Atmen von reinem (100 %) Sauerstoff wird unter atmosphärischen Bedingungen über mehrere Stunden symptomlos vertragen. Mit Drucklufttauchgeräten sind derartige Tauchgänge allerdings illusorisch; denn sowohl die Tiefe als auch die folgenden Dekompressionszeiten sind limitierende Faktoren.
Beim Tauchen mit Sauerstoffkreislaufgeräten, wie sie in der Marine verwendet werden, weil sie geräuschlos sind und keine Blasen produzieren, wird der giftige Grenzwert von pO_2 = 1,7 bar schon in einer Tiefe von 7 m erreicht, da bei dieser Methode reiner Sauerstoff geatmet wird.
Die schädigende Wirkung des Sauerstoffs zeigt sich im Entstehen von Krampfanfällen und in einer toxischen Wirkung auf das Epithel der Alveolen. Das Alveolarepithel schwillt an und füllt sich mit Flüssigkeit (Ödem), weil die schützende Lipoidschicht zerstört ist. Durch den Zusammenfall der Alveolen entstehen dann nicht belüftete Bezirke, Atelektasen. Die objektiven Krankheitszeichen sind unstillbarer Hustenreiz, Schmerzen hinter dem Brustbein und paradoxerweise extreme Luftnot mit Tod durch Sauerstoffmangel.
Die Krampfanfälle sind Ausdruck einer giftigen Wirkung auf das Nervengewebe des Gehirns. Unter Wasser führen solche Anfälle natürlich zum Tod durch Ertrinken, wenn nicht schnellstens Hilfe angeboten wird.
Der Sporttaucher kann Sauerstoffkreislaufgeräte nicht käuflich erwerben, da sie wegen der beschriebenen Gefahr nicht im Handel sind. Bei Gebrauch dieser Geräte ist der Sporttaucher nicht versichert.
Die Benutzung anderer Gasgemische als das der natürlichen Luft bedarf erweiterter theoretischer Kenntnisse und praktischer Erfahrung, die du in den speziellen Kursen zum Tauchen mit Nitrox, Trimix und mit Rebreathern erwerben kannst.
Beim Tauchen mit diesen Gasgemischen gilt als absoluter Grenzwert für die Sauerstoffvergiftung ein Sauerstoffpartialdruck von pO_2 = 1,6 bar und bei Anstrengung oder besonderen Bedingungen sogar pO_2 = 1,4 bar. Für die Tauchgangsplanung sind diese Grenzwerte maßgebend, auch beim Tauchen mit Druckluft. Die Grenzwerte für die Einwirkdauer sind speziellen Tabellen zu entnehmen.

Lernerfolgskontrolle

*****2.8.1**
Ab welcher Tiefe muss beim Tauchen mit Druckluft und beim Tauchen mit reinem Sauerstoff ohne besondere Kälte oder Anstrengung mit einer Sauerstoffvergiftung gerechnet werden und welche Folgen können schon bei nicht langandauernder Einwirkung eintreten?

2.9 Kohlenmonoxidvergiftung

Wie das CO_2, so ist auch das Kohlenmonoxid (CO) ein farbloses, geruch- und geschmackloses Gas, das keine Reizerscheinungen an den Schleimhäuten hervorruft, sodass eine Verunreinigung der Atemluft mit CO meist erst zu spät erkannt wird. Das CO entsteht bei der Verbrennung von organischen Stoffen ohne ausreichende Sauerstoffzufuhr, z.B. bei der Verbrennung von Heizkohle in defekten Öfen oder als Bestandteil der Auspuffgase von Verbrennungsmotoren (4–7 %). Im Leuchtgas ist es mit bis zu 8 % vorhanden. Für den Taucher ist schon die geringste Beimischung von CO zu der im DTG befindlichen Atemluft lebensgefährlich, da das CO eine 300-mal höhere Affinität (Bindungsfähigkeit) zum Hämoglobin hat als der Sauerstoff. Häufig stammt die Verunreinigung der Druckluft von Kompressorabgasen oder von in der Nähe des Kompressors laufenden Verbrennungsmotoren. Die maximale Toleranz beträgt 0,01 % CO in der Atemluft mit der Einwirkdauer von 8 Stunden.

Lernerfolgskontrolle

*****2.9.1**
Wodurch kann es zu einer Kohlenmonoxidvergiftung beim Tauchen kommen?

2.10 Erste Hilfe bei Verletzungen

Dieses Kapitel ist nur sehr allgemein gehalten, da die speziellen Erste-Hilfe-Maßnahmen bei den typischen Taucherkrankheiten, bei den Verletzungen durch Meerestiere und bei den Hitze- bzw. Kälteschäden schon an den entsprechenden Stellen abgehandelt worden sind.

Symptome	Therapie	Prophylaxe
Sind 20 % des Hämoglobins abgesättigt (HbCO), so treten schon Kopfschmerzen, Kurzatmigkeit, Übelkeit, später auch Rausch- und Erregungszustände auf. Bei einem Anteil von 50 % HbCO tritt der Tod ein. Es zeigt sich vorher ein Lähmungsstadium mit flacher Atmung, Bewusstseinsverlust und hellroter Hautfarbe.	Die Therapie der Wahl ist die hyperbare Sauerstoffbehandlung (HBO), weil durch diese Methode der Körper nahezu 100 % – allerdings physikalisch – mit Sauerstoff aufgesättigt wird. Ist die HBO-Maßnahme nicht möglich, so sollte eine Beatmung mit 100 % Sauerstoff durchgeführt werden. Hierdurch verkürzt sich die Halbwertszeit der HbCO-Verbindung von 4 Stunden auf 40 Minuten.	Oberstes Gebot ist es, auf reine Atemluft zu achten. Beim Selbstfüllen des DTG muss die korrekte Lage des Kompressoransaugschlauchs bedacht werden.

Tabelle 17: Kohlenmonoxidvergiftung

Unter erster Hilfe versteht man die ersten Hilfsmaßnahmen, die sofort an der Unfallstelle eingeleitet werden, bevor die ärztliche Behandlung beginnt. Naturgemäß wird sie in der Regel von Laien durchgeführt.
Grundregeln: Schnell, aber ohne Hast handeln, auf den Verletzten beruhigend einwirken und im Bedarfsfall dafür sorgen, dass ärztliche Hilfe angeboten wird.
Es ist der Sinn der ersten Hilfe, das Leben zu erhalten, lebensbedrohliche Zustände wie Atem- und Kreislaufstillstand zu verhindern oder zu beheben, Schockbekämpfung und Blutungsstillung vorzunehmen, Schmerzen zu bekämpfen, Überwärmung und Unterkühlung zu verhindern und den Transport in ein Krankenhaus vorzubereiten.
Wichtig ist die Sicherung der Unfallstelle bei Verkehrsunfällen durch Markierung und Warndreieck. Auch bei Tauchunfällen ist die Unfallstelle zu markieren (evtl. Kompasskurs), damit eine spätere Rettung erleichtert wird.

Wunden und Blutungen

Wunden sind Verletzungen, die die Haut durchdringen. Um Infektionen und weitere Schäden zu vermeiden, soll man niemals die Tiefe und Ausdehnung der Wunde festzustellen versuchen, man soll auch deren Umgebung nicht betasten und berühren. Je nach Art der Wunde kommen folgende ersthelferische Maßnahmen in Frage:

Schürfwunden

Entweder offen lassen oder selbsttrocknende Gele verwenden (z.B. Aristamid-Gel, Medice Brand- und Wundgel). Wenn sich wegen zu starker Blutung ein Verband nicht vermeiden lässt, sterile Verbandspäckchen aus den genormten Verbandskästen verwenden.

Schnittwunden

Ursachen sind Schnittverletzungen durch Messer, Glas oder scharfe Gegenstände. Die Ränder sind scharf und glatt. Die Blutgefäße bleiben länger offen, daher sind stärkere Blutungen zu erwarten. Sterile Wundbedeckung und Verband, bei stärkerer Blutung Druckverband.

Stichwunden und Fremdkörperverletzungen

Ursachen sind Verletzungen durch Dolche, Nägel, Drahtspitzen usw. Fremdkörper sind grundsätzlich zu belassen, die betroffene Extremität ist ruhig zu stellen. Nachdem die Umgebung der Verletzung steril abgedeckt und gepolstert ist, erfolgt der Transport in die Klinik mit liegendem und geschütztem Fremdkörper. Durch Entfernen des Fremdkörpers würden weitere Verletzungen entstehen.

Platz-, Quetsch- und Risswunden

Sie stellen die häufigsten Wunden dar. Die Blutungen sind dabei oft weniger stark, jedoch besteht wegen starker Verschmutzung oft eine erhöhte Infektionsgefahr. Ersthelferisch ist lediglich ein steriler Notverband anzulegen. Der Arzt führt später eine großzügige Wundausschneidung durch. Dadurch werden die Infektionsgefahr reduziert und die primären Heilungschancen verbessert.

Schusswunden

Es muss nach Ein- und Ausschuss gesucht werden. Der Einschuss ist dabei glatt und klein, der Ausschuss immer größer und stärker blutend. Schneller Transport ins Krankenhaus. Streifschüsse sind wie Risswunden zu behandeln.

Kratz- und Bisswunden

Sie sind besonders infektionsgefährdet, da sich an den Zähnen und im Gebiss von Tieren immer Speisereste mit zahlreichen Keimen befinden. Durch den Biss werden Bakterien tief in die Wunde eingebracht. Sofortiges Auswaschen ist erforderlich (z.B. 3%-ige Wasserstoffsuperoxidlösung, gegebenenfalls auch nur Wasser und Seife), an-

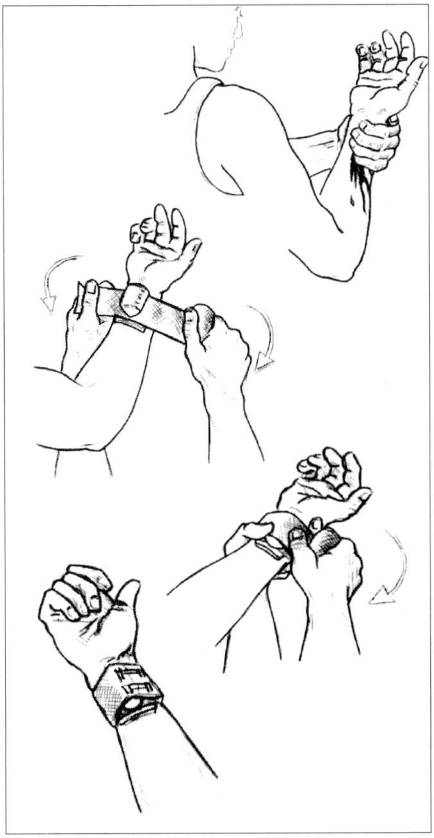

Abb. 133: Behandlung einer blutenden Wunde

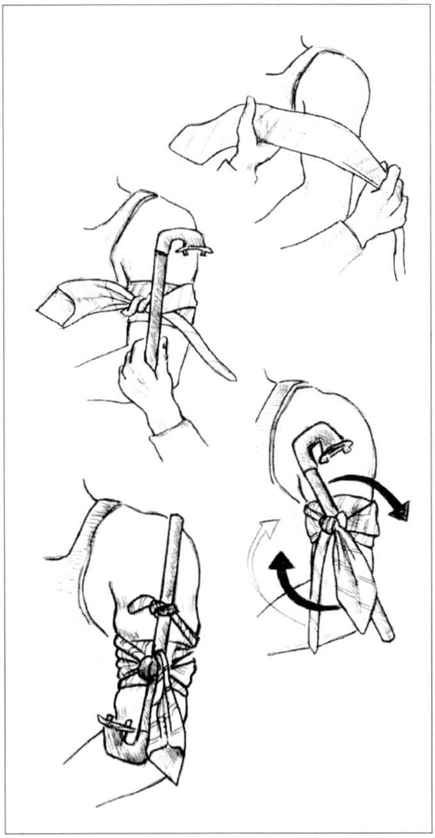

Abb. 134: Quengelverband am Oberarm zur Blutstillung

schließend gut ausspülen mit klarem Wasser. Wegen der erhöhten Infektionsgefahr lässt der Arzt diese Wunden offen, sie werden nicht zugenäht.

Blutungen und Blutstillung

Wir unterscheiden arterielle und venöse Blutungen. Arterielle Blutungen spritzen! Die Farbe des Blutes ist hellrot, oft ist ein Pulsieren zu erkennen. Sie kommen häufig bei Schnittverletzungen vor.

Venöse Blutungen sind dunkelrot, nicht spritzend und nicht pulsierend. Sie entstehen oft aus Krampfadern oder aus Hämorrhoidenverletzungen.

Spezielle Blutungen sind Nasenblutungen, innere Blutungen aus Lunge, Magen, Darm, Niere und Harnblase. Erstmaßnahme bei Nasenblutungen: Beim liegenden Patienten Kopf nach hinten neigen, damit kein Blut in die Luftröhre fließen kann, Eispackungen oder nasses, kaltes Handtuch in den Nacken. Mit Druck des Nasenflügels gegen die Nasenscheidewand kann die Blutung ebenfalls beeinflusst werden. Andernfalls muss der Arzt eine Tamponade durchführen.

Die allgemeinen Erste-Hilfe-Maßnahmen bei blutenden Wunden sind:

1. Hochlagerung und einfache Kompression der Wunde, notfalls mit der bloßen Hand.

2. Anlegen eines im Handel erhältlichen Druckverbandes, wobei der Kunststoffblock direkt über der Blutung auf die Wunde zu pressen ist.
3. Mit dosiertem Druck die Binde zirkulär um die Blutungsstelle herumführen.
4. Fixierung des Verbandes. Nach ca. 30 Minuten leichte Lockerung des Verbandes, damit eine ausreichende Blutversorgung gewährt bleibt.

Die grundsätzliche Maßnahme zur Blutstillung ist der Druckverband (s. Abb. 133), seltener das Abbinden einer Extremität. Bei einer äußeren Blutung wird die Extremität hoch gehalten und mit den Fingern nach Anlegen eines sterilen Verbandes komprimiert. Für den eigentlichen Druckverband werden vorgefertigte Verbandspäckchen mit speziellem Kompressionsmaterial verwendet. Man öffnet das sterile Päckchen, hält die elastische Binde mit zwei Händen und legt die Binde mit dem Kompressionsmaterial (Mull mit Kunststoffplatte) auf die Wunde. Dann wird die verletzte Stelle mehrfach umwickelt, der Verband ist selbstklebend. Der Verband darf nicht fester gewickelt werden als für die Blutstillung erforderlich.

Das Abbinden einer Extremität sollte nur als letzte Möglichkeit in Frage kommen, wenn große Arterien verletzt sind; denn durch zu langes Abbinden einer Extremität kann es zu einer bleibenden Schädigung von Nerven und Gefäßen kommen. Andererseits ist es bekannt, dass selbst große Extremitätenarterien nach einer glatten, unfallbedingten Durchtrennung die Tendenz zum spontanen Verschluss und damit zur Blutungsstillung haben. Entschließt man sich dennoch zu dieser Methode, so eignen sich dazu ein Dreieckstuch, Taschentuch oder eine Krawatte besser als eine Schnur. Man legt das Tuch zweimal um die Extremität und fixiert mit einem halben Knoten, nachdem vorher eine Kompresse auf die Abbindestelle gelegt wurde. Nun wird ein Stock mit einem doppelten Knoten auf dem halben Knoten befestigt und gedreht, bis Blutungsstillung eingetreten ist. Danach wird der Stock in der letzten Position fixiert und die Uhrzeit aufgeschrieben (s. Abb. 134).

Zum Abdrücken und Abbinden ist die Kenntnis der wichtigsten Schlagadern erforderlich:

- Schläfenschlagader,
- Gesichtsschlagader,
- Armschlagader,
- Beinschlagader und die
- große Bauchschlagader.

Verletzung von Knochen, Gelenken und Muskeln

Hierzu gehören Zerrungen, Verstauchungen (Distorsionen), Verrenkungen (Luxationen), Frakturen und Muskelrisse.

Zerrungen und Verstauchungen

sind zwar vom Krankheitswert bedeutungslos, können aber heftige und lang anhaltende Schmerzen bereiten. Sie sind Verletzungen von Gelenkbändern und Gelenkkapseln. Zerrungen und Distorsionen entstehen als Folge von plötzlichen direkten oder indirekten Gewalteinwirkungen auf ein Gelenk (Dehnung, Einriss oder Abriss der Haltebänder durch übertriebene Bewegung eines Gelenkes). Ein typisches Beispiel ist der „verstauchte Fuß" mit sofort auftretenden Schmerzen und schnell einsetzender Schwellung im Bereich des Sprunggelenks.

Verrenkungen (Luxation)

Eine Verrenkung ist das Heraustreten eines Knochenteils aus einem Gelenk mit oder ohne Verletzung der Gelenkkapsel.

Häufig sind Verrenkungen des Unterkiefers, Verrenkungen von Fingern und Zehen sowie die Schulterverrenkung. Grundsätzlich soll die Einrenkung nur durch den Arzt erfolgen, da sonst die Gefahr zusätzlicher Verletzungen, z.B. an Nerven und Gefäßen, besteht.

Für die erste Hilfe steht die möglichst bequeme Lagerung der Extremität im Vordergrund. Eine Schienung sollte immer mit guter Polsterung erfolgen. Eine verrenkte Schulter oder ein verrenktes Ellenbogengelenk gehören in eine Schlinge. Der Arzt führt eine Einrenkung gewöhnlich in Kurznarkose durch, da hierbei die Muskulatur erschlafft ist.

Knochenbruch (Fraktur)

Bei einfachen, geschlossenen Brüchen ist nur der Knochen verletzt, die darüber liegende Haut ist unverletzt. Bei offenen Knochenbrüchen ist eine Hautwunde vorhanden, durch die oftmals ein Knochenstück nach außen ragt. Ein offener Knochenbruch stellt eine schwere Verletzung dar, da immer die Gefahr einer Knochenmarksentzündung (Osteomyelitis) besteht. Außerdem besteht die Gefahr der Verletzung von Gefäßen und Nerven.

Ein komplizierter Bruch zeigt starke Weichteil-, Gefäß- und Nervenverletzungen, ein unkomplizierter Bruch zeigt dagegen wenig Weichteilverletzungen. Symptomatisch sind nach außen sichtbare Knochenstücke, erhebliche Schwellung, Bewegungsschmerz, hörbares „Knacken", Bewegungsunfähigkeit und sichtbare Verlagerung von Skelettteilen. Unsere Maßnahmen bestehen in einer bestmöglichen Ruhigstellung der betroffenen Extremität durch vorsichtige Schienung mit entsprechender Polsterung, bei offenen Brüchen auch mit sterilem Kompressionsverband. Anschließend schonender Transport ins Krankenhaus.

Muskelriss

Der Muskelriss entsteht in den großen Extremitätenmuskeln als Folge einer akuten Überanstrengung, auch beim Training nach mangelhafter Aufwärmung. Häufig ist es ein Muskelfaserriss des Wadenmuskels mit plötzlich auftretendem Schmerz und der Unfähigkeit, den Fuß beim Laufen abzurollen. Oft finden sich eine starke Schwellung und ein Druckschmerz beim Betasten.

Als Erstmaßnahme sind Kälteanwendungen und Kompressionsverband zu empfehlen, um eine stärkere Schwellung zu verhindern.

Kreislaufkollaps

Im Verlauf von Tauchunfällen kommt es häufig zu Phasen von Bewusstseinstrübung und Bewusstlosigkeit. Es ist wichtig, die Begriffe Kreislaufkollaps und Schock zu definieren, um sie voneinander unterscheiden zu können.

Ursachen

Während es sich beim Schock um einen lebensgefährlichen, durch kritischen Volumenmangel bedingten Zustand handelt, liegt beim Kreislaufkollaps lediglich eine harmlose Blutverteilungsstörung vor. Der Kreislaufkollaps kommt häufig bei kreislauflabilen Personen vor, die konstitutionsmäßig niedrige Blutdruckwerte aufweisen. Nach plötzlicher Lageänderung des Körpers, z.B. nach schnellem Aufstehen, wird das Gehirn nur ungenügend durchblutet, da das Blut in den unteren Körperregionen versackt und nicht ausreichend zum Herzen zurückfließt. Durch den resultierenden Sauerstoffmangel im Gehirn entsteht der Kollapszustand mit Bewusstlosigkeit.

Symptome

Im Gegensatz zum Schock ist der Puls jetzt verlangsamt, er steigt aber relativ schnell wieder an. Die Blutdruckwerte sind niedrig. In der Regel findet sich nur kurzfristig Bewusstlosigkeit.

Therapie

Nach flacher Lagerung, eventuell mit Hochhalten der Beine, kommt es schnell zu einer Besserung der Kreislaufsituation, das Bewusstsein kehrt wieder. Ärztliche Maßnahmen sind dann meist nicht mehr erforderlich, vielleicht injiziert der Arzt ein gefäßverengendes und damit blutdrucksteigerndes Medikament.

3. Tauchausrüstung

3.1 Trockentauchanzüge

Da du mittlerweile schon länger mit einem Nass- oder Halbtrockentauchanzug getaucht bist, kennst du sicherlich auch die Vor- und Nachteile dieser Anzüge. Gerade bei einem Halbtrockentauchanzug ist der Schutz vor Wärmeverlust sehr gut, allerdings ist das An- und Auskleiden etwas schwieriger als bei einem Anzug mit Reißverschlüssen. Du hast jedoch gemerkt, dass dies nur eine Frage der Übung ist (s. Farbtafel III).
Die Wärmeabgabe durch Konvektion ist bei einem Halbtrockentauchanzug schon stark eingeschränkt gegenüber einem Nasstauchanzug. Die direkte Wärmeübertragung durch Wärmeleitung ist jedoch weiterhin gegeben, da Wasser in den Anzug eindringt. Einen wirklich guten Schutz vor Wärmeleitung bieten Gase, wie zum Beispiel Luft. Daher schützen uns Anzüge, in denen wir völlig trocken bleiben, wesentlich besser vor Wärmeverlust. Während der Wärmeverlust über die Atmung und die Wärmestrahlung ähnlich wie bei einem Nasstauchanzug ist, wird die Wärmeabgabe über die Wärmeströmung (Konvektion) und die Wärmeleitung (Konduktion) bei einem Trockentauchanzug gegenüber einem Nasstauchanzug stark reduziert. Wenn du auch im Winter eine längere Zeit im Wasser tauchen möchtest oder musst, so kannst du auf einen Trockentauchanzug nicht verzichten.
Wir unterscheiden Trockentauchanzüge aus Gummi oder Kunststoffgewebe und Trockentauchanzüge aus Neopren. Anzüge aus gummiertem Gewebe sind nicht alleine wärmeisolierend; erst die darunter getragene Isolationsschicht, der Unterziehanzug, schützt den Taucher vor Kälte. Bei beiden Arten ist es jedoch wichtig, dass eine Möglichkeit besteht, Luft in den Anzug hinein-

Tabelle 18: Vergleich Trockentauchanzüge aus Gummi und Neopren

Trockentauchanzug aus Gummi	Trockentauchanzug aus Neopren
Dicke ca. 1 mm	Dicke meistens ca. 7 mm
Wärmedämmung erfolgt erst durch zusätzlichen Unterziehanzug (Thermo, Faserpelz oder Thinsulate; zusätzliche Kosten)	Wärmedämmung auch ohne Unterziehanzug gut; dünne Unterwäsche allein dient der Schweißaufnahme
Beweglichkeit gut, wenn gute Passform; sonst stark eingeschränkt gegenüber Nasstauchanzug	Beweglichkeit abhängig vom Sitz des Anzugs
Leichtes An- und Ausziehen	Je nach Modell kompliziertes An- und Ausziehen
Reparaturfreundlich (mit Fahrradflickzeug)	Reparaturen sind kompliziert und in der Regel durch den Fachhandel durchzuführen
Empfindlichkeit gegen Beschädigungen	Relativ robust
Geringer Auftrieb, wenig Blei erforderlich	Großer Auftrieb, viel Blei erforderlich
Bei Wassereinbruch ist Notaufstieg ohne Bleiabwurf und äußere Hilfsmittel nicht möglich.	Bei Wassereinbruch ist durch das hohe Eigenvolumen des Anzugs ein Notaufstieg wie in einem Nasstauchanzug möglich.

zulassen. Wenn keine Luft hineingelassen wird, presst sich die Außenhaut des Anzuges bereits in geringen Tiefen stark an den Körper. Dieses durch den Wasserdruck hervorgerufene Ankleben kann schmerzhaft werden und die Bewegungen behindern, besonders an den Gelenken. Durch den relativen Unterdruck im Anzug kann die Haut richtig gequetscht werden, es entsteht ein Barotrauma der Haut.
Nur durch einen Druckausgleich in Form von Lufteinlassen kann dem vorgebeugt werden. Die Trockentauchanzüge mit Luftein- und -ablassvorrichtung werden daher auch als Konstantvolumenanzüge bezeichnet, da durch die Dosierung erreicht werden kann, dass sie in jeder Tiefe das gleiche Volumen (Luft und Anzug) einnehmen. Das unterscheidet sie neben der Isolationswirkung auch von den Nasstauchanzügen.
Der Trockentauch-Konstantvolumenanzug umschließt unseren Körper völlig wasserdicht. Die sichere Abdichtung wird durch eng anliegende Dichtmanschetten an den Handgelenken, am Hals und meistens auch am Gesicht erreicht. Es sollten nur noch Latexmanschetten am Hals verwendet werden, da man diese nicht umschlägt und so kaum noch Druck auf die Carotisarterie ausgeübt wird, weil man sich die Halsmanschette auf den jeweiligen Halsumfang abschneiden kann. An den Beinen ist keine Abdichtung erforderlich, da die Füße in den Anzug eingeschlossen sind. Der Einstieg in den Anzug erfolgt durch einen völlig gas- und wasserdichten Reißverschluss. Der Reißverschluss sollte so angeordnet sein, dass du den Anzug ohne fremde Hilfe an- und ausziehen kannst.
Der Druckausgleich im Konstantvolumenanzug erfolgt über Ein- und Auslassventile. Das Einlassventil ist über einen zusätzlichen Inflator wie die Taucherweste oder das Jacket mit dem Druckminderer des Atemreglers verbunden. Wichtig ist beim Lufteinlassventil die Durchflussgeschwindigkeit. Einerseits sollte sie möglichst hoch sein, um ein schnelles Absinken zu stoppen; andererseits muss aber auch eine Feindosierung möglich sein. Achte beim Kauf des Anzugs darauf, dass das Ventil nicht durch die Taucherweste oder das Jacket so verdeckt wird, dass es nicht mehr betätigt werden kann. Es sollte so angebracht sein, dass es zur Not auch ohne die Hand durch den Arm betätigt werden kann.
Das Auslassventil ist in der Regel am Oberarm angebracht, da dieser sowohl in der senkrechten als auch in der waagerechten Lage (bei leichtem Seitwärtsdrehen) den höchsten Punkt des Anzugs bildet. Einige Anzüge haben das Auslassventil auch am Kopf, wenn der Anzug ein Aufsteigen der Luft am Hals vorbei in die Kopfhaube ermöglicht. Nur durch die Wahl eines möglichst hohen Punktes ist ein nahezu völliges Entleeren möglich.
Das Luftauslassventil sollte manuell und automatisch funktionieren. Automatisches Entlüften erfolgt durch den Überdruck im Anzug. Wird das Auslassventil durch eine einstellbare Feder geschlossen gehalten, so öffnet es, sobald der Anzuginnendruck den Federdruck übersteigt. Dies ist beim Aufsteigen der Fall. Hebst du beim Auftauchen den Arm, so steigt verstärkt Luft dort hinein, und der Öffnungsdruck des Ventils wird überschritten. Du kannst das Auslassventil auch manuell bedienen, indem du mit der Hand darauf drückst. Auch so kann die Luft abgelassen werden. Das Ventil sollte daher auch mit der Hand gut zu erreichen sein. Teste zunächst in geringen Tiefen aus, ob die Feder des Auslassventils ausreichend leicht öffnet. Nur dann ist ein sicherer Aufstieg auch aus größeren Tiefen gewährleistest. Kannst du nicht genügend Luft ablassen, so ist entweder deine Bleimenge zu gering, das Unterziehzeug ungeeignet oder die Feder zu stramm eingestellt.
Auch beim Trockentauchen ist eine Taucherweste oder ein Jacket zu tragen. Zwar kannst du über den Trockentauchanzug tarie-

ren, aber du kennst ja die anderen Funktionen, die eine Taucherweste und ein Jacket zu gewährleisten haben: Hilfe zum raschen Erreichen der Oberfläche und zum Notaufstieg, zum Retten anderer Personen, zum Bergen von Sachen, als Schwimmhilfe an der Wasseroberfläche und zum Stabilisieren in einer ohnmachtsicheren Lage an der Oberfläche. All diese Sicherheitsaspekte kann ein Trockentauchanzug alleine nicht erfüllen.

Die Tarierung muss zumindest zum Ausgleich des Volumens über den Trockentauchanzug erfolgen. Setzt du darüber hinaus zum Tarieren die Taucherweste oder das Jacket ein, so hat dies Vor- und Nachteile. Ein Nachteil ist die Betätigung einer zweiten Tariereinrichtung, da du so zwei separate Systeme bedienen musst. Dies kann beim Aufstieg komplizierter werden. Andererseits vermeidest du beim Tarieren über die Taucherweste oder das Jacket einen überschüssigen Luftvorrat im Trockentauchanzug, der nicht nur die Beweglichkeit behindert, sondern auch ungewollt zum Beispiel in die Beine steigen kann. Da dann die Beine aufsteigen und du dort keine Luft ablassen kannst, wirst du in einen Kopfstand geraten, aus dem du nur mit Mühe und Erfahrung wieder herauskommst.

Aus diesem Grund sollte ein Trockentauchanzug möglichst eng sitzen, besonders an den Beinen. Andererseits muss es auch beim Tragen von Unterziehzeug noch möglich sein, in die Hocke zu gehen.

Auch die Pflege und Wartung des Trockentauchanzugs erfordern einige Kenntnisse. Ein Trocknen nach dem Tauchgang ist selbstverständlich. Dichtmanschetten aus Latex werden danach mit Talkum gepflegt. Der Reißverschluss sollte regelmäßig mit Paraffin bzw. Kerzenwachs eingerieben werden. Du wirst bei deinen ersten Tauchgängen mit einem Trockentauchanzug auf viele Schwierigkeiten stoßen, zu deren Bewältigung du auch als erfahrener Nasstaucher auf die Hilfe erfahrener Trockentaucher angewiesen bist.

Eine gute Möglichkeit, das Trockentauchen zu erlernen, ist die Teilnahme an dem Spezialkurs „Trockentauchen". In diesem Kurs kann ausführlich auf alle Besonderheiten, Verhaltensregeln, Technikaspekte und Pflegehinweise eingegangen werden.

Lernerfolgskontrolle

*****3.1.1**
Welche Möglichkeiten der Wärmeabgabe werden durch einen Trockentauchanzug verringert, welche bleiben fast unverändert?

*****3.1.2**
Warum muss ein Trockentauchanzug Luftein- und -auslassventile besitzen?

*****3.1.3**
Welche Bauteile unterscheiden einen Konstantvolumen-Trockentauchanzug von einem Nasstauchanzug?

****3.1.4**
Welche Probleme können beim Trockentauchen entstehen, und wie kann man sie in den Griff kriegen?

3.2 Moderne Tariersysteme

Im Bereich der Tariersysteme haben sich in der letzten Zeit einige Neuerungen durchgesetzt.

Die meisten Jackets verfügen heute über eine Bleiintegration, d.h. das Blei wird nicht separat an einem Gurt getragen, sondern in Bleitaschen innerhalb des Jackets. Aller-

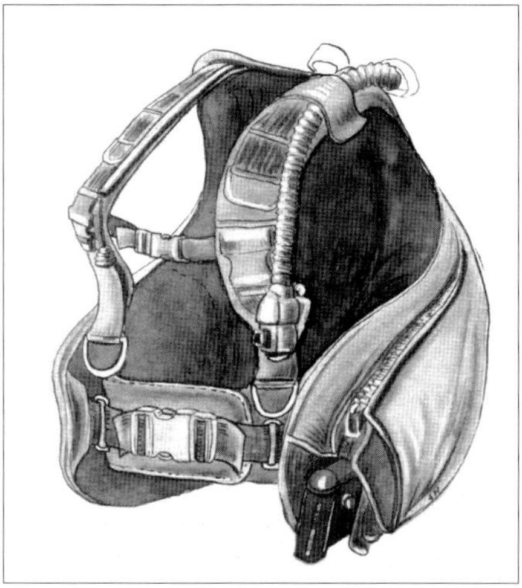

Abb. 135: Bleitasche von vorne beladbar.

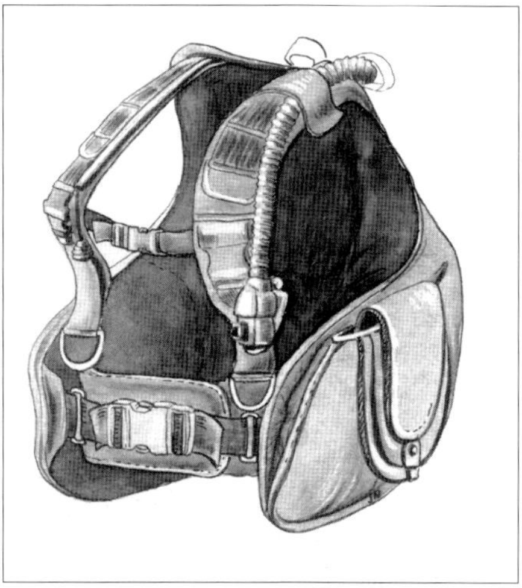

Abb. 136: Bleitasche von oben beladbar.

dings gibt es hier noch erhebliche Unterschiede zwischen den einzelnen Bauformen. Diese Unterschiede bestehen in der Art, wie die Bleitaschen in das Jacket integriert werden, in der Möglichkeit einer Beladung mit den Bleitaschen nach Anlegen des DTG, in der Sicherung der Bleitaschen gegen unbeabsichtigten Verlust sowie in den Möglichkeiten des Abwurfs in einem Notfall.

Falls die Bleitaschen von vorne eingeschoben werden, so liegen sie beim Tauchen senkrecht zum Grund und würden herausfallen, wenn sie nicht durch eine besondere Mechanik gegen das Herausrutschen gesichert wären. Bei dieser Bauform ist besonders darauf zu achten, wie diese Sicherung gegen unbeabsichtigtes Herausfallen umgesetzt wurde. Bei Systemen mit Velcro-Befestigung („Klett-Verschluss") wird ein Verlust nur verhindert, wenn beide Seiten sauber aufeinander liegen. Bei anderen Systemen ist darauf zu achten, dass nicht durch eine unbeabsichtigte Bewegung der Abwurf der Bleitaschen ausgelöst wird. Wenn die Bleitaschen bei einer Rettung an der Wasseroberfläche abgeworfen werden sollen, müssen sie bei einem auf dem Rücken liegenden Taucher gegen die Schwerkraft nach oben herausgezogen werden, was für einen Taucher ohne festen Stand mit einer großen Anstrengung verbunden ist.

Falls die Bleitaschen von oben einschoben werden, so liegen sie beim Tauchen parallel zum Grund im Jacket, so dass ein unbeabsichtigtes Verlieren kaum möglich ist. Bei einem an der Oberfläche liegenden Taucher können die Bleitaschen durch seitliches Ziehen ohne großen Kraftaufwand entfernt werden.

Bei allen Bauformen ist darauf zu achten, dass die Beladung des Jackets mit den Bleitaschen nach dem Anlegen des DTG möglich ist, da nur dann die Entlastung der Wirbelsäule beim Anlegen des DTG gewährleistet werden kann.

Beim Tauchen haben alle bleiintegrierten Jackets den Vorteil, dass sich der Abtrieb der Bleitaschen und der Auftrieb des Jackets gegenseitig im Jacket ausgleichen, sodass auf die Wirbelsäule keine unterschiedlichen Kräfte wie bei einem Bleigurt wirken.

Vorteile von bleiintegrierten Jackets:

- Entlastung der Wirbelsäule beim Tauchen, besonders rückenschonend

Abb. 137: Bleiabwurf an der Wasseroberfläche.

- Optimale Tauchlage, da Kräfteausgleich im Jacket
- Kein zusätzlicher Bleigurt nötig
- Keine Druckstellen durch einen Bleigurt
- Leichtes Anlegen, wenn das Modell eine nachträgliche Beladung der Bleitaschen ermöglicht.

Nachteile von bleiintegrierten Jackets:

- Vorheriges Ablegen des Bleis beim Einstieg ins Boot kaum möglich (je nach Modell)
- Sicherung der Bleitaschen gegen Verlust bei manchen Modellen schlecht gelöst
- Im Notfall Bleiabwurf an der Oberfläche bei manchen Modellen schwierig, insbesondere wenn im Liegen ein Herausziehen nach oben erforderlich ist
- Schwieriges Anlegen, wenn das Modell eine nachträgliche Beladung der Bleitaschen nicht zulässt.

Eine Besonderheit bieten auch moderne Jackets, bei denen die Ein- und Auslasssteuerung in einer Einheit untergebracht sind, sodass der sonst übliche Faltenschlauch entfällt. Hier unterscheiden wir mechanische und pneumatische Systeme. Bei pneumatischen Systemen wird durch das Betätigen der Ein- und Auslassknöpfe über Druckluftsteuerungen das Ein- oder Auslassventil vollständig geöffnet, während bei mechanischen Systemen die Öffnung des Auslassventils über einen Drahtseilzug stufenlos möglich ist. Beide Systeme haben den Vorteil, dass beim Tarieren ein Suchen des Faltenschlauchs entfällt und die Steuerungseinheit auch bei schlechter Sicht schnell aufgefunden wird, das sie fest positioniert ist. Dies ist auch bei der Ausbildung von Anfängern vorteilhaft, da diese den Ein- und Auslass problemlos finden und betätigen. Der Ausbilder kann ohne Hochhalten des Faltenschlauchs die Luft ablassen. Alternativ steht

Abb. 138: Rettung eines Tauchers mit kontrollierter Luftabgabe über den Schnellablass

der Schnellablass zum Luftablassen zur Verfügung. Zu beachten ist, dass ein Ablassen der Luft bei den pneumatischen Systemen nur möglich ist, wenn das DTG noch gefüllt ist und die Druckluft an der Steuereinheit zur Verfügung steht.

Bei der Rettung eines bewusstlosen Tauchers hat sich gerade bei diesen Jackets die bereits in Abschnitt **4.10 beschriebene Methode bewährt, wobei das Ablassen der Luft aus dem Jacket des betroffenen Tauchers durch leichtes Ziehen am Schnellablass erfolgen kann. Dies hat neben der guten Erreichbarkeit den Vorteil, dass sofort anhand der austretenden Luftblasen gesehen wird, wieviel Luft abgelassen wurde.

Beim anschließenden Transport des betroffenen Tauchers ist nach dem Öffnen der atmungsbehindernden Brust- und Bauchclips das Jacket aufzublasen und je nach Entfernung zum Ziel das Blei abzuwerfen. Der Transport kann schiebend oder ziehend erfolgen, wobei sich das Schieben bei aufgeblasenem Jacket des betroffenen Tauchers als die wesentlich effektivere Methode erwiesen hat.

Bei Wing-Jackets befindet sich der meist besonders großvolumige Auftriebskörper oftmals in U-Form am Rücken des Tauchers (Wing-Jackets haben in der Regel viele D-Ringe als Befestigungsmöglichkeit für Reel oder Stage-Flasche oder auch Montagemöglichkeiten für Doppelflaschen). Durch den Auftriebskörper am Rücken wird der Taucher in seiner Bewegungsfreiheit nicht eingeschränkt, es befinden sich keine Luftkammern an der Seite oder im vorderen Bereich.

Besonders bei Wing-Jackets ist bei der Rettung von Tauchern ein Transport vorzuziehen, bei dem sich der Retter schiebend auf den Verunfallten legt, dessen Jacket wie eine Plattform voll aufgeblasen ist, da nur so ein Drehen des Verunfallten in die Bauchlage verhindert wird.

Lernerfolgskontrolle

*****3.2.1**
Welche Vorteile und welche Nachteile hat ein bleiintegriertes ADV-Jacket?

*****3.2.2**
Was sind die wesentlichen Merkmale beim Aufbau eines Wing-Jackets?

3.3 Vereisung

Wenn der Atemregler nicht mehr nach Beendigung des Einatemvorgangs die weitere Luftzufuhr unterbricht, sondern weiter Luft durchströmen lässt, so sprechen wir von dem Vereisen des Atemreglers. Die Ursache hierfür liegt in der Bildung von Eiskristallen zwischen Ventilsitz und Schließkolben (innere Vereisung) des Druckminderers oder in der Bildung von Eis in der Wasserkammer des Druckminderers (äußere Vereisung), das dann dauerhaft auf den Kolben oder die Membran drückt.

Ein Vereisen des Atemreglers bedeutet eine ernst zu nehmende Situation beim Tauchen, da ein Weiteratmen aus dem abblasenden Atemregler in der Regel nicht möglich ist. Außerdem wird der Atemluftvorrat des Drucklufttauchgerätes schnell erschöpft sein. Daher ist ein beim Vereisen des Atemreglers der Aufstieg unter Wechselatmung oder unter Atmung aus dem Zweitatemregler des Partners einzuleiten. Ideal ist für einen solchen Fall ein zweiter Atemregler mit separatem Ventil, da dann das Ventil des abblasenden Atemreglers abgesperrt werden kann und ein Weiteratmen aus dem eigenen Zweitatemregler möglich ist.

Die Ursache für die Eisbildung liegt in den niedrigen Temperaturen, die einerseits im Atemregler selbst, aber auch durch die Umgebungstemperatur entstehen können. Je nach Konstruktionsprinzip des Atemreglers ist ein Vereisen mehr oder weniger möglich. Nach der europäischen Norm werden Atemregler einem Test unterzogen, ob sie als Kaltwasseratemregler ausgewiesen werden dürfen. Wenn du nicht nur im warmen Wasser tauchen möchtest, erkundige dich bei deinem Fachhändler genau danach, ob dein Atemregler diese Voraussetzungen erfüllt.

Die Gefahr des Vereisens wird durch physikalische Faktoren beeinflusst:

- Druckdifferenz vor und nach Entspannung der Luft (Joule-Thomson-Effekt)
- Menge der durchfließenden Luft (steigt mit zunehmender Tauchtiefe)
- Kälte des umgebenden Wassers
- Wärmeleitung der Materialien des Atemreglers

Auch der Taucher selbst kann durch sein Verhalten dazu beitragen, dass ein Vereisen des Atemreglers möglichst vermieden wird. Begünstigt wird ein Vereisen durch folgende Verhaltensweisen:

- hohe Atemfrequenz und Atemtiefe (z.B. bei Anstrengung unter Wasser)
- Betätigung der Luftdusche
- gleichzeitiges Atmen aus dem Atemregler und Befüllen der Taucherweste bzw. des Jackets
- gleichzeitiges Atmen aus dem Erst- und Zweitlungenautomaten bei Verwendung eines Oktopussystems (d.h. beide Lungenautomaten sind an einer ersten Stufe)
- Wechselatmung in kaltem Gewässer und in größerer Tiefe

Die Verwendung von Oktopussystemen ist daher auch nur in wärmeren Gewässern zu empfehlen. Einen absoluten Schutz vor Vereisung kann kein Atemregler geben. Auch Kaltwasserautomaten können bei hohen Durchflussmengen und niedrigen Temperaturen zum Vereisen gebracht werden. Allerdings kann die Vereisungsgefahr durch die Bauweise des Atemreglers schon vermindert werden.

Lernerfolgskontrolle

***3.3.1
Was verstehen wir unter Vereisung eines Atemreglers?

***3.3.2
Wie verhältst du dich, wenn dein Atemregler vereist?

***3.3.3
Durch welche physikalischen Faktoren wird ein Vereisen begünstigt?

***3.3.4
Durch welche Verhaltensweisen des Tauchers wird ein Vereisen begünstigt?

***3.3.5
Wie stellst du deine Tauchausrüstung zusammen, wenn du in einem kalten Gewässer tauchen willst und größtmögliche Sicherheit in Bezug auf das Vereisen des Atemreglers erreichen möchtest?

3.4 Aufbau des Kompressors

Du hast im Unterricht zum Taucher** bereits gelernt, wie ein Kompressor aufgestellt wird und wie er in Betrieb genommen wird. Die Funktionsweise des Kompressors erfolgt durch Verdichtung der Atemluft in mehreren (drei oder vier) Stufen. So kann ein maximaler Fülldruck von 200 bis 350 bar erreicht werden, um den Atemluftvorrat in den Druckluftflaschen zu speichern. Da aber an die Qualität der Atemluft in Bezug auf Reinheit sehr hohe Anforderungen gestellt werden, weist der Atemluftkompressor im Unterschied zum Industriemodell eine wirkungsvolle Filteranlage gegen Staub, Öl und Feuchtigkeit auf .
Es gibt verschiedene Kompressortypen (siehe Farbtafel XV). Die transportablen Kompressoren sind meistens dreistufig und werden durch Verbrennungsmotoren angetrieben:

- 4-Takt-Benzinmotor
- 2-Takt-Benzinmotor
- Dieselmotor

Da bei durch Verbrennungsmotor betriebenen Anlagen unter Umständen giftige Motorabgase in die angesaugte Luft gelangen können, wird für stationäre Anlagen meist ein elektrischer Antrieb vorgezogen:

- Wechselstrom-Motor
- Drehstrom-Motor

Das Prinzip der Luftverdichtung erfolgt nach der Gesetzmäßigkeit, dass der Druck sich aus der Kraft auf eine bestimmte Fläche ergibt. Die Kraft wird erzeugt, indem die Drehbewegung der Welle über ein exzentrisches Pleuel in eine Hubbewegung des Kolbens umgesetzt wird. Dieser Kolben drückt dann die Luft in dem Raum dahinter zusammen. Je kleiner die Fläche, mit der der Kolben drückt, desto höher ist der maximal erreichbare Druck.
Mit dem Kompressor wollen wir einerseits große Luftmengen in möglichst kurzer Zeit auf hohe Drücke komprimieren; andererseits sollen die Ausmaße des Kompressors so gering wie möglich sein (kompakte Bauweise).
Wenn wir in einem Schritt die Umgebungsluft auf ca. 220 bar komprimieren wollten, so kann dies bei kompakter Bauweise nicht geschehen. Um diesen hohen Enddruck zu erreichen, muss entweder das Verdichtungsvolumen bei der vorgegebenen Kraft des Motors entsprechend verringert oder der Hub vergrößert werden (das liegt an der Beziehung $p = F/A = F/(V/h)$). Die Verringerung

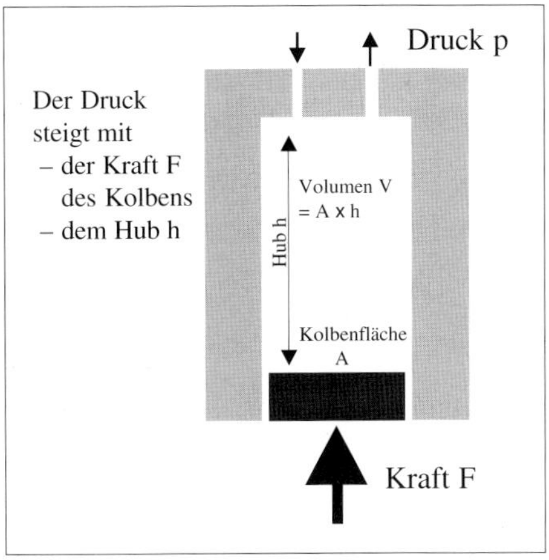

Abb. 139: Verdichtung in einem Zylinder

des Verdichtungsvolumens führt wiederum zur Verlängerung des Füllvorgangs. Die Forderungen nach kurzer Füllzeit, großer Luftmenge, hohem Verdichtungsdruck und kompakter Bauweise können offensichtlich nicht gleichzeitig erfüllt werden.

Daher wird die Luftverdichtung auf mehrere Zylinder verteilt. Das Volumen des ersten Zylinders ist am größten und der Druck, auf den verdichtet wird, am geringsten. Das Volumen der folgenden Zylinder ist jeweils geringer, und der Druck, auf den verdichtet wird, vergrößert sich nach jeder Stufe. Das Verhältnis von Volumenverringerung und Druckvergrößerung muss dabei gleich bleiben, weil die wirkende Kraft (bei gleichem Hub) an allen Stufen gleich ist.

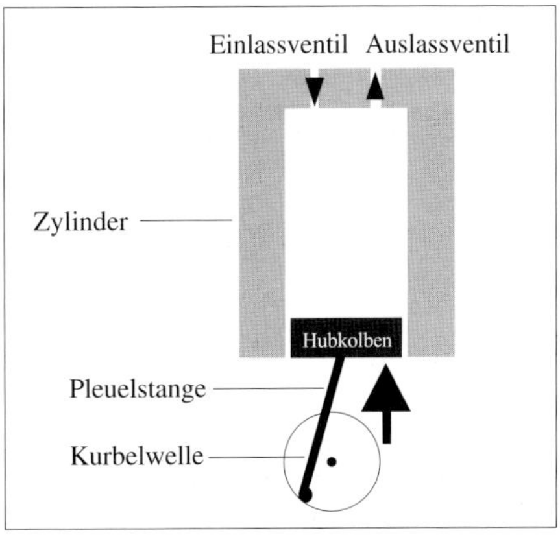

Abb. 140: Verdichtungsstufe mit Zylinder, Hubkolben, Ventilen, Pleuelstange, Kurbelwelle

Eine Verdichtungsstufe besteht im Wesentlichen aus Zylinder, Hubkolben, Saug- und Druckventil. Der Hubkolben wird über eine Pleuelstange bewegt, die mit der Kurbelwelle verbunden ist. Die Kurbelwelle selbst wird direkt durch den Antriebsmotor des Kompressors bewegt.

Die Arbeitsweise einer Verdichtungsstufe vollzieht sich nach folgendem Prinzip: Der sich abwärts bewegende Hubkolben erzeugt einen Unterdruck. Dadurch öffnet sich das Saugventil im Zylinderkopf, sodass Luft über die Ansaugvorrichtung in die Stufe strömt. Hat der Kolben den unteren Totpunkt überschritten, schließt das Saugventil. So kann die Luft während der Aufwärtsbewegung des Kompressors nicht zurückströmen. Die Luft wird jetzt so weit komprimiert, bis das Druckventil sich öffnet und den Weg zur nächsten Stufe freigibt.

Das zunächst kompliziert erscheinende Schema des Kompressors besteht eigentlich nur aus dem Abwechseln von Reinigen, Verdichten und Kühlen.

Verdichtung

(jeweils mit Saug- und Druckventilen in den Stufen)

1. Stufe: angesaugte Luft > Verdichtung auf ca. 5 bar
2. Stufe: auf 5 bar komprimierte Luft > Verdichtung auf ca. 40 bar
3. Stufe: auf 40 bar komprimierte Luft > Verdichtung auf ca. 220 bar

Kühlung

- Axialgebläse
- Zwischenkühler nach der 1. und nach der 2. Stufe
- Nachkühler nach der 3. Stufe

Reinigung

- Grobfilter am Ansaugschlauch
  Micronic-Filter vor der 1. Stufe

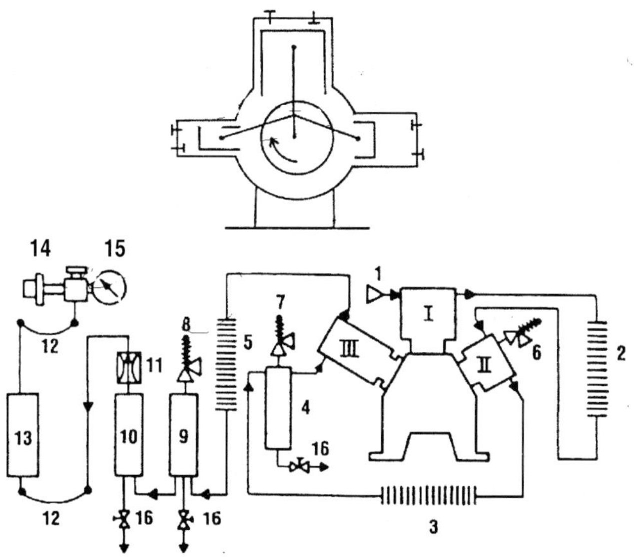

Der Weg der Luft

1. Micronic-Ansaugfilter
2. Zwischenkühler 1. bis 2. Stufe
3. Zwischenkühler 2. bis 3. Stufe
4. Zwischenfilter 2. bis 3. Stufe (fällt bei Triplex-Filter weg!)
5. Nachkühler
6. Sicherheitsventil 1. Stufe (8 bar)
7. Sicherheitsventil 2. Stufe (50 bar)
8. Sicherheitsventil 3. Stufe 225 bzw. 330 bar
9. Öl- und Wasserabscheider
10. Feinnachreiniger
11. Druckhalteventil
12. Füllschlauch
13. Trockenfilter (als Zusatzeinrichtung)
14. Füllventil
15. Manometer
16. Kondensat-Ablasshahn

Abb. 141: Dreistufiger Kompressor

- evtl. Öl- und Wasserabscheider zwischen der 2. und 3. Stufe
- Öl- und Wasserabscheider nach der 3. Stufe
- Feinnachreiniger mit Aktivkohle

Der vierstufige Kompressor ist im Wesentlichen genauso aufgebaut, lediglich die Druckunterschiede zwischen den Stufen sind geringer.

Da die Kompression der angesaugten Luftmenge durch die Querschnittsabnahme der einzelnen Stufen erreicht wird, weist der Kolben der letzten Stufe notwendigerweise einen sehr geringen Durchmesser auf.

Da an einem Kolben derart geringer Dimension kein Pleuel mehr befestigt werden kann, wird ein Kolben frei fliegend auf einen größeren Führungskolben aufgesetzt. Ein solcher Kolben nennt sich „Freiflugkolben". In vereinzelten Fällen werden die Kolben auch fest aufeinander montiert.

In der Anlaufphase macht sich der Freiflugkolben durch lautes Rattern bemerkbar. Dieses entsteht dadurch, dass er asynchron zum Führungskolben läuft, weil sich zwischen Druckhalteventil und der letzten Stufe noch kein Druck aufbauen kann. Das unüberhörbare Geräusch verschwindet jedoch nach wenigen Sekunden und ist ohne Belang.

Kondensat (Öl und Wasser) entsteht beim Komprimieren, da die angesaugte Luft grundsätzlich einen Wasserdampfanteil enthält, der im Kompressor durch die Schmierung um einen Öldampfanteil erweitert wird.

Da der Sättigungsdampfdruck nur von der Temperatur und nicht von den Teildrücken der Gase abhängt, wird er bei Konstanthaltung der Fülltemperatur durch das Kühlsystem gleich bleiben. Aus dem Dampfteildruck ergibt sich unmittelbar der prozentuale Volumenanteil von Wasser- und Öldampf. Mit Verringerung des Volumens beim Verdichtungsvorgang entsteht bei gleich bleibendem Dampfteildruck ein Volumenüberschuss an Wasser- und Öldampf, weil sich der absolute Volumenanteil verringert hat. Dieser Öl- und Wasserüberschuss wird als Kondensat in flüssiger Form ausgeschieden. Es wird über die verschiedenen Filtersysteme zurückgehalten, gesammelt und kann den Filtern anschließend mittels Kondensatablasshahn entnommen werden.

Lernerfolgskontrolle

***3.4.1
Welche Anforderungen stellen wir an einen Kompressor?

***3.4.2
Beschreibe das Prinzip einer Verdichtungsstufe!

***3.4.3
Skizziere den schematischen Aufbau eines Kompressors.

***3.4.4
Beschreibe den Aufbau eines Kompressors hinsichtlich Verdichtung, Reinigung und Kühlung!

***3.4.5
Unter welchen Voraussetzungen kann ein DTG befüllt werden und unter welchen Bedingungen kann das DTG mit einem PKW transportiert werden?

3.5 Tauchlampen

Eine gute Unterwasserlampe ist nicht nur beim Nachttauchen notwendig, sondern bei eigentlich jedem Tauchgang sinnvoll, um das Farbensehen wieder möglich zu machen.

Nachts reicht weniger Leistung aus als tagsüber. Bei Tag sind 35 bis 50 Watt nötig, um einen Erfolg gegenüber dem Rest-Tageslicht zu erzielen. Je heller das Wasser ist, desto mehr Licht benötigt man, um die Farbe noch voll zu sehen. Nachts sind (bei guter Sicht) 20-Watt-Lampen ausreichend.

Bei schlechter Sicht wirken Lampen jedoch wie das Fernlicht des Autos bei Nebel. Je breiter dann der Strahl ist, desto mehr wird das Licht gestreut und die Sicht weiter vermindert.

Um tagsüber bestimmte Objekte auszuleuchten, eignen sich am besten Punktstrahler mit einem Leuchtwinkel von ca. 3 Grad. Nachts dagegen sind für ein weites Sichtfeld Breitstrahler unter Umständen besser, allerdings nur bei guter Sicht. Ein Nachteil von Breit-

strahlern ist auch die leichtere Blendung der Tauchpartner.
Die Brenndauer spielt für die Tauchgangsplanung genauso eine Rolle wie der Luftvorrat. Auch hier muss eine Reserve zur Tauchzeit eingerechnet werden. Die Lampe sollte ungefähr für die 1,5fache Tauchzeit reichen. Pro Gruppe sollte auf jeden Fall eine Reservelampe vorhanden sein. Denke bei der Brenndauer daran, dass auch nach dem Tauchgang noch Licht benötigt wird.
Beim Tauchen mit Lampe und Kompass muss darauf geachtet werden, dass die Lampe und eventuelle Magnetschalter den Kompass ablenken können.
Als Stromquelle dienen am besten wiederaufladbare Akkus. Nickel-Cadmium-Akkus (NC) haben gegenüber Blei-Akkus den Vorteil einer längeren Lebensdauer und einer gleich bleibenden Lichtleistung, sind allerdings auch wesentlich teurer.
Zum Laden der Akkus wird ein darauf abgestimmtes Ladegerät verwendet. Eine Schnellladung jedoch kann den Akku schädigen. Der Akku heizt sich dann auf und verliert an Leistungsvermögen. Um dies zu vermeiden, haben moderne Ladegeräte schon integrierte Temperaturfühler, um den Ladestrom anzupassen.
Von der Verwendung von Leuchtstäben kann außer bei Notfällen aus ökologischen Gründen nur abgeraten werden. Sie dienen weniger zum Ausleuchten, sondern mehr zum „Gesehenwerden", da die Leuchtkraft ziemlich gering ist.
Lampen sollten mit einem Karabiner verlustsicher an deinem Jacket oder an deiner Begurtung befestigt werden.
Beim Transport von Unterwasserlampen sollten sie gegen unbeabsichtigtes Einschalten gesichert werden. Bei längeren Fahrten und Flügen sollte der Brenner herausgenommen werden. Dies gilt besonders, wenn die Frontscheibe statt aus Mineralglas aus Kunststoff besteht, da diese schmelzen kann und eine Brandgefahr entsteht.
Kleine Stablampen und Blitzer eignen sich nur als Not- oder Ersatzlicht. Sie werden mit wenigen Monozellen oder Akkus bestückt. Batteriebetriebene Tauchscheinwerfer sind relativ teuer im Unterhalt, da mehrere Monozellen ständig ausgewechselt werden müssen. Halogen-Tauchscheinwerfer sind relativ teuer in der Anschaffung, kommen durch die Wiederaufladbarkeit der Akkus jedoch auf Dauer preiswerter. Sie weisen die beste Lichtleistung auf.

Lernerfolgskontrolle

*****3.5.1**
Nach welchen Kriterien solltest du die Tauchlampe für den Tauchgang auswählen?

4. Tauchpraxis

4.1 Tauchgänge mehrerer Gruppen vom Boot

Du wirst als Taucher*** nun nicht nur vermehrt Gruppen führen, sondern unter Umständen auf einem Tauchboot auch die Verantwortung für mehrere Gruppen übernehmen. Dann ist noch einiges mehr zu beachten. Bereits vor der Abfahrt gilt es, vorausschauend zu denken und Sicherheitsmaßnahmen zu ergreifen. Auf der Fahrt zum Tauchplatz und zurück, an Bord, während der Tauchgänge und nach dem Tauchgang sind viele sicherheitsrelevante Maßnahmen nötig, auf die auch du achten musst.

Vor der Tauchausfahrt

Von der Tauchbasis voraussichtliches Tauchgebiet erfragen oder eventuell mit aussuchen:
- Tauchtiefe,
- Besonderheiten,
- Strömung.

Informationen über die Mittaucher:
- Tauchsporttauglichkeitsuntersuchung gültig,
- Anzahl Tauchgänge, wann der letzte, Brevet,
- heutiger Gesundheitszustand,
- Fitness, Vorsättigung.

Einteilung der Tauchgruppen und der Gruppenleiter je nach Qualifikation:
- Anfänger nur mit Tauchlehrer,
- mindestens vier Sterne (bei zwei Tauchern) tauchen miteinander,
- Erfahrungsstand berücksichtigen.

Sicherheitsvorkehrungen treffen:
- von wem wird die Sicherung übernommen (Bootsbesatzung oder selbst),
- Tauchgruppenliste führen mit Ein- und Ausstiegszeit, Tiefe, Besonderheiten, auf Mitnahme von Notfallhilfsmittel, Notfallkoffer, Sauerstoff, Reservegeräte, Strömungsleine mit Boje und Beiboot achten,
- Notfallnummern,
- selbst vertraut machen mit Notfallsystem, Beiboot, Handhabung der Notfallhilfsmittel,
- an Land Ziel und voraussichtliche Rückkehrzeit hinterlassen.

Während der Ausfahrt und zurück
- Tauchern feste Plätze zuweisen,
- Ausrüstung sicher verstauen,
- Gruppenleiterbesprechung, Einweisung in das Tauchgebiet, Ablauf des Tauchgangs, Besonderheiten, Gefahren, Strömung, Absprache von Notsignalen,
- Tauchgangsvorbesprechungen der Gruppen,
- Behinderung des Bootsführers beim An- und Ablegen sowie beim Ankermanöver vermeiden,
- eventuell Hilfe beim Ankermanöver.

Vor dem Tauchgang
- Ausrüstungscheck innerhalb der Gruppen,
- darauf achten, ob Reservegeräte mit Atemregler geöffnet außen hängen,
- bei Strömung Strömungsleine ausbringen,
- Betriebsbereitheit des Beibootes überprüfen,
- vor dem Hineinspringen Leiter ausbringen,
- auf Sicherheit beim Ein- und Ausstieg achten (Platz, einzeln springen, O.K.-Zeichen geben).

Während des Tauchgangs
- wenn die Sicherung nicht durch die Bootsbesatzung wahrgenommen wird, selbst für Sicherung sorgen,
- erste Gruppe überprüft Sitz des Ankers, für das Führen der Tauchgruppenliste sorgen,

- O.K.-Zeichen auftauchender Gruppen abfragen, sonst vom Notfall ausgehen,
- auf Sicherheit beim Ausstieg achten, Taucher einzeln an die Leiter,
- letzte Gruppe überprüft Anker auf Einholbarkeit.

Nach dem Tauchgang

- Vollständigkeit feststellen,
- Tauchgruppendaten vervollständigen,
- Reserve- und Dekogeräte einholen,
- Strömungsleine einholen,
- evtl. beim Ankermanöver helfen,
- Ausrüstung wieder sicher verstauen.

Lernerfolgskontrolle

*****4.1.1**
Worauf musst du als Verantwortlicher mehrerer Tauchgruppen vor der Tauchausfahrt achten?

*****4.1.2**
Worauf musst du als Verantwortlicher mehrerer Tauchgruppen bei der Tauchausfahrt achten?

*****4.1.3**
Worauf musst du als Verantwortlicher mehrerer Tauchgruppen direkt vor dem Tauchgang achten?

*****4.1.4**
Worauf musst du als Verantwortlicher mehrerer Tauchgruppen bei den Tauchgängen achten?

*****4.1.5**
Worauf musst du als Verantwortlicher mehrerer Tauchgruppen nach dem Tauchgang achten?

4.2 Tauchen in größeren Gruppen

Auch an Binnenseen nimmt die Zahl der Taucher ständig zu. Häufig werden Tauchfahrten geplant, an denen sich dann zwischen zehn und zwanzig Taucher, manchmal sogar mehr beteiligen. Dass solche Anhäufungen von Tauchern nicht folgenlos für die Umgebung und für das Tauchen bleiben, ist offensichtlich. Geht jeder so tauchen, wie er es gerne möchte, so haben einige das Nachsehen. Es ist also Organisation erforderlich, bei der gerade die erfahreneren Taucher gefordert sind.
Bereits vor dem Tauchgang kann es zu Problemen kommen, wenn deine Tauchgruppe an dem See ankommt. Üblicherweise wird gerade von größeren Gruppen auch verstärkt Lärm ausgehen. Man unterhält sich mehr, auch das Vorbereiten der Tauchausrüstung ist geräuschvoll, von der Mitnahme eines Kompressors sollte jedoch abgesehen werden. Schließlich ist es jedem zuzumuten, mit einem gefüllten Drucklufttauchgerät anzukommen.
Der Lärm belästigt nicht nur andere Taucher und Passanten, sondern kann auch die Tierwelt stören, wenn ihr beispielsweise in der Nähe eines Naturschutzgebietes taucht. Liegt der See dagegen nah an einem Wohngebiet, so kann es wegen des Lärms und des massiven Auftretens auch Ärger mit den Anwohnern geben.
Auch Probleme mit den Parkplätzen sind an der Tagesordnung. Stehen nicht ausreichend Parkplätze zur Verfügung, so wird manchmal in der Natur oder in Bereichen geparkt,

die andere behindern. Auch dadurch wird das Ansehen der Taucher nicht besser. Schließlich fühlen sich manche Passanten durch das Umkleiden belästigt. Nehmt auch darauf Rücksicht!

Auf die Vollständigkeit der Tauchausrüstung sollte bereits vor der Anfahrt geachtet worden sein. Am See ist es schwierig, noch vergessene Flossen oder Bleigurte aufzutreiben. Aber gewisse Ersatzteile sollten auch in einer größeren Gruppe mitgeführt werden, wie zum Beispiel Ersatzflossenband, Maskenband, O-Ringe, Werkzeug. Da gerade Tauchmasken auch mal vor dem Tauchgang beschädigt werden können, ist die Mitnahme einer Ersatzmaske sinnvoll. Instrumente (Uhr, Tiefenmesser, ggf. Computer) und Dekotabelle sollte jeder Taucher haben. Auch hierauf sollte vor der Anfahrt geachtet werden, damit sich Taucher eventuell noch gegenseitig aushelfen können, wenn jemand Teile doppelt hat. Hast du die Verantwortung für die Gruppe, so solltest du darauf achten, dass kein Taucher mit unvollständiger Tauchausrüstung ins Wasser geht.

Da in einer größeren Gruppe der Erfahrungsstand der Taucher meist sehr gemischt ist, ist eine Tauchgruppeneinteilung erforderlich. Anderenfalls gehen die erfahrenen Taucher miteinander tauchen, und die weniger Erfahrenen bleiben übrig. Diese können aber nicht miteinander tauchen. Daher ist beim Tauchen in einer größeren Gruppe Rücksicht durch jeden einzelnen angesagt. Jedem erfahrenen Taucher sollte klar sein, dass er bei einer gemeinsamen Tauchaktion auch unerfahrenere Taucher zu begleiten hat. Anderenfalls bräuchte man nicht gemeinsam tauchen zu gehen.

Ist kein Tauchlehrer in der Gruppe, so wird der erfahrenste Taucher die Gruppeneinteilung vornehmen. Dabei sollten folgende Regeln beachtet werden:

Ein *Basic-Diver* kann nur mit Begleitung ab Taucher*** und bis max. 12 m Tiefe tauchen.

Ein *Taucher** kann nur in Begleitung eines Taucher** bis max. 20 m Tiefe oder in Begleitung eines Taucher*** bis max. 40 Tiefe tauchen.

Ein *Taucher*** kann in Begleitung eines Taucher** oder eines Taucher*** bis max. 40 m tauchen.

Anfänger dürfen nur mit einem Tauchlehrer tauchen. Nach wie vielen Tauchgängen ein Neuling nicht mehr als Anfänger anzusehen ist, entscheidet der Tauchlehrer. Grundsätzlich sind jedoch mindestens die ersten drei Tauchgänge Anfängertauchgänge.

Die Gruppengröße sollte den Gewässerbedingungen angepasst werden. Am besten, aber nicht immer realisierbar, sind Zweiergruppen. Mit Anfängern oder unerfahrenen Tauchern soll jedoch nur in Zweiergruppen getaucht werden, um diesen die größtmögliche Aufmerksamkeit entgegenbringen zu können.

Natürlich ist dabei nicht stur nach Sternen vorzugehen. Sicherlich spielt der persönliche Erfahrungsstand und die Anzahl der Tauchgänge eine große Rolle. Ein Taucher mit 100 Tauchgängen, der in den letzten zwei Jahren nicht mehr getaucht ist, hat unter Umständen weniger Erfahrung als ein Taucher mit 50 Tauchgängen, der noch kurze Zeit vorher tauchen war.

Probleme bei der Gruppeneinteilung kann es geben, wenn zu wenige erfahrene Taucher dabei sind, die als Gruppenführer eingesetzt werden können. Bei der Gruppeneinteilung darf es keine Kompromisse in der Sicherheit geben! Die Sicherheit kann es erforderlich machen, dass bei zu geringer Zahl an erfahrenen Tauchern ein Taucher auf seinen Tauchgang verzichten muss. Um dies zu vermeiden, sollte bereits bei der Vorbereitung der Tauchfahrt geplant werden, welche Gruppen gebildet werden können. Notfalls lässt sich ein Engpass dadurch beheben, dass ein Gruppenführer sich bereit erklärt, einen zweiten Tauchgang durchzuführen.

Für die Einteilung der Gruppen spielt es

auch eine Rolle, dass möglichst jeder Gruppenführer das Gewässer kennt.
Eine Gewässerbeschreibung sollte vor dem Tauchen allen Gruppenführern gegeben werden. Dabei sollten auch Tiefen- und Tauchzeitbegrenzungen festgelegt werden, wenn die Sicherheit dies erfordert. Auch die aktuellen Sichtbedingungen oder Besonderheiten unter Wasser sollten gemeinsam besprochen werden.
Nicht jedes Gewässer kann größere Gruppen verkraften. Berücksichtige dies bereits bei der Auswahl des Gewässers, wenn die Gruppengröße annähernd feststeht. Kleine Seen, besonders Seen mit viel Pflanzenwuchs, sollten nicht ausgesucht werden. Den geringsten Schaden verursachen die Taucher sicherlich in Stauseen oder in Baggerlöchern mit Sandgrund. Bei der Gruppenführervorbesprechung sollten die Gruppen auch absprechen, in welche Richtung sie tauchen, damit sich nicht alle Gruppen in der gleichen Ecke des Sees wiederfinden. Auch die Sichtverhältnisse sind dann besser.
Ein gemeinsamer Einstieg sollte gewählt werden, um nicht den Ufergürtel unnötig zu beschädigen. Gerade mit vielen Tauchern besteht das Problem, dass der Ufergürtel und die Unterwasservegetation beschädigt werden. Weise alle Taucher auf ein umweltbewusstes Verhalten hin.
Beim Tauchen kann es durch schlechte Sicht schwierig werden, die Gruppe zusammenzuhalten. Dann besteht die Gefahr, dass die Gruppe sich trennt und dass einzelne Taucher den Anschluss verlieren. Damit diese dann nicht alleine sind, sollten bei Gruppengrößen ab vier Tauchern Untergruppen gebildet werden. Jeder Taucher bekommt dann einen Bezugspartner, zu dem besonders Kontakt gehalten wird. Bei einem Trennen der Gruppe bleiben so zumindest zwei Zweiergruppen erhalten.
Gerade bei einem organisierten Tauchen von vielen Tauchern ist besonders auf Sicherheit und ein funktionierendes Notfallsystem zu achten. Neben der Erkundigung nach Notrufmöglichkeiten und dem Mitführen der Notfallnummern gehört dazu auch, dass ein Notfallkoffer mit Sauerstoff mitgenommen wird. In jedem Verein und in jeder Tauchschule sollte ein solcher für diese Zwecke vorhanden sein. Den Verein oder die Tauchschule trifft bei einer solchen größeren Tauchaktion eine besondere Fürsorgepflicht.
Jeder Gruppenführer und jeder Taucher muss darüber informiert sein, wie im Notfall die Rettungskette ausgelöst wird, wer Ansprechpartner an Land ist und wo die notwendigen Hilfsmittel zu finden sind.

Lernerfolgskontrolle

*****4.2.1**
Welche Probleme können sich beim Tauchen in größeren Gruppen vor dem Tauchen ergeben?

*****4.2.2**
Welche Probleme können sich beim Tauchen in größeren Gruppen bei der Einteilung und beim Tauchen selbst ergeben?

*****4.2.3**
Wie solltest du die Größe der Tauchgruppen bestimmen, wenn schlechtere Sicht erwartet werden kann, und wie teilst du sonst eine Vierergruppe ein?

4.3 Rettungsaktion in der Gruppe

Du hast die Einzelelemente einer Rettungsaktion kennen gelernt und kannst sicherlich selbst eine Rettung durchführen. Das beginnt bei der Rettung an die Wasseroberfläche und führt über den Transport zum Boot oder Ufer bis zur Weiterbehandlung und zum Absetzen des Notrufs.

Du hast dabei festgestellt, dass ein Taucher alleine mit der Rettung meistens überfordert ist, da viele Maßnahmen gleichzeitig eingeleitet werden müssen. Deswegen soll hier genauer darauf eingegangen werden, wie du als Gruppenführer unter Einbezug aller Mittaucher für einen reibungslosen Ablauf einer Rettung sorgen kannst.
Wird ein Taucher bewusstlos, so übernimmt die Rettung an die Oberfläche der Tauchpartner, der als Erstes die Bewusstlosigkeit des Tauchers festgestellt hat. Mit überstrecktem Kopf, fixiertem Atemregler und unter Einhaltung der Aufstiegsgeschwindigkeit wird er dann an die Oberfläche gebracht (vgl. Kapitel 4.10 im Abschnitt zum Taucher**). Die anderen Taucher können dabei eventuell bei der Tarierung mithelfen, die Geschwindigkeit überwachen und auf das Ausatmen des Bewusstlosen achten.
An der Oberfläche angekommen, ist das Einteilungsgeschick des Gruppenführers gefordert. Ohne lange Verzögerung muss jetzt überlegt und gehandelt werden:

- Selbst Notsignal geben und um Hilfe rufen oder einen Mittaucher damit beauftragen.
- Vitalfunktionen feststellen oder feststellen lassen.
- Wie viele Helfer stehen zur Rettung zur Verfügung?
- Einen Mittaucher direkt ansprechen, der die Weste oder das Jacket des Verunfallten aufbläst.
- Den gleichen oder einen anderen Mittaucher bestimmen, der Bleigurt und Gerät des Verunfallten abwirft.
- Ein Gruppenmitglied bestimmen, das zum Ufer oder Boot vorschwimmt, um sich seiner Ausrüstung zu entledigen, die Rettungskette auszulösen und später den Verunfallten anzunehmen.
- Einteilen der anderen Gruppenmitglieder: Wer zieht den Verunfallten, steht noch ein weiterer Taucher zum Schieben zur Verfügung?
- Nach Übernahme durch den vorausgeschwommenen Taucher möglichst schnell selbst die Ausrüstung ablegen, um weitere Behandlungsmaßnahmen (Überprüfung der Lebensfunktionen, stabile Seitenlage, HLW, Sauerstoff, Schockbehandlung) einzuleiten.
- Selbst davon überzeugen, dass der Notruf an die richtige Stelle abgesetzt wurde und je nach Symptomatik weitere Maßnahmen (Druckkammer, Hubschraubertransport) veranlassen.

Es gibt immer viele Möglichkeiten, eine Rettung durchzuführen (vgl. auch Kapitel 4.11 im Abschnitt zum Taucher**). Wichtig ist, dass keine Zeit durch langes Überlegen oder unkoordinierte Maßnahmen verloren geht. Der Gruppenführer muss unter Berücksichtigung der Anzahl der Mittaucher, der Entfernung zum Boot oder Ufer und den äußeren Rahmenbedingungen schnell entscheiden, was das Beste in diesem Fall ist. Er muss die Mittaucher direkt, mit Namen und bestimmend anweisen, wie diese zu handeln haben. Es wäre schlecht, wenn der Gruppenführer versucht, sich selbst um alles zu kümmern und der Einbezug der Mittaucher nicht erfolgt. Dann geht nicht nur viel Zeit verloren, auch der notwendige Notruf würde eventuell erst nach Eintreffen der gesamten Gruppe an Land erfolgen. Stattdessen ist schnelles Überlegen und Handeln angesagt. Du bist als Gruppenführer in einer anderen Lage als nur als Ausführender, du musst koordinieren und delegieren können, um die Stärke der Gruppe auszunutzen.
Daran erkennst du auch die Probleme, die entstehen können, wenn nur zu zweit getaucht wird. Sind außer dir und deinem Mittaucher keine anderen möglichen Helfer vorhanden, so entstehen schnell Konfliktsituationen, da niemals zwei notwendige Maßnahmen gleichzeitig erfolgen können. Die Rettung an Land kann zwar auch von einem Mittaucher alleine geschehen, allerdings langsamer. Aber wenn dann einerseits die

Herz-Lungen-Wiederbelebung durchgeführt, andererseits aber auch der Notruf abgesetzt werden muss, ist dies ohne fremde Hilfe nicht gleichzeitig möglich. Du müsstest den Verunfallten unversorgt liegen lassen, um den Notruf durchzuführen. Deshalb ist ein Tauchen zu zweit unter Rettungsgesichtspunkten immer besonders problematisch.

Unabhängig davon sollten jedoch vor jedem Tauchgang die bestmöglichen Notfallvorbereitungen getroffen werden (vgl. Kapitel 4.9 im Abschnitt zum Taucher**). Dazu gehören:

- Ort und Dauer des Tauchgangs hinterlegen.
- Notfallkoffer mit Sauerstoffbeatmungsgerät mitnehmen, wenn vorhanden.
- Je nach Art und Profil des Tauchgangs Reservegerät mitnehmen.
- Geld oder Karte zum Telefonieren mit nehmen (Alternative Handy).
- Notfallnummern bereit halten.
- Gedanken über einen möglichen Ausstieg im Notfall machen (Uferbeschaffenheit, Rettung ins Boot).
- Alle Taucher über das Notfallsystem und die Auslösung der Rettungskette informieren.

Lernerfolgskontrolle

*****4.3.1**
Welche Notfallvorbereitungen triffst du vor einem Tauchgang?

*****4.3.2**
Wie führst du als Gruppenführer einer Dreiergruppe eine Rettungsaktion durch, wenn ein Tauchpartner bewusstlos wird?

*****4.3.3**
Wie kannst du beim Tauchen in einer Vierergruppe gegenüber einer Dreiergruppe für zusätzliche Verbesserungen der Rettungsaktion sorgen?

4.4 Ausfahrt mit einem Schlauchboot

An manchen Tauchbasen kannst du in die Lage kommen, als erfahrener Taucher*** selbst mit einem Schlauchboot ein Tauchgebiet anzufahren.

Vor der Ausfahrt muss dann die Vollständigkeit der Sicherheits- und Grundausrüstung des Bootes überprüft werden:

- Anker mit Kettenvorläufer und Leine (3–5fache Wassertiefe)
- Kompass (meistens reicht auch der Tauchkompass)
- Lenzpumpe, Eimer oder Ölfass zum Entleeren des Bootes bei Wassereinbruch
- Signalhorn, Hupe oder Pfeife zum Geben von akustischen Notsignalen
- Notsignalmittel wie Leuchtraketen und Handfackeln sowie Sturmstreichhölzer
- Flaggen, insbesondere Taucherflagge
- Beleuchtung, zusätzlich eine starke Taschenlampe
- Riemen oder Paddel (bei Ausfall des Motors)
- Notfallkoffer mit Sauerstoff und anderer Erste-Hilfe-Ausstattung, wasserdicht verpackt
- Rettungswesten für Nichttaucher (sonst reichen die Taucherwesten/Jackets)
- Werkzeug und Ersatzteile für den Motor
- Trinkwasser
- Kraftstoff und Öl
- Außenbordmotor

Vor der Bootsausfahrt solltest du dich nicht nur mit dem Boot vertraut machen und die Sicherheit überprüfen, sondern dich auch mit dem geplanten Tauchgebiet beschäftigen:

- Wo liegt das Tauchgebiet (Seekarte)?
- Welche Orientierungshilfen stehen mir zum Auffinden zur Verfügung?
- Wie ist das Wetter, insbesondere der Wind, und wie hoch ist der Wellengang?
- Mit welcher Strömung und aus welcher Richtung ist zu rechnen?

- An welcher Seite kann geankert werden?
- Wie ist der Ankergrund, kann der Anker dort halten? Manche Anker finden keinen guten Halt auf Sandgrund, sondern am besten auf felsigem Untergrund.
- An Land den geplanten Zielort, die Namen der Mittaucher und die voraussichtliche Rückkehrzeit hinterlassen.

Bei zu starkem Wind, zu starker Strömung oder zu hohem Wellengang muss auch auf den Tauchgang verzichtet werden können. Den Mitfahrern werden feste Plätze zugewiesen, auch Aufgaben wie z.B. Hilfe beim An- und Ablegen oder beim Ankern sollten verteilt werden. Bei Wind und rauer See sollten die Tauchanzüge schon angezogen sein und die Taucherwesten angelegt werden. Bei hohen Temperaturen dagegen sollte nur die Anzugshose angezogen werden.

Zur Vermeidung von zu viel Durcheinander der Tauchausrüstung sollten Kleinteile in einer Tasche mitgeführt werden. Die gesamte Beladung muss sicher verstaut sein, darf nicht rutschen und sollte für die zugehörigen Taucher erreichbar sein.

Vor der eigentlichen Ausfahrt werden dann nochmals Kraftstoff und Öl überprüft, der Motor angelassen und der Austritt des Kühlwassers überprüft.

Wenn ein guter Ankerplatz gefunden wurde, muss mindestens das 3fache, besser das 5fache der Wassertiefe an Ankerleine ausgebracht werden, damit der Anker sich nicht bei Zug lösen kann. Beim Abtauchen wird der Sitz des Ankers überprüft und gegebenenfalls gesichert. Bei der Rückkehr zum Boot überprüft die Gruppe, ob der Anker problemlos aufgeholt werden kann. Sonst wird auch hier der Anker an eine Stelle gelegt, wo er sich nicht verkeilen kann. Anderenfalls müssten Taucher später nochmals zum Anker, um ihn zu lösen.

Während des Tauchgangs ist auf das Setzen der Taucherflagge zu achten. Bei Nacht ist ein Ankerlicht zu setzen.

Lernerfolgskontrolle

****4.4.1**
Welche Grundausrüstung muss bei einem Schlauchboot vor der Tauchausfahrt überprüft werden?

*****4.4.2**
Worauf ist bei einer geplanten Tauchausfahrt mit dem Schlauchboot vor der Ausfahrt zu achten?

*****4.4.3**
Worauf musst du beim Ankern achten, wenn du eine Tauchausfahrt mit einem Schlauchboot unternimmst?

4.5 Gruppenführung beim Nachttauchen mit einem Neuling

Nachttauchgänge sollen nur von Tauchern durchgeführt werden, die schon eine gewisse Erfahrung besitzen, keinesfalls von Anfängern. Kommt dann auf einen Taucher sein erster Nachttauchgang zu, so ist er auf sachkundige Begleitung angewiesen. Du wirst als Taucher*** sicherlich zu den Ansprechpartnern für diesen Nachttauchneuling gehören.

Erkundige dich vorher nach dem Erfahrungsstand des Tauchers. Du solltest ihn schon von normalen Tauchgängen bei Tag kennen. Er sollte sicher und vertraut mit seiner Ausrüstung umgehen können und psychisch ausgeglichen sein. Du selbst solltest auch ausreichend Erfahrung von vielen Nachttauchgängen besitzen. Eine Feststellung der gültigen Tauchsporttauglichkeitsuntersuchung gehört wie immer zu deinen

Gruppenführeraufgaben vor dem Tauchgang. Ihr solltet beide fit und ausgeruht sein.
Als Ort für den Nachttauchgang solltest du einen Tauchplatz wählen,
- an dem ihr beide schon tagsüber getaucht seid und der euch gut bekannt ist,
- an dem die Orientierung einfach ist,
- der nicht zu tief ist (maximal 15 m Tauchtiefe),
- der keine Steilwände, Höhlen oder Gefahrenstellen enthält,
- der keine Strömung aufweist,
- der biologisch nicht empfindlich ist.

Keinesfalls wird nachts ein Wracktauchgang, ein Dekotauchgang, ein Tieftauchgang oder ein Strömungstauchgang durchgeführt. Der Nachttauchgang sollte ein reiner Beobachtungstauchgang sein.
Als Zeit eignet sich am besten eine Vollmondnacht, da der Mond die Orientierung erleichtert und das Restlicht hoch ist.
Gehe bei der Tauchgangsvorbesprechung besonders auf alle für einen Nachttauchgang wichtigen Punkte ein wie
- verstärkte Kontakthaltung, Abstand nicht zu groß,
- Lampenführung und Blendung,
- Lichtzeichen,
- kein Licht an der Oberfläche (wegen Notsignal),
- Umweltaspekte (z.B. keine schlafenden Fische berühren),
- Lampenbrenndauer.

Der Ausrüstungscheck wird dann sorgfältig durchgeführt. Dein Mittaucher muss blind seine gesamte Ausrüstung bedienen können und alle Teile auch im Dunkeln auffinden können. Überprüfe die Taucherlampen (die natürlich voll geladen sein sollten) und deren Befestigung. Denke auch an Reservelampen!
Die Markierung des Einstiegs solltest du auch genau deinem Mittaucher erklären und vormachen. Setze nach Möglichkeit auch eine Unterwassermarkierung.
Halte dich dann beim Tauchgang an die vorher getroffenen Absprachen und zeige deinem Mittaucher die Schönheiten der nächtlichen Unterwasserwelt. Erkläre ihm die Handhabung der Lampe und lasse ihn Unterwasserzeichen geben. Zeige ihm auch, wie du mithilfe der Markierungen die Einstiegsstelle wiederfindest.
So wirst du erreichen, dass der erste Nachttauchgang zu einem unvergessenen Erlebnis und bestimmt nicht der letzte bleiben wird.

Lernerfolgskontrolle

*****4.5.1**
Welche persönlichen Voraussetzungen überprüfst du bei deinem Partner, wenn er mit dir seinen ersten Nachttauchgang unternimmt?

*****4.5.2**
Worauf achtest du bei der Auswahl des Tauchplatzes für den ersten Nachttauchgang?

*****4.5.3**
Worauf gehst du beim ersten Nachttauchgang in der Vorbesprechung genauer ein?

*****4.5.4**
Wie führst du mit deinem Partner den ersten Nachttauchgang durch?

4.6 Tauchen in Bergseen

In größeren Höhenlagen herrschen andere Umgebungsbedingungen als auf Meereshöhe. Die wesentlichen Veränderungen betreffen die Druckverhältnisse. Auch sind gerade Bergseen in der Regel ziemlich kalt, sodass verstärkter Kälteschutz erforderlich ist.

Der Luftdruck ergibt sich aus der Gewichtskraft der unsere Erde umgebenden Lufthülle (Atmosphäre) auf die Erdoberfläche. Vergleichen wir eine 30 km hohe Luftsäule mit einer 21 km hohen, so muss offensichtlich die erstere schwerer sein. Entsprechend diesem Beispiel wird der atmosphärische Druck auf Meereshöhe höher sein als derjenige auf Gipfelhöhe des Mount Everest (8.848 m ü. N.N.).

Aufgrund der zunehmenden Dichte der Luft in tieferen Lagen nimmt der Luftdruck mit steigender Höhe nicht linear ab.

Als Faustformel kann jedoch der ungefähre Druck auf Bergseehöhe unter Zugrundelegung einer Druckabnahme von ca. 0,1 bar pro 1.000 m Höhe bestimmt werden.

Tauchen wir im Meer (0 m ü.N.N.), so sind uns folgende Druckverhältnisse bekannt: Wichtig ist hier die Verdoppelung des Drucks bereits auf 10 m Tiefe, die Verdreifachung auf 20 m Tiefe usw. (s. Abb. 139).

In einem Bergsee (5.500 m ü. N.N.) mit einem Luftdruck von ca. 0,5 bar dagegen sind die Druckverhältnisse gravierend anders: Bereits auf 10 m Wassertiefe haben wir hier eine Verdreifachung des Drucks, auf 20 m Tiefe sogar schon eine Verfünffachung!

Mit zunehmender Höhenlage nimmt also die Umgebungsdruckveränderung zu. Für den Aufstieg hat dies zur Folge, dass in einem Bergsee der Druck stärker reduziert wird als bei Meereshöhe. In einem Bergsee muss deshalb länger dekomprimiert werden. Gleichzeitig gelten dort kürzere Nullzeiten. Wir müssen deshalb beim Tauchen in Bergseen unbedingt die für die entsprechende Höhe zulässige Bergseetabelle verwenden und unseren Tauchcomputer auf Bergseemodus umschalten, wenn dies nicht schon automatisch geschieht. Auch wegen der Kälte sollten in Bergseen möglichst nur Nullzeittauchgänge und keine Wiederholungstauchgänge unternommen werden.

Die Handhabung von Bergseetabellen erfolgt genauso wie mit Dekotabellen für Tauchgänge in Meereshöhe. Es wird auf der Tiefenstufe abgelesen, die der tatsächlichen Tauchtiefe entspricht. Auch das Dekomprimieren erfolgt in den gewohnten Stufen. Die unterschiedlichen Druckverhältnisse sind in den angegebenen Zeiten bereits berücksichtigt.

Neben der Dekompression haben die Höhenlagen weitere Auswirkungen für unseren Körper. Die Kondition ist belastet, die Leistungsfähigkeit nimmt aufgrund des verminderten Sauerstoffteildrucks in der Höhe zunächst ab. Auch die Tiefenrauschempfindlichkeit nimmt zu. Nach kurzer Zeit passt sich jedoch unser Körper den veränderten Verhältnissen an. Daher sollte mindestens ein Ruhetag zur Anpas-

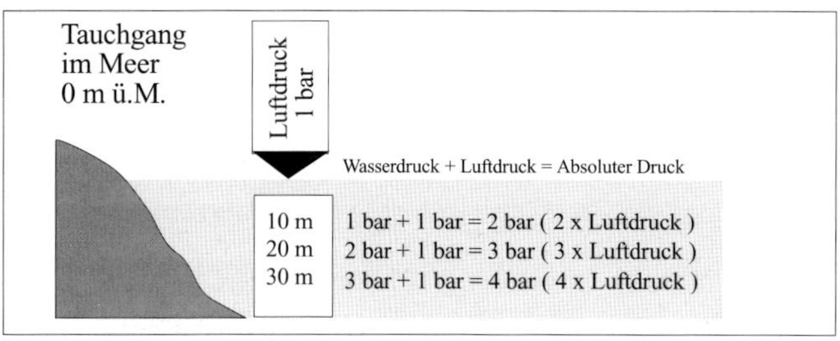

Abb.142: Druckverhältnisse im Meer

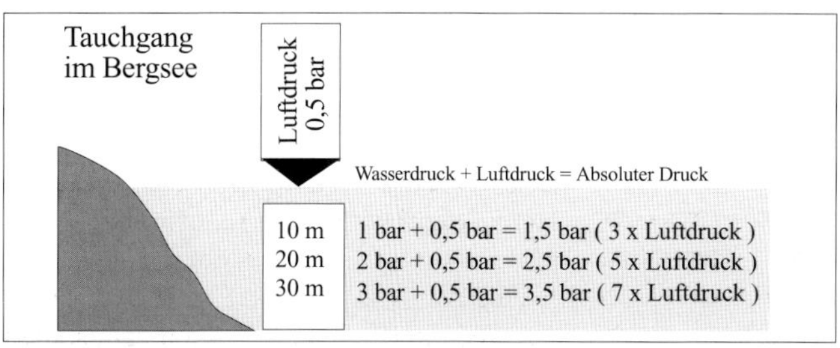

Abb. 143: Druckverhältnisse im Bergsee

sung eingelegt werden. Auch Hochleistungssportler reisen einige Tage vor einem Wettkampf in größeren Höhenlagen an, um sich an die veränderten Umgebungsbedingungen zu gewöhnen. Der Körper bildet dann vermehrt rote Blutkörperchen, um den geringeren Sauerstoffpartialdruck zu kompensieren. Gleichzeitig wird Stickstoff abgebaut, was für einen späteren Tauchgang günstig ist. Anderenfalls ist der Körper bei Beginn des Tauchgangs vermehrt mit Stickstoff gesättigt, was einem Wiederholungstauchgang gleichkommt.
Auch der Flüssigkeitsverlust ist beim Tauchen in Bergseen höher und sollte durch ausreichende Flüssigkeitsaufnahme vor und nach dem Tauchen ausgeglichen werden.
Je nach Art des verwendeten Tiefenmessers entsprechen die Angaben darauf nicht mehr der Realität. Membran- oder Rohrfedertiefenmesser messen den absoluten Druck und geben die entsprechende Tiefe als eine Funktion davon an. Daher steht die Nadel eines auf Meereshöhe justierten Tiefenmessers dieser Art an der Oberfläche eines Bergsees nicht mehr auf dem Nullpunkt der Tiefenskala, sondern zeigt einen geringeren Wert an. Die angezeigte Tiefe ist um die Differenz des Luftdrucks vom Meer zum Bergsee reduziert. Gute Tiefenmesser haben eine Nullpunktverstellung, mit der diese Fehlanzeige korrigiert werden kann.
Tauchcomputer messen den echten Umgebungsdruck vor dem Tauchgang und zeigen deshalb auch die richtigen Tiefen an. Nur solche Computer oder Tiefenmesser mit Nullpunktjustierung können zum Bergseetauchen verwendet werden.
Bei Tiefenmessern nach dem System von Boyle-Mariotte wird immer das Verhältnis des aktuellen Drucks zum Druck an der Oberfläche angezeigt. Da bei 0,5 bar Luftdruck eine Verdoppelung des Umgebungsdrucks bereits in 5 m Tiefe (1,0 bar) eintritt, würde solch ein Tiefenmesser bereits in 5 m Tiefe einen Wert von 10 m Tiefe anzeigen, da die Skala auf die Druckverhältnisse bei Meereshöhe abgestimmt ist (denn dort hätten wir bei 10 m Tiefe eine Verdoppelung des Umgebungsdrucks). Ein solcher Tiefenmesser zeigt also eine zu große Tiefe an.
Tauchgänge in Bergseen sollten daher immer sorgfältig vorbereitet werden.
Zunächst sollte die Höhenlage anhand der Landkarte oder mit einer barometrischen Luftdruckmessung bestimmt werden, um die richtige Dekotabelle auszuwählen.
Der Tauchgang sollte danach anhand der gültigen Tabelle mit anschließender Festlegung der maximalen Tiefe und Tauchzeit geplant werden.
Besonders in Bergseen sollten von anderen Tauchern, Fischern oder Einheimischen Informationen über den besten Einstieg, über Zu- und Abflüsse, Stauwehre, Bodenverlauf und eventuelle Besonderheiten erfragt werden.
Das Tauchmaterial sollte angepasst sein. Dazu gehören guter Kälteschutz, vereisungssichere Atemregler, warme Kleider und Getränke nach dem Ausstieg.
Auch die Zusammenstellung der Tauchgruppe sollte die erschwerten Verhältnisse berücksichtigen. Es sollten nur Taucher mit ausreichend Taucherfahrung, guter Kondition (z.B. wegen einem mühsamen Anmarsch) und Verantwortungsbewusstsein in Bergseen tauchen. Eine ausführliche Tauchgangsvorbesprechung sollte die Besonderheiten des Bergsees berücksichtigen.

Lernerfolgskontrolle

*****4.6.1**
Welche Auswirkungen haben die veränderten Druckverhältnisse an Bergseen auf unseren Körper vor dem Tauchen und beim Tauchen?

*****4.6.2**
Was muss beim Tauchen in Bergseen bei der Anzeige von Tiefenmessern beachtet werden?

4.7 Eistauchen und Tauchen bei Minusgraden

Tauchgänge unter einer geschlossenen Eisdecke gehören zu den extremsten Tauchgängen überhaupt. Es sind besondere Sicherheitsvorkehrungen, besondere Ausrüstung und besondere Achtung beim Tauchen selbst erforderlich. Eistauchgänge entschädigen jedoch für den hohen Aufwand bei der Vorbereitung durch faszinierende Eindrücke, insbesondere beim Tauchen unmittelbar unter der Eisdecke.

Eistauchgänge sollten nur begonnen werden, wenn

- das Gewässer bekannt und nicht zu tief ist,
- das Eis ausreichend dick ist, um die Taucher und Helfer sicher zu tragen,
- die Taucher über sehr große Erfahrung und geeignete Ausrüstung verfügen und schon zum größten Teil unter Eis getaucht sind,
- ausreichend Helfer und Taucher für die Sicherung über Wasser zur Verfügung stehen,
- Gelegenheit zum Aufwärmen nach dem Tauchen gegeben ist,
- Tageslicht herrscht.

Die Taucher müssen mit ihrer Ausrüstung blind vertraut sein. Neben einem besonders guten Kälteschutz, am besten einem Trockentauchanzug, muss die Atemluftversorgung hohen Sicherheitsanforderungen genügen. Zwei Atemregler, die speziell für den Einsatz in kalten Gewässern geeignet sind, müssen sein. Das Sicherste sind zwei vollständig getrennte Drucklufttauchgeräte. Ausreichend sind jedoch auch Drucklufttauchgeräte mit zwei getrennt absperrbaren Ventilen für jeden Atemregler, damit bei Vereisen eines Atemreglers dieser abgesperrt werden kann und ein Beenden des Tauchgangs mit dem zweiten Atemregler möglich ist. Um einem Vereisen vorzubeugen, sollte über den Lungenautomaten oder den Inflator erst dann Luft entnommen werden, wenn die erste Stufe des Atemreglers sich unter Wasser befindet. Es ist besonders darauf zu achten, dass nicht gleichzeitig eingeatmet und über den Inflator tariert wird. Der Druckluftvorrat sollte so ausreichend bemessen sein, dass eine ausreichende Reserve zur Verfügung steht.

Neben der eigentlichen Tauchausrüstung wird bei Eistauchgängen unbedingt eine mindestens 100 m lange Führungsleine benötigt. Diese sollte signalfarben, von hoher Reißfestigkeit, mindestens 10 mm stark und schwimmfähig sein, damit sie sich nicht so leicht an Hindernissen unter Wasser verhaken kann. Sie muss vollkommen schlaufenfrei, eventuell auf einer Trommel, liegen, bevor die Taucher ins Wasser gehen. Die Taucher sollten sich jedoch höchstens 50 m vom Einstieg entfernen. Die Führungsleine muss über Wasser mit einem Ende an einem festen Punkt (Baum, Auto) angeschlagen werden, damit es absolut ausgeschlossen ist, dass die Führungsleine ins Wasser gleitet. Auch für den Sicherungsmann besteht so zusätzlicher Halt. Die Führungsleine wird mit Hilfe eines möglichst verschraubbaren Karabiners an einem der Taucher befestigt. Der andere Taucher verbindet sich mit dem ersten fest über eine Buddyleine, die maximal 1 m lang ist und auch mit Karabinern eingehakt wird.

Die Leinenführung ist schwierig und erfordert eine gewisse Übung. Der mit der Führungsleine verbundene Taucher hält das Ende stets in der Hand, um sofort Zugsignale oder ein eventuelles Verhaken zu spüren und entsprechend zu reagieren. Auch kann er so die

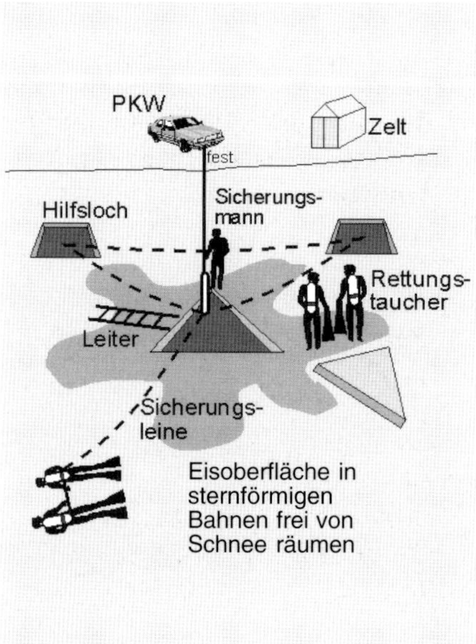

Abb. 144: Eistauchen

Leine von sich selbst fern halten, um sich nicht darin zu verfangen. Hält der Leinenführer die Leine zu stramm, so ist es unter Wasser kaum möglich, vorwärts zu kommen. Ist die Leine dagegen zu locker, so können keine Signale ausgetauscht werden, und die Leine kann sich schneller verhaken. Daher ist vor dem Tauchgang eine gute Absprache aller Taucher und Leinenführer über die Art der Leinenführung und über die Leinensignale (1 x = Entwarnung; 3 x = Gefahr, herausziehen) nötig.
Die Vorbereitung erfordert zunächst viel Arbeit. Danach friert meist kein Helfer mehr. Zunächst wird die Begehbarkeit der Eisdecke, am besten angeleint, überprüft. Dann wird für das Einstiegsloch ein Punkt in einiger Entfernung vom Ufer gewählt, damit ein Aufwirbeln von Sediment darunter vermieden wird. Die Tiefe sollte daher am Einstiegsloch mindestens 3 m sein. Die Größe des Einstiegsloches sollte 1,5 m x 1,5 m betragen. Das Loch kann mit einer Axt oder einfacher mit einer Kettensäge gemacht werden. Bei Kettensägen sollte jedoch von der Umwelt abbaubares Kettenschmieröl verwendet werden. Die Verwendung von Motorsägen hat den Vorteil, dass im Gegensatz zu den Schwingungen der Axtschläge das gleichmäßige Sägegeräusch die Fische nicht derart erschreckt. Es wird eine Eisplatte herausgesägt, die dann neben das Loch unter die Eisdecke geschoben wird, um nachher das Loch wieder zu verschließen.
Außerdem sollten ein oder zwei Sicherungslöcher in Ufernähe (ca. 1 m Wassertiefe) erstellt werden. Ist Schnee vorhanden, so sollte er in sternförmigen Bahnen vom Einstiegsloch weggefegt werden, damit diese Bahnen den Tauchern den Weg zurück zum Einstieg weisen können. Sie sind noch besser von unten sichtbar, wenn sie mit Wasser übergossen werden. Auch die Verbindungen zwischen Einstieg und Sicherungslöchern sollten so gekennzeichnet werden. Zusätzlich sind Verbindungsleinen zwischen den Löchern sinnvoll. Achtet auf ausreichendes Befestigungsmaterial wie Winkeleisen oder Stahlpflöcke.
Der Leinenführer muss am Einstiegsloch einen sicheren Stand haben. Sand ist hierzu hilfreich, da durch Eisbildung immer eine erhöhte Rutschgefahr besteht. Zusätzlich müssen zwei einsatzbereite Rettungstaucher am Einstieg bereitstehen. Ein zusätzlicher Helfer kann beim Aufwickeln der Leine helfen. Außerdem sind warme Getränke und möglichst eine geheizte Umkleidemöglichkeit (Zelt) bereitzustellen.
Die Taucher sollten sich nicht zu weit vom Einstiegsloch entfernen, kontrolliert atmen und Maßnahmen vermeiden, die ein Vereisen begünstigen. Eistauchgänge sind keine Dekotauchgänge und keine Nachttauchgänge. An Hindernissen unter Wasser (Felsen, Wände, Pfähle, Bojen, Stege) besteht die Gefahr des Verhakens der Führungsleine, sie sollten daher gemieden werden. Bei dem geringsten Zwischenfall, Unwohlsein oder schon beim Frieren ist der Tauchgang zu be-

enden. Es ist eine ausreichende Licht- und Luftreserve einzuplanen. Spätestens nach einem Drittel verbrauchter Luft ist der Rückweg anzutreten, damit ein Drittel als Reserve verbleibt.
Nach dem Tauchen werden die Löcher mit den Eisschollen wieder verschlossen und mit Ästen oder anderem Material gesichert, damit keine Zuschauer oder Schlittschuhfahrer hineinfallen können.
Risiken bestehen nicht nur beim Tauchen unter geschlossener Eisdecke. Gerade bei Gewässern, die nur teilweise zugefroren sind, dürft ihr nicht leichtsinnig werden und meinen, man käme schon nicht unter das Eis. Einige Unfälle in den letzten Jahren haben gezeigt, dass Taucher sich gerne zu viel zutrauen, dann aber unter Wasser doch die Orientierung verlieren. Ein Aufbrechen der Eisdecke von unten ist im Notfall bereits bei dünner Eisdecke illusorisch. Auch ein Auffinden des Einstiegs ohne Führungsleine ist ein Spiel mit Wahrscheinlichkeiten. Eine Führungsleine ist beim Eistauchen unabdingbar.

Lernerfolgskontrolle

*****4.7.1**
Unter welchen Voraussetzungen kann ein Eistauchgang geplant werden?

*****4.7.2**
Welche zusätzliche Ausrüstung ist beim Eistauchen zum Tauchen, zur Vorbereitung und zum Sichern erforderlich?

*****4.7.3**
Wie erfolgt die Leinenführung beim Eistauchen?

*****4.7.4**
Welche Vorbereitungen müssen vor einem Eistauchgang getroffen werden?

*****4.7.5**
Wie verhältst du dich beim Tauchgang unter Eis oder bei extrem niedrigen Außentemperaturen?

*****4.7.6**
Welche Probleme können beim Tauchen bei Minusgraden auftreten?

*****4.7.7**
Was ist bei der Planung und Durchführung eines Tauchgangs zusätzlich zu beachten, wenn in einem kalten Gewässer getaucht wird?

4.8 Wracktauchen

Gerade Wracks gehören zu den attraktivsten Tauchzielen. Nicht nur das Flair des versunkenen Schiffes und die Story, die sich möglicherweise mit dem Untergang verbindet, machen ein Wrack interessant. Es stellt ein künstliches Riff dar, an dem sich vermehrt Fische und andere Meeresbewohner sammeln und mit der Zeit auch Schwämme, Gorgonien oder Korallen bilden. In Schornsteinen und Spalten verkriechen sich häufig Conger, und in den Laderäumen erscheinen im Lampenschein Schwarmfische.
Diese Schönheiten dürfen jedoch nicht über die Gefahren hinwegtäuschen, die sich mit dem Wracktauchen auch verbinden.
Allein das Tauchprofil an Wracks bringt

schnell ein Überschreiten der Nullzeit mit sich. In der Regel handelt es sich um Rechtecktauchgänge. Daher sollte unbedingt schon vor dem Tauchgang überlegt werden, nach welcher Grundzeit der Rückweg anzutreten ist. Nicht selten haben gerade bei Wracktauchgängen Taucher ihren Luftvorrat erschöpft, weil sie Zeit und Tiefe vergessen haben und so in längere Austauchzeiten gelangt sind als gewollt. Für Licht und Luft gilt auch hier: ein Drittel für den Hinweg, ein Drittel für den Rückweg und ein Drittel als Reserve. Exaktes Planen ist bei Wracktauchgängen ein Muss. Zusatzbelastungen durch Strömung oder mögliche Arbeiten mit dem Anker sind mit zu berücksichtigen.
An Wracks ist ein Hängenbleiben an Kabeln, Leinen, scharfen Kanten oder Netzen leicht möglich. Alle Ausrüstungsteile (Finimeter, Zweitautomat, Konsole) sind eng am Körper zu tragen. Die an Wracks verhakten Netze zeugen davon, dass auch die Fischer den Fischreichtum an diesen Orten kennen. Gerade bei starker Strömung ist die Verletzungsgefahr durch korrigierende Bewegungen gegeben.
Die Orientierung an Wracks ist stark erschwert, wenn die Sichtverhältnisse ein Überschauen des Wracks verhindern. Der Einsatz des Kompasses führt durch die Ablenkung an Metallschiffen zu Fehlkursen. Daher ist alleine natürliche Orientierung angesagt. Allerdings kann in einigem Abstand vom Wrack der Kompass durchaus wieder eingesetzt werden, um grob zurückzufinden. Für zusätzliche Verwirrung können die Lage der verschiedenen Gänge, Treppen und Decks zueinander sorgen. Gerade die Schräglage erschwert die Orientierung.
Zum Ankern muss der Bootsführer das Wrack treffen, da im Sandgrund daneben der Anker keinen Halt findet und das Boot abtreibt. Das Treffen des Wracks allein ist schon äußerst schwierig und nur mit guten Peilmarken und einem Echografen möglich. Vorabinformationen können Seekarten, Literatur und einheimische Fischer sowie Tauchbasen geben. Da der Anker das Wrack schädigt, ist das Festmachen an Bojen sinnvoller.
Gerade an Wracks muss die erste Tauchgruppe den Sitz des Ankers überprüfen und eventuell korrigieren. Die letzte Gruppe hat darauf zu achten, dass der Anker eingeholt werden kann, ohne sich am Wrack zu verhaken.
Ein Hineintauchen in Wracks kann nur in Bereiche erfolgen, die gut bekannt sind und von denen jederzeit der Ausgang gesehen wird. Selbst dann kann durch das Aufwirbeln von Sediment der Rückweg erschwert oder gar das Auffinden des Ausgangs unmöglich werden. Daher muss möglichst ohne Flossenschlag getaucht werden, indem man sich z.B. mit den Händen vorwärts zieht. Zur Sicherheit ist eine Führungsleine zu verwenden. Verzichtet im Zweifelsfall lieber auf ein Hineintauchen, bevor ihr ein Risiko eingeht.
An Wracks können auch Gefahren durch lose oder bewegliche Teile und Wände, sich lösende Ladung oder gefährliche Stoffe wie z.B. Chemikalien entstehen.
In Wracks sind Lampen nicht nur sehr hilfreich, sondern unbedingt erforderlich für jeden Taucher. Allerdings werden an Wracks keine Nachttauchgänge durchgeführt, da das Tageslicht ein wichtiges Hilfsmittel ist, um den direkten Ausgang wiederzufinden.
Ein tieferes Eindringen in Wracks mit getrennten Luftsystemen und Sicherungsleine geht über die Grenzen des Sporttauchens hinaus.
Als Ausrüstung für Wracktauchgänge sollte ein zweiter Lungenautomat und möglichst ein DTG mit getrennt absperrbaren Ventilen mitgenommen werden. Neben dem Finimeter sollte eine weitere Warneinrichtung, z.B. eine Reserveschaltung, vorhanden sein. Die Instrumente sollen beleuchtet sein oder nachleuchten, und ein scharfes Messer ist selbstverständlich.

Lernerfolgskontrolle

*****4.8.1**
Unter welchen Bedingungen solltest du nur einen Wracktauchgang unternehmen?

*****4.8.2**
Worauf ist hinsichtlich der Orientierung an Wracks zu achten?

*****4.8.3**
Welche Gefahren drohen beim Hineintauchen in Wracks?

*****4.8.4**
Welche Sicherheitsmaßnahmen triffst du beim ersten Tauchgang an einem noch nicht von dir betauchten Wrack, welche Hinweise gibst du deinen Mittauchern, und nach welchen Kriterien teilst du die Gruppe ein?

4.9 Tauchen in Meereshöhlen

Auch Meereshöhlen stellen wie Wracks besonders attraktive Tauchziele dar, da sich in ihnen gerne Langusten, Hummer, Zackenbarsche und andere interessante Meeresbewohner aufhalten. Die Wände von Meereshöhlen sind im Eingangsbereich oft dicht bewachsen. Auch die geheimnisvolle Atmosphäre, das Gefühl des Entdeckens machen den Reiz von Meereshöhlen aus. Allerdings kommen für Sporttaucher nur Grotten und überschaubare Höhlen in Frage, bei denen der Ausgang jederzeit gesehen und schnell und problemlos wieder erreicht werden kann.

Für Luft und Licht gilt auch hier die Regel: ein Drittel für den Hinweg, ein Drittel für den Rückweg, ein Drittel als Reserve. Ein zweiter Lungenautomat, besser ein kompletter zweiter Atemregler gehört zur Ausrüstung, da eine Wechselatmung im Notfall in einer Höhle nicht unproblematisch ist.

Getaucht wird in der Nullzeit und nur in Höhlen, die nicht tiefer als 30 m liegen. Zusammen mit der Entfernung zum Höhlenausgang sollte die Strecke bis zur Wasseroberfläche nicht mehr als 40 m betragen, und der Verlauf der Höhle muss übersichtlich sein.

Das fehlende Tageslicht macht die Verwendung von Lampen erforderlich, auch führt dies zu einer erhöhten inneren Anspannung. Die psychische Belastung wird auch durch das Umschlossensein verstärkt. Aufpassen muss jeder Taucher wegen der Enge, dass er möglichst nicht an die Höhlendecke oder Vorsprünge anstößt, da dies zu Verletzungen oder zum unbemerkten Öffnen der Reserve führen kann. Auch ein Hängenbleiben sollte durch enges Tragen der Ausrüstungsgegenstände vermieden werden.

Wichtig ist beim Tauchen in Meereshöhlen, dass möglichst wenig Sediment aufgewirbelt wird. Dies kann durch gute Tarierung und mit einem speziellen Flossenschlag geschehen, bei dem die Flossen in den Fußgelenken seitwärts bewegt werden. Ein ausreichender Abstand vom Boden ist die beste Vorbeugung, um nicht die Sicht zum Ausgang durch Aufwirbelung zu versperren.

Lernerfolgskontrolle

*****4.9.1**
Welche Sicherheitsvorkehrungen solltest du zum Tauchen in Meereshöhlen treffen?

4.10 Planung eines Tauchgangs im Bergsee mit Berechnung der Dekompression und des Luftverbrauchs

Die Planung und Berechnung eines Tauchgangs auf Meereshöhe ist dir bereits bekannt. Wir rechnen nun ein Beispiel für einen Bergseetauchgang aus. Für die Luftverbrauchsberechnungen gehen wir zur Vereinfachung von einem Luftdruck von 1 bar aus – damit liegen wir jedenfalls auf der sicheren Seite.

Für Tauchgänge von 701 m bis 1.500 m Höhenlage kann die Bergseetabelle aus dem Abschnitt für Taucher **, Kapitel 4.16 verwendet werden. Für höhere Tauchgänge müssen dafür erstellte Bergsee-Dekompressionstabellen benutzt werden. Vor Tauchgängen in Bergseen soll ein Tag zur Anpassung eingelegt werden (vgl. Kapitel 4.6). Die hier dargestellte Bergseetabelle berücksichtigt es jedoch auch, wenn Taucher erst kurz vor dem Tauchgang die Höhe des Gewässers erreichen.

Wir gehen von folgendem Bergseetauchgang aus:

Bergseehöhe:
1.000 m ü. N.N., Anreise am Tag zuvor.

Erster Tauchgang:
Beginn 10.00 Uhr, maximale Tiefe 35 m, Grundzeit 23 Minuten

Zweiter Tauchgang:
Beginn 13.00 Uhr, maximale Tiefe 22 m, Grundzeit 25 Minuten

Das Atemminutenvolumen beträgt 20 l/min. Zur Berechnung der Austauchstufen und später des Luftverbrauchs verwenden wir wieder das bekannte Tauchgangsschema (s. Abb. 142). Die Vorgehensweise unterscheidet sich also nicht von der dir bereits bekannten Art. Lediglich auf die Verwendung der richtigen Tabelle ist zu achten.

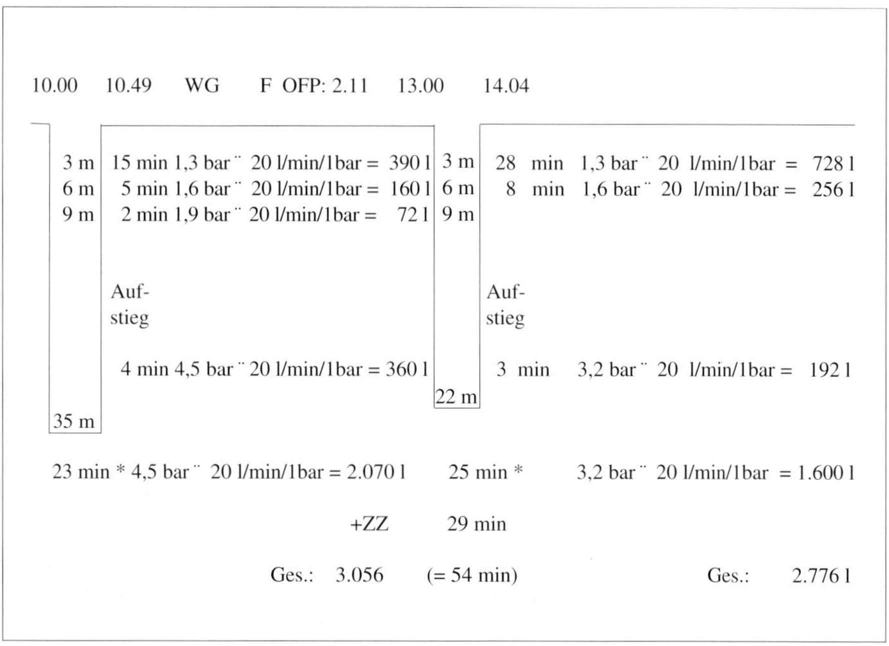

Abb. 145: Berechnung des Luftverbrauchs bei zwei Bergseetauchgängen

Lernerfolgskontrolle

***4.10.1**
Du möchtest einen Tauchgang in einem auf 1.400 m ü. N.N. gelegenen See durchführen.
1. Tauchgang: um 9.00 Uhr auf maximal 29 m, Grundzeit 31 Minuten
2. Tauchgang: um 17.30 Uhr auf maximal 26 m, Grundzeit 33 Minuten
Dein Atemminutenvolumen beträgt 25 l/min. Errechne die Austauchpausen und das gesamte bei 1 bar verbrauchte Luftvolumen.

4.11 Tauchen mit Nitrox

Tauchen mit Nitrox bedeutet Tauchen mit deutlich mehr Sauerstoffanteilen in der Atemluft als 21%.
Welche Vorteile hat das Tauchen mit mehr Sauerstoffanteilen in der Atemluft? Durch den höheren Sauerstoffanteil ergeben sich längere Nullzeiten, es befinden sich weniger Mikroblasen im Körper, die Stickstoffbelastung ist geringer, die Gefahr des Tiefenrausches ist vermindert, die Zeiten nach dem Tauchen bis zum Fliegen werden verkürzt, und es besteht eine größere Sicherheit bei der Planung mit Lufttabellen. Mit Nitrox macht man keine tieferen Tauchgänge, sondern man erhöht mit diesem Gasgemisch die Sicherheit. Es werden weltweit überwiegend mit den Gemischen EAN 32 = NOAA I (mit 32% Sauerstoff) und EAN 36 = NOAA II (mit 36% Sauerstoff) getaucht. Es wird auch mit Gemischen mit höheren Sauerstoffanteilen getaucht. In Deutschland ist jedes Gemisch mit mehr als 21% Sauerstoffanteil wie reiner Sauerstoff zu behandeln. In den USA sind spezielle Regelungen erst ab 40% Sauerstoffanteil definiert.
Es ist eine spezielle und gewissenhafte Ausbildung für Nitroxtauchen erforderlich, da beim Tauchen mit Nitrox die Kenntnis weiterer Einflussfaktoren grundlegend ist. Dies sind z.B. der Umgang mit Fett, Staub und Feuer, das Risiko einer Sauerstoffvergiftung oder beim Tauchen das Auftreten einer Hypothermie. Die Folgen der Hypothermie können Konzentrationsverlust sein, die Reaktionszeit sinkt, die Orientierung geht verloren, das Kurzzeitgedächtnis wird beeinträchtigt, die motorische Leistungsfähigkeit und die psychische Leistungsfähigkeit sinken.
Die Ausbildungsrichtlinie mit den Begriffen Basic und Advanced Nitrox Taucher, Basic und Advanced Nitrox TL und Nitrox Ausbilder ist in den meisten Tauchorganisationen gleich. Diese Ausbildungsbereiche sind als Erweiterung zu der Sporttaucherausbildung zu sehen. Das Tauchen mit Nitrox kannst du in speziellen Kursen erlernen. Informiere dich bei Interesse einfach bei der Organisation, bei der du Tauchen gelernt hast.

Lernerfolgskontrolle

***4.11.1**
Welche Vor- und Nachteile ergeben sich beim Tauchen mit Nitrox als Atemgas?

***4.11.2**
Warum darf beim Tauchen mit Nitrox die errechnete maximale Tauchtiefe nicht überschritten werden?

***4.11.3**
Worauf achtest du als Gruppenführer, wenn in deiner Gruppe ein Taucher mit Nitrox taucht?

Ausbildung zum Taucher****

Der CMAS***-Taucher kann zum CMAS****-Taucher ernannt werden, wenn er folgende Voraussetzungen erfüllt hat:

- 100 Tauchgänge seit Abschluss CMAS***
- Spezialkurs Meeres- und Süßwasserbiologie
- Seit 2 Jahren im Verein oder Club als CMAS*** aktiv
- Erfahrungen im organisatorischen Bereich

Dies ist der Level für den verantwortungsvollen und erfahrenen Taucher, der in der Lage ist, auch größere Gruppen zu organisieren.

5. Tauchen und Umwelt

5.1 Gewässerputzaktionen

Ein aktiver Beitrag zum Umweltschutz kann sicherlich unter Wasser wie über Wasser dadurch geleistet werden, dass Müll und umweltschädliche Gegenstände entfernt und fachgerecht entsorgt werden.
Beim Tauchen muss jedoch zwischen umweltschädlichem Müll und von der Natur angenommenen Gegenständen unterschieden werden. Es wurden schon Gewässerreinigungsaktionen durchgeführt, bei denen rigoros alles entfernt wurde, was nicht dem See entstammte. Selbst versunkene Äste gehörten dazu.
Gewässerputzaktionen müssen daher immer mit ausreichend Sachkenntnis über die umweltbeeinflussenden Faktoren durchgeführt werden. Anderenfalls kann die Umwelt sogar Schäden davontragen.
Entfernt werden dürfen nur Gegenstände, die dem Wasser fremd sind und noch nicht von Flora und Fauna angenommen worden sind. Schädlich sind mit Sicherheit Behälter, die Chemikalien enthalten, Farbtöpfe, Batterien und Giftmüll. Dies sollte selbstverständlich mitgenommen werden. Dagegen sind bewachsene oder von Fischen bevölkerte metallene Waschmaschinentrommeln oder Rohre ein Bestandteil der Natur geworden und stellen einen künstlichen Lebensraum dar.
Achtet bei der Terminfestlegung für eine Gewässerreinigung darauf, ob gerade Laichzeit ist. Gebiete, in denen sich Laich befindet, sind auf jeden Fall zu meiden.

Lernerfolgskontrolle

*****5.1.1**
Warum können Gewässerreinigungsaktionen problematisch sein?

5.2 Besonderheiten der verschiedenen Jahreszeiten im Binnensee

Die Jahreszeiten gehen auch an einem Gewässer nicht spurlos vorbei. Während im Winter der gesamte See eine Temperatur von ca. 4 °C aufweist, wärmt er sich im Frühjahr allmählich wieder auf. Der tiefere Bereich wird jedoch auch dann noch Temperaturen um 4 bis 6 °C behalten. Es bildet sich eine Sprungschicht, die auch der Taucher beim Passieren spürt. Über dieser Schicht ist das Wasser wärmer, darunter schlagartig kälter. Im Sommer bleibt die warme Schicht oben, die kalte Schicht unten. Erst im Herbst kühlt sich das Wasser von oben beginnend wieder ab. Es vermischt sich mit dem noch warmen Wasser. Schließlich ist wieder eine gleichmäßig kalte Temperatur erreicht.
Im Frühjahr und im Herbst verändern sich die Temperaturen und führen so auch zu Bewegungen im Wasser. Die Sicht ist in diesen Jahreszeiten deshalb schlechter als im Sommer und Winter.
Taucher sollten sich natürlich das ganze Jahr über umweltbewusst verhalten. Dazu zählen alle Regeln, wie man der Umwelt keinen oder möglichst geringen Schaden zufügt. Allerdings gibt es durchaus Besonderheiten der Jahreszeiten, die beim Tauchen zu berücksichtigen sind.
Auch für die Fische stellen die Jahreszeiten einen gewissen Lebenszyklus dar. Hauptsächlich im Frühjahr legen sie ihren Laich

ab. Dabei werden bestimmte Gebiete eines Sees bevorzugt, die einen gewissen Schutz oder Halt für den Laich bieten (z.B. Äste). Taucher sollten daher Laichgebiete meiden. Gerade im Frühjahr gewinnt dies an Bedeutung. Werden unter Wasser trotzdem Laichschnüre gesehen, so sollte ein weiter Bogen darum gemacht werden. Wie bei jedem Tauchgang sollte jetzt besonders auf einen guten Tarierzustand geachtet werden, damit aufgewirbeltes Sediment nicht heranwachsende Pflanzen bedeckt.
Wenn sich dann im Sommer die Pflanzen entwickelt haben, sollten Taucher auch diese Bereiche schützen und nicht hineintauchen.
Im Winter schließlich ist für die Fische die nährstoffarme Zeit. Sie können sich darauf einstellen, indem sie ihren Stoffwechsel herunterfahren, um Energie zu sparen. Damit ist es möglich, bis zum Frühling zu überleben. Allerdings werden sie in diesem Zustand gestört, wenn sie durch Taucher aufgeschreckt werden. Daher sollten Taucher aufpassen, dass sie keine Fische z.B. durch Berührung aus dieser Winterstarre aufschrecken. Es könnte bedeuten, dass diese Fische den Frühling nicht mehr erleben, weil sie dabei zu viel gespeicherte Energie verbrauchen.
Auch die Geräuschentwicklung bei der Erstellung eines Loches für das Eistauchen kann die Fische aufschrecken und zu diesen Konsequenzen führen.

Lernerfolgskontrolle

***5.2.1
Was sollte ein Taucher speziell im Frühjahr unter Umweltgesichtspunkten vermeiden?

***5.2.2
Welches umweltschützende Verhalten ist für Taucher im Sommer angesagt?

***5.2.3
Welche Maßnahmen von Tauchern können gerade im Winter das Überleben von Fischen verhindern?

5.3 Tauchen und Umweltschutz

Lernerfolgskontrolle

***5.3.1
Warum sollst du keine Meerestiere anfüttern?

***5.3.2
In welchen Gebieten wird das Meer vom Menschen genutzt?

***5.3.3
Welche Pflanzentypen könnte ein Taucher im Rahmen der Zonierung bei einem Tauchgang im Binnensee in unterschiedlichen Tiefen sehen?

***5.3.4
Welche Grundsätze beinhalten die „Leitlinien für einen umweltverträglichen Tauchsport“?

Bitte beachte die Hinweise zur Umwelterziehung ab S. 17.

Anhang

Lösungen zu den Übungsaufgaben

*Lösungen zur Lernerfolgskontrolle für Taucher**

*1.2.1 d
*1.2.2 b
*2.1.1 b
*2.2.1 c
*2.2.2 c
*2.2.3 d
*2.2.4 d
*2.2.5 d
*2.2.6 d
*2.2.7 b
*2.3.1 Druck ist die Kraft auf eine bestimmte Fläche.
*2.3.2 Der Luftdruck ergibt sich aus der Gewichtskraft der über uns befindlichen Atmosphäre und hängt von der Höhe ab.
*2.3.3 Der Luftdruck nimmt mit zunehmender Höhe ab.
*2.3.4 Der Luftdruck auf Meereshöhe beträgt 1 bar.
*2.3.5 Wasserdruck entsteht durch die Gewichtskraft des Wassers über uns.
*2.3.6 10 m Wassersäule, in jeder Tiefe.
*2.3.7 Der Umgebungsdruck ist der Luftdruck plus dem Wasserdruck und errechnet sich aus (Wassertiefe / 10 m + 1) bar.
*2.3.8 6 m entsprechen 1,6 bar;
25 m entsprechen 3,5 bar;
38 m entsprechen 4,8 bar.
*2.3.9 e
*2.3.10 a
*2.3.11 a
*4.1.1 c
*4.1.2 a
*4.1.3 c
*4.1.4 a
*4.1.5 auf 20 m: $V_2 = V_1 \cdot p_1/p_2$
$= 3\,l \cdot 4\,bar / 3\,bar = 4\,l$;
auf 10 m: $V_2 = V_1 \cdot p_1/p_2$
$= 3\,l \cdot 4\,bar/2\,bar = 6\,l$;
auf 0 m: $V_2 = V_1 \cdot p_1/p_2$
$= 3\,l \cdot 4\,bar/1\,bar = 12\,l$.
*4.1.6 In 5 m Tiefe
*4.1.7 In 50 m Tiefe
*4.1.8 a
*4.1.9 Bei gleich bleibender Temperatur steht für eine abgeschlossene Gasmenge der Druck im umgekehrten Verhältnis zum Volumen.
*4.1.10 b
*4.1.11 b
*4.3.1 b
*4.3.2 e
*4.3.3 e
*4.3.4 e
*4.3.5 d
*4.3.6 e
*4.3.7 c
*4.3.8 b
*4.3.9 a
*4.3.10 e
*4.3.11 a
*4.3.12 e
*4.3.13 d
*4.3.14 b
*4.3.15 e
*5.3.1 b
*5.4.1 e
*6.1.1 b
*6.2.1 c
*6.2.2 b
*6.2.3 a
*6.2.4 e
*6.2.5 d
*6.3.1 b
*6.3.2 e

*6.3.3 b
*6.3.4 b
*6.3.5 c
*6.3.6 e
*6.3.7 d
*6.3.8 e
*6.3.9 a
*6.3.10 d
*6.3.11 e
*6.3.12 b
*6.3.13 a
*6.3.14 d
*6.3.15 e
*6.3.16 d
*6.4.1 b
*6.4.2 b
*7.1.1 b
*7.2.1 e
*7.7.1 d
*8.1.1 c
*8.1.2 a
*8.1.3 d
*8.1.4 a
*8.2.1 c
*8.3.1 b
*8.3.2 a
*8.3.3 d
*8.4.1 d
*8.4.2 e
*8.4.3 a
*9.1.1 e
*9.1.2 d
*9.1.3 c
*10.1.1 e
*10.1.2 c
*10.1.3 c
*10.1.4 c
*10.1.5 c
*10.1.6 e
*10.1.7 c
*10.1.8 a
*10.2.1 c
*10.2.2 c
*10.2.3 b
*10.2.4 c
*10.2.5 e
*10.2.6 a
*10.3.1 90 bar · 12 l / 1 bar = 1080 l
*10.3.2 d
*10.3.3 20 l/min
*10.3.4 Das verbrauchte Luftvolumen auf 15 m ist 250 l, die Druckdifferenz ist 250 l / 12 l · 2,5 bar = 52,08 bar, der verbleibende Flaschendruck ist rund 148 bar.
*10.3.5 c
*10.3.6 16 min
*10.3.7 a
*10.3.8 e
*10.3.9 d
*10.3.10 e
*11.1.1 e
*11.1.2 e
*11.3.1 c
*12.1.1 c
*12.1.2 e
*12.1.3 a
*12.1.4 e
*12.1.5 e
*12.1.6 b
*12.1.7 d
*12.1.8 c
*12.1.9 d
*12.1.10 e
*12.1.11 d
*12.1.12 c
*12.2.1

- Nullzeit auf 25 m (nachzusehen unter 27 m): 18 min
- Austauchpausen 1. Tauchgang: 5 min auf 3 m
- Wiederholungsgruppe „F“
- Zeitzuschlag: 30 min
- Nullzeit auf 20 m (nachzusehen unter 21 m): 31 min
- Austauchpausen 2. Tauchgang: (nachzusehen unter 60 min): 17 min auf 3 m
- Zeit bis zum Flug: 20 h (vom 1. TG, WG F) – 2 h 40 min (OFP) + 24 h (vom 2. TG, WG G) = 41 h 20 min

*12.2.2 b
*12.2.3 e

*12.2.4 d
*12.2.5 c
*12.2.6 e
*12.2.7 c
*12.2.8 c
*12.2.9 e
*12.2.10 c
*12.2.11 e
*12.2.12 d
*12.2.13 e
*12.2.14 d
*12.2.15 c
*12.2.16 c
*12.2.17 a
*12.2.18 b
*12.3.1 c
*12.3.2 c
*12.3.3 c
*12.3.4 c
*12.3.5 c
*12.3.6 b
*12.3.7 e
*12.3.8 a
*12.3.9 d
*12.3.10 e
*12.3.11 b
*13.2.1 e
*13.2.2 e
*13.2.3 e
*13.2.4 e
*13.2.5 b
*14.1.1 b
*14.1.2 c
*14.2.1 b
*14.2.2 a
*14.2.3 d
*14.2.4 c
*14.2.5 a
*14.2.6 a
*14.2.7 d
*14.3.1 e
*14.3.2 c
*14.3.3 e
*14.4.1 d
*14.4.2 b
*14.5.1 d
*14.5.2 e
*14.5.3 c
*14.5.4 d
*14.5.5 c
*14.5.6 e
*14.5.7 c
*14.5.8 d
*14.5.9 a
*14.5.10 e
*14.5.11 d
*14.5.12 b
*14.5.13 c
*14.5.14 a
*14.5.15 b
*14.5.16 e
*14.5.17 a
*14.5.18 e
*14.5.19 d
*14.5.20 a
*14.5.21 c
*14.5.22 b
*14.5.23 b
*14.6.1 e
*14.6.2 a
*14.6.3 d
*14.6.4 a
*14.6.5 b
*14.6.6 d
*14.6.7 d
*14.6.8 a
*14.6.9 c
*14.6.10 d
*14.6.11 e
*14.6.12 d
*14.6.13 d
*14.6.14 e
*14.6.15 d
*14.6.16 a
*14.6.17 b
*14.6.18 a
*14.6.19 d
*14.6.20 b
*14.6.21 e
*14.6.22 d
*14.6.23 e
*14.6.24 c

*14.6.25 a
*E.1 b
*E.2 e
*E.3 c
*E.4 a
*E.5 a
*E.6 b
*E.7 d

Lösungen zur Lernerfolgskontrolle für Taucher**

**0.1 3,7 bar

**0.2 Ein ganz oder teilweise in eine Flüssigkeit getauchter Körper verliert scheinbar so viel an Gewichtskraft, wie die von ihm verdrängte Flüssigkeitsmenge wiegt.

**0.3

- Auftrieb: Gewichtskraft des Tauchers < Gewichtskraft der verdrängten Wassermenge
- Abtrieb: Gewichtskraft des Tauchers > Gewichtskraft der verdrängten Wasser menge
- hydrostat. Gleichgewicht: Gewichtskraft des Tauchers = Gewichtskraft der ver drängten Wassermenge

**0.4 Ein Taucher sollte sich in der Regel im hydrostatischen Gleichgewicht befinden: Weniger Sedimentaufwirbelung und damit Umweltschädigung sonst unnötiger Kraftaufwand für Flossenschlag, Tauchen im eingeatmeten Zustand (Gefahr des Essoufflements), erhöhte Anstrengung, unbequemes Tauchen durch zuviel Luft im Jacket/in der Taucherweste, oder Gefahr des unkontrollierten Aufsteigens.

**0.5 Bei gleich bleibender Temperatur steht für eine gegebene Gasmenge der Druck im umgekehrten Verhältnis zum Volumen.

**0.6 Es verringert sich.

**0.7 Anfangsdruck 3 bar, Oberflächen–druck 1 bar, daher Verdreifachung des Volumens auf 15 l, Gefahr des unkontrollierten und zu schnellen Aufstiegs.

**0.8 Anfangsdruck 2 bar, Oberflächendruck 1 bar (Halbierung), daher Verdoppelung des Volumens auf 8 l, Gefahr eines Lungenüberdruckunfalls.

**0.9 Ich stelle einen Druckausgleich her (z.B. durch Valsalva-Manöver). Ist dies nicht möglich, tauche ich etwas höher und probiere es erneut. Ursache: Druckzunahme außerhalb des Trommelfells bei gleich bleibendem Druck im Mittelohr, solange kein Druckausgleich vorgenommen wird. Keinesfalls Druckausgleich mit Gewalt herbeiführen.

**0.10 Barotrauma der Stirnhöhle, da kein Druckausgleich erfolgt. Ursache: Verlegung der Verbindungswege zum Nasen-Rachen-Raum, z.B. durch Erkältung.

**0.11 Sauerstoff ca. 21 %, Stickstoff ca. 78 %, Kohlendioxid ca. 0,03 %, Rest und Edelgase ca. 0,97 %.

**0.12 Stickstoff/Inertgase.

**0.13

- druckfestes Gehäuse
- Analoguhr mit Einstellring, nur gegen den Uhrzeigersinn drehbar, mit Handschuhen bedienbar
- wasserdicht bis mindestens 200 m
- Leuchtzifferblatt
- kratzfestes Glas
- verstellbares Armband
- Batterie oder Automatik

**0.14

- in 360 Grad unterteilte Leuchtskala, eingeteilt in größere Abstände
- kein Hängenbleiben bei leichtem Verkanten
- drehbarer Außenring zur Richtungsmarkierung
- Peileinrichtung
- Befestigung frei an Leine

**0.15

- übersichtliches Leuchtzifferblatt
- besondere Markierung für den Reservedruckbereich
- bruchsicheres Glas
- Drosseldüse
- Schwachstelle an der Rückseite

**0.16

V = AMV · t = 20 l/min · 10 min = 200 l
Druckdifferenz: 200 l/10 l (Volumen des DTG) · 2 bar = 40 bar
verbleibender Druck: 200 bar – 40 bar = 160 bar

**0.17 Ansprechbarkeit überprüfen; wenn keine Ansprechbarkeit:
- Hilferuf,
- dann Atemwege befreien durch Kopfüberstrecken.
- Atmung überprüfen.
- Notruf absetzen.

Bei Atmungs- und Kreislaufstillstand ist HLW erforderlich.

**0.18 Ansprechbarkeit überprüfen; wenn keine Ansprechbarkeit:
- Hilferuf,
- dann Atemwege befreien durch Kopfüberstrecken.
- Atmung überprüfen.
- Notruf absetzen.

Bei Atmungs- und Kreislaufstillstand ist HLW erforderlich:
- 30 Thoraxkompressionen,
- dann 2 Beatmungen, im Rhythmus 30:2 fortsetzen.
- Kompressionen 100/min, 4–5 cm tief,
- Beatmung 1 sec, Volumen 500–600 ml.

**0.19 Bei Verletzungen durch Giftfische oder Schlangen in den Extremitäten.

**0.20
- Gruppe wurde nicht zusammengehalten.
- Beim Verlust eines Partners taucht die gesamte Gruppe auf.
- Jeder zweite Blick des Gruppenführers gilt den Tauchpartnern (wurde vernachlässigt).
- Gruppenführer und Mittaucher müssen bei einem Notfall sofort eingreifen.

**0.21 Vereinbarung des Sonderzeichens „gekreuzte Unterarme“.

**0.22 Wegen Trommelfellriss Tauchgang beenden (Zeichen geben), Ohr trocken halten, ärztliche Behandlung.

**0.23 So wenig Luft wie gerade erforderlich, um nicht abzusinken (bei richtiger Bleimenge keine Luft).

**0.24 Es verringert sich mit zunehmender Tiefe (Gesetz von Boyle-Mariotte).

**0.25 Wenn Kreislauf und Atmung in Ordnung sind, ist es wichtig, dass bei Bewusstlosen die Atemwege freigehalten werden und nicht durch die zurückfallende Zunge verlegt werden. Auch ist es wichtig, dass kein Erbrochenes eingeatmet werden kann. Dazu wird der Betroffene in die stabile Seitenlage gebracht.
- behindernde Gegenstände und Tascheninhalte entfernen
- neben den Verletzten knien; seine beiden Beine müssen gestreckt sein
- Fremdkörper aus der Mundhöhle entfernen, dabei auf Beißschutz achten!!!
- Atemwege durch Überstrecken des Kopfes öffnen
- Mund öffnen
- den zugewandten Arm im rechten Winkel zum Körper legen, Ellenbogen ein geknickt, Handfläche nach oben
- den abgewandten Arm über den Oberkörper legen und die Hand mit der Hand fläche nach unten auf die zugewandte Schulter legen
- den Betroffenen an der gegenüberliegenden Schulter und Bein in Höhe des Knies anfassen und zu sich drehen.
- die Hand von der Schulter mit der Handfläche nach unten unter den Kopf legen
- rechten Winkel des oben liegenden Beines herstellen
- Kreislauf und Atmung kontinuierlich überprüfen

**0.26

Sonnenstand
Mond
Tiefenlinien
Bodenwellenrichtung
Umgebung (Flora, Fauna)
Bodenbelag (z.B. Laub nahe am Land)

markante Punkte
Strömungsrichtung
Motorgeräusche
Uferbeschaffenheit
Staubwolken und Ablagerungen an der Einstiegstelle
Zeit

**0.27

- Brustraum umschlossen vom Brustkorb
- Rippenfell, Zwerchfell, Lungenfell
- Pleuraspalt, Mittelfellraum (Mediastinum)
- Atemwege: Luftröhre, Bronchien, Alveolen (Lungenbläschen), Kapillaren um die Alveolen
- Linker und rechter Lungenflügel, Lungenlappen, Lungensegmente

**1.1.1 Der Gesamtdruck eines Gases ist die Summe der Teildrücke seiner Bestandteile.

**1.1.2 Errechnung der Teildrücke unserer Atemluftbestandteile in jeder Tiefe.

**1.1.3 Multiplikation seines Volumenanteils mit dem herrschenden Gesamtdruck.

**1.1.4 Auf 40 m herrscht ein Druck von 5 bar, der Teildruck von 21 % Sauerstoffanteil am Gesamtdruck ist 21 % von 5 bar, also 1,05 bar.

**1.1.5 Der Teildruck ist mit bestimmend für die Menge, die von dem jeweiligen Gas im Körper gelöst ist. Das ist wichtig, da unsere Atemgasbestandteile bei Überschreiten gewisser Teildrücke giftig werden können, und weil der im Körper gelöste Stickstoff in der Dekompressionsphase durch langsames Austauchen wieder abgegeben werden muss.

**1.1.6 4 bar/0,78 = 5,1 bar, also in 41 m Tiefe.

**1.1.7 1,7 bar/0,2 1 = 8,1 bar, also in 71 m Tiefe.

**1.2.1 Den Vorgang des Übertritts von Gasteilchen in eine Flüssigkeit.

**1.2.2 Treten genauso viele Gasteilchen (Moleküle) in die Flüssigkeit ein wie aus ihr heraus, so kann kein weiteres Gas mehr in der Flüssigkeit gelöst werden.

**1.2.3 Den Sättigungszustand.

**1.2.4 Bei konstanter Temperatur steht die Menge des in der Flüssigkeit gelösten Gases im Sättigungszustand in direktem Verhältnis zum Druck des über der Flüssigkeit stehenden Gases.

**1.2.5 Die gelöste Gasmenge verdoppelt sich auch.

**1.2.6 Im Körper lösen sich die Atemgase mit zunehmendem Druck. Wenn wir zu schnell auftauchen, d.h. unseren Umgebungsdruck zu schnell reduzieren, kann der im Körper gelöste Stickstoff Gasblasen bilden.

**1.3.1 Der Druck des Gases erhöht sich ebenfalls um 10%.

**1.3.2 Bei konstantem Volumen wächst der Druck einer gegebenen Gasmenge im gleichen Verhältnis wie die absolute Temperatur.

**1.3.3

4 °C entsprechen (4 + 273) K = 277 K,
10 °C entsprechen (10 + 273) K = 283 K,
27 °C entsprechen (27 + 273) K = 300 K

**1.3.4 Anfangsdruck p_1 = 200 bar, Anfangstemperatur $T_1 = (20 + 273)$ K = 293 K. Endtemperatur $T_2 = (60 + 273)$ K = 333 K.
$p_2 = T_2/T_1 \cdot p_1 = 333$ K/293 K · 200 bar = 227 bar.

**1.3.5 Die uns zur Verfügung stehende Luftmenge ist unabhängig von der DTG-Temperatur, sondern entspricht der Luftmenge, die sich bei 37 °C Körpertemperatur ergibt.

**1.3.6

p_1 = 190 bar, $T_1 = (14 + 273)$ K = 287 K,
$T_2 = (37 + 273)$ K = 310 K
$p_2 = T_2/T_1 \cdot p_1 = 310$ K/287 K · 190 bar = 205,2 bar.
Die Luftmenge beträgt dann
10 l · 205,2 bar = 2052 barl.

**1.3.7

p_1 = 225 bar, $T_1 = (40 + 273)$ K = 313 K,
$T_2 = (8 + 273)$ K = 281 K
$p_2 = T_2/T_1 \cdot p_1 = 281$ K/313 K · 225 bar = 202 bar.

**1.4.1 Brechung, Streuung, Absorption.

**1.4.2 Ohne Maske würden wir alles unscharf sehen, da durch die veränderte Brechung unter Wasser Gegenstände erst hinter der Netzhaut scharf abgebildet werden.

**1.4.3 Gegenstände erscheinen uns 4/3 so groß, wie sie in Wirklichkeit sind, also ein Drittel größer, und sie scheinen 3/4 ihrer tatsächlichen Distanz entfernt zu sein, also ein Viertel näher. Durch die unterschiedliche Brechung des Lichts im Wasser und in der Luft wird ein Lichtstrahl an der Grenzfläche beim Übergang vom Wasser zur Tauchermaske vom Lot weggebrochen. Das Gehirn erkennt diese Brechung nicht und bestimmt die Größe des Objekts an dem Einfallswinkel, der größer als in Wirklichkeit erscheint. Entfernungen erkennt das Gehirn über den Winkel, unter dem ein Objekt von beiden Augen gesehen wird. Auch dieser wird größer als in Wirklichkeit wahrgenommen, so dass die Entfernung geringer erscheint.

**1.4.4 Je nach Farbe erreichen Lichtstrahlen nur eine bestimmte Tiefe, da sie absorbiert (verschluckt) werden. Rotes Licht wird eher absorbiert als blaues Licht.

**1.4.5 Rot.

**1.5.1 Ein Richtungshören ist unter Wasser praktisch nicht möglich, da der Zeitunterschied des Auftreffens einer Schallwelle an unseren Ohren wegen der höheren Schallgeschwindigkeit unter Wasser derart gering ist, dass das Auflösungsvermögen unseres Hörsinns überfordert ist.

**1.5.2 Das fehlende Richtungshören kann gefährlich werden, wenn zum Beispiel Bootsverkehr über dem Tauchgebiet herrscht und der Taucher auftaucht. Die Richtung, aus der ein Schraubengeräusch gehört wird, ist dann nicht feststellbar.

**1.5.3 Luft: ca. 340 m/s bei 20 °C, Wasser: ca. 1.485 m/s (Salzgehalt 3,5%, Dichte 1,027 kg/dm^3); im Wasser ist die Schallgeschwindigkeit also mehr als viermal so groß wie an der Luft.

**1.5.4 Ein Richtungshören ist unter Wasser praktisch nicht möglich, da der Zeitunterschied des Auftreffens einer Schallwelle an unseren Ohren wegen der höheren Schallgeschwindigkeit unter Wasser derart gering ist, dass das Auflösungsvermögen unseres Hörsinns überfordert ist.

**1.5.5 Töne, die unter Wasser entstehen, breiten sich rasch aus und führen zum Eindruck, daß ihre Entstehungsquelle näher und lauter ist, als es unserer üblichen Erfahrung mit der Fortpflanzung des Schalls an der Luft entspricht.

**1.5.6 Zum Erregen von Aufmerksamkeit, z.B. durch Klopfzeichen.

**1.6.1 Wärmeleitung (Konduktion): Direkte Übertragung von Wärmeenergie von einem Körper an das direkt angrenzende Medium, z.B. durch Berührung;
Wärmeströmung (Konvektion): Wärme wird mit der umgebenden Flüssigkeit oder dem umgebenden Gas wegtransportiert;
Wärmestrahlung: Wärmeabgabe in Form von elektromagnetischen Wellen.

**1.6.2 Wärmeleitung spielt eine große Rolle, da Wasser ein wesentlich besserer Wärmeleiter ist als Luft. Als Schutz vor Wärmeverlust durch Wärmeleitung tragen wir beim Tauchen einen Anzug.
Wärmeströmung: In einem schlecht sitzenden Tauchanzug wird durch Bewegung bereits erwärmtes Wasser wieder durch kaltes ersetzt. Daher ist ein guter Sitz des Tauchanzuges wichtig, der einen Wasseraustausch weitgehend verhindert.
Wärmestrahlung fällt beim Tauchen als Wärmeabgabemöglichkeit schon allein durch das Tragen eines Tauchanzuges weitgehend aus.

**1.6.3 Durch direkte Berührung wird die Wärme des Tauchers an das umgebende Wasser abgegeben.

**1.6.4 Erwärmtes Wasser um den Taucher herum wird durch kälteres ersetzt.

**2.2.1 Außenohr, Mittelohr und Innenohr.

**2.2.2 Das Außenohr besteht aus Ohrmuschel, äußerem Gehörgang und Trommelfell.

**2.2.3 Das Mittelohr besteht aus der luftgefüllten Paukenhöhle mit den darin gelegenen Gehörknöchelchen Hammer, Amboss und Steigbügel. Die Paukenhöhle grenzt mit dem Trommelfell an das Außenohr und ist über die eustachische Röhre mit dem Nasen-Rachen-Raum verbunden.

**2.2.4 Das Innenohr besteht aus den mit Lymphflüssigkeit gefüllten Bogengängen und der Hörschnecke. In der Hörschnecke ist das eigentliche Hörorgan lokalisiert, in den Bogengängen das Gleichgewichtsorgan. Es grenzt mit dem ovalen Fenster an das Mittelohr. Von dort wird der Schall der Gehörschnecke zugeleitet, um bald das runde Fenster zu erreichen, eine weitere Begrenzung zwischen Mittel- und Innenohr.

**2.3.1 Das Herz hat die Aufgabe, das ankommende Blut synchron in den Körperkreislauf und in den Lungenkreislauf zu pumpen. In der Austreibungsphase (Systole) wird aus der linken Hauptkammer das Blut in den Körperkreislauf und gleichzeitig aus der rechten Hauptkammer das Blut in den Lungenkreislauf gepumpt.

**2.3.2 Der Kreislauf hat die Aufgabe, das Blut und damit insbesondere den Sauerstoff von der Lunge zu den Zellen des Körpers zu transportieren und das Blut mit dem in den Zellen produzierten Kohlendioxid von den Zellen des Körpers zur Lunge zu transportieren.

**2.3.3 Der Kreislauf besteht aus dem Lungenkreislauf und dem Körperkreislauf. Von der Lunge gelangt das Blut über die Lungenvene zum linken Herzen, von dort über die Körperarterien zu den Zellen, von dort über die Körpervenen zurück zum rechten Herzen, von dort schließlich über die Lungenarterie zurück zur Lunge.

**2.3.4 Der Tauchreflex stammt noch aus der Entwicklungsgeschichte der Landlebewesen, er stellt eine Schutzmaßnahme des Organismus zum Zwecke der Sauerstoffeinsparung dar. Bei den Enten ist dieser Reflex sehr stark ausgeprägt. Nach dem Eintauchen des Gesichts in kaltes Wasser kommt es zu einer Verlangsamung des Herzschlags; denn die Rezeptoren für diesen Reflex liegen in der Haut des Mund- und Nasenbereichs. Obgleich die Blutgefäße dabei enger gestellt werden, bleibt der Blutdruck unbeeinflusst.

**2.4.1 Die Einatmung ist ein aktiver Vorgang. Durch die Vergrößerung des Brustkorbes und das Kontrahieren des Zwerchfells folgt die Lunge diesen Bewegungen, da sie durch einen Unterdruck im Pleuraspalt am Rippenfell „klebt“ und unmittelbar an das Zwerchfell grenzt. Die Ausatmung erfolgt durch ein Entspannen der Atemmuskulatur. Durch die elastischen Fasern zieht sich die Lunge dann zusammen, und die Luft strömt aus.

**2.4.2 Mit äußerer Atmung bezeichnet man die Passage der Atemluft durch die Atemwege bis zu den Alveolen, den Gasaustausch sowie den Transport des an das Hämoglobin gebundenen Sauerstoffs zu den Zellen, entsprechend auch den Abtransport von Kohlendioxid und dessen Ausscheidung durch die Atmungsluft. Durch die dünnen Wände der Alveolen findet auf dem Wege der Diffusion der Gasaustausch statt, und zwar vom Ort der höheren Konzentration (d.h. O_2 diffundiert von den Alveolen in die Lungenkapillaren und CO_2 in umgekehrter Richtung) zum Ort der niedrigeren Konzentration.

**2.4.3 Mit innerer Atmung bezeichnet man die Vorgänge, die sich in der Zelle unter Verwendung des O_2 zur Energiegewinnung abspielen.

**2.4.4 Atemzugvolumen (AZV) ist die Luftmenge, die bei einem normalen Atemzug in Ruhe bewegt wird (500 ml).

Inspiratorisches Reservevolumen (IRV) ist die Luftmenge, die zusätzlich zum AZV maximal eingeatmet werden kann (2.500 bis 4.000 ml).

Exspiratorisches Reservevolumen (ERV) ist das Volumen, das zusätzlich zum AZV ausgeatmet werden kann (1.000 bis 1.500 ml).
Residualvolumen (RV) verbleibt nach vollständiger Ausatmung in der Lunge (ca. 1.500 ml).
Vitalkapazität (VK) ist die Luftmenge, die nach maximaler Einatmung maximal ausgeatmet werden kann (ca. 4.500 ml).
Totalkapazität (TK) ist das gesamte Luftvolumen, das die Lunge beinhalten kann (4.000–8.000 ml).
**2.6.1 Nach anfänglicher Hyperventilation werden die Atemzüge mit zunehmender Erschöpfung immer flacher. Es entsteht eine „Hechelatmung". Die Atmung bewegt sich vorwiegend im Bereich des inspiratorischen Reservevolumens.
**2.6.2
- Turbulenzen in den Atemwegen durch zu hohe Luftdichte und dadurch erhöhter Atemwiderstand
- Anstrengung beim Tauchen
- schlecht gewartete, falsch eingestellte oder defekte Lungenautomaten
- nicht ausreichend geöffnete Flaschen ventile
- zu enge Tauchanzüge und zu fest sitzende Begurtungen
- Überanstrengung beim Schnorcheln mit Gerät
- Kälte, Dunkelheit und Angst lassen die Symptome noch schneller eintreten.

**2.7.1 Der Tiefenrausch entsteht durch das Inertgas Stickstoff bei Überschreiten eines Teildrucks von ca. 4 bar. Dann wirkt der Stickstoff giftig auf das Nervensystem. Wenn auch der eigentliche Mechanismus der Giftwirkung am Nervensystem noch nicht bekannt ist, so hängt der narkotische Effekt der Inertgase wahrscheinlich mit ihrer Lipoidlöslichkeit zusammen. Vermutlich beeinflusst das N_2 die Überträgersubstanzen an den Synapsen, den Schaltstellen, über die die Nervenimpulse weitergeleitet werden. Diese Beeinflussung der Überträgersubstanzen führt dann zu den bekannten Ausfallerscheinungen. Ab 30 m Tiefe muss jeder Taucher mit einem Tiefenrausch rechnen.
**2.7.2 Es ist charakteristisch für den Tiefenrausch, dass die Symptome sofort verschwinden, wenn der Taucher sich in geringere Tiefen begibt (verminderter pN_2). Deshalb gilt diese Maßnahme auch als einziges therapeutisches Vorgehen. Anschließend ist der Tauchgang durch vorschriftsmäßiges Austauchen zu beenden.
**2.8.1
- zentraler Lungenriss mit Luftembolie bei Riss von Alveolen innerhalb der Lunge
- Pneumothorax bei randständigem Lungenriss am äußeren Rand (zum Pleuraspalt)
- Mediastinalemphysem bei randständigem Lungenriss zum Mittelfellraum (Mediastinum)

**2.8.2 Bei einem randständigen Lungenriss klagen die Verletzten über sofort auftretende, von der Atmung abhängige Schmerzen im Brustbereich, im Rücken oder auch gürtelförmig in einer Brustkorbseite. Ist es zu einem Pneumothorax gekommen, so treten Luftnot und Blaufärbung der Lippen (Cyanose) auf. Seltener kommt es zu Hustenreiz mit blutigem Auswurf. Beim Lungenriss zum Mittelfellraum entsteht ein knisterndes Hautemphysem im Schulterbereich. Beim zentralen Lungenriss sind die Symptome durch die Auswirkung der Embolie im Gehirn oder Rückenmark bedingt. Die Symptome treten grundsätzlich eher auf als bei der Dekompressionskrankheit, meist direkt nach dem Tauchgang. Je nach Lokalisation der ausgefallenen Bezirke ist die Lähmung halbseitig (Hemiplegie) oder vollständig (Tetraplegie). Weitere Symptome sind Sprachstörungen, Sehstörungen, in schweren Fällen auch Schocksymptomatik und Bewusstseinsverlust.
**2.8.3 Als ersthelferische Maßnahme Schocklagerung und, wenn möglich, Beatmung mit reinem Sauerstoff.

Ist weder Herztätigkeit noch Spontanatmung festzustellen, so muss man nach den Regeln der Herz-Lungen-Wiederbelebung verfahren. Alsdann sollte schnellstmöglicher Transport zur nächsten Druckkammer erfolgen, wo die hyperbare Sauerstofftherapie eingeleitet wird.

**2.9.1 Unter dem Typ I der Dekompressionskrankheit werden alle Symptome zusammengefasst, bei denen Schmerz das Leitsymptom und das zentrale Nervensystem noch nicht betroffen ist. Es handelt sich um erst einige Zeit nach dem Tauchgang auftretenden Juckreiz der Haut (Taucherflöhe), Schmerzen beim Beugen der Gelenke (Bends) oder Lymphbahnverschlüsse.

**2.9.2 Unter dem Typ II der Dekompressionskrankheit weden alle lebensgefährlichen Symptome zusammengefasst, die Störungen des zentralen Nervensystems, des Innenohres und der Atmung umfassen. Es handelt sich um erst einige Zeit nach dem Tauchgang auftretende Lähmungserscheinungen (Halbseiten- oder Querschnittslähmung), Ausfall von Sinnesorganen oder starke Schmerzen hinter dem Brustbein (Chokes).

**2.9.3 Unter Typ II werden alle ernsteren Erscheinungen der Dekompressionskrankheit zusammengefasst, während bei Typ I der Schmerz das Leitsymptom darstellt.

**2.9.4 Da ein Typ I Vorläufer der gefährlicheren Dekompressionskrankheit vom Typ II sein kann, wird bei allen Formen die Druckkammerbehandlung in Kombination mit der hyperbaren Sauerstofftherapie (HBO) angeraten.

**2.9.5 Ja, auch bei einem Typ II können Symptome des Typs I mit auftreten. Dies ändert jedoch nicht die Vorgehensweise einer Behandlung des Typs II.

**2.9.6 Die Schmerzen in der Brustgegend können Symptome eines Lungenüberdruckunfalls oder einer Dekompressionskrankheit sein. Ich gehe vom Schlimmsten aus (Lebensgefahr), lasse meinen Partner Sauerstoff atmen und organisiere unverzüglich einen Transport in die nächste Druckkammer.

**2.9.7 Ich gehe von einer Dekompressionskrankheit aus:

- Kontrolle Ansprechbarkeit, Lebensfunktionen; ggf. Herz-Lungen-Wiederbelebung
- Sauerstoffatmung
- Schockbehandlung, Schutz vor Temperaturverlust
- Auslösen der Rettungskette und die Organisation des Transports in die nächste Druckkammer (Erschütterungsfrei, Flug in maximal 400 m Höhe)

**2.9.8 Die Aufnahme des Stickstoffs ist abhängig von dem Partialdruckgefälle des Stickstoffs zwischen Einatemluft und den Bereichen unseres Körpers. Sie ist unterschiedlich je nach Halbsättigungszeit des jeweiligen (theoretischen) Gewebes. Sie ist im Sättigungszustand abhängig von der Art des Gewebes und des Gases (Löslichkeit), von dem Partialdruck des Gases und von der Temperatur. Die Geschwindigkeit des Diffusionsvorgangs hängt ab von der Durchblutung der Gewebe, von der Löslichkeit, von der Temperatur und von der Oberfläche, an der die Diffusion stattfindet.

**2.9.9 Gasblasen entstehen in der Dekompressionsphase (also beim Auftauchen), wenn der Stickstoffteildruck in dem jeweiligen Körpergewebe den kritischen Wert überschreitet.

**2.10.1

- Betreuung an der Oberfläche vor dem Abtauchen
- Eigenes Abtauchen etwas später, so lange der Übende noch im Sichtbereich ist
- Abwarten auf ca. 5 m, bis der Übende entgegenkommt
- Begleiten des Übenden in Griffweite an die Oberfläche
- Achten auf Entfernen des Schnorchels und entspannte Haltung
- Eingreifen bei Problemen

(Bewusstlosigkeit, Verheddern, Krampf, Schwäche)
- Freihalten des Auftauchbereiches
- Nach dem Auftauchen Check des Übenden und Weiterbetreuung für einige Minuten während dessen Entspannung in Rückenlage.

**2.10.2
Bewusstlosigkeit kurz vor Erreichen der Wasseroberfläche durch die Reduktion des Sauerstoffpartialdrucks

**2.11.1 Auskühlung wird begünstigt durch Alkohol, durch ungenügenden Kälteschutz und durch zu wenig Bewegung unter Wasser.

**2.11.2
- Fehlen der Abwehrmechanismen
- beginnende Muskelstarre mit Lähmungen
- verminderte Schmerzempfindlichkeit
- Absinken von Blutdruck, Pulsfrequenz und Hirnaktivität (verminderte Wahrnehmungsfähigkeit)
- verminderter O_2-Verbrauch
- Verminderung des Atem- und Herzminutenvolumens

**2.11.3 Zur Isolierung ist ein geeigneter Tauchanzug für den geplanten Tauchgang zu verwenden, wobei die Hände, die Füße und das Gesicht mitbedacht sein müssen, da sie gegenüber Kälteeinflüssen besonders empfindlich sind. Es ist ratsam, den Tauchgang sofort abzubrechen, wenn man an sich selbst oder bei seinem Begleiter die o.g. Abwehrmechanismen, besonders das Kältezittern, beobachtet.

**2.12.1 Das Bewusstsein ist getrübt, oft liegt Verwirrung vor. Er wirkt unruhig und ängstlich und klagt oftmals über Durst und Schwindel. Objektiv ist der Puls beschleunigt und erschwert tastbar, die Haut ist blass, sie fühlt sich feucht und kalt an. Bei höheren Blutverlusten entstehen Schnappatmung und Lufthunger mit zunehmender Unruhe. Der Schock läuft wie ein Film ab: Bei Blutverlusten von 30 bis 40 % ist der Puls auf mehr als 100 Schläge pro Minute erhöht, entsprechend dem verminderten Blutvolumen ist der systolische Blutdruck unter 100 mm Hg erniedrigt. Der diastolische Blutdruck steigt an, die Blutdruckamplitude (Differenz zwischen systolischem und diastolischem Blutdruck) wird kleiner. Bei einem stärkeren Blutverlust von mehr als 50 % liegt die Pulsfrequenz dann über 140 Schlägen pro Minute, die Haut ist leichenblass und kalt. Der systolische Blutdruck sinkt auf 70 mm Hg ab. Bestimmung des Schockindex = Puls/ systolischer Blutdruck (0,5 ist normal; je höher der Schockindex, desto schwerer der Schock).

**2.12.2
- Schocklagerung mit Hochlagerung der Beine und Horizontallage des Kopfes und Oberkörpers
- Sauerstoffzufuhr
- Schutz vor Unterkühlung und Überwärmung, entsprechende Maßnahmen ergreifen
- Herz-Kreislauf-Situation laufend beurteilen und beobachten durch Messen der Pulsfrequenz und der Blutdruckwerte
- dem Verletzten Mut zusprechen
- schneller, aber schonender Transport ins Krankenhaus

**3.1.1 Atemregler haben die Aufgabe, den in unserem Tauchgerät vorhandenen Druck so zu reduzieren, dass dem Taucher im Rhythmus der Einatmung ständig Luft unter dem Umgebungsdruck und in dem Bedarf angemessener Menge zufließt.

**3.1.2 Einschlauchatemregler sind zweistufig, d.h. der Flaschendruck wird in zwei Stufen auf den Umgebungsdruck reduziert; die erste Stufe ist an der Druckluftflasche montiert und reduziert dort den Druck auf einen Mitteldruck von 4–15 bar über dem Umgebungsdruck. Über einen Schlauch wird dieser Mitteldruck zu der zweiten Stufe geleitet, die wir an einem Mundstück im Mund halten und die den Mitteldruck auf den Umgebungsdruck reduziert. Die zweite Stufe gibt die Luft nur beim Einatmen frei, wirkt also als atemgesteuerte Dosiereinrichtung. Die Ausatemluft entweicht über ein Ausatemventil, das im Gehäuse der zweiten Stufe angebracht ist.

**3.1.3 Bei einstufigen Atemreglern wird der Flaschendruck in einer Stufe direkt auf den Umgebungsdruck reduziert; diese ist an der Druckluftflasche montiert. Über einen Faltenschlauch gelangt die Einatemluft zum Mundstück. Durch Ventile rechts und links vom Mundstück wird die Ausatemluft in einen anderen Faltenschlauch, den Ausatemschlauch geleitet. Die Ausatemluft entweicht über ein Ausatemventil, das wie der Druckminderer im Gehäuse des Atemreglers untergebracht ist.

**3.1.4 Bei zweistufigen Atemreglern wird der Flaschendruck in zwei Stufen auf den Umgebungsdruck reduziert; die erste Stufe ist an der Druckluftflasche montiert und reduziert den Druck auf einen Mitteldruck von 4–15 bar über dem Umgebungsdruck. Beim Einschlauchatemregler wird über einen Schlauch dieser Mitteldruck zu der zweiten Stufe geleitet, die wir an einem Mundstück im Mund halten und die den Mitteldruck auf den Umgebungsdruck reduziert. Beim Zweischlauchatemregler sind die erste und zweite Stufe in einem Gehäuse an der Druckluftflasche untergebracht. Die zweite Stufe gibt die Luft nur beim Einatmen frei, wirkt also als atemgesteuerte Dosiereinrichtung. Die Ausatemluft entweicht über ein Ausatemventil, das im Gehäuse der zweiten Stufe bzw. des Zweischlauchatemreglers angebracht ist.

**3.1.5 Es gibt keine absolut vereisungssicheren Atemregler.

**3.2.1 Äußere, innere und Gewichtsprüfung alle 2,5 Jahre, Festigkeitsprüfung alle 5 Jahre.

**3.2.2 Weiße Lackierung mit einem schwarzen Ring an der Schulter.

**3.2.3 In Deutschland: DIN (Gewinde), im Ausland auch INT (Bügelanschluss)

**3.3.1 Die Reserveschaltung hat die Aufgabe, dem Taucher unmissverständlich das Zuendegehen des Atemluftvorrates anzuzeigen und gibt somit ein Zeichen zur Beendigung des Tauchgangs. Dazu wird die Luftzufuhr bei ca. 50 bar durch eine mehr oder weniger schnelle Erhöhung des Atemwiderstandes unterbrochen.

**3.3.2 Ist der Flaschendruck höher als der Federdruck, so wird der Reservedichtkolben vom Sitz abgehoben, die Luft kann hindurchströmen. Fällt der Flaschendruck unter den Reservedruck, so verschließt der Kolben den Luftweg, der Atemwiderstand steigt an. Wird dann die Reserve gezogen, so wird der Reservekolben über einen Excenter wieder vom Sitz abgehoben und gibt den Luftweg frei.

**3.3.3 Automatische Reserveschaltungen können nicht vor Erreichen des Reservedrucks geöffnet werden.

**3.4.1

- druckfestes Gehäuse
- möglichst Analoguhr
- Einstellring, nur gegen den Uhrzeigersinn drehbar und mit Handschuhen bedienbar
- wasserdicht (bis 200 m Wassertiefe)
- Leuchtzifferblatt
- kratzfestes Glas
- verstellbares Armband

**3.4.2

- übersichtliches Leuchtzifferblatt
- besondere Markierung für den Reservedruckbereich
- bruchsicheres Glas
- Drosseldüse am Atemregleranschluss des Hochdruckschlauchs
- Schwachstelle an der Finimeterrückseite

**3.4.3

- in 360 Grad unterteilte Skala, evtl. größere Abstände
- kein Hängenbleiben bei leichtem Verkanten
- drehbarer Außenring zur Richtungsmarkierung

- Peileinrichtung
- Leuchtzifferblatt
- Befestigung frei an einer Leine

**3.4.4 Eine gebogenes Röhrchen ist an einer Seite verschlossen, an der anderen Seite geöffnet und mit Luft gefüllt. Taucht man nun tiefer, so füllt sich dieses Röhrchen von der offenen Seite her immer mehr mit Wasser. Nach dem System von Boyle-Mariotte ist die eingeschlossene Luftmenge auf 10 m nur noch halb so groß, auf 20 m ein Drittel usw. An einer Skala kann so die Tiefe an der Stelle abgelesen werden, an der sich die Grenzschicht Luft/Wasser befindet.

**3.4.5 Beim Rohrfedertiefenmesser wird ein gebogenes Röhrchen von innen oder von außen mit dem Umgebungsdruck belastet. Da die Oberfläche an der Außenkrümmung größer ist als an der Innenseite, streckt sich das Rohr bei innen zunehmendem Druck. Nimmt umgekehrt der Druck um das Rohr zu, so krümmt es sich. Die Bewegung wird auf einen Zeiger übertragen und zeigt ziemlich genau die Tiefe an.

**3.4.6 Bei Membrantiefenmessern wölbt sich durch den Umgebungsdruck der flexible Boden einer geschlossenen Metalldose. Diese Wölbung wird über ein Hebelsystem auf einen Zeiger übertragen, der dann die Tiefe anzeigt.

**3.4.7

- gute Ablesbarkeit, besonders im flachen Bereich
- möglichst gespreizte Skala im Bereich der Dekostufen
- Genauigkeit der angezeigten Tiefe, maximal 5 % Abweichung
- Leuchtzifferblatt
- möglichst Schleppzeiger, Nullpunktjustierung
- verstellbares Armband

**3.5.1 Ein Dekocomputer berücksichtigt das persönliche, tatsächlich getauchte Tauchprofil, während eine Dekotabelle ein Rechteckprofil (maximale Tiefe während der gesamten Grundzeit) zugrunde legt.

**3.5.2 Die gesamte Austauchzeit ist bei einem Dekocomputer in der Regel kürzer als die nach der Tabelle erforderliche Gesamtaustauchzeit.

**3.5.3 Nein, allenfalls wenn keine Restsättigung mehr vorhanden ist.

**3.5.4 Maximal 2 Tauchgänge an einem Tag.

**3.5.5 Wiederholungstauchgang flacher als der Ersttauchgang, möglichst langsam auftauchen, nicht mehr als 2 Tauchgänge an einem Tag.

**3.6.1

- das schnelle Erreichen der Oberfläche im Notfall
- das ohnmachtsichere Halten an der Oberfläche, wenn der Taucher sonst absinken würde und dies durch Flossenkraft nicht mehr ausgleichen kann
- Unterstützung beim Retten anderer Taucher
- Unterstützung beim Bergen von Gegenständen (z.B. kleiner Anker, verlorener Bleigurt)
- Herstellung eines in jeder Tiefe austarierten Zustands

**3.6.2

- Westenkörper: robust, farbecht, knickbeständig und reißfest
- mindestens 15 l Volumen
- Signalfarbe
- eine Bauweise, die eine ohnmachtsichere Lage an der Oberfläche gewährleistet
- Schnellablass zum schnellen Entleeren
- Überdruckventil
- Mundaufblasvorrichtung
- Inflator
- Signalpfeife
- nur bei Taucherwesten: Bebänderung zum festen Sitz der Weste am Körper
- eine Einrichtung zum automatischen und schnellen Befüllen der Taucherweste oder des Jackets insbesondere im Notfall. Ist kein Inflatoranschluss vorhanden, so ist dazu eine Druckluftflasche (Westenflasche) mit mindestens 0,5 l Volumen erforderlich.

**3.6.3 Westentaschen, Befestigungsmöglichkeiten (Haken, Ösen, Karabiner)

**3.7.1 Long-John-Hose und Jacke mit angesetzter Kopfhaube, Handschuhe, Füßlinge; Materialstärke ca. 7 mm.

**3.7.2 Im Rumpfbereich befindet sich die doppelte Neoprendicke.

**3.7.3 Wärmeleitung: Verhinderung durch die Isolationsschicht des Neoprens. Wärmeströmung: Bedeckung der Körperoberfläche, sodass das vorbeiströmende Wasser dem Körper keine Wärme direkt entziehen kann.
Wärmestrahlung: durch die Anzugschicht verhindert.

**3.7.4 Nach jedem Tauchgang ist das Auswaschen von Tauchanzügen aus hygienischen Gründen eine Selbstverständlichkeit. Mit max. 40 °C dürfen Tauchanzüge sogar in der Waschmaschine gewaschen werden. Es empfiehlt sich, den Tauchanzug mittels Kleiderbügel an einer gut belüfteten Stelle im Schatten zum Trocknen aufzuhängen. Trocknen an der Sonne oder über Heizkörpern sollte möglichst vermieden werden.

**3.7.5 Mit zunehmender Tiefe nimmt nach dem Gesetz von Boyle-Mariotte das Volumen und damit die Dicke des Tauchanzuges ab. Damit reduziert sich auch die Wärmedämmwirkung.

**3.8.1 Bei Antrieb durch Verbrennungsmotor ist es wichtig, dass nur reine Luft angesaugt wird. Der Kompressor wird so in die Windrichtung gestellt, dass die Auspuffgase von der Anlage wegströmen und nicht angesaugt werden können. Sonst könnte Kohlenmonoxid (CO) in die Flasche gelangen, das durch seine Wirkung auf den Körper lebensbedrohliche Vergiftungen hervorrufen kann. Der Ansaugschlauch sollte ca. 5 m lang sein und einen Grobvorfilter montiert haben. Das Ende des Ansaugschlauches sollte mindestens 3 m entfernt gegen den Wind und mindestens 2 m über dem Kompressor angebracht werden. Doch auch auf den Ort des Aufstellens muss geachtet werden. Wird der Kompressor an einer befahrenen Straße aufgestellt, so besteht auch die Gefahr des Ansaugens von Abgasen mit Kohlenmonoxid.

**3.8.2 Vor jeder Inbetriebnahme.

**3.8.3 In den gemäß Betriebsanleitung vorgeschriebenen Abständen.

**3.8.4 Bei jeder Inbetriebnahme.

**4.1.1

- Auswahl des Tauchgewässers (Entfernung, Schwierigkeitsgrad, Gefahren, Temperatur, Umwelt, Strömung, Ankerplatz
- Auswahl der Tauchzeit
- Mittaucher (Leistungsstand, Untersuchung, Tagesform, Gesundheit)
- Anzahl der Taucher (Gesamt, Gruppen größe)
- Umwelt
- Ein- und Ausstieg
- Notfallorganisation
- Ausrüstung
- Ausfahrt

4.1.2 Nach der 4-Sterne-Regel sollen immer 2 Taucher zusammen 4 Sterne besitzen, z.B. 2 Taucher oder 1 Taucher* mit 1 Taucher***.

**4.1.3 Gespräch, Frage im Briefing, Logbuch, Datum des letzten Tauchgangs, Taucherpass, Brevet, Spezialkurse, Untersuchung, Beobachtung beim Anziehen, Befragung der Mittaucher, Checktauchgang.

**4.1.4

- Anmelden beim zuständigen Tauchlehrer, Befolgen der Anweisungen des Tauchlehrers und des Kapitäns
- Unfallfreies Betreten des Schiffes: langsam, Hilfe annehmen, Taschen und DTG anreichen, festhalten
- Die freie Sicht des Schiffsführers bei allen Manövern muss gegeben sein (sitzen bleiben)
- Nicht auf der Bordwand sitzen
- Tauchgeräte und anderes Material gut befestigen, damit es während der Fahrt nicht verrutscht

- Bootsbesatzung niemals behindern, freie Wege lassen
- An- und Abmelden beim Führer der Tauchgangsliste

**4.1.5
- Größe der Gruppe je nach Schwierigkeit des Tauchgangs, Sichtweite, Rahmenbedingungen
- Höchstens ein Anfänger in der Gruppe
- Ausbildungsstand der Mittaucher beachten
- 4-Sterne-Regel beachten
- Art des Tauchgangs berücksichtigen
- Besonderheiten des Gewässers berücksichtigen
- Bei größeren Tauchgruppen Untergruppen bilden, Stellvertreter bestimmen.

**4.2.1

Zum Menschen:
- Wohlbefinden
- Aktueller Gesundheitszustand, evtl. Erkältung?
- Irgendwelche Medikamente, Alkohol, Drogen vorher genommen?
- Restsättigung, wenn es sich um einen Wiederholungstauchgang handelt

Zum Tauchgewässer:
- Ein- und Ausstieg
- Unterwasserlandschaft
- Ort und Tiefe des Ankers
- Strömungsverhältnisse: Stärke an der Oberfläche, am Grund; Strömungsschatten, Engstellen mit starker Strömung
- Strömungsrichtung, evtl. Gezeitenwechsel
- Zeit für Strömungsminimum (Gezeitenstillstand)
- Sichtverhältnisse
- Kälte
- besondere Sehenswürdigkeiten (Fische, Wracks)
- besondere Gefahrenpunkte (Steilabfälle, Höhlen)
- Orientierungsmerkmale
- Seegang und Wetter

Zur Tauchgangsdurchführung:
- Einstiegszeit
- Tauchtiefe
- Dauer des Tauchgangs
- Zweck, Ziel des Tauchgangs
- Gruppeneinteilung
- Was hat zu geschehen, wenn Zwischenfälle eintreten?
- Durchführung der Übung, wenn eine vor gesehen ist
- Unterwasserzeichen

Ausrüstungscheck:
- Reihenfolge des Anlegens
- Ventile vollständig geöffnet
- Reserve (falls vorhanden) geschlossen; Ausnahme nur, wenn andere Warneinrichtung ausreichend ist
- Fülldruck
- Kälteschutz vollständig
- Inflator angeschlossen
- Funktionsweise der Taucherweste oder des Jackets
- Position von Erst- und Zweitatemregler; wer hat einen Zweitatemregler?
- Vollständigkeit der Instrumente Uhr, Tiefenmesser sowie der Tabelle
- Dekompressionscomputer
- Lampen
- Sicherheitsausrüstung, z.B. Notboje

**4.2.2
- Reihenfolge des Anlegens (Bleigurt zuerst abwerfbar)
- Ventile vollständig geöffnet
- Reserve (falls vorhanden) geschlossen; Ausnahme nur, wenn andere Warneinrichtung ausreichend ist
- Fülldruck
- Kälteschutz vollständig, d.h. auch Handschuhe und Füßlinge vorhanden
- Inflator angeschlossen
- Funktionsweise der Taucherweste oder des Jackets
- Position von Erst- und Zweitatemregler; wer hat einen Zweitatemregler?
- Vollständigkeit der Instrumente Uhr, Tiefenmesser sowie der Tabelle

- Dekompressionscomputer
- Lampen
- Sicherheitsausrüstung, z.B. Notboje

**4.3.1 Gruppenführung bedeutet das Leiten aller Mittaucher zum sicheren Tauchen vom Beginn bis zum Ende des Tauchgangs, also auch noch an der Oberfläche bis zum Betreten des Schiffs oder des Ufers, die Durchführung der Tauchgangsvor- und nachbesprechung sowie Hilfestellung bei allen auftauchenden Problemen.

**4.3.2

- Tauchgangsvorbesprechung, genaue Beobachtung beim Anlegen der Ausrüstung, Ausrüstungscheck
- korrekter Einstieg bzw. Sprung ins Wasser mit Sicherung
- Schnorcheln zum Anker oder Zielgebiet.
- Test des Wasser-Nase-Reflexes an der Wasseroberfläche
- Test der richtigen Bleimenge an der Wasseroberfläche, ggf. Korrektur

Mögliche Übungen: Maske ausblasen, Wechselatmung, Atmen aus dem Zweitatemregler. Kontrolle der richtigen Tarierung beim Tauchen.

**4.3.3

- ständiger Überblick über die gesamte Gruppe
- regelmäßige Checks
- jeder zweite Blick den Tauchpartnern
- Kommunikation innerhalb der Gruppe

**4.4.1

- Tauchzeit und Tauchtiefe des Tauchgangs feststellen.
- Den Tauchgang in chronologischer Reihenfolge und nicht durcheinander noch einmal durchgehen, soweit es sich um erwähnenswerte Vorkommnisse handelt.
- Besondere Vorfälle unter Wasser unter Einbezug der Mittaucher analysieren, Ursachen herausfinden und Vorschläge zur zukünftigen Vermeidung mit den Mittauchern erarbeiten.
- Positives Handeln der Mittaucher herausstellen.
- Fehler einzelner Mittaucher nicht bloßstellen, aber deutliche Kritik und Verbesserungsvorschläge anbringen, wo es notwendig, z.B. sicherheitsrelevant, ist.
- Im Anschluss jeden Mittaucher um seine Meinung zu dem Tauchgang fragen und darauf eingehen.

**4.5.1

- Gezeitenstillstand bestimmen
- Planung der Tauchzeit
- Mittaucher auf Gezeitenwechsel mit Wechsel der Strömungsrichtung hinweisen
- Tauchplatz mit geringer Strömung und Ankerplatz im Strömungsschatten suchen
- vorher ein Bild von den Strömungsverhältnissen machen
- Ausrichtung des Bootes und Wind beobachten; Strömungsrichtung feststellen
- Strömungsleine ca. 100 m mit Boje auslegen
- Strömungsstärke durch im Wasser treibende Teile bestimmen
- kein Strömungstauchgang bei Nacht, in Grotten oder Höhlen oder in zu großen Tiefen
- nur Nullzeittauchgänge
- Beiboot muss vorhanden und startklar sein

**4.5.2

- Atemregler benutzen, die nicht durch den Strömungsdruck abblasen.
- Abtauchen immer am Ankerseil oder (bei klarer Sicht) mit einem anderen Bezugspunkt.
- Am Anker Feststellen der Grundströmung.
- Beginn des Tauchgangs gegen die Oberflächenströmung! Dies geschieht auch bei unterschiedlicher Grundströmung, um beim evtl. Auftauchen von der Oberflächenströmung zum Boot zurückgetrieben zu werden.
- Erhöhten Luftverbrauch durch größere Anstrengung einkalkulieren.
- Bei der Rückkehr zum Anker ist wegen

der im Regelfall größeren Geschwindigkeit eine kürzere Zeit erforderlich. Faustformel bei normaler Strömung: Die Hälfte der Zeit für den Hinweg für den Rückweg einplanen.

- Auftauchen am Anker.
  Findet die Gruppe den nicht wieder und muss im freien Wasser aufgestiegen werden, so muss versucht werden, vor dem Boot aufzutauchen. Dazu schon während des Aufstiegs gegen die vorher per Kompass festgestellte Oberflächenströmung anschwimmen!

**4.5.3

- Wahl des richtigen Zeitpunktes für den Tauchgang, also um den Zeitpunkt für das Hoch- oder Niedrigwasser herum.
- Am besten ist es, 15 bis 30 Minuten vor dem Gezeitenstillstand den Tauchgang zu beginnen, um noch bei nahezu Stillstand ohne die Gefahr eines Abtreibens auszutauchen.
- Außerhalb der Stillstandszeiten kann die Strömung so stark sein, dass sich kein Taucher mehr in ihr halten kann.
- Niemals bei Ebbe, also ablaufendem Wasser, tauchen.
- Tauchen mit der Strömung parallel zum Ufer ist möglich; dann jedoch eine geeignete Ausstiegsmöglichkeit feststellen und einen Fußmarsch einkalkulieren.

**4.5.4

Die Risiken solcher Tauchgänge bestehen zum einen darin, dass bei zu rauer Wasseroberfläche das Boot den Blasen nicht folgen kann. Daher ist unbedingt eine Boje mitzuführen, an der auch gemeinsam aufgetaucht wird.

Zum anderen kommt es vor, dass die Gruppen nicht gleichzeitig oder am gleichen Ort wieder auftauchen. Dann ist der Bootsführer gezwungen, eine oder mehrere Gruppen zu verlassen. Gleichzeitig oder unabhängig davon ist es möglich, dass eine Gruppe unbemerkt von der Bootsbesatzung abtreibt und bei einem gewissen Wellengang und fehlenden Signalfarben nicht mehr gesehen wird.

Daher sind besonders bei solchen Tauchgängen unbedingt Notbojen in Stabform mitzuführen, die noch aus großen Entfernungen gesehen werden können.

Schließlich besteht ein weiteres Risiko darin, dass sich das Boot Tauchern nähert, obwohl noch nicht alle Gruppen aufgetaucht sind. Dann können auftauchende Gruppen in die Schraube geraten. Um dies zu vermeiden, muss beim Auftauchen natürlich auf Boote und Schraubengeräusche geachtet werden.

**4.5.5

Keine Einzelaktionen, sondern Gruppe zusammenhalten, ggf. Hilfe signalisieren, Auftrieb herstellen. Wenn die Strömung zu stark ist, nicht gegen sie anschwimmen, sondern auf Abholung durch das Beiboot warten. Wenn es möglich ist, kann quer zu Strömung zurück an Land oder an das Boot geschwommen werden.

**4.5.6

- Sehr große Verletzungsgefahr an Felsen und Riffkanten,
- Verletzungsgefahr durch die Kraft der Welle (z.B. Wasserwirbel, Gewichtskraft der Wassermasse etc.)
- Gruppe kann vom Boot nicht aufgenommen werden
- bei ungeübten Tauchern besteht Panikgefahr
- Verlust von Ausrüstungsteilen (Maske, etc.)
- Erschöpfung
- Seekrankheit
- Ertrinken
- Auftauchen sollte in der Brandung prinzipiell vermieden werden, mit der Ausrüstung ist es fast unmöglich, sich in der Brandung aufzurichten.

**4.5.7

- Ausrüstungsteile sicher verstauen
- Am Tauchgebiet vor dem Hineinspringen Taucherflagge hissen

- Beim Anlegen der DTGs über den Rücken helfen lassen
- Nicht mit Flossen an Bord laufen
- Einstieg frei halten
- Abtauchen immer am Ankerseil, außer bei wirklich guter Grundsicht
- Ankertiefe und -Umgebung merken
- Strömungsstärke und -richtung vor dem Tauchen feststellen
- Gefahrendreieck zwischen Bug, Wasser und Ankerseil niemals passieren
- Beim Ausstieg Leiter einzeln betreten und Leiterbereich frei halten

**4.6.1

- Nur bekanntes Tauchgebiet auswählen, das man bereits tagsüber kennen gelernt hat.
- Nur bei ruhigem Wetter und ohne Strömung.
- Am besten bei Vollmond (wegen der Helligkeit und Orientierungsmöglichkeit).
- Ein- und Ausstiegsstelle mit Licht kennzeichnen:

  Beim Tauchgang von Land sich nicht auf fremde Lichter (z.B. Straßenlaternen) verlassen, da sie abgeschaltet werden könnten.

  Beim Tauchgang vom Boot:

  Auf dem Boot hat mindestens eine Aufsichtsperson (i.d.R. der Bootsführer) zu bleiben.

  Beleuchtung auf dem Boot als helles, weißes Rundumlicht (gleichzeitig Ankerlicht).

  Beleuchtung unter Wasser durch Befestigung eines UW-Blitzes, eines Leuchtstabes oder einer Unterwasserlampe an der Ankerleine ein paar Meter oberhalb des Ankers.

  Gefahrlosen Ein- und Ausstieg wählen, insbesondere auf Brandung achten.

**4.6.2 Keinen Tief-, Deko-, Wrack-, Eis- oder Langstreckentauchgang, nur Nullzeit- und Beobachtungstauchgang.

**4.6.3 Keine Tauchanfänger, nur erfahrene Taucher (sowohl tagsüber als auch nachts); maximal ein Nachttauchneuling.

**4.6.4

- Erkennen der Einstiegsstelle
- Lichtzeichen absprechen
- Geben von Unterwasserzeichen im Lampenschein absprechen (Hand anstrahlen!)
- Auf Körperkontakt bzw. geringe Abstände hinweisen
- Leuchtdauer der Lampen abfragen, Reserve wie bei der Luft einplanen
- Lampen checken

**4.6.5 Jeder Taucher hat eine eigene Lampe mit ausreichender Leuchtdauer für den Tauchgang. Die Gruppe hat zusätzlich eine Ersatzlampe mit. Für jeden Taucher ist ein Blitz oder eine Notlampe sinnvoll. Leuchtstäbe sollten wegen ihrer Umweltschädlichkeit vermieden werden. Außerdem ist zusätzliches Beleuchtungsmaterial für die Markierung des Einstiegs erforderlich.

**4.6.6

- An der Ankerleine oder an einer Felswand abtauchen, um einen Bezugspunkt zu haben
- Tauchpartner nicht mit der Lampe blenden
- Lampen nur unter Wasser einschalten, nicht oberhalb der Wasseroberfläche leuchten oder schwenken (das gilt als Notsignal)

**4.7.1 Befestigung mit einer Leine an der Ausrüstung, Haltung mit gestreckten Armen ohne Verkanten in Tauchrichtung.

**4.7.2

- Kurs bestimmen und evtl. markieren. Zusammenhalten und Beobachtung der Tauchgruppe!
- Blick für die Umgebung behalten.
- Einhalten des geplanten Tauchprofils.
- Nicht ununterbrochen den Kompass beobachten.
- Mindestgeschwindigkeit erforderlich, vorher absprechen.
- Kompass in Blickrichtung und in Verlän-

gerung der Körperachse, nicht verkanten.
- Gestreckte Körperhaltung.
- Auf Ablenkung durch Metall achten
- Auf Seitenströmung achten und diese einkalkulieren.

**4.7.3
- Gewünschte Richtung anpeilen und Kurs einstellen.
- Beim Zurücktauchen zum Boot und bei Strömung einen Punkt vor dem Bug des Bootes anpeilen, da man sonst hinter dem Boot herauskommt!
- Luftvorrat der Gruppe checken
- Mindestgeschwindigkeit und Positionen mit der Gruppe kurz und knapp vereinbaren.
- Im 5-Meter-Bereich zurücktauchen, dabei auch auf die Tiefe achten, da ein Absacken oft erst zu spät bemerkt wird!
- Kompass in Blickrichtung und in Verlängerung der Körperachse, nicht verkanten!
- Gestreckte Körperhaltung.
- Mindestgeschwindigkeit erforderlich.
- Gruppe und Kompass sowie Tiefenmesser beobachten.
- Mittaucher auf gleicher Höhe oder vor dem Gruppenführer (in dessen Blickfeld).
- Auf Ablenkung durch Metall achten, Kompass dort kaum einsetzbar.
- Auf Seitenströmung achten und diese einkalkulieren.

**4.8.1
- Nur kurz umherblicken und wenige Meter zurücktauchen.
- Keine Suchaktion unter Wasser beginnen.
- Sofort austauchen (also unter Einhaltung der Austauchregeln).
- An der Oberfläche treffen sich wieder alle Gruppenmitglieder.

**4.8.2
- Festhalten.
- Auf das Ausatmen hinweisen.
- Auslassventil des Partners betätigen, ggf. vorher die eigene Luft ablassen.

**4.8.3
- Höher tauchen, bis der Druckausgleich wieder funktioniert.
- Salzwasser durch die Nase einziehen ist oft hilfreich (abschwellend).
- Niemals mit Gewalt den Druckausgleich erzwingen.
- Bei Misserfolg Abbruch des Tauchgangs.

**4.8.4
- Umdrehen und Zuhalten des Mundstücks (manche Automaten blasen schon bei geringsten Druckunterschieden ab, hinzu kommt die Injektorwirkung).
- Weiteratmen aus dem Zweitatemregler des Partners, sonst Aufstieg unter Wechselatmung.
- Bei getrennt absperrbaren Ventilen: Ventil mit dem abblasenden Atemregler absperren, eigenen Zweitatemregler benutzen.

**4.8.5
- Alle Gegenstände an Bord werden gut befestigt.
- Jeder Taucher zieht einen Auftriebskörper an (z. B. Jacket, Weste, Neopren).
- Alle Taucher sitzen an ihrem Platz, keiner läuft unnötig umher.
- Das Anziehen der Tauchgeräte erfolgt nur im Sitzen und zu zweit.
- Alle Taucher sitzen so, dass sie nicht über Bord fallen können (nicht auf der Bordwand).
- Seekranken Tauchern wird geholfen.

**4.8.6
- Sichern des Sprungs ins Wasser: Nicht überbleit tauchen, Jacket leicht aufblasen, Atemregler oder Schnorchel im Mund, Empfang durch Sicherungstaucher im Wasser.
- Kein freies Abtauchen, sondern Beginn an der Riffkante mit Sicht zur Steilwand.
- Nur Taucher mit sicherer Tarierung.
- Ständige Tiefenkontrolle, vorher festgelegte Tiefenbegrenzung einhalten.

- Kontrolle der Restnullzeit bzw. Austauchpausen.
- Ständiger Gruppenzusammenhalt, Nähe und Sichtkontakt zur Steilwand halten.

**4.8.7
- Unterwasserhupe mit Druckluft über den Inflator
- Rufen
- Klopfen mit dem Messer gegen das DTG
- Klopfen mit dem Messer gegen Steine oder Wrackteile
- Am DTG mit einem Gummi befestigte Kugel gegen das DTG klacken lassen
- Metallrohr mit Kugeln schütteln

**4.9.1
- In welcher Zeit kann Hilfe eintreffen?
- Stehen Helfer oder eine Sicherungsgruppe zur Verfügung?
- Nächstes Telefon (mit Münzen oder Karte, Handy?)
- Ist Funk an Bord, und wie funktioniert er?
- Wer ist zu benachrichtigen?
- Notfallnummern nächster Arzt, nächstes Krankenhaus, nächste Druckkammer mit 24-h- Bereitschaft, Hubschraubertransport, Notruf, Schiffahrtsmedizinisches Institut Kiel
- Notfallkoffer mit Sauerstoff vorhanden?
- Notsignalmittel vorhanden?
- Wie sind die Ein- und Ausstiegsmöglichkeiten am Tauchplatz?
- Gibt es Parkmöglichkeiten für den Rettungswagen oder Landemöglichkeiten für einen Hubschrauber?

**4.9.2
- Rettung an die Wasseroberfläche
- Transport zum Ufer oder zum Boot
- Feststellen des Bewusstseins
- Diagnose/Feststellen der Vitalfunktionen
- Telefon/Funkspruch
- ggf. Herz-Lungen-Wiederbelebung und Sauerstoffbeatmung
- Lagerung
- Schockbehandlung
- ständige Kontrolle der Vitalfunktionen
- Transport zum Krankenhaus oder zur Druckkammer

Außerdem muss die Unfallursache so gut wie möglich rekonstruiert werden:
- Befragung der übrigen Gruppenmitglieder,
- Erstellung eines Unfallberichtes mit Tauchgangsprotokoll,
- Sicherstellen des Tauchcomputers,
- Informationen an den behandelnden Arzt.

**4.9.3
- Heben und Senken der Arme
- Knallsignale im 1-Minuten-Abstand
- Dauerton Nebelhorn
- Rote Leuchtraketen oder Leuchtkugeln
- Seewasserfärber
- Rauchsignale
- Ball über oder unter einer Flagge

**4.9.4
- Knallkörper unter Wasser explodieren lassen
- Bootsmotor mehrmals im Leerlauf auf heulen lassen
- Klopfen an die Leiter mit einem Metall gegenstand

**4.10.1
- Antauchen des Betroffenen
- Von hinten oder von der Seite den Verunfallten unter dessen rechten Arm greifen und mit der Hand gleichzeitig den Kopf überstrecken und den Atemregler im Mund fixieren, damit dieser nicht herausfallen kann.
- Kontrollieren, ob Luft abgeatmet wird.
- Die andere (linke) Hand ist dann frei und steht für die Durchführung der Tarierung und zur Instrumentenkontrolle zur Verfügung.
- Die Tarierung erfolgt am besten über beide Jackets/Westen, da so beide Personen annähernd im Gleichgewichtszustand gehalten werden können. Alternativ auch eigene Weste entleeren und über die Weste des Verunfallten allein tarieren. Keinesfalls darf der Verunfallte einen größeren Abtrieb haben als der Ret-

ter, da er sonst bei versehentlichem Loslassen wieder absacken würde.
- Kontrolle der Aufstiegsgeschwindigkeit

**4.11.1
- Notsignal zum Boot oder an Land geben.
- Weste oder Jacket des bewusstlosen Tauchers mit Luft füllen.
- Im Regelfall den Lungenautomat aus dem Mund nehmen.
- Das Blei und das Gerät des Verunfallten werden abgeworfen.
- Ist außer dem Ziehenden ein weiterer Mittaucher vorhanden, so sollte dieser zum Boot oder an Land geschickt werden. Dies hat einerseits den Zweck, dass er die Rettungskette auslöst. Andererseits kann er sich seiner Ausrüstung entledigen und den Verunfallten annehmen.
- Der Bewusstlose wird nun von dem Ziehenden zum Schiff transportiert, wobei auf das Überstrecken des Kopfes zu achten ist, wenn das Jacket des Verunfallten abgelegt wurde. Dabei darf keine Zeit verloren werden. Abdrift durch Strömung sollte einkalkuliert werden.
- Steht ein weiterer Mittaucher zur Verfügung, so kann er durch gleichzeitiges Schieben des Verunfallten den Transport beschleunigen.

**4.11.2
- Am Ufer oder an der Leiter des Bootes übernimmt der vorausgeschwommene Taucher den Bewusstlosen. Bergen über die Leiter ins Boot, das Bergen mit dem Rautekbergegriff oder dem Schultertragegriff an Land
- Flachlagerung des Verunfallten, Öffnen des Anzuges und Kontrolle der Lebensfunktionen
- Je nach Diagnose stabile Seitenlage, Herz-Lungen-Wiederbelebung, Sauerstoffbeatmung oder weitere Erste-Hilfe-Maßnahmen.
- Festhalten der Daten des Tauchgangs für die nachfolgenden Behandlungsmaßnahmen, Erstellen eines Unfallprotokolls

**4.11.3 Der Taucher wird mit dem Gesicht nach oben gedreht, der Kopf wird überstreckt und die Taucherweste wird aufgeblasen. Nach dem Notsignal werden DTG und Blei abgelegt, die eigenen Flossen ausgezogen und das Jacket des Verunfallten ausgezogen. Dann wird der Verunfallte mit dem Rautekbergegriff oder mit dem Schultertragegriff an Land gebracht. Dort Flachlagerung, Öffnen des Anzugs, Überprüfen der Lebensfunktionen, ggf. HLW.

**4.11.4 Der Taucher wird mit dem Gesicht nach oben gedreht, der Kopf wird überstreckt und die Taucherweste wird aufgeblasen. Nach dem Notsignal werden DTG und Blei abgelegt, der Taucher wird zum Schlauchboot transportiert. Dort schwingt man sich selbst in das Schlauchboot, ohne den Verunfallten loszulassen. Das Jacket des Verunfallten wird entlüftet, man stellt sich an oder auf die Wulst des Schlauchbootes und zieht den Verunfallten an den Händen nach einigem Schwungholen in das Schlauchboot, indem man sich rückwärts fallen lässt. Der Verunfallte wird dann im Schlauchboot auf den Boden gelegt. Dort Flachlagerung, Öffnen des Anzugs, Überprüfen der Lebensfunktionen, ggf. HLW.

**4.15.1 Die Bleimenge sollte so gewählt sein, dass man in vollständiger Ausrüstung und mit leerer Weste an der Oberfläche im eingeatmeten Zustand mit dem Kopf gerade eben so weit aus dem Wasser schaut, dass eine Atmung ohne Schnorchel möglich ist. Nach der Ausatmung sollte man dann absinken.

**4.15.2 Es sollte ausatemorientiert geatmet werden. Rhythmus: Einatmen, Ausatmen, Pause. Durch eine ausatemorientierte Atmung erreichen wir eine Entlastung der Lunge, einen niedrigeren Blutdruck und als Folge ein angenehmeres, ruhigeres Befinden. Das Kohlendioxid wird besser abgeatmet, die erforderliche Menge Blei sinkt und die Lage im Wasser ist strömungsgünstiger. Hierdurch sinkt auch das Risiko eines Essoufflements.

**4.15.3 Die Taucherweste oder das Jacket sollten beim Schnorcheln nur so weit wie gerade nötig aufgeblasen werden, damit kein unnötiger Wasserwiderstand entsteht.

**4.15.4 Aus Gründen der Sicherheit und des Umweltschutzes: Während des Tauchgangs immer so tariert sein, dass man sich im hydrostatischen Gleichgewicht befindet. Nur dann kann man sich in jeder Tiefe sicher halten. Während des Tauchgangs zunächst die Tariermöglichkeiten der Lunge nutzen, bevor Luft in das Jacket oder die Weste ein- oder abgelassen wird.

**4.16.1 Bergseetabelle 700 m–1.500 m über N.N.

**4.16.2 Nächsthöhere Zeitstufe ablesen.

**4.16.3 Zur Grundzeit 50% zuschlagen.

**4.16.4 Nächsthöhere Zeitstufe ablesen.

**4.16.5 Ja, ein Restrisiko verbleibt auch bei Einhaltung aller Austauchregeln, da durch keine Tabelle individuelle Besonderheiten oder äußere Faktoren wie Kälte oder Strömung berücksichtigt werden können.

**4.16.6

- abweichende Tauchtiefen beim Tauchgang als der Partner
- unterschiedliche Rechenprogramme der Computer
- unterschiedlich eingestellte Empfindlichkeit oder Bergseemodus der Computer
- Tauchpartner hat mit anderer Vorsättigung den Tauchgang begonnen
- Defekt

**5.1.1

Anfahrt umweltschonend:

- Fahrgemeinschaften bilden.
- Über befestigte Wege anfahren.
- Vorhandene Parkplätze nutzen (ein kleiner Fußmarsch kann jedem zugemutet werden).
- Keine Kompressoren am Gewässer laufen lassen (besser ausreichend Geräte mitbringen).
- Rücksicht auf Anwohner, andere Gäste und andere Taucher nehmen (das betrifft auch das Umziehen am See).

Ein- und Ausstieg:

- Vorhandene, befestigte Wege benutzen.
- Stege und andere befestigte Einstiege nutzen.
- Uferstreifen schützen und sauber halten.
- Nicht die Ufervegetation schädigen;

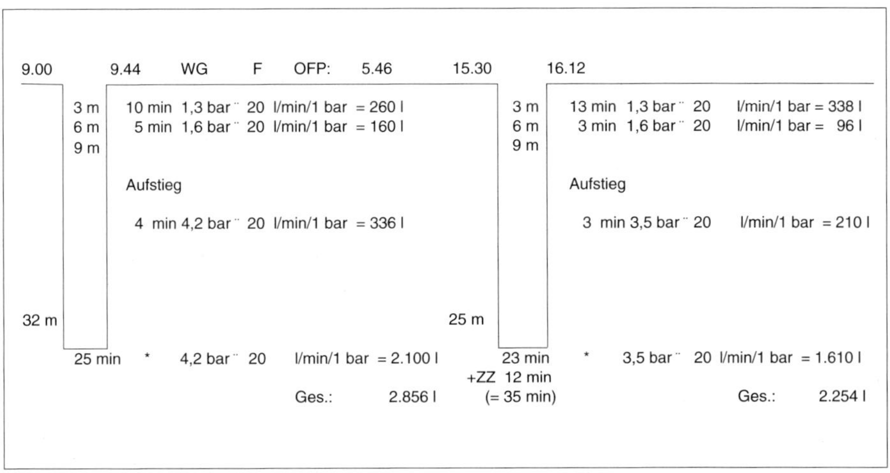

**4.17.1: Gesamtes verbrauchtes Luftvolumen bei 1 bar: 5.110 l

wenn kein befestigter Einstieg vorhanden ist, dann benutzen alle Taucher den gleichen Weg.
- Nicht durch Schilfgürtel gehen.
- Keine Wasservögel stören.

Tauchgang:
- Kein Sediment aufwirbeln (Tarierung).
- Laichzeiten beachten, Laichgebiete meiden.
- Nicht in Pflanzengürtel hineintauchen, mit Flossenschlag aufpassen.
- Pflanzen und Tiere nicht berühren, Fische nicht anstrahlen.
- Rücksicht bei Eistauchgängen!

Abfahrt:
- Abfälle wieder einsammeln.
- Sonst wie bei der Anfahrt.

**5.1.2
- Nicht auf Privatgrundstücken parken.
- Lärm vermeiden (Autotüren, Autoradios, laute Gespräche, Rufen), insbesondere bei Nachttauchgängen.
- Licht vermeiden (keine UW-Scheinwerfer am Seeufer).
- Keinen Lärm durch Ventilaufdrehen oder Luftdusche über Wasser.
- Nicht die Natur als Toilette benutzen.

**5.1.3 Es kann zu vermehrtem Wachstum von Pflanzen und Algen führen, weil Nährstoffe des Sediments wieder im Wasser gelöst werden.
Diese Pflanzen und Algen erfordern nach ihrem Absterben viel Sauerstoff für ihren Abbau.

**5.1.4 Keinesfalls den Anwohner provozieren, sondern höflich und sachlich das Interesse des Tauchsports an einer möglichst ungestörten Unterwasserwelt erläutern.

**5.1.5 Sonst wird Sediment aufgewirbelt, wodurch Nährstoffe freigesetzt werden, die zur nachhaltigen Reduzierung der Gewässerqualität vor allem ökologisch hochwertiger und sensibler Seen führen.

**5.1.6
- Empfindliche Biotope sind besonders schützenswert, und es sind alle möglichen Maßnahmen zu treffen und Schäden zu vermeiden; Art und Durchführung des geplanten Tauchgangs müssen hierauf besonders abgestimmt sein!
  So habe ich mich vor dem Tauchgang über die maximale Anzahl der Tauchgänge pro Tag erkundigt und plane meinen Tauchgang entsprechend.
- Meine Auswahl der Gruppenmitglieder muss sich dementsprechend nach deren Ausbildungsstand, insbesondere nach deren Fähigkeiten eines genauen und sicheren Tarierens richten
- Ich führe in einem solchen Gewässer Tauchgänge nur maximal zu dritt durch.
- Ich zähle im Briefing gesondert die besonderen Anforderungen des Tauchgangs an die hohe ökologische Wertigkeit des Gewässers auf.

**5.2.1

Anfahrt:
- Nicht mit zu vielen Booten an einem Gebiet gleichzeitig tauchen.
- Nicht mit Anfängern an empfindlichen Korallenriffs tauchen.
- Beim Ankern den Anker nur in Gebiete werfen, in denen keine Schädigungen verursacht werden.
- Ankerbojen verwenden.

Tauchgang:
- Durch richtiges Tarieren Sedimentaufwirbelungen und Berührungen vermeiden.
- Ausreichender Abstand vom Grund.
- Mechanische Belastung, z.B. durch Flossentritte, vermeiden.
- Keine Korallen oder andere Lebewesen abbrechen oder mitnehmen.
- Sich nicht an Korallen festhalten.
- Niemals harpunieren!
- Kein Sammeln von Meerestieren oder Pflanzen.
- Kein Anfüttern von Tieren, kein Berühren.
- Fische nicht durch Blitz oder Lampe aufschrecken, insbesondere bei Nachttauchgängen.

Hinterher:
- Keine Tiersouvenirs kaufen (Korallen, Muscheln etc.).

**5.2.2
Beim häufigen Tauchen in einer vollständig gefluteten Meereshöhle können durch die Ausatemluft die oberen Höhlenbereiche trockenfallen, sodass dort lebende fest sitzende Organismen absterben.

**5.2.3
Tarierung grundsätzlich im hydrostatischen Gleichgewicht mit Feintarierung über die Lunge. Gründe: Schonung festsitzender Organismen, Vermeidung von Sedimentaufwirbelung.

**5.3.1
- Beobachte die Gewässer kritisch, um Verschlechterungen der Wasserqualität zu erkennen und gegebenenfalls weiterzuleiten (Sichtweite, Tier- und Pflanzenwelt).
- Gewässserreinigungsaktionen, aber nur Gegenstände entfernen, die offensichtlich noch nicht als Lebensraum von Tier- und Pflanzenwelt angenommen wurden, z.B. Farbeimer, Batterien, Chemikalien behälter.
- Müllsäcke zur Abfallentsorgung selbst mitbringen und mitnehmen, keinen Müll über Bord werfen.
- Als Tourist auf den Kauf von Tierpräparaten als Souvenir verzichten.
- Kameraden dazu anhalten, sich ebenfalls umweltbewusst zu verhalten.
- Umweltschutz in der Tauchausbildung lehren.
- Tauchbasen auch unter Umweltschutzgesichtspunkten auswählen (z.B. Ankerbojen, Vortragsangebote, Tauchverhalten).
- Teilnahme an Spezialkursen und Seminaren zum Thema Umweltschutz und Biologie, insbesondere Meeresbiologie.

**5.3.2
Gewässerreinigungsaktionen sind nur sinnvoll, wenn nur Fremdmaterialien, welche die Wasserqualität belasten können, entfernt werden. Hierzu gehören beispielsweise Behälter mit Fremstoffen, Verbrennungsmotoren, Textilien. Andere Gegenstände sollen als Lebensraum und für den Aufwuchs im Gewässer bleiben.

**5.3.3
- Gegenstände nicht berühren oder gar entfernen,
- Fund und Fundort verschwiegen behandeln um Plünderungen zu vermeiden,
- Fundort und -art den zuständigen Institutionen anzeigen.
- Keine weiteren Tauchgänge dort unternehmen, um den Fundort so unberührt wie möglich zu lassen.
- Auf vorsichtigen Flossenschlag achten.

*Lösungen zur Lernerfolgskontrolle für Taucher****

***0.1 Durch die unterschiedliche Brechung des Lichtes an der Luft und im Wasser wird beim Tauchen ohne Maske ein scharfes Bild erst hinter der Netzhaut erzeugt; durch das Tragen einer Maske werden wieder die Brechungsverhältnisse hergestellt, die ein scharfes Sehen unter Wasser erlauben. Dann erscheinen durch die Brechung Gegenstände 4/3-mal so groß wie in Wirklichkeit und nur 3/4 ihrer tatsächlichen Distanz entfernt.

***0.2 Durch feinste Teilchen im Wasser werden Lichtstrahlen in unterschiedliche Richtungen abgelenkt. Hierdurch ergibt sich ein Bild wie im Nebel, alles scheint wie hinter einem Schleier zu liegen.

***0.3 Licht wird beim Eintritt ins Wasser mit zunehmender Tiefe „verschluckt". Dies ist je nach Farbe bzw. Wellenlänge des Lichtes unterschiedlich. So ist die Farbe Rot bereits in 10 m Tiefe nicht mehr zu sehen, während blaues Licht noch in Tiefen über 40 m zu erkennen ist.

***0.4 Entscheidend ist die Temperatur, unter der die Luft eingeatmet wird, also die Körpertemperatur (ca. 37 °C).
***0.5
$T_1 = (50 + 273)$ K = 323 K, $p_1 = 220$ bar;
$T_2 = (16 + 273)$ K = 289 K.
$p_2 = p_1 \cdot T_2/T_1 = 220 \text{ bar} \cdot 289/323 = 197$ bar.
***0.6 Beim Abtauchen: Barotraumen der Nebenhöhlen, hauptsächlich der Stirnhöhle (stechender Schmerz); Barotrauma des Mittelohres mit evtl. Trommelfellriss; bei erzwungenem Druckausgleich evtl. Barotrauma des Innenohres.
Beim Auftauchen: Wenn erst beim Auftauchen die Luftkanäle zu den Nebenhöhlen verlegt sind: Barotraumen der Nebenhöhlen mit Schmerzen, da ein Überdruck aufgebaut wird. Die Schmerzen lassen erst nach, wenn durch den Überdruck die Luft entweichen kann. Außerdem Kopfschmerzen nach dem Tauchen, die erst allmählich nachlassen.
Gefahr des Lungenüberdruckunfalls durch Air Trapping, da erhöhte Schleimproduktion.
***0.7 Durch Husten in der Auftauchphase kann es zu einem Air Trapping mit den Folgen des Lungenüberdruckunfalls kommen. Außerdem kann es bei Tauchern mit einem offenen Foramen ovale zum Übertritt von Gasblasen aus dem venösen Kreislauf in den arteriellen Kreislauf kommen, die eine Dekompressionskrankheit als Folge haben.
***0.8 Wir unterscheiden den randständigen und zentralen Lungenriss. Der randständige Lungenriss wird weiter unterschieden in einen Lungenriss am äußeren Rand mit den Folgen eines Pneumothorax und in einen Lungenriss am Mediastinum.
***0.9 Ein Mediastinalemphysem entsteht durch einen Lungenüberdruck, bei dem die Lunge zum Mittelfellraum hin reißt. Die Luftblasen gelangen in den Mittelfellraum und steigen in den Schulterbereich auf, wo sie als Blasenansammlung fühlbar sind. Bei schweren Erscheinungsformen kann es zur Beeinträchtigung der Herztätigkeit durch Verdrängen kommen. Der Ersthelfer kontrolliert die Vitalfunktionen, führt ggf. Sauerstoffbeatmung oder HLW durch, bekämpft eventuelle Schocksymptome und organisiert den Transport ins nächste Krankenhaus.
***0.10 Ein Pneumothorax entsteht durch Lungenüberdruck in der Dekompressionsphase als Folge eines Risses der Lunge zum äußeren Rand hin. Dadurch gelangt Luft in den Pleuraspalt, die Lunge fällt zusammen. Wenn die Rissstelle eine Ventilfunktion hat, gelangt mit jedem neuen Einatemvorgang weitere Luft in diesen Raum, ein Entweichen hingegen ist nicht möglich. Diese Sonderform nennt sich Spannungspneumothorax. Bei einem Pneumothorax werden die Vitalfunktionen kontrolliert, ggf. Sauerstoffbeatmung, HLW, Schockbekämpfung durchgeführt sowie ein Transport ins Krankenhaus organisiert. Durch eine Tiegelsche Kanüle kann eine Verbindung nach außen geschaffen werden, durch die die Luft entweichen kann.
***0.11 Ein zentraler Lungenriss gehört wie eine Dekompressionskrankheit sofort in eine Druckkammer, wo eine Behandlung mit hyperbarem Sauerstoff erfolgt. Der Ersthelfer gibt normobaren Sauerstoff, kontrolliert die Lebensfunktionen und führt ggf. eine HLW durch. Außerdem wird ggf. ein Schock behandelt (Schutz vor Temperaturverlust, bei Bewusstsein Flüssigkeitsgabe, Schocklagerung).
***0.12 Unter Typ II werden die lebensbedrohlichen Erscheinungen mit Störungen des Herzens und des zentralen Nervensystems zusammengefasst, unter Typ I hingegen die Erscheinungen nur mit Schmerzen.
Typ I: Hautjucken (Taucherflöhe), Marmorierung der Haut, Gelenkschmerzen (Bends), Lymphbahnverschlüsse.
Typ II: Schmerzen hinter dem Brustbein (Chokes), Halbseiten- oder Querschnittslähmung, Fettembolien, Ausfall von Sinnesorganen.
***0.13 Nein, jede Dekompressionskrankheit muss möglichst schnell in einer Druck-

kammer unter hyperbarem Sauerstoff erfolgen.
***0.14 Zur Unterkühlung kommt es, wenn die Wärmeabgabe des Tauchers höher ist als die mögliche Wärmeproduktion im Körper. Dies wird besonders durch die Wärmeleitfähigkeit des Wassers unterstützt. Ursachen sind in der Regel ein unzureichender Kälteschutz und zu langes Tauchen bzw. Weitertauchen, wenn schon Kältegefühl und Muskelzittern aufgetreten sind.
Die erste Phase ist schon mit Kältezittern und leichten Schmerzen in den Extremitäten, erhöhtem Stress und erhöhter Atmung, Plusfrequenz und Blutdruck erreicht.
***0.15 Ausschalten der Kältewirkung, Wärmezufuhr, ggf. HLW und Sauerstoffbeatmung, ärztliche Weiterbehandlung.
***0.16
- Bewusstsein: Ansprechen und schütteln.
- Atmung: Hören, sehen, fühlen durch Handauflegen oberhalb und unterhalb des Zwerchfells.
- kein Puls zählen.

***0.17 Einleitung der Herz-Lungen-Wiederbelebung:
Nach Feststellen der Vitalfunktionen Notruf, Atemwege freimachen, Atmung prüfen, 30 Thoraxkompressionen (100/min, 4–5 cm tief), dann 2 Beatmungen über 1 sec, 500–600 ml.
***0.18 Ein Ventil, das gegen den Druck öffnet, heißt Up-stream-Ventil und wird vorwiegend in der ersten Stufe eines Atemreglers eingesetzt, da hier ein Abströmen der Luft bei zu geringem Gegendruck unerwünscht ist. In der zweiten Stufe hingegen wird in der Regel ein mit dem Druck öffnendes Ventil, ein so genanntes Down-stream-Ventil, eingesetzt, da dieses gleichzeitig die Funktion eines Überdruckventils für den Fall eines überhöhten Mitteldrucks einnimmt. Wird in der zweiten Stufe ein Up-stream-Ventil eingesetzt, so muss ein zusätzliches Sicherheitsventil vorhanden sein.
***0.19 Ein Tauchcomputer berechnet den Austauchplan nach dem tatsächlichen Tauchprofil und ermöglicht so im Gegensatz zur Tabelle kürzere und bedarfsgerechtere Austauchpausen, wenn kein Rechteckprofil getaucht wird.
Die Risiken liegen in dem Gebrauch des Computers unter Ausnutzung des gegebenen Spielraums bis an die Grenzen. Da jeder Mensch eine individuelle und tagesabhängige Übersättigungstoleranz hat, sollte immer ein ausreichender Sicherheitszuschlag berücksichtigt werden. Gerade Wiederholungstauchgänge oder Non-Limit-Tauchen bergen große Risiken, da jede Berechnung mit großen Unsicherheiten behaftet ist.
***0.20 Beim Rohrfedertiefenmesser wird ein gebogenes Röhrchen von innen oder von außen mit dem Umgebungsdruck belastet. Da die Oberfläche an der Außenkrümmung größer ist als an der Innenseite, streckt sich das Rohr bei innen zunehmendem Druck. Nimmt umgekehrt der Druck um das Rohr zu, so krümmt es sich. Die Bewegung wird auf einen Zeiger übertragen und zeigt ziemlich genau die Tiefe an.
***0.21 Bei Membrantiefenmessern wölbt sich durch den Umgebungsdruck der flexible Boden einer geschlossenen Metalldose. Diese Wölbung wird über ein Hebelsystem auf einen Zeiger übertragen, der dann die Tiefe anzeigt.
***0.22 Eine gebogenes Röhrchen ist an einer Seite verschlossen, an der anderen Seite geöffnet und mit Luft gefüllt. Taucht man nun tiefer, so füllt sich dieses Röhrchen von der offenen Seite her immer mehr mit Wasser. Nach dem System von Boyle-Mariotte ist die eingeschlossene Luftmenge auf 10 m nur noch halb so groß, auf 20 m ein Drittel usw. An einer Skala kann so die Tiefe an der Stelle abgelesen werden, an der sich die Grenzschicht Luft/Wasser befindet.
***0.23 Rohrfeder- und Membrantiefenmesser haben eine größere Genauigkeit und sind leichter ablesbar als Boyle-Mariottesche Tiefenmesser. Außerdem können sie

mit einem Leuchtzifferblatt, einer Schleppzeigerfunktion und mit einer Nullpunktjustierung versehen werden.

***0.24

- übersichtliches Leuchtzifferblatt
- besondere Markierung für den Reservedruckbereich
- bruchsicheres Glas
- Drosseldüse am Atemregleranschluss des Hochdruckschlauchs
- Schwachstelle an der Finimeterrückseite

***0.25

- in 360 Grad unterteilte Skala, evtl. größere Abstände
- kein Hängenbleiben bei leichtem Verkanten
- drehbarer Außenring zur Richtungsmarkierung
- Peileinrichtung
- Leuchtzifferblatt
- Befestigung frei an einer Leine

***0.26 Bei Antrieb durch Verbrennungsmotor ist es wichtig, dass nur reine Luft angesaugt wird. Der Kompressor wird so in die Windrichtung gestellt, dass die Auspuffgase von der Anlage wegströmen und nicht angesaugt werden können. Sonst könnte Kohlenmonoxid (CO) in die Flasche gelangen, das durch seine Wirkung auf den Körper lebensbedrohliche Vergiftungen hervorrufen kann. Der Ansaugschlauch sollte ca. 5 m lang sein und einen Grobvorfilter montiert haben. Das Ende des Ansaugschlauches sollte mindestens 3 m entfernt gegen den Wind und mindestens 2 m über dem Kompressor angebracht werden. Doch auch auf den Ort des Aufstellens muss geachtet werden. Wird der Kompressor an einer befahrenen Straße aufgestellt, so besteht auch die Gefahr des Ansaugens von Abgasen mit Kohlenmonoxid.

***0.27

- das schnelle Erreichen der Oberfläche im Notfall
- das ohnmachtsichere Halten an der Oberfläche, wenn der Taucher sonst absinken würde und dies durch Flossenkraft nicht mehr ausgleichen kann
- Unterstützung beim Retten anderer Taucher
- Unterstützung beim Bergen von Gegenständen (z.B. kleiner Anker, verlorener Bleigurt)
- Herstellung eines in jeder Tiefe austarierten Zustands

***0.28

- Westenkörper: robust, farbecht, knickbeständig und reißfest
- mindestens 15 l Volumen
- Signalfarbe
- eine ohnmachtsichere Lage an der Oberfläche gewährleistende Bauweise
- Schnellablass zum schnellen Entleeren
- Überdruckventil
- Mundaufblasvorrichtung
- Inflator
- Signalpfeife
- nur bei Taucherwesten: Bebänderung zum festen Sitz der Weste am Körper
- eine Einrichtung zum automatischen und schnellen Befüllen der Taucherweste oder des Jackets insbesondere im Notfall. Ist kein Inflatoranschluss vorhanden, so ist dazu eine Druckluftflasche (Westenflasche) mit mindestens 0,5 l Volumen erforderlich.

***0.29 Die Reserveschaltung hat die Aufgabe, dem Taucher unmissverständlich das Zuendegehen des Atemluftvorrates anzuzeigen und gibt somit ein Zeichen zur Beendigung des Tauchgangs. Dazu wird die Luftzufuhr bei ca. 50 bar durch eine mehr oder weniger schnelle Erhöhung des Atemwiderstandes unterbrochen.

***0.30 Zum Menschen:

- Wohlbefinden
- aktueller Gesundheitszustand, evtl. Erkältung?
- irgendwelche Medikamente, Alkohol, Drogen vorher genommen?
- Restsättigung, wenn es sich um einen Wiederholungstauchgang handelt

Zum Tauchgewässer:
- Ein- und Ausstieg
- Unterwasserlandschaft
- Ort und Tiefe des Ankers
- Strömungsverhältnisse: Stärke an der Oberfläche, am Grund; Strömungsschatten, Engstellen mit starker Strömung.
- Strömungsrichtung, evtl. Gezeitenwechsel
- Zeit für Strömungsminimum (Gezeitenstillstand)
- Sichtverhältnisse
- Kälte
- besondere Sehenswürdigkeiten (Fische, Wracks)
- besondere Gefahrenpunkte (Steilabfälle, Höhlen)
- Orientierungsmerkmale
- Seegang und Wetter

Zur Tauchgangsdurchführung:
- Einstiegszeit
- Tauchtiefe
- Dauer des Tauchgangs
- Zweck, Ziel des Tauchgangs
- Gruppeneinteilung
- Was hat zu geschehen, wenn Zwischenfälle eintreten?
- Durchführung der Übung, wenn eine vorgesehen ist.
- Unterwasserzeichen

Ausrüstungscheck:
- Reihenfolge des Anlegens
- Ventile vollständig geöffnet
- Reserve (falls vorhanden) geschlossen; Ausnahme nur, wenn andere Warneinrichtung ausreichend ist
- Fülldruck
- Kälteschutz vollständig
- Inflator angeschlossen
- Funktionsweise der Taucherweste oder des Jackets
- Position von Erst- und Zweitatemregler; wer hat einen Zweitatemregler?
- Vollständigkeit der Instrumente Uhr, Tiefenmesser sowie der Tabelle
- Dekompressionscomputer
- Lampen
- Sicherheitsausrüstung, z.B. Notboje

***0.31 Die niedrigere der zwei Tiefenstufen.

***0.32 Das Befreien des Ankers bedeutet eine kurzzeitige Anstrengung; es wird unter der nächsthöheren Zeitstufe abgelesen. Ein Tauchgang vorwiegend gegen eine starke Strömung bedeutet eine längere Anstrengung, es wird unter der 1,5fachen Grundzeit abgelesen.

***0.33 Bei einer Vierergruppe muss ein Schlussmann eingeteilt werden, der von hinten die Gruppe im Auge behält. Eine regelmäßige kurze Abstimmung mit dem Schlussmann signalisiert dem Gruppenführer, ob alles in der Gruppe in Ordnung ist.
Ein Nebeneinander aller vier Taucher ist nur bei guten Sichtweiten möglich. Das Tauchen in der Formation Gruppenführer vorne, zwei Taucher in der Mitte und Schlussmann hinten ist abzulehnen, da so der vordere und hintere Taucher quasi alleine tauchen. Besser ist daher das paarweise Tauchen vorne und hinten, da so jeder Taucher direkt seinen Bezugspartner hat, an den er sich bei Schwierigkeiten wenden kann. Dabei sollten die beiden Paare leicht versetzt tauchen. Die hinteren Taucher sollten sich außerdem etwas höher befinden. Der Schlussmann sollte dabei genau diagonal zum Gruppenführer eingeteilt sein, da der Gruppenführer so beim Blick zum Schlussmann gleichzeitig alle Mittaucher sieht.

***0.34
- Nur bekanntes Tauchgebiet auswählen, das man bereits tagsüber kennen gelernt hat.
- Nur bei ruhigem Wetter und ohne Strömung.
- Am besten bei Vollmond (wegen der Helligkeit und Orientierungsmöglichkeit).
- Ein- und Ausstiegsstelle mit Licht kennzeichnen:
  Beim Tauchgang von Land sich nicht

auf fremde Lichter (z.B. Straßenlaternen) verlassen, da sie abgeschaltet werden könnten.
Beim Tauchgang vom Boot:
Auf dem Boot hat mindestens eine Aufsichtsperson (i.d.R. der Bootsführer) zu bleiben.
Beleuchtung auf dem Boot als helles, weißes Rundumlicht (gleichzeitig Ankerlicht).
- Beleuchtung unter Wasser durch Befestigung eines UW-Blitzes, eines Leuchtstabes oder einer Unterwasserlampe an der Ankerleine ein paar Meter obrerhalb des Ankers.
- Gefahrlosen Ein- und Ausstieg wählen, insbesondere auf Brandung achten.

***0.35
- Gezeitenstillstand bestimmen.
- Planung der Tauchzeit.
- Tauchplatz mit geringer Strömung und Ankerplatz im Strömungsschatten suchen.
- Vorher ein Bild von den Strömungsverhältnissen machen.
- Ausrichtung des Bootes und Wind beobachten; Strömungsrichtung feststellen Strömungsleine ca. 100 m mit Boje auslegen.
- Strömungsstärke durch im Wasser treibende Teile bestimmen.
- Kein Strömungstauchgang bei Nacht, in Grotten oder Höhlen oder in zu großen Tiefen.
- Nur Nullzeittauchgänge.
- Beiboot muss vorhanden und startklar sein.

***0.36
- Antauchen des Betroffenen.
- Von hinten oder von der Seite den Verunfallten unter dessen rechten Arm greifen und mit der Hand gleichzeitig den Kopf überstrecken und den Atemregler im Mund fixieren, damit dieser nicht herausfallen kann.
- Kontrollieren, ob Luft abgeatmet wird.
- Die andere (linke) Hand ist dann frei und steht für die Durchführung der Tarierung und zur Instrumentenkontrolle zur Verfügung.
- Die Tarierung erfolgt am besten über beide Jackets/Westen, da so beide Personen annähernd im Gleichgewichtszustand gehalten werden können. Alternativ auch eigene Weste entleeren und über die Weste des Verunfallten allein tarieren. Keinesfalls darf der Verunfallte einen größeren Abtrieb haben als der Retter, da er sonst bei versehentlichem Loslassen wieder absacken würde.
  Kontrolle der Aufstiegsgeschwindigkeit.

***0.37
- Notsignal zum Boot oder an Land geben.
- Weste oder Jacket des bewusstlosen Tauchers mit Luft füllen.
- Im Regelfall den Lungenautomat aus dem Mund nehmen.
- Das Blei und das Gerät des Verunfallten werden abgeworfen.
- Ist außer dem Ziehenden ein weiterer Mittaucher vorhanden, so sollte dieser zum Boot oder an Land geschickt werden. Dies hat einerseits den Zweck, dass er die Rettungskette auslöst. Andererseits kann er sich seiner Ausrüstung entledigen und den Verunfallten annehmen.
- Der Bewusstlose wird nun von dem Ziehenden zum Schiff transportiert, wobei auf das Überstrecken des Kopfes zu achten ist, wenn das Jacket des Verunfallten abgelegt wurde. Dabei darf keine Zeit verloren werden. Abdrift durch Strömung sollte einkalkuliert werden.
- Steht ein weiterer Mittaucher zur Verfügung, so kann er durch gleichzeitiges Schieben des Verunfallten den Transport beschleunigen.

***0.38 Ursachen von Gefühllosigkeit, Taubheit, Starre von Gliedmaßen können eine Unterkühlung, Abschnürung, Dekompressionskrankheit oder ein Lungenüberdruckunfall sein. Ursachen von Gleichgewichtsstörungen können ein Barotrauma des Innenohres, ein Lungenüberdruckunfall, eine Dekompressionskrankheit oder eine Gasvergiftung durch Kohlenmonoxid oder Kohlendioxid sein.

***0.39

Kompressionsphase:

- Barotrauma des Außenohres durch die Verwendung von Ohrenstopfen oder zu enge Kopfhauben
- Barotrauma des Mittelohres durch mangelhaften oder unterlassenen Druckausgleich
- Barotrauma des Innenohres durch zu heftigen Druckausgleich
- Barotrauma der Maske durch unterlassenen Druckausgleich in der Maske
- Barotrauma der Lunge beim Apnoetieftauchen oder durch die Verwendung zu langer Schnorchel
- Barotrauma der Nebenhöhlen beim Tauchen trotz Erkältung
- Barotrauma der Zähne bei defekten Füllungen oder Kronen

Isopressionsphase:

- Tiefenrausch als Stickstoffvergiftung durch zu tiefes Tauchen
- Essoufflement als Kohlendioxidvergiftung durch Außer-Atem-Geraten bei hohem Atemwiderstand und Anstrengung
- Kohlendioxidvergiftung durch verunreinigte Atemluft oder verbrauchte Atemkalkpatrone bei O_2-Geräten
- Sauerstoffvergiftung beim Tauchen über 71 m mit Druckluft oder über 7 m mit O_2-Kreislaufgeräten
- Kohlenmonoxidvergiftung durch verunreinigte Atemluft
- Unterkühlungen, Erfrierungen durch zu langes Tauchen

Dekompressionsphase:

- Dekompressionskrankheit durch zu schnelles Auftauchen oder Nichteinhalten der Austauchpausen
- Lungenüberdruckunfall durch Verhinderung des Abströmens der Luft beim Aufstieg
- Barotrauma der Zähne bei defekten Füllungen oder Kronen
- Barotrauma der Verdauungsorgane beim Verzehr stark blähender Speisen vor dem Tauchgang

***0.40 Bei Bissverletzungen durch Muränen steht die mechanische Schädigung des Gewebes im Sinne einer Rissverletzung im Vordergrund. Eine Giftwirkung ist nicht vorhanden.

Die Therapie nach der Rettung aus dem Wasser sollte nach Hochlagerung der Wunde und Desinfektion aus sterilen Verbänden, Blutstillung und möglichst schneller ärztlicher Versorgung bestehen. Biss- und Rissverletzungen sollen nach Möglichkeit nicht durch eine chirurgische Naht versorgt werden, da hierdurch eine große Infektionsgefahr gegeben ist (hoher Erregergehalt in den Nahrungsresten im Gebiss der Muränen!). So genannte Sekundärheilung ist angebracht.

***0.41

Mögliche Ursachen sind:

- Unterkühlungserscheinungen
- Dekompressionskrankheit (Hautsymptome, Juckreiz bzw. Taucherflöhe)
- Durchblutungsstörungen durch zu engsitzende Handschuhe oder Füßlinge
- Stichverletzungen durch Meerestiere
- Kontakt mit nesselnden Tieren

***0.42 Zuerst Überströmen des DTG mit der Überströmflasche mit dem geringeren Druck, dann Überströmen des DTG mit der Überströmflasche mit dem höheren Druck.

1. Überströmen: (10 l * 50 bar + 20 l * 180 bar) / 30 l = 137 bar

2. Überströmen: (10 l * 137 bar + 20 l * 200 bar) / 30 l = 179 bar

***0.43 Planung und Vorbereitung:

- Auswahl der geeigneten Jahreszeit und Tageszeit
- Auswahl eines geeigneten Gewässers hinsichtlich Tiefe, Sicht, Temperatur, Profil

- Information über den Mittaucher, Ausbildungsstand, Gesundheit, Logbuch
- Tauchzeit und Tauchtiefe angemessen planen
- Geeignete Ein- und Ausstiegsmöglichkeit wählen
- Selbst Rettungskette klären

Vorbesprechung:

- Ausrüstung geeignet?
- Ausreichender Kälteschutz?
- Stimmung abfragen und auf den Taucher eingehen
- Strukturiertes Briefing, Erläuterung des geplanten Tauchgangs
- Ausführlicher Ausrüstungscheck

Durchführung:

- Bleicheck
- Check Wasser-Nase-Reflex
- Hilfe beim Abtauchen
- Ständiger Blickkontakt, ggf. Handkontakt
- Tarierung beobachten und ggf. korrigieren
- Kontrolle Luftverbrauch, Atmung, Schwimmlage
- Viel zeigen, Erlebniswert
- Orientierung, Zurückführen zum Ausgangspunkt

Nachbereitung:

- Eindrücke schildern lassen
- Analyse des Tauchgangs
- Verbesserungsmöglichkeiten ansprechen, Tipps geben
- Ausblick auf nächsten Tauchgang

***0.44

- Überprüfen des Gewässers auf Eignung für den vorgesehenen Apnoetauchgang (insbes. Sichtverhältnisse, UW-Hindernisse wie Netze und Seile, kein steil abfallender Hang).
- Bereitstellen der erforderlichen Sicherheitsausrüstung (Bojen, Leinen, Grundgewicht/Verankerung). Vorbereitungen zur Ersten Hilfe und Erstversorgung durch den Tauchpartner (mögl. Sauerstoffkoffer, Erste-Hilfe-Koffer). Vorbereitungen zur Aktivierung der Rettungskette an Land (Telefonanschluss, Handy, Telefonnummern). Überprüfen der Taucherfahrung und der gesundheitlichen Voraussetzungen des Tauchpartners. Wahl der zweckmäßigen Ausrüstung (Kälteschutz, Tarierung, nicht zu viel Blei). Zielgerichtetes Briefing für das geplante Tauchvorhaben, mentale Vorbereitung. Eigensicherung muss gewährleistet sein.

***0.45

- Tauchcomputer auf die jeweilige Höhenlage einstellen
- Tauchcomputer ist individuelles Gerät, nicht austauschen
- Maximal zwei Tauchgänge am Tag
- Größte Tauchtiefe zu Beginn eines Tauchgangs aufsuchen
- Sicherheitsstopp einhalten
- Wiederholungstauchgang nicht so tief wie den ersten Tauchgang
- Aufstiegsgeschwindigkeit beachten, oberhalb von 10 m besonders langsam
- Pro Woche einen tauchfreien Tag einlegen
- Anstrengung vermeiden, Kälte berücksichtigen
- Mit Bedienungsanleitung des Tauchcomputers vertraut sein

***0.46

- Zusedimentieren von festsitzenden Organismen, dadurch erhöhter physiologischer Stress durch notwendige Selbstreinigung bzw. verminderten Zugang zu Wasser /Nährstoff / Licht
- Abbrechen von Korallen, die zu Boden fallen und absterben können;
- mechanische Beschädigung des Korallengewebes, welches auf dem Kalkskelett sitzt (oder auch anderer Organismen), mit der Folge eines möglichen Pilz- oder Bakterienbefalls;
- Reduzierung des Korallenbestandes am Riff;
- Verarmung der Artenvielfalt

***0.47
Nach Dalton gilt pO_2 =f O_2*pTauchtiefe, also pTauchtiefe = pO_2/fO_2 = 1,4 bar / 0,21 = 6,67 bar. Dies entspricht einer Tauchtiefe von abgerundet 56 m.
***0.48
Aufbau des Herzens:
Obere Hohlvene, Rechter Vorhof, rechte Kammer, Lungenarterie, Lungenvene, linker Vorhof, linke Kammer, Aorta, Scheidewand, evtl. foramen ovale.
Kreislauf:
Der Kreislauf besteht aus dem Lungenkreislauf und dem Körperkreislauf. Von der Lunge gelangt das Blut über die Lungenvene zum linken Herzen, von dort über die Körperarterien zu den Zellen, von dort über die Körpervenen zurück zum rechten Herzen, von dort schließlich über die Lungenarterie zurück zur Lunge.
Auswirkung des Tauchens:
Tauchreflex: Herabsetzung des Pulses beim Eintauchen des Gesichtes ins kalte Wasser.
Carotis-Sinus-Reflex: Herabsetzung des Blutdrucks bis zur Ohnmacht beim Druck auf die Halsschlagader z.B. durch eine zu enge Manschette beim Trockentauchanzug.
Bei Pressatmung kann es durch Herabsetzung des Blutdrucks zur Ohnmacht kommen. Bei einem offenen Foramen Ovale kann es durch Überdruck im rechten Herzen zum Übertritt von venösem Blut und Gasblasen ins linke Herz mit der Folge embolischer Gefäßverschlüsse im arteriellen Bereich kommen.
***0.49
Ursachen: Durch eine hohe Anstrengung verbunden mit einem zu hohen Atemwiderstand wird nicht mehr ausreichend Kohlendioxid abgeatmet, es kommt zur Kohlendioxidvergiftung, die bis zur Bewusstlosigkeit unter Wasser führen kann.
Symptome:
- Lufthunger, Atemnot
- flache, schnelle Hechelatmung
- Hektik, Nervosität
- Angstvoller, unkontrollierter Blick
- Anzeichen einer beginnenden Panik
- Plötzlicher panikartiger Aufstieg
- Bewusstlosigkeit

Maßnahmen:
- Sofort Stoppen, weitere Anstrengung vermeiden
- Partner halten, Absacken verhindern, beruhigen, Augenkontakt
- Höhertauchen
- Zeichen für Essoufflement geben: Tief Ausatmen!
- Atmung beobachten, O.K.-Zeichen abfragen
- Zeit zum Erholen geben
- Tauchgang langsam beenden und vorschriftsmäßig austauchen
- Bei Panik versuchen, den Aufstieg zu verlangsamen, jedoch eigene Austauchregeln einhalten, Partner an der Oberfläche versorgen.

***0.50 Apnoeübungen müssen immer vor Drucklufttauchgängen durchgeführt werden, niemals hinterher. Anderenfalls Gefahr einer Dekompressionskrankheit, hervorgerufen durch die vermehrte Stickstoffsättigung des Körpers nach einem Drucklufttauchgang. Anstrengung, Bewegung und schelle Apnoeaufstiege können Dekosymptome hervorrufen. Keine Apnoeabstiege zwischen zwei Tauchgängen!
***0.51 Mit einem adaptiven Rechenmodell wird versucht, äußere Einflüsse für die Berechnung der Dekompression heranzuziehen. Neben dem Luft- und Wasserdruck und der Tauchzeit werden auch der Druck des DTG, die Wassertemperatur und die Temperatur der Atemluft in der 1. Stufe ausgewertet, um z.B. einen erhöhten Luftverbrauch oder eine Auskühlung zu berücksichtigen. Da jedoch nur bedingt Rückschlüsse auf eine Anstrengung oder auf die Isolierwirkung des Tauchanzuges gezogen werden können, bieten diese adaptiven Rechenmodelle keine zusätzliche Sicherheit.

***0.52
Erkennungsmerkmale:
- leichter Juckreiz bis stark brennender Schmerz
- Rötung, Schwellung, Blasenbildung und Quaddeln (flüssigkeitsgefüllt)
- Kopfschmerzen
- Temperaturerhöhung und Schüttelfrost
- evtl. allergische Reaktion von Haut, ZNS, Lunge, Magen
- evtl. Kreislaufstörung bis -versagen, Schockzustand, Bewusstlosigkeit, Lähmungen

Behandlung:
- Keinesfalls Schleimfilm mit noch nesselnden Kapseln abwischen
- Verletzung abtrocknen lassen oder mit Alkohol oder Salmiaklösung übergießen
- Bei leichten Verletzungen Brand- und Wundgel auftragen, sonst Arzt aufsuchen
- Ggf. Schockbekämpfung, Reanimation, dann Rettungskette aktivieren

***0.53
- Unterdruckbarotrauma der Lunge
- Barotraumen (Maske, Ohr)
- Verfangen im Grundseil oder in anderen Gegenständen
- Orientierungsverlust und Entfernung von der Führungsleine beim Abtauchen
- Krämpfe (z.B. Wade)
- Überschätzung durch verspäteten Atemreiz, dadurch Atemnot
- Blackout beim Aufstieg
- Barotraumen beim Aufstieg
- Evtl. Dekompressionskrankheit bei vorheriger Stickstoffsättigung
- Kollision beim Auftauchen
- Aspiration von Wasser, weil Schnorchel noch im Mund
- Blackout an der Wasseroberfläche

***0.54
a) Maske:
Überprüfung des Maskenbandes und der Dichtlippen auf Risse, Festigkeit der Halterungen, regelmäßige Reinigung, Überprüfung auf Pilzbefall mit ggf. Beseitigung, Schmutz- und Fettfreiheit

b) Taucherlampe:
- regelmäßige Entladung oder Benutzung und Neuladung der Akkus (besonders bei nicht häufiger Nutzung)
- Brenndauer prüfen
- Kontakte und O-Ringe überprüfen, ggf. reinigen bzw. fetten

c) DTG:
- fristgerechte TÜV-Überprüfung überwachen und einhalten
- Prüfung des äußeren Zustandes, ggf. Rost entfernen oder lackieren
- regelmäßige Überprüfung der Ventile auf Leichtgängigkeit und Dichtigkeit, regelmäßige Revision der Ventile
- Anschlussgewinde trocken und sauber

d) Atemregler:
- Regelmäßige, vorgeschriebene/empfohlene Wartung durch eine dafür qualifizierte Fachkraft.
- Sinterfilter soweit sichtbar sauber und korrosionsfrei
- O-Ring vorhanden, einwandfrei
- Schläuche auf Knickstellen und Risse untersuchen
- Montage am DTG-Gewinde leichtgängig
- Mundstück rissfrei und gut befestigt am Atemregler, Beißwarzen unbeschädigt
- Beim Einatmen die Erste Stufe zuhalten, um mögliche Undichtigkeiten der zweiten Stufe festzustellen.
- Atemregler an DTG anschließen und Dichtigkeit prüfen (Hörprobe).

***1.1.1
- Unterschied der Teildrücke des Gases über der Flüssigkeit und in der Flüssigkeit selbst
- Oberfläche, an der die Diffusion erfolgt; Löslichkeit des Gases in der betreffenden Flüssigkeit

***1.1.2 Die Halbsättigungszeit ist bei einem Diffusionsvorgang die Zeit, bis so

viel Gas in die Flüssigkeit übergegangen ist, dass sie zur Hälfte mit dem Gas gesättigt ist.
***1.1.3 Die Menge des vor Erreichen des Sättigungszustands in einer Flüssigkeit gelösten Gases hängt ab von
- dem Teildruck des Gases über der Flüssigkeit,
- der Zeit, die seit dem Beginn des Diffusionsvorganges vergangen ist,
- der Temperatur der Flüssigkeit,
- der Oberfläche, an der die Diffusion stattfindet,
- der Löslichkeit des betreffenden Gases in der Flüssigkeit (also Art des Gases und Art der Flüssigkeit),
- der Flüssigkeitsmenge.

***1.1.4 Bezogen auf das Tauchen haben wir umso mehr Stickstoff (Art des Gases) in den jeweiligen Geweben des Körpers (Art der Flüssigkeit) gelöst,
- je tiefer wir tauchen,
- je länger die Zeit ist, die wir auf dieser Tiefe verbringen,
- je kälter unsere Körpertemperatur ist,
- je besser das Gewebe durchblutet ist.

***1.2.1 Die einzelnen Gasteilchen, die Moleküle, ziehen sich gegenseitig an. Wird Luft entspannt, so wirken die Anziehungskräfte dagegen. Das führt dazu, dass beim Entspannen zusätzliche Energie benötigt wird, weil die Moleküle zusätzlich „auseinandergezogen" werden müssen. Die zusätzlich benötigte Energie beim Entspannen muss der Umgebung entnommen werden. Daher kühlt sich die Umgebungsluft ab. Dies führt zu den niedrigen Temperaturen.
***1.2.2 Begünstigend für ein Einfrieren wirken also das Tauchen in kalten Gewässern und hohe Luftentnahmen, z.B. durch
- Tauchen in großen Tiefen,
- starke Atmung z.B. bei Stress oder Angst,
- Betätigen des Inflators bei gleichzeitigem Einatmen,
- Betätigen der „Luftdusche",
- Füllen von Hebebojen.

***1.2.3 Durch die starke Abkühlung können sich Eiskristalle bilden, die zum Vereisen des Atemreglers führen. Eine Vermeidung wird über die gute Trocknung der Druckluft beim Komprimieren und durch eine Bauweise des Atemreglers erreicht, die die Wärme des umgebenden Wassers an die inneren Bauteile und den Ventilsitz leitet. Hersteller bieten Öl- oder Fettfüllungen oder Ummantelungen an. Einen echten Schutz kann jedoch nur ein unabhängiger zweiter Atemregler bieten, wobei der eventuell vereiste Atemregler über ein separates Ventil abgesperrt wird.
***1.3.1 Bei den Gasgesetzen spielt es eine Rolle, dass die Moleküle realer Gase selbst ein bestimmtes Volumen besitzen. Dann können diese Moleküle ab einem gewissen Punkt nicht mehr näher zusammenrücken, und das Gas wird flüssig. In der Nähe von diesem Verflüssigungspunkt gelten die Gesetze von Boyle-Mariotte und Gay-Lussac nicht mehr. Auch die Anziehungskräfte der Gasmoleküle (Kohäsion) unterstützen das Aneinanderkleben der Moleküle bei sehr niedrigen Temperaturen und damit die Verflüssigung der Gase.
***1.3.2 Bei besonders hohen Drücken (z.B. 300 bar) und besonders niedrigen Temperaturen.
***1.3.3 In einem mit 300 bar gefüllten 10-l-Drucklufttauchgerät befinden sich nicht 3.000 barl Luft, sondern lediglich rund 2.700 barl. Dies kann zu einer Fehlbeurteilung unseres Luftvorrates und damit zu einer falschen Tauchgangsplanung führen. Aufgrund des Joule-Thomson-Effekts bei realen Gasen erwärmen sich wegen der Anziehungskräfte der Moleküle DTGs beim Befüllen und kühlen bei ausströmender Luft ab. Auch bei Temperaturen über 0 °C kann es so zum Vereisen des Atemreglers kommen.
***1.4.1 Die Dichte unserer Atemluft nimmt mit zunehmender Tauchtiefe im gleichen Verhältnis wie der Umgebungsdruck zu.
***1.4.2 Die Lunge muss wesentlich mehr Atemarbeit leisten, um das gleiche Volumen

Luft zu bewegen. Ab einer gewissen Tiefe geht schließlich die glatte (laminare) Strömung der Luft in unseren Atemwegen in eine verwirbelte (turbulente) Strömung über. Dies führt zu zusätzlichen Atemwiderständen, die Atemarbeit erhöht sich damit stark.

***1.4.3 Eine Erhöhung der Atemgasdichte führt zu einer Zunahme des Atemwiderstandes, der zusammen mit einer größeren Anstrengung zu einem Essoufflement führen kann.

***2.1.1 Ein offenes Foramen ovale ist ein Defekt der Vorhofscheidewand, durch den bei höherem Druck im rechten Herzen venöses Blut in die linke Herzhälfte und damit in den arteriellen Körperkreislauf gelangen kann. Beim Tauchen kann es in der Aufstiegsphase und nach dem Tauchgang mit dem venösen Blut zum Übertritt von Mikrogasblasen in den arteriellen Kreislauf kommen, die dort Embolien und damit die Erscheinungen einer Dekompressionskrankheit verursachen können.

***2.2.1 Erklärung: Air Trapping ist ein partieller Lungenüberdruckunfall auf Grund von nicht abströmender Luft in einem verlegten bzw. verklebten Bereich von Alveolen bei einem Tauchgang.

Symptome: Ausfälle von Sinnesorganen oder Lähmungen unmittelbar nach einem Tauchgang.

Erste Hilfe: Sauerstoffatmung, ggf. Reanimation, Transport in eine Druckkammer.

Vorbeugung:

- kein Rauchen insbesondere vor dem Tauchgang
- starke Luftströmungsgeschwindigkeiten z.B. durch Husten vermeiden
- Sicherheitsstopp von 1 Minute in 3 m und langsames Auftauchen
- Tauchverbot bei Erkältung

***2.3.1 Sauerstoff (hyperbar), da hierdurch ein Druckgefälle zum Stickstoff entsteht und eine Blasenverkleinerung neben der besseren Versorgung der betroffenen Körperbezirke mit Sauerstoff erzielt wird.

***2.3.2 Unter der „nassen" Rekompression versteht man ein früher häufiger praktiziertes Vorgehen bei Symptomen der Dekompressionskrankheit, wenn eine Druckkammer nicht in erreichbarer Nähe war. Hierbei sind die verletzten Taucher auf die ehemalige Tauchtiefe zurückgetaucht. Diese Methode wird inzwischen diskussionslos abgelehnt, da sie nach der Erfahrung keinen Erfolg gebracht hat, zudem ist sie gefährlich für den Verletzten; denn er müsste sich über viele Stunden in der Tiefe aufhalten. Dies führt zu Problemen durch Wetter und Seegang, durch Unterkühlungen, durch begrenzten Luft- bzw. Sauerstoffvorrat, durch Hilflosigkeit bei Komplikationen (insbesondere Atmungs- oder Herzstillstand).

***2.4.1 Beim Ertrinken in Süßwasser strömt die aspirierte Flüssigkeit entsprechend dem osmotischen Druckgefälle in die Lungenkapillaren ein. Dadurch kommt es zu einer Vergrößerung des Blutvolumens (Hypervolämie), zu einer Verdünnung des Blutes und zum Zerfall der roten Blutzellen (Hämolyse) mit Hyperkaliämie (Vermehrung der Kaliumkonzentration) und anderen Störungen des Elektrolythaushaltes. Infolge der akuten respiratorischen Insuffizienz sinkt das pO_2, das pCO_2 steigt an (Hyperkapnie). Es kann zum Tod durch Herzkammerflimmern kommen.

***2.4.2 Beim Ertrinken in Salzwasser strömt infolge des durch das Salzwasser bedingten hohen osmotischen Drucks Flüssigkeit aus den Lungenkapillaren in die Alveolen, es entsteht ein Lungenödem. Unabhängig davon kommt es zu schweren Veränderungen im Gefäßsystem mit Hypovolämie, Azidose, Elektrolytstörung, Verminderung des pO_2 und Erhöhung des pCO_2. Ein Gasaustausch in der Lunge ist nicht mehr möglich, so dass eine akute respiratorische Insuffizienz vorliegt (Funktionslosigkeit der Lunge), was zum Tod durch Ersticken führen kann.

***2.5.1 Hitzekrämpfe durch hohen Flüssigkeits- und Salzverlust. Vorbeugung: Schon prophylaktisch sollte bei hohen Außentemperaturen mit körperlicher Belastung an vermehrte Elektrolyt- und Flüssigkeitszufuhr gedacht werden.

***2.5.2 Hitzekollaps mit Mangelversorgung des Gehirns mit Sauerstoff. Vorbeugung: Vermeidung von körperlichen Anstrengungen bei hohen Außentemperaturen und Vermeidung von lange andauernder Hitzeeinwirkung. Hierzu kann es sinnvoll sein, die Tauchausrüstung einschließlich Tauchanzug erst unmittelbar vor dem Tauchgang anzulegen. Wenn das nicht möglich ist, sollen bei langen Anmarschwegen Pausen an schattigen Stellen eingelegt werden.

***2.5.3 Hitzschlag. Prophylaktisch muss bei hohen Außentemperaturen immer an eine gute Wärmeabgabe durch Verdunstung gedacht werden. Bei langen Fußwegen zum Tauchplatz Öffnen des Tauchanzuges, Anlegen der Tauchausrüstung vielleicht erst unmittelbar vor dem Tauchgang.

***2.5.4 Sonnenstich. Vorbeugung: Kopfschutz bei direkter Sonneneinstrahlung, Vermeidung von direkter Sonneneinstrahlung

***2.6.1 Ausreichende Flüssigkeitsaufnahme, jedoch nicht Alkohol, Kaffee oder Tee.

- Zwei Stunden vor dem Tauchen ca. 1 Liter Flüssigkeit trinken
- Kurz vor dem Tauchgang erneut ca. 1/2 Liter trinken
- Zwischen und nach den Tauchgängen trinken
- Vor und während des Fliegens zusätzlich trinken
- Direkten Sonnenkontakt vermeiden
- Angemessene Tauchbekleidung tragen
- Anstrengungen vor und nach dem Tauchen vermeiden

***2.6.2

Wird dem Körper zu wenig Flüssigkeit zugeführt oder verliert er besonders viel Flüssigkeit, so kommt es zu einer Verminderung des Blutvolumens verbunden mit einer Verdickung, sodass die Durchblutung in den Organen gestört wird. Hierdurch wird auch die Stickstoffabgabe beeinflusst, sodass auch das Risiko der Gasblasenbildung und damit auch der Dekompressionskrankheit steigt. Hinzu kommt der Flüssigkeitsverlust durch die Anfeuchtung der Atemluft in den Atemwegen sowie durch Schwitzen und vermehrte Urinausscheidung.

***2.8.1 Bei Druckluft ab einer Tiefe von 66 m und bei Sauerstoff ab einer Tiefe von 6 m, da hier der Sauerstoffpartialdruck von 1,6 bar erreicht wird. Als Folge könnten sonst insbesondere Krampfanfälle unter Wasser auftreten, die zum Tod durch Ertrinken führen können.

***2.9.1 Durch Verunreinigung der Atemluft bei unsachgemäßem Befüllen der Drucklufttauchgeräte, z.B. durch Ansaugen der Abgase des Kompressorverbrennungsmotors oder durch Füllen an einer stark befahrenen Straße.

***3.1.1 Während der Wärmeverlust über die Atmung und die Wärmestrahlung ähnlich wie bei einem Nasstauchanzug ist, wird die Wärmeabgabe über die Wärmeströmung (Konvektion) und die Wärmeleitung (Konduktion) bei einem Trockentauchanzug gegenüber einem Nasstauchanzug stark reduziert.

***3.1.2 Wenn keine Luft in den Trockentauchanzug hineingelassen wird, presst sich die Außenhaut des Anzuges bereits in geringen Tiefen stark an den Körper. Dieses durch den Wasserdruck hervorgerufene Ankleben kann schmerzhaft werden und die Bewegungen behindern, besonders an den Gelenken. Durch den relativen Unterdruck im Anzug kann die Haut gequetscht werden, es entsteht ein Barotrauma der Haut. Nur durch einen Druckausgleich in Form von Lufteinlassen kann dem vorgebeugt werden. Eine Luftablassvorrichtung ist nötig, weil sich beim Auftauchen die im Anzug enthaltene Luft wie in der Taucherweste wieder ausdehnt und ohne Ablassen zu einem ständig zunehmenden Auftrieb führen würde.

***3.1.3

- Luftein- und auslassventil
- gas- und wasserdichter Reißverschluss
- Dichtmanschetten an allen Öffnungen

***3.1.4

- Luftauslassventil verstopft – Luft durch Hals-/Armmanschette ablassen
- Lufteinlassventil verstopft – keine Tarierung mit dem Anzug möglich, Tarierung über das Jacket, höher tauchen, Unterdruckbarotrauma im Anzug beachten
- Lufteinlassventil klemmt – Inflatorschlauch abziehen und austauchen
- Zu viel Luft im Fußbereich – Schwimmlage ändern (Kopf hoch, Beine tief)
- Plötzlicher Wassereinbruch – auf Tarierung achten und austauchen
- Hitzestau durch langen Fußmarsch bzw. langes Briefing – für ausreichende Abkühlung vor dem Tauchgang sorgen
- Plötzlicher Bleiverlust – schnell Luft ablassen (Hals-/Armmanschette, Jacket, Auslassventil), bei starkem Auftrieb bewusstes Ausatmen, mit Partnerhilfe austauchen

***3.2.1

Vorteile:

- Entlastung der Wirbelsäule beim Tauchen, besonders rückenschonend
- Optimale Tauchlage, da Kräfteausgleich im Jacket
- Kein zusätzlicher Bleigurt nötig
- Keine Druckstellen durch einen Bleigurt
- Leichtes Anlegen, wenn das Modell eine nachträgliche Beladung der Bleitaschen ermöglicht.

Nachteile:

- Vorheriges Ablegen des Bleis beim Einstieg ins Boot kaum möglich (je nach Modell)
- Sicherung der Bleitaschen gegen Verlust bei manchen Modellen schlecht gelöst
- Im Notfall Bleiabwurf an der Oberfläche bei manchen Modellen schwierig, insbesondere wenn im Liegen ein Herausziehen nach oben erforderlich ist
- Schwieriges Anlegen, wenn das Modell eine nachträgliche Beladung der Bleitaschen nicht zulässt.

***3.2.2

- Auftriebskörper am Rücken des Tauchers (in U-Form um das DTG), meist mit besonders großem Volumen
- in der Regel: Befestigungsmöglichkeiten (D-Ringe für Reel, Stage-Flasche, ...)
- in der Regel: Befestigungsmöglichkeit für Doppelflaschen
- Durch den Aufbau wird der Taucher in seiner Bewegungsfreiheit nicht eingeschränkt.
- Keine Luftkammern an der Seite und im vorderen Bereich

***3.3.1 Wir sprechen von Vereisung, wenn der Atemregler nicht mehr nach Beendigung des Einatemvorgangs die weitere Luftzufuhr unterbricht, sondern weiter Luft durchströmen lässt.

***3.3.2 Ein Vereisen des Atemreglers bedeutet eine ernst zu nehmende Situation beim Tauchen, da ein Weiteratmen aus dem abblasenden Atemregler in der Regel nicht möglich ist. Außerdem wird der Atemluftvorrat des Drucklufttauchgerätes schnell erschöpft sein. Daher ist beim Vereisen des Atemreglers der Aufstieg unter Wechselatmung oder unter Atmung aus dem Zweitatemregler des Partners einzuleiten. Ideal ist für einen solchen Fall ein zweiter Atemregler mit separatem Ventil, da dann das Ventil des abblasenden Atemreglers abgesperrt werden kann und ein Weiteratmen aus dem eigenen Zweitatemregler möglich ist.

***3.3.3

- Druckdifferenz vor und nach Entspannung der Luft (Joule-Thomson-Effekt)
- Menge der durchfließenden Luft (steigt mit zunehmender Tauchtiefe)
- Kälte des umgebenden Wassers

- Wärmeleitung der Materialien des Atemreglers

***3.3.4
- hohe Atemfrequenz und Atemtiefe (z.B. bei Anstrengung unter Wasser)
- Betätigung der Luftdusche
- gleichzeitiges Atmen aus dem Atemregler und Befüllen der Taucherweste bzw. des Jackets
- gleichzeitiges Atmen aus dem Erst- und Zweitlungenautomaten bei Verwendung eines Oktopussystems (d.h. beide Lungenautomaten sind an einer ersten Stufe)
- Wechselatmung in kaltem Gewässer und in größerer Tiefe

***3.3.5
- Nur Verwendung von kaltwassergeprüften Atemreglern.
- Zwei getrennte Atemregler verwenden.
- Einzeln absperrbare Ventile am Drucklufttauchgerät.

***3.4.1 Mit dem Kompressor wollen wir einerseits große Luftmengen in möglichst kurzer Zeit auf hohe Drücke komprimieren; andererseits sollen die Ausmaße des Kompressors so gering wie möglich sein (kompakte Bauweise).

***3.4.2
Das Prinzip der Luftverdichtung erfolgt nach der Gesetzmäßigkeit, dass der Druck sich aus der Kraft auf eine bestimmte Fläche ergibt. Die Kraft wird erzeugt, indem die Drehbewegung der Welle über ein exzentrisches Pleuel in eine Hubbewegung des Kolbens umgesetzt wird. Dieser Kolben drückt dann die Luft in dem Raum dahinter zusammen. Je kleiner die Fläche, mit der der Kolben drückt, desto höher ist der maximal erreichbare Druck.

***3.4.3 Vgl. Kapitel 3.4.

***3.4.4 Verdichtung (jeweils mit Saug- und Druckventilen in den Stufen):
- 1. Stufe: angesaugte Luft > Verdichtung auf ca. 5 bar
- 2. Stufe: auf 5 bar komprimierte Luft > Verdichtung auf ca. 40 bar
- 3. Stufe: auf 40 bar komprimierte Luft > Verdichtung auf ca. 220 bar

Kühlung:
- Axialgebläse
- Zwischenkühler nach der 1. und nach der 2. Stufe
- Nachkühler nach der 3. Stufe

Reinigung:
- Grobfilter am Ansaugschlauch
- Micronic-Filter vor der 1. Stufe, evtl. Öl- und Wasserabscheider zwischen der 2. und 3. Stufe
- Öl- und Wasserabscheider nach der 3. Stufe
- Feinnachreiniger mit Aktivkohle

***3.4.5
Befüllen:
- gültiger TÜV
- ordentlicher, rostfreier und unauffälliger Zustand
- Restdruck von 10 bar, Bauartzulassung am Ventil
- Im Verein ordnungsgemäße Buchführung der Füllungen (Filterwechsel, Stand zeiten etc.)
- jährliche ordnungsgemäße Überprüfung der Füllschläuche
- jährliche Unterweisung und schriftliche Bestätigung
- bei mobilen Kompressoren Windrichtung und Schadgasansaugung beachten
- regelmäßig Wasser- und Ölabscheider entleeren

Transport:
- Vorschriften des ADR nur bedingt für Privatpersonen anwendbar
- Ventilschutz (einzelhandelsgerechte Abpackung)
- Verhinderung des Freiwerden des Inhaltes
- Maximal 1.000 kg Bruttomasse
- Bestimmung nur für Freizeit und Sport

***3.5.1
- Lichtleistung: tagsüber 35–50 Watt, nachts reichen 20 Watt (abhängig vom Gewässer)

- Leuchtwinkel: tagsüber besser Punkt-, nachts bei guter Sicht Breitstrahler
- Brenndauer: 1,5fache Tauchzeit
- keine Ablenkung des Kompasses
- Stromquelle: NC-Akkus sind besser als Bleiakkus; Batterien sind teuer im Unterhalt und umweltbelastend, da nur einmalig benutzbar

***4.1.1

- Von der Tauchbasis voraussichtliches Tauchgebiet erfragen oder eventuell mit aussuchen, Tauchtiefe, Besonderheiten, Strömung.
- Informationen über die Mittaucher: Tauchsporttauglichkeitsuntersuchung gültig, Anzahl Tauchgänge, wann der letzte, Brevet, heutiger Gesundheitszustand, Fitness, Vorsättigung.
- Einteilung der Tauchgruppen und der Gruppenleiter je nach Qualifikation: Anfänger nur mit Tauchlehrer, mindestens vier Sterne (bei zwei Tauchern) tauchen miteinander, Erfahrungsstand berücksichtigen.
- Sicherheitsvorkehrungen treffen:
  von wem wird die Sicherung übernommen (Bootsbesatzung oder selbst),
  Tauchgruppenliste führen mit Ein- und Ausstiegszeit, Tiefe, Besonderheiten,
  auf Mitnahme von Notfallhilfsmitteln, Notfallkoffer, Sauerstoff, Reservegeräte, Strömungsleine mit Boje und Beiboot achten,
  Notfallnummern,
  selbst vertraut machen mit Notfallsystem, Beiboot, Handhabung der Notfallhilfsmittel,
  an Land Ziel und voraussichtliche Rückkehrzeit hinterlassen.

***4.1.2

- Tauchern feste Plätze zuweisen.
- Ausrüstung sicher verstauen.
- Gruppenleiterbesprechung, Einweisung in das Tauchgebiet, Ablauf des Tauchgangs, Besonderheiten, Gefahren, Strömung, Absprache von Notsignalen.
- Tauchgangsvorbesprechungen der Gruppen.
- Behinderung des Bootsführers beim An- und Ablegen sowie beim Ankermanöver vermeiden.
- Eventuell Hilfe beim Ankermanöver.

***4.1.3

- Ausrüstungscheck innerhalb der Gruppen.
- Darauf achten, ob Reservegeräte mit Atemregler geöffnet außen hängen.
- Bei Strömung Strömungsleine ausbringen.
- Betriebsbereitheit des Beibootes überprüfen.
- Vor dem Hineinspringen Leiter ausbringen.
- Auf Sicherheit beim Ein- und Ausstieg achten (Platz, einzeln springen, O.K.-Zeichen geben).

***4.1.4

- Wenn die Sicherung nicht durch die Bootsbesatzung wahrgenommen wird, selbst für Sicherung sorgen.
- Erste Gruppe überprüft Sitz des Ankers für das Führen der Tauchgruppenliste sorgen.
- O.K.-Zeichen auftauchender Gruppen abfragen, sonst vom Notfall ausgehen.
- Auf Sicherheit beim Ausstieg achten, Taucher einzeln an die Leiter.
- Letzte Gruppe überprüft Anker auf Einholbarkeit.

***4.1.5

- Vollständigkeit feststellen.
- Tauchgruppendaten vervollständigen.
- Reserve- und Dekogeräte einholen.
- Strömungsleine einholen.
- Evtl. beim Ankermanöver helfen.
- Ausrüstung wieder sicher verstauen.

***4.2.1

- Lärmbelästigung anderer Taucher, Passanten, Anwohner und der Umwelt durch vermehrte Gespräche und das Anschließen vieler Tauchausrüstungen.
- Parkplatzengpässe, daher Parken auch in der Natur oder gesperrten Bereichen.

- Belästigung durch das Umkleiden.
- vergessene Tauchausrüstungsteile.

***4.2.2 Probleme bei der Gruppeneinteilung kann es geben, wenn zu wenige erfahrene Taucher dabei sind, die als Gruppenführer eingesetzt werden können. Bei der Gruppeneinteilung darf es keine Kompromisse in der Sicherheit geben! Die Sicherheit kann es erforderlich machen, dass bei zu geringer Zahl an erfahrenen Tauchern ein Taucher auf seinen Tauchgang verzichten muss.

Um dies zu vermeiden, sollte bereits bei der Vorbereitung der Tauchfahrt geplant werden, welche Gruppen gebildet werden können. Notfalls lässt sich ein Engpass dadurch beheben, dass ein Gruppenführer sich bereit erklärt, einen zweiten Tauchgang durchzuführen. Für die Einteilung der Gruppen spielt es auch eine Rolle, dass möglichst jeder Gruppenführer das Gewässer kennt. Beim Tauchen kann es durch schlechte Sicht schwierig werden, die Gruppe zusammenzuhalten. Dann besteht die Gefahr, dass die Gruppe sich trennt und dass einzelne Taucher den Anschluss verlieren. Dies sollte bei der Gruppeneinteilung und Gruppengröße berücksichtigt werden.

***4.2.3 Es sollten möglichst nur Zweiergruppen gebildet werden. Bei Vierergruppen sollten Untergruppen gebildet werden. Jeder Taucher bekommt dann einen Bezugspartner, zu dem besonders Kontakt gehalten wird. Bei einem Trennen der Gruppe bleiben so zumindest zwei Zweiergruppen erhalten. Die beiden Bezugspaare tauchen hintereinander leicht versetzt und die hinteren etwas höher. Dabei befindet sich der Schlussmann schräg gegenüber vom Gruppenleiter und verständigt sich mit ihm.

***4.3.1

- Ort und Dauer des Tauchgangs melden.
- Notfallkoffer mit Sauerstoffbeatmungsgerät mitnehmen, wenn vorhanden.
- Je nach Art und Profil des Tauchgangs Reservegerät mitnehmen.
- Geld oder Karte zum Telefonieren mit nehmen (Alternative Handy).
- Notfallnummern bereit halten.
- Gedanken über einen möglichen Ausstieg im Notfall machen (Uferbeschaffenheit, Rettung ins Boot).
- Alle Taucher über das Notfallsystem und die Auslösung der Rettungskette informieren.

***4.3.2

- Selbst Notsignal geben und um Hilfe rufen oder den Mittaucher damit beauftragen.
- Vitalfunktionen feststellen oder feststellen lassen.
- Den Mittaucher direkt ansprechen, die Weste oder das Jacket des Verunfallten aufzublasen.
- Der gleiche Mittaucher oder man selbst wirft Bleigurt und Gerät des Verunfallten ab.
- Der Mittaucher schwimmt zum Ufer oder Boot vor, um sich seiner Ausrüstung zu entledigen, die Rettungskette auszulösen und später den Verunfallten anzunehmen.
- Selbst den Verunfallten ziehend zum Boot bzw. Ufer transportieren.
- Nach Übernahme durch den vorausgeschwommenen Taucher möglichst schnell selbst die Ausrüstung ablegen, um weitere Behandlungsmaßnahmen (Überprüfung der Lebensfunktionen, stabile Seitenlage, HLW, Sauerstoff, Schockbehandlung) einzuleiten.
- Selbst davon überzeugen, dass der Notruf an die richtige Stelle abgesetzt wurde und je nach Symptomatik weitere Maßnahmen (Druckkammer, Hubschraubertransport) veranlassen.

***4.3.3 Es können gleichzeitig mehrere Handlungen ausgeführt werden, z.B. Weste/Jacket aufblasen und Gerät/Blei abwerfen. Der Transport kann durch gleichzeitiges Schieben und Ziehen beschleunigt werden.

***4.4.1
- Anker mit Kettenvorläufer und Leine (3–5fache Wassertiefe)
- Kompass (meistens reicht auch der Tauchkompass)
- Lenzpumpe, Eimer oder Ölfass zum Entleeren des Bootes bei Wassereinbruch
- Signalhorn, Hupe oder Pfeife zum Geben von akustischen Notsignalen
- Notsignalmittel wie Leuchtraketen und Handfackeln sowie Sturmstreichhölzer
- Flaggen, insbesondere Taucherflagge
- Beleuchtung, zusätzlich eine starke Taschenlampe
- Riemen oder Paddel (bei Ausfall des Motors)
- Notfallkoffer mit Sauerstoff und anderer Erste-Hilfe-Ausstattung, wasserdicht verpackt
- Rettungswesten für Nichttaucher (sonst reichen die Taucherwesten/Jackets)
- Werkzeug und Ersatzteile für den Motor
- Trinkwasser
- Kraftstoff und Öl
- Außenbordmotor

***4.4.2
- Mit dem Boot vertraut machen, Sicherheitsausrüstung überprüfen.
- Kraftstoff und Öl überprüfen, Motor anlassen und Kühlwasseraustritt überprüfen.
- Wo liegt das Tauchgebiet (Seekarte)?
- Welche Orientierungshilfen stehen mir zum Auffinden zur Verfügung?
- Wie ist das Wetter, insbesondere der Wind, und wie hoch ist der Wellengang?
- Mit welcher Strömung und aus welcher Richtung ist zu rechnen?
- An welcher Seite kann geankert werden?
- Wie ist der Ankergrund, kann der Anker dort halten? Klappschirmanker finden keinen guten Halt auf Sandgrund, sondern am besten auf felsigem Untergrund.
- An Land den geplanten Zielort, die Namen der Mittaucher und die voraussichtliche Rückkehrzeit hinterlassen.
- Mitfahrern feste Plätze zuweisen, Aufgaben verteilen.
- Bei Wind und rauer See Tauchanzüge vorher anziehen und Taucherwesten anlegen.

***4.4.3 Ankerplatz abhängig von Wind, Strömung und Ankergrund auswählen. Wenn ein guter Ankerplatz gefunden wurde, muss mindestens das 3fache, besser das 5fache der Wassertiefe an Ankerleine ausgebracht werden, damit der Anker sich nicht bei Zug lösen kann. Beim Abtauchen wird der Sitz des Ankers überprüft und gegebenenfalls gesichert. Bei der Rückkehr zum Boot überprüft die Gruppe, ob der Anker problemlos aufgeholt werden kann. Sonst wird auch hier der Anker an eine Stelle gelegt, wo er sich nicht verkeilen kann. Anderenfalls müssten Taucher später nochmals zum Anker, um ihn zu lösen. Während des Tauchgangs ist auf das Setzen der Taucherflagge zu achten. Bei Nacht ist ein Ankerlicht zu setzen.

***4.5.1
- Erfahrungsstand: Sicherer Tagtaucher, mir von anderen Tauchgängen bekannt
- gültige Tauchsporttauglichkeitsuntersuchung
- Gesund, fit und ausgeruht

***4.5.2
Tauchplatz wählen,
- an dem schon tagsüber getaucht wurde und der gut bekannt ist
- an dem die Orientierung einfach ist,
- der nicht zu tief ist (maximal 15 m Tauchtiefe)
- der keine Steilwände, Höhlen oder Gefahrenstellen enthält
- der keine Strömung aufweist,
- der biologisch nicht empfindlich ist

***4.5.3
- verstärkte Kontakthaltung, Abstand nicht zu groß
- Lampenführung und Blendung
- Lichtzeichen
- kein Licht an der Oberfläche (wegen Notsignal)

- Umweltaspekte (z.B. keine schlafenden Fische berühren)
- Lampenbrenndauer

***4.5.4

- Sorgfältiger Ausrüstungscheck; blindes Bedienen und Auffinden im Dunkeln möglich.
- Überprüfung der Taucherlampen, Reservelampen, Befestigung.
- Markierung des Einstiegs, Unterwassermarkierung.
- An die getroffenen Absprachen halten.
- Schönheiten der nächtlichen Unterwasserwelt zeigen.
- Handhabung der Lampe zeigen, Unterwasserzeichen geben lassen.
- Zeigen, wie mit Hilfe der Markierungen die Einstiegsstelle wiedergefunden wird.

***4.6.1 In einem Bergsee ist die relative Druckveränderung bezogen auf die Tiefenunterschiede höher als auf Meereshöhe; daher muss länger dekomprimiert werden, und es gelten kürzere Nullzeiten. Neben der Dekompression haben die Höhenlagen weitere Auswirkungen für unseren Körper. Die Kondition ist belastet, die Leistungsfähigkeit nimmt aufgrund des verminderten Sauerstoffteildrucks in der Höhe zunächst ab. Auch die Tiefenrauschempfindlichkeit nimmt zu. Nach kurzer Zeit passt sich jedoch unser Körper den veränderten Verhältnissen an. Daher sollte mindestens ein Ruhetag zur Anpassung eingelegt werden. Dabei wird Stickstoff abgebaut, was für einen späteren Tauchgang günstig ist. Anderenfalls ist der Körper bei Beginn des Tauchgangs vermehrt mit Stickstoff gesättigt, was einem Wiederholungstauchgang gleichkommt. Auch der Flüssigkeitsverlust ist beim Tauchen in Bergseen höher und sollte durch ausreichende Flüssigkeitsaufnahme vor und nach dem Tauchen ausgeglichen werden.

***4.6.2 Je nach Art des verwendeten Tiefenmessers entsprechen die Angaben darauf nicht mehr der Realität. Membran- oder Rohrfedertiefenmesser messen den absoluten Druck und geben die entsprechende Tiefe als eine Funktion davon an. Daher steht die Nadel eines auf Meereshöhe justierten Tiefenmessers dieser Art an der Oberfläche eines Bergsees nicht mehr auf dem Nullpunkt der Tiefenskala, sondern zeigt einen geringeren Wert an. Die angezeigte Tiefe ist um die Differenz des Luftdrucks vom Meer zum Bergsee reduziert.
Gute Tiefenmesser haben eine Nullpunktverstellung, mit der diese Fehlanzeige korrigiert werden kann.

***4.7.1

Eistauchgänge sollten nur begonnen werden, wenn

- das Gewässer bekannt und nicht zu tief ist,
- das Eis ausreichend dick ist, um die Taucher und Helfer sicher zu tragen,
- die Taucher über sehr große Erfahrung und geeignete Ausrüstung verfügen und schon zum größten Teil unter Eis getaucht sind,
- ausreichend Helfer und Taucher für die Sicherung über Wasser zur Verfügung stehen,
- Gelegenheit zum Aufwärmen nach dem Tauchen gegeben ist,
- Tageslicht herrscht.

***4.7.2

- besonders guter Kälteschutz, möglichst Trockentauchanzug
- zwei Kaltwasseratemregler, möglichst getrennt absperrbar; am sichersten zwei getrennte DTG
- Führungsleine, mindestens 100 m lang, signalfarben, reißfest, mind. 10 mm Durchmesser, schwimmfähig, mit Karabiner
- Buddyleine mit Karabinern
- Säge oder Axt für Einstiegsloch
- Besen für Schnee
- Verbindungsleinen und Befestigungsmaterial
- Aufwärmmöglichkeit zum Umkleiden, warme Getränke

***4.7.3 Die Führungsleine muss über Wasser mit einem Ende an einem festen Punkt (Baum, Auto) angeschlagen werden, damit es absolut ausgeschlossen ist, dass die Führungsleine ins Wasser gleitet. Auch für den Sicherungsmann besteht so zusätzlicher Halt. Die Führungsleine wird mit Hilfe eines möglichst verschraubbaren Karabiners an einem der Taucher befestigt. Der andere Taucher verbindet sich mit dem ersten fest über eine Buddyleine, die maximal 1 m lang ist und auch mit Karabinern eingehakt wird.
Die Leinenführung ist schwierig und erfordert eine gewisse Übung. Der mit der Führungsleine verbundene Taucher hält das Ende stets in der Hand, um sofort Zugsignale oder ein eventuelles Verhaken zu spüren und entsprechend zu reagieren. Auch kann er so die Leine von sich selbst fern halten, um sich nicht darin zu verfangen. Hält der Leinenführer die Leine zu stramm, so ist es unter Wasser kaum möglich, vorwärts zu kommen. Ist die Leine dagegen zu locker, so können keine Signale ausgetauscht werden, und die Leine kann sich schneller verhaken. Daher ist vor dem Tauchgang eine gute Absprache aller Taucher und Leinenführer über die Art der Leinenführung und über die Leinensignale nötig.
***4.7.4 Zunächst wird die Begehbarkeit der Eisdecke, am besten angeleint, überprüft. Dann wird für das Einstiegsloch ein Punkt in einiger Entfernung vom Ufer gewählt, damit ein Aufwirbeln von Sediment darunter vermieden wird. Die Tiefe sollte daher am Einstiegsloch mindestens 3 m betragen. Das Einstiegsloch sollte 1,5 m x 1,5 m groß sein. Das Loch kann mit einer Axt oder einfacher mit einer Kettensäge gemacht werden. Es wird eine Eisplatte herausgesägt, die dann neben das Loch unter die Eisdecke geschoben wird, um nachher das Loch wieder zu verschließen.
Außerdem sollten ein oder zwei Sicherungslöcher in Ufernähe (ca. 1 m Wassertiefe) erstellt werden. Ist Schnee vorhanden, so sollte er in sternförmigen Bahnen vom Einstiegsloch weggefegt werden, damit diese Bahnen den Tauchern den Weg zurück zum Einstieg weisen können. Sie sind noch besser von unten sichtbar, wenn sie mit Wasser übergossen werden. Auch die Verbindungen zwischen Einstieg und Sicherungslöchern sollten so gekennzeichnet werden. Zusätzlich sind Verbindungsleinen zwischen den Löchern sinnvoll. Achtet auf ausreichendes Befestigungsmaterial wie Winkeleisen oder Stahlpflöcke.
***4.7.5 Um einem Vereisen vorzubeugen, sollte über den Lungenautomaten oder den Inflator erst dann Luft entnommen werden, wenn die erste Stufe des Atemreglers sich unter Wasser befindet. Es ist besonders darauf zu achten, dass nicht gleichzeitig eingeatmet und über den Inflator tariert wird. Die Taucher sollten sich nicht zu weit vom Einstiegsloch entfernen, kontrolliert atmen und Maßnahmen vermeiden, die ein Vereisen begünstigen. Eistauchgänge sind keine Dekotauchgänge und keine Nachttauchgänge. An Hindernissen unter Wasser (Felsen, Wände, Pfähle, Bojen, Stege) besteht die Gefahr des Verhakens der Führungsleine, sie sollten daher gemieden werden. Bei dem geringsten Zwischenfall, Unwohlsein oder schon beim Frieren ist der Tauchgang zu beenden. Es ist eine ausreichende Licht- und Luftreserve einzuplanen. Spätestens nach einem Drittel verbrauchter Luft ist der Rückweg anzutreten, damit ein Drittel als Reserve verbleibt.
***4.7.6
- Vereisung des Atemreglers
- Tauchen ohne Führungsleine bei teilweise zugefrorenen Seen, gelangen unter die Eisdecke
- Ausrutschen auf gefrorenem Boden
- Atemregler lässt sich nicht mehr abschrauben
- Reißverschluss lässt sich nicht mehr öffnen
- Unterkühlung, Erfrierungen
- Änderung der Dekompression durch die

geringere Durchblutung und damit verzögerte Entsättigung
- Aufschrecken von Fischen

***4.7.7
- Sicherer Ein- und Ausstieg (Rutschgefahr durch Eis und/oder Schnee beachten!)
- Warme, alkoholfreie Getränke bereit stellen.
- Für windgeschützte Umkleidemöglichkeit sorgen.
- evtl. warmes Wasser für die Nasstaucher zu Verfügung stellen.
- Alle auf die Gefahren der Kälte: Unterkühlung, Wärmeverlust, erhöhter Luftverbrauch, evtl. verlängerte Dekozeiten, hinweisen.
- Vorgaben für die Ausrüstung geben, wie z.B. kaltwassertaugliche Atemregler, 2. Atemregler, geeignete Kälteschutzausrüstung
- Tauchen nur bei eisfreiem See, wenn kein Eistauchgang vorbereitet wurde!

***4.8.1
- nur erfahrene Taucher
- gute Planung der Dekompression und des Luftvorrates
- Wrack liegt nicht zu tief
- keine zu starke Strömung
- Ausrüstung mit ausreichend Licht, Luft, Zweitatemregler, möglichst getrennt absperrbare Ventile, zweite Warneinrichtung, beleuchtete Instrumente, scharfes Messer
- Anker findet Halt
- das Wrack ist durch Vorabinformationen (Seekarten, Literatur, Fischer, Tauchbasis) bekannt
- Kein Wracktauchgang bei Nacht

***4.8.2 Die Orientierung an Wracks ist stark erschwert, wenn die Sichtverhältnisse ein Überschauen des Wracks verhindern. Der Einsatz des Kompasses führt durch die Ablenkung an Metallschiffen zu Fehlkursen. Daher ist alleine natürliche Orientierung angesagt. Allerdings kann in einigem Abstand vom Wrack der Kompass durchaus wieder eingesetzt werden, um grob zurückzufinden. Für zusätzliche Verwirrung können die Lage der verschiedenen Gänge, Treppen und Decks zueinander sorgen. Gerade die Schräglage erschwert die Orientierung.

***4.8.3 An Wracks kann man leicht an Kabeln, Leinen, scharfen Kanten, Netzen hängen bleiben oder sich verletzen. Ein Hineintauchen in Wracks kann nur in Bereiche erfolgen, die gut bekannt sind und von denen jederzeit der Ausgang gesehen wird. Selbst dann kann durch das Aufwirbeln von Sediment der Rückweg erschwert oder gar das Auffinden des Ausgangs unmöglich werden. Daher muss möglichst ohne Flossenschlag getaucht werden, indem man sich z.B. mit den Händen vorwärts zieht. Zur Sicherheit ist eine Führungsleine zu verwenden. Verzichtet im Zweifelsfall lieber auf ein Hineintauchen, bevor ihr ein Risiko eingeht. An Wracks können auch Gefahren durch lose oder bewegliche Teile und Wände, sich lösende Ladung oder gefährliche Stoffe wie z.B. Chemikalien entstehen.

***4.8.4
Sicherheitsmaßnahmen:
- Strömungsleine
- Dekoflasche
- einsatzbereites Beiboot
- Sicherungsgruppe einteilen zur Beobachtung der Wasseroberfläche

Hinweise zum Tauchen geben:
- Verhalten beim Abstieg am Seil wenn eine andere Gruppe auftaucht
- Verhalten der eigenen Gruppe beim Sicherheitsstopp / Dekomprimieren
- Auf Anzeichen eines Tiefenrauschs achten und Maßnahmen ansprechen
- Kompass wird durch Metall am Wrack abgelenkt

Gruppeneinteilung und -formation:
- nur erfahrene Taucher
- keine Anfänger
- Je nach Sichtweite und Größe des Wracks
- Maximal drei Taucher pro Gruppe

***4.9.1
- ausreichend Luft und Licht (Drittel Hinweg, Drittel Rückweg, Drittel Reserve)
- zweiter Lungenautomat, besser zweiter - Atemregler
- nur Nullzeitttauchgänge, maximal 30 m Tiefe
- nur übersichtliche Höhlen, deren Ausgang jederzeit gesehen und erreicht werden kann
- Abstand zur Höhlendecke und zu Vorsprüngen
- enges Tragen der Ausrüstung, um Hängenbleiben zu vermeiden
- möglichst wenig Sediment aufwirbeln (Flossenschlag), ausreichender Abstand zum Boden

***4.11.1
Vorteile:
- geringere Stickstoffaufnahme
- kürzere Austauchpausen oder
- größere Sicherheiten bei gleichen Austauchpausen wie mit Luft
- längere Nullzeiten
- geringere Gasblasenbildung
- geringere Tiefenrauschgefahr

Nachteile:
- Gefahr einer Sauerstoffvergiftung
- Genaues Einhalten der maximalen Tauchtiefe
- Evtl. erschwerte Gaslogistik
- Spezielle Ausrüstung nötig
- Spezielle Ausbildung nötig

***4.11.2 Durch den erhöhten Sauerstoffanteil kann der kritische Partialdruck schon in geringen Tiefen erreicht werden. Dadurch kann es zu einer Sauerstoffvergiftung mit Krampfanfällen kommen. Die Vergiftungserscheinungen treten dabei ohne Vorankündigung auf!

***4.11.3
- Vor dem Tauchgang genaue Erklärung der Nitrox-Ausrüstung.
- Abfrage der maximalen Tauchtiefe des Nitrox-Tauchers
- Auf die Tiefenbegrenzung hinweisen und diese streng einhalten.
- Austauchverhalten richtet sich nach den Lufttauchern.
- Bei Defekten am Nitrox-Tauchgerät: Im Notfall Wechselatmung auch mit Luft oder Luftgabe aus dem Zweitatemregler.

***5.1.1 Problematisch ist es, wenn bei Gewässerreinigungsaktionen rigoros alles entfernt wird, was nicht dem See entstammt. Die Umwelt kann Schäden davontragen, wenn ohne ausreichend Sachkenntnis solch eine Aktion durchgeführt wird. Bewachsene oder von Fischen bevölkerte Gegenstände sollten, sofern sie sonst nicht umweltschäd-

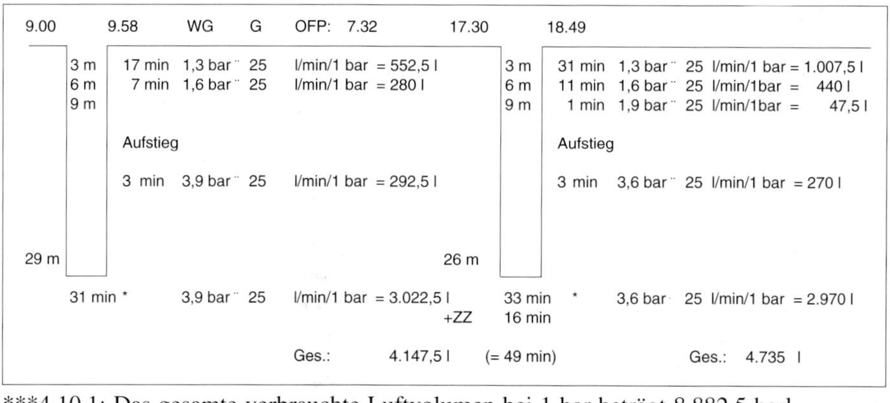

***4.10.1: Das gesamte verbrauchte Luftvolumen bei 1 bar beträgt 8.882,5 barl.

lich sind, im Wasser gelassen werden, da sie einen künstlichen Lebensraum darstellen. Entfernt werden dürfen nur solche Gegenstände, die noch nicht von der Tier- und Pflanzenwelt angenommen worden sind. Auch ist bei der Terminwahl darauf zu achten, dass eine solche Aktion nicht in der Laichzeit durchgeführt wird. Laichgebiete sind auf jeden Fall zu meiden.

***5.2.1 Auch für die Fische stellen die Jahreszeiten einen gewissen Lebenszyklus dar. Hauptsächlich im Frühjahr legen sie ihren Laich ab. Dabei werden bestimmte Gebiete eines Sees bevorzugt, die einen gewissen Schutz oder Halt für den Laich bieten (z.B. Äste).

Taucher sollten daher Laichgebiete meiden. Gerade im Frühjahr gewinnt dies an Bedeutung. Werden unter Wasser trotzdem Laichschnüre gesehen, so sollte ein weiter Bogen darum gemacht werden. Wie bei jedem Tauchgang sollte jetzt besonders auf einen guten Tarierzustand geachtet werden, damit aufgewirbeltes Sediment nicht heranwachsende Pflanzen bedeckt.

***5.2.2 Wenn sich im Sommer die Pflanzen entwickelt haben, sollten Taucher auch diese Bereiche schützen und nicht hineintauchen.

***5.2.3 Im Winter ist für die Fische die nährstoffarme Zeit. Sie können sich darauf einstellen, indem sie ihren Stoffwechsel herunterfahren, um Energie zu sparen. Damit ist es möglich, bis zum Frühling zu überleben. Allerdings werden sie in diesem Zustand gestört, wenn sie durch Taucher aufgeschreckt werden. Daher sollten Taucher aufpassen, dass sie keine Fische z.B. durch Berührung aus dieser Winterstarre aufschrecken. Es könnte bedeuten, dass diese Fische den Frühling nicht mehr erleben, weil sie dabei zu viel gespeicherte Energie verbrauchen. Auch die Geräuschentwicklung bei der Erstellung eines Loches für das Eistauchen kann die Fische aufschrecken und zu diesen Konsequenzen führen.

***5.3.1
- Fehlernährung, dadurch Krankheiten oder Schwächung der Tiere
- Anfüttern kann hohe Populationsdichten erzeugen, wodurch es zu Stress, Aggressionen und in der Folge zu Verletzungen unter den Tieren kommen kann
- Erwartungshaltung größerer Tiere kann Taucher (insbesondere Anfänger) verunsichern
- Nichtfüttern (z. B. nach einigen Schlechtwettertagen) kann zu aggressivem Verhalten gegenüber den Tauchern führen. Fehlverhalten von Tauchern gegenüber den Tieren wird provoziert. Dies kann sowohl die Taucher verletzen (Bissverletzungen) wie auch die Tiere durch häufiges Anfassen schädigen (Schleimhautschäden)
- Anfütterungsorte ziehen größere Taucherscharen an, häufig wird dann an diesen Plätzen verweilt, dadurch kann die Unterwasserflora und -fauna stark in Mitleidenschaft gezogen werden.

***5.3.2
Transport: Schifffahrt, Pipeline, Kabel
Nahrungsgewinn: Fischfang, Muschelzucht, Algen, Salz, Wasser!
Gewinnung von Ressourcen: Erdöl, Erdgas, Medikamente, Baustoffe
Erholung/Freizeit: Reisen, Tauchen, Segeln, Schwimmen, etc.
Energiegewinnung: Gezeitenkraftwerke, Windkraftwerke, Thermalenergie

***5.3.3
- Freischwimmende Pflanzen an der Wasseroberfläche (Wasserlinsen, Krebsschere)
- Pflanzen des Röhricht- und Schilfgürtels bis ca. 1–2 m Wassertiefe (Rohrkolben, Schilf, Simsen)
- Schwimmblattzone bis ca. 3-4 m Wassertiefe (Teich-, Seerose, Schwimmendes Laichkraut, Wasserknöterich)
- Zone der untergetauchten Pflanzen bis ca. 7–8 m Wassertiefe (Laichkräuter,

Wasserpest, Tausendblatt)
- unterseeische Wiesen / Rasen von Armleuchteralgen (bis in große Tiefen, abhängig vom Licht)

***5.3.4

§1 Nachhaltigkeit des Tauchsports
(Schädigung der Lebensräume beim Tauchen vermeiden)
§2 Ausbildung, die die Umweltverträglichkeit des Tauchens sicher stellt
§3 Informationspflicht - Mittel zur Minimierung von Schäden
(Informieren, ob, wann und wie getaucht werden darf)
§4 Bereitschaft zum Verzicht
(bei Gefahr einer nachhaltigen Schädigung)
§5 Die Verantwortung des Tauchsports bezieht die Ufer mit ein
(Belästigungen durch Geräusche, Abgase,...)
§6 Bioindikatoren
(Erkennen und deuten können!)
§7 Verantwortung für Andere
(Tauchkameraden anhalten, sich umweltverträglich zu verhalten)

Spezialkurs Medizin-Praxis

1. Kursziel

Der Teilnehmer soll in Theorie und Praxis den Gebrauch von Wiederbelebungsmodellen, Notfallkoffern und Sauerstoffsystemen erlernen, soweit dies in den Bereich der ersten Hilfe und Reanimation für Laienhelfer hineinreicht. Entsprechend der großen Bedeutung des Sauerstoffs in der Therapie von Tauchunfällen muss der Umgang mit modernen Sauerstoffsystemen im Vordergrund stehen. Das Lehren der Injektions- und Infusionstechnik ist hierbei nicht vorgesehen.

Nach Abschluss des Kurses muss der Teilnehmer fähig sein, nach einer vorgegebenen Diagnose den Verletzten erfolgreich mit den verschiedenen Sauerstoffsystemen zu behandeln und einen Herz-Kreislauf-Stillstand erfolgreich zu reanimieren (HLW).

2. Voraussetzungen

- Mindestalter:
  14 Jahre, bei Minderjährigen ist eine Einverständniserklärung eines Erziehungsberechtigten erforderlich.
- Ausbildungsstufe:
  DTSA Bronze/ CMAS*
  Ersatzweise muss der Bewerber eine gleichwertige, vom zuständigen Verband anerkannte Qualifikation vorlegen.
- Anzahl der Tauchgänge:
  Mindestens 20
- Sonstiges:
  gültige Tauchtauglichkeitsbescheinigung

3. Tauchlehrervoraussetzungen

- Tauchlehrer/Kursleiter: Tauchlehrer** und vom zuständigen Verband oder dessen Partnerverbänden zugelassene Tauchlehrer in Zusammenarbeit mit dem jeweiligen Landesverbandsarzt oder einem in der Notfallmedizin und in taucherischen Belangen kompetenten Arzt. Die Anerkennung anderer Personen als Kursleiter kann bei entsprechender Eignung durch den zuständigen Verband erfolgen. Diese Anerkennung muss vor Ausschreibung des Spezialkurses eingeholt werden.

4. Theoretischer Teil

- Unterrichtseinheiten: 4

Anatomie und Physiologie der Atmungsorgane

Es sollen die anatomischen und physiologischen Grundlagen über die Atmungsorgane vermittelt werden, die für das Verständnis der arteriellen Gasembolie mit den verschiedenen Ursachen erforderlich sind.

Anatomie

- Skelettanatomie
- Grobaufbau der Lungen (Lungenflügel, -lappen, -läppchen, Alveolen)
- Luftwege (Luftröhre, Bronchien, Bronchiolen, Alveolen)
- Atemhilfsmuskulatur (Zwerchfell, Zwischenrippenmuskulatur, Teile der Skelettmuskulatur)
- Pleuraspalt mit Unterdruck
- Mikroskopische Anatomie (Alveolen, elastische Fasern des Lungengewebes, Kapillaren)

Physiologie der Atmung

- Mechanik der Ein- und Ausatmung (Bedeutung der Atemhilfsmuskulatur, des Pleuraspaltes und des elastischen Materials des Lungengewebes)
- Gasaustausch (äußere Atmung: Sauerstofftransport von der Alveolarluft bis zur Zelle; innere Atmung: Stoffwechselvorgänge in der Zelle zum Zweck der Energiegewinnung)

Atemregulation
- Chemorezeptoren (pCO_2, pO_2, pH-Wert)
- Dehnungsrezeptoren

Anatomie und Physiologie der Herz-Kreislauf-Organe
Es sollen die anatomischen und physiologischen Grundlagen über die Herz-Kreislauf-Organe vermittelt werden, die für das Verständnis der Dekompressionskrankheit erforderlich sind.
- Anatomie des Herzens (Muskulatur, Herzhöhlen, Herzklappen, Herzkranzgefäße, spezifisches Reizleitungssystem)
- Aufbau der Gefäße (Aorta, Arterien, Arteriolen, Kapillaren, obere und untere Hohlvene, Venolen)
- Funktionsbeschreibung des Herz-/Kreislaufsystems (Funktionsweise des Herzens, Trennung Körper- und Lungenkreislauf, unterschiedliche Sauerstoffkonzentrationen, Kreislauf- und Blutdruckregulation)
- Shuntmöglichkeiten (offenes Foramen ovale, Lungenpassage und physiologischer Shunt)

Lungenüberdruckbarotrauma
- Differenzierung zentraler und randständiger (Pneumothorax, Mediastinalemphysem) Lungenriss
- arterielle Gasembolie mit den verschiedenen Auswirkungen
  Symptomatik: häufig Bewusstlosigkeit, neurologische Ausfälle mit Krämpfen, Lähmungen, Sensibilitätsstörungen wie Kribbeln und Taubheitsgefühl, Verwirrtheitszustände, körperliche Erschöpfung, Kopfschmerzen, Auftreten der Symptome sofort

Dekompression und Dekompressionskrankheit
- Stickstoffaufnahme und -abgabe (Diffusionsprozess, Partialdruckgefälle, Sättigung, Entsättigung)
- Embolie durch Stickstoffblasen mit den verschiedenen Erscheinungsbildern der Dekompressionskrankheit
- Einteilung der Dekompressionskrankheit (Typ I, Typ II bzw. Einteilung nach dem Schweregrad und der Entwicklung der Symptomatik)
- Symptomatik: körperliche Erschöpfung, Müdigkeit, Gelenkschmerzen, neurologische Ausfälle wie Lähmungen, Sensibilitätsstörungen mit Kribbeln und Taubheitsgefühl, Störungen der Blasen- und Mastdarmfunktion, Kopfschmerzen, häufigstes Auftreten der Symptome nach zwei bis vier Stunden

Reanimation
Die Reanimation muss von jedem Teilnehmer aktiv und intensiv geübt werden, und zwar jeweils separat nach der Ein- und Zwei-Helfer-Methode. Hierfür sind Reanimationsmodelle in ausreichender Zahl je nach Größe des Teilnehmerkreises zwingend erforderlich. Bei den Übungen und den Lehrinhalten ist streng nach den Richtlinien des European Resuscitation Council vorzugehen.
Eine genaue Beschreibung der HLW befindet sich bei dem Kurs in Herz-Lungen-Wiederbelebung (Seite 163 ff.).

Notfallkoffer
Ein kompletter Notfallkoffer und dessen Handhabung müssen demonstriert werden.
Insbesondere müssen Beatmungsbeutel (Ambu-Beutel) mit Reservoirbeutel, Atmungsmasken, Sauerstoffflaschen, Guedel-Tuben und Absauggeräte erklärt werden.

Automatische Externe Defibrillation (AED)
siehe auch S. 163 ff. und 289 ff.

Sauerstoffsysteme
Vorstellung der verschiedenen Sauerstoff-

systeme zum Atmen und Beatmen. Es ist zwingend erforderlich, daß hierbei ausreichend Demonstrationsmaterial entsprechend der Teilnehmerzahl vorhanden ist.

Sauerstoffsysteme mit konstantem Fluss (constant flow)

Einfache Maskensysteme (z.B. Laerdal) mit Möglichkeit der Sauerstoffzufuhr, Reservoirbeutel, Sauerstoffflasche mit Druckreduzierventil und Einstellmöglichkeit des Flusses auf 1–25 l/min (constant flow).

Der Verunfallte atmet ein Gasgemisch, das je nach Dichtigkeit der Maske bei maximalem Fluß (mindestens jedoch 15 l/min) Sauerstoffsättigungen von 60–90% ermöglicht.

Werden keine Reservoirbeutel verwendet, lässt sich nur eine Sauerstoffsättigung von bis zu 40% erreichen.

Nachteil: durch den konstanten Fluss nur kurze Behandlungsdauer (z.B. 26 Minute bei einer 2-l-Flasche, Fluss 15 l/min).

Bedarfsgesteuerte offene Systeme (Demand-Systeme)

Z.B. Dräger „akut 2000“, DAN-Oxygen-Kit

bestehend aus Sauerstoffflasche (bei DAN-Oxygen-Kit 5 l), Druckreduzierventil, Option eines zusätzlichen Constant-flow-Abgangs, Mitteldruckschlauch, Lungenautomat mit Atemmaske, Absaugvorrichtung.

Beatmungsmöglichkeit mit Beatmungsbeutel.

Durch das Demand-System wird Sauerstoff nur bei Einatmung freigegeben, sodass eine optimale Sauerstoffausnutzung erreicht wird.

Die Sauerstoffsättigung des Blutes beträgt 100%, die Atmungs- bzw. Beatmungsdauer liegt bei der 2,5-l-Flasche und einem Atemminutenvolumen von 8 l/min bei 62 Minute, bei der 5-l-Flasche über 2 Stunden.

Vorteile: einfachste Handhabung, beste Sauerstoffausnutzung.

Geschlossene Kreislaufsysteme (z.B. Wenoll-System)

Bestehend aus 2-l-Sauerstoffflasche, Druckregler mit Flusseinstellung von 0–2 l/min und Spültaste (neuerdings auch zusätzlicher Constant-flow-Abgang), CO_2-Absorber, Atemmaske und Maskenband, Überdruckventil (PEEP-Ventil, positive end-expiratoric pressure) als Bestandteil des Einmalsystems, Rückatembeutel, Schlauchsystem mit Y-Stück und Flex-Schlauch, Mundstück und Nasenklemme.

Durch das Kreislaufsystem wird die Ausatemluft vom Kohlendioxid gereinigt und der Einatemluft wieder hinzugefügt.

Hierdurch ist nur eine minimale Sauerstoffzufuhr erforderlich, denn der Organismus nutzt bekanntlich nur eine geringe Menge des angebotenen Sauerstoffs aus (Sauerstoffgehalt der Einatmungsluft 21%, der Ausatmungsluft 17%).

Die Sauerstoffsättigung des Blutes beträgt 100%, die Atmungs- bzw. Beatmungsdauer liegt je nach Therapieplan bzw. Zahl der zur Verfügung stehenden Absorber bei 5–8 Stunden.

Vorteile: lange Behandlungsdauer, optimale Sauerstoffsättigung des Blutes.

Die verschiedenen Modelle müssen verständlich präsentiert werden, damit die später auszuführenden praktischen Übungen erfolgreich sind.

Bedeutung des Sauerstoffs in der Therapie von Tauchunfällen

- Schnellere Ausscheidung von Stickstoff durch großes Partialdruckgefälle des Stickstoffs zwischen Blut und Alveolarluft.
- Verhinderung von Gewebsschädigung

durch hohe Sauerstoffsättigung der Gewebe.
- Aktive Verkleinerung von Blasen.
- Schnelle physikalische Aufsättigung von Blut und Geweben.

Hinweise zum Gebrauch von Sauerstoff
- Wichtig: Sauerstoff fällt unter das Medikamentengesetz.
- Nebenwirkungen: Bei reiner Sauerstoffatmung können zentralnervöse Nebenwirkungen auftreten von Fehleinschätzungen (z.B. Euphorie), Bewusstseinsstörungen bis hin zu tonisch-klonischen Krämpfen. Zu Veränderungen des Lungengewebes (z.B. Lungenödem) kann es kommen, wenn reiner Sauerstoff 36 Stunden und länger kontinuierlich eingeatmet wird.
- Anreicherung von Sauerstoff in der Atemluft kann bei eingeschränkter Ventilation zu unmerklicher Erhöhung von Kohlensäure in der Lunge führen (vermindertes Abatmen von CO_2).
- Verfalldatum: Nach Ablauf des Verfalldatums ist der Sauerstoff nicht mehr zu verwenden.
- Bei Lagerung und Verwendung von Sauerstoff sind die entsprechenden Vorschriften zu beachten, insbesondere die Unfallverhütungsvorschriften und die Druckbehälterverordnung mit den Technischen Regeln Druckgase.
- Der Sauerstoff steht bei Anlieferung unter einem Druck von ca. 200 bar.
- Es sind nur für Sauerstoff zugelassene Armaturen zu verwenden. Die Armaturen müssen frei von Fett und Öl gehalten werden.
- Flaschen mit Restdruck zurückgeben.
- Nur originalgefüllte Druckgasbehälter dürfen als medizinischer Sauerstoff eingesetzt werden. Eine missbräuchliche Verwendung der Druckgasbehälter und eine Befüllung durch den Verbraucher ist gefährlich und nicht statthaft.

Automatische externe Defibrillation (AED)
- Herzkammerflimmern als Hauptursache für den plötzlichen Herztod
- Sauerstoffmangel im Gehirn, irreparable Hirnschäden nach drei bis fünf Minuten, Hirntod nach etwa 10 min.
- Einzige lebensrettende Behandlung: schnellste Defibrillation; Erfolgschancen sinken mit jeder Minute
- AED steht minutenschnell zur Verfügung
- Eintreffen des Notarztes oder Rettungswagens dauert zu lange (mehr als 10 min); HLW alleine ist nicht lebensrettend; daher ist das Vorhandensein eines AEDs möglichst an dem Ort des Geschehens notwendig
- Einsatz des AEDs:
  Überprüfung, ob Patient nicht ansprechbar, ohne Atmung und ohne Puls (im Rahmen der HLW)
  AED einschalten und Elektroden auf kleben
  Analysetaste betätigen und den Sprachanweisungen folgen
- Einsatz gerade auch bei Tauchunfällen wichtig, da immer öfter auch Herzstörungen Ursachen von Komplikationen sind und da bei tödlichen Tauchunfällen – bei Ertrinkungsfällen ist es schon lange bekannt – oft ein Kammerflimmern dem Herzstillstand vorausgeht

5. Praktischer Teil

Zu den praktischen Übungen werden alle Teilnehmer in Gruppen von 2–4 Personen aufgeteilt und auf Übungsstationen verteilt, an denen rotierend gearbeitet wird. Jeder Teilnehmer erhält einen Laufzettel, auf dem die einzelnen Übungsstationen verzeichnet sind.

Hat der Teilnehmer mit seiner Gruppe eine Übungsstation erfolgreich absolviert, so erhält er von jedem Assistenten der betreffenden Übungsstation ein Testat. So ist letztlich garantiert, dass jeder Teilnehmer lückenlos alle Stationen durchläuft. Es sind folgende Übungsstationen einzurichten (bei größeren Veranstaltungen können die Übungsstationen unter Mitarbeit von weiteren Assistenten auch mehrfach eingerichtet werden):

- HLW Ein-Helfer-Methode
- HLW Zwei-Helfer-Methode
- Automatische Externe Defibrillation (AED)
- Stabile Seitenlage
- Rettungs- und Bergegriffe
- Notfallkoffer
- Sauerstoffmasken mit und ohne Beatmungsbeutel
- Demandsystem Dräger „akut 2000“
- Demandsystem DAN Sauerstoff-Kit
- Wenollsystem

Es ist darauf zu achten, dass sämtliche Beatmungsübungen am liegenden „Verunfallten“ durchgeführt werden, während man den „Nicht-Bewusstlosen“ auch im Sitzen atmen lassen kann.
Bei Bedarf können weitere Übungsstationen eingerichtet werden, die zur Diagnose-Findung dienen, z.B. Blutdruckmessung, Ohrenspiegeln unter Anleitung eines Arztes.

6. Erfolgskontrolle

Der Kursleiter soll feststellen, ob der Kursteilnehmer das jeweilige Kursziel erreicht hat.
Zur möglichst objektiven Beurteilung der Kursteilnehmer muss der Kursleiter sich mit den Assistenten der einzelnen Übungsstationen ins Benehmen setzen.

7. Abschluss/Beurkundung

Dem Teilnehmer wird die erfolgreiche Teilnahme am Spezialkurs Medizin-Praxis durch den Eintrag im Taucherpass (Aufkleber) und durch eine Urkunde bestätigt.

Reise-apotheke

Die Reiseapotheke für tropische Gebiete weitab der Zivilisation muss sämtliche individuellen Medikamente enthalten, die bei chronischen Krankheiten ständig eingenommen werden müssen. Hierzu gehören z.B. Medikamente gegen Hochdruckerkrankung, Allergien, Migräne usw. Andererseits muss sie eine Auswahl von Medikamenten beinhalten, die man zu Hause ohnehin griffbereit hat und die man auf der schönen Malediveninsel bei plötzlichem Fieber, Durchfall oder einer allergischen Hautreaktion sehr vermissen würde.

Die folgende Aufstellung ist nach Symptomenkomplexen geordnet, die genannten Präparate sind ausschließlich Handelsnamen. OP bedeutet eine Originalpackung. Die angegebenen Packungsgrößen reichen in der Regel für einen Behandlungsfall.

Fieberhafte Zustände bei Infektionen, z.B. eitrige Mandelentzündung, eitrige Bronchitis

- ASPIRIN Tabl., OP
- NOVAMINSULFON Tr., OP
  gegen Allgemeinsymptome wie Fieber und Schmerzen
- AMPICILLIN RATIOPHARM 1 g, 20 Tabl.
  oder DOXY VON CT 100 mg, 20 Tabl.
  gegen bakterielle Infektionen
- ACC 200 Btl., OP
  ein schleimlösendes Medikament, das auch bei banalem Husten gut hilft

Harnwegsinfekte mit den Leitsymptomen Brennen beim Wasserlassen, Harndrang und häufiges Wasserlassen

- COTRIM FORTE RATIOPHARM, 20 Tabl.
  8 bis 10 Tage einnehmen, zusätzlich reichlich Flüssigkeitszufuhr

Magen-Darm-Störungen

Sie gehen häufig mit Schmerzen, Übelkeit, Brechreiz und Erbrechen sowie Durchfällen einher. Sie können die Folge einer Infektion sein, andererseits können die Symptome auch bei einer akuten Magenschleimhautentzündung als Reaktion der Magen-Darm-Schleimhaut auf die in warmen Ländern übliche Zufuhr von eiskalten Getränken auftreten. Hier sei darauf hingewiesen, dass in den Urlaubsländern (z.B. in Ägypten) typische Medikamente häufig wesentlich wirksamer und auch billiger sind als unsere mitgebrachten Präparate.

- IMODIUM, 20 Kps.
  gegen das Hauptsymptom Durchfall. Hohe Anfangsdosis von 3 x 2 Kps. täglich. Schnelle Reduzierung der Dosis, wenn der Durchfall weniger geworden ist. Flüssigkeitszufuhr von 3 l täglich, am besten nicht zu kaltes und ausgequirltes Mineralwasser.
- KOHLEKOMPRETTEN, OP
  als Ersatz für IMODIUM
- ELOTRANS Btl., OP
  zur Kompensierung des durchfallbedingten Elektrolytverlustes
- MCP-Tr. RATIOPHARM, 30 ml
  gegen das Symptom Übelkeit und Brechreiz
- MAALOXAN forte Kautabl., 50 Tabl.
  zur Neutralisation überschüssiger Magensäure (Sodbrennen)

- DULCOLAX, Zäpfchen oder Tabl., OP
  bei hartnäckiger Stuhlverstopfung

Banale Verletzungen der Hautoberfläche

- MERCUROBROM Lösung, OP
  bei banalen Schürfverletzungen zum Desinfizieren, anschließend die Wunde nicht verbinden
- Pflaster, Mullbinden, Verbandsmull
  Taucher achten auf wasserfestes Pflaster! Reinigen der Wunde und Verbandswechsel sind erforderlich
- BETAISADONA, Lsg. OP, ähnlich wirksam wie MERCUROBROM
- SOFRA TÜLL, 10 x 10 cm, OP
  antibiotikahaltige Wundbedeckung bei infizierten Wunden
- NEBACETIN Puder, OP
  Anitbiotikum, lokal bei infizierten Wunden
- SYSTRAL Gel, OP
  bei Insektenstichen

Augen, Bindehautreizung

- BERBERIN in der Ophtiole, Augentr.,
- YXIN Augentr., OP
  gegen Reizzustände der Bindehaut, auch bei allergischen Prozessen

Nase, banaler Schnupfen

- Tauche nicht bei Erkältungskrankheiten!
- OTRIVEN Nasentropfen, OP
  schnell wirkende, aber privinhaltige (!) Nasentropfen, unter deren Wirkungseinfluss kein Tauchgang durchgeführt werden darf (Überdruckbarotrauma)
- SINUPRET, 50 Tabl.
  schleimlösendes und allgemein linderndes Präparat
- zubereitete NASENSALBE nach folgendem Rezept:

Sol. hydrocort. 0,25 %	5.0
Paraff. liqu.	
Eucerin. anhydr.	aa ad 30.0
01. citrici gtt. 3	

bei chronischem Schnupfen und trockener Nasenschleimhaut.

Ohr, Gehörgangsentzündung

- OTOBACID, PANOTILE Ohrentropfen, OP
  gegen bakterielle Infektionen und Pilzinfektionen des äußeren Gehörgangs.
- OHRENTROPFEN-Zubereitung nach folgendem Rezept:

Eisessig	2.5
Aqua dest.	5.0
Isopropylalc.	ad 50.0

Diese Tropfen können nach jedem Tropentauchgang gefahrlos prophylaktisch genommen werden, um die gefürchtete Gehörgangsentzündung zu verhindern. Die o.g. Packungsgröße reicht für eine ganze Taucherfamilie.

Kopfschmerzen, Zahnschmerzen

- ASPIRIN Tabl., OP (s.o.)
  Die Anwendung von Aspirin beim Dekompressionsunfall wird heute als wissenschaftlich nicht begründet abgelehnt. Als Kopfschmerzmittel gut geeignet, führt jedoch häufig zu Magenschmerzen.
- PARACETAMOL Ratiopharm Tabl., OP
  ein einfaches Schmerzmittel, auch in Zäpfchenform
- SPASMO CIBALGIN comp. S Zäpfchen, OP
  stark wirkendes Medikament bei kolikartigen Schmerzzuständen. Vorsicht: schränkt die Reaktionsfähigkeit ein, macht müde!

Reisekrankheit, Seekrankheit

Mit einer medikamentösen Behandlung dieser Erkrankungen während eines Tauchurlaubes sollte man vorsichtig sein, da die meisten Medikamente stark ermüden und die Reaktionsfähigkeit einschränken.

- BONAMINE Tabl., OP, PEREMESIN Drag., OP
  prophylaktisch zu nehmen bei Reiskrankheit vor Beginn der Reise.
- CINNARICIN forte Tabl., OP
  gegen Reise- und Seekrankheit zu nehmen, ebenfalls vor Beginn der Reise oder Bootsfahrt.
- SCOPODERM TTS Pflaster, OP
  gegen Seekrankheit, vor Beginn der Bootsfahrt hinter das Ohrläppchen kleben. Der Stoff wird über die Haut aufgenommen und ist mehrere Tage wirksam, wenn das Pflaster aufgeklebt bleibt.

Die o.g. Medikamente sind uns im Bedarfsfalle sicherlich eine große Hilfe. Es sei aber darauf hingewiesen, dass sie bei fehlender Besserung der Symptomatik, insbesondere aber bei Verschlechterung des Krankheitsbildes, einen Arztbesuch nicht ersetzen.
Bei tauchspezifischen Störungen des Allgemeinbefindens und bei typischen Taucherkrankheiten kann der Basisinhaber oder ein erfahrener Tauchlehrer das weitere therapeutische Vorgehen festlegen. Wenn nötig, leitet er auch die Druckkammerbehandlung ein; denn er kennt die lokalen Gegebenheiten am besten.

Sauerstoff-systeme

Einfache Systeme mit konstanter Dosierung

- O_2-Zufuhr über Nasensonde (sehr ineffektiv)
- O_2-Zufuhr durch offene Maske (ebenfalls ineffektiv)
- O_2-Zufuhr über Maske mit Ventil (z.B. Laerdal-Maske), eventuell mit Reservoirbeutel (60 – 80 % O_2-Sättigung)
- O_2-Zufuhr über Beatmungsbeutel, eventuell mit Reservoirbeutel (60 – 80 % O_2-Sättigung)

O_2-Kreislauf-System mit CO_2-Absorber

- Wenoll-System (lange Behandlungsmöglichkeit, 100 % O_2-Sättigung), hier mit der neuen Option auch Verwendung als Demand-System möglich.

Demand-Systeme

- Dräger Akut 2000 (2,5 Liter Sauerstoffflasche, Option Beatmung und Absaugen, 100 % O_2-Sättigung)
- DAN-O_2-Kit (5 Liter Sauerstoffflasche, Option Beatmung , 100 % O_2-Sättigung)
- Inzwischen gibt es beim Wenoll-System die Möglichkeit der Kombination mit einem Demand-System

Tauchsportverbände

Wenn du dich über die Tauchausbildung näher informieren möchtest, wende dich an einen der CMAS-Tauchsportverbände:

CMAS Germany e.V.
Berliner Str. 312
63067 Offenbach
info@cmas-germany.de
www.cmas-germany.com

VDST Verband Deutscher Sporttaucher e.V.
Berliner Str. 312
63067 Offenbach
vdst.ev@vdst.de
www.vdst.de

BARAKUDA
International Aquanautic Club
Borbeckerstr. 249
45355 Essen
info@barakuda.de
www.barakuda.de

VIT Verband Internationaler Tauchschulen
Thoniestr. 24
44379 Dortmund
info@vit-2000.de
www.vit-2000.de

FST Fachverband staatlich geprüfter Tauchlehrer e.V.
Siemensstr. 6
63768 Hösbach
geschaeftsstelle@fst-ev.com
www.fst-ev.com

ICMC International Committee of Marine Conservation
Donauschwabenstr. 20
65239 Hochheim am Main
info@my-icmc.de
www.icmc-tauchsport.de

ITD International Tek Divers
Inninger Str. 18
86179 Augsburg
info@ITD.info

FIT
Freie internationaltätige Tauchlehrer
Breckerfelder Str. 136
58256 Ennepetal
fit-ev@t-online.de
www.fit-ev.de

PROTEC
Professional Technical Diving
Garreler Weg 86
49661 Cloppenburg
contact@protecdive.com
www.protecdive.com

VEST
Verband Europäischer Sporttaucher e.V.
Hörner Esch 68
26215 Wiefelstede
praesidium@vest-dive.de
www.vest-dive.de

IDA
International Diving Association
Dorfstr. 267
24147 Klausdorf
ida.kiel@ida-online.de
www.ida-worldwide.com

UDI
United Diving Instructors
Gugelstr. 112
90459 Nürnberg
dolly@u-d-i.de
www.udi-world.de

CMAS.CH
Schweizer Tauchausbildungsorg.
Residenza Betulla no 5
Via Cantonale
CH-6595 Riazzino/TI
leo.troiano@cmas.ch
www.cmas.ch

TSVÖ Tauchsportverband Österreich
Fischergasse 21
A-4600 Wels
Tel. 0043 - 1 - 8901781
praesident@tsvoe.at
www.tsvoe.at

FLASSA Fédération Luxembourgoise des Activités et Sports Sub-Aquatiques
Boîte postale no 53
2010 Luxemburg
www.flassa.lu

Adressen der Druckkammern

mit 24-Stunden-Bereitschaft

Zusammengestellt nach GTÜM e.V., www.gtuem.org
Die telefonische Kontaktaufnahme vor Anfahrt/Flug zur jeweiligen Druckkammer wird in jedem Fall empfohlen!

Diese Liste ist nach Postleitzahlen sortiert.

06110 Halle
Vorwarnzeit 30 Minuten
Druckkammer Universitätsklinik Halle
Anästhesiologie und operative Intensivmedizin
Dryanderstr. 4–7
D-06110 Halle
Notruf: +49 (0)345 5574350
Tel.: +49 (0)345 557 43 50
Fax: +49 (0)345 557 43 52
E-Mail: hbo@medizin.uni-halle.de

10249 Berlin
Vorwarnzeit 30 Minuten
Sektion für hyperbare Sauerstofftherapie und Tauchmedizin
im Klinikum Friedrichshain
Matthiasstrasse 7
D-10249 Berlin
Notruf: +49 (0)30 42211502
Tel.: +49 (0)30 421 08 750
Fax: +49 (0)30 421 08 760
E-Mail: druckkammer@khf.de

24119 Kronshagen/Kiel
Vorwarnzeit 30 Minuten
Schifffahrtmedizinisches Institut d. Marine
Druckkammeranlage Hydra 2000
Kopperpahler Allee 120
D-24119 Kronshagen (bei Kiel)
Notruf: +49 (0)431 540 90
Tel.: +49 (0)431 54 09 17 82
Fax: +49 (0)431 54 09 15 50

28777 Bremen
Vorwarnzeit max. 30 Minuten
ZETÜM – Zentrum für Tauch- und Überdruckmedizin
Ermlandstr. 55
D-28777 Bremen
Notruf: +49 (0)171 782 25 97
Tel.: +49 (0)421 600 75 77
Fax: +49 (0)421 600 75 79
E-Mail: hbobremen@aol.com
Web: http://www.hbo-bremen.de

30163 Hannover
Vorwarnzeit 45 Minuten
Druckkammerzentrum Hannover
Lister Krankenhaus
Lister Kirchweg 43
D-30163 Hannover
Notruf: +49 (0)511 19222
(Rettungsleitstelle)
Tel.: +49 (0)511 965 61 0
Fax: +49 (0)511 965 61 11
E-Mail:
info@druckkammer-zentrum.de

32423 Minden
Vorwarnzeit 30 Minuten
Medicox Hyperbares Sauerstoff-Therapie-Zentrum
Gustav-Adolf-Str. 1a
D-32423 Minden
Notruf: +49 (0)171 450 84 03
Tel.: +49 (0)571 82 84 90
Fax: +49 (0)571 82 84 929
E-Mail: medicox@t-online.de

33739 Bielefeld
Vorwarnzeit 30 Minuten
Druckkammerzentrum Bielefeld
Heidsieker Heide 114
D-33739 Bielefeld
Notruf: +49 (0)5206 83 63 (automatische Rufumleitung)
Notruf: +49 (0)160 155 91 81 oder +49 (0)177 258 20 91
Tel.: +49 (0)5206 83 63
Fax: +49 (0)5206 84 99
E-Mail: hbo@hbo-bielefeld.de

40547 Düsseldorf
Vorwarnzeit 60 Minuten
Sauerstoff-Therapiezentrum Düsseldorf
ORL-Vitamed GmbH & Co KG
Hansaallee 30
D-40547 Düsseldorf
Notruf: +49 (0)179 641 76 57
Tel.: +49 (0)211 570 583
Fax: +49 (0)211 570 584
E-Mail: hbo@duesseldorf.de

47139 Duisburg
Vorwarnzeit 20 Minuten
Katholisches Klinikum Duisburg
St. Joseph-Hospital Laar
Ahrstr. 100
D-47139 Duisburg
Notruf: +49 (0)203 800 10
Tel.: +49 (0)203 800 16 20
Fax: +49 (0)203 800 16 66

48145 Münster
Praxis für Hyperbarmedizin
Warendorfer Str. 27
D-48145 Münster
Notruf: +49 (0)172 260 71 19
Tel.: +49 (0)251 13 29 30
Tel.: +49 (0)251 13 29 32
E-Mail: dr.rossbach@hbo-muenster.de
Web: http://www.hbo-muenster.de

52072 Aachen
Vorwarnzeit 30 Minuten
HBO-Zentrum Euregio Aachen
(Nähe Universitätsklinik)
Kackertstr. 11
D-52072 Aachen
Notruf: +49 (0)180 523 42 34
Tel.: +49 (0)241 840 44
Tel.: +49 (0)241 879 34 94
E-Mail: hbo-aachen@t-online.de
Web: http://www.hbo-aachen.de

55131 Mainz
Vorwarnzeit 60 Minuten
Universitätsklinik Mainz
Klinik für Anästhesiologie
Langenbeckstr. 1
D-55131 Mainz
Notruf: +49 (0)6131 170
Tel.: +49 (0)6131 17 73 66
Fax: +49 (0)6131 17 26 28

60327 Frankfurt
Ohne Vorwarnzeit
Branddirektion Frankfurt
Mobile Behandlungsdruckkammer
Feuer- und Rettungswache 2
Franziusstr. 8
D-60314 Frankfurt/Main
Notruf: +49 (0)69 21 27 21 70
Tel.: +49 (0)69 21 27 22 70
Fax: +49 (0)69 21 27 23 98
Jürgen Prehl (Wasserrettungsdienst, Adresse s.o.,
Tel. +49 (0)69 21 27 22 71
E-Mail: juergen.prehl.amt37@stadt-frankfurt.de

70372 Stuttgart
Vorwarnzeit 30 Minuten
HBO-Zentrum Stuttgart
König-Karl-Str. 66
D-70372 Stuttgart
Notruf: +49 (0)711 19222 (Rettungsleitstelle)
Tel.: +49 (0)711 509 44 53

Fax: +49 (0)711 95 46 17 10 (Praxis)
E-Mail: cc.anaesth.fritz@t-online

70469 Stuttgart
Vorwarnzeit 30 Minuten
DCS 1
Druckkamer-Centrum-Stuttgart
Heilbronner Str. 300
D-70469 Stuttgart
Notruf: +49 (0)711 19222
(Rettungsleitstelle)
Tel.: +49 (0)711 85 10 32
Fax: +49 (0)711 85 10 37

79104 Freiburg
Vorwarnzeit 60 Minuten
Druckkammerzentrum Freiburg GmbH
am St. Josefkrankenhaus
Habsburger Str. 116
D-79104 Freiburg
Notruf: +49 (0)170 202 61 11
Tel.: +49 (0)761 38 20 18
Fax: +49 (0)761 38 20 19
E-Mail: info@hbo-freiburg.de
Web: http://www.hbo-freiburg.de

80333 München
Vorwarnzeit 30 Minuten
Hyperbares Sauerstoff-Zentrum GmbH
Karlstr. 42
D-80333 München
Notruf: +49 (0)171 355 65 87
Tel.: +49 (0)89 54 82 31 22
Fax: +49 (0)89 54 82 31 50
E-Mail: hbozentrum@aol.com
Web: http://www.hbozentrum.de

81671 München
Vorwarnzeit 20 Minuten
Druckkammer Feuerwache 5
Branddirektion München
Anzinger Str. 41
D-81671 München
Notruf: +49 (0)89 40 66 55
(Rettungsleitstelle Feuerwache)
Tel.: +49 (0)89 40 66 55 (Rettungsleitstelle Feuerwache)
Tel.: +49 (0)89 23 53 005 (Druckkammer – nicht immer besetzt, daher Feuerwache)
Fax: +49 (0)89 23 53 35 98
(Druckkammer)

82418 Murnau
Vorwarnzeit 20 Minuten
Berufsgenossenschaftlichen
Unfallklinik Murnau
Prof.-Küntscher-Str. 8
D-82418 Murnau
Notruf: +49 (0)8841 48 26 86
Tel.: +49 (0)8841 48 29 02
Tel.: +49 (0)8841 48 22 30
Fax: +49 (0)8841 48 22 66
E-Mail: kemmer@bgu-murnau.de

83278 Traunstein
Vorwarnzeit 20 Minuten
Druckkammerzentrum Traunstein
Cuno-Niggl-Str. 3
D-83278 Traunstein
Notruf: +49 (0)861 192 22
(Rettungsleitstelle)
Tel.: +49 (0)861 159 67
Tel.: +49 (0)861 70 50
Fax: +49 (0)861 158 89
E-Mail: hbo-traunstein@t-online.de
Web: http://www.druckkammerzentrum-traunstein.de

89077 Ulm
HBO-Zentrum Ulm GmbH
Tagesklinik Söflingen
Magirusstr. 35/4
D-89077 Ulm
Notruf: +49 (0)731 932 9320
Tel.: +49 (0)731 932 9320
Fax: +49 (0)731 932 9321
E-Mail:
tagesklinik-soeflingen@t-online.de

89081 Ulm
Bundeswehrkrankenhaus Ulm
Abt. X-Anästhesiologie und
Intensivmedizin
Oberer Eselsberg 40
D-89081 Ulm
Notruf: +49 (0)731 17 10 20 55
Tel.: +49 (0)731 17 10 20 54
Tel.: +49 (0)731 17 10 0
Fax: +49 (0)731 17 10 20 56
E-Mail: Guenter-Frey@bundeswehr.org
HBO.Frey@t-online.de

Weitere wichtige Therapieeinrichtungen (ohne 24-Stunden-Bereitschaft):

Zusammengestellt nach GTÜM e.V., www.gtuem.org
Die telefonische Kontaktaufnahme vor Anfahrt/Flug zur jeweiligen Druckkammer muss in jedem Fall erfolgen!

Diese Liste ist nach Postleitzahlen sortiert.

07747 Jena
Montag–Freitag,
am Tag 08.00–15.30 Uhr
Hypermed GmbH Zentrum für Überdruckmedizin
(an der Klinik für Innere Medizin)
Erlanger Allee 103
D-07747 Jena
Notruf: +49 (0)3641 208 89 98
Tel.: +49 (0)3641 36 86 91
Fax: +49 (0)3641 36 86 93
E-Mail: post@dk-jena.de

29614 Soltau
Montag–Sonntag, nach Vereinbarung
HBO Druckkammerzentrum Soltau
HNO-Praxis Dr. Müller-Kortkamp
Seilerstr. 7–9
D-29614 Soltau
Notruf: +49 (0)179 509 40 80
Tel: +49 (0)5191 986 00
Fax: +49 (0)5191 991 04
E-Mail: hbo@mueller-kortkamp.de

34121 Kassel
Montag–Freitag, am Tag
HBO2 Druckkammerzentrum Kassel
Hansteinstr. 29
D-34121 Kassel
Notruf: +49 (0)561 19 222
(Rettungsleitstelle)
Tel.: +49 (0)561 932 47 00
Fax: +49 (0)561 932 47 01
E-Mail: info@hbokassel.de

35578 Wetzlar
Montag–Freitag,
am Tag 08.00–8.00 Uhr
HBO-Zentrum Mittelhessen
Frankfurter Str. 90
D-35578 Wetzlar
Notruf: +49 (0)171 544 15 57
Tel.: +49 (0)6441 744 56
Fax: +49 (0)6441 972 42
E-Mail: hbo-zentrum-mittelhessen@t-online.de

38114 Braunschweig
Montag–Freitag, am Tag 07.00–16.15 Uhr
Zentrum für hyperbare Sauerstofftherapie
Neustadtring 30a
D-38114 Braunschweig
Notruf: +49 (0)173 920 84 04
Tel.: +49 (0)531 57 50 22
Fax: +49 (0)531 25 01 011
E-Mail: hbo.bs@t-online.de

49088 Osnabrück
Montag–Freitag, am Tag
H.B.O.-Klinik Osnabrück
Senator-Wagner-Weg 4
D-49088 Osnabrück
Notruf: +49 (0)173 294 60 14
Tel.: +49 (0)541 205 13 80
Fax: +49 (0)541 205 13 83
E-Mail: info@hbo-osnabrueck.de

49214 Bad Rothenfelde
Montag–Freitag,
am Tag 08.00–13.00 Uhr
Zentrum für hyperbare Sauerstofftherapie
Hannoversche Str. 33
D-49214 Bad Rothenfelde
Notruf: +49 (0)5424 66 270
Tel.: +49 (0)5424 662 70
Fax: +49 (0)5424 662 73
E-Mail: klinikimkurpark@t-online.de

60528 Frankfurt
Montag–Freitag,
am Tag 07.00–15.45 Uhr
Zentrum für Sauerstoffüberdruck-, Tauch- u. Höhenmedizin
(Orthopädische Universitätsklinik Frankfurt)
Marienburgstr. 5–7
D-60528 Frankfurt am Main
Notruf: +49 (0)69 67 05 0

Tel.: +49 (0)69 670 53 84
Fax: +49 (0)69 670 53 87
E-Mail: g.fusshoeller@friedrichsheim

65193 Wiesbaden
Montag–Freitag, am Tag
Druckkammerzentrum Wiesbaden
am Roten Kreuz Krankenhaus
Schöne Aussicht 41
D-65193 Wiesbaden
Notruf: +49 (0)611 192 22
(Rettungsleitstelle)
Tel.: +49 (0)611 531 90 53
Fax: +49 (0)611 531 90 55

65719 Hofheim
Montag–Freitag, am Tag
HBO-Zentrum Rhein-Neckar
Tagesklinik Hofheim
Reifenberger Str. 6
D-65719 Hofheim/Taunus
Notruf: +49 (0)6192 19222
(Rettungsleitstelle)
Tel.: +49 (0)6192 5062

66877 Ramstein
Montag–Freitag, am Tag
Oxymed GmbH
Schulstr. 4
D-66877 Ramstein / Miesenbach
Notruf: +49 (0)170 527 37 44
Tel.: +49 (0)6371 119 19

68163 Mannheim
Montag–Freitag, am Tag
HBO-Zentrum Rhein-Neckar
am Diakoniekrankenhaus Mannheim
Speyrer Str. 91–93
D-68163 Mannheim
Notruf: +49 (0)621 810 20
Tel.: +49 (0)621 810 23 90
Fax: +49 (0)621 810 23 93

69115 Heidelberg
Montag–Freitag, am Tag
Druckkammerzentrum Heidelberg GmbH
Landhausstr. 25
D-69115 Heidelberg
Notruf: +49 (0)6221 60 26 53
Tel.: +49 (0)6221 60 26 53
Fax: +49 (0)6221 60 26 55
77787 Klausenbach
Montag–Freitag,
am Tag + Sa vormittags –
Vorwarnzeit 1 Stunde
Reha-Klinik Klausenbach
Kolonie 5
D-77787 Nordrach
Notruf: +49 (0)7838 820
Tel.: +49 (0)7838 824 02

93059 Regensburg
Montag–Freitag, am Tag
Institut für Überdruckmedizin
Gewerbepark A 45
D-93059 Regensburg
Notruf: +49 (0)941 19 222
(Rettungsleitstelle)
Tel.: +49 (0)941 46 61 40

95032 Hof
Montag–Freitag, am Tag
Oxytrans GmbH
Privatinstitut für hyperbare Sauerstofftherapie
Flugplatz 20 A
D-95032 Hof
Notruf: +49 (0)9292 192 22
(Rettungsleitstelle)
Tel.: +49 (0)9292 920 81

Zeitschriften

(Auswahl)

DIVEMASTER
Fachmagazin für Tauchtechnik, Tauchmedizin und Tauchausbildung
Redaktion: Senefelderstr. 10,
70178 Stuttgart,
Tel. (0711) 618378,
Fax (0711) 612323
Internet: www.divemaster.de

SPORTTAUCHER
Redaktion: Postfach 2249,
63171 Obertshausen,
Tel. (06104) 72003,
Fax (06104) 75253

TAUCHEN
Redaktion: 22754 Hamburg,
Tel. (040) 38906-191/194,
Fax (040) 38906-303

UNTERWASSER
Redaktion: Badstr. 4 - 6,
90402 Nürnberg,
Tel. (0911) 216 - 2241,
Fax (0911) 216 - 2723

Stichwortverzeichnis

Der Abdruck der „Bühlmann-Tabellen“ auf den folgenden Seiten aus dem Buch „Tauchmedizin“ von A. A. Bühlmann u. a., 5. Auflage 2002, erfolgt mit freundlicher Genehmigung der Springer Verlag GmbH & Co. KG., Heidelberg.

Nullzeiten und Dekompressionzeiten
Courbe de sécurité et temps de décompression

0 - 700	müM m s/mer

Tiefe Prof. m	Zeit Durée Min.	Stufen Paliers 12 m	9 m	6 m	3 m	RG GR
12	**125**				1	G
	140				5	H
	150				8	H
15	**75**				1	G
	80				3	G
	90				7	G
	100				12	G
	110				17	H
	120				20	H
18	**51**				1	F
	60				5	F
	70				11	G
	80				18	G
	90				24	H
21	**35**				1	E
	40				2	E
	50				8	F
	60				16	G
	70				25	G
	80			3	29	H
24	**25**				1	E
	30				2	E
	35				4	F
	40				8	F
	50				17	G
	60			4	24	G
	70			10	30	H
27	**20**				1	E
	30				5	F
	35				10	F
	40			2	13	G
	45			3	18	G
	50			6	22	G
	55			8	27	G
	60			10	30	H
30	**17**				1	D
	20				2	D
	25				5	E
	30			2	7	F
	35			3	14	G
	40			5	17	G
	45			9	23	G
	50		2	10	28	G
33	**14**				1	D
	20				4	E
	25			2	7	F
	30			4	11	G
	35			6	17	G
	40		2	8	23	G
	45		4	11	28	G
	50		5	15	31	H
36	**12**				1	D
	15				3	D
	20			2	5	E
	25			4	9	F
	30		2	5	15	G
	35		2	8	23	G
	40		5	10	28	G
	45		7	15	31	H

Tiefe Prof m	Zeit Durée Min.	Stufen Paliers 15 m	12 m	9 m	6 m	3 m	RG GR
39	**10**					1	D
	15					4	E
	20				3	7	F
	25			2	4	12	G
	30			3	7	18	G
	35			5	9	28	G
	40		2	6	15	29	H
42	**9**					1	D
	12					4	D
	15				1	5	E
	18				4	6	F
	21			2	4	10	F
	24			3	6	16	G
	27			4	7	19	G
	30		2	4	9	25	G
	33		2	6	12	29	G
	36		2	7	15	32	H
45	9					2	E
	12					5	E
	15				3	5	E
	18			2	4	9	F
	21			3	5	13	G
	24			4	6	18	G
	27		2	4	9	22	G
	30		3	6	10	27	G
48	9					3	E
	12				2	5	E
	15				4	6	F
	18			3	4	10	F
	21			4	6	16	G
	24		2	4	7	22	G
	27		4	5	10	26	G
	30	1	4	6	13	30	H
51	9					4	E
	12				3	6	E
	15			2	4	8	F
	18			4	5	13	F
	21		3	4	7	18	G
	24		4	5	9	24	G
	27		5	6	13	28	G
	30	3	4	8	16	32	H
54	9				1	5	E
	12			1	4	6	E
	15			3	4	10	F
	18		1	3	6	17	G
	21		4	4	9	21	G
	24	2	4	5	12	27	G
	27	3	5	7	15	31	H
57	9				2	5	E
	12			2	4	8	E
	15		1	4	5	11	F
	18		3	4	7	18	G
	21	2	3	6	10	24	G
	24	3	4	9	12	29	H
60	9				4	5	E
	12			3	5	9	F
	15		2	4	5	14	F
	18		4	5	6	22	G
	21	3	4	5	11	27	G

Aufstieg: 10 m/Min. - Sicherheitshalt: 1 Min. bei 3 m
Remontée: 10 m/mn - Palier de sécurité: 1 mn à 3 m

Reg. 16 - TAB - 1.95

Nullzeiten und Dekompressionzeiten
Courbe de sécurité et temps de décompression

701-2500 müM / m s/mer

Tiefe Prof. m	Zeit Durée Min.	Stufen Paliers 9 m	6 m	4 m	2 m	RG GR
9	**238**				1	G
12	**99**				1	G
	110				4	G
	120				8	G
15	**62**				1	F
	70				4	G
	60				10	G
	90				15	G
18	**44**				1	F
	50				4	F
	60				11	G
	70				19	G
	80			4	23	H
	90			8	25	H
21	**30**				1	E
	35				2	F
	40				5	F
	45				9	G
	50			1	13	G
	55			3	17	G
	60			5	20	G
	65			8	22	G
	70			11	23	G
24	**22**				1	F
	30				3	F
	35				7	F
	40			2	11	G
	45			4	16	G
	50			7	19	G
	55		1	10	21	G
27	**18**				1	D
	20				2	E
	25				4	F
	30			2	7	F
	35			4	11	G
	40		1	6	16	G
	45		2	9	20	G
30	**15**				1	D
	20				3	E
	25			2	6	F
	30		1	4	11	G
	35		2	7	15	G
	40	1	5	10	20	G
	45	2	6	12	23	G
33	**12**				1	D
	15				2	E
	20			2	4	F
	25		2	3	9	G
	30	1	3	6	14	G
	35	2	4	9	20	G
	40	3	6	12	23	G
36	**10**				1	D
	15			1	3	E
	20		1	3	6	F
	25	1	3	5	12	G
	30	3	3	8	19	G
	35	4	6	12	23	G

Tiefe Prof. m	Zeit Durée Min.	Stufen Paliers 12 m	9 m	6 m	4 m	2 m	RG GR
39	**9**					1	D
	12					3	E
	15				2	4	E
	18			2	3	7	F
	21			3	4	10	G
	24		2	3	6	15	G
	27		4	4	8	18	G
	30	1	4	6	11	21	G
42	**8**					1	D
	12				1	4	E
	15			1	3	5	F
	18			3	4	8	F
	21		3	3	5	13	G
	24		4	4	7	18	G
	27	1	5	5	9	21	G
	30	3	6	6	13	24	G
45	9					3	D
	12				3	3	E
	15			3	3	6	F
	18		2	3	4	11	F
	21		4	4	7	16	G
	24	2	4	5	10	21	G
48	9				1	4	E
	12			1	3	4	F
	15		2	2	4	9	G
	18		4	5	5	14	G
	21	2	4	4	9	19	G
51	6					2	E
	9			1	1	3	F
	12		1	2	3	5	F
	15		3	3	4	11	G
	18	2	4	4	7	17	G
	21	4	4	6	11	21	G
54	6					2	D
	9			1	3	3	F
	12		2	3	3	7	F
	15	1	4	4	6	13	G
	18	3	4	5	9	19	G

Aufstieg: 10 m/Min. - Sicherheitshalt: 1 Min. bei 2 m

Remontée: 10 m/mn - Palier de sécurité: 1 mn à 2 m

Reg. 16 - TAB - 1.95

Wiederholungstauchgänge 0-2500 müM
Plongée successives de 0-2500 m s/mer

0 - 2500 müM m s/mer

Oberflächenpause
Intervalle de surface

RG nach Ende des Tauchganges / GR à la fin de la plongée

RG nach Ende des Tauchganges / GR à la fin de la plongée	H	G	F	E	D	C	B	A	„0“	⊗
A									2	2
B								20	2	2
C							10	25	3	3
D						10	15	30	3	3
E					10	15	25	45	4	3
F				20	30	45	75	90	8	4
G			25	45	60	75	100	130	12	5
H		50	65	95	130	180	240	340	24	7
	H	G	F	E	D	C	B	A	Std/h	Std/h

RG am Ende der Oberflächenpause
GR à la fin de l'intervalle de surface

Beispiel: Wiederholungsgruppe RG **F** nach Ende des Tauchganges
- nach 45 Minuten ist RG **C**, nach 90 Minuten **A** erreicht (Zwischenwerte abrunden)
- nach 8 Stunden kann ohne Zeitzuschlag getaucht werden
- 4 Stunden Wartezeit bis Flug

Exemple: Groupe répétitif GR **F** à la fin de la plongée
- après 45 minutes **F** devient **C**, après 90 minutes **F** devient **A** (prendre pour les valeurs intermédiaires celle immédiatement inférieure)
- après 8 heures on peut replonger sans ajouter de majoration
- temps d'attente avant l'envol: 4 heures

Zeitzuschläge für Wiederholungstauchgänge
Majorations aux plongées successives

(Zwischenwerte abrunden)
(prendre pour les valeurs intermédiaires celle immédiatement inférieure)

Vorgesehene Tauchtiefe in Meter
Profondeur en mètres de la plongée envisagée

RG GR	9	12	15	18	21	24	27	30	33	36	39	42	45	48	51	54	57
A	25	19	16	14	12	11	10	9	8	7	7	6	6	6	5	5	5
B	37	25	20	17	15	13	12	11	10	9	8	7	7	6	5	5	5
C	55	37	29	25	22	20	18	16	14	12	11	10	9	8	7	7	6
D	81	57	41	33	28	24	21	19	17	15	14	13	11	10	9	9	8
E	105	82	59	44	37	30	26	23	21	19	17	16	14	13	12	11	10
F	130	111	88	68	53	42	35	30	27	24	21	19	17	16	15	14	13
G	154	137	115	91	72	57	47	40	35	31	27	25	23	21	20	10	18

Beispiel: RG **C** zu Beginn des Wiederholungstauchganges. Vorgesehene Tiefe 27 Meter = 18 Minuten - Zeitzuschlag zur Grundzeit des Tauchganges.

Exemple: GR **C** au départ de la plongée successive. Profondeur envisagée 27 mètres = 18 minutes de majoration à rajouter au temps de séjour au fond.

Passfahrten und Fliegen ohne Druckkabine
Le passage d'un col et vol sans cabine pressuirsée

(Zwischenwerte der Höhe aufrunden)
(Prendre pour les valeurs intermédiaires d'altitude celle immédiatement supérieure)

	RG am ENDE des Tauchgangs / GR à la FIN de la plongée				
Höhe (m) altitude (m)	A-D	E	F	G	H
2500	1:00	1:00	1:00	1:00	2:00
3000	1:00	1:00	1:00	1.30	3:30
3500	1:00	1.00	1:30	3:30	5:30
4000	1:00	1:30	3:00	5:00	7:00

Alle Wartezeiten in Std:Min/
Tous les temps d'attende en hrs:min

Anmerkungen:
1. Kein zusätzlicher Aufstieg innerhalb der ersten Stunde des Intervalls nach dem TG!
2. Nach Ablauf dieser ersten Stunde: **gleichmässiger** Aufstieg zur Zielhöhe.
3. Zielhöhe darf **nicht vor** angegebener Wartezeit erreicht werden.

Remarques:
1. Pas de remontée pendant la première heure de l'intervalle après la plongée!
2. Après cette première heure: commencer une montée **régulière**.
3. L'altitude envisagée **ne doit pas être atteinte avant** le temps d'attente indiqué.

Reg. 16 - TAB - 1.95